总主编

"**风险管理师**"专业能力培养基础教程丛书

风险管理体系建设

Construction of Risk Management System

主 编◎莫春雷 副主编◎谭兆奎 鲁玉明 张文来

王忠明博士作序推荐

风险管理师岗位能力、专业能力、教育培训的公共通识基础教程

经济管理出版社
ECONOMY & MANAGEMENT PUBLISHING HOUSE

图书在版编目（CIP）数据

风险管理体系建设/莫春雷主编 . —北京：经济管理出版社，2019. 6（2022. 10重印）
ISBN 978 - 7 - 5096 - 6060 - 7

Ⅰ. ①风…　Ⅱ. ①莫…　Ⅲ. ①企业管理—风险管理—体系建设　Ⅳ. ①F272. 35

中国版本图书馆 CIP 数据核字（2018）第 232763 号

组稿编辑：何　蒂
责任编辑：何　蒂
责任印制：黄章平
责任校对：陈　颖

出版发行：经济管理出版社
　　　　　（北京市海淀区北蜂窝 8 号中雅大厦 A 座 11 层　100038）
网　　址：www. E - mp. com. cn
电　　话：(010) 51915602
印　　刷：北京虎彩文化传播有限公司
经　　销：新华书店
开　　本：720mm × 1000mm/16
印　　张：35. 25
字　　数：672 千字
版　　次：2019 年 6 月第 1 版　　2022 年 10 月第 2 次印刷
书　　号：ISBN 978 - 7 - 5096 - 6060 - 7
定　　价：98. 00 元

"风险管理师"专业能力培养
基础教程丛书编委会

总主编：

黄　炜

　　　　北京中医药大学管理学院教授

　　　　国家人社部中国人才研究会常务理事兼副秘书长

　　　　国家标准委风险管理专业委员会委员

　　　　中国人力资源开发研究会（以下简称中人会）常务理事兼风险
　　　　管理分会常务副会长

主任委员兼主审：

闫存岩　中人会风险管理分会秘书长

　　　　兼风险管理分会专家组执行组长、风险体系建设专业组组长

副主任委员：（按拼音顺序排序）

郭惠民　北京国际关系学院副校长、教授

　　　　中人会风险管理分会危机公关与危机应对管理专业组组长

高立法　中人会风险管理分会内部控制专业组组长

高晓红　中国标准化研究院质量分院副院长

　　　　全国风险管理标准化技术委员会秘书长

金乐永　中材集团原总法律顾问原首席风险执行官

　　　　中人会风险管理分会专家

李　震　中人会副会长兼秘书长

莫春雷　中国五矿资本控股有限公司党委副书记、纪委书记

中人会风险管理分会专家

佘　廉　国家行政学院教授、博士生导师

中人会风险管理分会专家组首席专家

沈志群　中人会特邀副会长

中国投资协会创业投资与私募基金专业委员会会长

王大军　中国人民保险集团风险管理部总经理

中人会风险管理分会保险行业专家工作组组长

王忠明　国务院国资委研究中心原主任

国家经贸委经研中心原主任

全国工商联原副秘书长

中国民营经济研究会常务副会长兼秘书长

中人会副会长、风险管理分会会长

武广齐　中国海洋石油集团有限公司原党组副书记、副总经理

中人会风险管理分会国有企业专家工作组组长

朱　军　中和资产评估有限公司副总经理

财政部资产评估准则专业委员会委员

中人会风险管理分会副会长兼专家组组长

兼风险评估专家组组长

章敏健　中国航天科技集团五院审计监察部原部长

中人会风险管理分会专家

张文来　中国航天科工集团审计与风险管理部副部长

中人会风险管理分会专家

张凤林　北京市农业投资公司原总经理

中人会风险管理分会副会长兼风险管理评价专业副组长

张小红　亿阳信通股份有限公司原总经理、董事长、监事长

中人会风险管理分会民营企业专家工作组副组长

参编人员

主　编：莫春雷

副主编：谭兆奎　鲁玉明　张文来

参编人员(按拼音顺序排序)：

陈旭萍　冯　琦　高　宇　关　海　李　栋

李晓昂　刘志梅　刘星权　米雪晶　彭　迪

任蔚然　邢　承　孙静楠　王长芝　王彦昭

魏　然　文　科　吴　珍　武广齐　詹　瞻

朱　桐

总　序

　　风险无处不在，这已经是我们每一个人的共识。不论个人、企业、政府部门、社会组织，还是其他社会参与者，逐渐意识到风险管理的重要性。

　　从 2006 年 6 月国资委颁布了《中央企业全面风险管理指引》（以下简称《指引》）距今已有十几年的时间，《指引》指出企业全面风险管理是一项十分重要的工作，关系到国有资产保值、增值和企业持续、健康、长期稳定发展。自 2008 年以来，根据 COSO 内部控制框架，财政部会同证监会、审计署、银监会、保监会等五部委联合颁发了《企业内部控制基本规范》及 18 项配套应用指引，奠定了我国企业内部控制建设、评价和审计的制度，为加强企业内部控制提供了理论和实践基础，使我国企业内部控制管理水平进一步提升。各类企业特别是中央企业，在风险管理实践中也根据 ISO 企业风险管理的原则、框架和过程，结合各自公司战略和文化搭建了企业风险管理体系，并且取得了可喜的成绩，对防控企业风险起到了一定的作用。

　　一些风险管理专家一直致力于风险管理的理论研究和实践，并努力推动实现了"风险管理师"进入我国国家职业分类大典，风险管理成为一项专业技能。这为开展风险管理专业技能教育奠定了基础，也使风险管理专业愈加得到社会的认可。

　　然而，我国相关风险管理课程至今还没有完全进入大学课堂，风险管理还未形成完整的、成熟的理论体系。

　　本风险管理系列丛书第一批包括《风险管理基础知识》《风险评估》《风险应对》《风险管理体系建设》《行政事业单位内部控制建设指引》《企业内部控制体系建设指引》六册。之所以是这样一个构成状况，主要考虑有三点：第一，风险管理基础知识是风险管理师必备的基础知识；第二，风险评估、风险应对和风险管理体系建设是风险管理师的三项核心技能；第三，风险管理基础知识和这三项技能在实践中已经形成了一些通识的成熟经验。

　　与其他学科相比，风险管理还是一个值得深入探究的学科。本系列丛书体现了以下几个特点：第一，涵盖的内容尽可能广，尽量把近年的实践成果总结进来；第二，语言尽可能通俗易懂，尽可能深入浅出；第三，基础知识尽量是大家已经达成通识的内容；第四，案例尽可能丰富一些，能够在实践中学以致用。

　　我国的风险管理还处在实践和探索之中。本丛书的编写和出版也只是一个起点。随着时间的推移，风险管理理论研究将不断深化，风险管理实践经验日益丰富和成熟，我们将对本系列丛书持续进行修订，继续更新和补充相关内容，使其日臻完善。

闫存岩
2018 年 1 月于北京

序（一）

我一直非常关注高级风险管理师的培养及培训工作。其中，印象颇深的是曾先后两次应邀出席了均为黄炜教授筹划的高级风险管理师培训或研修班的开班仪式并作主题演讲——之所以印象颇深，原因之一是它们都被冠以"首届"二字。

第一次"首届"是在 2007 年 1 月。当时，我在国务院国资委研究中心供职。出于岗位职责使然，我对国有企业尤其是中央企业的风险管控有着很强的探寻意愿，故欣然出席了中国首届注册高级企业风险管理师（CSERM）职业资格证书培训班的开班仪式。此后，我还见证了在钓鱼台国宾馆举行的中国首批注册高级企业风险管理师的颁证仪式。

记得《经济日报》记者陈莹莹曾以《发挥企业风险管理师在企业发展中的作用》为题做了报道（刊登于 2007 年 4 月 10 日的《经济日报》）。正如报道所言，"首批 136 名高层管理人员获得注册高级企业风险管理师证书，自此，新职业企业风险管理师正式浮出水面"。据我所知，这 136 名注册高级企业风险管理师主要来自国有企业的中高层管理岗位，他们中的佼佼者为国企包括央企在 2008 年抵御由美国次贷危机引发的国际金融风波的冲击中做出了重大贡献。他们作为中国风险管理实践的领军人物，在构建具有中国特色的风险管理体系中扮演了开拓者的重要角色。历史还将继续佐证这一开创中国风险管理人才培养的先河之举！

第二次"首届"是在 2018 年 1 月 21 日。此会以推进国家治理体系和治理能力现代化为主题，定名为首届高级风险管理师专业能力研修班。其主题和课程设置都十分符合党的十九大精神，顺应时代发展的要求。在演讲中，我明确建议以后应多组织这样的研修班，也就是说，不能止于"首届"，而应一届接一届地办下去。令我感慨的是，十多年过去了，昔日之"首批"已成为如今风险管理实践的一线指挥官，他们积累了经验并结合理论，以专家型授训者的身份登台讲课，有的还直接参与了这套丛书的编撰工作，而此"首届"与彼"首届"很大的一个区别，就是参训人员中明显以来自民营企业、中小企业者居多。这是非常重要的一种变化或深化。

风险管理是一项既有宏观作用，又有微观意义的工作，必须在全社会各个层面深入推进。2009 年我到中华全国工商业联合会工作，主要开展中国民营经济的专门研究，以推进其健康、可持续发展。其间，我深切感受到承担 80% 以上就业重任的民营企业也必须高度重视风险管理及危机应对。为此，我曾多次建议黄炜教授带领的团队要把风险管理人才培养的重点更多地转向民营企业、中小微企业。培训课程模块也应更好地与中国当前的实际状况相吻合，课程内容要更接地气，最好能够为之提供一套可读性强、易于理解的通俗读本，以便培养出更多能够落地并具有完备风险管控专业能力的专门人才，为中国经济社会发展以及长治久安保驾护航。

2018 年 1 月 5 日，习近平总书记在新进中央委员会的委员、候补委员和省部级主要领导干部学习贯彻习近平新时代中国特色社会主义思想和党的十九大精神研讨班开班式上，着眼党和国家事业发展全局，鲜明提出三个"一以贯之"的要求，即"坚持和发展中国特色社会主义要一以贯之，推进党的建设新的伟大工程要一以贯之，增强忧患意识、防范风险挑战要一以贯之"。这第三个"一以贯之"，足显防范风险在党和国家最高领导人心目中的地位，需要我们认真体会并坚决贯彻。

本套丛书的框架设计以"1 + 3 + 2"模式为特色并配以应用型的教材作为辅助，"1"为一本《风险管理基础知识》，"3"为三本专业能力分述，包括《风险评估》《风险应对》和《风险管理体系建设》，"2"为《行政事业单位内部控制体系建设指引》和《企业内部控制体系建设指引》作为配套的行业应用型教材在本次一同出版。这样的构思，有利于最终形成一套便于系统学习的风险管理基础教程丛书，它不仅是专业培训机构培养风险管理专业人才的基础教材，也应该是填补了该领域系列培训教程的一项空白。"知识 + 案例"是本丛书各章节内容的基本结构。我相信广大风险管理从业人员将以此作为良好读本，为传播现代风险管理理念和风险管理专业知识与方法做出更多的贡献！

是为序。

国务院国有资产监督管理委员会研究中心原主任

国家经济贸易委员会经济研究中心原主任

中华全国工商业联合会原副秘书长

中国民营经济研究会常务副会长兼秘书长

丛书指导小组组长

王忠明

2018 年春节于杭州

序（二）

鉴于国家发改委中国人力资源开发研究会在职业研究、人才开发领域的专业性，及风险管理分会在风险管理专业人才培训中的长期实践与专业水平，受国家发改委的委托，中人会积极承担了 2015 版《中华人民共和国职业分类大典》修订工作。2011 年 1 月，中人会正式启动并积极开展了"风险管理师"作为新增职业纳入《中华人民共和国职业分类大典》的组织申报工作，包括项目立项、职业信息采集、职业岗位主要工作活动描述及认证。在各方面的积极支持下，尤其是国家发改委就业与收入分配司、发改委社会发展研究所给予了全程支持。同时，在新职业立项与主要工作活动的调研期间，时任国家发改委就业与收入分配司主要领导和发改委社会发展研究所主要负责人给予了鼎力支持，借此机会一并表示衷心的感谢！

特别值得一提的是，在风险管理师作为新职业立项和该职业主要工作活动的描述信息采集、调研与认证过程中，中人会风险管理分会常务副会长黄炜教授所带领的团队充分发挥了他们在中国风险管理领域的专业优势，执着地开展并精准地完成了风险管理师新职业的主要工作活动的职业描述信息采集、调研与认证工作。2011 年 8 月，财会申报报告通过了严格的行业评审认证，并通过了大典修订专家委员会答辩评审，2015 年 1 月风险管理师作为新职业被正式编入 2015 年新版《中华人民共和国职业分类大典》。至此，风险管理师有了定职定编定岗的法定身份和权威依据。

2014 年 6 月，受人社部委托，黄炜教授承担的《国家职业标准开发与工作机制建设》课题研究工作正式启动，"风险管理师国家职业标准开发和工作机制建设课题研究与实践"作为该项目的子课题正式列入研究计划。2014 年 7 月，中人会成立"风险管理从业人员国家职业标准编写委员会"，该子课题通过科学的设计与翔实的调研，完成了以风险管理师为代表的新增职业的职业标准开发与工作机制研究，课题成果于 2015 年 10 月通过了人社部中国就业培训技术指导中心标准处组织的结题评审验收，标志着风险管理师国家职业标准开发的基本完成。

2016 年 3 月，中人会完成了《风险管理师职业标准》在人社部职业技能鉴定中心标准处的备案申请工作，备案申请中明确了风险管理分会秘书处道合阶明咨询（北京）有限公司为风险管理师国家职业标准进一步开发、完善修正与认证的组织实施单位。

为了支持各行业、各领域全面实施风险管理培训，提高各行各业风险管理从业人员专业水平，中人会决定正式以风险管理从业人员国家职业标准为基础，着力专项启动风险管理师专业能力教育与培训基础教程丛书的编撰工作。中人会及时下发文件即"2017 年 1 号文件"明确设立专项，并为此成立项目领导小组、项目开发指导小组及办事机构，以保障项目的顺利实施。文件还明确此项目的开发由中人会风险管理分会承担，项目开发的组织与经费筹措等具体工作由分会秘书处道合阶明咨询（北京）有限公司具体负责并组织实施。项目成果——教育培训教材丛书将委托出版社正式出版，并作为风险管理师岗位及专业能力教育培训的公共模块教材使用，此教材的更新与再版工作亦由风险管理分会秘书处负责。

前不久很欣慰地获悉该丛书已经进入统稿阶段，丛书总编黄炜教授约我写个序。如此高的效率，令我由衷敬佩和感谢黄教授带领的编写团队各位专家的敬业精神、专业素养和辛勤劳动。我清楚地记得，在 2017 年 3 月本套丛书编写启动会上，我还与全体参编人员谈到，这套丛书在中国风险管理事业发展中具有里程碑意义，编写工作要规范、有序地开展。以该丛书为基本载体，传播风险管理理念，培养并造就更多的各行各业风险管理人才，逐步形成风险识别、风险管控、风险处置的中国特色风险管理系统，无疑是保证新时代中国经济和社会持续稳定健康发展的重要基础。

从社会价值与意义层面来看，自风险管理师作为新职业正式入编《中华人民共和国职业分类大典》，到风险管理从业人员职业标准的开发等工作，黄炜教授所带领的团队一直在努力推进并自觉地积极投入，无愧为中国风险管理研究与相关职业创建的先行者和开拓者。

本人长期从事投资研究和投资行业协会工作，深知投资始终是推动中国经济社会发展的重要动力。而投资就有风险，同时创新与创业也面临风险。无论是股权投资包括创业投资的从业者还是管理者，都需要具有科学的风险管理意识，不仅要重视投资前的风险评估，同时更要重视投资后的风险审计，确保投资的有效性和可持续发展。所以在新时代社会与经济发展环境下，风险管理领域的从业人员广泛并且自觉地学习掌握风险管理的知识，并不断提升专业能力。此套丛书的编撰完成与正式出版无疑是中国风险管理领域的一件幸事，确实可喜可贺。

中国人力资源开发研究会常务副会长
中国投资协会副会长
中国投资协会股权和创业投资专业委员会会长
国家发改委宏观经济研究院原院长助理
丛书编写领导小组组长
沈志群
2018 年 1 月

前　言

　　风险管理对国内的实体企业来说是一个较新的话题，从我们与风险管理同行的交流来看，大家对于风险管理的基本认识已经进入到相对成熟的阶段，但是如何认识风险管理体系却仍然是一个挑战性的话题，风险管理体系建设更是一个全新的领域，尽管日常管理工作很多都是风险管理的内容，但从"体系"的角度出发，还远远不够。那这样的一套风险管理体系应该包含什么样的内容？这些内容究竟具体指的是什么？风险管理体系与企业中其他管理体系是什么样的关系，应发挥什么样的不同作用呢？我们从自身的管理实践出发，将我们在建设风险管理体系中的成果、思考、困惑以及走过的一些弯路一一呈现给读者，尽量去回答以上问题，希望能够给读者带来一些参考和借鉴，使读者能够对风险管理体系有更加深入的认识。

　　本书共九章组成：

　　第一章　风险管理体系概论，介绍了全面风险管理体系的概念、建设全面风险管理体系的必要性、内外部环境和风险管理体系规划等内容；

　　第二章　风险管理战略体系，介绍了风险管理战略概论、内涵，如何制定风险战略，风险管理组织体系在确定风险战略时应发挥的作用以及制定风险管理战略的具体操作案例等内容；

　　第三章　风险管理组织体系，介绍了风险管理组织体系概述、主要构成、体系实践等内容；

　　第四章　内部控制体系，介绍了内部控制与风险管理理论和现状，内部控制与风险管理一体化的实现路径及具体应用等内容；

　　第五章　风险管理工具方法体系，主要包括：风险管理工具方法体系概述等内容；

　　第六章　风险管理信息系统，主要包括：风险管理信息系统概述、风险管理信息系统的建设与实施、风险管理信息系统的解决方案，项目管理等内容；

　　第七章　风险管理监督和改进，主要包括风险管理评价、风险管理审计以及缺陷评价和审计等内容；

第八章　风险管理文化，分别介绍了风险管理文化概述、文化的诊断、强化和构建风险文化、风险文化进步和成功的评估、培训及文化思想总结等内容；

第九章　风险管理体系实操，分别介绍了信用风险管理体系、市场风险管理体系和投资风险管理体系。

作为一本以实践为导向的书，具有以下两大特点：

（1）内容通俗，本书内容主要来源于我们的管理实践，没有严格的理论限制，内容通俗易懂。

（2）应用导向，本书所有涉及到的内容最终都会落到实践上，通过案例展示应用所讲的内容。

本书由莫春雷担任主编，谭兆奎、鲁玉明、张文来担任副主编。参加本书编写的还有：陈旭萍、冯琦、高宇、关海、李栋、李晓昂、刘志梅、刘星权、米雪晶、彭迪、任蔚然、孙静楠、王长芝、王彦昭、魏然、文科、吴珍、武广齐、朱桐等同志。

特别感谢在本书成稿的过程中，各位同仁提出的宝贵意见和建议。

希望《风险管理体系建设》一书能对您的学习和工作有所帮助，同时，衷心地希望您对书中可能出现的错漏提出宝贵意见。

编著者

2019 年 4 月于北京

目　录

第一章 风险管理体系概论

第一节 全面风险管理体系的概念

一、全面风险管理体系

全面风险管理体系是战略支持体系的组成部分，一个组织在制定战略目标时，应明确建立风险管理体系的必要性和紧迫性。建设全面风险管理体系的目的就是通过整体规划，统一组织上下建设全面风险管理体系的思路，落实长短期建设目标，有计划性地建设全面风险管理体系，为战略目标的实现保驾护航。

全面风险管理体系建设是一个全新的领域。尽管日常管理工作很多都是风险管理的内容，但仅从"体系"的角度出发还远远不够。一个组织的全面风险管理体系建设必须与战略紧密结合，并根据战略的调整而调整；同时，也要与正在进行的和拟进行的基础管理工作的提升（如流程项目）和信息系统建设结合起来。这就要求规划的框架结构清晰但内容的弹性大。

全面风险管理体系建设是一项长期系统工程，需要领导层的一致认同和高度重视。在现有管理体系尚未完善的情况下，不同子组织的风险承担能力和风险管理水平存在明显差异，所以规划的起点和阶段目标必须务实。

全面风险管理体系的建设分为短期建设目标和中长期建设目标。

短期建设目标是指应在明晰现有风险管理职能的基础上，开展风险管理组织体系的初步建设工作。一方面，强化现有风险管理职能；另一方面，成立定位明确、权责清晰的风险管理专职机构，包括风险管理委员会及风险管理部，对组织层面的重大风险进行战略性、系统化管理。同时在其指导下，推动子组织的风险管理职能建设，设立与组织相应的风险管理部门/岗位，承担风险信息报告、具体业务风险管理等工作。风险管理组织体系应具备对整体风险进行评估、综合分析、制定风险战略的功能，同时应配套建立风险管理制度，搭建有效的全面风险管理框架。

中长期建设目标的重点是进一步完善组织的风险管理组织结构，致力于建立成熟的风险管理组织体系，全面优化风险管理体系各组成部分，并确立风险管理的统一标准。成熟的职能体系在满足管理重大风险要求的基础上，把风险管理向业务前端推进，形成一个规范、统一、协调运作的有机整体。通过风险管理组织体系的有效运作，把风险意识和风险管理的理念贯穿于日常管理中，形成健康的风险管理文化，并对组织战略目标的实现提供专业支持和有效保障。

二、风险管理的概念和基本特性

（一）风险的概念

目标、不确定性和影响构成了风险概念的三个变量。

（1）目标（O）

目标是主观的，一定是人或组织的目标，所以明确目标，就可以明确和界定风险管理的主体。风险管理一定是特定人或组织——主体对风险的管理。不明确界定管理主体，风险管理就失去方向、就不可能有正确的管理内容、就不可能实现既定的预期。例如，就某一可能发生的事件，对某一风险管理主体而言，如果该事件对主体的目标有影响，那么事件就可能是该主体的风险；但对另一风险管理的主体，如果该事件的发生对主体的目标没有影响，那么事件就肯定不是该主体的风险。

（2）不确定性（U）

不确定性是风险的基本属性，没有不确定性，就不会有风险。正是在客观世界中存在着不确定性而导致风险的存在。

人们通常认为，不确定性是客观的，但是不确定性的客观存在着性质完全不同的两种类别。第一，客观上的确定性——某些事件在客观上是确定的，只是由于人类总体上的认知能力不足，在特定的时期内还无法得到确定状态所必需的一切信息，如天气预报；第二，客观上的不确定性——某些事件由一些不可预测的偶然因素导致，无论人们的认识程度如何，对于未来的结果始终无法判断，如投掷硬币、掷骰子。

在《ISO 31000 风险管理指南（2009）》中"风险"术语注 5 中明确了不确定性在风险管理领域中的概念。从不确定性概念中可以看出，风险管理领域中的不确定性是指客观上的确定性，而这种客观上的确定性随着人类的不断进步，掌握信息越来越充分，可以变不确定性为确定性，或改变不确定性的程度，这为认识风险具有"可管性"奠定了基础。例如，随着一个组织的业务不断开展，业务数据和信息的不断积累，对业务开展过程中存在的风险的管控手段和方式也在不断改进，从而可以改变业务过程中不确定性的程度。

（3）影响（E）

影响意为不确定性与目标发生关系，对目标起作用。影响作为风险概念的三个变量之一，是连接不确定性与目标的桥梁。通过这一桥梁，使三个变量联系起来，形成风险概念的统一性和整体性。

人们通常认为不确定性是客观的，而作为体现风险管理主体的目标是主观的，仅有客观存在——不确定性、仅有主观存在——目标，并不能构成风险，只有当不确定性存在对目标的影响时，对于目标相对应的风险管理主体而言，才构成风险。基于不确定性、影响、目标的大小及其相互关系决定风险是否存在以及风险的大小，可以给出组织是否存在风险的依据：

$$R_c = R(O, E, U)$$

当 $U = E = O = 0$ 时，不存在风险，$R_c = 0$；当 U、E、O 皆不为 0 时，存在风险，$R_c \neq 0$。也就是说，存在不确定性，且对目标有影响，那么对目标的主体而言，就存在风险。

三个变量的大小及其相互关系不仅给出组织是否存在风险的依据，同时也给出管理应对风险的方式，即通过改变 U、E、O 三个变量的大小来改变风险的大小。例如，由于采购部门采购人员与外部不合格供应商恶意串通，骗取合格供应商资格，可能发生供应商选择不当的风险，导致采购物资质量较差且影响产品质量。在这一风险事项中，O 是保证采购物资和产品质量；U 是可能选择不合格的供应商；E 是采购物资质量较差且影响产品质量，通过加强供应商管理要求等降低与不合格供应商合作的可能性（改变 U）；加强采购验收，检查出质量差的物资及时与供应商办理退换货，杜绝将质量差的物资用于产品生产（改变 E）；组织战略转型由生产商转为经销商（改变 O）。实际工作中，具体采用何种方式管理风险需要结合实际情况以及管理成本进行判断，选择最适宜的一种方式或多种方式相结合。

（二）风险管理概念及基本特征

风险管理为风险管理领域的术语，其定义为："在风险方面，指挥和控制组织的协调活动。"风险管理是一个过程，它是由企业的董事会、管理者和其他人员实施，应用于战略制定并贯穿于企业之中，旨在识别可能会影响企业的潜在事项，管理风险以使其在该企业的风险容量之内，并为企业目标的实现提供保证。

风险管理是研究风险发生规律和风险控制技术的一门新兴管理科学，是通过风险识别、风险衡量、风险评估和风险决策管理等方式，对风险实施有效控制和妥善处理损失的过程。风险管理作为一门新兴学科，具有管理学的计划、组织、协调、指挥、控制等职能，同时又具有自身的独特功能。

风险管理具有未来性、增值性、目标性、主动性、信息性、学习性、环境性和嵌入性等基本特征。其中，企业风险指未来的不确定性对企业实现其经营目标的影响。

（1）未来性

风险管理是对未来的管理，风险影响着未来。风险的"未来性"必然导致"风险管理的未来性"。一切憧憬未来、对未来怀有希望并希望赢得未来、占有未来的企业均应实施风险管理。管理风险就是管理未来，管理风险是组织可持续发展的必然。

因为风险是未来的不确定性对目标的影响，凡是不确定性都具有未来性，管理风险就是管理未来的不确定性，不确定性一旦成为确定的有益或无益的事实，它也就不是风险了。所以风险管理就是管理企业未来影响经营目标的各种不确定性因素，趋利避害，为实现目标提供保障。

（2）增值性

风险具有双重性，威胁与机会并存。其中，威胁是指不确定性对实现组织目标有负面影响、管理具有负面影响的风险，就是降低损失、避免损失；机会是指不确定性对实现组织目标具有正面影响，管理具有正面影响的风险，就是要增值、创造价值。

长期以来，人们总认为风险就是危险，是"全负面性"的影响，使"风险管理"几乎成为"避免损失"的代名词，谈及风险管理就是如何降低损失、避免损害。由于《ISO 31000 风险管理指南（2009）》定义了"风险具有两重性"，有机会也会有威胁。机会含义是指对目标有增值意义，而威胁含有损害含义，所以管理风险要求做到"抓住机会、规避威胁"，两者归纳起来都具有"增值性"特征。

（3）目标性

风险管理一定是有组织地、有目标地管理。管理风险的最终目的是确保风险管理完全聚焦于目标的实现。风险管理的目标性对于组织界定风险管理的主体、划分风险管理的范围具有重要意义。

目标是风险主体的目标，风险与目标形影不离，有目标就有风险，风险管理的"目标性"界定了风险管理的主体、划分风险管理的范围，对识别、确定风险管理过程，实现风险管理的"嵌入性"具有重要意义。

（4）主动性

由于风险的两重性，风险管理不再单纯是降低损失、避免伤害，也可能创造出更大的价值，这必然在管理上带来新的突破，集中体现在风险管理的被动性向主动性的转化。

　　长期以来，人们总认为自己在面对损失、伤害、灾难等不安全因素时是被动的。新的风险定义为"风险对目标来说不只是威胁与损害，还有'机会'存在"，风险管理不只是避免威胁、减少损害，还应积极主动寻找并抓住"机会"创造价值，克服消极被动的观念，这样才能实现风险管理的目的。

　　（5）信息性

　　不确定性概念中的一个主要内容是缺乏"信息"，这显示出信息与风险的关联以及信息在风险内涵中所具有的重要地位。风险管理的有效性在很大程度上取决于组织对信息的管理——对信息的管理意味着对不确定性的管理，改变不确定性对目标的影响就可以实现对风险的管理。

　　管理的成功与否关键是"信息充分性和可靠性"。在发展中的经济一体化、信息化、网络化，新闻媒介作用日益凸显的情况下，风险管理中的"信息性"越发重要，信息缺失或错误必然导致管理失败。

　　（6）学习性

　　不确定性概念中另一个主要内容是对事件、后果、可能性缺乏了解或认识，人们的了解或认识程度、差别对识别和判定不确定性具有重要影响，从而影响到对风险的管理。

　　人们的学习状况决定人们的"了解和认识"水平，人们通过学习可以改变对"事件""影响后果"及"可能性"的了解和认识，对先进科学技术的掌握，从而改变应对风险的策略与措施，进而改变"不确定性"对目标的影响。特别在瞬息万变的当今社会，如果缺乏学习或因循守旧，就难以应对错综复杂的风险。

　　（7）环境性

　　从风险管理的角度来讲，建立环境是具体实施风险管理嵌入性的第一体现，所以将建立环境作为实施风险管理流程的第一环节。

　　（8）嵌入性

　　风险没有自身的生产过程，风险的这一内在特性是认识风险管理嵌入性的基础，是理解风险管理嵌入性的根本所在。既然风险产生于组织特定的业务过程，那么组织所管理的风险就是管理组织特定业务过程中的风险，这在客观上就要求风险管理一定是嵌入性的管理，为实现特定业务过程的目标提供保证。

　　风险不是孤立存在的实体，而是嵌入各项业务流程及业务活动之中，没有各项具体的业务流程及业务活动存在，风险也不可能存在。因此，风险管理只有嵌入组织的各项业务流程及业务活动中才能看得见、抓得着，才能取得成效。

（三）风险管理和管理风险的区别与联系

在国际标准化组织（ISO）发布的《风险管理——原则与指南》中提到："风险管理"侧重于建立风险管理的结构，包括风险管理的原则、框架、流程、技术和方法等；"管理风险"强调的是针对具体风险，按照风险管理流程实施管理的具体实施过程。对于一个组织来说，其风险管理部的主要职责是风险管理，建立原则、框架和标准，提出要求和标准，研发技术，提供方法，实施监控，建立整体的风险管理框架，并推动风险管理融入管理流程中去。其他职能管理部门以及子组织则主要是管理风险，即原有的职能管理部门以及子组织按照统一的风险管理原则、框架和流程，在现有的管理职能中针对特定的具体风险进行有效的管理。

风险管理工作可以说无处不在，组织的运行需要对风险进行有效管控，职能管理需要对风险进行及时监管，组织发展的方方面面几乎都离不开对风险的管理。但是，如果将所有风险管理工作都放置于一个风险管理部门、一个风险管理委员会，仅仅依靠这一个部门、一个委员会的力量对各业务一线单位中"无处不在"的风险进行直接而不分重点的管理，必然会由于职责权限的重叠导致职责混乱、风险管控失位或越位，甚至出现风险"无人可管"或"交叉管理"的现象。因此，风险管理工作在企业管理中的定位非常重要，可以说，没有清晰的定位，就无法顺利开展工作。

对于风险管理的定位，国资委在《中央企业全面风险管理指引》中指出，全面风险管理要有效融入企业管理的每个环节，嵌入企业的内部控制系统中。集中化的风险管理并非是取代原有单位和部门的风险管理职能，而是实施风险管理，建立风险框架，在保证其他各业务经营与管理流程基本不变的前提下，使风险管理与其进行完美对接，让风险管理融入经营和管理流程中。

在一个组织中，在风险管理中具有不同的角色和定位。组织层面的主要任务是实施风险管理，由风险管理部、风险管理委员会等风险管理的专职部门制定组织的整体风险战略与政策，确立组织内部控制的标准与管理机制，对重大风险进行有效监控，防范全局性、颠覆性风险的发生。同时，在组织内宣传整体风险管理意识，培育风险管理文化。各子组织的风险管理工作重点是管理风险，将风险管理融入具体的运营和操作流程当中，认真贯彻执行组织制定的各项风险管理政策和制度，并将执行情况及时反馈回来。只有使业务一线单位的风险管理工作与组织整体的风险管理工作形成良性的循环体系，才能不断优化与完善全面风险管理体系，实现组织整体的风险管理目标。

风险管理和管理风险这两个词反映了全面风险管理两个不同层面的工作，清晰地划分了组织层面与子组织层面风险管理职责分工和工作重点，正是因为定位清晰、分工明确、不越位、不缺位、执行到位，全面风险管理体系才真正趋于科学、趋于全面。除了风险管理部等职能部门的风险管理和子组织的管理风险之外，一个组织还可以通过内部审计构筑企业全面风险管理的第三道防线，坚持"以风险为导向，以内部控制审计为抓手，发挥审计的预防、揭示和抵御风险功能"，督促风险管理与管理风险工作措施到位、执行有力，充分发挥第三道防线的功能，不断改善和提升各项风险管理工作，支持全面风险管理体系的有效运转。风险管理与管理风险闭环如图 1-1 所示。

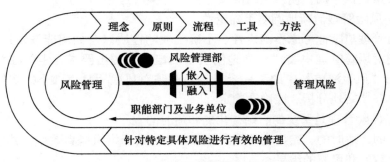

图 1-1　风险管理与管理风险闭环

三、风险管理的原则、框架、流程

1. 风险管理的原则

ISO31000：2009《风险管理——原则与实施指南》标准为组织实施风险管理工作提出了 11 项风险管理原则。风险管理原则是组织实施风险管理的理论指导，同时也是评价组织风险管理有效性的重要依据。[①]

（1）风险管理创造并保护价值

风险管理为组织目标和绩效改进的可证实成绩做出贡献，如人身健康与安全、保安措施、法律法规符合性、公众接受度、环境保护、产品质量、项目管理、运营效率、治理和名誉等。本原则是风险管理的第一原则，是整个风险管理原则的核心，也是组织实施风险管理的核心。

（2）风险管理是构成组织整体所必需的一部分

风险管理不是独立的、与组织的主要活动和过程相分离的一项活动。风险管理是管理职责的一部分，是构成组织整体所必需的一部分。风险管理本身不是独立的，不能与组织活动和过程分离，两者之间的关系是"嵌入"关系，即对组

---

① 安泰环球技术委员会. 管理风险　创造价值［M］. 北京：人民邮电出版社，2010.

织已识别并规定的过程"嵌入"风险管理的理论、流程、技术和方法，以实现对该过程的风险管理。

（3）风险管理是决策的一部分

风险管理帮助决策者进行正式的选择、优化活动顺序并辨别可选择的行动路线。"决策"在某种意义上意味着"预测"，是为未来某一事项做出决定或对发展的方向做出判断。预测是面向未来的，大量的不确定性将考验人们的智慧，而这恰恰是风险管理的领域，积累并实践世界先进的风险管理理论和方法，为组织的正确决策提供帮助，使组织的决策过程"完整"起来。

（4）风险管理清晰地阐明不确定性

风险管理清晰地考虑不确定性、不确定性的性质以及如何能清晰地阐明它。本条原则对风险管理中要"清晰地阐明不确定性"提出要求，组织在管理风险时（如对"风险清单"中的某一个风险）必须对风险所具有的不确定性有清晰的认识，并严格地分析、准确地判定。

（5）风险管理是系统的、结构化的和适时的

系统的、适时的、结构化的风险管理方法有助于组织提高效率，并获得一致的、可比较的和可靠的结果。

（6）风险管理以最可利用的信息为基础

风险管理流程的输入以信息源为基础，如历史数据、经验、利益相关方的反馈、观察、预测和专家判断。然而，决策者应提醒自己并考虑所使用数据或模型的局限性，以及专家意见的分散程度。

（7）风险管理具有适应性

风险管理与组织的外部和内部环境以及风险状况相适应。组织的风险管理是针对组织自身的风险管理，所以组织的风险管理务必与组织自身的实际状况相适应，而不是"两张皮"，这样才谈得上组织风险管理的有效性、才谈得上组织风险管理资源的有效配置、才谈得上组织风险管理的高效率，最终为组织的目标实现和绩效改进做出贡献，从而创造价值和保护价值。

（8）风险管理考虑人和文化因素

风险管理识别外部和内部人员的能力、感知和意愿，这些能促进或阻碍组织目标的实现。从实施风险管理的主体看，组织内的所有层次、部门以及所涉及的所有利益相关方均是由人组成的，人在风险管理中起决定作用（其他资源如设施、资本等起辅助作用），所以在实施风险管理中必须充分考虑人的因素。

风险管理理论和实践发展逐渐走向成熟的一个重要标志，就是在风险管理领域中全面引入组织的风险文化。风险文化是组织实施风险管理不可或缺的背景和原动力。

（9）风险管理是透明的、包容的

利益相关方特别是组织所有层次的决策者应适当、及时地参与，以确保风险管理与他们密切相关和保持更新。组织应允许有适当的利益相关方代表参与风险管理，并在决定风险准则中考虑他们的意见。

面向利益相关者的组织信息披露是实现组织透明度的主要手段，改进信息披露会带来组织透明度的提高。实践证明，组织的各项活动越透明，对组织的正确估值会越高。组织的透明度与组织创造价值有关，如组织相关和可靠的信息披露将会吸引机构投资者，机构投资者所有权的增多会给组织带来价值。

（10）风险管理是动态的、往复的，并对变化保持响应

风险管理对变化保持持续感觉和响应。随着外部和内部事件的发生、环境和知识的变化以及风险监测和评审的进行，新的风险会不断出现，某些风险可能发生变化，另一些风险则可能消失。

风险管理是一个过程，有其输入、输出，以及使用资源将输入转化为输出的处理活动，所以风险管理流程本身的过程就是一个动态过程。通过动态的、有序的一系列活动，将输入转化为输出，以实现该流程的功能。通常情况下，企业都不会通过一次过程的运行而使过程的输出就是预期的，要经过反复修改过程的输入、投入资源的调整和有效使用，特别是开展活动的变化等，才可能使过程的输出是预期的。所以风险管理过程总是往复的、迭代的，通过螺旋式上升，实现更高层次的过程运转。

（11）风险管理促进组织的持续改进

组织应制定并实施战略，以改进其风险管理成熟度以及组织的其他领域。

2. 风险管理框架

风险管理框架为风险管理领域的重要术语，其定义为："为设计、执行、监测、评审和持续改进整个组织的风险管理提供基础和安排的一组构成。""基础"包括管理风险的方针、目标、授权和承诺；"安排"包括计划、相互关系、责任、资源、过程和活动。风险管理框架嵌入组织的整体战略、运营正常以及实践中。风险管理框架由5部分构成，分别是授权与承诺、风险管理框架设计、实施风险管理、框架的监测与评审、框架的持续改进。

3. 风险管理流程

风险管理流程为风险管理领域的重要术语，其定义为："将管理政策、程序和操作方法系统地应用于沟通、咨询、建立环境以及识别、分析、评价、应对、监测与评审风险的活动中。"ISO31000：2009《风险管理——原则与实施指南》标准中明确指出，"风险管理过程"由五部分构成，分别是建立环境、风险评估（包含风险识别、风险分析、风险评价三个子过程）、风险应对、监测与评审、

沟通与咨询。风险管理流程是从建立环境开始的；风险评估是风险管理流程的重点；在建立环境、风险评估、风险应对中都应实施监测与评审、沟通与咨询，并进行信息传递与沟通。

在后面的章节中，我们会对风险管理的过程进行详细的论述。

四、全面风险管理体系的组成

健全的全面风险管理体系应包括风险管理策略体系、风险管理组织职能体系、内部控制系统、风险管理工具方法体系、风险管理信息系统和风险管理文化。

（一）风险管理策略体系

企业应将风险管理理念、工具、流程和方法贯穿于策略制定和执行的过程中，根据内外部环境、发展战略和经营管理目标，制定科学合理的风险管理策略，确定风险偏好和风险容忍度、承受度，并通过年度计划预算、风险限额等方式进行落实，合理配置风险管理资源，将风险管理工作完全融入经营管理过程。

（二）风险管理组织职能体系

组织应按照分层、分类的风险管理模式，设立专门的风险管理部门或配备专兼职的风险管理人员负责风险管理工作，建立健全岗位明确、权责分明的风险管理组织体系，形成业务部门、风险管理部门和相关职能部门、审计和监察部门相互制约、协调运作的全面风险管理组织职能体系。

（三）内部控制系统

组织应以风险为导向，建立和完善涵盖内部环境、风险评估、控制活动、信息与沟通、内部监督等要素的内部控制管理机制，按照风险管理流程与方法有序开展内控自评价、监督评价和缺陷整改等工作，建立旨在合理保证企业经营管理合法合规、资产安全、财务报告及相关信息真实完整的内部控制系统，不断提高经营效率和效果，促进实现发展战略。

（四）风险管理工具方法体系

组织应在风险评估的基础上，根据风险偏好和风险容忍度、承受度，确定合理的风险应对方案。组织在确定应对方式时，应依据风险与收益平衡的原则，按照相关要求合理选取预提风险准备金、购买保险或使用专业自保公司及衍生产品交易等金融手段，实现风险的转移、对冲、补偿等，有效避免损失或使损失最小化，保证组织的资产安全。

（五）风险管理信息系统

组织应将信息技术应用于风险管理的各项工作，在业务、管理信息系统中明确和固化风险管理流程及关键控制点，并在此基础上逐步建立专业的风险管理信息系统，支持对各类风险信息的采集、加工和分析，确保风险信息传递的及时、准确、透明，实现风险信息的高效共享和有效管理。

（六）风险管理文化

组织应通过多种形式，广泛、深入、持久地宣传道德诚信和合法合规的风险管理文化，加强风险管理理念、工具、流程、方法等方面的专业培训，培养风险管理人才，培育和塑造良好的风险管理工作氛围，将全员、全过程的风险管理理念融入全体员工的各项工作。

第二节 建设全面风险管理体系的必要性

一、现阶段风险管理工作中面临的问题

（一）缺乏对全面风险管理体系的认识

1. 缺乏正确的风险理念

风险理念是指对风险的态度和认识。风险理念应该与企业所处的内外部环境、企业的资源状况以及企业战略相适应，应该有助于企业战略目标的实现。正确的风险理念既不是对风险的刻意回避，也不是片面为高回报而刻意追求；既不是对风险视而不见，也不是对风险过分强调。[①]

2. 缺乏战略高度认识

组织对风险管理的认识大都停留在职能管理的层次上，风险管理缺乏必要的高度，也没有得到组织高层的必要关注。

3. 缺乏系统性风险管理手段

中国组织的风险管理缺乏风险分析和度量手段，缺少专门化的风险管理工具，往往按职能被切分到财务、运营、市场、法律等多个层面，缺乏全局性的整合框架和主线。

4. 全面风险管理渗透程度低

组织的风险理念往往缺乏清晰的表达和内部贯彻，并没有被大多数员工理解和认同，也无法落实到具体的日常工作中。

（二）各类重大风险事件频发

如果组织未建立风险管理机制或组织的风险管理失效，将会在某种程度上毁

---

① 胡为民. 内部控制与企业风险管理：实务操作指南（第 3 版）［M］. 北京：电子工业出版社，2013.

灭股东价值甚至社会价值，将会面临丢失客户、丧失信誉、丢失合作伙伴、营业中断或直接导致破产等风险。国内外许多著名的企业已为我们敲响警钟。

1. 因运营风险而破产的巴林银行

巴林银行（Barings Bank）创建于 1793 年，在 20 世纪 90 年代前是英国最大的银行之一。1995 年 2 月 27 日，英国中央银行突然宣布巴林银行不得继续从事交易活动并将申请资产清理，这意味着具有 233 年历史、在全球范围内掌管 270 多亿英镑的英国巴林银行宣告破产。

1995 年，担任巴林银行新加坡期货公司执行经理的里森同时身兼首席交易员和清算主管两职。有一次，他手下的一个交易员因操作失误亏损了 6 万英镑，当里森知道后，因为害怕事情暴露影响他的前程，便决定动用 88888 "错误账户"。所谓 "错误账户"，是指银行对代理客户交易过程中可能发生的经纪业务错误进行核算的账户。以后，他一再动用 "错误账户"，使银行账户上显示的均是盈利交易。随着时间的推移，备用账户使用后的恶性循环使银行的损失越来越大。此时的里森为了挽回损失，竟不惜最后一搏，在日本神户大地震中多头建仓，最后造成的损失超过了 10 亿美元。这个数字是巴林银行全部资本及储备金的 1.2 倍，233 年历史的老店就这样顷刻瓦解了。巴林银行的破产是由于缺乏足够的职责划分和上级对下级从事业务的监控机制，公司巨大的运营风险导致其最后的失败。

2. 因战略风险而倒闭的日本八佰伴公司

八佰伴公司创建于 1930 年，八佰伴起初是在静冈县热海市开办的一家蔬菜水果店。经过 30 多年的发展，小商店有了相当大的规模，1962 年正式更改店名为八佰伴百货店。从此，八佰伴大举拓展海内外事业，开始增辟生产线，兼营家庭生活用品和服装，并先后在巴西、新加坡、中国香港和中国上海、英国、美国建立了一系列分号，掀起一股流通业国际化的浪潮，逐步发展成为一个拥有 236 亿日元资本、42 家日本国内骨干店铺、26 家海外超市的连锁企业。1997 年 9 月 18 日，八佰伴日本公司向公司所在地的日本静冈县地方法院提出公司更生法的申请，这一行动实际上等于向社会宣布该公司的破产。

是什么给这个被称为企业发展奇迹的八佰伴带来如此厄运的呢？比较一致的看法是，由于错误的战略定位，它犯了盲目投资的错误，低估了经营非核心业务（如地产、饮食、娱乐）的风险以及开拓新兴市场的风险。八佰伴在日本国内根基不深，却一味强调实施全球战略，在国外开拓过了头。八佰伴 "没有一个把什么货卖给什么人的明确的经营战略"。八佰伴原本是一个地方超市集团，但在向海外进军的过程中，时而以日侨为对象，时而又转向当地人。八佰伴不仅不断改变销售对象，而且还不断改变经营手法。错误的战略定位最终使八佰伴宣告破产，成为日本第二次世界大战后最大的一宗企业破产案。

3. 风险管理失效的中航油新加坡有限公司

中航油新加坡有限公司是中国航油集团公司的海外控股子公司（简称新加坡公司），其总裁陈久霖兼任集团公司副总经理。经国家有关部门批准，新加坡公司在取得中国航油集团公司授权后，自 2003 年开始做油品套期保值业务。在此期间，陈久霖擅自扩大业务范围，从事石油衍生品期权交易。陈久霖买了"看跌"期权，没想到国际油价一路飙升，新加坡公司所持石油衍生品盘位已远远超过预期价格。导致新加坡公司现金流量枯竭，最后关闭的仓位账面实际损失和潜在损失总计约 5.54 亿美元。

新加坡公司从事的石油期权投机是中国政府明令禁止的，而且新加坡公司也成立有风险委员会，制定了《风险管理手册》。该手册明确规定，损失超过 500 万美元，必须报告董事会。但陈久霖从来不报，集团公司也没有制衡的办法。2004 年 6 月，陈久霖还在新加坡公开表示，新加坡公司只负责帮助客户采购，佣金收入相对稳定，风险很低，不会受到油价高低的影响，具体期货操作在新加坡公司严格的风险管理系统总体控制之下，不存在较大风险。然而，风险管理体制事实上形同虚设，风险管理薄弱甚至最终失控，未能发挥其应有的效应，才导致最后的结果。

除此之外，美国《财富》500 强排名第七的安然公司和前 100 名的世通公司相继发生的财务丑闻，是财务风险控制失败的典型案例；中国香港百富勤集团有限公司没有充分认识到新兴金融市场的风险，低估利率和汇率波动的风险，大量投资印度尼西亚和泰国市场，在亚洲金融风暴冲击下因资金链断裂而破产，是市场风险控制失败的典型案例。还有西门子贿赂案，广东佛山市利达玩具有限公司出口玩具被召回、老板上吊自杀等，一件件风险管理缺失或失效而导致失败的案例为我们敲响了警钟。[①]

二、内外部客观因素的要求

一个组织发展的健康性、持续性、稳定性的保持必须以全面风险管理体系的建立健全、风险防范能力的提高为前提。目前，在日趋激烈的外部风险环境的变化要求之下，为了防止在内部因素和外部因素不断变化的影响下，导致组织面临重大风险并遭受损失，组织必须提高全面风险管理能力，并不断地存在于组织对经营战略目标的不确定性得到降低。

组织建设全面风险管理体系还是实现风险管理的总体目标的内在要求。

---

① 陈晓更. 论企业建立全面风险管理体系的必要性［J］. 会计之友，2008（9）.

风险管理的总体目标包括：确保将风险控制在与总体目标相适应并可承受的范围内；确保内外部尤其是企业与股东之间实现真实、可靠的信息沟通，包括编制和提供真实、可靠的财务报告；确保遵守有关法律法规；确保企业有关规章制度和为实现经营目标而采取重大措施的贯彻执行，保障经营管理的有效性，提高经营活动的效率和效果，降低实现经营目标的不确定性；确保企业建立针对各项重大风险发生后的危机处理计划，保护企业不因灾害性风险或人为失误而遭受重大损失。

第三节　建设全面风险管理体系的内外环境

开展环境建立工作之初，组织应做好资料收集、研读工作。收集研读的资料包括但不限于待评估活动的相关制度文件或描述介绍性文件、外部监管规定、与外部相关方签署的合同或协议等。例如，如果开展业务流程环境建立工作，组织应收集研读组织中各个层级关于该业务流程的制度、内控标准、外部关于该业务流程的法律法规等；如果开展某重大项目的环境建立工作，组织应收集研读项目基本情况、对该类项目有监管要求的机构的发文或通知、对该类项目内部管理情况等。通过研读分析明确活动目标，组织可以分析待评估活动的内外部环境，关注影响目标的利益相关方及其诉求。

风险的定义是不确定性对目标的影响，所以在开展风险评估工作之前需要先确定待评估活动的目标，明确其目标，就可以明确和界定管理风险的范围。《风险管理术语》的注 2 中明确指出，目标可以是不同方面（如财务、健康与安全、环境等）和层面（如战略、组织、项目、产品和过程等）的目标。

在实际操作中，如果明确待评估活动，那么围绕该评估活动识别目标，获得的渠道有访谈管理待评估活动的领导、查阅待评估活动的相关文件、年度工作目标等。需要特别注意的是，这里的描述目标必须紧扣待评估活动，是开展该活动预期达到的目标。例如，开展采购业务流程的风险评估工作，识别该业务流程的目标为：确保物资和劳务采购按质、按量、按时并且经济高效地满足生产经营的需要，本年因采购合同违约、采购原材料不合格导致的经济损失不超过 300 万元、本年采购工作要保证原材料合格率达到 90% 等。开展某工程项目的风险评估工作，识别该项目的目标为：在 2 月之前完成项目的建设工作，建设的固定资产满足质量要求，项目成本不超过预算等。

一、内部环境

（一）内部环境的概念

内部环境是指组织旨在实现其目标所处的内部环境。内部环境是组织内部可能影响管理风险方式的任何事情。开展风险管理工作应与组织的文化、过程、结构和战略相一致。

内部环境包括但不限于：①治理、组织结构、角色和责任；②方针、目标及确定实现它们的战略；③能力、对资源和知识的理解（如资本、时机、人员、过程、系统、技术）；④与内部利益相关方的关系，以及他们的感知和价值观；⑤组织文化；⑥信息系统、信息流和决策过程（正式的及非正式的）；⑦组织所采用的标准、指南和参考模型；⑧合同关系的种类和程度。

COSO 在企业风险管理整合框架（ERM）中指出，企业内部环境是企业风险管理其他要素发挥作用的基础，内部环境提供风险管理的原则与结构，并受企业历史与文化的影响。内部环境的内容主要包括风险管理哲学、风险偏好、董事会、正直与道德价值观、员工能力的承诺、组织结构、权责分派，以及人力资源政策等。

任何一家企业要想在激烈的市场竞争中求得生存和发展、在风险中抓住机遇，都必须加强企业的内部控制。内部环境是企业风险管理中其他要素发挥作用的基础。同时，内部环境也是整个内部控制的核心，是直接造成各企业的内部控制形式、内容差异的根本原因，对有效执行企业内部控制制度、合理开展企业风险管理有着显著的作用。企业应以优化内部环境为立足点加强企业风险管理，保证企业健康、持续发展。

（二）内部环境对全面风险管理体系的重要性

从现实情况来看，有些组织全面风险管理体系的建设虽受到重视，但其运行过程中却由于内部环境恶化而出现诸多问题。例如，很多组织虽然形式上设立完整的法人治理结构，但实际上却因一股独大、内部人控制等原因使其权利缺乏制衡，中小股东利益完全得不到保护。风险的概念比内部控制更广泛，风险管理框架建立在内部控制框架的基础上并对其进行扩展。值得注意的是，企业风险管理整合框架将原来的控制环境扩展为内部环境，将其范围从内部控制扩展为企业的全面风险管理，从而使企业关注的范围不再仅局限于控制方面，而是全方位地综合考虑各种因素对企业风险的影响。因此，内部环境是为框架中其他要素"保驾护航"的基石，是开展风险管理的基点。只有从内部环境视角来审视组织风险管理，才能使该管理方法的各项措施落到实处，真正发挥出科学的内在价值。

无论是理论研究还是现实经验教训，内部环境对全面风险管理体系的重要性都毋庸置疑。一个组织内部控制的执行效果和风险管理的成效并不取决于制度设计的精细或管理方法的巧妙，而在于其内部环境的优劣。认识内部环境的重要性应从点和面两方面入手。内部环境的各构成要素是"点"，各点相互联系形成"面"，各面相互交织组成一个有序运行的系统。该系统中存在很多"点—面"联系，如建立完整的、良好的组织机构离不开董事会、监事会、审计委员会和内部审计等机构的责权分配和权力制衡，以防止机构设置流于形式；再如管理者必须了解全面风险管理哲学，从而合理确定风险偏好。上文新加坡公司中，其管理者风格豪放，风险意识匮乏，最终惨败于国际金融市场上的竞争对手。由此可见，只有使内部环境要素间的联系更紧密，并加强该系统在组织管理中的核心地位，才能为构建全面风险管理体系奠定坚实的基础。

（三）优化内部环境加强风险管理

优良的内部环境是组织开展风险管理的关键。以优化内部环境为立足点加强企业风险管理，将极大地提高管理的效率和质量。全面风险管理体系非常强调"人"的重要性，而组织管理者和全体员工都参与建立健全内部环境的过程，他们直接决定内部环境的优良性，也是加强风险管理的根本着眼点。

1. 提升管理者的综合素质

提升管理者的综合素质并加强对管理者的监督，管理者的综合素质是带领企业发展的重要因素，优化内部环境必须强调管理者的责任感与使命感、进取心与事业心。管理者要主动提升综合素质，同时组织也应加强对管理者的监督。

（1）加强管理者的风险意识

市场经济环境瞬息万变，任何组织都必须居安思危、未雨绸缪。组织的风险管理思想由管理者确立，其风险意识的强弱将直接影响企业的战略方针和决策，从而影响企业的发展导向。

电脑界的蓝色巨人IBM的惨败就是管理者缺乏风险意识的实例。当大型电脑为IBM创造丰厚利润后，整个IBM都沉浸在辉煌中，管理者危机感尽失。当市场环境逐渐变化，人们更青睐小型电脑时，IBM的管理者却麻木不仁，完全没有意识到这种新情况给自身带来的风险，依旧采取在大型电脑市场上提高占有率的战略，竞争力急剧下滑。"人无远虑，必有近忧"，管理者必须加强自身的风险意识，及时分析市场变化并认真领导风险控制设计工作，以身作则，严格执行风险管理程序和方法。[①]

（2）重视管理者的品行与作风，树立良好的经营理念

管理者是一个组织的标志，其品行、作风、经营理念对于内部控制和风险管

---

① 张建. 危机管理的"转向"逻辑 [J]. 中国石油企业，2015（6）.

理的运行有着深远的影响，也对下级员工的思维方式和行为风格有间接导向作用。管理者应首先起模范作用，并将适应经济形势的理念、管理思想灌输给每个员工，以便在整个企业中得到推行，为企业风险管理进行铺垫。

2011年，第十二届中国经济年度人物评选授予联想集团前董事局主席柳传志终身成就奖，这是当代经济社会对企业家精神的呼唤。柳传志于1984年创立联想集团，并与其共同成长。在多年的实践中，柳传志总结出"建班子、定战略、带队伍"的管理三要素，并言传身教培养企业员工，将联想建为"没有家族的家族企业"，成为民族企业的标杆。

（3）加强对管理者的监督

所有权和经营权的分离使得企业所有者和管理者之间存在逆向选择和道德风险的矛盾。管理者为了满足自身利益需求，可能会刻意隐瞒、欺骗所有者，甚至出卖商业机密，损害企业的利益。故强化对管理者的监督考核是十分必要的。组织应建立完备的考核体系，加强对管理者的约束、激励。例如，可将管理者的报酬、休假等个人利益与企业的经营状况挂钩，采取"高薪养廉"等措施，使管理者的利益方向与组织目标趋同，实现权利与义务的对等。

2. 将员工作为企业风险管理的核心

员工是企业的"细胞"，是组织赖以生存的基础和发展的原动力。企业风险管理的核心必须锁定全体员工，包括员工的个人品质，即正直、道德价值观等，也包括员工的胜任能力以及工作环境。

（1）加强对员工的警示教育，重点培养员工的风险意识

我国大多数组织内部环境的薄弱通常是由于员工极度缺乏风险意识造成的。组织应加强对员工的警示教育，通过分析案例、学习风险管理哲学等，使员工增强风险意识，在实际工作中自觉运用风险管理的思维方式，主动排查风险控制点，从基础环节降低风险。

（2）重视内部文化建设，全方位完善人力资源政策，提升员工的归属感

优良的文化和人力资源政策能让员工以主人翁的意识投入工作，增强员工对一个组织的归属感，留住人心。在塑造内部文化时，应以员工为出发点，并与人力资源政策相结合，保证员工的个人利益与企业利益一致，做到"以人为本、唯才是举"，营造一种健康、和谐的文化氛围，培养出素质高、能力强、可信赖的员工。第一，应完善招聘、选拔政策，对新进员工进行核心价值观和企业文化的导向培训。第二，注重对员工的激励，制定科学的绩效考评制度，为员工提供合理的报酬，通过阶段性业绩评估，对员工实施相应的指导、晋升及奖罚。第三，加大员工培训力度，多为员工创造学习机会，以提高其胜任能力和综合素质。组织的风险管理由人来执行并受"人"的因素影响，只有让员工拥有"家"一般

的感觉，才能保证风险管理工作的质量，组织才能留住人才。

（3）培养管理者和员工的诚信与道德观，建立员工反馈平台

诚信和道德观是管理者和员工都必须具备的品质。信念的力量是巨大的，只有充满诚信和道德观的内部环境才具有强大的生命力，使全面风险管理体系行之有效。首先，管理者不仅应起示范作用，更应培养员工的诚信意识并引导员工树立正确的价值观，将诱发员工不诚信、不道德和非法行为的动机降至最低。其次，员工应对管理者进行监督。当发现上级授意违规行为时，员工应本着诚信和道德标准主动进行举报。

二、外部环境

（一）外部环境概念

外部环境包括但不限于：①社会、文化、政治、法律、法规、金融、技术、经济、自然环境和竞争性环境，无论是国际的、国内的、区域的、局部的；②对组织目标有影响的关键驱动器和发展趋势；③与外部利益相关方的关系，以及它们的感知和价值观。

外部环境以组织的广阔背景为基础，既是复杂的又是广泛联系的。它强调特定法律法规要求的具体细节、利益相关方的感知以及在风险管理流程范围中具体风险的其他方面。

各类外部监管要求包括外部法律、法规、相关政策等其他要求。

1. 国际标准

国际标准化组织所正式发布的风险管理标准。如 ISO31000：2009《风险管理原则与实施指南》标准等。

2. 国家标准

我国所发布的风险管理标准。如 GB/T24353—2009《风险管理——原则与实施指南》等。

3. 行业、有关部门所发布的风险管理指引、规范

例如，国资委《中央企业全面风险管理指引》、五部委《企业内部控制基本规范》及配套指引等。

4. 其他有关风险管理的指南、框架、法案

例如，COSO《企业风险管理——整合框架》《萨班斯法案》等。

（二）外部环境预警

外部风险是时时存在的，差别就在于不同企业的应对策略有所不同，这也说明为什么同在一个行业同一样的外部环境，有的组织生存得很好，而有的组织却举步维艰，所以最重要的是建立一套有效的管理措施，防范外部环境带来的风

险。在剖析一个组织外部风险的基础上，利用预警管理理论，构建有效的外部环境预警管理机制，为组织防范外部环境风险提供一套新的运行机制是非常必要的。

1. 构建防范外部环境风险的预警管理机制

由于外部环境风险的客观性，我们可以在组织内部建立一套对企业外部环境变化风险的预警管理系统，来监测与评价外部环境对一个组织的影响，明确组织面临或可能面临的不利环境变动，然后采取有效对策，保持组织能够在变化的环境下不断发展。外部环境预警管理系统由预警分析与预控对策两大任务体系构成：一是预警分析，是对外部环境风险的识别、分析与评价，并由此做出警示的管理活动；二是预控对策，是根据预警分析的活动结果，及时矫正与控制内部管理活动，采取有效管理活动来迎接外部环境的变化。这样就可以建立防范外部环境风险的有效机制，使组织早做准备，防范风险。外部环境预警管理会产生两种结果：一是正确有效的管理活动将使组织保持"良好状态"的维持；二是失效与错误的管理活动使组织处于困境，此时，预警系统的直接对象指向"组织危机"，在这种状态下采用危机管理方式，直至组织恢复正常状态，而每个过程的结果与数据，都将反馈到"监测信息系统"中，其信息分析结果将可以合理调整和优化下一循环过程的预警管理活动，使整个预警管理活动形成一个循环，周而复始，维系与加强组织运行的安全。

2. 构建企业风险预警系统应做的工作

一是设立风险预警机构。风险预警机构在预警系统中起着组织和决策的中枢作用，是建立风险预警系统的基础。首先，预警管理指挥系统是预警职能的指挥机构，它由组织的管理层直接领导、负责研究预警方案、确定预警目标，及时解决经营过程中出现的问题。其次，由预警部门负责具体的风险预测预报工作，通过运用计算机设备，采用科学的风险预警方法，对获取的财务数据和信息进行加工和分析，向预警管理指挥中心及时提供风险预警决策信息。二是健全数据资料库。风险预警是建立在客观、准确的数据基础之上的。因此，构建风险预警系统必须建立或健全企业资料数据库，向预警系统提供全面的、准确的、客观的、及时的数据资料，以便风险预警系统生成更有价值的信息。三是拥有高素质的专业人员。风险预警工作是一项专业性、综合性都非常强的工作，不仅要求预警人员具备管理、财务、会计、金融、法律等方面的知识，而且要熟练掌握计算机硬件、软件，特别是计算机网络等方面技术，以增加信息获取的渠道，加快信息的传递速度。四是协调组织内各部门之间的关系。组织作为一个有机的整体，风险预警机构应与其他各部门保持和谐的合作关系，应当考虑不同部门的数据传递和各部门对数据的不同要求，实现企业数据共享，使各部门之间的关系变得更加和谐。

三、整理分析内外部环境

在实际操作中，可以通过查阅内外部管理制度文件、访谈业务人员或专业人士等多种方式获取内外部环境信息，并分析描述待评估活动面临的环境优势与威胁。在描述外部环境时，可以先宏观后微观，比如宏观角度，可以从社会环境、政治环境、法律法规、自然环境、经济环境等方面入手；微观角度，可以从竞争对手、合作交易方的基本信息等方面入手。在描述内部环境时，可以从待评估活动的组织结构、职责分配、制度章程、业务合同、使用信息系统等方面入手。

收集整理内外部环境信息后，对收集的信息可以秉承重要性原则进行筛选汇总，筛选出对待评估活动目标影响较大、亟待关注的内外部环境信息，为风险识别工作提供参考。在筛选时切勿将重要信息遗漏，例如评估某一与环境有关的工程项目，国家对环境的监管要求和法律法规是非常关键的，一定要收集整理其相关信息，如果忽视或筛选汇总时遗漏，就可能导致重要风险事项无法被识别，从而影响风险评估结果。

四、利益相关方分析

利益相关方是可能影响、被影响或意识到其自身可能被一项决定或活动影响的个人或组织。对一个公众企业而言，其可能的利益相关方有股东、董事会成员、管理层、员工、客户、供应商、销售商、分包商、债权人、机构投资者、政府部门和社区等。对组织实施风险管理的不同过程，可能涉及不同类别、不同领域内的利益相关方。

利益相关方基于它们的风险感知而对风险进行判断，所以与它们的沟通和咨询十分重要。风险感知随利益相关方的价值观、需求、假设、概念和关注点的不同而改变。利益相关方的意见对组织的决策有重要影响，因而应将利益相关方从内外部环境中单独列示，给予充分的重视，识别、记录利益相关方的风险感知，并在决策过程中给予考虑。

利益相关方分析是识别对评估活动目标实现有关键、重大影响的内外部利益相关方，明确利益相关方的诉求，识别出与利益相关方比较正式的沟通方式。识别内外部利益相关方时不需要穷尽，只关注与待评估活动有重大关系的利益相关方即可。

利益相关方的诉求是指利益相关方希望获得的利益或达到的目的，以及为了获得利益或达到目的需要重点关注的内容。例如，采购供应商作为采购业务的外部利益相关方，其诉求是产品顺利验收，及时付款；采购部作为采购业务的内部利益相关方，其诉求是采购产品与采购需求相符合，采购计划顺利完成等。

明确利益相关方后，通过查阅内部制度、询问业务人员等方式，获得与识别出的利益相关方比较正式的沟通方式。例如，与采购供应商之间比较正式的沟通方式有采购合同、验收对账单等。

第四节 风险管理体系规划

一、风险管理体系规划的概念

（一）风险管理体系规划的目的和定位

1. 目的

风险管理体系是战略支持体系的组成部分，组织在制定战略目标的同时，应明确建立风险管理体系的必要性和紧迫性。制定风险管理体系规划的目的就是通过整体规划，统一组织内部各层级建设全面风险管理体系的思路，落实长短期建设目标，有计划性地建设全面风险管理体系，为战略目标的实现保驾护航。

2. 定位

全面风险管理体系建设是一个全新的领域。尽管日常管理工作很多都是风险管理的内容，但仅从"体系"的角度出发还远远不够。计划建立风险管理体系的组织往往正处于战略转型期，这就要求组织的风险管理体系建设必须与战略紧密结合，并且根据战略的调整而调整；同时，也要与正在进行的和拟进行的基础管理工作的提升（如流程项目）和信息系统建设结合起来，所以要求规划的框架结构清晰但内容的弹性大。

全面风险管理体系建设是一项长期工程，需要组织领导层的一致认同和高度重视。同时，在组织现有管理体系尚未完善的情况下，下属单位的风险承担能力和风险管理水平存在明显差异，所以规划的起点和阶段目标必须务实。

风险管理体系规划的定位应至少包括下述两方面内容：一是要明确组织全面风险管理体系建设的路线图，指明阶段性工作重点；二是要结合组织风险管理体系的设计方案，制定初步的建设规划，落实具体规划内容和里程碑。

（二）风险管理体系规划的设计原则

全面风险管理体系建设是一项重大的管理工程。它没有现成的解决方案，必须充分结合和利用组织现有的管理基础。通常来说，全面风险管理体系规划应遵循以下原则：

一是符合组织战略的原则。全面风险管理体系规划必须符合组织的战略目标。

二是符合利益相关者利益的原则。以国有企业为例,全面风险管理体系规划必须以国资委《中央企业全面风险管理指引》为基础。

三是从实际出发的原则。全面风险管理体系建设是一项管理提升变革,必须从实际出发,与原有管理体系结合,逐步扩大成果。

四是逐步推进的原则。对于多层级的组织,全面风险管理体系规划必须在各个层面上逐步推进。

(三)风险管理体系建设的目标

1. 风险管理体系建设的短期目标

风险管理体系建设的短期目标就是构建框架,实现这个阶段的目标通常需要1~2年。具体内容包括:聚焦风险战略,对重大风险逐步实施集中监控,以支持组织战略调整;建立风险管理组织体系,理顺风险管理与其他管理职能的关系;制定风险管理建设规划和标准。

2. 风险管理体系建设的中长期目标

风险管理体系建设的中长期目标主要包括以下三个阶段,实现三个阶段的目标通常需要3~5年。

第一阶段是强化管理。调整风险管理组织体系定位和组成,强化风险管理职能的集中管理,提高组织上下风险信息沟通效率,风险管理流程和报告的完善改进。

第二阶段是整体提升。分析组织整体风险组合,调整风险资源分配,节约风险成本;建立与战略成功因素相联的量化分析模型,强化对未来业绩的不确定性分析;风险管理职能框架与组织管控模式的进一步整合,风险管理职责下放。

第三阶段是持续成长。战略制定过程中广泛应用风险量化分析模型;将资源分配与风险、成长和盈利紧密结合;风险管理信息系统提供实时的风险分析,支持各管理层面的决策;开发风险理财产品,为组织发展提供风险资本支持;与股东及其他利益相关者定期交流组织的风险偏好和风险承受度定位。

二、全面风险管理体系建设成功关键因素

实施全面风险管理建设成功的关键因素有以下几个:

(一)领导推动

全面风险管理体系建设规划的实施过程是一个组织变革的过程,涉及现有管理模式和流程的调整,以及各部门责权利的重新分配,只有获得高层管理者的强力支持和推动,才可以顺利实施。

可供参考的活动内容有：组织领导要把风险管理提高到战略的层次，和重大决策紧密结合；业务经营单位领导应指导、监督、评价自身业务经营单位的全面风险管理工作，并领导本单位开展风险管理体系建设工作；把风险管理融入日常工作中，运用风险管理实例，进行风险管理的普及推广工作；参加高级风险管理知识培训，加深对风险的了解；制定风险管理相关制度，并确保制度的合理性和认同度。

（二）实施监控

在全面风险管理体系建设中，组织应该选取一些指标来评估具体项目的实施情况，并提出指导性意见。在监控过程中，应该突出时间的重要性，分阶段进行考察，确保阶段性目标的实现以及成果的即时体现。

指标选择可以从以下几个方面考虑，如表1-1所示。

表1-1　实施监控的目的和方法

实施监控	监控的目的	监控方法
项目实施质量监控	评估项目实施质量	建立完善的项目团队绩效考核与岗位绩效考核体系；出台详细的范本和办法
	把考核与工作计划相结合，确保考核的实效性和全面性	完善的项目质量监控体系应包括编制质量计划、质量控制、质量提高等步骤
项目与组织的规划目标一致	在项目实施过程中，组织应定期评估项目成果与整体规划目标的一致性，以及项目本身对组织长期发展的支持性	设定组织的目标和项目的目标两级管理，发挥组织的整体管理优势，使项目管理工作统一化、标准化，避免出现两级目标相互脱节的现象
项目时间、花费	在保障项目质量并和组织的目标一致的前提下，按照项目进度和项目实际花费严格验收资金使用和支出情况	做好全面预算，项目建设情况要保持持续跟踪。如果项目花费不明或无由超时，组织应及时查问并有权收回资金
员工的认同度	每个员工对全面风险管理体系的建立都存在不同的理解和看法。这种差异会给建立统一的标准化规范体系增加难度	应高度重视全面风险管理建设的宣传工作，加大组织与员工的信息沟通力度，增强员工对项目工作的认知和认同度
	提高员工对组织的管理和发展的认同度及执行力	同时组织应不断收集反馈意见，以辅助项目的实施

（三）全面风险管理专家队伍

全面风险管理专家队伍可以为组织提供风险管理体系的相关知识和培训；为

内部控制系统的加强与提升提供咨询；在重大决策、重大风险、重大事件和重要业务流程的风险管理建设中提供专家意见；参与风险管理的组织体系的完善与信息系统的搭建；进行全面风险管理体系建设的总体检测和评估。

（四）风险管理培训

在全面风险管理体系建设的过程中，必须积极开展风险管理培训工作，力争在员工层面普及风险管理基础知识和基本框架，并为管理层开展具体风险管理工作提供足够的专业知识和技能。同时应注重培养风险管理的专业化人才，为未来风险管理建设做好人才储备工作。

（五）鼓励员工参与

全面风险管理体系建设的成败很大程度上取决于组织员工参与的程度，因为其涉及日常管理的细节，乃至每个员工的工作职责，是对管理运营中沟通交流线路、工作方式方法的提升和整理。组织应把风险管理的指标与员工日常工作范围结合起来，纳入平衡计分卡的考核范围，努力形成鲜明的风险管理奖惩文化。

可供参考的步骤如下：

①回顾对已有员工的考核机制；

②进行员工风险工作内容设计制定，增加有关风险管理的考核项目；

③指出员工工作范围内的风险关键点；

④制定有关风险管理的员工考核程序、内容以及频率；

⑤制定并实施有关风险管理的奖惩方法。

（六）变革管理

在未来风险管理的建设过程中，当出现一些不确定的因素影响规划的具体实施过程时，组织应对具体的建设步骤加以调整。在参照风险管理路线图进行建设的同时，组织应该注重规划的灵活性及其与实际情况的适应性，根据组织的风险战略要求调整。如在具体项目的进行中遇到未曾预计的困难或风险，组织应考虑将此项目的内容进行重新划分、整理，添加新的元素，以适应客观环境的改变。

变革管理与持续改进过程包括识别变化、分析整理、做出对策、督促改进、报告总结。

本章参考文献

［1］安泰环球技术委员会. 管理风险　创造价值：深度解读 ISO31000：2009 标准［M］. 北京：人民邮电出版社，2010.

［2］中央企业管理提升活动领导小组. 企业全面风险管理辅导手册［M］. 北京：北京教育出版社，2012.

［3］Fernando Bracalente. The Committee of Sponsoring Organizations of the Treadway Commission（ERM）. 2004.

第二章 风险管理战略体系

第一节 风险管理战略的定义

一、风险管理战略

风险管理战略是组织决定风险管理行动方向和范围的规划。组织应根据内外部环境、发展战略和经营管理目标，制定科学合理的风险管理战略，确定风险偏好、风险准则、风险容忍度、风险承受度，并通过年度计划预算、风险资源配置等方式进行落实，将风险管理工作完全融入组织经营管理过程。组织在进行上述活动时，就是一个制定并落实自身风险管理战略的过程。组织的风险偏好、风险容忍度、风险承受度、风险准则、风险资源配置等元素共同组成组织的风险管理战略。

二、风险管理战略的意义

如果说组织的发展战略是该组织运营的灯塔，相应地，风险管理战略可以帮助组织来确定自身风险管理的方向，可以看作组织进行风险管理的指挥棒。只有先确定自身的风险管理战略，组织才能进行下一步的风险管理工作。组织如果不先确定自身的风险偏好是什么，则根本无法确定自身的风险清单，连风险管理的范围和对象都不能确定，可以想象该组织根本就无法进行任何具体的风险管理工作，就像一艘失去导航的轮船行使在海面上。所以风险管理战略是风险管理体系中的关键一环，它决定整个组织风险管理的方向和原则。

三、风险管理战略与组织战略之间的关系

组织的风险管理战略是服务于组织总体战略的，顺利实现组织的战略就是组

织进行风险管理的最终目的。例如，风险管理的战略目标一般是防止和减少风险带来的损失，以保障组织战略目标的实现。组织的战略目标一般都会有多重内涵，相对地，风险管理战略目标也可以包含多重内容：①降低意外损失风险，防止组织倒闭或破产；②维持组织的正常运营，避免中断；③安定局面，稳定组织的运营；④保证组织持续健康发展；⑤帮助组织建立良好的企业形象。

所以组织制定风险管理战略时应以组织的发展战略为导向。组织的风险管理战略与组织的总体发展战略之间的关系应是服从与被服从、服务与被服务并具有统一性的。如果一个组织的风险管理战略与组织的发展战略不统一甚至相违背，那么这样的风险管理战略则是失效的。更进一步地，有些组织还会把风险管理战略作为整体发展战略的一部分，这样就可以更加确实地保证风险管理战略与整体战略的一致性，也不失为一种较好的实践做法。

第二节　风险管理战略的内涵

一、风险偏好

(一) 风险偏好的含义

组织确定风险战略首先应确定自身的风险偏好。确定风险偏好的过程也是组织确定对自身需要面对的各种风险的态度的过程。组织的风险偏好通常通过该组织的风险清单来体现，在风险清单上保留的风险数量和种类也就是该组织确定需要管理的风险，与通常理解的风险偏好主要指风险激进或保守是不同的。这里要求组织应在其"风险清单"中体现组织的风险偏好，即在组织的风险清单中，通常含有风险种类和数量的内容，用来作为经营计划实施及资源分配的依据，一般以定性方式描述为主。风险偏好可以视作增长、风险与收益之间的一种平衡。

(二) 确定风险偏好的意义和作用

组织确定自身的风险偏好，是为下一步具体的风险管理工作打基础。通过确定风险清单，组织首先应明确自己需要管理的风险有哪些。以一个矿山企业为例，风险清单包括安全生产类风险、人员健康类风险等风险类别；以贸易企业为例，风险清单包括信用交易类风险等类别。在这里，组织的风险清单并不是一成不变的，根据组织的内外部环境变化，风险清单的内容应随之不断进行更新。例如，当组织涉及新的行业或者更换全新的业务模式时，其面对的风险必然会发生变化，这时组织应及时更新其风险清单以保证风险清单的有效性。表 2 - 1 为某企业的风险清单。可以看到，该企业的风险清单总体分为外部风险和内部风险两大类，包含24个一级风险类别和91个二级风险类别。风险清单除了体现组织的风险偏好之外，还有一个重要的作用就是提供组织进行风险识别的框架。风险识别是风险评估流程（风险识别、风险分析、风险评价）的首要环节。组织在进行风险识别时，如果要避免遗漏，在风险分类的框架内进行识别是最明智的选择。这点在后面风险识别的章节会进行更加详细的叙述。

表2-1　某企业的风险清单

	一级	二级	风险子类说明
外部风险	1. 外部基础资源类	（1）矿产资源储备	组织可控资源的储量、品位、数量及分布，以及组织控制资源的能力等
		（2）水、电等能源供给	组织能否得到足够的所需水源、电力供应等
		（3）交通及运输条件	组织可利用的交通及运输条件等
		（4）生产设备供给	组织可利用的生产设备供给情况等
		（5）社会劳动力供给	社会劳动力充足程度等
		（6）土地资源供给	可供给组织使用的土地资源情况等
	2. 外部利益相关者类	（1）政府及监管机构	政府及监管机构自身机构变化、各种行为以及它们所做出的政策及法律法规变化对企业产生的影响等
		（2）股东、合作者及其他外部利益相关者	组织的股东、合作者、债权债务人等外部利益相关者的行为及诉求等
		（3）社区及社会责任	组织所处社区的诉求以及整个社会对组织的诉求等
		（4）竞争者行为	由同行业竞争者的竞争行为，以及造成的竞争环境等
	3. 外部经济环境类	（1）利率	利率水平及变化情况
		（2）汇率	汇率水平及变化情况
		（3）保费	保费价格及变化情况
		（4）市场供需情况	市场供需变化情况
		（5）融资环境	社会融资政策、融资成本等变化情况
		（6）行业状况	组织主业相关行业发展情况
		（7）原材料及产品价格	组织所需原材料及生产产品的价格变化情况
		（8）宏观经济环境变化	包括国内外经济的发展阶段和发展水平、经济制度与市场体系、收入水平、财政预算、贸易与国际收支状况等
	4. 自然灾害类	（1）自然灾害	包括洪水、火山、地震、山洪、泥石流等造成大规模损失的自然灾害
		（2）气候剧烈变化	包括各种极端天气以及气候剧烈变化对企业造成的影响
		（3）海难	包括企业相关货船发生海难造成的影响

一级	二级		风险子类说明
外部风险	5. 突发性事件	（1）突发性事故类	包括各种突发性、紧急性事故
		（2）突发性大规模传染疾病	包括各种突发性、大规模群体感染或传染疾病
		（3）突发性群体事件	包括群体性示威、游行等方面
内部风险	6. 公司治理	（1）治理结构	包括董事会、监事会、股东大会等的设置
		（2）组织机构及组织机构变化	包括公司组织机构变化
		（3）授权与审批	包括组织授权与审批机制、流程等
	7. 发展战略	（1）战略定位	包括组织的行业定位、市场定位以及产品定位等
		（2）战略管理	包括组织的战略制定、执行、监督及协同等
	8. 企业文化	（1）企业文化建设	包括组织文化建设情况，主要内容是否缺失，组织文化宣传等
		（2）企业文化认同	组织成员对本组织文化的认同程度
	9. 信息与沟通	（1）信息收集	对组织内外部各方面的信息及时、完整、正确地收集等
		（2）信息传递	组织内外部各方面信息透明性、完整性、准确性、及时性传递
	10. 内部监督	（1）审计	审计资源配备及审计工作计划制定、执行、审计落实等
		（2）廉洁监督	组织对渎职、舞弊等道德风险的监督与管控等
	11. 财务类	（1）预算管理	包括预算的编制、下达，执行与监控、调整、评价等
		（2）资金活动	包括对货币资金、票据、担保、外汇、筹资等的管理
		（3）税务管理	包括税务核算、筹划、申报与缴纳，以及相关登记管理
		（4）财务报告	包括会计核算、期末关账、关联交易、财务报告编制以及上市公司信息披露等
		（5）付款与收款	包括付款管理、收款管理以及期间费用管理等
	12. 法律合规类	（1）外部审批和许可	组织业务发展及经营过程中取得政府相关审批及许可相关方面
		（2）合法合规	组织经营过程中遵守法律、满足外部监管要求等
		（3）争议诉讼	组织涉入争议、诉讼以及处理过程中等
		（4）专利和版权	组织对专利版权的取得、使用及管理等
		（5）合同	组织签订合同、执行合同及合同管理等
	13. 人力资源类	（1）员工招聘	包括员工招聘计划制订、招聘工作的组织，新员工入职等
		（2）员工培训	包括新员工培训、在职员工培训等
		（3）关键岗位管理	包括关键岗位及其他岗位的选拔、配置、任用和管理等
		（4）薪酬	包括组织对员工实施绩效管理，以及按照绩效发放薪酬等
		（5）解聘与退休	员工通过辞职、被解聘或退休离开组织等

续表

	一级	二级	风险子类说明
内部风险	14. 投资决策与投资监管	（1）投资管理机制	包括投资决策流程、授权审批以及职责分离等
		（2）投资立项与审批	包括投资项目立项相关工作流程、对投资项目的审批流程等
		（3）投资项目执行	包括投资项目执行过程中合同签署、项目运作、重大事项报告、实施方案变更管理等
		（4）投资企业管理	包括对投资企业的管理、监控、文化融合、收益的账务处理等
		（5）退出	包括退出投资项目的处置、审批、评估等
	15. 安全健康环保类	（1）安全生产	包括组织生产过程中的人身安全、设备和产品安全，以及交通运输安全等
		（2）环境保护	包括组织运营生产过程中对环境保护的关注，防止各种环境污染等
		（3）员工职业健康	包括组织对有害员工身体健康的各种因素采取的治理措施和卫生保健工作等
	16. 风险管理类	（1）风险评估	包括风险识别、风险分析、风险评价等
		（2）风险应对	包括风险管理策略、风险应对方案等
		（3）监督与改进	包括风险监控、报告等
	17. IT类	（1）IT架构	包括制订技术基础设施计划以及建立信息技术组织架构
		（2）建设实施	包括系统自行开发的立项和验收、系统采购、变更管理、变更测试、紧急变更管理等
		（3）IT服务及运维	包括数据备份及恢复、系统监控和维护、系统故障处理及问题管理等
		（4）信息安全	包括各系统管理员管理、用户权限管理、用户账号及访问管理、密码管理、第三方人员管理、网络安全管理和电子表格管理等
		（5）IT资源	包括IT资产管理、数据管理等
	18. 项目管理类	（1）项目设计	包括设计单位选择、方案设计、概预算编制审核、设计变更等
		（2）招投标	包括招标准备、开标评标、投标报价、标书文件等
		（3）项目组织实施	项目的团队管理、进度、质量、安全、成本、变更管理等
		（4）项目验收	包括项目的决算、验收、移交、监督、后评价等

续表

一级		二级	风险子类说明
内部风险	19. 企业内部资产	（1）资产取得	包括企业各种资产的取得过程
		（2）资产日常管理	包括对企业在手资产的管理、账面处理、折旧、维修、投保、抵押、质押等
		（3）资产的处理	包括企业各种资产的处置例如内部转移、调拨、报废等
	20. 采购	（1）采购计划	包括采购计划制订以及执行分析等
		（2）供应商管理	包括供应商的选择、评价、信用额度及债权保障管理等
		（3）采购执行	包括采购申请审批、采购方式确定、确定采购价格、采购合同签订及履行、采购订单管理、采购验收及退货、采购的考核
		（4）代理采购	包括代理合同签订、个性化代理业务方案审批、保证金收取、过程监督、代理采购的考核等
	21. 生产	（1）生产计划（增）	包括制订生产计划以及相关方面
		（2）生产流程	生产调度管理、生产过程控制、生产统计分析、生产考核、质量管理、重大技术改造和新工艺设计以及科研创新的管理等
		（3）生产成本核算	包括成本核算方法的确定、成本核算、生产成本结转、成本分析、营业成本的结转等
	22. 存货及运输	（1）物流运输	包括仓库和货代的选择及评价、在途物资管理、委托运输、发货信息的跟踪以及物流费用支付
		（2）入库	包括货物入库准备、入库控制、信息流转以及入库核对等
		（3）库存管理	包括安全保管、存货库存分析、存货盘点、存货评估减值、废旧物资处理等
		（4）出库	包括存货出库、存货内部流转和存货出库的账务处理
	23. 产品	（1）产品质量	包括企业对产品质量的控制、检测等
		（2）产品数量	包括企业对产品数量的控制、点数、管理等
		（3）产品检验	包括企业对产品的出库检验等
	24. 销售	（1）销售计划	包括营销计划方案、销售计划、销售分析以及考核的控制
		（2）客户及经销商管理	包括对客户及经销商的选择、评价、信用额度及债权保障管理等
		（3）销售执行	包括销售定价、销售谈判、销售合同、销售订单管理以及销售业绩等
		（4）销售收入确认	包括销售报表、收入确认、销售核对、销售退回等

二、风险准则

由于不确定性对目标影响的程度不同，组织面对风险的重要性也有所不同。所以，组织在实施风险管理中必须对已识别出的风险进行重要性评价。评价风险的重要性，就必须建立重要性评价的依据，按照所制定的依据对各个风险进行重要性评价。这一评价依据就是"风险准则"。"风险准则"是 ISO 31000 标准提出的重要概念，是 ISO 指南 73：2009《风险管理——术语》标准提出的重要术语。风险准则是"评价风险重要性的参考依据"。风险准则基于组织的目标、外部环境和内部环境；风险准则可以来自标准、法律、政策和其他要求。[①] 例如，评价安全风险的重要性时，可以依据参考行业的安全准则。组织的风险准则应以文件的形式给予规定，可用一个或多个文件来描述风险准则的内容。

风险准则是 ISO 风险管理标准中极为重要的概念之一，组织在建立风险准则之前，应充分考虑自身制定的目标，以及组织所处的外部、内部环境。组织还应该考虑来自外部的标准、法律、政策和其他要求（如利益相关方的要求）。[②]

在风险准则中，如何对风险事项发生的可能性和发生后果的严重程度进行量度是最重要、核心的两个内容。一般用于量度风险事项发生可能性的准则称为 P（Possibility）准则；用于量度风险事项后果严重程度的准则称为 C（Consequence）准则。

（一）评价风险发生可能性大小的准则——P 准则

如上所述，P 准则是用来评价风险发生可能性的评价依据。风险的不确定性决定了组织无法预知风险是否一定发生，但风险管理需要对未来的不确定性进行管理，那么我们就必须对未知的不确定性进行预估。P 准则可以帮助组织在评估风险时衡量风险发生的可能性。我们常用风险发生的概率或者一段时间内风险发生的频次来描述风险发生的可能性。每个等级对应的分值是该企业对不同程度的风险发生可能性的赋值。针对不同的行业、不同的风险，P 准则的制定是不同的。表 2 – 2 是某企业的 P 准则，可以看到该企业的 P 准则有 1 ~ 6 个等级。

表 2 – 2　某企业的 P 准则

分类	准则
6	●99% 发生概率 ● 影响正在发生 ● 在几天内会发生

---

① 李素鹏. ISO 指南 73：2009，风险管理——术语［M］. 北京：人民邮电出版社，2012.

② 李素鹏. ISO 风险管理标准全解［M］. 北京：人民邮电出版社，2012.

分类	准则
5	• 大于 50% 的概率 • 很可能会发生 • 在 3 个月内可能发生
4	• 大于 20% 的概率 • 可能不久就会发生 • 在 1 年内可能发生
3	• 大于 10% 的概率 • 可能发生但是可能性不大 • 在接下来的 3~5 年可能发生
2	• 大于 1% 的概率 • 可能发生但是预期不会 • 在 10 年内可能发生
1	• 不到 1% 的概率 • 在特殊环境下会发生但其实不太可能，甚至在长期内也不可能 • 在"百年一遇"的情况下可能发生

（二）评价风险影响程度大小的准则——C 准则

C 准则是用来评价风险发生后造成的影响程度大小的评价依据。对风险的影响程度的评价有一个假设前提，就是该风险会发生。比 P 准则更为复杂的是，C 准则内涵更加丰富。根据组织运营的行业不同，C 准则包含的维度应该有所不同。对于不同的维度，C 准则每个等级的描述也不同。表 2－3 是某企业的 C 准则。可以看到，该企业的 C 准则包括 4 个方面——运营、声誉、所涉管理时间和法律合规，等级按照严重程度从小到大分为 1~6 个等级。

表 2－3　某企业的 C 准则

等级	运营（息税前利润率）	声誉	所涉管理部门	法律合规
6	超过 1000 万元人民币的损益	• 持续的国际媒体报道 • 董事会每日决议 • 董事会和高管变动 • 对公司形象的持续影响	• 高级管理人员持续不断地被牵涉其中超过 1 年 • 管理精力分散造成运营受到严重干扰	• 重大诉讼，成本超过 1000 万美元 • 公司高管被判处监禁 • 公司营运被当局持续关停

等级	运营（息税前利润率）	声誉	所涉管理部门	法律合规
5	100 万 ~ 1000 万元人民币的损益	• 对商品和声誉的持续影响 • 董事会会做出反应 • 社区义愤 • 国际媒体关注 • 集团形象在世界各地受到影响	• 长期严重干扰，需要高级管理者投入大量时间精力花费数月去处理	• 重大诉讼，成本超过 500 万美元 • 对公司或个人的指控 • 监管方介入，营运暂停或受限
4	10 万 ~ 100 万元人民币的损益	• 对产品和声誉造成重大的影响 • 执行委员会做出反应 • 国内媒体关注 • 国家政府的关注 • 形象在国内受到影响	• 重大事件，需要高级管理人员投入大量时间花费几周的时间来处理	• 严重违反规章受到起诉 • 重大诉讼
3	1 万 ~ 10 万元人民币的损益	• 对社区和声誉产生中度影响 • 国家级或省级媒体关注 • 地方/省级政府关注 • 形象在一定区域内受到影响	• 中度事件，需要总部员工介入和站点级管理人员投入时间，花费几周	• 违背规章，受到调查 • 起诉、罚款或报道增加 • 多处违反规章要求
2	1000 ~ 10000 元人民币的损益	• 当地社区和当地声誉受到影响 • 地方媒体或地方政府的质询 • 形象在当地受影响	• 需要站点级别的管理者花费几天时间处理	• 较少的法律问题、不合规性和违反规章的情况
1	小于 1000 元人民币的损益	• 对社区或声誉影响很小或没有影响	• 需要本地管理者关注几天	• 违背工作站点标准或指南

（三）确定风险准则的意义和作用

风险准则是帮助组织衡量风险大小的评价依据。组织在评估风险时，需要对风险的重要性进行评估，评估时需要从两个方面进行衡量：①风险发生的可能性；②风险发生后造成的影响程度。只有两个方面都有明确的评价依据，才能更为科学合理地评估风险的大小。风险的大小直接决定组织对该风险的态度和应对措施。也就是说，没有风险准则，组织就无法顺利地衡量风险的大小，所以风险准则的确定是组织管理风险的关键步骤之一。

三、风险接受度和风险容忍度

（一）风险接受度和风险容忍度的含义

风险接受是指组织是否承担某一特定风险的决定。较风险容忍而言，风险接受与是否实施风险应对无关，它可以不经风险应对，也可以在风险应对过程中发生。减少风险或者降低风险带来的影响都是要消耗资源的，无论是资金、人力还是时间。有时甚至想要彻底消灭风险，还可能要彻底放弃带来风险的行为。比如想要消灭信用风险，就要完全禁止信用交易。这种极端的防范风险方式势必会阻碍组织的发展，而不发展才是最大的风险。权衡之下，组织往往在一定范围内接受这些风险。风险是否可接受、可容忍是指风险大小，而风险大小就是风险等级。组织应在其风险准则中决定风险接受、风险容忍等级，并对其进行清晰的阐述。

风险容忍是指组织或利益相关者为实现目标在风险应对之后承担风险的意愿。也就是说，当组织设定自己的风险容忍线后，该组织应努力使应对后的剩余风险保持在企业的风险容忍范围之内。风险是否可以容忍针对的是风险应对，实施风险应对之后组织可以承担的风险，就是可容忍的风险；反之，实施风险应对之后组织不能承担的风险，就是不可容忍的风险。

（二）风险接受度和风险容忍度的作用

风险接受度和风险容忍度的设定也是对组织风险管理战略的突出反映。组织面临的风险很多，并不是所有的风险都需要组织去应对解决。风险接受度是在组织进行成本效益的考量和计算后，认为某些风险造成的负面结果组织愿意直接接受，而不会对组织造成过多的影响。风险接受的做法既体现风险偏好也体现成本效益原则，在实际操作中很有意义。

风险容忍度在金融行业应用较广，体现组织对风险造成的损失可以承受的最高上限。风险容忍度应由组织根据业务发展和自身实际情况研究制定。风险容忍度的设计应力求科学、严谨，涵盖所有业务单元和风险敞口，并和自身发展战略保持一致。管理层还应对风险容忍度进一步细化，分解到所有分支机构和业务条线，从而形成风险限额管理体系。风险容忍度需保持相对稳定，可根据市场环境和经营状况的变化做出相应调整。[①]普遍做法是每年年初更新一次并根据变化做出调整。

图 2-1 是某企业的风险图谱上风险接受线和风险容忍线的展示。

---

① 于蓉. 论商业银行风险偏好与风险容忍度 [J]. 海南金融，2011（5）：6-8.

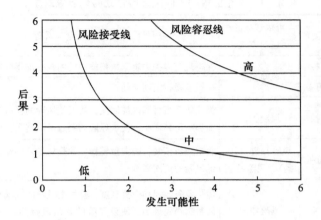

图 2 – 1 某企业的风险图谱

四、风险带

风险带是指由横坐标 P（发生可能性）、纵坐标 C（后果）构成的二维平面上的一个封闭区域，该区域中的风险具有特定的意义。由图 2 – 1 可知，风险接受线与风险容忍线将整个风险图谱分成三个部分。

风险带是风险重要性的具体表现，不同风险带中的风险具有不同的重要性。风险带的划分是表示风险重要性的一种重要方式。在划分风险带之后，组织的风险分别处于所划分的不同风险带中。针对不同风险带所代表的重要程度，组织可实施有区别的管理。①当剩余风险水平超过风险容忍线时，也就对组织造成极大的威胁。对于组织来说是不可容忍的，这时就要不计成本地采取措施，将剩余风险水平降低到风险容忍线之下，以保障组织的整体安全。②当剩余风险的水平处在风险接受线和风险容忍线之间时，可认为是有一定威胁的，这时组织应要求风险管理部门加强重视并选择最符合成本—效益原则的措施，尽可能降低该风险带来的负面影响。③当风险水平处在风险接受线之下时，可以认为该风险是可以被组织接受的，该风险也许造成的负面影响不大，或者应对该风险不符合成本效益原则，所以组织对这些风险采取直接接受的态度，不用采取任何措施。表 2 – 4 为某企业根据不同风险带订立的风险应对原则。

表 2-4　某企业根据不同风险带订立的风险应对原则

风险带（风险性质）		可供选择的应对方式	风险应对原则
下带（低风险带）	可控	风险接受	保持现有内控力度不放松或相关内控标准得到贯彻执行
	不可控		一般监视，定期评估
中带（中风险带）	可控	风险控制	优化业务流程和内控制度，将发生风险的概率和风险发生后的负面影响降到最小，使该风险的剩余风险落入低风险带
	不可控	风险预警（预案）、风险控制	制定应急预案，确定预警指标并保持每月跟踪，及时采取措施降低风险的负面影响
上带（高风险带）	可控	风险控制	优化业务流程和内控制度，将发生风险的概率和风险发生后的负面影响降到最小，使该风险的剩余风险落入中风险带乃至低风险带
	不可控	风险预警（预案）、风险控制、风险对冲、分散、风险转移、风险规避	制定应急预案，确定预警指标并保持每月跟踪，必要时采取对冲、分散等方式降低风险发生后的负面影响，使该风险的剩余风险落入中风险带乃至低风险带。若采取措施后其剩余风险仍在高风险带，则坚决采取风险转移或规避策略

　　一般通过不同风险等级数值的风险等位线来建立不同的风险带。当对风险等位线赋予风险接受、风险容忍的特殊意义时，风险等位线就成为风险接受线、风险容忍线。通过风险接受线、风险容忍线，即可建立风险接受带、风险容忍带。

五、风险管理资源的配置

（一）风险管理资源的含义

　　在组织实际运营过程中，为了从容应对和及时化解可能出现的风险，组织通常需要预留一定的资金、时间，当风险出现时，就可以调动事先准备好的管理资源，也就是风险管理资源，以保证组织运营不受影响。风险管理资源可以理解为组织事先计划准备好、为应对风险而愿意付出的资源和成本。广义上来说，该资源应包括资金上的支持、人力的支持、高管所付出的精力等。其中，资金作为风险管理资源，是可以参考风险接受度和风险容忍度进行计算的，也是组织在经过计算和决策后，决定在可接受的程度下，在防范和管理风险时愿意付出的资金成本。此外，组织在进行风险资源配置时既要考虑该风险的性质，也要考虑所要采取的风险应对方式。表 2-5 为常见的几种风险应对方式。

表 2 – 5　风险应对方式

名称	描述
风险规避	通过规避产生风险的业务过程或管理过程来规避风险。例如，停止向某个项目投资、停止某种业务模式、卖出亏损企业等
改变风险发生的可能性	增大风险带来有利影响的可能性或降低风险带来有害影响的可能性。例如，通过合同条款的谈判、对内部控制有效性进行定期测试等方式
改变风险的后果	通过一些措施来减少风险带来的损失。例如，制定应急预案、风险对冲等方式
风险分担	通过保险等方式与其他业务相关方分担风险
风险容忍	当某个风险被认为是无法规避且找不到进一步削减或降低该风险的管理措施，或者控制风险的成本过高时，可在可接受的范围内容忍该风险，这种决定需要经过一定层级的决策审批过程

　　风险具有两面性，既有造成损失的一面，也有获得盈利的一面。这里所讲的风险管理资源主要是指：一方面，组织在抵御风险负面影响的时候能使用的资源；另一方面，组织在利用风险积极的一面时愿意付出的潜在损失。以上两个方面的付出都可以称为风险管理资源的配置。例如，某贸易企业在进行贸易业务过程中，信用风险是最重要的风险，信用交易常常给该企业造成损失，但是如果彻底停止信用交易，则会阻碍该企业业务的发展。为了更好地管控信用风险并合理利用该风险带来的盈利机会，该企业可以通过定期对与该企业发生信用交易的客户和供应商的信誉资质进行评估，特定划拨一部分资金预算，以该预算的额度限制该企业可以接受的信用交易资金敞口（包括赊销、预付等存在风险的资产）。如果该企业在业务过程中产生的信用交易资金敞口总金额超过这部分资金预算，信用交易就会被暂停。这部分资金预算就是该企业通过计算决策，决定用来管理信用风险愿意付出的成本，也就是该企业为信用风险配置的风险管理资源。再如，某企业计划进行一个项目的运作，事先对项目进行了可行性研究和预算的计算，但是项目的进行过程错综复杂，会遇到各种不确定因素，该企业就预留了一部分资金作为储备，在项目的进展遇到困难时进行调用，保证项目能够预期完成。这部分资金也是该企业为该项目配置的风险管理资源。

　　（二）进行风险管理资源配置的意义和作用

　　事实上，组织进行任何管理活动都需要各方面资源的配置，在进行风险管理的过程中也不例外，所以可能部分组织在进行风险管理工作的过程中并没有刻意或有意识地专门进行风险管理资源配置，而是随着风险管理工作的展开，自发而朴素地完成这个步骤。其实，组织如果有意识、有针对性地事先设计好风险管理资源的配置，对风险管理工作就更有裨益。对于不同种类的风险需要配置的资源性质和类型也会不同，从上一个标题中举的两个例子可以看出，针对信用风险的风险管理资源和针对项目运营的风险管理资源的性质大不相同，前者是不放弃信用风险的机会，希望以有限的投入赢得更多的利润，而后者则是在对风险的负面影响进行应对和防范，以减少损失。这两个例子是组织在面对机会风险和纯粹风险时以资金形式进行风险管理资源配置的两种典型代表。

组织在进行风险管理资源配置时还要注意成本效益原则，在配置风险管理资源时应通过周密的计算，结合自己的整体战略目标，和自身的风险接受度和风险容忍度，优化风险管理资源配置方式，力求找到成本最低、损失最少的途径。

组织对不同的风险进行资源配置的过程，也体现组织的风险管理战略，甚至还会体现组织对不同业务单元或业务模式的态度，从而更加强调组织风险管理战略与组织整体发展战略的一致性。

第三节　如何制定风险管理战略

一、制定风险管理战略的准备工作

确定风险准则的依据一般分为组织外部来源的依据和组织内部来源的依据。

外部依据中，应考虑风险管理国际标准，如 ISO 关于风险管理的三个标准；国家标准如 GB/T24353 标准《风险管理　原则与实施指南》；行业、有关部门发布的指引、法规，如国资委《中央企业全面风险管理指引》、五部委《企业内部控制基本规范》及配套指引，其他指南、框架、法案如美国 COSO 制定发布的《企业风险管理：整合框架》《萨班斯法案》。此外，特定行业还应参考本行业特有的外部监管要求，作为风险准则制定的重要依据。

内部依据主要参考组织内有关风险管理、内部控制的文件，以及其他含有制定风险准则要求的相关文件，其他文件包括公司内部制度、战略规划、年度经营计划等各项重要文件。

风险准则的确定需要基于组织的目标、外部环境和内部环境。所以建立待评估活动 P 准则和 C 准则的时机是在建立以上三个环境之后。除了明确组织的目标、外部环境和内部环境以外，还需要获取待评估活动的风险事项。

除了以上风险准则建立所需的基本信息外，还可以考虑获取一些参考信息，例如外部信息主要包括待评估活动的国家或行业标准、指引、准则等内容，安全事故划分标准；内部信息主要包括待评估活动相关的重要业务数据，例如近三年采购合格率统计以及监控阈值。

以上收集各方面信息的环节可以总结为一个输出文件，方便后续流程进行参考。表2-6为某企业在建立一个风险管理信息系统项目、制定风险准则时，在准备环节收集各方面信息后总结的信息表。

表2-6 某企业风险评估信息记录

企业/项目	目标
W 公司/风险管理信息系统	1——帮助企业实现其自身发展战略 2——建立风险管理信息系统并成功上线应用

序号	利益相关方	利益相关方的诉求及相关文件
1	国家及当地政府	国资委要求中央企业开展全面风险管理工作；《中央企业全面风险管理指引》
2	股东	N/A
3	上级公司	N/A
4	本公司高层	实现业务的风险管控、降低管理成本、满足国资委的要求并获取声誉；《W 公司风险管理规定》《W 公司风险管理办法》
5	项目/活动组织部门	实现风险管理工作方式的转变，从运动式到日常化
6	相关职能部门/单位（信息管理部）	系统要符合公司在 IT 方面的全面要求，并对项目建设过程有较好的掌控
7	相关职能部门/单位（企划部、人力资源部、法律部等）	各自部门条线风险与控制缺陷的管理，企划部还希望实现本系统与制度流程管理系统的整合
8	相关职能部门/单位（审计部）	系统中的缺陷整改督查要符合自己部门的工作需要
9	相关职能部门/单位（未来系统用户）	希望系统上手简单，能替代过去的风控工作，而不是线上线下两套工作
10	员工	N/A
11	客户及供应商	希望获取本项目，并且维护好客户关系
12	社区	N/A
13	外部监管	N/A
14	合作方	N/A

续表

外部环境		现状分析
1. 外部基础资源类	（1）矿产资源储备	N/A
	（2）水、电等能源供给	N/A
	（3）交通及运输条件	N/A
	（4）生产设备供给	N/A
	（5）社会劳动力供给	N/A
	（6）土地资源供给	N/A
2. 外部利益相关者类	（1）政府监管机构	国资委要求中央企业开展全面风险管理工作
	（2）股东、合作者及其他外部利益相关者	N/A
	（3）社区及社会责任	N/A
	（4）竞争者行为	兄弟央企风险与内控管理信息系统建设已经逐步展开
3. 外部经济环境类	（1）利率	N/A
	（2）汇率	N/A
	（3）保费	N/A
	（4）市场供需情况	N/A
	（5）融资环境	N/A
	（6）行业状况	N/A
	（7）原材料及产品价格	N/A
	（8）宏观经济环境变化	N/A
4. 自然灾害类	（1）自然灾害	N/A
	（2）气候剧烈变化	N/A
	（3）海难	N/A
5. 突发性事件	（1）突发性事故类	N/A
	（2）突发性大规模传染疾病	N/A
	（3）突发性群体事件	N/A
6. 公司治理	（1）治理结构	N/A
	（2）组织机构及组织机构变化	组织结构层级很深，为系统的部署和数据方案可能带来复杂性
	（3）授权与审批	N/A
	（4）绩效管理	

续表

外部环境		现状分析
7. 发展战略	(1) 战略定位	N/A
	(2) 战略管理	N/A
8. 企业文化	(1) 企业文化建设	N/A
	(2) 企业文化认同	N/A
9. 信息与沟通	(1) 信息收集	N/A
	(2) 信息传递	N/A
10. 内部监督	(1) 审计	N/A
	(2) 廉洁监督	N/A
11. 财务类	(1) 预算管理	系统的财务预算需要等项目进展到一定阶段后再成形与上报审批
	(2) 资金活动	N/A
	(3) 税务管理	N/A
	(4) 财务报告	N/A
	(5) 付款与收款	N/A
12. 法律合规类	(1) 外部审批和许可	N/A
	(2) 合法合规	N/A
	(3) 争议诉讼	N/A
	(4) 专利和版权	N/A
	(5) 合同	N/A
13. 人力资源类	(1) 员工招聘	N/A
	(2) 员工培训	员工素质高，具有良好的接受能力
	(3) 关键岗位管理	N/A
	(4) 薪酬	N/A
	(5) 解聘与退休	N/A
14. 投资决策与投资监管	(1) 投资管理机制	N/A
	(2) 投资立项与审批	N/A
	(3) 投资项目执行	N/A
	(4) 投资企业管理	N/A
	(5) 退出	N/A

	外部环境	现状分析
15. 安全健康环保类	(1) 安全生产	N/A
	(2) 环境保护	N/A
	(3) 人员职业健康	N/A
16. 风险管理类	环境建立	公司内部控制标准 2013 版已经发布，为缺陷的控制工作打下基础
	(1) 风险评估	N/A
	(2) 风险应对	N/A
	(3) 监督与改进	N/A
	风险文化	公司的风险管理文化逐步形成
17. IT 类	(1) IT 架构	公司已经有 ERP 和专项风险管理系统，现有系统具有远期整合的趋势
	(2) 建设实施	风险管理工作流程总体梳理清楚，但细项还未明确，零散运行，未经历过一次完整的实际运行试验；信息化已经开展多年基础扎实
	(3) IT 服务及运维	N/A
	(4) 信息安全	N/A
	(5) IT 资源	N/A
18. 项目管理类	(1) 项目设计	N/A
	(2) 招投标	N/A
	(3) 项目组织实施	N/A
	(4) 项目验收	N/A
19. 企业内部资产	(1) 资产取得	N/A
	(2) 资产日常管理	N/A
	(3) 资产的处理	N/A
20. 采购	(1) 采购计划	N/A
	(2) 供应商管理	N/A
	(3) 采购执行	N/A
	(4) 代理采购	N/A
21. 生产	(1) 生产计划（增）	N/A
	(2) 生产流程	N/A
	(3) 生产成本核算	N/A

续表

外部环境		现状分析
22. 存货及运输	（1）物流运输	N/A
	（2）入库	N/A
	（3）库存管理	N/A
	（4）出库	N/A
23. 产品	（1）产品质量	N/A
	（2）产品数量	N/A
	（3）产品检验	N/A
24. 销售	（1）销售计划	N/A
	（2）客户及经销商管理	N/A
	（3）销售执行	N/A
	（4）销售收入确认	N/A
25. 金融业务类	（1）信贷业务	N/A
	（2）结算业务	N/A
	（3）证券投资业务	N/A
	（4）套期保值业务	N/A
	（5）证券经纪业务	N/A
	（6）租赁业务	N/A
	（7）信托业务	N/A
	（8）期货经纪业务	N/A

　　参与风险准则的人员应满足如下要求：对待评估对象较为了解，业务经验丰富，且掌握风险准则理论知识。一般可以选择待评估活动的相关部门的业务人员、领导等，如果这些人员未掌握风险准则理论知识，可以考虑在开展风险准则建立工作之初先让他们接受统一培训，达成风险语言的一致，提高沟通效率。

　　表2－7是 W 公司为这次建立风险准则选择的参与人员信息表。

表2-7　W公司建立风险准则参与人员信息表

部门	职位
风险管理部	负责人
	项目经理
	核心业务人员1
	核心业务人员2
	核心业务人员3
信息管理部	负责人
	项目经理
	需求梳理岗
	项目监管
其他职能部门	审计部人员
	企划部人员
	法律部人员
	投资管理部人员
供应商1	项目经理
供应商2	项目经理

二、如何确定风险偏好

在实际操作中，组织的风险偏好一般通过风险分类清单来体现，为了便于管理，可以由组织的风险管理专业部门通过各种方式，先期整理出组织统一的风险分类框架，明确本组织的风险数量和种类。组织的分支组织如企业的业务部门、分公司、子公司都可以根据实际业务情况选择相应的风险分类，如果风险分类框架无法包含或体现业务，需要向专业部门提出增加风险分类的申请，以保障风险分类框架的完整性。

组织在确定自身的风险偏好时需要考虑以下问题：

一是哪些风险组织可以接受、哪些不可以接受。比如，组织是否准备接受一些偶然发生的外来人员进入组织的办公场所进行盗窃造成的风险，而不愿意接受因存货丢失带来的巨额损失。

二是各个业务单元根据其不同的业务模式和所在行业是否有一些特别的风险类别。

三是对于发生可能性特别小但一旦发生影响极大的风险类别，例如战争、地震等，组织是否采取接受的态度。

四是对于发生可能性较大，但是发生后影响可能性极小的风险类别，组织是否可以接受。

组织在确定风险偏好时常见的方式有三种，即自上而下型、自下而上型及混合型。

自上而下型适用于组织高层和管理层，其对自身业务和面临风险的把握程度远超过一线业务部门，由组织高层和管理层直接负责起草风险偏好，最后要求整个组织贯彻执行。

自下而上型适用于组织的一线业务部门，其对自身业务和所面临风险的了解程度远超过组织的管理层和高层，由各一线业务部门起草自身的风险清单，最后汇总成组织整体的风险清单。

混合型应该是较为常见的方式，适用于上述两种情况之外的情形，也是前两种方法的折中和优化。一方面，由组织的高层和管理层提出纲领性的风险偏好；另一方面，由业务部门根据业务发展和风险情况进行细化和补充。最后两方面综合研究后，由负责风险管理工作的专业部门完成完整的风险清单，既能体现组织整体的战略，又能结合业务实际，是较上述两种更为优化的方式。但这种方式从时间和人力上来说，耗费的资源更多，流程也更为复杂，组织应根据自身的情况和需要来决定使用哪种方式。

组织在确定风险清单过程中，应时刻谨记风险偏好与战略之间是有相关性的。任何一种战略都是为实现预期的增长和收益目标而设计的。不同的战略势必会使组织面临不同的风险。企业的风险偏好反映到企业的战略之中，反过来会引导企业资源的配置。管理层将根据不同的业务单元的战略计划与企业的整体风险偏好，将资源在不同的业务单元进行分配，使投入的资源取得预期的收益。[①]

三、如何确定评价风险重要性的准则

（一）如何确定 C 准则

在风险准则中，一般用于度量风险事项后果严重程度的准则称为 C 准则。C准则通常包括两项内容：体现风险事项后果影响的维度（指标/形态）；以无量纲的数量等级来体现后果严重程度，即设置 [0，6] 的数量等级。

1. 确定 C 准则的维度

C 准则的特点是极大程度上依赖于特定的业务过程，所以确定后果维度的过程实际就是分析业务过程中重要业务指标的过程，即分析业务过程中哪些业务指标对风险管理有重要影响。一般开始对业务指标的挖掘有困难，可从认识风险事

---

① 杨小舟. 目标设定、战略与企业风险偏好 [J]. 新理财，2006（8）：44－49.

项入手，先分析待评估活动的风险事项发生后对待评估活动的影响，然后分析识别能够表示体现影响的业务指标或形态，此时就可以用上之前收集准备的参考信息，如果未准备或准备不全也可以通过多种渠道获取。某个风险事项发生的后果影响一般是多方面的，所以衡量风险事项发生后果严重程度的 C 准则也应该是多个维度的。例如，一个安全风险事项发生带来的后果影响有人员伤亡、财产损失、外部负面关注等，根据这些后果影响可以考虑设置衡量安全风险事项发生后果严重程度的 C 准则的维度有人员伤亡、财产损失、声誉；一个采购风险事项发生带来的后果影响有采购成本浪费、生产停滞、合同纠纷等，结合业务分析能够表示这些后果影响的业务指标或形态有采购成本异常增加值、生产中断时间、外部投诉，因此建立采购业务的 C 准则时可以考虑选择的维度有采购成本异常增加、生产中断、外部投诉。

在分析并确定后果影响维度的过程中，应注意维度的独立性与相关性问题。独立性是指维度之间没有关联关系，是从不同的方面表现风险事件的后果影响；相关性是指维度之间具有一定程度的关联关系，一个维度可能影响到其他维度。处理这一问题的一个原则是独立性为主、相关性为辅。在风险分析工作阶段，选择 C 准则的维度时，一般独立性维度应该是必选项，而相关性维度是可选项。

2. 分配 C 准则的无量纲数量等级

C 准则以无量纲的数量等级 $[0 \sim 6]$ 来体现发生后果的严重程度。通过分析风险事项明确 C 准则的维度后，需要将所确定的维度"分配"到 C 准则中无量纲的"数量等级"中，即 C 准则维度（业务指标或形态）的某一数值范围（如"5 ~ 10 天"）与无量纲的哪一数量等级（如 $[2, 3)$）所对应，以完成 C 准则两项内容的"匹配"。在"匹配"之前需要确定这些维度是以"定量"的数据来体现，还是以"半定量"的数据来体现。

所谓维度"分配"的问题，其实主要是对于"定量"的维度而言。在分配之前需要对维度进行详细分析，内容主要有：该维度是否可以采用"定量"的数值；维度的"单位"是什么，应确定并准确描述；维度的范围是什么，有无最小值、最大值；从以往的业务活动看，该维度是否有特殊值（重要的数值节点）；在数值的两个方向上（小的方向、大的方向）是开放的，还是封闭的。从业务活动考虑，研究并确定该维度的"可接受"值（CA_1）和"可容忍"值（CT_1）。本文以 CA_1、CT_1 分别表示某一后果形态维度的"可接受"值和"可容忍"值，以区别 C 准则中无量纲数量等级中的"可接受"值（CA）和"可容忍"值（CT）。CA_1、CT_1 强烈地依赖于特定的业务活动（过程）。从"历史"的和"未来"的两个方面考虑都很重要。

在考虑以上形态维度最小值、最大值的分配以后（包括开放的情况），就要将已有的维度范围"分配"到 C 准则中不同无量纲等级的间隔之中。

第一种情况：如果对其他风险准则已确定出风险接受和风险容忍的风险等级 RA、RT，而所要建立的风险准则也将使用 RA、RT 数值的情况。用 RA、RT 的值分别除以 6（P 准则中发生概率为 100% 所对应的数值）可得到 C 准则中无量纲的 CA、CT 数据。在获得 C 准则中无量纲数值 CA、CT 以后，就可以将 C 的整个范围 [0，6] 划分为三个重要区间：[0，CA)、[CA，CT)、[CT，6]，其意义为：[0，CA) 区间，C 的可接受范围；[CA，CT) 区间，C 的中间范围；[CT，6] 区间，C 的不可容忍范围。例如，当 CA = 1.5 时，处于 [1，2) 区间；当 CT = 4.3 时，处于 [4，5) 区间所划分的三个区间，如图 2 - 2 所示。

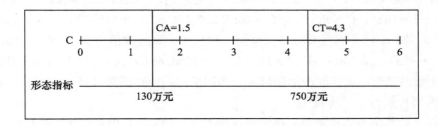

图 2 - 2 无量纲数量等级分配

将以上对形态维度所确定的 CA_1、CT_1 维度数值与无量纲的 CA、CT 数值所对应，这是建立形态维度与无量纲等级数值关系的关键一步。例如，当 CA_1 = 130 万元，CT_1 = 750 万元时，所建立的对应关系如图 2 - 2 所示。在完成以上图示的基础上，就可以计算出三个不同区间"单位区间的形态维度"数值：

①计算 [0，CA) 区间的 α

$$\alpha = \frac{130 - 0}{1.5 - 0} = 86.7（万元/单位区间）$$

上式中，130（万元）是 CA_1 的数值，最小值以 0 计。1.5 是 CA 的数值，无量纲最小值为 0。

②计算 [CA，CT) 区间的 β

$$\beta = \frac{750 - 130}{4.3 - 1.5} = 221.4（万元/单位区间）$$

上式中数值的意义与以上类似。

③计算 [CT，6] 区间的 γ

$$\gamma = \frac{1500 - 750}{6 - 4.3} = 441.2（万元/单位区间）$$

上式中，以维度的最大值 = 1500 万元计（最大值的获取可以通过分析历史数据、咨询业务专家、业务人员经验等方式获得）。

以上计算得到三个不同区间"单位区间形态维度"的数值。应注意，在设定 CA_1、CT_1 的数值后，三个数值 α、β、γ 可能有较大差别，这体现在三个"意义不同"的区间中（指无量纲的 C 的程度），维度的分布可能是很不均匀的。在建立 C 准则进行风险分析时，关注这一不均匀分布及其程度是十分重要的（α、β、γ 数值的差别、不均匀分布的程度可计算，这里略）。

对于 C = 1，在 [0，CA）范围，所对应的形态维度数值应为：α × 1，对上图，与 C = 1 对应的金额数值应为：86.7 × 1 = 86.7（万元）；对于 C = 2，在 [CA，CT）范围，所对应的形态维度数值应为：130（万元）+ β × (2 − 1.5)，对上图：130 + 221.4 × (2 − 1.5) = 240.7（万元）；对 C = 240.7 + β × 1 = 240.7 + 221.4 × 1 = 462.1（万元）；对 C = 4461.5.7 + β × 1 = 462.1 + 221.4 × 1 = 683.5（万元）；对 C = 5，在 [CT，6] 范围，对应 C = 5 的数值应为：750（万元）+ γ × (5 − 4.3)，即 750 + 441.2 × (5 − 4.3) = 1058.8（万元）。以上利用所计算出 C 的无量纲三个不同区间的形态维度分布因子（αβγ）而对维度（以经济维度的万元为例）进行了"分配"。

以上计算的基本思路是：确定维度中 CA_1、CT_1 与 C 中 CA、CT 的对应关系；C 中无量纲数值的三个区间对维度分布是不均匀的，以三个不同的分布因子（αβγ）来体现；在 C 中无量纲的一个区间内，维度分布是均匀的。在计算时为体现三个区间的不同分布，在计算 C = 5 的过程中，使用了 γ 因子。在大多数情况下，对 [5，6] 区间，维度是开口的，对应 6，并不给出具体的维度数值（如以上的 1500 万元）。在这种情况下是不能计算得到第三区间 [CT，6] 内分布因子 γ 的。这时，可使用第二区间的分布因子 β 的数值来计算 C = 5 所对应的维度数值。如对上图，对应 C = 5 的维度数值可计算如下：750（万元）+ β × (5 − 4.3) = 750 + 221.4(5 − 4.3) = 905.0（万元）。金额数值大于 905.0 万元范围，对应 [5，6] 范围（这里的近似计算可进行"误差"分析，这里从略）。

第二种情况：从第一种情况的说明可以看到，形态维度分配的基础是 C 准则中无量纲等级数值的 RA、RT 数值（或 CA、CT 的数值）。在一个企业中，当建立一个具体的风险准则时（针对特定的业务活动），但无可采用的 RA、RT 数值（或不适宜用）时，可考虑的一种途径是：当风险准则中的 P、C 最大值确定以后，就确定了风险地图的最大面积。对此，有一个适用于大多数企业的一般规律：风险不可容忍区域（红带）约占总面积的 10%；风险可接受区域（绿带）约占总面积的 20%；中间区域（黄带）约占总面积的 70%。由此，可计算出对应这三个面积的 RA、RT 数值，从而计算 CA、CT 的数值。在获得 CA、CT 数值以后，按照以上方法即可进行维度的分配。

在 C 准则的形态维度中，还有很大一部分是半定量的。半定量的维度可能来源于两个方面，一方面是该维度不可能（或很难）定量化（如对企业声誉的影响）；另一方面是该维度可以定量化，但从影响严重程度、风险分析的难易、繁简等多因素考虑，确定用半定量维度来体现（如对进度的影响，可以定量精确到秒、分、小时、天等，但确定的维度可能是影响极小、一般等）。对于半定量的维度，人们对程度的认可是很有限的（指等级的数量），就是对同一个程度，不同的人可能理解上也会有很大的不同（如对程度一般的认识）。上述例子在 C 准则的无量纲等级数值中设置 6 级，对 6 级能从半定量上给出不同的 6 个等级区别，并能与之匹配已可以满足风险分析的要求。这里需要注意的是，半定量本身就是一个模糊集，在程度分析上主要是体现统计的意义，追究某一个半定量维度（如一般）与无量纲中 C 的定量等级的匹配度没有更多的实践意义。

（二）如何确定 P 准则

在风险准则中，一般用于量度风险事项发生可能性的准则称为 P 准则。P 准则通常包括两项内容：体现风险事项发生的维度；以无量纲的数量等级来体现发生可能性，即设置 [0，6] 的数量等级。通常是在建立 C 准则之后建立 P 准则。有了风险事项、有了风险事项的后果，再去确定风险事项发生的可能性。P 准则相对 C 准则而言，要较弱地依赖于业务过程。不一定针对特定的业务过程建立 P 准则。

1. 确定 P 准则的维度

一般风险发生可能性的表现方式有如下两种：一种是概率方式，例如风险事项一年内发生的概率为 5% ~ 10%；另一种是"半定量"方式，例如发生可能性极低。建立 P 准则时可以考虑选择其中一种方式表现发生可能性。

2. 分配 P 准则的无量纲数量等级

P 准则以无量纲的数量等级 [0 ~ 6] 来体现发生的可能性。在明确 P 准则的维度后，需要将所确定的维度分配到 P 准则中无量纲的数量等级中，即 P 准则维度（概率或半定量）的某一数值范围（如 5% ~ 10%）与无量纲的哪一数量等级（如 [1，2]）所对应，以完成 P 准则两项内容的匹配。在匹配之前需要确定以定量的数据来体现，还是以半定量的数据来体现。

从实践看，P 准则定量的维度主要是发生的概率，数值范围是连续的 0 ~ 100%；半定量的维度主要指发生可能性的极低、较低、一般等。对于定量的概率数值，可以有均匀分布和非均匀分布两种考虑。

均匀分布在 0 ~ 6 的范围内均与分布着 0 ~ 100%。这时单位区间的概率数值就是：（100%）/6 = 17%。这时：P = 1 对应 17%，P = 2 对应 34%，P = 3 对应 51%，P = 4 对应 68%，P = 5 对应 85%，P = 6 对应 100%（注意：在确定 P 的等

级数量后，了解以上 P 的 "平均分布" 的数值是重要的）。

非均匀分布即 0~100% 的概率数值在 0~6 是不均匀分布的。对大多数行业，对风险准则覆盖的大范围（如大企业、大量事件、较常态的业务活动等），概率分布应该基本服从平均分布的原则，不应有太大的差别。即使在考虑非均匀分布时，也会充分注意到概率数值在所设 P 等级数值中平均分布的结果，在平均分布的基础上做出调整（对特殊的业务活动，如航天、矿山、高危行业等，需要特殊处理）。

对于定量的概率数值，有两个与 RA、RT 相关的概率数值是可以利用的：在获得 RA、RT 数值以后，用此数值分别除以 C 的最大值（无量纲数值），即可得到两个 PO 值，这两个 PO 值对应 "绿线" "红线" 在（P，C）图上的最小概率数值。这两个 PO 数值也将 0~6 的范围划分为三个区间，其意义也十分明确。一方面，关注这两个 PO 数值，对我们 "分配" 概率数值是很有帮助的；另一方面，如从历史数据等能将特定意义的概率数值与两个 PO 数值相对应，则可以仿照以上 C 准则中定量指标的 "分配" 方法实施概率数值的分配。对于 P 准则的 "半定量" 维度，考虑与 C 准则中的 "半定量" 维度类似。

四、如何确定风险承受度和风险容忍度

风险接受是指承担某一特定风险的决定。风险容忍是指组织或利益相关者为实现目标在风险应对之后承担风险的意愿。在风险准则中需要决定风险接受、风险容忍等级的大小，一般通过如下方式获得：

首先对 C 准则的维度（这里需要注意的是，可以是所有的 C 准则维度，也可以结合业务经验选择对后果影响较为重要的维度）分别从业务角度确定相应的可接受、可容忍程度或业务值，然后利用差值法公式折算为无量纲值，再计算这些无量纲值的算数平均值，得到无量纲的可接受、可容忍 C 值，再乘以发生可能性 P 的最大无量纲值 6（确定发生，对应 P = 100%），即得到无量纲的风险接受、风险容忍等级值。

考虑到管理成本，不建议针对每个风险事项都建立风险准则，可以一个业务流程建一个风险准则，也可以一个单位建一个风险准则，也可以一个集团通用一个风险准则。风险准则的建立工作需要反复设计和沟通，在实践中或许还需要根据多次风险分析工作进行修订，所以考虑到时间和能力要求，在建立风险准则时，既可以参考集团层面的风险准则，也可以参考业务相同或相近单位的风险准则。

第四节　风险管理组织体系确定风险管理战略时应发挥的作用

一、风险管理专业部门

如果一个组织内部设立独立部门负责风险管理工作，这个部门就可以看作风险管理专业部门。风险管理专业部门在组织确定风险战略过程中应发挥其应有的核心及牵头作用。从职责上看，风险管理专业部门对风险管理全过程都应发挥其应有的作用。

第一，风险管理专业部门在风险管理工作上应该是组织内部最专业的。

第二，风险管理专业部门的职责要求该部门必须对风险管理工作负起责任，并全力推动。那么在制定风险战略过程中，风险管理专业部门应扮演的角色包括工作的发起者、培训者、工作的主责及推动，定时更新维护者。

风险管理专业部门应该开展的工作包括以下几点：

①提出并发起风险管理战略的制定。

②就风险管理战略相关知识及工作方式、方法对参与该工作的其他人员进行培训。

③组织其他参与者共同起草制定风险管理战略。

④与其他参与者共同讨论风险管理战略的草案。

⑤对涉及的部门进行意见征集。

⑥对定稿的风险管理战略向上级决策机构请示批准。

⑦负责风险管理战略的发布。

⑧根据组织内外部环境的变化，动态维护风险管理战略，必要时可发起风险管理战略的修订工作。

二、其他专业部门

在风险战略的制定过程中，其他专业部门应参与、配合在自身专业条线范围内对风险战略的制定发表专业意见，帮助风险管理专业部门更为科学、合理地制定风险战略。其他专业部门应该开展的工作包括以下几点：

①积极参加风险管理专业部门组织的制定风险管理战略的培训。

②积极参与风险管理专业部门组织制定风险管理战略的过程，并就自己负责的专业条线发表专业意见。

三、风险管理委员会

有些组织内部成立风险管理委员会，风险管理委员会在风险战略的制定过程中应对风险准则进行审议。风险管理委员会应对风险准则的科学性、合理性进行讨论和把握，如果发现问题，可以责成风险管理专业部门进行修正和优化，并且应对风险准则将来在风险管理工作中的应用进行规定。对风险管理专业部门提交的风险准则草案进行审核时，既可以是现场的，也可以是传签形式。

四、组织决策机构

组织的决策机构应根据风险管理委员会的意见，最后对风险准则进行决策，决策后将风险管理准则发布。发布后，风险准则就可以在组织内部启用，发挥其应有的作用。

第五节 制定风险管理战略具体操作案例

【案例一】

某多业态集团性 A 公司 P 准则、C 准则的建立

为了指导风险准则建立工作，A 公司集团总部风险管理部制定了集团层面统一的风险准则——C 准则，如表 2-8 所示。集团风险准则的 C 准则包含 15 个维度，分别覆盖各项经济指标、业务连续性、公司管理、合法合规、安全、环保、声誉等。

设置经济指标的目的在于潜在的风险事项发生后对集团经济情况的影响，突出体现风险事项发生后的经济价值。对集团经济情况的影响可以用多种"经济指标"表示，如年收入、利润、流动性、预算、经济增加值、管理费用……

设置业务连续性的目的在于潜在的风险事项发生后对集团业务发展的影响，突出体现风险事项发生后对集团业务的可持续、中断性造成的后果。业务连续性是指在中断事件发生后，组织在预先确定的可接受的水平上连续交付产品或提供服务的能力。连续性主要包括两个方面：向客户提供产品或服务的连续性；支持性业务活动的连续性。

集团风险准则中以上两项内容是用于量度潜在风险事项发生后可能造成影响

的两个独立的维度。作为经济实体，风险事件发生后所产生的经济影响是第一要关注的（以具体的经济指标体现）。第二形态业务连续性是除经济影响之外，潜在风险事项发生后对集团（或某单位）业务发展所造成的可能影响，重点在于向客户提供产品或服务的持续性和支持性活动的中断性。以上两个独立性维度是用于分析、评价风险事项的必选维度。集团风险准则中以下维度与以上两个独立的维度具有相关性，是伴随以上两个维度可能发生的维度，风险分析、评价时是可选维度。

公司管理是从第一维度、第二维度中派生出来的。第一维度重点在于对经济指标的影响，第二维度重点在于对提供产品或服务、支持性活动的连续性影响，而此维度的重点在于强调在这两个维度中管理的作用，尤其是与各级管理人员的关系、责任。导致第一维度、第二维度影响的最核心问题是人的问题，而人的问题就是领导力的问题。这一维度的设置希望对风险事项的可能后果在从人、领导力的角度得到分析，也有利于控制措施、风险应对的建立。

合法合规维度是经济维度和业务连续性维度的伴随维度。风险事项发生后，除经济损失、业务中断以外，往往有合法、合规方面造成的影响，无论从内部控制还是从全面风险管理的角度讲，企业运营的合法、合规都是十分重要的，合法、合规是集团有序经营的基本要求。合法、合规包括两个方面：一是外部，如国家、行业、主管部门等的法律法规；二是内部，如集团内相关的各种文件、制度、规范等。

安全、环保是经济维度和业务连续性维度的伴随维度。这里的安全是指对人身、健康的影响，不包括其他安全的意义（如资产安全）。这里的环保是指生态环境的保护，不包括其他意义的环境（如投资环境）。有些风险事件发生后可能伴随有人身安全、破坏环境的后果。

声誉是经济维度和业务连续性维度的伴随维度。这里的声誉主要指风险事件发生后，从集团外部的角度看，对集团整体声誉造成的影响。如果影响仅限于集团内部，就无声誉这一维度。

表 2-8　A 公司的 C 准则

C 准则					
后果影响程度	[0, 1)	[1, 2)	[2, 3)	[3, 4)	[4, 5)	[5, 6)
对公司利润目标的影响程度	对公司利润总额基本无影响	影响小于前3年利润总额年平均值的0.1%	介于前3年利润总额平均值0.1%～1%	影响介于前3年利润总额平均值的1%～10%	影响介于前3年利润总额平均值的10%～30%	影响大于前3年利润总额平均值的30%（含）

C 准则					
后果影响程度	[0, 1)	[1, 2)	[2, 3)	[3, 4)	[4, 5)	[5, 6]
对财务收益率（IRR）的影响程度	IRR 比预期减少可以忽略	IRR 比预期减少 3% 以下	IRR 比预期减少 3%～5%	IRR 比预期减少 5%～10%	IRR 比预期减少 10%～20%	IRR 比预期减少 20% 及以上
对年销售额的影响程度	实际平均年销售比预期的减少可以忽略	实际平均年销售额比预期低 10% 以下	实际平均年销售额比预期低 10%～20%	实际平均年销售额比预期低 20%～30%	实际平均年销售额比预期低 30%～50%	实际平均年销售额比预期低 50% 及以上
对资金流动性的影响程度	0.5% 以下	0.5%～2%	2%～4%	4%～6%	6%～12%	12% 以上
对营业收入的影响程度	对公司营业收入基本无影响	实际营业收入减少 443 万元以下	实际营业收入减少 443 万～2215 万元	实际营业收入减少 2215 万～4430 万元	实际营业收入减少 4430 万～6645 万元	实际营业收入减少 6645 万元及以上
对公司预算的影响程度	对公司预算基本无影响	超出预算 3% 以下	超出预算 3%～8%	超出预算 8%～15%	超出预算 15%～20%	超出预算 20% 及以上
对管理费用的影响程度	对公司管理费用基本无影响	实际管理费用增加 8.6 万元以下	实际管理费用增加 8.6 万～43 万元	实际管理费用增加 43 万～86 万元	实际管理费用增加 86 万～129 万元	实际管理费用增加 129 万元及以上
对公司财务的影响程度	对公司财务基本无影响	财务损失 9 万元以下	财务损失 9 万～15 万元	财务损失 15 万～25 万元	财务损失 25 万～40 万元	财务损失 40 万元及以上

续表

C 准则					
后果影响程度	[0, 1)	[1, 2)	[2, 3)	[3, 4)	[4, 5)	[5, 6]
对公司资产的影响程度	对公司资产基本无影响	资产损失 7 万元以下	资产损失 7 万~10 万元	资产损失 10 万~15 万元	资产损失 15 万~30 万元	资产损失 30 万元及以上
对业务连续性的影响程度	业务仍能继续开展；仍能按时提供客户的产品/服务	业务开展出现短暂中断，但马上恢复；出现个别客户的产品/服务延迟提供 1 周的情况	业务中断时间未超过 3 个月，对正常运营造成一定的影响；出现个别客户的产品/服务延迟提供 2 周的情况	业务中断时间超过 3 个月（含 3 个月），对正常运营造成较大的影响；出现个别客户的产品/服务延迟提供 3 周的情况	业务中断时间超过 1 年，对正常运营造成严重的影响；出现所有客户的产品/服务均延迟提供的情况	业务中断无法继续开展；基本无法向客户提供产品/服务
对公司管理的影响程度	无须引起相关直接负责人的注意或处理	引起相关直接负责人的注意或处理	需要相关直接负责人数周的注意或处理	引起公司高层的注意或处理	需要公司高层数周的注意或处理	长期严重管理混乱，需要高层在数月内进行整顿
对合法、合规性目标的影响程度	基本合规，未违反制度	微小不合规和制度违反，未导致法规性行为	发生不合规和制度违反行为，可能导致损害警告。事件可报告给法规管理者	严重违反规章制度或共同约定，很有可能导致法规性行为，比如发布正式通告、罚单或诉讼	非常严重违反规章制度或共同约定，很可能招致规章制度性（法律）注意、调查、诉讼和/或可能会有高额罚款	很可能被监管者认为是有意而为或疏忽。很可能以重大案件被起诉或被重罚，可能导致重大诉讼，包括共同起诉，可能危及未来业务的发展
对安全目标的影响程度	对人员健康基本不造成损害	对人员健康造成轻微损害，未导致伤残，恢复时间较短	对人员健康造成损害较为严重，导致重伤，恢复时间较长	造成 3 人以下死亡，或者 10 人以下重伤	造成 10 人以上 30 人以下死亡，或者 50 人以上 100 人以下重伤	造成 30 人以上死亡，或者 100 人以上重伤

续表

后果影响程度	C准则					
	[0, 1)	[1, 2)	[2, 3)	[3, 4)	[4, 5)	[5, 6]
对环保目标的影响程度	对当地生态环境基本无影响	发生轻微环境污染，但对当地经济、生活活动无影响	环境污染对当地经济、生活活动产生一定的负面影响，但影响可以通过措施马上修复还原	环境污染对当地经济、生活活动产生较大的负面影响，且影响需要采取大量的措施、较长时间才能修复还原	环境污染对当地经济、生活活动产生严重的负面影响，采取大量的措施、较长时间对影响进行修复也无法还原	环境污染对经济、生活活动的负面影响蔓延至周边区域
对公司声誉的影响程度	对本公司商誉及形象基本无影响	未引起任何媒体/大众的关注，对本公司商誉及形象影响很小	引起地区性媒体/公众报道但无负面批评，对本公司商誉及形象的负面影响是暂时的	引起地区性媒体/公众持续跟踪报道且给予负面批评，对本公司商誉及形象带来区域性负面影响	引起全国性媒体/公众的报道但无负面批评，对本公司商誉及形象的负面影响范围扩大，但未波及集团公司	引起全国性媒体/公众持续跟踪报道且给予负面批评，对本公司商誉及形象的负面影响范围扩大，且波及集团公司

集团风险准则中的 P 准则维度提供了三种情况的描述，这也是考虑到集团业务板块的复合性，如表 2-9 所示。

表 2-9　A 公司的 P 准则

可能性程度	P准则					
	[0, 1)	[1, 2)	[2, 3)	[3, 4)	[4, 5)	[5, 6]
发生可能性	5%以下	5%~10%	10%~30%	30%~70%	70%~90%	90%以上
发生可能性	未来2年发生	未来1年发生	未来半年发生	未来1个季度发生	未来1个月发生	未来1周发生
发生可能性	极低	较低	低	中	高	极高

【案例二】

A 公司采购业务的 P 准则、C 准则的建立

风险准则建立单位可以结合集团风险准则完成风险准则的建立工作，本文以 A 公司建立采购业务风险准则为例阐述建立方法。

因为 P 准则与业务的弱关联性，采购业务风险准则中的 P 准则可以直接沿用集团风险准则中的 P 准则。

在建立采购业务风险准则中的 C 准则时，可以从集团风险准则中 C 准则的维度考虑，再根据采购业务的特点进行细化。

考虑到集团风险准则的指导意义，集团风险准则中的 C 准则规定了几种重要的经济指标，具体风险准则的单位在这一范围中进行选择（一个或多个），选择的时候一定要结合业务需求。如果没有满足需求，可以结合业务、风险事项自定义经济指标。采购业务风险事项发生后果影响涉及经济方面的业务指标有采购成本、物资资产，所以选择采购成本异常、资产损失作为 C 准则的维度。

对于采购业务的业务连续性，可以分为三方面的内容：提供外部客户服务和产品的连续性；提供与采购业务相关或支持性业务的连续性；采购业务本身连续性。从这三方面分析查找的业务指标为延迟供货时间、业务生产中断时间、采购时间。

结合集团 C 准则中的公司管理维度和采购业务管理层职责分配，形成采购业务 C 准则引起公司管理层关注这一维度。

合法合规包括两个方面：内部和外部，结合采购业务特色，选择外部投诉、处罚；内部违反制度两个维度。

考虑到采购业务风险事项发生后果对于公司声誉的影响较低，且几乎可以忽略不计，所以未将声誉作为 C 准则维度。

结合集团风险准则的维度和业务分析确定以上维度，又结合采购业务风险事项以及采购业务特色，确定采购物资质量不合格这一维度，这是采购业务独有的维度。表 2-10 和表 2-11 为 A 公司为采购业务流程制定的风险准则。

表 2-10　A 公司采购业务流程的 C 准则

	C 准则					
后果影响程度	[0, 1)	[1, 2)	[2, 3)	[3, 4)	[4, 5)	[5, 6]
经济指标的细化 — 采购成本异常增加	采购成本基本未发生异常增加	采购成本异常增加 0.1%~1%	采购成本异常增加 1%~3%	采购成本异常增加 3%~7%	采购成本异常增加 7%~15%	采购成本异常增加 15% 及以上
经济指标的细化 — 公司资产损失	对公司资产基本无影响	资产损失 7 万元以下	资产损失 7 万~10 万元	资产损失 10 万~15 万元	资产损失 15 万~30 万元	资产损失 30 万元及以上

		C 准则					
	后果影响程度	[0，1)	[1，2)	[2，3)	[3，4)	[4，5)	[5，6]
业务连续性的细化	延迟供货	基本未出现延迟供货的情况	出现轻微延迟供货的情况，延迟时间3~5天	出现轻大延迟供货的情况，延迟时间5~10天	出现严重延迟供货的情况，延迟时间10~15天	出现非常严重延迟供货的情况，延迟时间15~20天	延迟供货时间超过20天及以上
	业务生产中断	业务生产基本能够正常开展	业务生产开展出现短暂中断，但马上恢复	业务生产中断时间未超过3个月，对正常运营造成一定的影响	业务生产中断时间超过3个月（含3个月），对正常运营造成较大的影响	业务生产中断时间超过1年，对正常运营造成严重的影响	业务生产中断无法继续开展
	采购时间过长	基本在原采购计划的时间内完成采购工作	采购时间超出采购计划3~5天	采购时间超出采购计划5~7天	采购时间超出采购计划7~10天	采购时间超出采购计划10~15天	采购时间超出采购计划15天及以上
其他方面	引起公司管理层关注	无须引起采购业务直接负责人的注意或处理	引起采购业务直接负责人的注意或处理	需要采购业务直接负责人数周的注意或处理	引起公司高层的注意或处理	需要公司高层数周的注意或处理	长期严重管理混乱，需要高层在数月内进行整顿
	外部投诉、处罚	未引起外部投诉或处罚	发生纠纷，引起客户投诉	与客户发生法律纠纷	引起当地监管机构的法律注意、调查等	导致当地监管机构的罚款、通报批评等	引起更高一级监管机构的调查、重大罚款等
	违反内部制度	基本符合本单位制度和要求	很少部分的不符合本单位制度和要求，一旦发生对于年度考核影响率在20%以下	部分符合本单位的制度和要求，一旦发生对年度考核的完成率影响在20%~30%	不符合本单位的制度和要求，对年度目标的影响在30%~40%	不符合中心的制度和要求，对年度目标的影响在40%~50%	不符合集团的制度和要求，一旦发生，影响公司整体年度考核在50%以上
	采购物资质量不合格	采购物资合格率99%以上	采购合格率95%~99%	采购合格率90%~95%	采购合格率85%~90%	采购合格率80%~85%	采购合格率低于80%

表 2-11　A 公司采购业务流程的 P 准则

P 准则						
可能性程度	[0, 1)	[1, 2)	[2, 3)	[3, 4)	[4, 5)	[5, 6]
发生可能性	5% 以下	5% ~ 10%	10% ~ 30%	30% ~ 70%	70% ~ 90%	90% 以上
发生可能性	未来 2 年发生	未来 1 年发生	未来半年发生	未来 1 个季度发生	未来 1 个月发生	未来 1 周发生
发生可能性	极低	较低	低	中	高	极高

【案例三】

A 公司信托项目 P 准则和 C 准则的建立

　　P 准则是参考 A 公司集团层面的 P 准则，参考信托项目的特性进行调整，增加了一种描述方式，更加方便信托项目适用该准则。通过计算，在第二区间 [1, 2) 将 10% 的概率调整为 15%，第三区间 [2, 3) 调整为 15% ~ 30%，第四区间 [3, 4) 调整为 30% ~ 60%，第五区间 [4, 5) 调整为 60% ~ 90%，第一区间和第六区间与集团 P 准则保持一致，如表 2-12 所示。

　　信托项目 C 准则的建立更加体现该类项目的业务特点。在维度上特别细化出了三种对信托项目有重要意义的财务量化指标，即还款金额（本金）、流动性和付息期限。另外，三个维度则沿用集团 C 准则中的三个维度，即公司利润/合规性/声誉，如表 2-13 所示。因为信托面临着较为严格的外部监管要求，所以合规性维度是决不能缺位的。因为信托项目的风险准则制定时已经具体到特定业务，所以信托项目 P 准则的维度明显比集团 P 准则的维度少了很多。从这里也可以看出，风险准则的维度并不是越多越好，科学、贴切才是最重要的。盲目追求风险准则维度的数量，不但对风险评估的准确度没有好处，还有可能造成过程过长、花费时间过多、引起评估人员反感等负面影响。

表 2-12　A 公司信托项目的 P 准则

		P 准则（定量）					
序号	可能性	[0, 1)	[1, 2)	[2, 3)	[3, 4)	[4, 5)	[5, 6]
1	概率	5% 以下	5% ~ 15%	15% ~ 30%	30% ~ 60%	60% ~ 90%	90% 以上
2	频次 1	每 2 年发生 1~2 次	每 1 年发生 1~2 次	每 1 年半发生 1~2 次	每季度发生 1~2 次	每月发生 1~2 次	几乎每周都会发生

续表

P 准则（定量）						
序号	可能性	[0，1)	[1，2)	[2，3)	[3，4)	[4，5)	[5，6)
3	频次2	未来2年发生	未来1年发生	未来半年发生	未来1个季度发生	未来1个月发生	未来1周发生
4	定性	极低	较低	低	中	高	极高

表 2 – 13 A 公司信托项目的 C 准则

C 准则（定量）						
序号	后果影响	[0，1)	[1，2)	[2，3)	[3，4)	[4，5)	[5，6)
1	还款金额（本金）	3%以下	3%~10%	10%~15%	15%~20%	20%~30%	30%以上
2	流动性	0.5%以下	0.5%~2%	2%~4%	4%~6%	6%~12%	12%以上
3	付息期限（自然天）	2天以下	2~7天	7~12天	12~20天	20~30天	30天以上
4	公司利润	0.5%以下	0.5%~1.5%	1.5%~3%	3%~4.5%	4.5%~8%	8%以上
5	合规性	无影响	影响较小	有一定影响	影响较大	影响很大	影响极大
6	声誉	无影响	影响较小	有一定影响	影响较大	影响很大	影响极大

本章参考文献

［1］杨小舟. 目标设定、战略与企业风险偏好［J］. 新理财，2006（8）：44 – 49.

［2］于蓉. 论商业银行风险偏好与风险容忍度［J］. 海南金融，2011（5）：6 – 8.

［3］李素鹏. ISO 指南 73：2009，风险管理——术语［M］. 北京：人民邮电出版社，2012.

［4］李素鹏. ISO 风险管理标准全解［M］. 北京：人民邮电出版社，2012.

第三章　风险管理组织体系

第一节　风险管理组织体系概述

面对日益复杂的外部环境，加强风险管理已经成为企业战略目标实现乃至关乎企业生死存亡的关键。企业风险管理的实施必须依赖一个健全的风险管理组织框架，有没有一个分工明确、各司其职、上下沟通顺畅的组织体系，将直接关系到风险管理的成败。国内外大量实践均表明了这一点。依据国情与公司文化的不同，不同企业中风险管理业务的归属与独立风险管理部门的设置并不一致。因此，如何结合自身的特点建立有效的风险管理组织体系，就成为企业管理者在建立风险管理机制时必须考虑的一个重要问题。

一、风险管理组织体系的定义

风险管理组织体系是表现企业内部各风险管理部门排列顺序、聚集状态、联系方式以及部门之间相互联系的一种事务划分及存在形式，是风险管理体系的物质载体。它是以公司法人治理结构为基础、以风险管理部门为龙头、以业务管理部门或单位为主体、以法律事务部门和内部审计部门为补充的组织机构体系。

建立健全的风险管理组织体系是实现企业风险管理目标的组织保障。由于企业内外部环境的不同，不同企业的风险管理组织体系也应有所不同。企业应当从自身实际出发，建立有效的风险管理组织体系，尤其应处理好风险管理委员会与独立风险管理部门的设置、企业风险管理模式的选择、不同部门之间的职责划分与沟通等问题。

现代企业风险管理的特点是全员风险管理，董事会、管理层、首席风险官、财务经理、内部审计部门、有关业务部门以及组织中每一位员工均对有效的风险管理具有重大贡献。这同时也意味着组织中的每一个人都对企业风险管理负有责任。上述主体共同构成企业风险管理组织体系的参与因子。企业风险管理组织体系主要就是解决上述主体之间在风险问题上的权责分配问题。具体而言，企业风险管理组织体系的设计主要解决以下两方面的问题：

（1）相关主体在风险管理中的作用与地位的确定，主要解决董事会及其下属的风险委员会、CEO 及各层次经理、风险管理职能机构、内部审计部门及其他员工在风险管理过程中权责的配置问题，包括风险委员会及风险管理职能部门的建立。

（2）各主体之间的关系。其中，集中管理与分散管理模式的选择、风险管理委员会与风险管理职能机构的建立是需要着重考虑的问题。

二、风险管理组织体系的重要性

风险管理职能体系设计是企业全面风险管理体系设计的一个重要内容。建设企业全面风险管理职能体系是为了实现如下目标：通过建立健全职能完备、权责明确的职能体系，提高集团风险管理的能力，满足管理集团重大风险的要求；在集团层面强化风险管理的作用和效果，将风险管理与企业整体目标相结合，支持和保障战略目标的顺利实现；通过统一的风险管理职能，建立各个业务经营单位风险管理实践经验的共享平台，确立风险管理的标准；通过风险管理职能体系的有效运作，把风险意识和风险管理的理念贯穿于集团的日常管理中，培育健康的风险文化。

为了实现上述目标，企业风险管理职能体系设计应紧密围绕以下几方面内容展开：定义集团风险管理职能的基本职责，明确职能体系内部职责分工的原则；在集团总部层面设计功能完备的风险管理职能体系框架，包括设计风险管理专职机构的内部构成及岗位；明确风险管理专职机构及现有职能部门在集团风险管理职能体系中的定位和管理职责；明确风险管理职能体系各组成部分在体系运转中的交互关系；结合集团现有资源情况和体制改革的要求，指明集团风险管理职能体系建设路径。

基于这样的目标，在设计企业全面风险管理体系过程中应充分考虑以下因素：风险管理职能的管理目标与企业整体目标的一致性；风险管理职能体系与集团整个管理体系的相容性；集中管理与灵活反应之间的平衡性；风险管理职能运作所需资源的可得性。

三、风险管理组织体系的主要形式

全面风险管理组织体系主要有三种典型形式。①

1. 风险管理推动型

这是一种集中化的风险管理组织体系。公司设立首席风险官，总体负责在公司内部各层级推动企业风险管理框架的实施。首席风险官不对具体风险负责，而是同其他人一起建立并维护整个企业范围的风险管理流程，会集高级管理层提供支持企业风险管理框架应转并综合成为风险报告对股东负责。这种组织体系的特点是风险管理的咨询性和协作性。各业务单元之间包括与风险管理部之间建立沟通路线，定期就风险状况、风险控制情况以及目标和风险的变化情况进行沟通和报告，风险管理部向首席风险官负责，并进一步对风险管理委员会负责和报告。风险管理委员会的职责是保证首席风险官和风险管理部履行其对具体风险和风险管理框架的职责。

2. 风险保障推动型

这种组织体系将特定业务风险保障职能内化到风险管理部职能之中，使风险管理部的职能得以大幅度扩展，风险管理部门对全部风险识别和计量流程负责，其职责是在风险推动型基础上拓展到对某些具体风险的控制直接负责。比如，风险管理部不仅负责风险管理框架的推进实施，还直接负责公司方案合规性信息安全法律合规、安全生产等具体风险控制工作，风险管理部门仍由首席风险官领导，首席风险官向风险管理委员会负责并报告。报告和沟通路线类似风险管理推动型。同时，风险管理部还需要就其负责的其他领域向风险管理委员会和 CEO 报告。

3. 风险控制遵从性

在这种组织体系形式下，风险管理和内部审计职能被集中在一起，形成一个覆盖全公司的风险控制遵从推动部门——"风险管理与内审部"。风险管理与内审部向董事会和其他管理高层提供内控评价和风险保障服务，内部审计事实上成为绩效监控流程的一部分，内部审计人员不仅承担内部控制遵从性检查职责，而且充当管理的促进者和指导者，推动企业管理向最佳实践靠拢。风险识别和计量的职责仍由各业务单元分别负责。

需要说明的是，在这种组织形式下，风险管理部和内审部需要保持独立性。运营风险保障功能不应该再由风险管理部门负责或领导。风险管理部直接向审计委员会报告。

---

① 卢中伟. 国有企业全面风险管理体系设计探析 [J]. 财会学习，2010（12）61–63。

四、风险管理组织体系的"三道防线"

所谓风险管理的"三道防线"模式，指的是在主体内部构造出三支对风险管理承担不同职责的团队（业务团队、风险管理团队、内部审计团队），相互协调配合，分工协作，并通过独立、有效的监控，提高主体的风险管理有效性，如图3-1所示。"三道防线"模式构建一个风险管理体系监督架构，充分体现风险管理的全员性、全面性、独立性、专业性和垂直性。

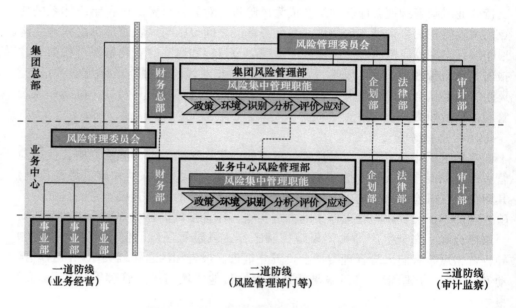

图3-1 风险管理组织体系的"三道防线"

风险管理三道防线是为了提升企业的整体风险管理能力，其实质是以企业的各级岗位角色和职责为前提，对风险管理责任进行划分，如果三道防线都能有效履行其风险管理职责，企业就能成功实现全面风险管理体系建设目标。

（一）第一道防线——业务经营

企业一线的运营和管理层构成风险管理的第一道防线。业务和流程的责任人应对其组织或管理活动中的风险及控制直接负责，促进企业总体目标的实现。在建设全面风险管理体系过程中，企业基于对风险管理整合框架的认识，并结合自身实际，从集团层面进行设计，将各职能部门和下属单位定位为风险管理的第一道防线。以相关职能部门和业务单位为第一道防线，企业建立的第一道防线就是要把业务单位的战略性风险、市场风险、财务风险、营运风险等进行系统化的分析、确认、管理和监控。要建好第一道防线，企业的业务单位要做好下列工作：了解企业战略目标及可能影响企业达标的风险，识别风险类别，对相关风险做出评估；决定转移、避免或降低风险的策略；设计风险实施策略的相关内部控制；各部门一线员工是企业的窗口，也是最先与风险源接触的群体，在日常业务中负有及时识别、上报与初步管理风险的职责，是事前控制风险的关键。

（二）第二道防线——风险管理部门

企业风险管理委员会或其他组织及风险管理部门构成风险管理的第二道防线，其主要职责是营造企业的风险管理环境，在整个企业范围内建立对风险的统一认识，在管理层的领导和监督下，促进第一道防线对风险实施管控，并合理有效。第二道防线在每个单位的组织框架内都表现为不同的形式，其职责定位也有区别。在业务复杂或受到严格监管的大型单位，第二道防线的建立往往是比较独立的，拥有专门的风险管理机构；业务不太复杂、外部监管要求不太突出的单位，可能没有设置专门的管理机构来履行第二道防线的职能。不同单位的第二道防线职责也有所区别。部分风险管理部门在履行第二道防线职责的同时，还是业务管理流程上的一个重要控制点，例如对权益性投资项目、金融投资项目等风险进行直接监控或提出具体建议，在一定程度上发挥第一道防线的作用。另外，还要结合本单位的具体情况，对外部硬性监管政策和红线要求进行持续监控，以防范政策风险。第二道防线的职责有：建立规章制度，对业务单位的风险进行组合管理，度量风险和评估风险的界限；建立风险信息系统和预警系统，厘定关键风险指标，负责风险信息披露；沟通、协调员工培训和学习的工作，按风险与回报的分析，对各业务单位分配资金。相对于业务单位部门而言，风险管理部门会克服狭隘的部门利益，从企业利益角度考察项目和活动风险。第二道防线不直接参与企业的任何经营业务，而主要负责企业风险管理工作的统筹组织、协调与规划，并对第一道防线的风险管理工作、内部控制开展情况进行实时监控，同时承担重大风险的核心管理与组织职责，是事中控制风险的关键。

（三）第三道防线——审计监察

企业内部审计监察是第三道防线，主要职责是对董事会和高级管理层所关心的风险与控制的有效性进行独立审计并报告。第三道防线重点提供的是具有独立性的监督。以内部审计部门和董事会审计委员会为第三道防线；内部审计是一个独立、客观的审查和咨询业务单位，监控企业内部和其他企业所关心的问题。其目的在于改善企业的经营和增加企业价值，通过系统的方法评价和改进企业的风险管理、控制和治理流程效益，帮助企业实现经营目标。第三道防线也不直接参与企业任何经营业务，主要负责对第一及第二道防线部门的工作进行事后稽核、审计和监察等，对企业内部控制进行查漏补缺，对企业主要业务流程的合规性、合理性和风险可控性进行审计，对经营管理者进行经济责任审计，对企业信息系统有效性进行审计，对企业财务报表进行审计等，是事后控制风险的关键。

第二节　风险管理组织体系的主要构成

一、风险管理组织体系的组成要素及交互关系

（一）风险管理组织体系的组成要素

在集团型企业中，风险管理组织体系主要由：董事会及下设的风险管理委员会、集团总部专职的风险管理部门、集团总部不同职能条线主导或者具体风险协助管理部门、经营单位风险管理部门等组成。它们之间的交互关系如图3-2所示。

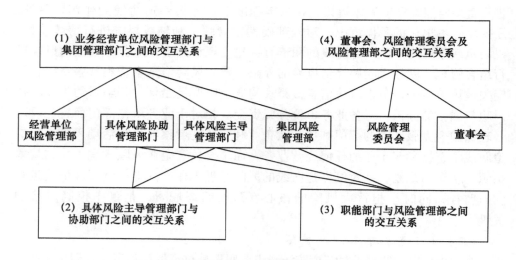

图3-2　风险管理组织体系组成要素及交互关系

（二）风险管理组织体系组成要素之间的交互关系

（1）业务经营单位风险管理部门与集团管理部门之间的交互关系如表3-1所示

表3-1　业务经营单位风险管理部门与集团部门之间的交互关系

业务经营单位风险管理部	沟通关系	集团风险管理部门	职能管理部门
各类风险信息的收集	信息交流	集团风险信息数据库的维护	
业务经营单位风险的辨识评估	评估工作要求《经营单位风险评估报告》	评估结果的汇总分析	
根据集团风险战略，制定业务经营单位风险管理制度和业务经营单位风险解决方案	《集团风险战略》《××单位风险管理制度》	对业务经营单位风险管理制度的检查、指导和备案	
制度执行	重大风险管理制度		对主导管理的集团重大风险制定管理措施
业务经营单位风险管理指标的监控和报告	《指标监控/重大风险事件报告》	分类指标的汇总分析	主导管理的具体风险指标监控结果的汇总分析
突发事件报告	重大风险事件应对方案	跨部门应对方案制定（需要跨部门解决）	应对方案制定（可在部门职责范围内控制）
业务经营单位风险管理工作自我评价	《经营单位风险管理评价报告》	集团风险管理监督与改进	

（2）具体风险主导管理部门与协助部门之间的交互关系如表3-2所示

表3-2　具体风险主导管理部门与协助部门之间的交互关系

协助管理部门	沟通关系	主导管理部门
从本部门的角度提出意见和建议	意见反馈	制定具体风险的关键监控指标，明确各协助管理部门的监控责任
根据管理办法，开展管理工作	管理办法下发，指标监控责任的分解	确定具体风险的关键监控指标明确各协助管理部门的监控责任
对日常管理监控中发现的风险信息，及时与主导管理部门沟通	风险信息的沟通	汇总分析各参与部门反馈的风险信息，结合本部门的指标监控结果，形成《风险监控报告》，报送集团风险管理部
对日常管理监控中发生的突发事件或异常情况，及时反馈给主导管理部门	重大风险事件反馈	根据时间严重程度和应对难度，制定应对方案或会同风险管理部门研究提出跨部门的应对建议
执行方案	突发事件应对方案	将经风险管理委员会批准的应对方案下发给相关部门

（3）职能管理部门与风险管理部门之间的交互关系如表 3-3 所示

表 3-3　职能管理部门与风险管理部门之间的交互关系

职能管理部门	沟通关系	风险管理部门	审计部门
各类风险信息的收集	信息交流	集团风险信息数据库的维护	风险管理制度执行检查、内控体系监督与改进建议
职责范围内的风险辨识评估	评估工作要求《部门风险评估报告》	组织开展集团风险评估工作，各部门评估结果的汇总分析	
	《集团风险战略》	回顾/调整集团风险战略，制定集团风险解决方案	
根据集团风险战略，制定具体风险管理措施	《具体风险解决方案》	各部门具体风险解决方案的备案	
集团重大风险的指标监控，突发性风险事件的报告	《指标监控/突发事件报告》	各类风险指标监控结果的汇总分析	
应对方案的实施	重大突发事件应对方案	跨部门/业务经营单位重大事件解决方案的制定	
部门风险管理工作自我评价	《部门风险管理评价报告》	集团总体风险管理监督与改进	

（4）董事会、风险管理委员会及风险管理部门之间的交互关系如表 3-4 所示

表 3-4　董事会、风险管理委员会及风险管理部门之间的交互关系

风险管理部门	沟通关系	风险管理委员会	董事会
各部门风险辨识结果的汇总分析和评价	《集团风险评估报告》	审议	批准
测算集团的风险承受度，提出集团风险管理目标和重大风险管理政策	《集团风险解决方案（风险战略）》	审议	批准
集团重大风险监控指标的跟踪和汇总分析	《集团风险监控报告》	各部门总经理审阅	集团领导审阅
重大风险事项的分析和报告	重大风险事项应对方案建议	审议/批准（视风险事件的重要程度）	批准
集团风险管理工作的评价，提出对集团风险管理的改进建议	《集团风险管理评价报告》	审议	批准

二、风险管理组织体系的定位和职责

（一）公司治理是组织体系定位和职责的关键

完善的公司治理结构是全面风险管理工作的基础，也是防范风险的天然屏障。在符合现代企业制度公司治理结构的基础上搭建全面风险管理体系是最为合理和有效的方式。公司治理结构的完善除了建立董事会之外，还包括一系列责、权、利的再分配，以及部门职能之间权力制衡等一系列问题，是风险项目范围之外的内容。所以在本文中重点阐述有关风险管理的职能提升，而没有涉及组织结构中其他部分可能的变革，如其他管理部门的新设、撤并，以及集团对业务部门管控模式的调整等。

内部控制体系的作用有限，而且主要用来牵制普通员工的活动及日常业务流程，常常无法约束管理层的行为，对内部控制约束范围之外的控制或牵制，就需要通过有效的公司治理结构来完善。现代公司制借鉴了国家体制中分权和制衡的原则，使股东（大）会、董事会、监事会这三个权力机关既相互独立又相互制约，这样既可以降低管理成本，又可以提高运作效率。因此公司治理结构应该在股东（大）会、董事会、监事会和经理层之间合理配置权限，公平分配利益，明确各自的职责，建立有效的激励、监督和制衡机制。业界也一致认为，良好的控制体系需要内部控制和公司治理结构同时发挥作用。

近年来，国内外的公司治理出现很多问题，不少是公司治理风险管理组织结构不完善、职责不清晰引起的，各项有利于公司发展的政策执行不力、监管不力等造成的。不管是哪类公司，公司治理风险管理的战略、计划及最后决策权都是由公司的最高管理层来裁决，而有关公司治理风险的具体实施却是由公司的每一个员工参与的，外部利益相关者只是通过公司员工的参与而加入公司治理风险管理当中的，这样才能够降低公司治理风险。所以，需要有较好的组织结构和风险管理的方案。也正因如此，公司治理风险管理组织结构是公司治理风险管理中最重要的一环，只有具备良好的组织结构且各司其职，公司的各项风险管理活动才能够做到有序、信息透明、有效率以及上传下达等，公司治理风险才能够根据风险类型和等级等采取相应的应对措施，使公司治理风险得到有效的管理。

在实践中，公司经理层的权力容易膨胀，从而导致董事会出现空壳、形式和虚设等现象，这就要求董事会强化自身的独立性，对经理层的权力进行限定。例如，在公司章程或董事会决议中规定巨额合同需经董事会同意，或对融资和抵押等特殊的交易取消经理层的决定权等，加强董事会对经理层的约束。集团型企业风险管理组织体系如图 3 - 3 所示。

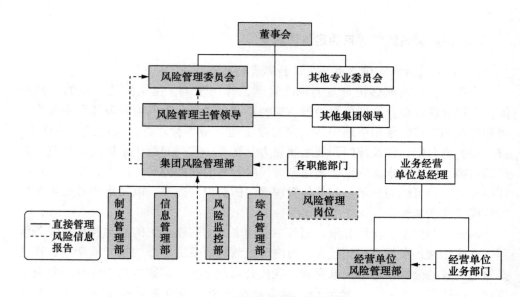

图 3-3 集团型企业风险管理组织体系

（二）风险管理组织体系各组成要素的定位和职责

风险管理权责体系是企业通过对风险管理权力的科学配置，并赋予风险管理人员相应的责任，使之形成权责利高效统一的管理体系。它在全面风险管理体系中处于核心地位，就像人的灵魂一样主导着人的行为。它是以风险管理目标为导向，以合理配置风险管理职能为中心，以明确权利义务和建立岗位责任为手段，逐步形成权限清晰、责任分明的权责体系。

1. 董事会的定位和职责

定位：董事会承担集团风险管理的最终责任，负责审查和批准集团的风险管理框架，并对高级管理层执行风险管理框架的情况进行监督，确保在集团内部建立起健全的组织框架、流程、制度、信息系统和文化，来实行全面有效的风险管理。

职责：董事会应是风险管理工作的最高执行机构，向股东大会负责，主要职责包括：①审议并向股东（大）会提交企业全面风险管理年度工作报告；②确定企业风险管理总体目标、风险偏好、风险承受度，批准风险管理策略和重大风险管理解决方案；③了解和掌握企业面临的各项重大风险及其风险管理现状，做出有效控制风险的决策；④批准重大决策、重大风险、重大事件和重要业务流程的判断标准或判断机制；⑤批准重大决策的风险评估报告；⑥批准内部审计部门提交的风险管理监督评价审计报告；⑦批准风险管理组织机构设置及其职责方案；⑧批准风险管理措施，纠正和处理任何组织或个人超越风险管理制度做出的风险性决定的行为；⑨督导企业风险管理文化的培育；⑩全面风险管理其他重大事项。

在以上 10 项职责以外，它还应该加强内部的制衡，然后才能更好地履行自身职能。包括优化董事会内部结构，发挥专门委员会的作用，增强独立董事的控制监督职能，强化董事会义务和责任等。前些年很多国家都借鉴了独立董事制度，但运用在中国也产生了很多弊端，是否能真正发挥作用也不得而知，只能由董事个人的责任和义务观念而定。

2. 风险管理委员会的定位和职责

在完善的公司治理结构中，风险管理委员会作为董事会的下设委员会，应该从组织形式、议事规则和决策过程等方面充分体现其独立性。风险管理委员会是董事会下设的专业委员会，协助董事会通过对集团的内控体系、风险管理政策、制度及其执行情况的监控，实现其公司治理责任，在董事会授权范围内，行使对集团风险管理重大事项的决策权。

从国外来看，在董事会之下成立的风险管理委员会负责公司风险管理政策的制定是一种较为普遍的做法。我国国务院国资委发布的《中央企业全面风险管理指引》也规定，具备条件的企业，董事会可下设风险管理委员会。建立风险管理委员会以后，可以在董事会层面制定有关风险管理政策和程序，并对管理层的风险管理绩效进行全面的监督和评价，从而有效地管理风险，保证企业目标的实现。西方的实践表明，风险管理委员会对于加强企业风险管理具有积极作用。因此，目前，我国强制要求金融机构、上市公司必须在董事会内设立风险管理委员会，专门负责制定企业的风险管理政策和程序（包括确定风险偏好与风险容忍度）、监督经理层对风险管理政策的执行、对企业的独立风险管理机构进行指导和监督、对企业面临的风险及相关管理政策的效果加以评估等。对于其他有需要的企业，则可规定在符合成本效益的前提下自行决定是否设立风险管理委员会。对于那些不设立风险管理委员会的企业，则应规定由董事会或授权独立风险管理机构来履行相关职责。

对于风险管理委员会的组成，国外企业的做法并不统一，但一般均包括企业高级管理人员和风险管理部门的负责人。我国发布的《中央企业全面风险管理指引》规定，该委员会成员中需要有熟悉企业重要管理及业务流程的董事，以及具备风险管理监管知识或经验、具有一定法律知识的董事。对此，风险管理是一个涉及整个企业的全局性问题，且应当与企业的业务活动紧密结合。因此，风险管理委员会不仅应包括董事、高级管理人员、风险部门经理，还应当视企业所面临的主要风险类别的不同，纳入财务、法律、市场等部门的管理人员。此外，为了提高风险管理委员会的专业性，还可以考虑从企业外部聘请专业人士（如保险公司、咨询机构的专家）来担任风险管理委员会成员或顾问。至于风险管理委员会中独立董事的比重，倒不如专业性（胜任能力）问题来得更为重要，因为独立董事在风险信息的占有上不如企业内部经营管理者。但考虑到虚假财务报告风险，风险管理委员会中保持一定数量的独立董事还是有必要的，但没必要像审计委员会、薪酬委员会那样以独立董事为主。

有条件的企业可以设风险管理委员会，在其基本构成上，和董事会下设的其他委员会基本类似，成员一般由 3~5 名董事组成，由董事会选举产生。但是，该委员会的成员背景需要比董事会其他委员会复杂一些。道理在于，威胁企业利益的风险从本质上说可以产生于和企业相关的所有方面，如果想要防范风险，自然也需要包括来自财务、运营、政策，以及风险管理专家等在内的多个行业和部门的人员，综合他们各自的专业特长、经历和关注焦点，组成一个有效的团队，发挥协同的力量，这样才能制定出有效防范风险的对策。因此，董事长、1/2 以上的独立董事或全体董事的 1/3 在提名风险管理委员会成员时，需要充分考虑到这一点。风险管理委员会也可以下设工作组，来负责其日常工作联络、会议组织等，做好风险管理委员会决策的前期准备，提供整个公司的相关书面资料。成员最好也是来自公司各个部门的经理或负责人，还可以有一线员工的参与，这样有利于企业搭建一个整体风险管理框架，在企业的每一个环节上都能控制风险。风险管理委员会对董事会负责，主要履行以下职责：①提交全面风险管理年度报告；②审议风险管理策略和重大风险管理解决方案；③审议重大决策、重大风险、重大事件和重要业务流程的判断标准或判断机制，以及重大决策的风险评估报告；④审议内部审计部门提交的风险管理监督评价审计综合报告；⑤审议风险管理组织机构设置及其职责方案；⑥办理董事会授权的有关全面风险管理的其他事项。

3. 企业负责人

企业的负责人（总经理）对全面风险管理工作的有效性向董事会负责。总经理或其委托的高级管理人员负责主持全面风险管理的日常工作，负责组织拟订企业风险管理组织机构设置及其职责方案。企业可以设立专职部门或相关部门来履行全面风险管理的职责，该部门对总经理或其委托的高管人员负责。《中央企业全面风险管理指引》规定，作为全面风险管理工作的责任者和执行者，不仅需要对企业的风险有非常清楚的了解和认识，还需要有卓越的领导才能、敏锐的风险意识，熟悉企业和风险管理知识，有相关风险管理经验，以及了解企业市场情况和相关的法律法规。

4. 专职风险管理部门

企业应设立专职部门或确定相关职能部门履行全面风险管理的职责。该部门对总经理或其委托的高级管理人员负责，主要履行以下职责：①研究提出全面风险管理工作报告；②研究提出跨职能部门的重大决策、重大风险、重大事件和重要业务流程的判断标准或判断机制；③研究提出跨职能部门的重大决策风险评估报告；④研究提出风险管理策略和跨职能部门的重大风险管理解决方案，并负责该方案的组织实施和对该风险的日常监控；⑤负责对全面风险管理有效性评估，研究提出全面风险管理的改进方案；⑥负责组织建立风险管理信息系统；⑦负责组织协调全面风险管理日常工作；⑧负责指导、监督有关职能部门、各业务单位以及全资、控股子企业开展全面风险管理工作；⑨办理风险管理其他有关工作。

5. 审计委员会

审计委员会是隶属于董事会的专业委员会，独立于经营管理层，其建立的初衷是在董事会建立一个独立、专门的治理力量以强化外部审计师的独立性，从而提高公司财务报告信息的真实性和可靠性。审计委员会成员的选择与董事会的构成具有直接关系，审计委员可以从外部董事中选择。由广泛的渠道产生并通过公示方式当选的委员候选人，通常具有更好的素质和能力。主席的选择可以由国资监管机构在外部董事中选择确认和任命。审计委员会如果要良好运行，必须制定具体的章程，具备调查的权力及合适的资金保证，并建立起自己科学合理的运行程序系统。企业的内部审计部门需要对审计委员会负责，在风险管理方面，内部审计部门要负责研究提出全面风险管理监督评价体系，制定监督评价相关制度，出具监督评价审计报告。

6. 企业其他职能部门及各业务单位

在全面风险管理工作中，应接受风险管理职能部门和内部审计部门的组织、协调、指导和监督，主要履行以下职责：①执行风险管理基本流程；②研究提出本职能部门或业务单位重大决策、重大风险、重大事件和重要业务流程的判断标准或判断机制；③研究提出本职能部门或业务单位的重大决策风险评估报告；④做好本职能部门或业务单位建立风险管理信息系统的工作；⑤做好培育风险管理文化的有关工作；⑥建立健全本职能部门或业务单位的风险管理内部控制子系统；⑦办理风险管理其他有关工作。

第三节 风险管理组织体系的实践

一、风险管理组织体系建设过程中面临的问题

（一）企业公司治理有待完善

国有企业及全面风险管理组织体系设计过程中面临的问题是国有企业治理机

制繁杂。从公司治理角度看，国有企业董事会普遍虚设，其主要成员为董事长、总经理、副总经理以及相当于副总经理的其他领导人员。董事会下可能虚设一届委员会，也可能不设立专门委员会。党委可能被认为是企业最高机构，因为厂长经理需在党委领导下开展工作，但实践中党委较少介入企业运营，其在现代公司治理机制中的职能和定位还有待明确。按规定，职工代表大会是国有企业最高权力机构，但现实中往往仅对员工福利等事项有一定的审阅权。按照《证券法》等法规，中国国有上市公司还应设立监事会，但由于监事会缺少办事机构和专业人员，虚设的可能性较大、与德国的监事会不能相提并论。

总体而言，国有企业的最高领导机构往往是一个被称为公司领导班子的虚拟组织。可能有党委的影子，可能有董事会的影子，也可能是党委和董事会的综合体。党委书记往往由董事长兼任，是国有企业的最高领导者。我国国有企业的CEO或总经理常常被看作董事长的下级职位，而且CEO也经常有董事长兼任董事会与CEO之间的监督制衡机制弱化。由于国有企业公司治理机制很难与国际对标，因此风险管理组织体系也很难直接模仿国际上的某种模式。

（二）企业风险管理"三道防线"各成体系

企业风险管理内部监督和具体风险保障流程各成体系。全面风险管理分前中后三道防线，在国有企业中为前端的业务部门普遍风险意识薄弱。就终端运作而言，虽然一些国有企业已经设立风险管理部等相关部门专司风险管理工作，但其运作并没有按照风险管理的整个流程进行，运行模式更多是各职能部门在风险管理工作上各自为政，人为切断风险管理的流程，风险管理部门也难以获取相关信息，无法完成对企业整体风险状况的有效评估。就后端运作而言，国有企业内部审计部门的工作大多停留在财务纠错等层面，缺乏风险审计理念，无法从企业全面风险管理的角度发掘其自身价值。

企业长期形成的管理体系中，下级单位的不少部门要接受上级单位党政部门的指导，甚至领导，典型的例子是纪检监察部门。在目前的体制下，下级纪检监察部门要服从上级纪检监察部门的指导，本企业风险管理部门对防范廉政风险的影响力十分有限。如果企业风险管理体系不包括廉政风险，就很难称得上全面风险管理，最终使全面风险管理成为一盘散沙，难以产生整体效果。

（三）其他问题

1. 独立风险管理机构的设置问题

目前，西方许多金融控股公司、跨国公司以及大型上市公司均设立独立的风险管理机构，专门负责风险管理事务。实际上，独立的风险管理职能机构已成为西方企业风险管理组织体系的核心。实践表明，设立专门的风险管理机构对于加强风险管理、降低风险管理成本、促进企业内部管理风险管理的信息沟通具有积极的意义。我国企业应当考虑根据自己的情况，决定是否以及如何设立独立的风险管理部门。在独立风险管理机构的设置上，具体应考虑以下几个问题：

（1）独立风险管理机构在组织中的位置

独立风险管理机构在组织中的位置、其应向谁报告，是风险管理组织体系的核心问题。因为独立风险管理机构的位置决定其权威性以及职责范围，并会对风险管理的成本、组织内部风险信息沟通产生影响，进而影响企业风险管理的有效性。因此，独立风险管理机构究竟是对董事会、风险管理委员会、总裁、财务副总裁（或风险管理副总裁）或者其他部门负责，是我国企业在设计风险管理机构时必须考虑的一个重要问题。通常来说，高层管理人员对风险管理需求的认识、风险的规模和重要性以及可能的管理效率等因素，决定风险管理职能部门在组织中的位置以及具体由什么部门来负责风险管理。风险管理职能部门最好紧靠经理，经理层应当提供对风险管理的全部指导，因为风险管理的目的是要处理所有的组织风险。从国外有关公司的实践来看，在多数公司里，风险管理部门往往隶属于财务部门并需要向财务部门进行报告，这是由于保护资产免受损失、损失融资和财务职能之间存在密切的关系。也有一些公司由于其面临的主要风险是法律责任风险，这些公司的风险管理部门还需要向法律部门进行报告。有少数公司的风险管理部门需要向人力资源部门进行报告。

我国发布的《中央企业全面风险管理指引》规定：企业应设立专职部门或确定相关职能部门履行全面风险管理的职责，该部门对总经理或其委托的高级管理人员负责。独立风险管理机构在组织中的位置应当根据企业的规模和组织特点以及风险的类别等因素来确定。一般情况下，独立的风险管理机构可以设在经理层之下，对经理层（CEO 或 CRO）负责，并定期向董事会和其下的风险管理委员会报告。也就是说，独立风险管理机构在行政上对最高管理层负责，但对董事会（或其下属的风险管理委员会）亦负有报告责任。至于那种风险管理部门隶属于财务部门的做法并不合适，因为组织的治理架构必须确保那些负责部署风险限额和做出与风险相关决策的单位不必向任何高级业务经理报告，而应对业务总监或直接向 CEO 报告并对风险委员会负责，这样才能确保风险管理人员的独立性而不妥协于其他部门。财务部门本身也是风险产生单位，如果风险管理部门隶属于财务部门，显然会极大地损害其独立性，是极不妥当的。风险管理部门与财务部门之间的沟通，则是另一方面的问题。

（2）独立风险管理机构的具体职责

独立风险管理机构是企业风险管理政策和程序的具体执行机构，其职责主要应包括在董事会（或其下属的风险管理委员会）和管理层的指导下，具体负责企业风险管理政策与程序（如风险限额的设计）的制定与推动、企业风险的识别、分析与建议的应对策略、实施董事会和管理层制定的风险管理政策（包括理赔等事宜）、企业内部各部门在风险问题上的协调、对企业风险管理和相关内部控制的设计与运行的评价与监督、编制风险报告并促进关于风险问题的沟通等。

（3）独立风险管理部门的规模

独立风险管理部门的规模应以能够处理企业风险管理具体事务为限，具体取决于公司规模的大小、风险的规模、复杂程度及不同风险类别的差异性。一般来说，公司的规模越大，风险规模就越大，风险管理部门的规模也相应大些。对于小规模公司，独立风险管理部门的规模可以小一些，以符合成本效益原则。

2. 业务部门中的风险管理组织问题

业务部门中的风险管理组织问题实际上是对集权与分权模式的选择问题。在集权式风险管理模式下，由总部的风险管理经理甚至更高层的管理人员负责处理风险管理的大部分事务。在分权式风险管理模式下，各个部门、子公司、分公司均设有风险管理经理，分别负责本部门、公司的风险管理并向总部风险管理经理报告。

集权和分权是管理中的一个关键问题，风险管理也不例外。采用集权式还是分权式风险管理模式，将直接影响风险管理的效率。企业究竟采用何种模式，并无定式。因为，这两种模式各有其利弊。

①风险管理职能集中化的好处在于，在安排损失融资时具有规模经济性，并能促进风险经理与高层管理层之间的沟通；由较少的管理人员集中处理风险，可以保证公司内部风险管理政策的一致性。其弊端在于，可能降低公司其他部门经理和雇员对风险管理的重视程度。

②分散式风险管理的好处在于，在对风险进行总体集中管理的同时，将风险成本或损失细分到具体单位，往往能引起这些单位负责人对成本控制的充分重视；将诸如日常安全检测与环境保护这样的风险管理活动下放到具体单位，具体部门的经理可以更加关注风险，并可以对存在的许多问题直接进行及时有效的处理。其弊端在于，如果缺乏一个有效的沟通机制，上层可能不能及时了解业务部门、分公司的风险事项，并可能导致公司内部风险管理政策的不一致性，也容易造成风险管理人员过多的问题。既然这两种模式各有利弊，企业就应当根据自身的规模、内部差异性等因素来选择集权化或分权化的风险管理模式：如果企业在地理上分散、内部各个分部之间差异大，采用分散化的风险管理模式可以更有效地识别、控制各业务部门、子公司的风险，而如果企业规模较小、各分部在风险暴露上的差异较小，则可以采用集权式管理模式。

需要指出的是，在分权化风险管理模式下，由于风险管理分散于各个部门中，此时，风险管理机构应更多地充当联系者，以协调和组织风险管理。此外，风险管理机构还需要加强对企业风险管理程序和结果的监控，从而实现整个企业风险管理的协调、有效。

二、风险管理组织体系建设的可实施路径

风险管理组织体系建设的关键影响因素：

1. 国外企业风险管理组织体系实践对我国的启示

在世界范围内，建立有效的风险管理组织体系已成为一种共识，许多国际著名企业在这方面已经积累有益的经验。总结起来，国外企业风险管理组织体系的实践对我国有以下几点启示：

（1）根据企业自身实际选择适当的组织体系

在不同国家乃至同一国家不同公司内，企业风险管理的组织体系各不相同。因此，我国企业在设计自身的风险管理组织体系时，不能盲目照搬国外企业或国内其他企业的做法，而应根据自身的规模、业务特点、风险领域等选择适当的组织体系。

（2）建立清晰的报告线

有效的风险管理组织体系的一个特点是具有明确的报告线，各个部门、员工都应当明确自身在风险管理当中的职责以及应对谁或对哪个机构负责，这样才能保障相关部门和员工各司其职，有条不紊地进行风险管理。

（3）风险管理部门必须与业务部门保持良好的沟通

只有将风险管理融入企业的每一项具体业务活动当中，才能有效地识别和控制风险。在组织体系的设计上也要体现出这一特点。国外公司的组织体系尽管有所差异，但都强调风险管理与日常经营活动的结合，并根据企业经营活动中所面临的风险特点，合理地构建风险管理组织体系。

（4）董事会下设风险管理委员会

在董事会之下设置风险管理委员会，并在企业中设立独立于业务部门的风险管理机构专门负责企业风险管理事宜，是西方企业风险管理的通行做法。这体现了现代企业风险管理的全员管理与专门管理相结合的特点。当然，不同企业风险管理委员会和风险管理机构的设置和作用可以有所不同。

2. 风险管理组织体系设计的基本原则

企业在设计风险管理组织体系时，应当遵循以下基本原则：

（1）全员参与和专业管理相结合原则

一方面，应当发挥风险管理委员会、独立风险管理部门的专业管理作用；另一方面，企业内部所有部门与员工都是风险管理的参与者和影响者，整个企业范围内的风险管理需要各个方面的协调和配合。在设计风险管理组织体系时，必须考虑各层次、各部门员工在风险管理中的作用，并通过风险管理手册明确规定其

所在部门和岗位所面临的风险和责任。

（2）权责明确原则

明确的职责划分是风险管理的关键。权责的划分涉及个人和团队被授权并鼓励发挥主动性去指出问题和解决问题的程度，以及对他们权力的限制。在划分权责时，尤其应注意以下三点：①不相容职务必须严格分离，避免少数关键人物操纵整个交易。②合理分工、各司其职，避免责任的交叉与遗漏。③明确划分各层次的权限，规定其风险管理限额，严厉处罚越权行为。对于超出限额的交易，必须使最高层及时了解并经过批准。

应当强调的是，沟通顺畅、分工明确的报告线是有效风险管理的关键。风险承受者一定要知道他们在何种层面上对谁负责。因此，企业应当明确划分各经营单元（风险暴露单元）、业务部门、风险管理部门、管理层、风险管理委员会在风险管理方面的报告责任，尤其要明确管理层、风险管理委员会与董事会之间的关系。另外，报告线的长短将直接影响风险管理的效率，应当根据企业内部管理关系、业务的复杂程度来划分报告线，但必须保证使企业最高层能够及时了解有关风险暴露单位的风险情况。

（3）信息畅通原则

风险管理组织体系的设计必须有利于组织内部上下进行有效的沟通：下级能够向上级沟通有关风险暴露情况以及风险政策的执行情况，上级需要能够及时向下级传达有关的风险政策、策略，各个部门之间也要在风险管理方面加强沟通、信息共享。要实现企业内部信息的畅通，必须防止企业内部组织体系过于复杂。因为组织体系过于繁冗将会导致风险信息的阻塞、风险决策时间过长，妨碍风险政策的迅速、有效执行，还会导致有关部门故意隐瞒风险信息的情况。

（4）成本效益原则

风险管理组织体系的设计必须符合成本效益原则，避免设置不必要的部门或环节，否则容易导致风险管理成本的上升和管理效率的降低。

（5）灵活性原则

不同规模、生命周期、行业、地区与所有制的企业，所面临的风险的种类、规模、复杂性有很大的差别，风险偏好以及用于管理风险的资源也有很大差异，企业应当从自身情况出发，灵活选择风险管理组织体系，合理配置各主体在风险管理中的作用与地位。

（6）嵌入性原则

风险管理活动必须与企业的日常经营活动相结合，相应地，企业风险管理组织的设计也不能脱离企业的经营活动，而应当与日常活动紧密地结合在一起。

这不仅可以降低风险管理的成本，而且可以更加及时、有效地识别和处理潜在的风险，提高风险管理的效率。

3. 风险管理模式选择

目前，国内外企业在风险管控模式方面具有各自的特点。其中，以分层管理、分类管理、集中管理的风险管控模式在全面风险管理体系建设过程中，被逐步印证具有一定的可操作性。我们以大型集团企业为例，在全面风险管理体系的建设过程中，不论是集团总部层面还是所属业务经营单位层面，通过严格遵循"分层、分类、集中"这一管理模式，使全面风险管理工作确定了统一的原则和方向，统领全面风险管理体系的整体建设工作，如图3－4所示。

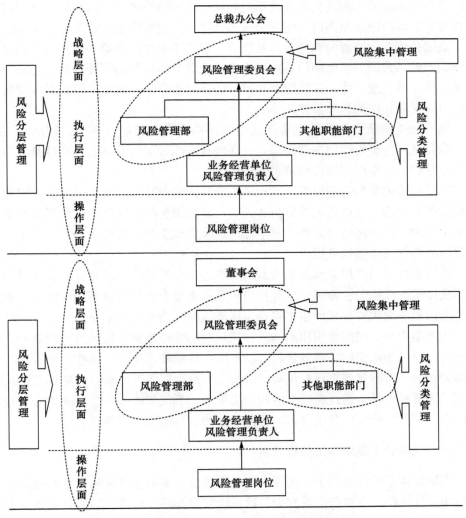

图3－4　分层、分类、集中的风险管理模式

按照风险的分层管理原则，风险管理工作可划分为战略层面、执行层面和操作层面。各经营单位负责本单位的全面风险管理工作，根据各单位的实际情况和发展状况，逐步建立和完善本单位的风险管理体系，加强经营过程中的各项具体风险的管理，各经营单位的一把手是本单位全面风险管理的负责人。与集团公司的管理工作相对应，各经营单位领导最重要的管理工作同样是"定目标和管风险"，即根据集团公司的发展战略和目标，制定和实现本单位的发展规划和经营目标，同时科学有效地管理在经营中面临的各项风险，确保企业持续健康发展。

根据风险的分类管理原则，根据具体风险的管理需要和现有的职能体系分工，把不同风险的管理责任落实到不同的部门或不同的单位，由具体的部门或单位在规定的风险限额范围内，主导管理该风险，其他单位根据需要给予协助或支持。集团公司各职能部门承担各自管理职责和流程中相应种类的重大风险的管理工作，因此，集团各职能部门总经理就是所负责具体风险的管理责任人，负责相应重大风险的管理工作，在风险管理部的协调和指导下，制定风险的具体管理办法，组织开展相应的风险管理工作。

风险分类管理原则解决的是集团组织体系中横向的职能部门之间的分工问题。强化风险分类管理的关键问题是，在现有职能分工的基础上，明确具体风险的主导管理责任部门和协助管理责任部门。

遵循风险的集中管理原则，运用风险管理的专业知识和专门的工具，对集团面临的各类风险信息进行汇总分析和评估；对集团整体的风险组合和风险水平进行集中管理；对跨部门和业务经营单位的风险管理工作进行组织协调；为集团风险管理战略性决策提供依据。

风险管理部门是推动和落实全面风险管理工作的核心，通过制定全面风险管理制度体系、风险监控体系、风险报告体系，搭建全面风险管理体系框架，推进整个公司对重大风险事项的集中管理，形成风险管理专业化平台。

构建集中和分层的组织职能体系。风险分层管理是指根据风险管理活动内容的不同以及风险本身性质和重要程度的不同，在战略、执行、操作三个管理层级上划分相应的风险管理责任和风险报告责任。每个层级都要求有对应的职能机构落实风险管理责任。通过实行集中和分层管理，形成集团公司、业务中心、业务部门以及相关职能部门各负其责、协同运作的市场风险管理体系。

三、风险管理组织体系的建设实例

在职能体系设计实践中，国际通行的做法是，董事会是风险管理的最高决策机构和责任机构，在执行层设立专门的风险管理部门，负责风险管理制度的监督执行和统一协调。越来越多的公司开始在董事会下设专门的风险管理委员会，协助其履行风险管理的战略决策职能。

在风险管理委员会的设置上，常见的做法有以下几种：①在董事会下设专门的风险管理委员会，负责风险管理。例如，国际最大的商业地产集团 Westfield Holdings Group，美国最大的长途电话公司 MCI，以及大部分国际性金融集团，包括 JP 摩根、美林集团等。②在董事会下设风险与审计委员会，负责风险管理和内部控制。例如，国际著名的矿业公司 BHP BILLITON 等。③由董事会下设的其他委员会，负责风险管理职能。例如，国际大型矿业集团 RIOTINTO 通过内审委员会负责集团风险管理、美国第二大煤炭生产企业 ARCH COAL 通过财务委员会负责集团风险管理。

董事会及其下设的负责风险管理的专业委员会，其主要的风险管理职责包括：协助董事会评估企业整体的风险状况，及时了解所有可能对企业造成重大影响的风险因素；协助董事会以确保企业风险管理和内控系统的有效性、法律监管的合规性；评估和批准与风险管理相关的政策和制度。

【案例一】

国内某中央企业风险管理组织设置案例——S 公司

S 公司背景介绍：S 公司是国资委直属中央企业，全球《财富》500 强排名企业之一，主营石油和化工产品的生产和贸易。S 公司的风险管理职能体系架构如图 3-5 所示。

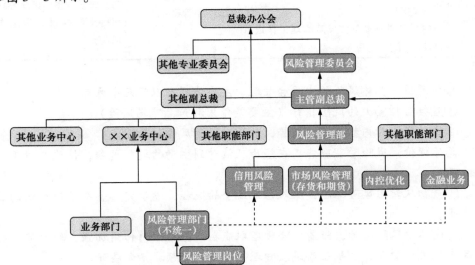

图 3-5　S 公司风险管理职能体系架构

S 公司的风险管理职能体系可分为三层，各层级的主要职责、机构组成和报告关系如表 3-5 所示。

表 3-5　S 公司各层级的主要职责、机构组成和报告关系

管理层次	主要职责	机构组成	报告关系
第一层：总裁办公会下设的风险管理委员会	（1）制定全公司统一的风险管理政策； （2）审批年度风险管理工作计划，考核风险管理部的工作完成情况； （3）定期听取重大风险事件的汇报，审阅应对方案，报总裁办公会批准	（1）委员会主席：集团总会计师； （2）主要成员：集团主要职能部门和业务中心的副总以上	定期向总裁办公会汇报工作
第二层：主管副总裁及集团层面的风险管理部	（1）根据风险管理政策，制定相应风险的管理流程和制度； （2）监督制度的执行情况； （3）风险信息数据库的建立和更新； （4）重大风险的后台指标监控	集团风险管理部下设四个部门，分管信用风险、产品市场风险、金融业务风险和流程内控优化工作	（1）日常事务向主管副总裁汇报； （2）重大事项向风险管理委员会成员汇报； （3）定期向风险管理委员会汇报工作
第三层：业务中心和经营中心的风险管理职能	（1）执行集团制定的风险管理政策和制度； （2）直接参与业务流程，对关键风险点进行具体控制和监督； （3）向集团风险管理部提交定期的风险信息报告； （4）定期对本单位风险管理工作进行评价	根据不同业务特点，有的是集中的风险管理部，有的是其他部门下设的风险管理岗位	（1）日常事务向业务分管副总汇报； （2）重大事项向集团风险管理部汇报； （3）定期向集团风险管理部提交数据报告和工作报告

总体定位：具体风险的中后台管理，主要体现在以下几个方面：

①直接监控重大的风险指标（主要是信用和产品市场风险）。

②通过强化对内控流程的监督，加强对运营风险的管理。

总体评价：风险管理职能正在经历从被动到主动的蜕化过程，体现在以下几个方面：

①最初从信用风险抓起，深入信用风险的流程，逐步完善整个信用风险的管理水平。

②向其他风险延伸，随着风险管理职能在业务中心的作用加强，职责范围向产品市场风险管理，金融业务风险管理等重大风险领域横向展开。

③目前还没有向战略目标靠拢，主动性略显不足。

不足之处：风险管理的整体定位高度不够，缺乏如何对风险正面利用的认识，体现在以下几个方面：

①没有在战略高度评估整体风险并制定相应的应对策略，导致对业务中心风险偏好和承受度的判断过于保守，不利于业务的加速发展。

②没有形成集中分析集团各职能部门和业务中心风险集合的能力，分析重点侧重在个别风险上，不能为决策层提供更多的战略性支持。

【案例二】

国外企业风险管理组织设置案例——B公司

B公司背景介绍：B公司是一家经营矿产品和能源的国际性资源开采的公司，《财富》500强之一。其主要产品有铁矿石、煤、铜、铝、镍、石油，液化天然气、镁、钻石等，其中煤、铁矿砂、铜、钢等多项产品产量均居世界采矿业前列。B公司的风险管理职能体系架构如图3-6所示。

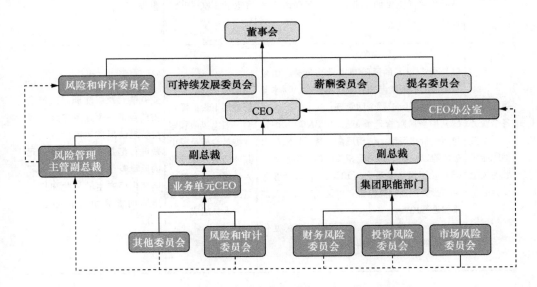

图3-6　B公司风险管理职能体系架构

B公司的风险管理职能体系可分为三层，各层级的主要职责、机构组成和报告关系如表3-6所示。

表 3-6　B 公司各层级的主要职责、机构组成和报告关系

管理层次	主要职责	机构组成	报告关系
第一层：董事会下设风险与审计委员会	(1) 确保财务报告的真实完整性； (2) 负责公司整体的风险管理，确保公司风险管理系统以及内控的有效性； (3) 负责外部审计的资格审查、业绩考核和关系管理； (4) 定期听取来自风险管理副总裁的汇报，审阅风险应对方案，并报董事会批准	委员会主席由独立董事担任，主要成员为董事会董事或其他委员会成员	定期向董事会汇报工作
第二层：CEO 办公室和风险管理主管副总裁	(1) 首席执行官办公室定期评估各个业务单元因为环境变化而产生的战略风险及机会； (2) 风险管理主管副总裁负责听取业务单元风险委员会和关键职能部门风险委员会的报告，并将情况上报风险和审计委员会，以帮助其掌握更多的企业风险管理和内控的信息	(1) 风险管理副总裁由风险和审计委员会任命，具有很强的独立性； (2) CEO 办公室成员由 CEO 任命	(1) 主管副总裁将重大事项报风险和审计委员会成员，并定期向委员会汇报工作； (2) CEO 办公室定期向 CEO 汇报各个业务单元的风险报告
第三层：各个业务单元及关键职能区域的风险委员会	(1) 业务单元的风险与审计委员会：由董事会以下的风险与审计委员任命，对本业务单元的风险进行全面管理； (2) 财务风险管理委员会（FRMC）：评估与商品价格风险、信用风险、货币风险、财务风险以及利息率风险相关内控的有效性； (3) 投资风险委员会（IRC）：对每个业务组的投资流程提高监督并对重大项目的关键流程进行协调； (4) 市场风险委员会：管理因为市场变化而产生的风险（原材料风险）	管理层下设的委员会一般由风险和审计委员会成员或由其任命的外部专业人员领导，主要成员由各业务单元管理层人员组成	业务单元及职能部门的风险委员会将各个业务单元的风险管理情况向风险管理副总裁进行汇报，同时业务单元的风险委员会将本单元因环境变化而产生的风险和机会定期向首席执行官办公室汇报

　　总体定位：分层管理基础上的整合管理，主要体现在以下几个方面：

　　①集团没有集中的风险管理部门，只设立一个副总裁专门与各业务单元和关键职能部门的风险与审计委员会进行定期交流，并汇总上报风险与审计委员会。

　　②CEO 办公室负责集团战略层面的风险评估和分析工作，直接为 CEO 提供重大风险信息的决策支持。

③各业务单元和职能部门都有单独的风险与审计委员会，负责独立的风险管理工作。

总体评价：业务的多样性增加了风险集中管理的难度，强化在职能和业务单元对风险进行集中管理和战略支持作用，淡化集团在风险管理后台的作用，可节约成本，提高风险管理效率。

①B公司现有风险管理职能方案建立在成熟度较高的风险管理基础上，集团上下对风险管理的定位和实践认识统一，各业务单元和职能的风险管理职责明确，可以做到"齐步走"。

②集团层面的风险管理定位聚焦在战略和合规两个方面。

不足之处：风险管理和审计结合，影响了审计发挥"第三只眼"的整体效果，影响了风险管理流程的水平提升，同时审计功能所固有的谨慎和保守的观念，会制约企业在发展阶段通过积极利用风险而带来获利的可能。

合理的组织体系对于企业风险管理具有重要的意义。但由于企业所处的内外部环境不同，决定不同企业风险管理组织体系也有所差异。因此，企业应当从实际出发，建立有效的组织体系，尤其应当解决好风险管理委员会与独立风险管理机构的设置、风险管理模式的选择（风险管理部门与业务部门的关系）等问题。总体而言，企业风险管理组织体系的设置必须体现全员风险管理和职责划分的思想，并有利于风险信息的流动和组织成本的节约。

本章参考文献

卢中伟. 国有企业全面风险管理体系设计探析［J］. 财会学习，2010（12）61 – 63.

第四章 内部控制体系

第一节 内部控制与风险管理理论和现状

一、国外内部控制的理论演进

根据内部控制概念与历史，内部控制主要经历内部牵制制度、内部控制制度、内部控制结构、内部控制整体框架、企业风险管理框架等以台阶式跃进的5大发展阶段。

（一）内部牵制制度

与风险管理的产生一样，我们无法界定内部控制明确的产生时间，也没法确定关于内部控制研究的起源。毫无疑问，一旦个体之间开始进行物品交换和国家出现后开始征税，检查和平衡就会存在。笔者比较认同的内部控制出现的最早标志可以从早期美索不达米亚文化（大约在公元前3600年到公元前3200年）的记载中找到踪迹。当时，审核人员在会计账簿数字的旁边标上微小标记，比如画线、点核查账目的记号和圆圈，表明检查账目的工作已经完成。古埃及人通过让两个官吏同时对税收加以记录，来进行监督的控制；如果没有签发的支出令单，任何东西也不能出库；当粮食运到仓库时，谷物必须在监工的监督下装入粮袋，并当场记录下入袋粮谷的数量，然后将粮袋运到仓库的顶部，再将袋中的粮谷倒出；同时，在库房中还另设一个记录官，专门记录倒出粮谷的数量。在古代罗马官厅时代，就已经建立一套简单的内部牵制制度。比如，只有出具书面证明才能从国库提取货币，掌握现金的财务官没有擅自批准支出的权力。财政记录官负责记录所有的经济业务，财务官负责对全部的政府财务事项进行监督和审查等。

到了工业革命时代，企业的生存环境发生了很大变化，一方面，经营规模日益扩大，借贷、权益筹资成为补充自有资金不足的重要途径，然后出现了股份公司这种经营形式；另一方面，生产过程趋于复杂，投资于长期使用的贵重生产资料增加。这种变化促使投资者和债权人关心企业财务的安全性、健康性并致力于加强企业内部管理，开始定期确定、报告财务结果和财务状况。在工业革命初期及其后的一段时间，账簿和记录虽然都是人工保管且错误相当多，但是月度决算和平衡的例行程序已经不仅被看作编制财务报表的一种工具，而且被认为是一种更有效率和效果的及时识别、纠正记录错误的方式。同时，一些组织、调节、制约和检查企业生产活动的办法也开始出现。这就是早期的内部控制形式——内部牵制制度，以查错防弊为目的，以职务分离和交互核对为重点，以钱、财、物等会计事项为主要控制事项。L. R. Dicksee 最早提出内部牵制的概念，他认为，内部牵制由三个要素构成——职责分工、会计记录、人员轮换。1912 年，蒙哥马利在其出版的《审计——理论与实践》一书中指出，所谓内部牵制是指一个人不能完全支配账户，另一个人也不能独立加以控制的制度，某位职员的业务与另一位职员的业务必须是相互弥补、相互牵制的关系，即必须进行组织上的责任分工和业务的交叉检查或交叉控制，以便相互牵制，防止发生错误或弊端。George E. Bennett 进一步发展了内部牵制的概念，他于 1930 年给内部牵制下了一个完整的定义：内部牵制是账户和程序组成的协作系统，这个系统使得员工在从事本职工作时，独立地对其他员工的工作进行连续性的检查，以确定其舞弊的可能性。《柯氏会计词典》将内部牵制定义为：以提供有效的组织和经营，并防止错误和其他非法业务的发生而制定的业务流程设计。

内部牵制基于以下两个基本设想：

①两个或两个以上的人或部门无意识地犯同样的错误要比单独一个人或部门犯错误的概率小。

②两个或两个以上的人或部门有意识地合伙舞弊的可能性远远低于单独一个人或部门舞弊的可能性。其主要特点是任何个人或部门都不能单独控制任何一项或一部分业务权力，而必须进行组织上的责任分工，每项业务通过正常发挥其他个人或部门的功能都进行交叉检查或交叉控制。设计有效的内部牵制以便使各项业务能完整正确地经过规定的处理程序，而在规定的处理程序中，内部牵制机制永远是一个不可缺少的组成部分。

一般来说，内部牵制机制的执行大致可分为以下 4 类：

①实物牵制。例如，把保险柜的钥匙交给两个以上的人保管，若不同时使用这两把以上的钥匙，保险柜就打不开。

②机械牵制。例如，保险柜的大门，如果不按照正确的程序操作就打不开。

③体制牵制。例如，采用双重控制预防错误和舞弊的发生。

④簿记牵制。例如，定期将明细账与总账进行核对。

实践证明，内部牵制机制确实能有效地减少错误和舞弊行为，即使在现代内部控制理论中，内部牵制仍然占有相当重要的地位，相当程度上是有关组织规划控制的基础。尽管内部控制思想源远流长，然而将内部控制思想同审计挂钩并运用于审计程序是一直到 20 世纪 30 年代才开始的。

1929 年，美国 AICPA 在《财务报表的验证》一文中写道："如果内部牵制健全，就可以实行抽查制度。"美国于 1933 年颁布的《证券法》和 1934 年颁布的《证券交易法》促使全面会计报表审计得以确立。AICPA 于 1936 发布的《独立公共会计师对财务报表的审查》中明确指出："审计人员制定审计程序时应考虑的一个重要因素是内部牵制和控制，它们越健全，财务报表所需的测试就越少。"

（二）内部控制制度

进入 20 世纪 30 年代，由于经济业务规模日益扩大，内部控制在实践中的作用越来越大，外部审计师的测试范围越来越依赖内部控制的可靠性和有效性。市场经济在一些国家得到较大发展，企业为了生存不得不加强对生产经营的控制与监督，进而促使内部控制超越会计及财务范畴，深入到企业所有部门及整个业务活动，如生产标准、质量控制、统计分析及员工培训等，甚至包括提高经营效率和效益的各种方法与步骤。第二次世界大战后，市场经济发展中出现许多新的变化，科学技术和生产自动化迅速发展，企业规模继续扩大，市场竞争异常激烈，许多复杂产品和大型项目只有在大量高素质人员进行分工协作、检查验收和评价督促环境下才能完成，所有这些都对企业管理层提出了健全其内部控制的要求，并促使内部控制从对单项经济活动进行控制向对全部经济活动进行系统控制发展，逐渐形成包括组织结构、岗位责任、人员条件、业务程序、处理手续、检查标准和内部审计等在内的严密控制系统。至此，内部控制的基本框架已经基本形成，但其各个构成要素和控制措施仍然散见于各项管理制度、惯例和实务中，尚未得到系统的理论总结。可以说，内部控制制度的形成是传统的内部牵制思想与古典管理理论相结合的产物。

1949 年，美国会计师协会（美国注册会计师协会的前身）的审计程序委员会发表了一份《内部控制——协调系统诸要素及其对管理层和注册会计师的必要性》的专题报告。该报告指出，内部控制是企业所制定的旨在保护资产安全、保证会计资料可靠和准确、提高经营效率、推动管理部门所制定的各项政策贯彻执行的组织计划和相互配套的各种方法和措施的集合。

该定义对于管理当局加强其管理工作来说有极其重要的意义，但对于注册会计师来说则显得范围太广泛了，不利于具体指导注册会计师开展审计工作，同时也不合理地扩大了注册会计师的责任。于是美国注册会计师协会（由上述的美国会计师协会于 1956 年更名而来）的审计程序委员会于 1958 年发布其第 29 号审计程序公告，发展了内部控制的概念，将内部控制分为会计控制和管理控制两部分，因而有的学者称这是"两点论"的内部控制。内部会计控制由组织的计划和主要或直接与保障资产和财务记录的可靠性相关的所有方法和程序组成，一般来说包括批准和授权系统、保管记录和会计报告的任务与经营或资产保管的任务相分离、对资产的实物控制和内部审计等控制手段。内部管理控制由组织的计划和主要与经营效率和坚持经营政策相关，通常只和财务记录间接相关的所有方法和程序组成，一般包括统计分析、工时和操作的研究、业绩报告、员工培训计划和质量控制等控制手段。

1973 年，AICPA 将以前所有的审计程序公告汇编形成第一期审计准则公告，在该公告中对内部会计控制和管理控制做出如下修正，内部管理控制制度包括但不限于组织的计划，以及关于管理层对事项核准的决策步骤上的程序与记录。交易的批准是一种直接和实现组织目标的责任相联系的管理职能，是建立对交易会计控制的起点。内部会计控制制度包括组织的设计以及与财产保护和财务会计记录可靠性相关、由下面几点提供合理保证而制定的程序和记录组成：

①根据管理层的普通批准或特别批准进行交易。

②交易的记录必须能够保证：公允根据普遍接受的会计原则或其他适用于财务报表的准则编制财务报表；维持资产的数量。

③只有得到管理层的授权才能接近资产。

④每隔一段时间，记录的资产就应该和实际的资产进行比较，出现任何差别都要采取相应的行动。

该定义进一步明确了内部控制在保护资产和保证财务信息可靠性方面的责任，已为美国民间审计界接受，其他国家和国际审计会计组织也基本沿用这一概念。至此，以制度为基础执行审计业务的注册会计师执业界为了界定要执行的审计程序、承担审计责任的范围，而对内部控制进行的理论研究基本成形。

（三）内部控制结构

20 世纪 70 年代后，市场、资本的全球化以及信息技术的高速发展使得公司跨国经营非常普遍，跨国公司在海外会遭遇到与国内不同的政治、经济、文化风险，而且由于跨国经营、国际税务问题以及外汇交易等原因造成公司业务更加复杂，因此，需要健全内部控制制度以便进行跨国管理。良好的内部控制制度不仅能够使企业合理配置资源、提高生产率，而且能防范和发现企业大多数的内外部欺诈事件。同时，学术界（主要是注册会计师职业界）在对内部会计控制和管理控制进行研究时，逐步发现这两者是不可分割的。其实在内部控制制度研究的后期已经注意到这种联系，如第一期审计准则公告中就指出会计控制和管理控制这两个概念并不一定互相排斥，并列举了许多例子说明某些用于会计控制的程序和记录也可以用于其他管理，从而成为管理控制的一部分。在竞争加剧、跨国管理需求以及学术界努力的背景下，20世纪80年代出现了内部控制结构的概念。

1988年，美国注册会计师协会的审计准则委员会发布的以"财务报表审计对内部控制结构的考虑"为题的《审计准则公告第55号》指出，"企业的内部控制结构包括为合理保证企业特定目标的实现而建立的各种政策和程序"，并且明确了内部控制结构的内容，具体如下：

控制环境指对建立、加强或削弱特定政策和程序效率发生影响的各种因素。具体包括：管理者的思想和经营作风；企业组织结构；董事会及其所属委员会，特别是审计委员会发挥的职能；确定职权和责任的方法；管理者监控和检查工作时所用的控制方法，包括经营计划、预算、预测、利润计划、责任会计和内部审计等；员工的工作方针及其执行状况、影响本企业业务的各种外部关系等。

会计系统规定各项经济业务的鉴定、分析、归类、登记和编报的方法，明确各项资产和负债的经营管理责任。健全的会计系统应实现下列目标：鉴定和登记一切合法的经济业务；对各项经济业务按时进行适当分类，作为编制财务报表的依据；将各项经济业务按适当的货币价值计价，以便列入财务报表；确定经济业务发生的日期，以便按照会计期间进行记录；在财务报表中恰当地表述经济业务以及对有关内容进行揭示。

控制程序指管理当局所制定的用以保证达到一定目的的方针和程序，包括下列内容：经济业务和经济活动的批准权；明确各个岗位和人员的职责分工，防止有关人员对正常业务图谋不轨的隐藏作弊行为；职责分工包括指派不同人员分别承担批准业务、记录业务和保管财产的职责；凭证和账单的设置和使用应保证业务和活动得到正确的记载；对财产及其记录的接触和使用要有保护措施；对已登记的业务及其计价要进行复核等。

将控制环境纳入内部控制的范畴，因此企业的内部控制结构包括三个要素，会计制度是关键要素，控制程序是保证内部控制结构有效运行的机制。有的学者将其称为内部控制的"三点论"。与《审计准则公告第1号》定义的内部控制相比，该定义不再区分会计控制和管理控制。然而，内部控制结构只是在新环境下基于企业管理对内部控制的需求同会计职业界对内部控制研究成果相融合的初步尝试，很快就被更完善的理论所代替，这就是全美反欺诈财务报告委员会的《内部控制——整体框架》。

（四）内部控制整体框架

从20世纪70年代一直持续到80年代的财务失败和可疑的商业行为、特别是金融机构破产给投资者带来多达 1500 亿美元的损失，直接导致 1985 年全美反欺诈财务报告委员会［又名委员会（COSO）］的诞生。该委员会于 1987 年提交了关于财务报告舞弊的历史及其影响因素的报告，认为在欺骗性财务报告案例中大约是和内部控制失效有关，并指出内部控制概念及其解释多样性的现实。1992年，全美反欺诈财务报告委员会所属的内部控制专门研究委员会（又称发起机构委员会），在进行专门研究后提出专题报告，即《内部控制——整体架构》，重新界定了内部控制的概念及其包含的要素。

COSO 报告认为，内部控制是受董事会、管理层和其他人员影响的，为达到经营活动的效率和效果、财务报告的可靠性、遵循相关法律法规等目标提供合理保证而设计的过程。具体包括 5 个要素。

①控制环境。控制环境包括企业的组织结构，董事会及其专门委员会审计委员会和风险评估委员会的关注和要求，管理部门的经营理念和风格，员工的正直性、职业道德和进取心，对企业经营产生影响的外部因素等。其中人的因素至关重要，不管是管理者还是员工，既是内部控制的执行者，又是控制环节的"被控制对象"，其观念、素质和责任意识等都影响内部控制的效率和效果。

②风险评估。新经济时代交易类型和工具日新月异，兼并收购、破产重组、关联方交易、电子商务、金融衍生产品等使人应接不暇。环境的变化使企业经营风险增大，企业必须设立可以辨认、分析和管理风险的机制，以确认公司的风险因素，如资产风险、经营活动风险、内外环境风险、信息系统风险、合法性风险等，并确定风险因素的重要程度，评估各个风险因素得分，确定高风险区域。

③控制活动。控制活动使企业保证控制目标有效落实。包括经营活动的复查、业务活动的批准和授权、责任分离、保证对资产记录的接触和使用的安全、独立稽核等。

④信息和沟通。以不同形式取得和传递信息，使内部员工懂得自己在控制系统中的作用、责任，更好地履行职责，并形成有利的外部沟通环境。使经营信息和控制信息保持畅通，以避免由于信息不对称导致的企业经管成本和社会监督成本的提高。

⑤自我评估和内部监督。内部控制是一种实时过程，与经营管理活动紧密结合，应随时进行自我评估和内部监督。企业内部应由有关管理人员和职员定期、独立、自上而下地对各部门的控制进行评估和监督。

有的学者称内部控制整体框架是内部控制的"五点论"，它标志着内部控制概念进入了一个新的研究水平。该定义不但丰富了控制环境、会计系统的基本内涵，而且形成了在实现某种目标的指导下由 5 个相互联系的要素共同构成一个整体的框架：以控制环境为基础，风险评估为依据，控制活动为手段，信息与沟通为载体，监督为保证。COSO 报告得到美国审计署 GAO 和注册会计师协会 AICPA 的全面认可，美国注册会计师协会于 1995 年根据该报告发布《审计准则公告第 78 号》，以内部控制整体框架的概念取代《审计准则公告第 55 号》中内部控制结构的概念。

COSO 的《内部控制——整体框架》尽管定义了广泛的内部控制概念，涵盖了组织运营的效率、法规遵循和编报可靠财务报告等目标相关的所有过程，却仍然主要代表着财务、会计、审计方面最主要的是公共注册会计师职业的观点。会计、审计界致力于财务报告质量的提高、财务舞弊频率的减少本无可厚非，也符合公众利益，关注与财务报告相关之内部控制会在某种程度上提高财务报告的质量、减少审计人员的责任，在一定程度上改善投资环境，却并不是医治资本市场各种疾瘤的万能妙方。因为企业不会因为财务报告和财务报告过程不完善而破产。促使内部控制广受关注的 20 世纪 80 年代储蓄和保险机构纷纷破产也不是由不完善的财务报告引起的，尽管许多情况下财务报告确实不完善。对贷款源头、规章的遵循和关联交易等过程缺乏控制，比不完善的财务报告过程更应该受到谴责。外部管制环境的变化、经济形势的起伏等也是给企业带来损失的主要原因。所以，相对于舞弊给投资者带来的损失，源于经营业绩低于平均水平和经营战略失败的损失更可观，因此那些与经营战略的制定与实施、风险确认与管理相关的内部控制流程更应该受到关注。一些有远见的公司和其他实体的管理层已经自行发展一个确认、管理整个组织风险的程序，有更多的公司正在考虑这样做。关于企业风险管理属于企业管理内容的信息越来越丰富，与此形成鲜明对比的是，业内一直没有达成标准一致的专业术语，也很少有广为接受的原则用于管理当局作为形成有效的风险管理框架的指引。正是在这种背景下，COSO 委员会从 2001 年开始对企业风险管理框架的研究，并于 2004 年 9 月正式发布框架。

（五）企业风险管理框架

在内部控制整体框架基础上，经过十余年的发展和完善，如何将内部控制整体框架的建设与企业的风险管理相结合成为理论界和实务界关注的焦点。为适应这一需求，COSO 委员会在普遍征集对内部控制整体框架意见的前提下，结合《萨班斯—奥克斯法案》在报告方面和企业主动实施风险控制方面的要求，在 2003 年提出了企业风险管理整体框架，认为风险管理是一个比内部控制更为广泛的概念，风险管理不仅包含内部控制的概念，风险管理也不仅与企业的内部管理相联系，而是与企业所处的宏观经济环境和社会环境密切相关。从这方面讲，企业全面风险管理整体框架建立在内部控制整体框架的基础上，内部控制则是企业风险管理必不可少的一部分。"但企业全面风险管理整体框架的范围比内部控制整体框架的范围更为广泛，是对内部控制整体框架的扩展，是一个针对企业面临的所有主要风险的管理解决方案。"根据框架的定义，企业风险管理是一个受到该实体的董事会、管理层和其他个人的影响，并应用在整个机构战略设定中的过程。它被设计用于识别影响整个实体的潜在重大风险。它能根据该组织的具体情况提供一个企业风险管理框架，并为组织目标的实现提供合理的保证。

与内部控制整体框架阶段相比，企业风险管理整体框架突出了以下特点：

①企业风险管理整体框架提出了三个维度：第一维是企业的目标；第二维是企业风险管理的构成要素；第三维是企业的各个层级。第一维的企业目标有 4 个，即战略目标、经营目标、报告目标和合规目标。第二维全面风险管理构成要素有 8 个，即内部环境、目标设定、事件识别、风险评估、风险应对、控制活动、信息和沟通、监控。第三个维度是企业的层级，包括整个企业、各职能部门、业务单位及各子公司。企业全面风险管理三个维度的关系是，全面风险管理的 8 个要素都是为企业的 4 个目标服务的；企业各个层级都要坚持同样的 4 个目标；每个层次都必须从以上 8 个方面进行风险管理。

②企业风险管理整体框架新增了三个风险管理要素——目标设定、事项识别和风险应对。其中，目标设定除了将内部控制整体框架中的目标分为经营、财务报告和合法性目标外，还增加了战略目标，使企业风险管理的目标更为全面。事项识别要求不但要识别风险，还要抓住其中隐藏的机会。风险应对强调要具有风险组合观，要分析成本收益比。

③提出了风险偏好和风险容忍度的概念。

COSO 框架明确地将内部控制纳入企业风险管理的范畴之内，是企业风险管理的一个重要组成部分，内部控制是帮助保证风险反应方案得到正确执行的相关政策和程序。内部控制存在于企业的各部分、各个层面和各个部门。内部控制是企业努力实现其商业目标过程的一部分。通常包括两个要素，即确定应该做什么的政策和影响该政策的一系列过程。

二、我国内部控制理论研究

我国很早就出现了内部控制的思想，在《周礼》一书中记载"虑夫掌财用财之吏，渗漏乾后，或者容奸而肆欺……于是一毫财赋之出入，数人之耳目通焉"。在西周时代，周王朝为了加强财政收支的核算和控制，实施了分权控制方法，辅之后来出现的九府出纳制度和交互考核制度。这三种制度方法构成较为科学的原始内部牵制制度的基本成分。著名会计史学家迈克尔·查特菲尔德教授赞誉道："在内部控制、预算和审计程序方面，周朝在其所处的历史时期是无与伦比的。"此外，还有西汉的上计制度、宋太祖时期的"职差分离"和"主库吏三年一易"、宋元时期出现并流传的"四柱清册"法等都是内部牵制在我国古代的具体体现，蕴含了丰富的内部控制思想。然而，由于我国相对漫长的封建社会湮灭了资本主义萌芽以及成长的时间，也就使得我国没有经历英美那样高度社会化、自由化的工业大生产，既没有产生对复杂监督、管理的需求，也未孕育高水平的民间审计职业，所以我国内部控制的理论和实践在封建社会之后出现断层，直到改革开放发展社会主义市场经济后，才逐渐引起政府及相关方面的注意。

20 世纪 90 年代，我国股票市场发展初期，会计信息失真的情况愈演愈烈，从"深圳原野""琼民源""红光"到后来的"郑百文""银广厦"等欺诈事件一次又一次地震荡人们的神经。虚假会计信息给社会带来的震荡、给社会经济带来的不良影响直接引发对内部控制的关注，首先发难的是代表政府的监管机构，包括财政部、证券监督管理委员会（简称证监会）。和其他学科一样，对国外特别是对美国内部控制理论发展的关注、研究以及合理的借鉴也大大影响了我国内部控制理论的发展。截至目前，我国对内部控制研究具有代表性的成果体现在以下法规中：

（1）中国注册会计师协会于 1996 年 12 月发布的《独立审计准则第 9 号——内部控制和审计风险》

该审计准则是由中国注册会计师协会于 1996 年 12 月发布的，主要为注册会计师操作审计业务时对内部控制的考虑提供指导，准则中界定的内部控制概念与美国内部控制结构的定义基本相同，其影响力主要体现在注册会计师职业界。该准则认为，内部控制是指被审计单位为了保证业务活动的有效进行，保护资产的安全和完整，防止、发现、纠正错误与舞弊，保证会计资料的真实、合法、完整而制定和实施的政策和程序，其主体工作包括控制环境、会计系统和控制程序三大要素。

（2）1999 年颁布、2000 年 7 月实施的《会计法》

我国于 1999 年颁布、2000 年 7 月实施的《会计法》是我国第一部体现内部会计控制要求的法律，该法在第二十七条明确提出，企业应当建立、健全本单位内部会计控制和监督制度，单位内部会计控制和监督制度应当符合下列要求：记账人员与经济业务事项和会计事项的审批人员、经办人员、财物保管人员的职责权限应当明确，并相互分离、相互制约；重大对外投资、资产处置、资金调度和其他重要经济业务事项的决策和执行的相互监督、相互制约程序应当明确；财产清查的范围、期限和组织程序应当明确；对会计资料定期进行内部审计的办法和程序应当明确。这基本上不能被认为是对内部控制的定义，而是对内部控制的整体目标以及某些控制活动的具体描述，但是完善、合理的内部控制体系无疑需要更加系统的规范支持。当然，《会计法》的意义在于不仅为单位或组织提供设计、实施内部控制的指南，也从本质意义上强调了内部控制的重要性。

（3）财政部于 2001 年 6 月 22 日颁布的《内部会计控制规范——基本规范试行》

作为《会计法》的配套法规之一，财政部于 2001 年 6 月 22 日颁布了《内部会计控制规范——基本规范（试行）》（以下简称《规范》）。《规范》在《会计法》的指导之下制定，并体现了《会计法》中关于内部会计控制和监督的要求。《规范》第一章总则第二条规定，本规范所称内部会计控制是指单位为了提高会计信息质量、保护资产的安全完整，确保有关法律和规章制度的贯彻执行等而制定和实施的一系列控制方法、措施和程序。《规范》所限定的这三项目标基本上是内部控制整体框架报告的子集，侧重于会计信息质量和法规遵循性目标，但由于将内部控制的定义止于"一系列控制方法、措施和程序"，而非内部控制整体框架所界定的动态"过程"，《规范》为内部会计控制提供了重要的指导意义，但是也导致很多组织将内部控制看作纯粹的制度和文件，不利于内部控制的有效实施。

（4）2001 年 1 月，中国证监会发布《证券公司内部控制指引》

2001 年 1 月，中国证监会发布了《证券公司内部控制指引》，该指引认为，公司内部控制包括内部控制机制和内部控制制度两个方面。内部控制机制是指公司内部组织结构及其相互之间的运行制约关系；内部控制制度是指公司为防范金融风险、保护资产的安全与完整、促进各项经营活动的有效实施而制定的各种业务操作程序、管理方法与控制制度的总称。该指引提到了内部控制的目标和内涵，特别是将内部控制内涵从单一的"内部控制制度"扩展到"控制机制"和"控制制度"两个层面。前者包括组织架构、授权方法以及职责划分等控制环境和控制理念的问题，但仍然是静态的。

（5）国资委出台了《中央企业全面风险管理指引》

2006 年 6 月，国资委对企业开展全面风险管理工作的总体原则、基本流程、组织体系、风险评估、风险管理策略、风险管理解决方案、监督与改进、风险管理文化、风险管理信息系统等方面进行了详细阐述。同时，对该指引的贯彻落实也提出了明确要求。

该指引中对全面风险管理和内部控制的概念和内容作了明确的界定。全面风险管理指企业围绕总体经营目标，通过在企业管理的各个环节和经营过程中执行风险管理的基本流程，培育良好的风险管理文化，建立健全全面风险管理体系，包括风险管理策略、风险理财措施、风险管理的组织职能体系、风险管理信息系统和内部控制系统，从而为实现风险管理的总体目标提供合理保证的过程和方法。

风险管理基本流程包括以下主要工作：①收集风险管理初始信息；②进行风

险评估；③制定风险管理策略；④提出和实施风险管理解决方案；⑤风险管理的监督与改进。

该指引也明确给出了内部控制系统的定义：内部控制系统指围绕风险管理策略目标，针对企业战略、规划、产品研发、投融资、市场运营、财务、内部审计、法律事务、人力资源、采购、加工制造、销售、物流、质量、安全生产、环境保护等各项业务管理及其重要业务流程，通过执行风险管理基本流程，制定并执行的规章制度、程序和措施。

三、风险管理与内部控制的发展研究

（一）内部控制与风险管理的融合

关于内部控制与风险管理的关系，有两种截然不同的观点：一种观点认为，两者是一对既相互联系又互有区别的概念，无法完全相互替代；另一种观点认为，两者是同一事项的不同术语，没有本质上的区别，可以相互替代。之所以有这两种观点的对立，主要是因为学者对内部控制与风险管理内涵与外延的界定不同：前者把内部控制作为风险管理的一个步骤和手段，或者把风险管理作为内部控制的一部分，而后者是把内部控制与风险管理完全等同。

无论人们如何看待内部控制与风险管理的关系，内部控制与风险管理都逐渐走向融合，这是大势所趋。根据 IFAC 下设的工商业职业会计师委员会发布的风险管理和内部控制调查结果，全球超过 600 位反馈者表示，应当进一步加强风险管理和内部控制框架、准则、指引的一致性。在实践中，内部控制和风险管理已经在逐渐融合。1992 年，COSO 发布了《内部控制——整合框架》；2004 年，该委员会又发布了《企业风险管理——整合框架》，该框架附件 C 明确表示，内部控制被涵盖在企业风险管理之内，是其不可分割的一部分。我国《企业内部控制基本规范》和《中央企业全面风险管理指引》从不同视角体现了内部控制与风险管理相融合的理念。

《企业内部控制基本规范》把内部控制作为一个较大的概念，包括风险管理的内容；而《中央企业全面风险管理指引》把风险管理作为一个较大的概念，把内部控制作为企业控制风险的主要措施。内部控制与风险管理走向融合是一个必然的趋势。简单地说，无论是内部控制还是风险管理，都是基于风险防范的需要而存在和发展的，都作用于风险。

从理论上讲，内部控制与风险管理逐渐走向融合体现在：一是概念趋同。内部控制与风险管理的概念虽然还没有达成共识，但两者均是合理保证目标实现过程的观点已经越来越被人们普遍接受。二是目标相同。内部控制与风险管理的目标虽然有很多种表述，但实质上都是为了防范风险，把风险控制在可控范围内。

三是程序一致。内部控制与风险管理的程序虽然基于不同规范的不同要求，在形式上不完全一致，但都强调风险识别、风险评估、风险应对和风险控制等基本程序，这在实质上是基本一致的。四是方法互用。内部控制经常运用风险管理的方法，而风险管理也经常运用内部控制的方式方法。

从新的框架对企业内部控制的完善来看，企业内部控制逐渐呈现与风险管理靠拢和一体化的趋势，即以风险管理为主导，建立适应企业风险管理战略的新的内部控制体系，企业从内部控制走向全面风险管理。

风险管理的目的是防止风险、及时发现风险、预测风险可能造成的影响，并设法把不良影响控制在最低的程度。内部控制就是企业内部采取的风险管理，内部控制制度的制定依据主要是风险，在某些极端情况下甚至完全是由风险因素决定的。风险越大，越有必要设置适当的内部控制措施，风险相当大时，还要设置多重内部控制措施，而且做好内部控制是做好风险管理的前提。一家企业只有从加强内部控制做起，通过风险意识的提高，尤其是提高企业中处于关键地位的中层、高层管理人员的风险意识，才能使企业安全运行；否则，处于失控状态的企业最终将被激烈竞争的市场经济大潮淹没。

风险管理是内部控制概念的自然延伸。在新技术和市场的推动下，内部控制走向风险管理。例如，在计算机网络和金融衍生工具市场共存的条件下，企业可以运用金融衍生工具防范因为汇率和利率波动给企业带来的财务风险。内部控制是企业防范风险的日常运行功能与结构，包括确保财务信息的真实可靠、遵守相关的法律法规等。在新技术和市场条件下，为维护企业相关利益各方的利益，实现企业目标，还需要给予内部控制更主动、更灵活、更全面的风险管理。

内部控制和风险管理各有侧重。内部控制侧重制度层面，通过规章制度规避风险；风险管理侧重交易层面，通过市场化的自由竞争或市场交易规避风险。一般来说，典型的内部控制依然是为了保证资金安全和会计信息的真实可靠，会计控制是其核心，内部控制一般仅限于财务及相关部门，并没有渗透到企业管理过程和整个经营系统，控制只是管理的一项职能；典型的风险管理关注特定业务中与战略选择或经营决策相关的风险与收益的比较，如银行的授信管理、汇率风险管理和利率风险管理等，它贯穿于管理过程的各个方面。从以上分析可以看出，风险管理是内部控制概念在新技术和市场条件下的自然延伸，风险管理包括内部控制，内部控制是风险管理的基础。

正因为内部控制与风险管理有内在的联系，各国分别以不同的方式逐步将内部控制与风险管理联系起来。巴塞尔委员会发布的《银行业组织内部控制系统框架》指出，"董事会负责批准并定期检查银行整体战略及重要制度，了解银行的主要风险，为这些风险设定可接受的水平，确保管理层采取必要的步骤去识别、计量、监督以及控制这些风险……"，显然已把风险管理的内容纳入内部控制框架中。

（二）内部控制与风险管理的协同

要实现内部控制与风险管理的融合，确实是一件说起来容易做起来难的事情。这里的阻力不仅来自学术界，还来自各国政府下属的监管机构。内部控制与风险管理的异同，在理论上可以归纳出好多点，但是要把两者融合在一起，对于长期致力于内部控制或风险管理领域研究的专家而言，于情于理都是难以接受的。不同的政府监管部门甚至同一监管部门的内部，有要求构建内部控制的，有要求强化风险管理的，使被监管者无所适从。在实践中，大多数企业已经把内部控制和风险管理两方面工作融合在了一起。

既然内部控制与风险管理已经融合，那么在实际工作中，对于内部控制和风险管理的建设就应该协同进行。没有必要对同一目标下的事项制定两套手册或指南，只要把控制和风险融合在一起共同制定一套制度即可，以减少不必要的重复和浪费。没有必要既设立内部控制部门，又设立风险管理部门，而综合建立一个风险控制部门就够了。在事项上，不仅要把内部控制与风险管理整合起来，还应该与公司治理整合起来，把风险控制系统整合到治理、战略和运营中。风物长宜放眼量，在实施内部控制的过程中，应不断理顺各种关系，使内部控制与风险管理相互促进，形成一个良性循环，这样才能控制企业持续健康地向前发展。

四、基于风险管理内部控制系统的构建

（一）基于风险管理内部控制系统的发展现状

1. 基于企业风险管理整合框架的内部控制

2004 年 9 月，COSO 在借鉴以往有关内部控制研究报告基本精神的基础上，结合《萨班斯—奥克斯法案》在财务报告方面的具体要求，发表了新的研究报告——《企业风险管理框架》（Enterprise Risk Management Framework，简称 ERM 框架）。该框架指出："全面风险管理是一个过程，它是由一个主体的董事会、管理当局和其他人员实施，应用于战略制定并贯穿于企业之中，旨在识别企业可能会影响主体的潜在事项，管理风险以使其在该主体的风险容量之内，并为主体目标的实现提供合理保证。"至此，内部控制理论发展到全面风险管理的高度。基于这一认识，COSO 提出了战略目标、经营目标、报告目标和合规目标 4 类目标，并指出风险管理包括 8 个相互关联的构成要素：内部环境、目标设定、事件识别、风险评估、风险应对、控制活动、信息与沟通、监控。根据 COSO 的这份研究报告，内部控制的目标、要素与组织层级之间形成一个相互作用、紧密相连的有机统一体系；同时，对内部控制要素的进一步细分和充实，使内部控制与风

险管理日益融合，拓展了内部控制的内涵。从目标上看，ERM 框架不仅涵盖内部控制整合框架中的经营性、财务报告可靠性和合法性三个目标，而且还提出了一个更具管理意义和管理层次的战略管理目标，同时还扩大了报告的范畴。ERM 框架指出，企业风险管理贯穿于战略目标的制定、分解和执行过程，从而为战略目标的实现提供合理保证。报告范畴的扩大表现在内部控制框架中的财务报告目标，只与公开披露的财务报表的可靠性相关，而企业管理框架中的财务报告范围有很大的扩展，涵盖企业编制的所有报告。从内容上看，ERM框架除了包括内部控制整合框架中的 5 个要素之外，还增加了目标制定、风险识别和风险应对三个管理要素，目标制定、风险识别、风险评估和风险应对 4个要素环环相扣，共同构成风险管理的完整过程。此外，对原有要素也进行了深化和拓展。

　　近些年来的实践表明，内部控制体系确实对实现财务报告的可靠性和有效性提供了合理的保障（从实践经验看，内部控制体系的建立对经营和合规两个目标的支持力度并没有像财务目标那样得到很好的体现），但是企业需要从整合风险管理的角度为企业创造价值并合理保障公司战略目标的实现。COSO 组织对 ERM框架的初衷和定位是正确的，但在起草 ERM 框架时采用在 COSO 内部控制框架的基础上进行升级和扩充的做法，这直接导致两个理论框架虽然愿景和目标各不相同，但内容的重合度非常高，回想过去这些年企业在实践这两个理论体系时出现的种种说法"内部控制就是风险管理""风险管理就是内部控制""风险管理是'大内控'"等，在当时发布起草 ERM 框架时就埋下了隐患。2016 年，COSO发布了针对 2004 年 ERM 框架的修改草案《企业风险管理——通过策略与绩效调整风险》，新版框架对 ERM 的定义为：组织在创造、保存、实现价值的过程中赖以进行风险管理的，与战略制定和实施相结合的文化、能力和实践。可以看到，新版框架简化了对 ERM 的定义，以方便阅读和记忆。新定义方便所有读者的理解，而不只是风险管理从业者，新定义包括文化和能力而不只是过程，更加强调风险与价值的相结合，突出价值创造而不只是防止损失，这样也避免了和内部控制定义的界限不清。此次 ERM 新框架对风险管理和内部控制的关系也做了进一步的阐述，新框架有意规避了旧框架对于控制活动的描述，把控制活动的内容留给内部控制体系，而突出了风险治理和文化的内容，以及强调和战略及绩效的关系，算是给两个体系"分家"做个"了断"，其实质也是认同内部控制是全面风险管理体系的一部分，真正的风险管理工作是要支持管理决策的，而不仅仅是建立内部控制制度和流程。

　　现代经济环境风云莫测，任何组织都不可能在一个"真空"的状态下运营，无处不在的风险时刻威胁着企业的生存与发展。对众多风险进行有效管理是企业可持续发展过程中必须具备的重要能力和企业构筑内部控制体系要关注的内容。就实质而言,内部控制的最终目标是为了控制和管理企业所面临的一切风险。所以,运用企业风险管理整合框架的理念来设计和完善企业的内部控制体系是一种必然趋势。首先,基于 ERM 框架的内部控制与企业风险管理的实质相同,其出发点和最终目的都是控制和管理风险;其次,基于 ERM 框架的内部控制与企业风险管理均将控制的重心提升至企业整体层面,而将责任中心转移至董事会,体现出内部控制的公司治理导向;最后,基于 ERM 框架的内部控制与企业的风险管理都贯穿于整个企业经营过程的控制与管理机制,涵盖企业经营管理的各个层级、方面和每一个业务环节。因此,笔者认为,基于 ERM 框架的内部控制已经突破传统的内部控制概念,在各个层面均体现出全面风险管理的理念,它是一种一体化的、积极的、持续基于价值考虑的、视野更为广阔和过程驱动的控制体系。

基于 ERM 框架的内部控制与企业风险管理存在如下相同点:

首先,基于 ERM 框架的内部控制与企业风险管理的实质相同。内部控制的出发点与最终目的都是为了控制和管理风险,虽然内部控制的目标与控制层次不断提升,但风险控制与管理始终是贯穿内部控制的核心主线,只是其风险控制的目标、内容和层次伴随企业的环境、经营的模式以及企业制度的变迁而变化。随着内部控制发展到企业风险管理阶段,内部控制与企业风险管理的控制目标、控制方式和控制手段呈现趋同性。

其次,两者的控制重心均提升至企业整体层面。由于现代企业面临的主要风险已转变为市场竞争风险,所以风险控制更加关注战略风险和经营风险。不同于传统内部控制着重基层执行层面的控制,基于 ERM 框架的内部控制与企业风险管理均更强调面向企业整体战略的控制趋势,彰显概念的统观性与高度。

再次,基于 ERM 框架的内部控制与企业风险管理都将责任重心上移至董事会,体现出内部控制的公司治理导向。

最后,基于 ERM 框架的内部控制与企业风险管理都是贯穿整个企业经营过程的控制与管理机制,涵盖企业经营管理的各个层级、各个方面和各个业务环节。

可以说,随着国内外理论研究与实践的不断发展,基于 ERM 框架的内部控制与企业风险管理越来越多地体现出交叉与融合。

2. 我国企业内部控制实务现状

我国关于内部控制的研究起步较晚,大多数企业的内部控制意识比较薄弱。企业的内部控制实务是在财政部发布的一系列内部控制指引的指导下建设的。《企业内部控制基本规范》(以下简称《规范》)是指导我国企业内部控制工作的标准和规范体系，它是由财政部等五部委在借鉴 COSO 的《企业风险管理——整合框架》并结合中国的实际情况提出的。《规范》的提出为建立健全我国的内部控制体系打下了坚实的基础。为了使企业更好地进行内部控制的建设，财政部等五部委又出台了一系列相关的配套指引，包括《企业内部控制评价指引》《企业内部控制审计指引》和《企业内部控制应用指引》，进一步完善了我国的内部控制体系。尽管我国的《规范》框架只包含 5 要素，但却不同于 COSO 1992 年的《内部控制——整合框架》。它在内容上涵盖风险管理 8 要素的内容，将风险管理的思想融入其中。《规范》的基本框架如下：

内部控制的目标：企业应该建立健全内部控制，以合理保证企业经营管理合法性、合规性、资产安全性、财务报告及相关信息真实性、完整性，提高企业经营效率和效果，促进企业实现自身发展战略。

内部控制的要素包含内部环境、风险评估、控制活动、信息与沟通和内部监督。

上述要素虽然与 COSO《内部控制——整合框架》中要素的数量相同，名称也大致一样，但是内容却借鉴 COSO《企业风险管理——整合框架》，将风险管理融入其中，可以说是在风险管理基础上的内部控制，为我国企业开展以风险管理为基础的内部控制实务打下了制度基础。

在内部控制实务方面，企业的内部控制和风险管理观念开始增强。以中航油为代表的典型案例为企业敲响了警钟，使企业认识到了内部控制的重要性。此外，财政部规定所有的上市公司都要依据《规范》进行内部控制的建设，并披露内部控制自我评价报告。这种强制推行内部控制建设的措施对于公司的管理者了解内部控制和风险管理起到了一定的推动作用，使其在管理活动中开始有内部控制和风险管理的意识。

尽管上市公司已经开始进行内部控制的建设，但是，我国企业的内部控制实务仍然很薄弱。这主要是因为管理者对内部控制的理解并不深入，只是单纯地把内控建设当作一项任务，并没有根据企业的实际情况，识别企业运营的风险所在，并以企业存在的风险为基础进行内部控制建设。实际操作中，很多企业只是照着模式进行内控建设，拥有看似完美的内控制度，却是因不符合企业的实际情况等原因被束之高阁，造成内控制度和实际执行是油水两层皮，起不到内部控制应有的作用。造成的后果就是隐藏于企业运营背后的风险并没有被认识到，或者并没有得到应有的关注，也没有应对风险的措施。一旦出现风吹草动，原本看似强大的企业就会在顷刻间崩溃。

综观近年来我国发生的一系列舆论哗然的事件，"三聚氰胺毒奶粉"使年销售过百亿元的乳品巨头三鹿集团消亡，使整个乳业集团陷入危机之中；"瘦肉精"事件使肉业巨头双汇集团受到重创，也使整个猪肉市场蒙上了一层阴影。这些事件的发生与企业缺乏风险管理意识、没有风险管理机构、使内部控制存在漏洞或失效不无关系。

尽管我国已经有比较完善的内部控制框架体系，一些企业也开始有内部控制和风险管理的意识，但是我国企业开展内部控制实务的时间较短，对内部控制的理解不够深入，受传统内控思想的影响较深，没有真正理解内部控制的作用，没有相关的风险管理意识，致使大多数企业管理者没有厘清内部控制与风险管理之间的关系，更不用说理解并能够应用融入风险管理思想的内部控制，这对于我国企业的成长和发展是十分不利的。本文正是在《规范》的基础之上，讨论如何在实际中构建基于风险管理的内部控制体系，以增强我国企业的抗风险能力。

（二）基于风险管理的内部控制体系的构建

目前我国企业的内部控制建设必须基于《规范》的指导，在本书基于风险管理内部控制体系的构建中，我们仍然采用《规范》的5个要素。重点在于建立5个要素之间的有机关系，以利于企业很好地进行内部控制的建设。

在以风险管理为基础的内部控制体系中，内部环境和内部监督奠定了内部控制的基调。内部环境规定企业的纪律与架构，塑造企业的文化，并在无形中影响着员工的控制意识，是企业内部控制的基础，一个不良的控制环境对企业的影响非常广泛，会给企业带来财物损失，影响企业的公众形象，严重时还会导致企业破产。因此，对内部环境的重要性怎么强调都不过分，一个好的企业应该建立一个科学合理的内部环境。

内部监督是一个完善的内部控制不可缺少的一部分，监督的对象不仅是员工的控制活动，也包括管理者本身。一个企业的环境是不断变化的，并不存在一个可以在任何情况下都适用的内部控制，一个好的监控可以及时发现内部控制中的不足和遗漏，及时完善内部控制，这对于企业来说是至关重要的。

风险评估是企业的控制活动和信息与沟通的基础。《规范》中所说的风险评估指的是广义上的风险评估，包括目标的设定、风险识别、风险分析和风险应对4个步骤。这也在一定程度上体现了风险评估的基础作用，以风险管理为基础就是风险管理要贯穿于企业内部控制的各个环节。在内部环境中，管理人员自身要有风险意识，同时要向企业的员工传递风险管理文化，并且要在组织架构上设置专门的风险管理部门，以专业的人才来管理风险。企业的内部控制活动要在风险评估的基础上进行，有风险管理部门和企业其他员工一起基于企业的各个目标进行风险评估和风险分析，列出企业的风险清单，在此基础上设置控制活动，以应对风险，针对不同的风险可以设置多项活动以应对。企业需要在舞弊风险大的领域设置反舞弊信息机制，来防范舞弊的发生。企业在进行内部监督时也要进行风险评估，尤其是内部审计，要由财务收支审计转向为公司识别风险、防范风险服务，这样才能将内部审计有限的资源发挥最大的作用。此外，还要对风险损失后果严重的事项进行专项监督。

1. 内部环境

企业在内部控制开始形成时就存在着内部环境这个因素，内部环境是内部控制其他因素赖以存在的前提和基础，在很大程度上影响着内部控制程序的效果和效率，是实现内部控制目标的先决条件。内部环境包括组织架构、责权分配、人力资源政策、企业文化和内部审计。

组织架构指的是企业依照国家法律法规、股东大会的决议、企业章程的同时再结合本企业的具体情况，明确董事会、监事会、经理层和企业内部各机构的设置、职责、权限、人员编制、工作程序和相关要求的制度安排。对于企业来说，尽力完善组织架构是重中之重，这将会影响企业长远的发展。首先，一个完善的组织架构可以促进企业建立起现代的企业制度，企业若要成功就离不开制度的保证，现代企业制度的核心就是组织架构；其次，一个完善的组织架构可以有效地防范风险和化解风险，科学的组织架构可以使企业形成自上而下地对风险进行识别和分析的系统，进而采取有效的措施以应对风险，可以促进信息在企业各个层级之间流畅的传递，提升日常监督和专项监督的力度和效能；最后，完善的组织架构可以为强化企业的内部控制建设提供重要的支撑，因为组织架构不仅是内部环境的重要组成部分，也是企业开展风险评估、实施控制活动、促进信息沟通、强化内部监督的基础设施和平台载体。

责权分配就是通过科学的方式将企业的职权和职责分配到各个层次、各个部门和各个岗位，以使整个组织成为一个责任和权力相统一的整体。职权就是由组织制度所规定的与一定的职位相联系的决策、指挥、分配资源或进行奖惩等的权力。职责指的是由组织制度规定的、与一定的职权相联系的、工作过程中所需承担的责任，责权分配要求组织中任何一个职位都必须是权责相连的。

人力资源政策是通过有形的、具体的措施和制度来影响并约束员工的行为方式，它主要包括岗位职责、人力资源计划、招聘、培训、离职、考核、薪酬等一系列有关人事的活动和程序。人力资源政策比人力资源管理的范畴广泛，涵盖前者，人力资源政策关注主要风险和人力资源的引进、开发、使用和退出等。其核心是如何在企业建立一套科学有效的人力资源制度和机制，不断优化人力资源结构，实现人力资源的合理布局，充分发挥人力资源的作用，强化人力资源的风险管理。

国际内部审计师协会对内部审计的定义是："内部审计是在一个组织内部建立一种独立评价活动，并作为对该组织的活动进行审查和评价的一种服务。"内部审计就是通过审计、审查和评价经营活动及内部控制的真实性、合法性和有效性来促进组织实现其既定的目标。内部审计的功能主要有：①在所有权与经营权分离的情况下，有利于企业的所有者对经营者实施监督，加强企业的内部经营管理，内部审计通过对内部控制运行情况的监督，发现内部控制运行中存在的漏洞和缺陷，提出相应的改进措施和建议，从而不断完善企业的内部控制，进而加强企业的内部治理。②有利于企业对经营者的业绩进行见证和评价。③有利于强化企业的风险管理，增加企业的价值。现在企业面临的竞争越来越激烈，与之相应的经营管理风险也越来越大。企业应该在治理体系中建立全面的风险管理制度，内部审计可以在风险管理的过程中发挥巨大的作用。首先，内部审计可以监督和评价各个部门的内部控制制度，在生产、采购、销售、财务会计、人力资源等各个领域查找出管理的漏洞，以风险发生的可能性大小为依据，做出相关评价，查找并防范风险；其次，内部审计可以协调各部门共同管理企业，以防范宏观政策带来的风险。

企业文化指的是企业在长期的经营实践中所形成的、为整体团队所认可并接受的价值观、经营理念和企业精神，以及在此基础上形成的企业行为规范的总称。它包括企业核心价值观，高级管理人员的管理理念、经营哲学和职业操守，员工的行为守则等。企业文化对于一个企业来说至关重要，它对员工有潜移默化的影响，在无形指导着员工的工作态度，进而影响着员工内部控制的有效性。

2. 风险评估

风险评估是风险管理的依据，包括目标设定、风险识别、风险分析和风险应对4个环节。

进行风险评估首先要做的就是目标设定，有了目标，管理层才能识别实现目标相关的风险。内部控制目标的设定是企业内部控制的关键，组织在设定目标时需注意目标必须是具体的，不能过于笼统和宽泛。企业应先设定战略目标，进而将战略目标分解为具体目标，进而将具体目标分到每个层级、部门和岗位之上。

风险识别是指识别出所有可能影响组织目标实现的主要风险，这项工作要从风险产生的原因入手，通过各种工具和手段来发现客观存在的不确定性，及时识别风险，然后建立详细的风险清单，进行风险分析。风险识别是风险管理中最重要的步骤，决定企业应选择何种风险管理手段。因此，企业应当采用一种有计划、经过深思熟虑的方法以识别企业经营业务在每个方面存在的潜在风险，并且要在多个层级执行风险管理程序，最终达到充分了解企业风险的目标。在风险识别时，要注意对每个单位或项目会不会对企业的整体产生影响。

风险分析指的是从风险发生可能性的大小和风险对企业目标的影响程度两个方面来对识别的风险进行排序，从而确定应该重点关注和优先控制的风险。风险评估分析包括定量法和定性法，定量法是指企业从收集的信息和资料数据中来分析风险，这些资料包括历史的、可观察的、实践的经验，市场行业调查分析，经济模型，专家判断等，然后对风险进行排序。定性法可以采用与事件确认相同的方式，如召开小型的研讨会、面谈等。定性法只能够用高低、大小等文字来描述风险发生的可能性和对目标结果的影响，没有定量法准确。

　　风险应对指的是在风险评估的基础上决定是否需要对风险进行处理以及处理的程度，一般来说有 4 种应对策略：①风险规避。风险规避指的是对于超出企业风险承受度的风险，应该放弃或者停止与参加该风险有关的业务活动，以减少或者避免无法承受的损失。②风险降低。风险降低指的是企业在进行成本效益衡量的基础之上，采取一定的措施来降低风险或者减轻损失，将风险控制在企业可接受度之内。③风险分担。风险分担指的是企业通过购买保险或者将业务分包等借助于外力的方式将风险控制在可接受的范围之内。④风险接受。风险接受指的是企业通过成本效益的衡量之后，对其识别的风险，因在企业的可接受范围之内而不采取措施，比如对于一些价值比较小的财产，企业可以不采取措施来应对其失窃的风险。

　　3. 控制活动

　　控制活动是指企业在完成风险评估、确定风险应对策略之后，对剩余的风险所应采取的控制措施、实施的控制活动。控制活动就是为了实现控制目标而采取的控制措施，一般包括不相容职务分离控制、会计系统控制、授权审批控制、预算控制、财产保全控制、运营分析控制和绩效考核控制等。

　　4. 信息与沟通

　　信息与沟通是指企业准确、及时、完整地收集与企业的经营管理相关的各种内部和外部信息，并通过一定的方法根据企业的实际需求等对这些信息进行筛选、整理和分析，最后生成报告，并且通过一定的渠道促使这些信息在企业各个层级之间流通使用的过程。企业只有掌握完整的信息，才能发现风险、评估风险。信息与沟通要素包含信息方面和沟通方面。内部控制要求企业通过信息系统来识别、获取、处理和报告信息，为管理控制和经营活动提供信息支持。企业应该设置完善的信息系统，以提供准确、及时、有用的信息。沟通可以分为内部沟通和外部沟通，企业应设置良好的内部和外部沟通渠道和机制，以促进信息在企业内外的流通。

　　5. 内部监督

　　内部监督就是对内部控制的运行情况实施必要的检查，发现内部控制的不足或缺陷。因为设计人员有限的认识和企业生存环境的不断变化，企业的内部控制不可能一次设计就达到完美而不需要变更，而且设计好的内部控制是否得到有效运行也是不确定的，所以就需要内部监督对内部控制的持续有效进行监督，以不断完善内部控制，保证内部控制实施的有效性。企业应当设立专门的内部控制监督机构，一般情况下由企业的内部审计部门作为专门的监督机构，同时在进行组织机构设计时也要注意其他机构之间相互监督的作用。企业还需设立内部控制监督程序，以规范内部控制监督活动，内部控制监督程序包括建立健全内部控制制度；实施监督，预防和发现内部缺陷；分析和报告内部控制缺陷；对内部控制进行整改。内部控制的监督方法分为日常监督和专项监督，日常监督是对内部控制的实施情况进行常规的、持续的监督和检查；专项监督是指企业在发展战略、组织结构、经营活动、业务流程关键岗位等发生重大调整变化时对内部控制有针对性的监督。

第二节　内部控制与风险管理一体化的实现

一、内部控制与风险管理一体化的必要性和可行性

经过调研发现，大部分企业的风险评估仍然停留在就风险论风险的层面，即企业人员在对风险进行分析打分时缺乏针对该风险的控制信息，致使打分结果接近固有风险水平，而不是更加接近实际情况的剩余风险水平。还有的企业在内部控制工作中存在就控制论控制的情况，即企业并没有对业务流程中的风险点进行识别就确立一系列的控制点，一定程度上造成复杂控制、过度控制。更有甚者，风险管理部门梳理的风险库与内部控制部门梳理的控制点完全独立、互不相干，成为实实在在的"两张皮"。因此，企业全面融合风险管理和内部控制工作以解决当前问题的迫切性日益突出。

（一）内部控制与风险管理一体化的必要性

风险是无处不在的，风险管理和内部控制工作几乎覆盖企业各个业务、管理流程。从目前企业的做法来看，绝大多数企业仍然停留在手工操作阶段或初级信息化阶段，存在着工作量大、效率不高、成果难以复用等问题。

实际中的例子比比皆是。比如，在内部控制工作中，大部分企业都在内部控制工作中建立内部控制矩阵/手册，但这些成果往往成了"控制点汇编""案边书"，缺少能使之使用简单、运行高效的工具；又如，企业基本都是集团性企业，下级企业数量众多，各级企业控制点的数量甚至达到上万条，控制有效性和缺陷统计分析工作依靠手工处理变得愈发困难；再如，在风险评估工作中，大部分企

业也建立了风险事项/事件库，并基于此开展年度风险评估工作，但受限于工具缺乏，进行评估的人员数量非常有限，更无法实现将风险评估工作深入基层企业、部门甚至班组。凡此种种的例子屡见不鲜，都反映出传统的工具、方法已经无法满足风险管理和内部控制工作的需要，甚至已经成为制约风险、内部控制工作进一步深化的桎梏。

在此情形下，企业为了进一步提升风险管理及内部控制工作的效率，推动风险管理及内部控制工作标准化、自动化，采用信息化方式将是必然的选择。

（二）内部控制与风险管理一体化的可行性

按照国资委《中央企业全面风险管理指引》的定义，全面风险管理体系包括风险管理策略、风险理财措施、风险管理的组织职能体系、风险管理信息系统和内部控制系统。

基于此，笔者认为可以从管理体系、管理内容、管理流程三个方面分析风险管理和内部控制的关系。从管理体系上看，内部控制是全面风险管理体系的重要组成部分，是全面风险管理的基础和手段；从管理内容上看，企业面临的风险包括可控风险和不可控风险，内部控制主要是针对内部可控风险采取相应控制措施，达到防范或降低风险的作用；从管理流程上看，控制点的梳理、内部控制自评价、缺陷认定和整改与风险识别、风险分析、风险评价、风险应对的工作流程和方法是基本一致的。因此，内部控制工作是全面风险管理工作的组成部分，完全可以整合于全面风险管理工作之中，两者不可割裂成"两张皮"。

二、内部控制与风险管理一体化的实现路径

为了便于在实际中运行和实践风险管理及内部控制一体化工作，可以将企业风险管理及内部控制的整体运行图细化落地，形成企业风险管理及内部控制的整体运行流程，如图4-1所示。

（一）环境建立

1. 环境建立概述

（1）环境建立的概念

环境建立是组织在管理风险以及为风险管理方针确定范围和风险准则时，确定需要考虑的内、外部参数。

（2）环境建立的目的

实施环境建立过程的目的是明确风险管理范围，分析明确目标、内外部环境，建立风险准则。明确特定的环境信息对一次特定的风险评估十分重要，应给予足够重视。特定的环境对风险事项识别、分析具有很大的约束性。

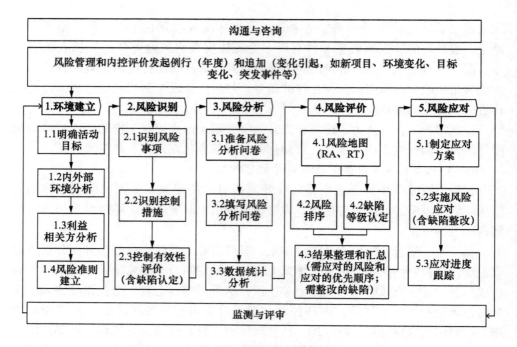

图 4 - 1 企业风险管理及内部控制的整体运行流程

（3）环境建立的主要内容

企业应根据风险管理政策，结合发展战略和经营目标，对重要的经营管理活动、流程等建立相适应的风险准则，并作为风险管理工作的基础。

企业在开展风险管理工作时，应分析当前所处的内外部环境，并确定风险管理活动的目标、范围、方法以及所需要的资源等。

环境建立主要输出为环境信息清单（含活动目标、利益相关方分析、内外部环境分析、风险准则以及关键环境因素汇总）。

2. 业务流程

开展环境建立工作之初，应做好资料收集、研读工作。收集研读的资料包括但不限于待评估活动的相关制度文件或描述介绍性文件、外部监管规定、与外部相关方签署的合同或协议等。如果开展业务流程环境建立工作，应收集研读本单位关于该业务流程的制度、内控手册/内控标准、外部关于该业务流程的法律法规等；如果开展某重大项目的环境建立工作，应收集研读项目基本情况、对该类项目有监管要求的机构的发文或通知、公司对该类项目内部管理情况等。通过研读分析明确活动目标，分析待评估活动的内外部环境，关注影响目标的利益相关方及其诉求。

（1）明确活动目标

风险的定义是不确定性对目标的影响，所以在开展风险评估工作之前需要先确定待评估活动的目标，明确其目标，就明确和界定了管理风险的范围。在《风险术语》的注2中明确，目标可以是不同方面（如财务、健康与安全、环境等）和层面（如战略、组织、项目、产品和过程等）的目标。

在实际操作中，如果明确待评估活动，那么围绕该评估活动识别目标，获得的渠道有访谈管理待评估活动的领导、查阅待评估活动的相关文件、公司的年度工作目标等，需要特别注意的是这里描述的目标必须紧扣待评估活动，是开展该活动预期达到的目标。例如，开展采购业务流程的风险评估工作，识别该业务流程的目标：确保物资和劳务采购按质、按量、按时并且经济高效地满足生产经营的需要，本年因采购合同违约、采购原材料不合格导致的经济损失不超过300万元，本年采购工作要保证原材料合格率达到90%等；开展某工程项目的风险评估工作，识别该项目的目标：在2月之前完成项目的建设工作，建设的固定资产满足质量要求，项目成本未超过预算等。

（2）内外部环境分析

1）内部环境。内部环境是指组织旨在实现其目标所处的内部环境。内部环境包括但不限于：治理、组织结构、角色和责任；方针、目标及确定实现它们的战略；能力、对资源和知识的理解（如资本、时机、人员、过程、系统、技术）；与内部利益相关方的关系，以及它们的感知和价值观；组织的文化；信息系统、信息流和决策过程（正式的及非正式的）；组织所采用的标准、指南和参考模型；合同关系的种类和程度。

内部环境是组织内部可能影响管理风险方式的任何事情，开展风险管理工作应与组织的文化、过程、结构和战略相一致。

2）外部环境。外部环境是指组织旨在实现其目标所处的外部环境。外部环境包括但不限于：社会、文化、政治、法律、法规、金融、技术、经济、自然环境和竞争性环境，无论是国际的、国内的、区域的、局部的；对组织目标有影响的关键驱动器和发展趋势；与外部利益相关方的关系，以及它们的感知和价值观。

外部环境以组织的广阔背景为基础，但是强调特定法律法规要求的具体细节、利益相关方的感知以及在风险管理过程范围中具体风险的其他方面。

3）整理分析内外部环境。在实际操作中，可以通过查阅内外部管理制度文件、访谈业务人员或专业人士等多种方式获取内外部环境信息，并分析描述待评估活动在这样的环境下面临的优势与威胁。在描述外部环境时，可以先宏观后微观。比如，宏观角度，可以从社会环境、政治环境、法律法规、自然环境、经济环境等方面入手；微观角度，可以从竞争对手、合作交易方的基本信息等方面入手。在描述内部环境时，可以从待评估活动的组织结构、职责分配、制度章程、业务合同、使用信息系统等方面入手。这里需要特别注意的是，描述内外部环境信息的现状及对现状的分析即可，不需要描述基于分析做出的预测。比如，目前国家采取紧缩的货币政策，提高利率使融资成本提高，这是目前的外部环境现状分析，基于国家经济形势和自身经验判断，预测未来几个月内利率可能会降低，在描述时只要说明紧缩货币政策提供利率使融资成本提高这一现状即可，对于预测的信息不要描述。

收集整理内外部环境信息后，对收集的信息可以秉承重要性原则进行筛选汇总，筛选出对待评估活动目标影响较大、亟待关注的内外部环境信息，为风险识别工作提供参考。在筛选时切勿遗漏重要信息，例如评估某一与环境有关的工程项目，国家对环境的监管要求和法律法规是非常关键的，一定要收集整理其相关信息。如果忽视或筛选汇总时遗漏，可能导致重要风险事项无法被识别出，从而影响风险评估结果。

（3）利益相关方分析

利益相关方是可能影响、被影响或意识到其自身可能被一项决定或活动影响的个人或组织。对于一个公众企业而言，其可能的利益相关方有股东、董事会成员、管理层、员工、客户、供应商、销售商、分包商、债权人、机构投资者、政府部门和社区等。对组织实施风险管理的不同过程可能涉及不同类别、不同领域内的利益相关方。

利益相关方基于它们的风险感知而对风险进行判断，所以与它们的沟通和咨询十分重要。风险感知随利益相关方的价值观、需求、假设、概念和关注点的不同而改变。利益相关方的意见对组织的决策有重要影响，因而将利益相关方从内外部环境中单独列示，给予充分的重视，识别、记录利益相关方的风险感知，并在决策过程中给予考虑。

利益相关方分析是识别对评估活动目标实现有关键、重大影响的内外部利益相关方，明确利益相关方的诉求，识别出与利益相关方比较正式的沟通方式。识别内外部利益相关方时不需要穷尽，关注与待评估活动有重大关系的利益相关方即可。

利益相关方的诉求是指利益相关方希望获得的利益或达到的目的，以及为了获得利益或达到目的需要重点关注的内容。在描述利益相关方的诉求时需要明确或量化。例如，采购供应商作为采购业务的利益相关方，其诉求是产品顺利验收，及时付款；采购部作为采购业务的利益相关方，其诉求是采购产品与采购需求相符合，采购计划顺利完成等。

明确利益相关方后，通过查阅企业内部制度、询问业务人员等方式获得与识别出的利益相关方比较正式的沟通方式。例如，企业与采购供应商之间比较正式的沟通方式有采购合同、验收对账单等。

风险准则建立的相关内容详见第二章。

（二）风险识别

1. 风险识别概述

（1）风险识别的概念

风险识别是发现、辨认和描述风险的过程。风险识别包括对风险源、事件及其原因和潜在后果的识别。

（2）风险识别的目的

实施风险识别过程的目的是：识别影响组织目标实现可能存在的潜在风险事项。

（3）风险识别的主要内容

企业应根据战略目标，结合内外部环境信息，在各项经营管理活动中开展风险识别工作，发现、辨认和描述对目标可能有影响的潜在风险事项，分析风险源、风险原因、风险后果的影响范围和性质以及对应的当前控制措施，编制风险清单，为风险分析环节提供输入。

风险识别主要输出为风险控制识别清单，为开展风险分析工作奠定基础。

开展风险识别工作普遍通用的方式有两种：一种是以独立方式开展（依据德尔菲法），即组织人员独立识别风险事项，专人汇总形成风险控制识别清单；另一种是以组织会议方式开展（依据头脑风暴法），即通过会议组织相关人员头脑风暴收集风险事项，形成风险控制识别清单。开展风险识别工作时，可以根据待评估活动的范围、目的、时效要求等选择适宜的方式。

2. 业务流程

（1）识别风险事项

在本书的第一章已说明风险的特性之———事件性，并指出一切风险都是由风险事项触发的。识别可能发生的潜在事项是风险识别过程的中心任务，是实施风险分析、风险评价过程的必要前提。从风险识别的概念可以看出，风险识别的四项内容是风险源、事、原因以及潜在后果。

风险源是指对导致风险具有潜在影响的要素或要素的结合，是诱发事项发生的载体，如人（如岗位）、物（如危险品）、设备、制度、××信息、材料（钢材）等，所回答的问题是"什么"。风险源可以是有形的或无形的。

风险原因是指诱发风险事项的原因，是什么原因导致风险事项的发生，所回答的问题是"为什么"。

在识别潜在风险事项的基础上，对风险事项可能造成的后果进行识别，识别风险事项的后果可能与风险源、风险原因有关，不同的风险源、风险原因可能造成不同的后果。

风险事项描述内容包括风险源、风险原因、事、可能导致的后果等，一般的描述形式为谁（风险源）＋由于（风险原因）＋发生什么（事）＋结果（后果），其中影响后果包括直接后果和间接后果。风险事项描述的程度应尽量清晰，确保不同的人可以理解风险事项所在环境、风险事项的不确定性、管理的对象和关注点等。

在实际操作中，可以结合如表4-1所示的思路识别风险事项。

表4-1　风险识别思路导向

名称	说明
目标导向	任何可能影响目标实现的不确定性都是风险。例如，财务处理过程中一切可能影响财务报告真实准确的事件都需要识别出来
经验导向	经验化为知识库，以常见风险作为检查表，进行对照。例如，列出同行业采购业务的已知风险（及其相应的对策建议），则本单位相应业务进行风险识别时可采用清单核检方法
流程导向	对主要业务流程进行分解，识别流程环节是否存在风险，沿着业务流程的脉络识别既能为识别工作提供抓手，同时也能相对保证识别的全面性。例如，识别采购业务过程中的风险，可以先梳理企业采购业务的流程环节，然后基于单个流程环节逐个识别
事件导向	基于企业曾经发生过的事件，或同行业发生过的事件进行识别，分析引起事件发生的源头、发生的原因以及影响后果。例如，市场上发生三聚氰胺事件后，同行业的其他奶业公司了解分析三聚氰胺事件发生的原因，结合公司的业务识别风险
分类导向	依据理论与实践，编辑一个问题合集，通过对问题的回答来反映风险事件。例如，国资委五大分类；银行业 BASEL Ⅲ；制造业：人、机、料、环、法；工程项目：HSE（健康、安全、环境）等
情景导向	通过对环境的研究，识别影响组织或组织发展的外部原因，模拟外部原因可能发生的多种交叉情景分析和预测各种可能前景

在识别风险事项时，也可以查看待评估活动以前是否识别出过风险事项，如果有，可以结合新的环境进行调整，也可以查看企业是否有规范的示例，比如内控手册/内控标准中的风险事项，根据自己的实际情况修改调整为风险事项。

（2）识别当前控制措施

一旦一个风险事项被识别出，就应立即识别对其的当前控制措施，因为识别出的风险事项，随时都有可能发生，一旦发生，就可能对目标产生影响，所以需要立即识别。对当前控制措施的识别包括两个方面：对该风险事项是否已制定控制措施，控制措施是什么；如已制定控制措施，该措施是否还在执行。

实际操作中，可以结合待评估活动的相关制度文件如内控手册/内控标准、公司制度，以及对于风险事项的实际管控现状描述风险事项的当前控制措施。

（3）控制有效性评价

1）控制有效性评价。识别出风险事项的当前控制措施后，需要对其有效性情况进行评价。在评价时可以从以下角度考虑当前控制措施的有效性：从设计角度看，当前控制措施是否达到防范风险的目的；从执行角度看，工作中是否按照设计的控制措施在实施；是否存在可替代的、更符合成本效益原则的控制措施。结合控制有效性说明提出当前控制措施的控制有效性结论（控制有效性结论包括完全有效、基本有效、部分有效、基本无效、完全无效、不适用、未发生交易）。

2）缺陷认定。如果当前控制措施正在设计或运行中，无法让管理层和员工在正常执行所分配工作时及时预防或发现错报，不能合理保证内控目标的实现，则为控制缺陷。

如果风险事项当前控制措施的控制有效性结论是部分有效、基本无效、完全无效，那么该控制措施一般为内控缺陷，需要描述缺陷内容与类型（是设计缺陷还是执行缺陷）。在完成缺陷认定工作后，还需要认定缺陷的等级，具体操作详见风险评价。

（三）风险分析

1. 风险分析概述

（1）风险分析的概念

风险分析是理解风险特性、确定风险等级的过程，是风险评价和风险应对决策的基础。风险分析包括风险估计。

（2）风险分析的目的

实施风险分析过程的目的是通过风险分析过程建立对风险的理解，为风险评价、决策是否有必要进行风险应对、选择最恰当的风险应对战略和方法提供输入。

（3）风险分析的主要内容

企业应根据风险识别结果对风险进行全面分析，评价当前控制措施的有效性和效率以及对风险的影响，采用定量或定性的方法分析风险发生的可能性和可能造成的影响，并据此确定风险的大小，为风险评价环节提供输入。

风险分析的主要输出为风险事项的后果 C 值、可能性 P 值以及风险等级 R 值。

2. 业务流程

（1）准备风险分析问卷

1）明确风险分析范围。开展风险分析工作之前，需要结合待评估活动明确本次风险分析的范围，即待评分的风险事项、参与人员等。查阅待评估活动的风险控制识别清单，结合当前环境判断风险控制识别清单中风险事项的信息是否适宜，即风险事项未来是否肯定不发生、当前控制措施是否与实际情况一致等。如果风险事项的信息不适宜，可以通过发起新一轮风险识别工作，保证风险事项的信息符合当前环境；如果风险事项的信息适宜，可以基于这些信息开展风险分析工作。

2）确定风险准则是否建立。开展风险分析工作之前，需要确认环境建立阶段是否已建立待评估活动的风险准则，如果未建立，可以通过组织会议、征集领导意见等方式建立风险准则；如果已建立，可以直接作为本次风险分析工作所需的风险准则。

如果本次风险分析工作拟开展多轮评分，那么每轮风险分析问卷的风险准则需要保持一致，在过程中不能发生变更。

在确定所使用的风险准则之后，为避免参与风险分析工作的人员对风险准则理解不一，需要明确说明风险 C 准则、P 准则各维度的概念，与风险事项之间的业务关系，各维度涉及业务值的建立依据，以及 RA、RT 的建立依据。对风险准则的说明可以采用文档展示的方式，也可以通过组织会议的形式向参与人员说明。

3）拟定参与风险分析工作的人员。考虑到风险评分的效果和效率，选择参与人员时要考虑专业背景和业务经验，并尽量了解其风险评估知识，是否具备风险评估技能。例如，对业务流程的风险事项评分时，建议选择该业务流程熟悉业务、工作经验丰富的业务人员以及领导；对项目的风险事项评分时，建议选择与项目相关的人员及领导、同类型项目经验丰富的人员等，如果项目专业性较强，可以考虑聘请该专业领域的专家。

拟定参与风险分析工作的人员后，可以根据需要将参与人员分组，设置每个小组的权重。设置权重需要保证各小组权重之和为 1。例如，拟定的参与人员包括领导、普通业务人员以及外部专家，可以将这些人员分为领导组、普通业务人员组以及外部专家组，各小组的权重分别设为 0.4、0.3、0.3。

4）制作风险分析问卷。风险分析问卷必备的内容有待评分的风险事项、风险事项的当前控制措施、评分区域，实际工作中可以根据情况补充列示其他内容，如当前控制措施的有效性结论、风险事项最近一次的风险分析结果等。建议风险分析问卷中列示的风险事项不宜过多，如果风险事项确实较多，可以考虑开展多次风险评分活动，每次风险事项的个数相对少些。

同时，还应准备风险分析问卷的填写说明，用于告知参与人员评分的注意事项。例如，对 P 值评分时，只能选择最适合或者最容易理解辨识的一个维度进行打分；对 C 值评分时，只针对风险事件发生后产生的一个或多个后果打分，对不涉及的后果维度评为不适用；对 P、C 评分时可以直接取整数，如 0、1、2 等，也可以取小数，小数点后保留一位即可，如 3.5。

（2）填写风险分析问卷

收到风险分析问卷后，首先需要阅读说明中关于风险分析问卷的填写规则和要求，然后依据风险准则及说明，完成对风险事项后果 C、发生可能性 P 的评分工作。风险分析人员对风险事项评分时，需要结合对当前控制措施的理解和认知，评估的是风险事项在当前管控下的剩余风险。

评分时，首先分析风险事项主要说明的核心内容是什么，该风险事项的源头和原因是什么，分析当前的控制措施是事前防控、事中控制还是事后管理，判断当前控制措施对风险事项的发生可能性更有影响，还是对发生后果更有影响，还是对两者都有影响，然后据此先评估风险事项发生的可能性即 P 值，再评估风险事项的影响后果即 C 值。在对 C 值评分时，是在考虑控制措施和环境现状后，假设该风险事项还是发生了，其影响程度如何。

对风险事项的评分是对未来的预判，是估计值，所以不需要特别精确。对风险事项某个 C 准则维度或者 P 进行评分时，一般可以先结合工作经验或者业务接受值、容忍值，确定得分区间，再估计得分区间中具体的数值。

（3）数据统计分析

收齐风险分析问卷，对风险分析问卷中的评分进行数据计算，得到每个风险事项发生可能性 P 值、后果 C 值、风险等级 R。风险事项的风险等级 R 是风险事项发生可能性 P 值和后果 C 值的乘积。以一个风险事项为例，数据计算原理如下。

计算风险事项后果 C 值的得分有两种方式：一种是加权平均法，即计算风险事项后果 C 每个维度评分的中位数，然后计算后果 C 所有维度的加权平均值，得到风险事项后果 C 值；另一种是最大值法，即计算风险事项后果 C 每个维度评分的中位数，风险事项后果 C 所有维度的中位数中最大值为风险事项后果 C 值。

计算风险事项发生可能性 P 值是风险事项发生可能性 P 评分的中位数。

将计算得到的风险事项后果 C 值与发生可能性 P 值相乘得到风险事项的风险等级 R。

如果风险分析工作中对参与的风险分析人员进行分组并设置不同的权重，那么在计算某个风险事项时需要考虑权重。例如，将风险分析人员分为领导组、普通业务人员组以及外部专家组，并设置相应的权重，计算风险事项后果 C 值的得分时，如果选用加权平均法，那么先计算每个小组单个 C 维度的中位数，计算后果 C 所有维度的加权平均值得到风险事项后果 C 值，分别乘以小组权重得到风险事项 C 值；如果选用最大值法，那么先计算每个小组单个 C 维度的中位数，风险事项后果 C 所有维度中最大值为该小组后果 C 值，然后分别乘以小组权重，其中最大值为风险事项后果 C 值。

一般根据时间和实际情况，可以发起多轮风险分析工作。工作过程与首次风险分析工作基本一致，但是过程中使用的风险分析问卷略有不同。

（四）风险评价

1. 风险评价概述

（1）风险评价的概念

风险评价是将风险分析的结果与风险准则相比较，以决定风险和/或其大小是否可接受或可容忍的过程。风险评价有助于制定风险应对决策。

（2）风险评价的目的

实施风险评价过程的目的是协助风险应对决策，即协助决策哪些风险需要应对、实施应对的优先顺序和所选择的应对方式。

企业应依据本单位风险承受度、容忍度等风险准则对风险分析结果进行评价，对风险是否可以接受或容忍进行判断，对内部可控风险结合风险大小与控制有效性水平认定内控缺陷等级，为风险应对环节提供输入。

风险评价的主要输出为风险地图、风险排序以及缺陷等级。

2. 业务流程

（1）绘制风险地图

风险地图是根据风险的两个突出特征（后果 C 和发生可能性 P）构成的二维平面，将风险的后果 C 作为风险地图二维平面的纵坐标，将发生可能性 P 作为风险地图二维平面的横坐标。当一个风险具有 P 值和 C 值以后，即可依据其坐标值（P，C）将该风险定位于风险地图的二维平面上，通过风险地图可以全面显示企业的风险信息。

根据环境建立时确定的风险准则（风险 P、C 准则，RA 值，RT 值），以及风险分析工作得到的风险后果 C 和发生可能性 P，绘制风险地图。

根据环境建立时明确的风险带的确认方式，在风险地图中划分风险带，得到风险不容忍区域（一般用红色标示），风险中间区域（一般用黄色标示），风险可接受区域（一般用绿色标示）。

由于风险带确认方式不同，风险地图的展现方式也不同，对于依据等位线的方式划分风险带的风险地图展现方式如图4-2所示；对于通过非等位线的方式划分风险带的风险地图展现方式如图4-3所示。

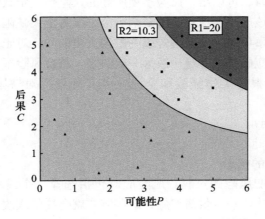

图4-2 等位线方式划分风险带

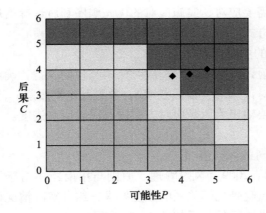

图4-3 非等位线方式划分风险带

（2）对风险排序

风险排序是依据风险分析的结果，按风险的重要性、高低、大小排列，确定关键风险区域和关键风险过程，以制定相应的风险应对决策。

一般根据风险等级 R 的大小对风险进行排序。通过风险分析工作得到所有风险的风险等级 R，根据风险等级 R 的大小对所有风险进行排序。除了根据风险等级 R 的大小排序之外，还可以运用 Borda 风险排序方法对风险地图中同一风险带的风险进行排序，得到同一风险带不同风险的重要性，为决策风险应对先后顺序提供依据。

（3）缺陷等级认定

认定缺陷等级时，可以结合风险事项所处的风险带认定缺陷等级，对于风险事项处于红带的，该风险事项对应的缺陷等级一般为重大缺陷；对于风险事项处于黄带的，该风险事项对应的缺陷等级一般为重要缺陷；对于风险事项处于绿带的，该风险事项对应的缺陷等级一般为一般缺陷。结合风险事项所处风险带认定缺陷等级后，可以根据工作经验和企业业务实际情况对缺陷的等级进行人为调整。

（五）风险应对

1. 风险应对概述

（1）风险应对的概念

风险应对是改变风险的过程。风险应对包括选择一个或多个改变风险的方式，并实施这些方式。一旦付诸实施，这些方式就会提供或改进控制措施。

（2）风险应对的目的

实施风险应对过程的目的是做出风险应对决策，即基于风险评价过程的输入，明确哪些风险需要应对、实施应对的优先顺序和所选择的应对方式，并实施所选择的风险应对方式。

（3）风险应对的主要内容

企业应根据风险评价结果，平衡应对成本和预期收益，确定风险应对的优先顺序，制定风险应对计划（含缺陷整改），并进行定期跟踪、落实和检查。

风险应对的主要输出为风险应对方案以及风险应对进度。

2. 业务流程

（1）明确待应对的风险事项

依据 ISO 31000：2009《风险管理　原则与指南》中对于风险应对原则，以及风险应对原则与风险带之间关系的建立要求，结合实际情况确定企业的风险应对原则以及与风险带之间的关系如表 4-2 所示。

表 4-2　企业的风险应对原则

是否缺陷	风险带	风险应对原则
是	绿/黄/红	如果风险事项对应的控制是缺陷，无论风险事项处于绿带、黄带或红带，都需要进行应对

续表

是否缺陷	风险带	风险应对原则
否	绿带	一般选择接受风险事项，且不需要领导审批
	黄带	需要结合成本效益原则判断是否接受风险事项，如果选择接受风险事项，一定要经过领导审批
	红带	一般选择不接受风险事项，即需要进行风险应对，如果选择接受风险事项，一定要经过领导审批

完成风险评价工作获取风险事项所处的风险带后，依据风险带与风险应对原则之间的关系，筛选需要进行应对的风险事项，并通过组织会议讨论的方式或向领导直接请示的方式确定待应对的风险事项。

（2）编制风险应对方案

确定待应对的风险事项后，选择与这些风险事项相关的业务人员编制风险应对方案。例如，对于控制措施存在缺陷的风险事项，可以分配给该控制措施的控制负责人完成。

编制风险应对方案时，针对重大风险事项如果拟定多个风险应对方案，可以借助成本效益分析确定适宜的风险应对方案。

所谓成本效益分析即针对应对目标，提出若干实现该目标的应对方案，运用一定的技术方法，计算出每种应对方案的成本和收益，通过比较不同方案的成本和收益，选择最优的应对方案。实际工作中，对于成本和收益容易量化的，一般通过获取相关业务数据（计算）得到，如在确定改变企业货物运输方式的应对方案时，应对方案的成本可以依据运输方式的收费数据确定，应对方案的收益可以依据运输的收益情况确定；对于成本和收益不容易量化的，主要通过人为主观定性判断，如在对销售合同审批过程中增加一级审批这一应对方案进行成本效益分析时，结合业务经验判断该应对方案实施带来的成本为增加审批时间、影响销售业绩，该应对方案实施带来的收益为降低合同违约的风险。

（六）监测与评审

1. 监测与评审的概念

监测与评审是风险管理过程中策划的一部分，包括日常的检查或监督。监测是持续检查、监督、观察或确定绩效的状态，以识别所要求或期望的绩效水平的变化。监测可应用于风险管理框架、风险管理过程、风险或控制。评审是为实现所建立的目标而进行的决定适宜性、充分性、有效性的活动。评审可应用于风险管理框架、风险管理过程、风险或控制。

2. 监测与评审的目的

实施监测与评审的目的是：确保当前控制措施在设计与执行两个方面是有效

和高效率的；为改进风险评估而获取进一步的信息；在风险管理过程中，风险事项的当前控制措施有些可能是成功的，有些可能是无效的，对此进行分析并吸取教训；察觉外部、内部环境的变化，包括风险准则和风险本身的变化，这些变化可能需要修改风险应对方式和优先顺序；识别正在暴露的风险。

3. 监测与评审的主要内容

企业应持续地监测、检查风险状况，建立相应的风险监控指标体系，积极开展风险监控、预警及应对工作，加强日常检查和监督，不断优化风险管理流程，确保风险管理及内部控制活动设计和执行的有效性。

（1）风险应对情况跟踪

基于最终确定的风险应对方案开展风险应对工作后，应定期对风险应对工作的完成情况、完成效果进行跟踪，此时监测与评审工作要确保实施的应对方案在设计与执行两个方面是有效和高效率的。

（2）内部控制自评价工作

为了检查和验证基于风险事项的当前控制措施在设计、执行方面是否是有效或高效率的，企业应定期自行组织对控制管理工作进行评价，并通过内控自评价报告的形式报告自评价工作情况。

（3）监督评价工作

为了检查和验证公司基于风险事项的当前控制措施在设计、执行方面是否是有效或高效率的，各级审计部门作为第三方应定期对企业的控制管理工作情况进行监督评价。

（4）内部控制督查工作

企业内部控制工作机构负责组织对企业已发生内部控制缺陷整改情况及内控工作组织、开展情况进行督导检查，督导落实缺陷整改要求，提高内部控制有效性和水平。

（5）内部控制工作质量检查和评价工作

定期对企业内部控制体系建设和实施内部控制评价的工作质量进行评价，从而推动企业内部控制管理机制有效运行，提升内部控制工作质量与工作效率，促进企业管理的提高。

（七）沟通与咨询

1. 沟通与咨询的概念

沟通与咨询是为组织针对管理风险所实施的提供信息、共享信息、获取信息并与利益相关方对话的持续、往复的过程。其中，信息与风险的如下方面相关：现状、特性、结构、可能性、重要性、评价、可接受性、风险应对。

2. 沟通与咨询的目的

实施沟通与咨询的目的是通过有效的沟通与咨询使得对实施风险管理负有责

任的人和内外部利益相关方之间的信息沟通顺畅、信息对称，从而使对实施风险管理负有责任的人和内外部利益相关方在理解一致的基础上进行有效决策。

3. 沟通与咨询的主要内容

沟通与咨询是在组织与利益相关方之间进行正式沟通的双向过程，是对有效决策的某一议题进行沟通，或确定该议题的发展趋势。沟通与咨询是通过影响而不是通过权力对决策施加作用的过程，是对决策的输入，而不是参与决策。在风险管理的所有阶段，企业都应与内外部的利益相关方沟通和咨询。实际工作中，企业定期分析、汇总风险管理及内部控制信息，按要求编制各类风险管理及内部控制报告，并经本单位管理层批准后报送上级风险管理部门，实现沟通与咨询。

必要时组织沟通与咨询的团队促进沟通与咨询的有效性，组织拥有沟通与咨询团队的益处：帮助确定适当的环境；确保利益相关方的利益得到考虑和理解；有助于确保风险得到充分识别；集合不同领域的专业知识用于分析风险；确保在确定风险准则和评价风险时，适当考虑不同意见；确保对风险应对计划的认可和支持等。企业的沟通与咨询团队一般贯穿于风险管理工作过程中，企业各部门的风险标兵，就是比较典型的沟通与咨询团队。

第三节 内部控制与风险管理一体化的具体应用

一、基于流程关键风险及控制点的一体化应用

K公司要进行一次全业务流程的风险评估活动，采购部响应公司号召，对其采购与付款流程开展了一次风险评估，通过风险评估，为领导输出本年度的采购与付款风险清单，并进行风险分析和应对，以确保采购业务与相关付款流程合规有效地进行。为保证风险评估工作的顺利开展，采购部风险标兵牵头组织开展本次风险评估工作。

（一）第一步：环境建立

业务流程环境建立工作流程如图4-4所示。

采购部在开展风险评估工作之前，应首先进行环境建立工作，即对采购与付款流程的目标、涉及的利益相关方及其诉求、内外部环境进行收集分析，然后基于这些信息建立采购与付款流程的风险准则。业务流程的环境信息为风险识别工作提供参考。

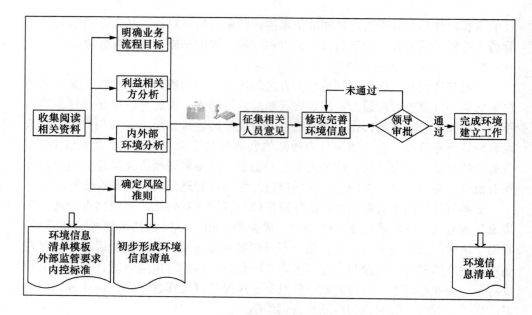

图4-4 业务流程环境建立工作流程

1. 准备工作

采购部风险标兵在开展采购与付款流程的环境建立工作时，首先需要收集、阅读企业关于采购与付款流程的相关制度、内控手册/内控标准内容，并准备环境信息清单模板。准备完成后，开始如下工作：

（1）明确业务流程的目标

采购部风险标兵应明确采购与付款流程的目标，不仅包括采购与付款流程的基本控制目标，如合规目标、资产安全目标、经营目标等；还要尽可能识别与控制目标或业务目标相关的维度，如经营目标下，还需要达到采购产品合格率100%、供货延迟不允许超过30天等具体目标。风险标兵总结采购与付款流程的目标。如表4-3所示。

（2）利益相关方分析

在明确业务流程的目标之后，采购部风险标兵需进行采购与付款业务的利益相关方分析，即识别对上述采购与付款活动目标的实现有关键影响的内外部利益相关方，并明确利益相关方的诉求，和利益相关方进行的比较正式的沟通方式。风险标兵结合自己的工作经验收集整理利益相关方信息，并秉承重要性原则筛选关键环境信息，具体内容如表4-4所示。

表 4-3 采购与付款流程的目标

活动名称	活动目标
采购与付款流程	1. 合规目标 物资采购、费用支出、业务外包等符合国家法律法规政策以及五矿相关控制标准 2. 资产安全目标 严格付款、结算审批 3. 经营目标 保证业务开展所需物资安全供应、及时供应和经济供应；物资采购性能价格比最优，供应总成本最低；减少资金占用，费用支出合理、有效；采购产品合格率100%；供货延迟不允许超过30天；严格业务外包审批手续，降低业务外包失败风险 4. 财务目标 保证会计核算真实、准确、完整

表 4-4 采购与付款流程的利益相关方分析

利益相关方名称	利益相关方诉求	正式文件/报告	是否关键因素
银行	公司账户额度维持在200万元以上贷款能够及时偿还	银行账户信息表	否
供应商	成为合格供应商 成交价格高，成本低，利润率较高中标 付款及时性，可忍受付款天数为20~30天	合格供应商清单 招投标文件 付款记录	是
采购部	采购产品与采购需求相符合，采购计划完成率高，计划内采购 物资采购性能价格比最优，供应总成本最低 采购产品合格率100%	采购成本核算表	是
采购员	采购提成（产品质优价廉） 采购质量	采购员绩效考核方法	是
物资使用部门	预算内采购 采购产品完全符合需求状况 产品合格率100% 供货延迟不允许超过30天	产品验收报告	是
财务部	采购费用在预算内支出 减少资金占用，费用支出合理、有效	发票	是

（3）内外部环境分析

在完成利益相关方的分析后，采购部风险标兵要对采购与付款流程的内外部环境进行分析，即对采购业务、采购付款流程产生重大影响的内外部条件进行分析。风险标兵分析整理内外部环境的信息，并秉承重要性原则筛选关键环境信息，具体内容如表4-5所示。

表4-5 采购与付款流程的内外部环境分析

内/外部	环境类型	因素	说明	是否关键因素
外部	竞争性环境因素	买方市场	市场上待采购物资的供应商比较多，选择面表较大	是
内部	组织结构	岗位名称	采购部询价岗、采购岗；财务部出纳、采购会计；法务部法律顾问；仓储中心仓管员，其中组织架构文件和职责分工文件中详细描述，可参照使用	是
内部	内部管理制度	采购管理制度	明确采购全过程的管理要求，如供应商引入和评价、招标等	是
内部	内部管理制度	合同管理制度	明确合同的管理要求，如合同文本拟定、签署及审批流程等	是
内部	内部管理制度	财务管理制度	明确付款审批流程、付款账务处理等要求	是
内部	信息系统	合同管理系统	管理和监督合同的全过程	否
内部	信息系统	采购管理系统	采购计划的拟定审批、供应商信息和评价、采购计划跟踪	否
内部	信息系统	财务系统	付款账务处理	否
内部	合同/合约种类	采购合同	公司法务部制定了采购合同模板	否
内部	合同/合约种类	采购框架协议	公司要求零星易耗品采用框架协议	否

（4）确定风险准则

采购部风险标兵需要确定采购与付款流程的风险准则，即建立风险P准则、C准则，确认风险带采用非等位线方式确定、风险容忍线维度值RT及风险接受线维度值RA。

在建立风险准则时，风险标兵结合采购与付款流程的活动目标、利益相关方的诉求以及内外部环境分析，并参考采购业务历史情况和行业数据，整理风险准则基础信息。接下来风险标兵通过与利益相关人员进行沟通确认，征集领导意见，建立该业务流程的P准则、C准则。采购部领导还确定本流程采用非等位线的方式设置容忍带与接受带。最终确定此次风险评估工作使用的风险准则，如表4-6所示。

表4-6　采购与付款流程的风险准则

	维度描述	[0, 1)	[1, 2)	[2, 3)	[3, 4)	[4, 5)	[5, 6)
				P准则			
可能性程度							
概率	事项发生的概率	风险事项发生概率0<P<1%	风险事项发生概率1%≤P<5%	风险事项发生概率5%≤P<10%	风险事项发生概率10%≤P<25%	风险事项发生概率25%≤P<50%	风险事项发生概率50%≤P<100%
	维度描述	[0, 1)	[1, 2)	[2, 3)	[3, 4)	[4, 5)	[5, 6)
				C准则			
后果影响程度							
交货及时性	采购时间相对于预计需求是否延迟	采购产品/服务与预计需求时间延期[-10, 2)天	采购产品/服务与预计需求时间延期[2, 7)天	采购产品/服务与预计需求时间延期[7, 14)天	采购产品/服务与预计需求时间延期[14, 20)天	采购产品/服务与预计需求时间延期[20, 25)天	采购产品/服务与预计需求时间延期[25, 30)天
采购产品不合格率	采购的产品不合格情况，即不合格产品占本批次产品的百分比	[0, 1%)	[1%, 3%)	[3%, 7%)	[7%, 10%)	[10%, 20%)	[20%, 30%)
经济损失（万元）	采购过程中的经济损失（包含资金以及非资金情况）	[0, 5)	[5, 30)	[30, 70)	[70, 120)	[120, 200)	[200, 350)
声誉	采购业务的开展是否造成外部负面影响	没引起合同双方一方的关注，对合同本身无损害影响，对声誉基本无损害	引起合同双方一方的一般关注，对合同本身可通过协调沟通予以解决，未造成对外的实质性影响，不会引起外围的关注	引起合同双方一定程度的关注（包括总公司的关注，对合同和外部利益相关方的高层或集团关注），可能出现对合同出现实质性影响，但一定程度以控制局面的发展	引起外部纠纷，引起合同双方的关注，且可能度关注，引起区域性媒体关注，可能出现向不可控发展	潜在违反相关法律法规，可能出现被公开警告/罚款，但是引起局面关注；引起政府或本区域媒体负面关注，局面出现向不可控方向发展，但一定程度干失控状态	违反中国或项目区域相关法律法规，出现起诉或纠纷；引起国家或本区域媒体负面关注，局面完全处于失控状态

风险带的划分方式如图 4 - 5 所示。

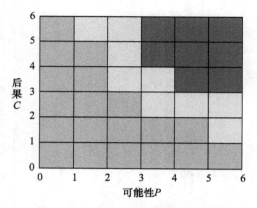

图 4 - 5　采购与付款流程的风险带

2. 征集相关人员意见

采购部风险标兵此时已经基本完成环境信息的收集整理工作，接下来风险标兵通过电话、邮件、现场访谈等方式咨询采购人员、物资使用部门相关人员、财务部门相关人员等主要利益相关方的意见，并根据意见对环境信息的具体内容进行修改、补充和完善。

业务流程首次环境建立完成后，在开展该业务流程的环境建立工作时，可以先查阅已有的环境信息，然后在已有环境信息的基础上结合新的环境完成环境建立工作，即结合新的环境调整已有环境信息中活动目标、利益相关方分析、内外部环境分析、风险准则的内容。

（二）第二步：风险识别

业务流程风险识别工作流程如图 4 - 6 所示。

完成环境建立工作之后，采购部要针对采购与付款流程开展风险识别工作。风险识别工作主要包括识别风险事项、识别当前控制措施及控制有效性评价。

1. 识别风险事项

（1）准备工作

采购部风险标兵首先需要查阅企业内控手册/内控标准中是否存在和采购与付款流程相关的风险事项。如果这些风险事项可以较好地满足公司风险管理需求，或者公司风险管理能力有限的情况下，可以通过选择内控手册/内控标准中与公司业务相关的风险事项完成识别风险事项的工作。

风险标兵还需要明确采购与付款流程中风险识别工作的填写要求或说明：风险事项识别人员在识别风险事项之前需要阅读风险识别清单中的填写说明和示

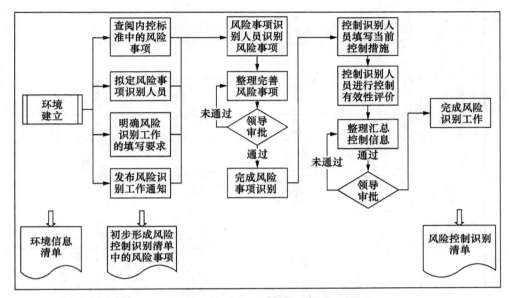

图4-6　业务流程风险识别工作流程

例，风险识别清单反馈时间、方式、识别风险事项的个数等，从而保证风险事项描述规范、清晰，按时反馈。

风险识别清单需在下发后一个星期内以邮件方式进行反馈；每人需在自己的主要业务领域范围内识别风险事项，每人至少识别3条，也可以识别该流程中其他业务领域范围的风险事项等。

在准备工作完成后，风险标兵需要发布风险识别工作通知，将风险识别清单发给风险事项识别人员。

（2）填写风险事项

风险事项识别人员收到风险识别清单后，识别采购与付款流程中的风险事项，并按照填写要求填写风险事项的信息。过程中如有任何不清楚的地方，可以咨询风险标兵。

风险事项识别人员填写风险事项后反馈给风险标兵。

（3）确认与审批风险事项

风险标兵整理汇总反馈的风险识别清单，对同一风险事项由多人进行描述的，可以整合处理；填写不完整的地方及时与相关人员沟通确认并补充完整，以确保风险事项的清晰完整。

风险标兵将整理汇总后的风险识别清单提交采购部领导（一般为主管领导或直属领导）进行审批，审批通过后形成采购与付款流程的风险事项，具体内容如表4-7所示。

表4-7 采购与付款流程的风险事项

一级流程	二级流程	三级流程	风险事项简称	风险事项描述	内/外部	风险源	风险原因	是否廉洁风险	归口管理部门	协调部门	识别来源	识别部门	识别时间	风险责任人
采购与付款	供应商管理		与黑名单供应商进行交易，或与灰名单供应商进行信用交易	采购部对供应商的评价内容不完善，或评价结论等存在行为，导致对供应商评价不准确，不能合理提出供应商淘汰和更换名单，及时进行供应商名单的更新，可能导致与黑名单供应商进行交易，或与灰名单供应商进行信用交易，从而使得交货及时性差，采购产品质量得不到保障，价格虚高，或存在违规舞弊行为	内部	采购部	采购部对供应商的评价内容不完善，或评价过程中存在与供应商勾结等行为	是	采购部	物资使用部门	会议	采购部	××	××
采购与付款	供应商管理		供应商选择不当	由于采购部采购岗受利益驱使与外部供应商恶意串通，提供虚假证明，取得合格供应商资格，而导致采购部选择不当的供应商，采购物资质次价高，影响使用部门工作，增加采购成本，损害公司声誉	内部	采购部采购岗	由于采购部采购岗受不正当利益驱使与外部供应商恶意串通，以骗取供应商提供虚假证明，取得合格供应商资格	是	采购部	物资使用部门	会议	采购部	××	××

2. 识别当前控制措施及控制有效性的情况

（1）填写当前控制措施及控制有效性的情况

采购与付款流程的风险事项确定后，风险标兵选择控制识别人员识别风险事项的控制信息，进行控制有效性评价。控制识别人员可以结合风险事项的风险源确定人员，也可以选择风险事项填写人员作为本次的控制识别人员。

风险标兵将风险控制识别清单发给控制识别人员，由控制识别人员结合内控手册/内控标准、公司制度、当前管控情况填写当前控制措施、控制负责人等内容。填写风险事项当前控制措施时，考虑制度中对风险事项是否有管理要求，如果有，则填写当前控制措施时需要涵盖；如果没有，则只填写实际中是如何管理执行的。

控制识别人员识别出采购与付款流程风险事项的当前控制措施后，对控制措施的有效性情况进行评价。

判断给出控制有效性结论（从完全有效、基本有效、部分有效、基本无效、完全无效中进行选择）。

如果控制识别人员判断某条控制措施的控制有效性结论为"部分有效、基本无效、完全无效"中的三者之一，则该控制措施为缺陷，还需要进行缺陷的描述，并指出其缺陷类型，即设计缺陷还是执行缺陷。控制识别人员完成控制识别工作后反馈风险标兵。

（2）确认与审批控制及其有效性评价

风险标兵收集整理反馈的信息，对当前控制措施的相关信息填写不完整的地方及时与相应人员沟通确认并补充完整，对控制有效性结论与实际情况不一致的，根据自己的工作经验对结论进行判断，并与业务人员或领导沟通确定控制有效性结论，保证控制有效性结论的真实可靠。

风险标兵将风险事项的控制及其有效性评价的信息提交领导进行审批，具体内容如表4-8所示。

业务流程首次风险识别工作完成后，开展风险识别工作时，可以先查阅该业务流程已有的风险控制识别清单，然后结合环境信息、制度、管理等新情况，更新风险事项、控制措施、控制有效性结论的相关信息。

（三）第三步：风险分析

业务流程风险分析工作流程如图4-7所示。

采购部开展风险识别工作之后，进入风险分析环节，即根据环境建立时的风险准则，结合控制有效性结论，对采购与付款流程已经识别出的风险事项进行后果、可能性评分，并通过一定数据计算得到风险等级，为风险评价工作做输入。

表4-8 采购与付款流程的控制有效性评价

风险事项描述	内控标准	当前控制措施	关联制度	控制手段	执行频率	责任部门	责任岗位	控制负责人	开始执行日（年/月/日）	开始执行日说明	控制有效性结论	缺陷描述	缺陷类型
采购部对供应商的评价内容不完善，或评价过程中存在与供应商勾结等行为导致与供应商评价不准确，不能合理提出供应商淘汰和更换名单，及时进行综合评价，根据考核评价结果，对供应商提出供应商淘汰和更换名单，可能导致等级与黑名单名单使用信用差，或与灰名单供应商进行交易，从而使得交易质量得不到保障，价格虚高，或存在违规舞弊行为	采购部每年（至少每年1次）对供应商提供的物资或劳务的质量、价格、交货及时性，供货条件及其资信、经营状况等，进行综合评价，根据考核评价结果，提出供应商淘汰和更换名单，对供应商进行审核与更新；对灰名单、黑名单供应商统一按照细分，对不同信用等级的供应商进行分类管理	采购部每年对供应商提供的物资或劳务的质量、价格、交货及时性，供货条件及其资信、经营状况等进行综合评价，并由审计部门监控	供应商管理制度	手动	每年一次	采购部	供应商评价岗	××	××	××	基本有效		
由于采购部采购岗受不正当利益与外部供应商串通，提供虚假证明，以骗取合格供应商的供应商资格，而导致使用的供应商资格，采购使用于灰名单供应商或不合格供应商，影响采购工作，增加采购成本，损害公司声誉	按照公司制定的供应商选择及评估程序，对新增供应商资质、信誉情况的真实性和合法性进行审查，如有需要可委托有相应资质的中介机构进行资信调查。根据审查结果及时将评估不合格供应商列入黑名单，并根据评估结果对供应商信用等级进行分类管理。公司仅允许与合格供应商进行交易，并对于黑名单供应商不得进行任何交易。对于新增供应商供应商应由采购部门跟进需要提出申请，按照规定的权限和程序进行审批核准后，纳入供应商网络	对于新增的供应商的资质、信誉情况的真实性和合法性进行审查	采购管理制度	手动	业务发生时	采购部	采购岗	××	××	××	基本无效	实际执行中，一人审查供应商资质和信誉情况，且未委托有相应资质的中介机构进行资信调查。一人易出现舞弊行为	执行缺陷

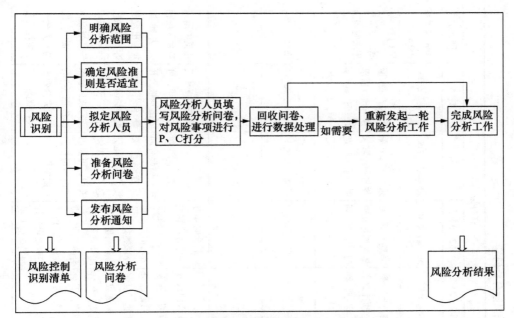

图4－7　业务流程风险分析工作流程

1. 准备工作

由于本次对采购与付款流程进行风险评估的时间间隔较短，业务活动和内外部环境等都没有发生明显变化，所以风险标兵判定风险准则和风险识别信息都是适宜的。

在确定风险分析范围和风险准则后，风险标兵开始拟定风险分析人员，选择的风险分析人员不仅要对采购业务熟悉，而且需要对风险评估活动有一定的了解。风险标兵选择风险识别人员作为风险分析人员，并根据风险分析范围编制《风险分析问卷》。

完成准备工作后，风险标兵通过邮件等方式将风险分析工作的通知及风险分析问卷发放给确定好的风险分析人员，并明确要求风险分析问卷在一个星期后以邮件的方式反馈，告知风险分析人员填写规则和要求：风险事项P、C评分时只能填写整数或小数；风险事项发生可能性P只能填写一个值；风险事项不涉及的后果C维度填写不适用；风险分析人员务必独立认真评分，反映真实情况，对于需要领导解决重视、亟待解决的风险事项要充分反映出来。

2. 填写风险分析问卷

风险分析人员收到风险分析工作通知和风险分析问卷后，首先阅读通知中的风险分析问卷填写规则和要求，然后依据风险准则对风险事项逐个进行后果C、发生可能性P的评分。风险分析问卷如表4－9所示。

表4-9　采购与付款流程的风险分析问卷

一级流程	二级流程	风险事项简称	风险事项描述	控制措施	维度名称	评分结果	评分说明					
							(0,1)	[1,2)	[2,3)	[3,4)	[4,5)	[5,6)
采购与付款	供应商管理	与黑名单或灰名单供应商进行交易	采购部对供应商的评价内容不完善,或评价过程中存在与供应商勾结等行为,导致对供应商评价不准确,不能合理提出供应商淘汰和更换名单,及时进行供应商名录的更新,可能导致与黑名单供应商进行交易,或与灰名单供应商进行信用交易,从而使得交货及时性差,采购产品质量得不到保障,价格虚高,存在违规舞弊等行为	采购部每年对供应物资供应商的质量、价格、交货条件及其信誉状况等进行综合评价,并由审计部门监控	发生可能性	4	0<P<1%	1≤P<5%	5≤P<10%	10≤P<25%	25≤P<50%	50%≤P≤100%
					交货及时性	1.5	采购产品/服务与预计需求时间的延期[-10,2)天	采购产品/服务与预计需求时间延期[2,7)天	采购产品/服务与预计需求时间延期[7,14)天	采购产品/服务与预计需求时间延期[14,20)天	采购产品/服务与预计需求时间延期[20,25)天	采购产品/服务与预计需求时间延期[25,30)天
					采购产品不合格率	2	[0,1%)	[1%,3%)	[3%,7%)	[7%,10%)	[10%,20%)	[20%,30%]
					经济损失(万元)	3	[0,5)	[5,30)	[30,70)	[70,120)	[120,200)	[200,350]
					声誉	1	没引起合同双方的关注,对合同本身无损害,对声誉基本无损害	引起合同双方的一方的一般关注,可通过协调沟通予以解决,未造成对外的实质性名誉损害,但引起外围的关注	引起合同双方一定程度的关注(包括总公司的关注和公司外部利益相关方的高层或集团的关注),对合同出现实质性影响,但一定程度可以控制局面的发展	引起外部纠纷,引起合同双方高度关注,且可能引起区域性媒体关注,可能出现向不可控制局面发展	潜在违反相关法律法规,可能出现被公开的警告或罚款,但是局面是可控的,引起省政府或区域媒体关注,局面完全的失控状态	违反中国或项目区域相关法律法规,出现诉或纠纷,引起国家或外区域媒体关注,负面关注,局面完全处于失控状态

续表

一级流程	二级流程	风险事项简称	风险事项描述	控制措施	维度名称	评分结果	(0, 1)	[1, 2)	[2, 3)	[3, 4)	[4, 5)	[5, 6)
									评分说明			
采购与付款	供应商管理	供应商选择不当	由于采购部采购岗受不正当利益驱使与外部供应商恶意串通，提供虚假证明，以骗取合格供应商资格，而导致的供应商选择不当，采购物资次价高，影响使用部门工作，增加采购成本，损害公司声誉	对于新增的供应商资质、信誉情况的真实性和合法性进行审查	发生可能性	4	0<P<1%	1≤P<5%	5≤P<10%	10≤P<25%	25≤P<50%	50%≤P≤100%
					交货及时性	5	采购产品/服务与预计需求时间延期[-10,2)天	采购产品/服务与预计需求时间延期[2,7)天	采购产品/服务与预计需求时间延期[7,14)天	采购产品/服务与预计需求时间延期[14,20)天	采购产品/服务与预计需求时间延期[20,25)天	采购产品/服务与预计需求时间延期[25,30)天
					采购产品不合格率	5	[0,1%)	[1%,3%)	[3%,7%)	[7%,10%)	[10%,20%)	[20%,30%]
					经济损失(万元)	2	[0,5)	[5,30)	[30,70)	[70,120)	[120,200)	[200,350]
					声誉	1	没引起合同双方的关注，对合同本身无损害影响，对声誉基本无损害	引起合同双方一方的关注，可通过协调沟通予以解决，未造成对外的实质性名誉损害，不会引起外围的关注	引起合同双方一定程度的关注（包括总公司的关注和外部利益相关方的高层关注），对的集团关注，对合同出现实质性影响，但一定程度可以控制局面的发展	引起外部纠纷；引起合同双方高度关注，且可能引起局面是可控的；引起区域媒体关注，可能出现不可控的局面发展	潜在违反相关法律法规，可能出现被公开警告/罚款，但引起局面是可控的；引起省政府或省级媒体关注，局面完全可控	违反中国或项目区域相关法律法规，出现诉讼或纠纷，引起国家或外区域媒体负面关注，局面完全处于失控状态

3. 回收问卷并计算数据

风险标兵收齐风险分析问卷之后，对风险分析问卷中的评分进行数据计算，得到采购与付款流程中风险事项发生可能性 P 值、后果 C 值、风险等级 R。

（四）第四步：风险评价

业务流程风险评价工作流程如图 4-8 所示。

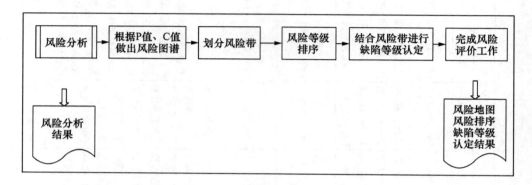

图 4-8　业务流程风险评价工作流程

采购部开展风险分析工作之后，进入风险评价环节，即结合环境建立时的风险准则，根据风险分析结果，绘制风险地图、对风险事项排序，并结合风险地图进行缺陷等级认定。

1. 绘制风险地图

风险标兵首先将风险的后果 C 作为风险地图二维平面的纵坐标，将发生可能性 P 作为风险地图二维平面的横坐标，绘制风险地图。根据风险分析的结果，将每个风险事项的坐标值（P，C）定位于风险地图的二维平面上，通过此风险地图可以全面显示采购与付款流程中每个风险事项的风险信息。

由于环境建立时确定的风险准则是通过非等位线的方式划分容忍带与接受带的，因此风险标兵需要征求领导意见，通过非等位线的方式，划出风险不容忍区域（右上标示），风险中间区域（中间标示），风险可接受区域（左下标示）。风险地图如图 4-9 所示。

2. 对风险排序

风险标兵根据风险等级 R 的大小，对采购与付款流程的风险事项进行排序。风险排序结果如表 4-10 所示。

3. 缺陷等级认定

风险识别阶段已完成缺陷认定工作，即判断当前控制措施是否为缺陷，并描述缺陷内容和缺陷类型，如表 4-11 所示。

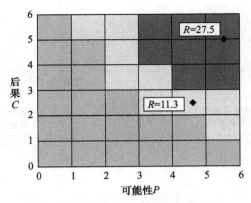

图4-9　采购与付款流程的风险分布

表4-10　采购与付款流程的风险排序

风险排序	风险事项	P值	C值	R
1	由于采购部采购岗受不正当利益驱使与外部供应商恶意串通，提供虚假证明，以骗取合格供应商资格，而导致的供应商选择不当，采购物资质次价高，影响使用部门工作，增加采购成本，损害公司声誉	5.5	5	27.5
2	采购部未定期（至少每年1次）对供应商进行考核评价，导致合格供应商名单未进行审核和更新，可能导致与黑名单供应商进行交易，或与灰名单供应商进行信用交易，从而使得交货及时性差，采购产品质量得不到保障，价格虚高，或存在违规舞弊等行为	4.5	2.5	11.3

表4-11　采购与付款流程的缺陷等级认定

一级流程	二级流程	风险事项描述	风险带	当前控制措施	缺陷描述	缺陷类型	缺陷等级（自动认定）	*缺陷等级（最终认定）	缺陷等级认定说明	控制有效性结论
采购与付款	供应商管理	由于采购部采购岗受不正当利益驱使与外部供应商恶意串通，提供虚假证明，以骗取合格供应商资格，而导致供应商选择不当，采购物资质次价高，影响使用部门工作，增加采购成本，损害公司声誉	红带	对新增的供应商资质、信誉情况的真实性和合法性进行审查	实际执行中，一人审查供应商资质和信誉情况，且未委托具有相应资质的中介机构进行资信调查。一人易出现舞弊行为	执行缺陷	重大	重大	保持一致	基本无效

（五）第五步：风险应对

业务流程风险应对工作流程如图 4-10 所示。

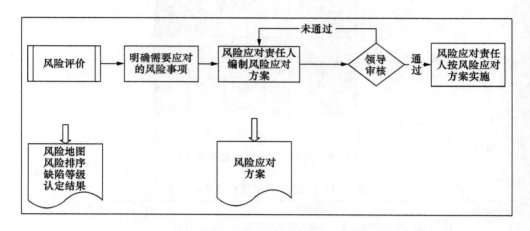

图 4-10　业务流程风险应对工作流程

采购部开展风险评价工作之后，进入风险应对环节，即结合风险评价结果、风险应对原则确定采购与付款流程中需要应对的风险事项，并拟定风险应对方案。

1. 明确对待应对的风险事项

风险标兵结合风险评价结果、风险应对原则筛选待应对风险事项。如果风险事项对应的当前控制措施是缺陷，无论风险事项处于绿带、黄带还是红带，都需要进行应对；如果风险事项对应的当前控制措施不是缺陷，风险事项处于绿带的，一般不需要进行风险应对，处于黄带的需要结合成本效益原则确定是否需要应对，处于红带的一般都需要进行风险应对。

结合采购与付款流程本次风险评价的结果，风险标兵向领导请示，对于风险地图上红带的风险事项采取应对，而位于黄带的风险事项依据成本效益原则暂时不应对，并经过领导审批。

2. 编制风险应对方案

风险标兵明确待应对的风险事项后，选择与这些风险事项相关的业务人员编制风险应对方案。例如，对于当前控制措施存在缺陷的风险事项，可以分配给该控制措施的控制负责人完成。

编制风险应对方案时对风险应对方案从成本、效益的角度进行分析，选择适宜的风险应对方案提交给相关领导审核，审核通过后予以实施。风险应对方案如表 4-12 所示。

表 4 –12 采购与付款流程的风险应对

一级流程	二级流程	风险事项描述	风险带	缺陷描述	*风险应对方案	成本效益说明	是否符合成本效益原则	预计完成日期	*应对进度（百分比数字）	应对进度说明	*应对责任人姓名
采购与付款	供应商管理	由于采购部采购岗受不正当利益驱使与外部供应商恶意串通，提供虚假证明，以骗取合格供应商资格，而导致的供应商选择不当，采购物资质次价高，影响使用部门工作，增加采购成本，损害公司声誉	红带	实际执行中，一人审查供应商资质和信誉情况，且未委托具有相应资质的中介机构进行资信调查。一人易出现舞弊行为	1. 在采购部门中增加一个人对供应商的信誉和资质进行审核，实现两人制衡审核 2. 在制度中明确超过 1000 万元的采购需要委托具有相应资质的中介机构进行资信实质性调查	选取合格供应商，符合物资使用部门要求，降低成本，较少违规舞弊行为	是	××	40	按照计划有序开展	××

风险评估工作完成后，采购部将风险评估各阶段资料和输出结果进行汇总，依据评估结果出具风险评估报告。报告内容主要包括本次风险评估工作的目的、意义、安排，风险评估过程的工作情况和内容，风险评估结果和建议等。采购部将该风险评估报告上报给领导，为领导清晰展示采购与付款流程的风险事项和风险评估的结论建议。同时将报告发送给其他部门和人员，并明确说明风险应对的跟踪安排和责任人/单位。

二、基于战略目标、投资项目等的一体化应用

K 公司目前由风险管理部牵头组织，正在建设一套风险管理及内部控制系统，为确保系统能够按照预设的进度和目标顺利实现上线，风险管理部决定组织各方利益相关者，就项目第一阶段上线建设开展一次风险评估。希望通过风险评估，运用一定的风险评估技术，找出信息系统上线建设过程中面临的风险事项和需要应对的风险。

为保证风险评估工作的顺利开展，风险管理部推选出一名风险标兵牵头组织开展本次风险评估工作。由于该项目涉及的部门较多，且对技术等专业性要求较高，所以风险标兵决定通过会议组织的方式开展风险评估工作，并计划安排环境建立、风险识别、风险分析、风险应对 4 次会议。

（一）第一步：环境建立会议

项目环境建立工作流程如图 4-11 所示。

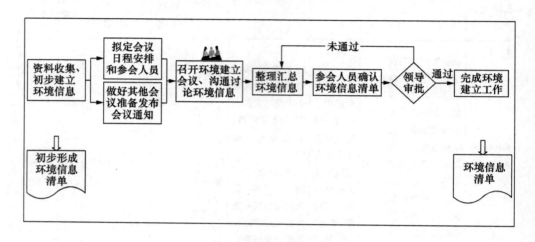

图 4-11　项目环境建立工作流程

风险管理部开展风险评估工作之前，首先进行环境建立工作，即对风险管理及内部控制信息化建设项目的目标、涉及的利益相关方及其诉求、内外部环境进行收集分析，然后基于这些信息建立风险准则。项目的环境信息为风险识别工作提供参考。

1. 会议前准备

风险标兵首先整理收集与该项目相关的资料，如风险管理及内部控制工作说明书、需求调研计划、环境建立的工作模板等，并结合收集的资料明确项目的目标，识别影响项目目标的重大利益相关方及其诉求，分析项目相关的内外部环境。

风险标兵拟定环境建立会议的参会人员，通过风险管理部内部讨论，最终确定的参会人员包括风险管理部、信息管理部、业务中心、系统建设单位的相关人员，外部风险评估方面的专家和会议记录者。

拟定参会人员后，风险标兵结合项目情况拟定会议召开时间、地点，并确定本次会议议题是开展环境建立工作，收集完善环境信息，征求参会人员关于风险准则的意见和建议。

2. 召开环境建立会议

风险标兵担任本次环境建立会议的会议主持人。

　　主持人结合之前识别填写的环境信息清单引导参会人员分别就项目的目标、利益相关方分析、内外部环境分析、风险准则以及关键环境因素进行沟通讨论。在会议过程中，会议主持人要对会议的时间进程进行合理掌控，避免参会人员讨论的关注点和时间过多地围绕某一项内容。会议记录员结合环境信息清单认真记录参会人员的发言，并详细录音。

　　参会人员主要针对风险准则进行修正，对其他部分进行完善。会议主持人和记录人现场整理汇总环境信息清单后，参会人员也当场进行确认。

　　最终确定的环境信息如表4-13~表4-16所示。

表4-13　项目的目标确定

活动名称	活动目标
风险管理及内部控制信息化建设项目	（1）项目整体质量满足客户 ——项目阶段质量：项目各个阶段点按照计划时间完成并评审通过 文档质量：即文档按照项目验收交付文档要求全面提供 ——管理需求和实际质量，管理思路和设计质量符合客户要求，凸显友好型，达到客户满意；系统质量，系统UAT测试BUG较少 ——线下培训指导质量：要求向导式培训，且起到能指导风险标兵全部掌握实操知识的作用 （2）项目建设满足时间要求 ——2014年4月至2015年4月（第一阶段上线建设），延迟不得超过1个月 （3）项目成本控制适宜 ——控制在×%，不得超过×% ——按照合同付款方式分阶段按照验收要求付款，整体付款节点预期不得超过×天 （4）项目资源配置合理 ——关键人员流失率：控制在×%（项目的关键人员有：××） ——业务人员业务能力强，理论知识充足

表4-14　项目的利益相关方分析

利益相关方名称	利益相关方诉求	正式文件/报告	是否关键因素
审计部	系统中的缺陷监督评价与整改符合审计部的工作需求	专题会议	否
业务部门	1. 信息系统的易用性要好，能替代过去的风控工作，而不是线上线下两套工作 2. 与现有业务结合较好，避免增加新的工作量	1. 阶段性信息系统工作汇报 2. 试点线下运用	否

续表

利益相关方名称	利益相关方诉求	正式文件/报告	是否关键因素
慧点科技	慧点科技将本项目设定为风险管理及内部控制一体化的标杆项目，希望能实现行业标杆的作用，得到客户认可，最终实现行业影响	每周在慧点内部举行标杆项目汇报	是
项目经理	1. 项目进度按照计划执行 2. 项目质量得到客户认可 3. 项目组人员稳定，高效协作	1. 工作说明书 2. 周报	是
项目人员	1. 项目奖金激励政策落实 2. 保证调研充分、调研过程双方理解一致，把握用户需求不超出工作说明书范围 3. 主要关注需求得到利益相关方一致认可签字，避免由于需求变动引起设计变更		否

表 4-15 项目的内外部环境分析

内/外部	环境类型	因素	说明	*是否关键因素
外部	技术环境	信息系统技术	针对风险管理及内部控制信息系统开发技术目前有×××，其使用者有×××，外界反应比较好的有×××。各大央企兄弟单位使用较好的有×××，体现易用、直观和管理理念的相对融合	是
内部	组织结构	人力资源	1. 项目人员（业务组＋IT组）经验丰富，熟悉了解风险、内控管理理论以及风险。内控工作；IT技术组熟悉技术要求 2. 关键人员较稳定	是
内部	内部管理制度	项目管理文件（PMO）	1. PMO针对本项目的管理制度要求，其中明示了项目阶段（业务需求阶段、IT项目要求阶段、设计开发阶段、测试阶段、交付等）、主要输出物、例会制度、考勤要求、进度计划等 2. 对系统的UI/UE、开发平台、信息化规划等有明确的要求	是
内部	信息系统	信息系统	1. 目前的信息技术为×××，其中与风险管理和内部控制相关的有信用、市场、仓储等专项风险管理信息系统，有常规自我开发的风险评估工作类系统。未来涉及对接的系统有OA和ERP信息系统，其中所使用的语言为×××，技术为×××。本新系统与现有系统存在远期整合 2. 在这些技术中必须要求整个平台满足的技术要求为×××，包括UI/UE、开发平台等	是

续表

内/外部	环境类型	因素	说明	*是否关键因素
内部	合同/合约种类	合同约定	合同中明确人员要求、输出物要求、进度要求、质量要求、推广要求、付款节点要求及其彼此的违约责任	是

表4-16 项目的风险准则

P准则							
可能性程度	维度描述	[0, 1)	[1, 2)	[2, 3)	[3, 4)	[4, 5)	[5, 6)
频度	该风险事项在项目期内发生次数	在项目周期内发生次数[0, 1)	在项目周期内发生次数[1, 2)	在项目周期内发生次数[2, 3)	在项目周期内发生次数[3, 6)	在项目周期内发生次数[6, 8)	在项目周期内发生次数[8, 10)
C准则							
后果影响程度	维度描述	[0, 1)	[1, 2)	[2, 3)	[3, 4)	[4, 5)	[5, 6)
项目进度	项目实施时间是否延迟	比计划延迟[1, 2)工作日	比计划延迟[2, 3)工作日	比计划延迟[3, 4)工作日	比计划延迟[5, 10)工作日	比计划延迟[10, 20)工作日	比计划延迟[20, 30)工作日
质量	该项目质量主要体现在前期调研的客户需求的实现情况	五矿管理需求的(95%, 100%]已经落实到系统,且系统的核心功能已全部落实	五矿管理需求的(85%, 95%]已经落实到系统,且系统的核心功能已全部落实,仅一些非关键的功能个别未落实	五矿管理需求的(70%, 85%]已经落实到系统,且系统的核心功能已基本落实,大部分非关键功能未落实	五矿管理需求的(60%, 185%]已经落实到系统,出现个别核心功能无法落实系统	五矿管理需求的(55%, 60%]已经落实到系统,大部分核心功能无法落实,出现融合运行障碍	五矿管理需求的(50%, 55%]已经落实到系统,风险管理和内部控制融合运行流于形式

C准则							
后果影响程度	维度描述	[0, 1)	[1, 2)	[2, 3)	[3, 4)	[4, 5)	[5, 6]
易用程度	易用体现在系统操作情况	操作简单易用、反应速度快	操作基本达到易用效果,反应速度达到基本要求(点击2次以内)	操作基本达到易用效果,反应速度达到要求(点击3次)	操作基本达到易用效果,反应速度达到可接受要求(点击4次)	操作个别关键功能达到易用效果,反应速度较慢(点击5次)	操作没有达到易用效果或者关键功能基本没实现易用效果,反应速度较慢(点击需要6次以上)

（二）第二步：风险识别会议

项目的风险识别工作流程如图4-12所示。

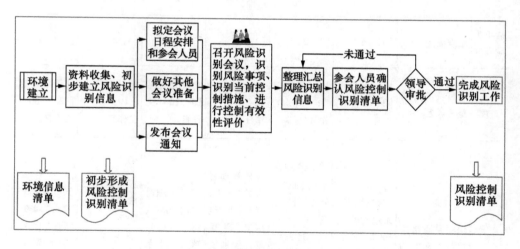

图4-12 项目风险识别工作流程

完成环境建立工作之后，风险管理部要开展风险识别工作。风险识别工作主要包括识别风险事项、识别当前控制措施及控制有效性评价。

1. 会议前准备

风险标兵首先结合环境建立时收集的相关资料，参考关键环境因素识别项目的风险事项，并通过工作经验、查阅内部管理制度、与相关人员沟通识别这些风险事项的当前控制措施及控制有效性情况。

风险标兵拟定参会人员，会议召开时间、地点，并确定本次会议议题是开展风险识别工作，收集完善风险事项、当前控制措施及控制有效性结论。

2. 召开风险识别会议

风险标兵担任本次风险识别会议的会议主持人。

主持人结合其之前识别填写的风险控制识别清单、项目的关键环境因素，引导参会人员识别项目的风险事项，以及该风险事项目前公司的管控情况，包括在公司制度中是否有管理要求。如果有，则明确制度的名称；如果没有，则需要告知实际中是如何管理执行的，以及实际中执行的效果和效率，对于效率低下的管理措施是否有可以替代的管理措施。

在会议过程中，会议主持人要对会议的时间进程进行合理掌控，避免参会人员讨论的关注点和时间过多地围绕某一项内容。会议记录员结合风险控制识别清单认真记录参会人员的发言，并详细录音。

参会人员主要进行风险事项的补充，并对之前填写的当前控制措施和控制有效性评价进行部分修正。会议主持人和记录人现场整理汇总风险控制识别清单后，参会人员也当场进行确认。

3. 风险控制清单审批

会议主持人将确认的风险控制识别清单提交领导审批。审批通过后，风险识别工作完成，最终确定的风险控制信息如表 4 – 17 所示。

（三）第三步：风险分析会议

项目的风险分析工作流程如图 4 – 13 所示。

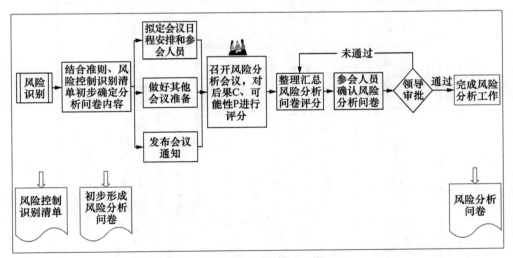

图 4 – 13　项目的风险分析工作流程

表4-17 项目的风险控制识别

风险事项简称	风险事项描述	内/外部	风险源	风险原因	一级风险名称	二级风险名称	三级风险名称	是否廉洁风险	归口管理部门	协调部门	识别来源	识别部门	识别时间	风险责任人	控制措施	责任部门	控制负责人	控制有效性结论
需求难点不明解，规划实现难以满足要求和落地	客户管理需求难点多目不明确，蓝图规划难以满足客户要求，致使进度受影响	内部	客户需求	客户管理需求难点多目不明确，且解决难度大	运营风险	项目管理风险	项目立项风险	否	信息管理部	风险管理部	召开会议2014年8月4日	信息管理部	××	××		风险管理部	××	基本有效
需求理解不到位，无法实现和落地	项目组员对于ISO31000理解不到位，使得与客户沟通过程中无法理解客户需求和难点。致使客户需求和难点无法实现和管理需求无法落地，导致客户不满意，进度受影响	内部	项目组员	项目组员对于ISO31000理解不到位	运营风险	项目管理风险	项目立项风险	否	风险管理部	信息管理部	召开会议2014年8月4日	风险管理部	××	××	项目组员均多次参与ISO31000培训	风险管理部	××	基本无效

风险管理部开展风险识别工作之后，进入风险分析环节，即根据环境建立时的风险准则，结合控制有效性评价，对项目已经识别出的风险事项进行后果、可能性评分，并通过一定数据计算得到风险等级，为风险评价工作做输入。

1. 会议前准备

风险标兵开展风险分析工作之前，首先拟定风险分析人员。根据项目情况并征求领导意见后，本次风险分析会议的参会人员选择为风险识别会议的参会人员。

明确风险分析人员之后，风险标兵结合风险准则、风险控制识别清单等编制本次风险分析工作所需的风险分析问卷，并明确风险分析问卷填写规则和要求。例如，风险事项 P、C 评分时只能填写整数或小数；风险事项发生可能性 P 只能填写一个值；风险事项不涉及的后果 C 维度填写不适用；风险分析人员务必独立认真评分，反映真实情况，对于需要领导解决重视、亟待解决的风险事项要充分反映出来等。

风险标兵拟定会议召开时间、地点，并确定本次会议议题是参会人员对风险事项进行后果、可能性评分。

2. 召开风险分析会议

风险标兵担任本次风险分析会议的会议主持人。

主持人现场分发风险分析问卷。参会人员收到风险分析问卷后，首先阅读风险分析问卷填写规则和要求，然后依据风险准则对风险事项逐个进行后果 C、发生可能性 P 的评分。风险分析问卷如表 4-18 所示。

风险分析人员填写风险分析问卷之后，主持人现场收齐风险分析问卷，随即对风险分析问卷中的评分进行数据计算，得到每个风险事项发生可能性 P 值、后果 C 值、风险等级 R。

（四）第四步　风险评价

风险管理部开展风险分析工作之后，进入风险评价环节，即结合环境建立时的风险准则，根据风险分析结果，绘制风险地图、对风险事项排序。此部分工作主要由风险标兵按照业务流程活动的风险评价过程独立完成。风险分布如图 4-14 所示。

风险排序结果如表 4-19 所示。

（五）第五步：风险应对

项目的风险应对工作流程如图 4-15 所示。

表4-18 项目的风险分析问卷

风险事项简称	风险事项描述	控制措施	维度名称	评分结果	评分说明					
					(0, 1)	[1, 2)	[2, 3)	[3, 4)	[4, 5)	[5, 6)
需求难满足要求	客户管理需求难点多，且不明确，解决难度大，使得蓝图规划难以满足客户要求，致使进度受影响		发生可能性	5	在项目周期内发生次数 [0, 1)	在项目周期内发生次数 [1, 2)	在项目周期内发生次数 [2, 3)	在项目目期内发生次数 [3, 6)	在项目周期内发生次数 [6, 8)	在项目周期内发生次数 [8, 10)
			项目进度	3.8	比计划延迟 [1, 2) 工作日	比计划延迟 [2, 3) 工作日	比计划延迟 [3, 4) 工作日	比计划延迟 [5, 10) 工作日	比计划延迟 [10, 20) 工作日	比计划延迟 [20, 30) 工作日
			质量	2	管理需求的 (95%,100%] 已经落实到系统，且系统的核心功能已全部落实	管理需求的 (85%, 95%] 已经落实到系统，且系统的核心功能能已全部落实，仅一些非关键功能个别未落实	管理需求的 (70%, 85%] 已经落实到系统，且系统的核心功能能已基本落实，大部分关键功能未落实	管理需求的 (60%, 85%] 已经落实到系统，出现了个别核心功能无法落实系统	管理需求的 (55%,60%] 已经落实到系统，大部分核心功能无法落实，出现关键障碍	管理需求的 (50%, 55%] 已经落实到系统，风险管理和内部控制融合运行流于形式
			易用程度	3.4	操作简单易用，反应速度快	操作基本达到易用效果，反应速度达到基本要求（点击2次以内）	操作达到易用效果，反应速度达到要求（点击3次）	操作基本达到易用效果，反应速度达到接受要求（点击4次）	操作个别关键功能达到易用效果，反应速度较慢（点击5次）	操作没有达到或者关键功能没实现易用效果，反应速度较慢（点击6次以上）

续表

风险事项简称	风险事项描述	控制措施	维度名称	评分结果	评分说明					
					(0, 1)	[1, 2)	[2, 3)	[3, 4)	[4, 5)	[5, 6)
对于 ISO 31000 理解不到位	项目组员对于 ISO31000 理解不到位，使得与客户沟通过程中无法理解客户需求和难点。致使使管理需求无法实现和落地，导致客户不满意，进度受影响	项目组员均参与 ISO 31000 培训	发生可能性	3	在项目周期内发生次数 [0, 1)	在项目周期内发生次数 [1, 2)	在项目周期内发生次数 [2, 3)	在项目周期内发生次数 [3, 6)	在项目周期内发生次数 [6, 8)	在项目周期内发生次数 [8, 10)
			项目进度	2.8	比计划延迟 [1, 2) 工作日	比计划延迟 [2, 3) 工作日	比计划延迟 [3, 4) 工作日	比计划延迟 [5, 10) 工作日	比计划延迟 [10, 20) 工作日	比计划延迟 [20, 30) 工作日
			质量	2	管理需求的 (95%,100%] 已经落实到系统，目系统的核心功能已全部落实	管理需求的 (85%,95%] 已经落实到系统，目系统的核心功能能已全部落实，仅一些非关键的功能个别能未落实	管理需求的 (70%,85%] 已经落实到系统，目系统的核心功能，能已基本落实，大部分非关键功能未落实	管理需求的 (60%,85%] 已经落实到系统，经落实到系统，别核心功能无法落实系统	管理需求的 (55%,60%] 经落实到系统，大部分核心功能能无法落实，出现融合运行障碍	管理需求的 (50%,55%] 已经落实到系统，经落实到系统，风险管理和内部控制融合运行流于形式
			易用程度	2.6	操作简单易用，反应速度快	操作基本达到易用效果，反应速度达到基本要求（点击2次以内）	操作基本达到易用效果，反应速度达到要求（点击3次）	操作基本达到易用效果，反应速度达到接受要求（点击4次）	操作个别关键功能达到易用效果，反应速度较慢（点击5次）	操作没有达到关键用效果或者关键功能基本没实现易用性效果，反应速度较慢（点击6次以上，需要6次）

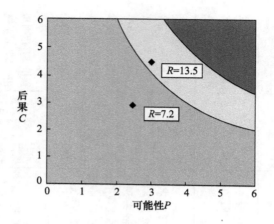

图 4 – 14　项目的风险分布

表 4 – 19　项目的风险排序

风险排序	风险事项	P 值	C 值	R
1	客户管理需求难点多且不明确且解决难度大，使得蓝图规划难以满足客户要求，致使进度受影响	3	4.5	13.5
2	项目组员对于 ISO31000 理解不到位，使得与客户沟通过程中无法理解客户需求和难点，致使管理需求点无法实现和落地，导致客户不满意，进度受影响	2.4	3	7.2

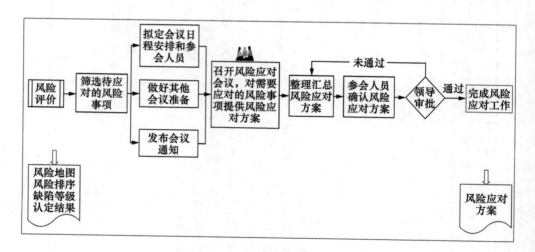

图 4 – 15　项目风险应对工作流程

　　风险管理部开展风险评价工作之后，进入风险应对环节，即结合风险评价结果，确定待应对风险事项，并拟定风险应对方案。

　　1. 会议前准备

　　风险标兵开展风险应对工作之前，首先根据风险应对原则筛选待应对风险事项，拟定与待应对风险事项的相关人员作为参会人员，拟定会议召开时间、地点，并确定本次会议议题是沟通讨论风险应对方案。

　　2. 召开风险应对会议

　　风险标兵担任本次风险应对会议的会议主持人。

　　参会人员在会议中针对待应对风险事项提供风险应对方案，并沟通风险应对方案的成本和效益，分析选择适宜的风险应对方案。

　　3. 提交审批

　　会后，主持人将会上选择的适宜风险应对方案提交相关领导进行审批，审批通过后予以实施。最终确定的风险应对方案如表4-20所示。

表4-20　项目的风险应对

风险事项描述	风险带	风险应对方案	成本效益说明	是否符合成本效益原则	预计完成日期	应对进度（百分比数字）	应对进度说明	应对责任人姓名
客户管理需求难点多且不明确且解决难度大，使得蓝图规划难以满足客户要求，致使进度受影响	黄带	综合客户需求和系统可实现性，制定多种解决方案及其优缺点，与客户多次进行沟通，为客户建议最优方式	沟通成本增加，影响进度；工作压力大。但是经过多次沟通确认，使得蓝图规划可以得到客户认可	是	××	20	按照计划有效开展	××

　　风险评估工作完成后，风险管理部将风险评估各阶段资料和输出结果进行汇总，依据评估情况出具风险评估报告。报告内容主要包括本次风险评估工作的目的、意义、安排，风险评估过程的工作情况和内容，风险评估结论和建议等。风险管理部将该风险评估报告上报给领导，为领导清晰展示风险管理及内部控制系统上线建设过程中面临的风险事项，以及亟待应对的风险事项，引起领导重视。

第五章 风险管理工具方法体系

第一节 风险管理工具方法体系概述

ISO31000 中明确给出了风险管理过程由五部分构成，分别是"建立环境、风险评估（包含风险识别、风险分析、风险评价三个子过程）、风险应对、监测与评审、沟通与咨询"。

1. 建立环境

建立环境为组织在管理风险以及为风险管理方针确定范围和风险准则时，确定需要考虑的内外部参数。为实施风险管理需要建立以下 4 种环境：

①建立外部环境，即明确组织追求其目标实现时所处的外部条件。

②建立内部环境，即明确组织追求其目标实现时所处的内部条件。

③建立风险管理过程环境。是指组织在开展一项业务工作时，从风险、风险管理角度考虑所具有的条件、状况、背景等。

④风险准则。

2. 风险评估

是风险识别、风险分析和风险评价的总过程。

3. 风险应对

风险应对包括选择一种或几种修正风险的方案，以及实施哪些方案。一旦实施方案，处理提供或改进了控制措施。

风险应对的方式主要有以下几种：①不开始或不再继续导致风险的活动；②为寻求机会而承担或增加风险；③消除风险源；④改变可能性；⑤改变后果；⑥与其他团体或各方分担风险；⑦慎重考虑后决定保留风险。

4. 监测与评审

监测指持续地检查、监控、密切观察或确认风险状态，以识别与要求的绩效水平的偏离。评审指为实现既定目标而进行的决定某一事项的适宜性、充分性和有效性的活动。

5. 沟通与咨询

指组织管理风险时，提供信息、共享信息、获取信息以及与利益相关者展开对话的持续、往复的过程。

风险管理工具方法体系即是应用于风险管理过程中的方法及工具，选择合适的风险管理工具方法，有助于组织及时高效地完成风险管理过程。在实践中，风险管理过程的复杂及详细程度千差万别。风险管理工具及方法的选择应与组织的自身情况适合。

一般来说，合适的工具及方法应具备以下特征：

①适应相关的情况或组织。

②得出的结果应加深人们对风险性质及风险应对策略的认识。

③应能按可追溯、可重复及可验证的方式使用。

④应从相关性及适用性角度说明选择技术的原因。在综合不同研究的结果时，所采用的技术及结果应具有可比性。

第二节 主要的风险管理工具及方法

一、风险应对的方法及工具

风险应对是指通过采取各种可能措施，力求将所承担的风险控制在可容忍的程度内。在考虑风险应对的过程中，应评估风险的可能性和影响效果，以及风险管理成本，最终选择能够使剩余风险处于期望的风险容忍度以内的应对措施。风险应对可分为规避风险、自留风险、降低风险和分担风险等。

（一）规避风险

一是在活动开始之前，已决定组织不能接受其中的风险，故不启动此项活动；二是在已经进行的活动中，组织法先有不可接受的风险，应立即停止此项活动。

规避风险的方法通常包括：通过公司政策、限制性制度和标准，防范高风险的经营活动所带来的财务损失和资产减值；通过重新制定目标，调整业务计划，减少甚至停止某些经营活动；在业务准入管理和审查投资方案过程中避免承担不可接受的高风险。

（二）自留风险

自留风险有承担或增大此风险的方式，这是指组织识别出风险中的机会，决定追踪该机会,可为追踪该机会而承担风险或增大此风险。这一般是针对机会而言,承担风险或增大此风险就是风险应对的方式。

自留风险本身也是一种风险应对的方式。如采用自留风险的方式,组织应以正式的方式予以决定。

自留风险的方法通常包括:不采取任何行动,将风险保持在现有水平或者成本更大的风险敞口;市场许可情况下对产品进行重新定价,补偿风险。

(三)降低风险

降低风险可通过消除风险源,改变风险发生的可能性或后果等方式。消除风险源是针对负面影响的风险而言。为消除具有负面影响的风险对组织目标的影响,如果能确定风险源,就可采取消除风险源的方式。改变风险的后果及发生的可能性,是因为这两者或两者的结合决定了风险。

对于企业来说,降低风险的方法通常包括:将金融资产或实物资产合理分散配置(多元化),以降低风险带来的损失;通过合理设计保值方案对冲风险。下面简要介绍一下相关方法。

1. 多元化

多元化组合的观点来自于资产组合理论,从马柯维茨于 1952 年创立现代资产组合理论以来,该理论常被用来寻求风险—收益的最佳组合。与证券组合投资类似,多元化经营组合也常被认为是分散企业经营中来自产品和市场风险的一种较为可行的方式。以资产组合理论为基础的非相关多元化,意在通过多元化将公司的业务分散到几个不相关的经营领域之中,只要各项业务完全不相关,就可以消除总现金流的波动。有了充分和稳定的现金流,公司就能够利用在某些业务单位产生的利润来支持另外一些业务单位的发展。当一组项目的相关性越小且这样的项目越多,非系统风险就越小,投资组合分散风险的能力就越强。

2. 风险对冲

风险对冲是指通过投资或购买与标的资产收益波动负相关的某种资产或衍生产品,来冲销标的资产潜在风险损失的一种风险管理策略。风险对冲是管理利率风险、汇率风险、股票风险和商品风险非常有效的办法。风险对冲可以根据投资者的风险承受能力和偏好,通过对冲比率的调节将风险降低到预期水平。利用风险对冲策略管理风险的关键问题在于对冲比率的确定,这一比率直接关系风险管理的效果和成本。

用于对冲的工具主要有远期、期货、互换、期权等。

远期是指合约双方承诺在将来某一天以特定价格买进或卖出一定数量的标的物(标的物可以是大豆、铜等实物商品,也可以是股票指数、债券指数、外汇等金融产品),远期合约一般是非标准化合约。

期货跟远期类似，是以某种大众产品如棉花、大豆、石油等及金融资产如股票、债券等为标的的交易合约。因此，这个标的物可以是某种商品（如黄金、原油、农产品），也可以是金融工具。期货一般是标准化合约，在期货交易所进行交易。

互换是指两个或两个以上当事人按照共同商定的条件，在约定的时间内定期交换现金流的金融交易，可分为货币互换、利率互换、股权互换、信用互换等类别。

期权又称为选择权，是一种衍生性金融工具，是指买方向卖方支付期权费（指权利金）后拥有的在未来一段时间内（指美式期权）或未来某一特定日期（指欧式期权）以事先规定好的价格（指履约价格）向卖方购买或出售一定数量的特定商品的权利，但不负有必须买进或卖出的义务（即期权买方拥有选择是否行使买入或卖出的权利，而期权卖方都必须无条件服从买方的选择并履行成交时的允诺）。

（四）分担风险

分担是一种较为普遍的风险应对方式。组织可采用各种形式分担所面临的风险。分担风险的方法通常包括：通过结盟或合资经营或投资新业务；通过与其他机构签订风险分担协议共担风险。分担风险的主要工具有保险、担保等。

保险作为风险管理的重要工具，是企业进行风险转移不可或缺的手段，也是企业全面风险管理体系中的重要组成部分。科学投保可以有效提高企业风险管理水平，合理规避重大风险对企业造成的灾难性影响，支持企业持续、健康、稳定发展。目前，众多国内外大型企业纷纷建立保险集中管理框架，通过集中投保、统一管理的方式，提高保险管理效益，以较低成本获取较高的风险保障。

保险转移是指通过订立保险合同，将风险转移给保险公司（保险人）。个体在面临风险的时候，可以向保险人缴纳一定的保险费，将风险转移。一旦预期风险发生并且造成损失，保险人就必须在合同规定的责任范围之内进行经济赔偿。保险转移的缺点是机会成本增加，而且保险谈判常常耗费较多的时间和精力。另外，投保人可能产生心理麻痹而疏于制订损失控制计划。

例如，并购风险的保险转移是指专职保险机构利用其丰富的风险评估与处置经验，替代管理和控制兼并收购过程中难以量化的风险。复杂的商业环境使并购面临诸多潜在或有责任风险，如售后商品担保、已贴现票据追索、为其他企业债务提供担保、待决诉讼、违约赔偿、由于污染环境而可能支付罚金及在发生税收争议时补交税款等。或有责任风险的存在往往导致买卖双方对资产价值的评估结果相去甚远。买方可能不愿承担或负责任；卖方可能发现由于缺乏数据和类似的约束而无法得出纯粹的风险转移价格，限制所能获取的价值，并购双方难以达成一致，影响并购活动的正常进行，保险转移便应运而生。

并购风险的保险转移可以分为两步：第一步，对买卖双方分歧较大的风险事项或风险责任，请保险机构识别和评估；第二步，若买卖双方均认同或愿意接受保险机构的评估价格，可以由买方按此价格向保险公司投保并由保险公司承担风险，并将评估价格冲抵并购价格；若卖方认同或愿意接受保险机构的评估价格，可以由卖方按此价格向保险公司投保并由保险公司承担风险，用评估价格冲抵并购价格。总之，并购者可以通过支付一定的保险费用将风险转移给有能力并愿意承担的机构或个人，从而将并购风险限定在一定的范围之内。由此，买卖双方都可以规避风险，实现买卖双方和保险机构之间的多赢。

担保是指在借贷、买卖、货物运输、加工承揽等经济活动中，债权人为保障其债权实现的，要求债务人向债权人提供担保的合同。担保方式为保证、抵押、质押、留置和定金五种。担保合同包括保证合同、抵押合同、质押合同、定金合同。行使留置权无须签订合同。担保合同可以是单独订立的书面合同（包括当事人之间具有担保性质的信函、传真等），也可以是主合同的担保条款。主要的担保方式如下：

一是保证，是指保证人和债权人以书面形式订立约定，当债务人不履行债务时，保证人按照约定履行债务或者承担责任的行为。

二是抵押，是指抵押人和债权人以书面形式订立约定，不转移抵押财产的占有，将该财产作为债权的担保。当债务人不履行债务时，债权人有权依法以该财产折价或者以拍卖、变卖该财产的价款优先受偿。抵押又分为不动产抵押、动产抵押、权利抵押、财团抵押等。

三是质押，就是债务人或第三人将其动产或者权力移交债权人占有，将该动产作为债权的担保，当债务人不履行债务时，债权人有权依法就该动产卖得价金优先受偿。质押分为动产质押和权利质押两种。动产质押是指可移动并因此不损害其效用的物的质押；权利质押是指以可转让的权利为标的物的质押。

四是留置，指债权人按照合同约定占有债务人的动产，债务人不按照合同约定的期限履行债务的，债权人有权依照法律（如《担保法》）规定留置该财产，以留置财产折价或者以拍卖、变卖该财产的价款优先受偿的权利。

在执行风险应对措施过程中，应关注相关措施的执行效果，评估剩余风险，视情况调整应对措施，进行详细跟踪记录并纳入风险管理报告。

（五）风险应对机制建设

为有组织地应对系统性风险，保证资金链安全，促进企业健康发展，组织应制定重大风险应对，可制定方案如下：

1. 重大风险的范围

组织应对的重大风险指对组织的现金流安全、损益、业务模式以及声誉有重大影响的风险。此类风险涉及的事项经组织决策层批准后，列入组织重大经营风险事项清单，由组织的领导层直接负责组织应对。

2. 重大风险应对原则

①分层应对，统筹管理。公司或组织的总部、下属单位都应建立重大风险应对机制，根据各自职责，分层开展重大风险应对工作。公司或组织的总部应对下属单位的重大风险应对工作进行指导和督促。

②分清缓急，持续应对。重大风险应对分为应急应对和常规应对两种状态。当重大风险发生后，所属单位应进行应急应对，直至事态得到有效控制，此后应将重大风险事项转入常规应对，直至问题彻底解决。

③信息通畅，及时上报。所属单位在发生重大风险事项后，应保证信息畅通，及时报送相关信息。

3. 组织机构及工作职责

（1）组织机构

公司或组织的总部层面应建立重大风险应对统筹工作组（简称统筹组）和业务工作组（简称业务组），对重大风险进行统筹管理和应对，并对所属单位的重大经营风险应对工作进行指导和督促。

统筹组由公司或组织的总部分管风险管理的领导任组长，成员包括公司或组织的总部主要管理部门的负责人，办公室设在风险管理部。

业务组根据需要进行设置，由公司或组织的总部相关业务分管领导分别担任组长，成员包括公司或组织的总部主要管理部门（按需要）、所属单位的主要负责人等，办公室设在相关单位。

（2）工作职责

①统筹组。动态评估内外部重大风险事项对公司整体战略、业务经营、当期损益、资金流动性、资产安全、声誉等方面的影响，提出应对建议，并向公司最高领导报告；指导、督促、跟踪集团和所属单位重大风险事项的应对工作。

②业务组。负责对列入公司重大经营风险事项清单的事项开展应急和常规应对工作，并向统筹组报告应对工作进展。

4. 工作流程

（1）应急应对工作

针对以下两类突发风险事项开展应急应对工作：

第一类是外部经营环境突然发生重大变化，包括国家政策发生重大调整、大宗商品或金融市场大幅波动以及其他可能对公司造成重大影响的外部风险事项。

第二类是突发的重大合同违约、存货及金融资产重大浮亏、货物损毁与被盗以及所有权或控制权非正常丧失等可能对公司造成重大影响的内部风险事项。

当发生第一类风险事项时，统筹组应立即组织相关部门及经营单位开展风险评估，包括风险事项的波及面、影响的深度和广度以及可能对公司整体战略、业务经营、当期损益、资金流动性、资产安全等方面的影响，并提出应对建议，向公司最高领导报告。

当发生第二类风险事项时，统筹组和业务组分别按照以下程序开展工作：

①统筹组。对所属单位的风险事项进行初步核实和评估，主要包括风险事项的基本情况、发生的原因、涉及的金额、可能造成的经济损失和声誉影响、涉事单位当前应对措施的有效性等方面。

根据评估结果向公司最高领导提出是否纳入公司重大风险事项应急应对清单（简称应急清单）的建议。对未纳入应急清单的事项，按周接收相关单位的应急应对工作动态报告。

调配公司资源为应急应对工作提供支持，按周汇集应急应对进展，评估应对措施的有效性，并以简报形式向公司最高领导报告。

对业务组提出的将风险事项应急应对转入常规应对的报告进行备案，并列入公司重大风险事项常规应对清单（简称常规清单）。

②业务组。公司主管业务的副总对批准纳入应急清单的风险事项组建业务组，启动应急应对工作。

制定或调整具体行动计划，明确人员责任分工，研究及分配具体工作，调配公司及所属单位相关资源开展风险应对工作，至少按周召开应对工作会，并按周向统筹组报告应急应对工作情况。

当风险事项得到有效控制、不再进一步扩大时，决定是否关闭应急应对流程，转入常规应对流程并将相关报告报备统筹组。报告中应包括当前应急应对的情况，转入常规应对流程的理由，以及后续工作安排等内容。

（2）常规应对工作

常规应对工作是指在应急应对流程关闭后，转入常规应对流程后的相关工作。

①统筹组。每年评估公司重大经营风险状况，提出年度风险应对目标，制定关键风险控制指标，报请公司决策层批准后，向所属单位下达。

拟定和更新常规清单，报请公司决策层批准。

指导、督促所属单位的应对工作，调配公司相关资源为所属单位提供支持。

按月动态评估公司风险资产状况及重大风险应对情况，形成整体报告，向公司决策层报告。

年底对重大风险应对情况进行总结和评价。

②业务组。制订或调整具体行动计划，明确人员责任分工，研究及分配具体工作，调配公司及所属单位资源开展风险应对工作，至少按月召开应对工作会，并按月向统筹组报告常规应对工作情况。

当风险事项得到妥善解决后，形成总结报告并报送统筹组。

报告应至少包括事项发生的原因、性质、损失、责任和经验教训，事件暴露出的业务问题和管理漏洞以及改进措施。

5. 责任追究

若在重大风险事项管理过程中，有谎报、瞒报、迟报、管理及应对不力等失职、渎职行为的情形，将依据相关法律法规及公司有关规定追究当事人的责任。

应急应对工作流程如图 5-1 所示。

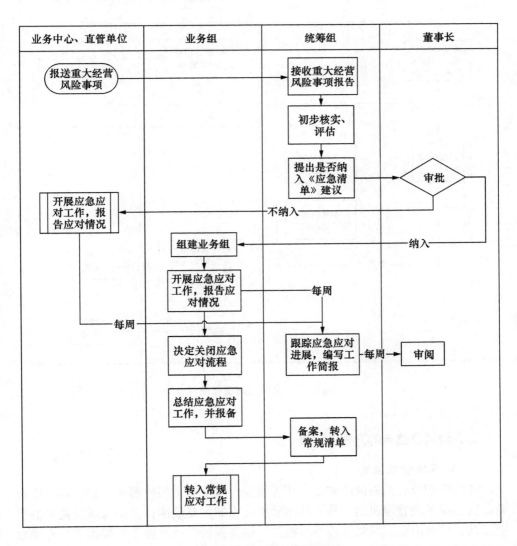

图 5-1 应急应对工作流程

常规应对工作流程如图 5 - 2 所示。

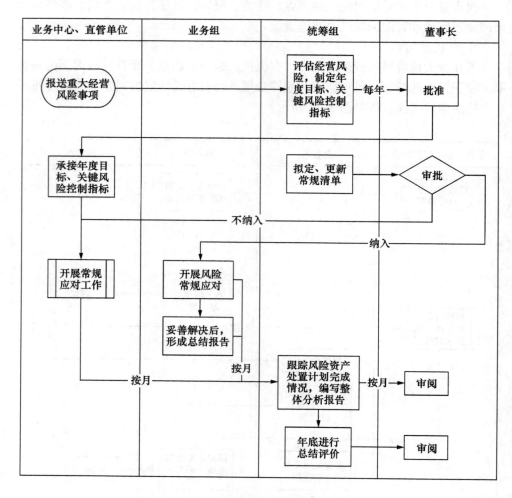

图 5 - 2 常规应对工作流程

二、沟通及监测的方法及工具

(一) 风险管理报告

风险管理报告是将风险防范、预警监控、风险应对等内容融合在一起,以及是落实各项风险管理机制、提升风险管控能力的重要载体,也是沟通及监测的重要工具。一般应建立风险管理月度报告、季度报告、风险提示预警报告、专项报告等不同频次及细粒度的报告,来组成定位明确、层次分明的风险管理报告体系。报告还应定期或不定期在组织决策层中进行共享，为管理层提供经营决策支持和参考。此外，通过让最高领导了解风险管理工作进展，也可以给风险所在单位施加极大的压力，促使相关单位极大地提高风险责任意识和对风险的重视程度，加快各项问题的节奏，积极主动地提升本单位的风险管理能力。

1. 信用风险管理分析报告

（1）信用风险管理定期报告

信用风险管理分析报告是风险管理部定期向公司管理层汇报信用风险管理工作情况的报告，主要是通过分析外部市场环境和内部管理能力来反映公司当期的信用风险整体水平，对重点关注的客户和供应商跟踪情况进行说明，并对未来可能面临的信用风险大小进行预判，从而为管理层提供决策参考。

在信用风险管理分析报告编写之初，风险管理部门应与经营单位一起梳理客户和供应商的信用风险情况，并就发现的一些问题进行沟通，快速、有效地定位高风险的客户和供应商，共同制定应对策略，防范信用风险。通过建立有效的沟通协同机制，可以提高工作效率，有效促进经营单位信用风险管理水平的提高和管理策略的落实。

信用风险管理分析报告一般应包括三部分：一是公司信用风险主要指标分析，主要从应收款和预付款总额、应收和预付款敞口总额、逾期预付款金额、逾期预付款金额占比、应收款和预付款账龄结构几个指标入手，对公司当前的内部信用风险管理情况进行分析，并结合外部宏观经济和行业形势对信用风险的影响，综合分析集团公司目前的信用风险整体水平，并对未来 1～2 个月内可能面临的信用风险大小进行预判。二是主要经营单位信用风险主要指标分析，通过分析主要经营单位的信用风险主要指标和信用总量预算的执行情况，判断各经营单位的信用风险水平，并结合各单位的实际情况，对其下一步的信用风险管理工作重点提出建议。三是重点关注的客户和供应商分析，在对整体信用风险水平进行分析后，将关注点聚焦到单个客户和供应商的风险上，通过对进入预警范围的客户和供应商进行密切跟踪，反映当前的处理情况，并提出后续应对的建议。

信用风险管理分析报告可分为月报和季报两种，两者的内容大致相同，但定位不一样：月报定位为短、平、快，侧重于快速反映情况，揭示重点问题，因此，为了突出时效性，其统计口径只涵盖能够快速获取的 ERP 系统数据；季报定位为深、广、细，侧重于对公司的信用风险水平进行比较全面、深度、细致的分析，其统计口径在月报的基础上加入经营单位手工填报的数据。因此，报告报送时间会相对延迟一些，但内容比月报更加翔实。

通过信用风险管理分析报告，集团公司定期对自身面临的信用风险进行梳理，制定相应的应对措施，并对业务的开展提出风险管理方面的指导和意见，可以充分发挥风险管理对经营决策的支持作用。

（2）信用风险提示预警报告

当集团公司在定期梳理信用风险的过程中发现风险点时，通常以信用风险提示预警报告的形式向经营单位做出风险提示。信用风险提示预警报告主要包括两部分：首先是经营单位需要重点关注的客户和供应商情况说明，主要涉及新进入蓝色预警和预警级别升级的客户和供应商。其次是需要关注的宏观经济及政策情况，主要包括近期宏观经济和行业政策对经营单位信用风险的影响。

通过推行信用风险提示预警报告，经营单位可以进一步提高对信用风险的重视程度，加强对预警客户和供应商的管理，加快处理逾期账款的节奏，不断提升自身的信用风险管理水平。

（3）信用风险管理专项报告

信用风险管理专项报告是全面风险管理报告中的重要组成部分，主要包含当前年度信用风险管理工作总结、提示预警情况、信用风险主要指标量化分析、信用风险定性分析以及下一年的工作计划等内容，是对公司信用风险管理情况的一个全面描述。其中，在信用风险主要指标的量化分析中，除了对全年度的应收款、预付款、敞口、账龄结构、红黄蓝预警客户和供应商的情况进行量化分析外，公司还尝试性地对信用风险预期损失指标进行分析与监控。但由于受数据条件的限制，专项报告中的信用风险预期损失仅为根据经验判断的理论测试值，远高于实际损失。预期损失的计算公式如下：

$$预期损失 = \sum 各账龄时间段敞口值 \times 对应时间段内损失率$$

通过编写信用风险管理专项报告，公司定期对本年度的信用风险整体情况进行分析，对未来可能面临的信用风险进行预测，及时向决策层提供未来一年的信用风险策略建议，并制定相应的风险应对措施。此外，通过全面梳理自身的信用风险管理工作情况，公司应不断总结工作中的经验和不足，并在后续工作中努力改进，推动信用风险管理能力不断提升。

信用风险管理报告作为全面风险管理报告体系中的一部分，已经成为连接集团公司风险管理部以及公司所属主要业务经营单位、风险管理部门的沟通纽带，可以增进相互之间的沟通和交流，以强带弱，促进全面风险管理水平的整体提升。

2. 市场风险管理分析报告

市场风险管理报告是市场风险管理体系的一个重要组成部分，是公司进行管理决策的重要依据。为实现市场风险信息的集中化和透明化，各经营单位应定期组织编制并向公司提交各类市场风险管理报告，公司风险管理部在此基础上集中汇总，并报公司风险管理委员会和相关决策层。

市场风险管理报告的内容包括持仓结构、浮动盈亏等业务汇总信息，压力测试、VaR 和 EaR、高风险业务、业务组合、业务关联性等市场风险分析，风险应对、市场风险管理工作总结等定期总结报告，以满足内部共享、对外披露、外部监管等要求。

按照报送频率的不同，市场风险管理报告可以分为日间提示、日报、周报、月报、季报和年报。

对市场风险管理信息实施严格的保密管理，相关人员不得违规泄露公司有关的对冲计划、交易情况、结算情况、资金状况等信息。

3. 市场异常变化报告

市场变化监控报告作为对市场风险分析报告的补充，主要用以提升市场风险监控工作的时效性，该报告不普遍关注公司所有商品，着重关注市场变化较快且对公司经营目标会形成重大影响的重要商品，强调时效性。该报告与其他风险管理报告一起形成风险管理报告体系。

（1）市场变化的监控范围

道琼斯工业平均指数、纳斯达克综合指数、标准普尔 500 指数、英国富时 100 指数、法国 CAC40 指数、德国 DAX 指数、东京日经 225 指数、韩国综合指数、印度 Sensex30 指数、上证综合指数、深证成份指数、香港恒生指数；LME 铜（美元/吨）、SHFE 铜（元/吨）、LME 铝（美元/吨）、SHFE 铝（元/吨）、LME 铅（美元/吨）、SHFE 铅（元/吨）、LME 锌（美元/吨）、SHFE 锌（元/吨）、LME 镍（美元/吨）、DCE 焦炭（元/吨）、SHFE 螺纹钢（元/吨）、COMEX 黄金（美元/盎司）、COMEX 白银（美元/盎司）、NYMEX 轻质原油（美元/桶）、金属导报铁矿石价格指数（MBIOI）、铁矿指数、西本新干线指数、波罗的海综合运费指数；美元指数、欧元对美元、美元对日元、英镑对美元、澳元对美元、美元对人民币。

以上监控范围基本上能够及时反映出金融市场、商品市场和汇率市场的最新变化，这些变化又能分别对应相关单位的业务。

（2）报告触发条件

根据以上监控指标的历史数据，考虑到实际操作性，目前先不考虑各个指标本身的统计特征，也不考虑建立商品组，只考虑当单一指标在 20 个自然日内变化（上涨或下跌）超过 10% 时触发报告。这不是一个绝对条件，只是一个内部标准，市场风险管理部可以根据实际情况灵活掌握这个触发条件。

（3）市场变化监控报告主要内容

①市场变化情况描述。描述市场变化情况，分析市场变化的原因。说清楚最近一段时间市场怎么了，为什么会这样。

②分析市场变化对集团公司的影响。要分析市场变化对集团公司的影响，需要了解相关业务部门最新的市场指标。

③市场变化后的市场风险指标与预算值的比较。

④针对市场变化后的业务和管理安排。

如果各项市场风险指标还在预算范围内，则只需要在报告中说明业务中心的业务和管理安排。如果超出预算范围，就需要给出集团公司的管理建议。

（4）报告的发送范围

发送公司决策层和风险管理委员会及相关经营单位。

4. 全球市场早览

信息收集和市场研究是市场风险管理基础和前提，为了保证市场风险管理的科学性和可持续性，组织需要持续不断地开展信息收集和市场研究工作。收集的信息内容包括但不限于：外部环境信息包括国内外宏观经济政策、产业发展态势、微观市场走势、行业发展指标、汇率、利率、战略伙伴及竞争对手情况等信息。内部环境信息包括了解公司和各经营单位的发展战略、收集与市场风险相关的业务信息和财务信息以及其他相关内部环境信息。

对于所收集的信息需要进行必要的整理、筛选、分析和共享，确保信息的真实性、可靠性、完整性和透明性；对于定量信息，包括商品市场价格、利率、汇率及交易明细等，需要每日进行更新和维护，定期分析和总结，并将结果与相关部门共享，以下是《每日全球市场早览》示意图，如表 5 - 1 所示。

表 5 - 1　每日全球市场早览示意图

指数名称	最新数据	涨跌	涨跌幅	年初至今	较上年均值	较上年同期
道琼斯工业平均指数						
纳斯达克综合指数						
标准普尔 500 指数						
英国富时 100 指数						
东京日经 225 指数						
上证综合指数						
深证成份指数						
香港恒生指数						
波罗的海综合运费指数						
全球主要商品概览						
商品名称	最新价格	涨跌	涨跌幅	年初至今	较上年均值	较上年同期
LME 铜（美元/吨）						
SHFE 铜（元/吨）						

续表

全球主要商品概览

商品名称	最新价格	涨跌	涨跌幅	年初至今	较上年均值	较上年同期
LME 铝（美元/吨）						
SHFE 铝（元/吨）						
LME 铅（美元/吨）						
SHFE 铅（元/吨）						
LME 锌（美元/吨）						
SHFE 锌（元/吨）						
LME 锡（美元/吨）						
LME 镍（美元/吨）						
氧化镝（元/千克）						
黑钨精矿（万元/吨）						
DCE 焦炭（元/吨）						
DCE 焦煤（元/吨）						
普氏铁矿石指数（美元/吨）						
DCE 铁矿石（元/吨）						
CZCE 动力煤（元/吨）						
SHFE 螺纹钢（元/吨）						
COMEX 黄金（美元/盎司）						
COMEX 白银（美元/盎司）						
NYMEX 轻质原油（美元/桶）						

全球重要汇率概览

汇率名称	最新价格	涨跌	涨跌幅	年初至今	较上年均值	较上年同期
美元指数						
欧元对美元						
美元对日元						
英镑对美元						
澳元对美元						
美元中间价						

全球主要银行间同业拆借利率概览

期限	最新价格	涨跌（BP）	涨跌幅	5 日平均	10 日平均	上年均值
SHIBOR 隔夜（%）						
SHIBOR 六个月（%）						
美元 LIBOR 隔夜（%）						

注：以上数据截止到××月××日。

5. 风险管理报告示例

（1）市场风险管理报告模板（见表 5 - 2）

表 5 - 2 市场风险管理报告模板

市场风险报告

日期：

编号：

交易明细		
交易代码	现值	盈亏
……	……	……
……	……	……
总敞口量：		净敞口量：	

MtM 止损限额	MtM 值	预警	VaR 风险限额	预测 1 周的 VaR 值	预警
¥ - 30000000.00	¥49579795.84		¥ - 50000000.00	¥47637955.70	

压力测试				
场景名称	场景描述	LME 价格变动幅度	SHFE 价格变动幅度	浮动盈亏
历史场景	2008 年次贷危机	- 67.40%	- 68.20%	¥4537204.57

LME 价格在 95% 概率下的价格浮动区间为（¥6316.878，¥6911.175）

SHFE 价格在 95% 概率下的价格浮动区间为（¥59387，¥63521.68）

市场分析

分析内容包括：
- 中长期市场态势分析
- 中短期市场走势分析
- 短期价格趋势分析

分析程序包括：
- 数据的结构化处理
- 信息和知识的归集与总结
- 行动建议

编制人：   审核人：

（2）市场风险管理提示报告模板（见图5-3）。

市场风险提示报告

（201×年00×号）

风险类别：市场风险　　　　　　发布单位：风险管理部　　　　　　日期：201×年×月××日

×××：

分析内容：本单位浮动盈亏，敞口及其变化情况。

一、×××市场风险信息提示

表1　201×年×月有×××主要浮动盈商品　　　　　　单位：万元

商品	初始价值	敞口价值	浮动盈亏（×月）	浮动盈亏（×~1月）

资料来源：××××市场风险报表　　截止日期：201×年×月××日

表2　201×年×月×××主要浮动盈亏单位　　　　　　单位：万元

单位	初始价值	敞口价值	浮动盈亏（×月）	浮动盈亏（×~1月）

资料来源：×××市场风险报表　　截止日期：201×年×月××日

风险提示：敞口变化，敏感性分析，市场风险应对提示。

图5-3　市场风险管理提示报告模板

（二）宏观经济观察及重要商品走势提示

1. 风险事项排查

对于某些组织来说，由于信息系统不健全，或者企业层级过多，为了全面掌握组织的风险状况，评估风险事项对组织目标和流动性管理的影响，建立风险评估和报告动态管理机制，为组织科学决策提供依据，切实守住不发生系统性风险、颠覆性风险的底线，通过定期的风险事项排查掌握组织内的风险事项也是一种重要的方式。

2. 风险事项梳理排查范围

（1）企业范围

梳理排查工作要全面覆盖到公司合并报表范围或有实际控制权、管理权的所有单位。

（2）风险事项范围

各单位可能造成损失的流动性资产、负债以及表外资产、负债所涉及的风险事项，这些风险事项包括但不限于逾期风险、存货浮亏风险、货物安全及质量风险、金融投资风险、汇兑损失风险、刚性兑付风险、对外担保抵押风险等类别，可能会涉及应收账款、预付账款、其他应收款、资产减值准备类、存货、货币资金等会计科目。从事上级单位或本单位设定的主营业务或主营产品范围以外的业务事项。

（3）风险事项报送标准

总金额大于××万元的风险事项（依据组织规模而定）。无符合报送标准风险事项的单位，也应报送附表并注明"截至报送时点，本单位无符合报送标准的风险事项"。

各类风险事项具体报送标准如下：

逾期风险：单一交易对手风险敞口逾期金额超过××万元的风险事项。交易对手风险敞口主要指向交易对手预付货款、保证金或其他款项后而未收到交易对手的货物或服务，或向交易对手赊销货物或提供服务后而未收到交易对手的货款或服务费用所暴露在风险之下的金额。

存货浮亏风险：单一产品或商品潜在损失超过××万元的风险事项；

货物安全及质量风险：单一产品或商品实际或潜在损失超过××万元的风险事项；

金融投资风险：单一投资品种潜在损失超过××万元的风险事项；

利率汇率风险：单一币种潜在损失超过××万元的风险事项；

刚性兑付风险：单一计划或项目我方已承担或有可能承担兑付责任的风险事项；

对外担保抵押风险：本单位所有对外担保事项均需进行填报；

其他风险事项：指以上分类中不能涵盖，造成实际或潜在损失超过××万元的风险事项；

非主营业务事项：从事上级单位或本单位设定的主营业务或主营产品范围以外的业务事项，包括未批准的金融投资类业务均需填报。

（4）报送方式

应由各单位主要负责人直接报送集团公司，若为联络人报送的，应同时抄送本单位主要负责人。各单位报送时抄送上级主管单位。

（5）报送渠道

应该通过本单位的邮箱或专用的信息系统进行报送，不得使用外部邮箱。

3. 风险事项应急报送

为加强组织重大风险应急管理工作，强化风险信息报送机制，相关组织可建立重大风险事项应急报送机制，作为常规报告机制的补充。

（1）重大风险事项应急报送标准

①合同违约风险。单个合同、单个客户（供应商）累计涉及违约金额超过××元且违约期限超过××个月。

②市场敞口风险。单一商品10个交易日价格变化累计超过10%且浮动亏损超过××万元；单一金融投资品种浮亏超过××万元。

③货物安全风险。涉及的货物价值在××万元。

（2）重大风险事项应急报告流程

触发上述报送标准后，涉事单位应逐级向上级主管领导报告并报送本单位的风险管理部门或岗位，同时涉事单位的风险管理部门或岗位应逐级直接向上级风险管理部门报告。具体流程如下：

①电话报送。重大风险事项发生之后，各单位风险管理部门需在24小时内直接向最高层级风险管理部进行报告。

②书面报送。各单位风险管理部门需在电话报送后2个工作日内将经本单位风险管理部门主要负责人签字的书面报告直接报送最高层级风险管理部。

③公司风险管理部在收到报告后，应立即向公司领导报告。

（3）其他事项

各单位应确保报送的风险信息准确、及时和客观。

各单位应规范本单位的重大风险事项应急报送机制。

未按照上述要求报送的单位或责任人，将按照有关制度的要求进行责任追究。

第三节 风险管理工具及方法的应用

一、风险管理工具及方法在市场风险管理中的应用

下面以某钢材商品（简称钢材A）为例，说明怎样在市场风险管理的过程中应用相关的工具和方法。

（一）风险识别中的应用

完成收集、分析内外部信息后，我们对钢材A的业务进行市场风险识别。从业务模式看，由于自营业务必须持仓，直接受市场价格变化影响，市场风险非常大。代理业务不承担市场价格变动带来的影响，只承担可能由市场风险引发的信用风险，相对而言，代理业务模式的总体市场风险较小，如图5-4所示。

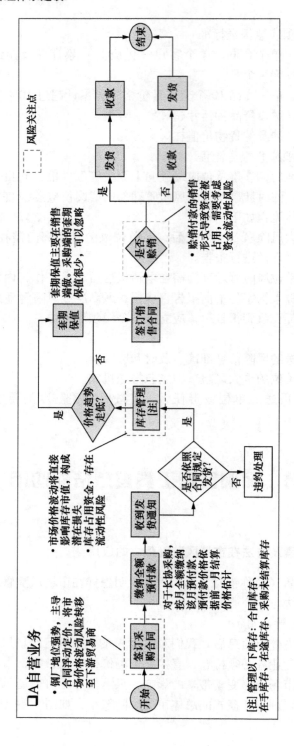

图 5 – 4　钢材 A 自营业务关键环节

　　进一步分析，在自营业务中采购端定价时，钢厂地位强势，主导合同浮动定价，将市场价格波动风险转移至下游贸易商。在库存管理时，市场价格波动将直接影响库存市值，构成潜在损失，同时库存占用资金，存在流动性风险。因此采购和持仓环节受市场风险（价格波动）影响最大，为钢材 A 的关键业务环节，进一步分析后得到风险清单和风险源如图 5-5 所示。

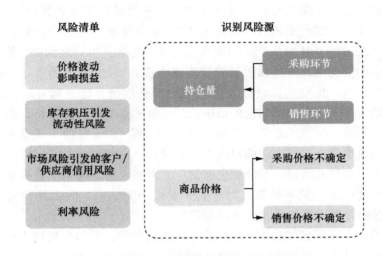

图 5-5　钢材 A 关键业务环节风险清单和风险源

　　在识别风险之前，已有的风险控制措施主要有调整业务模式结构、控制购销节奏、销售浮动定价和随行就市等，基本属于自发式业务管理。

　　（二）风险分析中的应用

　　风险分析是指运用科学的方法，综合考虑风险的原因、后果、发生的可能性及影响程度，以确定风险水平以及风险是否需要应对的过程。风险分析过程应综合考虑以下四方面的问题：一是是否存在风险；二是风险带来的影响有多大；三是风险发生的可能性是多大；四是极端情况下，风险带来的影响会是多少。

　　1. 是否存在风险

　　是否存在风险可以通过市场风险敞口（Risk Exposure）来反映，风险敞口是指在市场活动中未来收益有可能受到市场价格变动影响的那部分资产或负债。通过信息收集过程中得到的钢材 A 的库存台账和销售台账，可以汇总得出钢材 A 的风险敞口。

　　2. 风险带来的影响有多大

　　风险带来的影响有多大，可以通过浮动盈亏来反映，浮动盈亏借鉴金融结构"逐日盯市"的机制，克服传统会计记账的事后性，能及时反映资产/库存等风险敞口的风险状态。要计算浮动盈亏，需要确定钢材 A 的采购成本和销售端的盯市价格。在确定采购成本时，主要面临以下一些难题：①钢材浮动定价，无法提前确定成本；②钢厂数量繁多，如何选择；③钢材 A 不同区域和不同规格间存在价差。在建模过程中，我们通过合理的设计——克服以上难题。

对于钢厂的浮动定价，我们首先明确其定价规则，然后针对该钢厂的定价规则建立定价体系。比如 H 钢厂，其入库暂估价格与最终实际结算价格差别较大，通过调研其使用的定价规则为"7 天保价"，即指从发货日当天起算，H 钢厂将记录未来 7 天内每天 H 钢厂产品的销售成交价，并取其中的最低成交价作为在该发货日发货的货物结算价（即我们的采购成本价）。针对该定价规则，我们首先收集足够多的钢厂历史结算价以及市场历史公开报价，建立两者动态的线性关系。然后通过多元自回归模型模拟市场公开报价的未来 7 天的价格，代入线性关系后，可得到钢厂结算未来 7 天的模拟价格，按照"7 天保价"规则可得到模拟的当天采购成本价，达到提前确定成本的目的。

对于钢厂数量的问题，不针对全部钢厂，抓住主要矛盾，仅选择几家业务量较大的钢厂进行采购成本模拟。对于业务量较小的钢厂，弱化其背后的定价规则，统一按照业务台账的估算成本计量盈亏。

对于钢材 A 不同区域和不同规格存在价差的问题，通过分析历史数据，发现其存在稳定的价差，于是我们就选取基准城市和基准规格建立价差体系，即仅针对基准城市和基准规格的钢材 A 进行采购成本模拟，然后通过价差转化得出其他城市和其他规格的钢材 A 的采购成本。但是，由于价差可能会发生变化，所以必须对价差体系进行定期维护。

从销售端的盯市价格来看，由于销售端已签订销售合同未定价，但明确定价规则盯市价格统一参照业务台账记录，不区分是否已在合同中明确售价。对于未签订销售合同的库存，每日下班前业务人员都会输入一个基本明确的销售价格，这个业务台账价格考虑到钢材 A 的特定规格和销售市场，更为贴近业务实际。但考虑到风险计量数据的客观性要求，盯市价格同时选取业务输入的销售价格和公开市场当日价格。在模型中依据两类盯市价格计算两类浮动盈亏：基于公开市场当日价格计量的浮动盈亏以及基于业务台账销售价格计量的浮动盈亏。

在得到风险敞口、明确采购价格和盯市价格后，我们根据以下公式：

浮动盈亏 = 敞口头寸 ×（盯市价格 – 采购价格）

可得到钢材 A 的浮动盈亏。

3. 风险发生的可能性有多大

风险发生的可能性有多大，我们认为可以通过在险价值（VaR）来反映。

用蒙特卡罗模拟法计算 VaR 的步骤。在 VaR 量化过程中，对未来市场走势模拟采用蒙特卡罗方法，具体有以下几个步骤：

第一步是建立方程。钢材 A 模拟价格 = F(钢材 A 历史价格，风险因子历史

值) $= \alpha + \sum_{j}^{p} \phi_j y_{t-j} + \sum_{1j}^{q1} \beta 1_j x 1_{t-j} + \cdots \sum_{j}^{qk} \beta k_j x k_{t-j}$

利用钢材 A 价格服从随机分布的特性，将随机因子代入方程修正模拟结果。

钢$_t$ = α + β_1 钢$_{t-1}$ + β_2 钢$_{t-2}$ + β_3 钢$_{t-3}$ + β_4 钢$_{t-4}$ + β_5 钢$_{t-5}$ + β_6 钢材指数$_{t-5}$ + β_7 铁矿石指数$_{t-5}$

第二步是随机模拟。随机模拟计算 1000 次或以上，得到 1000 个不同的价格模拟结果。Psteel12，Psteel13，…，Psteel1000。

第三步是计量代入现货库存计算价值，降序排序后取第 950 项值，即为最大可能损失。5 日后，在 95% 的置信区间下，钢材 A 现货库存最大损失不超过×××万元。

模型回测。回测检验根据预测价格模型：

钢$_t$ = α + β_1 钢$_{t-1}$ + β_2 钢$_{t-2}$ + β_3 钢$_{t-3}$ + β_4 钢$_{t-4}$ + β_5 钢$_{t-5}$ + β_6 钢材指数$_{t-5}$ + β_7 铁矿石指数$_{t-5}$

计算使用的是统计软件 R 中的最小二乘法（OLS），使用的数据是从 2008 年 10 月 31 日到 2010 年 9 月 26 日中的 463 个日数据。统计学分析认为，Adjusted R – squared 越接近于 1，我们认为模型的回归拟合效果越好，此模型的 Adjusted R – squared 为 0.988103，接近于 1，说明模型拟合优度高。

模型假设检验。模型假设残差符合正态分布，对于大样本数据的正态性检验，我们使用统计软件 R，选用 Kolmogorov – Smirnov Test。使用的数据是 2008 ~ 2010 年的钢材 A 价格的周数据，数据量为 92 个。

验证结果：在原假设（H0：该数据服从正态分布）下，经过检验，得到的 P 值大于 0.05，不能拒绝原假设，说明这个模型的残差分布形态和正态分布没有显著差异。

4. 极端情况下，风险带来的影响会是多少

极端情况下风险带来的影响可以通过压力测试来反映。压力测试是指在极端的情况下，当前持仓库存可能发生的最大损失。针对钢材 A，我们压力测试场景有 2008 年金融危机导致国内钢材价格暴跌，另外还设置了自定义测试，可以灵活设置价格变化，获取变化情况下的钢材 A 的盈亏情况。

（三）风险评价及应对中的应用

通过风险分析，我们明确了钢材 A 的市场风险的大小，但要进行风险评价的话，还需要将风险的大小与公司对钢材 A 的风险容忍度/风险偏好进行比较。在钢材 A 的市场风险模型中，风险容忍度和风险偏好体现为限额和预警值，限额和

预警值具体又分为止损限额和预警值以及风险限额和预警值。止损限额和预警值针对风险分析中的浮动盈亏设定；风险限额和预警值针对风险分析中的在险价值设定。

止损限额与浮动盈亏计量结果比较并预警，有助于及时止损，避免更大的风险；风险限额与在险价值计量结果比较并预警，有助于风险的预判，及早为未来可能发生的风险制定针对性的应对方案。限额和预警值的设定和调整应与业务战略和计划紧密结合，充分考虑战略目标和现有的业务资源，并最终服务于集团总体经营目标的实现。

在设定限额和预警值后，把它们作为计算因子和约束条件，整合到风险量化模型中，即可进行红黄绿等的不同等级预警提示，并以此来指导风险应对，如图5-6所示。

对于钢材 A 公司确定了结合当前损益和未来风险大小、前瞻性地提出风险应对方案的思路，如图5-7所示。

二、风险管理工具在全面风险评估中的应用

下面以 A 公司绘制风险矩阵为例进行说明。

首先是制作调查问卷，将 A 公司识别出的风险清单中的风险，按照风险发生的可能性及对公司的影响程度进行分值设定。

其次是将调查问卷发送给公司内部的管理层及业务单元，请他们对这些风险发生的可能性和影响程度进行打分，并回收问卷。

对问卷的处理有两种方法，第一种方法如下：

（1）统计调查问卷原始数据

首先对所有调查问卷进行统计，风险或风险事项发生的可能性和对所有目标的影响程度得分为全部问卷相应各项数据的平均值 $P_0 = (\sum_{P_i})/i$，$V_0 = (\sum_{v_i})/i$（i 为调查问卷样本数）。

（2）计算确定风险或风险事项的可能性（P_1）、影响程度（V_1）和评估值（E_1）

①风险或风险事项发生的可能性 $P_1 = P_0$。

②风险或风险事项对企业目标的影响程度按照最大原则取值，最大原则取值为对经营目标、企业的声誉、合法合规性、安全环保等各项目标影响维度之中任何一项分值的最大值，影响程度 V_1 取值 $= MAX(V_j)$（j 为影响程度维度数量），其中一项达到 5 分，则该风险或风险事项的影响程度就为 5 分。

③风险或风险事项评估值 $E_1 = P_1 \times V_1$，最高分为 25 分，最低分为 1 分。

钢材A风险预警结果记录

日期	限额体系设定				浮动盈亏分析		VaR分析		
	MtM限额 (元)		VaR限额		浮动盈亏	示意灯	风险偏好 (%)	两VaR (元)	示意灯
	预警线	正损限额 (元)	预警线 (元)	风险限额 (元)					
2010年10月15日	-9000000	-13000000	-10000000	-15000000	-14868300	●	95	-16903480	●
2010年10月20日	-9000000	-13000000	-10000000	-15000000	-13568904	●	95	-9789428	●
2010年10月27日	-9000000	-13000000	-10000000	-15000000	-9503278	●	95	-7456282	●
2010年10月31日	-9000000	-13000000	-10000000	-15000000	-8706347	●	95	-8453675	●
2010年11月5日	-9000000	-13000000	-10000000	-15000000	-7350046	●	95	-13045674	●

● 处于预警值以内   ● 处于预警值和限额值之间   ● 处于限额值之上

图 5-6 钢材 A 风险评价示例

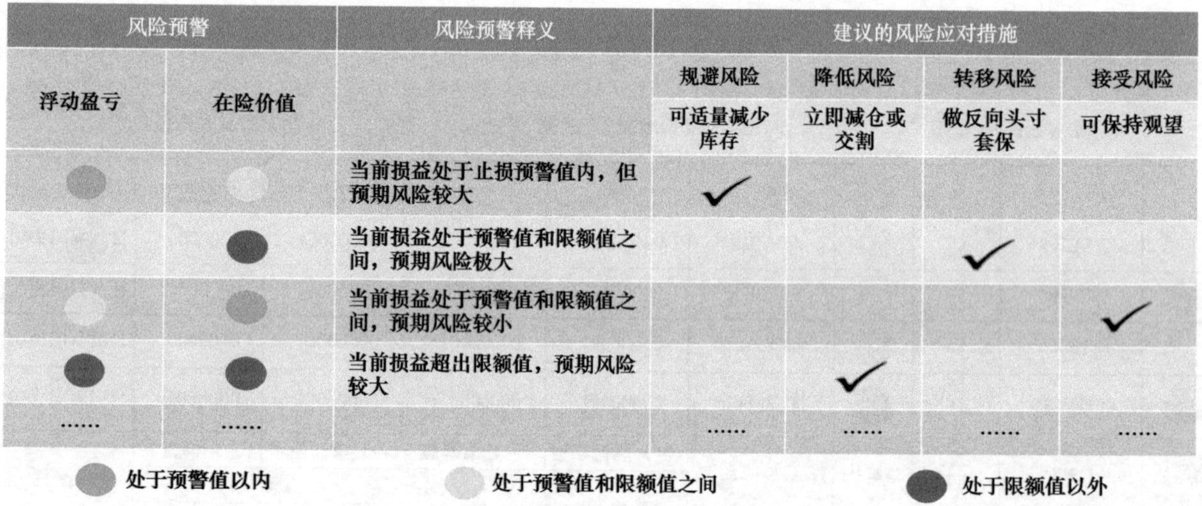

图 5-7　钢材 A 风险应对示例

在风险坐标图上，对每个风险按照风险发生可能性和影响程度的分值进行定位，如图 5-8 所示。

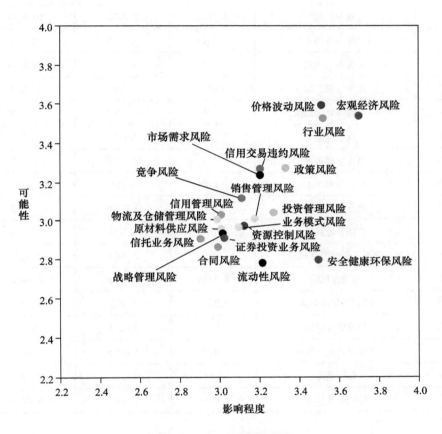

图 5-8　A 公司风险坐标图

第一种方法的优点是好理解，计算相对简单；缺点是无法消除每个人打分的时候内心标准不统一的误差，并且风险坐标图上显示风险过于密集（见表 5-3）。

表 5-3　A 公司风险排序

排序	风险类别	可能性	影响程度	风险评估值
1	宏观经济风险	3.5355	3.7058	13.1018
2	价格波动风险	3.5878	3.5178	12.621
3	行业风险	3.5231	3.5251	12.4192

排序	风险类别	可能性	影响程度	风险评估值
4	政策风险	3.2717	3.3372	10.9182
5	信用交易违约风险	3.2644	3.2092	10.476
6	市场需求风险	3.2355	3.2064	10.3744
7	投资管理风险	3.0385	3.2756	9.9529
8	安全健康环保风险	2.7937	3.5	9.7778
9	竞争风险	3.1102	3.1173	9.6955
10	销售管理风险	3.0068	3.1791	9.559
11	资源控制风险	2.9705	3.126	9.2859
12	业务模式风险	2.963	3.0986	9.1813
13	信用管理风险	3.024	3.0101	9.1026
14	物流及仓储管理风险	3	2.9924	8.9773
15	流动性风险	2.7756	3.2218	8.9422
16	原材料供应风险	2.9543	3.012	8.8983
17	战略管理风险	2.9305	3.0213	8.854
18	证券投资业务风险	2.9058	3.0296	8.8035
19	合同风险	2.86	2.994	8.5628
20	信托业务风险	2.9038	2.9089	8.4469

第二种方法如下：

（1）风险排序

①先将单份问卷的风险按照第一种方法中的风险评估值（可能性×影响程度）排序算出。

②针对所有问卷算出所有风险的总体排序。例如，如果对 20 个风险进行评估，单个问卷中排第一位的风险得分为 20 分，第二位的风险为 19 分，以此类推，排第 20 位的风险为 1 分，则若行业风险在 10 份问卷中排第一位，5 份问卷中排第二位，其余 5 份问卷中排第三位，则行业风险得分计算为：$10 \times 20 + 5 \times 19 + 5 \times 18 = 375$。按此方法可以算出所有问卷每个风险的得分，然后以这个得分对风险进行整体排序，如表 5 - 4 所示。

表 5 - 4　A 公司风险排序

排序	重大风险排序
1	宏观经济风险
2	行业风险
3	政策风险
4	战略管理风险
5	价格波动风险
6	利益相关方风险
7	业务模式风险
8	竞争风险
9	资源控制风险
10	信用交易违约风险
11	市场需求风险
12	原材料供应风险
13	信用管理风险
14	合同风险
15	流动性风险
16	诉讼风险
17	合规风险
18	资金管理风险
19	法律环境风险
20	预算风险

（2）风险坐标图

①先运用上述第一种方法中的算法计算每个风险在可能性和影响程度两个维度的分值。

②对风险分别在可能性得分和影响程度两个维度进行排序。

③每个风险的定位横坐标为在影响程度得分排序后比该风险排序低的个数 +1，每个风险的定位纵坐标为在可能性得分排序后比该风险排序低的个数 +1。A 公司风险坐标如图 5 - 9 所示。

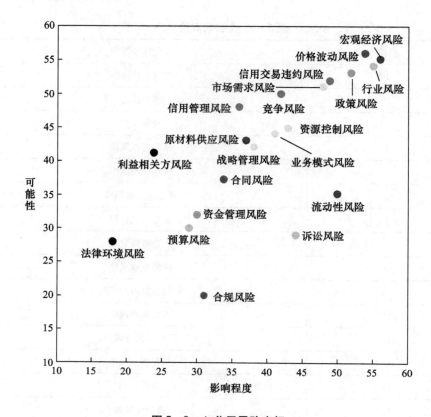

图 5-9　A 公司风险坐标

第二种方法的优点是可以消除每个人打分时内心标准不一致的误差，并且将风险强行排序，拉开距离，使风险图谱更为科学；缺点是计算过程较为繁复，且不好理解。

第六章　风险管理信息系统

第一节　风险管理信息系统概述

近年来，随着云计算、大数据、物联网、移动互联网等信息新技术的发展，信息化正逐步成为国家及企业的核心竞争力，促进社会及企业运营管理发展方式的转变。企业信息化水平的不断提升，技术和手段方面的不断突破也为企业风险管理工作提供了支持，使企业在风险管理方面做到了以往想做却做不到的事情，如风险量化分析、风险大数据模拟、风险情景分析、实时风险监测、风险压力测试等，促进风险管理工作得到迅猛的发展。因此，利用新的信息化技术发展和完善风险管理信息系统，已成为提升企业风险管理核心竞争力的重要手段。

一、风险管理信息系统的定义

风险管理信息系统是应用各类信息技术对风险进行全面管理的信息系统，是企业风险管理体系的重要组成部分，是支持企业执行风险管理流程、落实风险管理各类工具和方法的重要手段。其通过收集内外部各类相关的风险信息，对影响实现企业目标的风险进行识别、分析、评估、预警及应对，可以控制并降低现实或潜在的风险对企业带来的不利影响。

近年来，有的企业建立了信用风险、市场风险、法律风险等重大风险管理信息系统，有的企业建立了满足风险评估和内控工作要求的风险管理与内控信息平台，有的企业应用专业风险管理软件通过情景分析、压力测试以及蒙特卡罗模拟等工具辅助支持重大项目风险决策等，对实现风险管理全过程及满足企业各类人员风险管理的需要日益发挥重要的作用。

二、风险管理信息系统的作用

当前风险管理工作的重要性已经得到企业的重视，多数企业都具有风险意识，但缺乏有效的手段和方法予以有效管理；缺乏科学、高效的系统予以支撑；缺乏正确、规范风险管理流程予以指导；缺乏风险识别、评估、管理和监控工具予以支持，导致企业各部门和岗位人员对其风险管理工作的职责和操作程序不清晰，风险管理工作无法有效开展，风险管理的效果大打折扣，甚至难以为继。

风险管理信息系统能为企业各级领导、风险管理和业务人员打造一个高效、协同的风险管理工作信息平台，覆盖风险信息收集、风险评估、风险应对、风险报告和风险管理持续优化等环节，全面落实企业全面风险管理相关制度，规范企业风险管理基本流程，监控风险指标并及时预警，从而帮助企业更及时地发现和应对风险，降低企业整体风险水平，减少企业损失，全面提升企业的风险管理能力。

（一）风险管理信息系统是风险管理体系的重要组成部分

风险管理信息系统是整个全面风险管理体系中的重要组成部分，为全面风险管理体系中落实风险策略、执行风险管理基本流程、利用风险管理工具与方法、履行内部控制系统、实施风险管理解决方案提供必要的技术基础和有力支持。

企业的风险管理组织在推动风险管理工作时，除了建立相应的风险管理组织、设计风险管理的流程与机制，推动实施风险管理解决方案，营造良好的风险管理文化等之外，还需要提供相应的工具与方法，而不仅仅是口号与难以落地的要求。最有效的工具就是建立相应的风险管理信息系统并推广使用，将风险管理的理念、机制与方法真正落到企业与员工日常的工作中并有效运转，支持和帮助企业实现全员及全过程管理，实现风险管理工作的最终落地。

（二）风险管理信息系统是风险信息收集与输出的载体

企业面临大量的内外部风险信息，尤其是在信息爆炸的时代，需要收集外部社会、政治、经济、文化、技术、自然环境等信息，以及内部战略、财务、市场、运营、法律等方方面面的风险信息。风险信息既来源于外部的互联网、报纸、刊物等信息，也来自于企业内部各类信息系统产生的业务数据以及企业内部流转的各类管理数据。风险数据既包括各类结构化的数据，也包括图片、音视频等非结构化的数据。除此之外，企业及其运作的环境随时都在发生变化，例如企业内部开发新的产品、进入新的市场、实施新的兼并与重组，企业外部经营环境发生变化等，都会使企业面临旧的风险消失、新的风险出现，需要不间断地识别、分析各种风险及其产生的影响。因此，风险数据的收集与分析是一个长期且持续的过程，既包括历史数据，又包括对未来的预测，不能偶尔为之，更不能一蹴而就。

面对海量庞杂的各类风险数据以及持续更新收集数据的需求，单纯通过手工处理与人工分析已经无法满足管理的需要。目前云计算、大数据、移动互联、商业智能等先进技术的发展为企业海量风险信息的收集带来可能与便利。只有通过风险信息系统进行系统地收集、分类、处理各类数据并高效识别、分析与输出风险信息，企业才能支持后续的应对工作，才能在信息时代占得先机，才能在市场竞争中处于主动地位。

（三）风险管理信息系统是固化风险管理流程的重要工具

企业实施风险管理工作主要是通过执行风险管理流程来实现，风险管理流程包括风险识别、风险分析、风险评价、风险方案与应对、监督与改进等过程，每个过程都涉及专业的工具与方法，并完成相应的工作。

风险识别阶段可采用检查表法、头脑风暴法、德尔菲法等方法，需要用户对风险源、事件及其原因和潜在后果进行描述并说明风险的基本情况及当前控制措施等。

风险分析阶段可采用德尔菲法、风险矩阵等方法，根据风险准则，结合控制有效性评价结果对风险事项的影响程度、发生可能性进行评分，并计算风险等级。

风险评价阶段结合与风险准则比较的情况，绘制风险地图、对风险事项排序，并结合风险地图进行缺陷等级认定，输出风险地图、风险排序等。

风险方案及应对阶段包括选择一个或多个改变风险的方式，从成本效益的角度考虑后拟定重大风险事项险应对方案，以获得最佳的应对方案，审批通过后实施风险应对工作。

风险监督与改进阶段主要是确保控制措施在设计与执行两个方面是有效和高效率的，并为改进风险管理工作而获取进一步的信息。

建立风险管理信息系统，可以固化风险管理基本流程，有效地收集各类风险信息，识别企业各类风险信息，定期开展风险评估工作，制定有效的风险应对方案，实时掌握风险当前应对现状，支持业务决策并不断改进管理措施，使整个风险管理工作更加标准化与规范化，更好地实现风险管理工作的实施，从而提高企业整体的风险防控能力。

（四）风险管理信息系统是风险监控预警与报告的重要平台

企业的重大风险状况随时都在变化，对风险的变化状态适时预警是进行风险应对的基础。企业通过梳理经营管理中的重要流程，对关键风险环节建立风险指标监控体系，通过风险管理信息系统定期提取汇总关键信息，动态捕捉风险变化趋势，跟踪分析风险状况和原因，对异常状况有针对性地进行预警和应对处理，让管理层及时掌握业务风险状况，督促并跟进整改过程，有效管理风险。例如，在信用风险管理中，对客户与供应商的信用额度使用情况以及应收预付款的逾期情况进行持续监控预警，对进入预警区域的客户与供应商进行重点关注并及时采取相应措施；在市场风险管理中，对库存商品持仓量及浮动盈亏进行实时监控预警，对超出风险限额的商品进行及时报告与应对。

（五）风险管理信息系统是实施风险解决方案的重要手段

风险管理的最终目标是有效地应对风险。风险管理是对未来的不确定性进行管理，因此需要在对风险识别、分析及评价的基础上，对处于不同水平的风险采取有针对性的应对策略。对于涉及内部控制的风险，通过风险管理信息系统依据重大、重要、一般等内部控制缺陷等级，跟踪缺陷整个整改过程，确保每个缺陷在限定的时间内由指定的组织、人员进行有效的整改。对于专项重大风险，根据监控预警等级进行分类应对。例如，在信用风险管理中，对于逾期应收账款进入预警区域的客户，系统可设置禁止再对此客户进行新的放货，直到此客户退出预警区域；在市场风险管理中，对浮动盈亏超过限额的商品，系统可设置禁止对商品再进行新的采购以降低整体风险水平。通过信息系统可以将风险应对工作规范化、制度化，克服过去人为的随意性，增加风险应对的纪律性，从而提高企业整体的风险管理水平。

三、风险管理工作对信息系统的要求

进入 21 世纪，经济全球化给企业发展带来巨大的推动力，推动世界经济迅猛发展，同时，经济全球化对于每个国家和企业来说都是一柄双刃剑，既是机遇，也是挑战。面对全球性的激烈竞争，企业所面临的内外部环境越来越复杂，企业所遇到的风险、挑战也更加严峻。安然的倒闭、BP 石油漏油事件、巴林银行的倒闭、中航油的巨额亏损、中信泰富炒汇巨亏事件等案例已为企业敲响警钟，如果企业不能建立健全的风险管理体系积极应对每项重大风险，就有可能给企业造成巨大损失甚至破产倒闭。但是，企业在建立风险管理体系方面也存在许多需要解决的问题与挑战。

（一）企业风险管理工作中面临的挑战

当前，企业开始重视风险管理工作，积极建立自身的全面风险管理体系。风险管理体系主要包括风险管理策略、风险管理组织、内部控制体系、风险管理工具方法以及风险管理信息系统等。风险管理策略是体系的核心，风险管理组织是体系的保障，内部控制机制和风险工具方法是体系的手段，而风险管理信息系统是体系的基础，只有建立功能完备、信息顺畅、管控到位的风险管理信息系统才能保障企业全面风险管理体系的有效运转。但是，由于企业风险管理信息系统建

设相对滞后与不理想，企业在风险管理工作中存在多种问题与挑战。

1. 如何建立企业全面统一的风险管理体系

当前企业具有管理层级多、业务领域广、地域范围宽，不同层级的职责不同，不同业务的风险控制点不同，企业面临的风险管理信息复杂多样，如何在统一的风险管理体系下，对风险进行分层、分类、集中管理是需要解决的难题。

2. 如何实现风险管理与内部控制管理的有效融合

企业风险管理工作围绕总体经营目标，通过在企业管理的各个环节和经营过程中执行风险管理的基本流程，建立健全全面风险管理体系。在此过程中，如何实现风险管理与内部控制管理在流程上的有机融合，制定统一的标准，工作协同开展，避免重复工作是个难题。

3. 如何实现风险管理与日常经营管理的深度融合

由于风险管理嵌入性的特点，不可能独立于日常经营管理流程单独存在，只有将风险管理与企业日常经营管理工作深度融合，才能更好地发挥风险管理的作用，体现风险管理的价值，而如何将风险控制点固化在业务信息系统中，同时实现风险管理信息系统与业务系统的有效集成，是目前企业风险管理信息系统建设的难点。

4. 如何实现企业从定性到量化的风险管理

实现对风险的量化分析是对风险进行有效管理的基础。由于风险量化分析模型复杂、数据质量要求高、计算量巨大，风险量化工作进展缓慢。随着信息技术的迅猛发展和风险量化工具方法的不断创新，企业从定性的风险管理走向定量的风险管理成为可能，但如何将风险量化有效应用还需要在实践过程中不断探索和总结。

5. 如何实现对重大风险进行全流程的有效管理

如何对风险及时识别、全面评估、持续监控、有效应对，并进行全流程的动态管理，确保企业面临的重大风险都能得到有效的管理，一直是企业实施风险管理的难点，也是一直困扰风险管理者的问题。

上述挑战与问题的解决，一方面，需要企业建立风险管理体系时要统筹考虑，协调推进、优化风险管理机制，避免出现短板，确保风险管理体系运转顺畅；另一方面，企业也需要通过风险管理信息系统的建设与实施工作来帮助解决上述的痛点与难点，确保风险管理体系能落地，做到既好看又能用，真正对企业的健康发展发挥作用。

（二）企业风险管理信息系统基本要求

2006 年，国资委发布的《中央企业全面风险管理指引》（以下简称《指引》）是指导中央企业开展全面风险管理工作，增强企业竞争力，促进企业持续、健康、稳定发展的重要文件。其中,《指引》中特别提到风险管理信息系统是整个全面风险管理体系中的重要组成部分,为全面风险管理体系中进行风险评估、实施风险管理解决方案、执行风险管理的基本流程、履行内部控制系统提供必需的技术基础,并提出对企业风险管理信息系统的要求。

1. 风险管理信息系统应涵盖风险管理基本流程及内控各环节

《指引》中提到:"企业应将信息技术应用于风险管理的各项工作,建立涵盖风险管理基本流程和内部控制系统各环节的风险管理信息系统,包括信息的采集、存储、加工、分析、测试、传递、报告、披露等。"

风险管理信息系统就是使用信息技术手段,对企业各个层级、各业务与管理环节实施风险管理以达到企业发展目标的要求。由于企业各个层级、经营管理以及相关的内外部环境十分复杂,就特别需要借助于风险管理系统来实现企业的全面风险管理。风险管理信息系统既可以是一个单独的信息系统,也可以是集成不同的信息系统形成整合的风险管理信息系统来实现全面风险管理的整体功能。

2. 风险管理信息系统应保障各类风险信息的质量

《指引》中提到:"企业应采取措施确保向风险管理信息系统输入的业务数据和风险量化值的一致性、准确性、及时性、可用性和完整性。对输入信息系统的数据,未经批准,不得更改。"

21 世纪初,安然、世界通讯等企业的一系列丑闻,使投资者对在美国上市的企业信息披露的真实性产生怀疑。随着《萨班斯法案》的出台,对上市企业对外披露信息的真实性提出了更高的要求,管理层需对财务信息的准确性承担刑事责任,使企业对财务等重要信息的准确性给予高度重视。

确保信息系统输入业务数据和风险信息的质量,是风险管理信息系统的重要基础。在风险管理信息系统内部应建立严格的人员访问授权、数据使用控制、操作流程规则和职责体系,以避免信息系统故障以及数据质量问题。

3. 风险管理信息系统应满足风险计量及报告等功能要求

《指引》中提到:"风险管理信息系统应能够进行对各种风险的计量和定量分析、定量测试;能够实时反映风险矩阵和排序频谱、重大风险和重要业务流程的监控状态;能够对超过风险预警上限的重大风险实施信息报警;能够满足风险管理内部信息报告制度和企业对外信息披露管理制度的要求。"

风险信息量大、变化频率高,借助信息系统实现对风险的量化分析,可以使风险应对工作更加有的放矢,更加科学。企业通过行业标杆分析、历史数据分析、情景分析等在系统中设定各风险衡量指标的标准值和合理波动区间,借助信息系统实现风险预警的自动化,实时监测风险指标,及时发出预警信息,并在规定的时间内由指定的部门和人员采取相应的应对措施。

4. 风险管理信息系统应该实现跨部门的集成与共享

《指引》中提到："风险管理信息系统应实现信息在各职能部门、业务单位之间的集成与共享，既能满足单项业务风险管理的要求，也能满足企业整体和跨职能部门、业务单位的风险管理综合要求。"

风险信息既包括业务经营的信息，也有日常管理的信息，信息散落在不同管理部门与经营单位中。企业既可在业务系统中设置风险信息采集点与管控环节，获取业务风险信息并进行风险管控；也可以将风险管理信息系统与业务信息系统有机整合，形成集成统一的风险管理信息系统，实现对企业整体风险的管理。

5. 风险管理信息系统应该确保安全、稳定运行

《指引》中提到："企业应确保风险管理信息系统的稳定运行和安全，并根据实际需要不断进行改进、完善或更新。"

风险管理信息系统的稳定和安全将直接关系到企业对风险的控制能力，如果处理不好，会给企业带来巨大损失，严重时，还会制约企业的整体发展。近年来，网络信息安全得到国家和企业的高度重视。针对风险管理信息系统需要从应用层次、信息层次、网络层级、设备层次等多方面着手开展安全防护工作。另外，还要根据企业的发展需要，结合新技术的应用，对风险管理信息系统进行改进、完善和更新。

6. 风险管理信息系统的建设与更新

《指引》中提到："已建立或基本建立企业管理信息系统的企业，应补充、调整、更新已有的管理流程和管理程序，建立完善的风险管理信息系统；尚未建立企业管理信息系统的，应将风险管理与企业各项管理业务流程、管理软件统一规划、统一设计、统一实施、同步运行。"

风险管理系统作为企业整体信息化建设的一部分，需要和企业其他业务、管理信息系统一样统一规划，统筹安排。一般来说，企业现有的业务系统并不能实现从风险识别、风险分析到风险控制的管理全过程。因此，必须将企业的业务流程和风险管理流程结合起来在系统上实现，确保系统同时适应经营管理和风险管控的新要求。

企业的战略会根据企业的目标和外部环境不断地调整，所面临的风险也会不断变化，业务和管理对风险管理信息化建设的需求在不断地变化和发展，信息系统也必须做出相应的调整。同时，信息技术和风险管理也在不断地发展和创新，只有不断持续改进和更新，才能保持信息化系统的先进性。

四、风险管理信息系统的基本功能

风险管理信息系统主要帮助企业各级业务和管理人员完成风险管理工作，支

持企业的持续健康发展。企业的风险管理信息系统应具备以下基本功能及能力：

（一）提供对各类风险信息的处理能力

风险管理工作的基础与前提是要收集海量的风险信息，因此风险管理信息系统应能采集内、外部各类信息，并进行分类存储、整理、加工、分析、传递、报告等，提高风险信息处理的效率，为风险管理的后续应对奠定基础。

（二）规范执行风险管理流程的能力

通过风险管理信息系统固化风险识别、风险分析、风险评价、风险应对等风险管理基本流程，可以帮助使用者规范执行风险管理流程，同时便捷地实现各部门和业务单位之间的风险管理信息沟通，确保信息沟通的及时、准确、完整。

（三）实现对重大风险的量化分析能力

风险管理信息系统应支持建立风险量化分析模型，对信用风险的客户信用额度、市场风险的风险限额及 VaR 等进行实时的量化计算，为风险决策提供支持。

（四）实现对各类风险指标的监控预警能力

风险管理信息系统应支持建立并监控各类风险管理指标，对指标数据进行多维度的趋势分析、同比/环比分析等，迅速感知和捕捉内外部的风险动态情况，对超过预警阈值的风险事件进行预警，提示各类人员对风险事件进行及时应对与处理。

（五）提供各类风险管理的工具与方法

风险管理信息系统应支持提供问卷调查、矩阵分析等风险管理各种专业评估方法，并支持压力测试、返回测试、穿行测试等风险管理常用工具，帮助使用者快速开展风险管理各项工作，减少大量手工工作与重复性工作，提高风险管理工作的效率。

（六）建立风险数据库实现风险事先管理

风险数据库能够记录法律数据、财务数据、管理数据、风险控制数据、损失数据等各类风险信息，并具备对各类风险信息定期更新功能，支持企业风险事件库动态管理，建立企业领导、风险管理部门、各职能部门、下属单位等各层面的各类风险查询体系，支持实现风险的事先管理。

（七）提供风险解决方案的能力

风险管理信息系统能根据风险识别和风险评估的结果，支持提供多种应对策略和解决方案，方便各级领导、各职能部门及经营单位参与风险应对工作，并对方案的执行情况进行记录、跟踪与评价，实现对重大风险的有效应对。

（八）集成其他相关信息系统的能力

风险管理信息系统需要与企业其他业务管理信息系统有机集成，实现信息在各职能部门、业务单位之间的集成与共享，既能满足单项业务风险管理的要求，也能满足企业整体和跨职能部门、业务单位的风险管理综合要求。

（九）支持形成各类风险管理报告的能力

风险管理信息系统支持快速形成周、月度的企业风险管理报告、各类专项风险评估报告，重大风险分析报告等，提供企业整体的风险管理状况，支持企业日常风险监控及风险管理决策。

（十）提供在线培训风险管理知识的能力

风险管理信息系统支持在线提供风险管理知识培训，帮助风险管理人员在系统使用过程中接受流程化的训练和专业化的学习，实现风险库与知识库信息的传递和共享，缩短风险管理人才的培训时间，提升培训效果。

五、风险信息的处理与报告

（一）风险信息的来源

企业收集与本企业风险和风险管理相关的各类风险数据，包括历史数据、当前状况和未来预测等风险信息，是企业开展风险分析、预警及应对工作的基础。风险信息的来源有内部和外部的，有定性和定量的，涉及战略风险、财务风险、市场风险、运营风险、法律风险等方面。

战略类风险方面，涉及国内外宏观经济政策以及经济运行情况、本行业状况、国家产业政策以及本企业发展战略和规划、投融资计划、年度经营目标、经营战略等，此类风险信息来自企业内部和外部，主要为定性的信息。

财务风险方面，涉及企业资产、负债、损益、担保、融资等当前状况以及历史变化趋势信息，绝大多数为来自企业内部的定量信息。

市场风险方面，涉及产品或服务的价格及供需变化、税收政策和利率、汇率、股票价格指数的变化以及内部产品的持仓量及浮动盈亏变化等情况，既有内部又有外部信息，主要以定量信息为主。

运营风险方面，涉及业务、管理流程的审批、操作方面，包括对业务运作、质量保障、安全环保、信息安全等管理中曾发生或易发生失误的业务流程或环节的监管、运行评价及持续改进能力等，主要以内部大量的定性信息为主。

法律风险方面，涉及法律法规和政策，以及本企业发生的重大法律纠纷案件的情况，以定性信息为主。

风险管理信息系统需要对变化的环境迅速做出反应，结合企业的目标对上述来自内部的和外部的、财务的和非财务的、定性的与定量的各类海量风险信息进行分类管理，获取、处理、分析并报告这些信息，确保对企业经营活动进行有效的控制。

（二）风险信息的处理流程

风险信息的处理流程一般包括信息的采集、信息的存储、信息的加工、信息的分析与测试、信息的传递等环节。在构建企业的风险管理信息系统之前，需要明确在企业不同层次、不同业务和管理环节对相关风险信息的处理流程。

1. 信息的采集

风险信息的采集就必须明确企业需要哪些风险信息，这些风险信息的来源、采集频率，不同风险信息之间的口径差异，信息的类型、采集流程等。

2. 信息的存储

鉴于风险信息的多样性，需要根据风险信息类型，在存储时需要建立良好的数据架构，解决好数据标准化和存储技术问题，并确保数据安全与使用的高效便利。

3. 信息的加工

信息系统需要根据信息的特点与需求，对各类信息进行加工和提炼，才能成为有价值可分析的风险信息。

4. 信息的分析与测试

根据企业的目标与管理需要，对风险信息进行分析。在信息分析环节，需要重点关注分析的内容、层次、方法和频度。

5. 信息的传递

风险管理信息系统必须建立良好的信息传递功能与机制，这种信息的传递机制应当建立于风险管理的各个环节中，确保风险信息及时传递给正确的人与组织。

（三）风险信息的保障措施

风险数据的准确性会直接影响企业控制风险的能力，因此企业在建立风险管理信息系统时，首先，需要保障风险信息数据源的可靠性与完整性；其次，企业要对基础管理工作的流程进行梳理，从而确保数据信息的一致性、及时性、可用性；最后，企业要重视风险管理信息系统的操作权限与操作规程控制、信息安全与数据处理流程控制。

（四）风险信息的展示与报告

一个良好的风险管理信息系统需要提供各种丰富的图形、报表、报告等功能，把风险管理的各个环节情况进行直观的展示。例如，在风险识别阶段，可展示风险信息的来源、分类、当前控制及有效性的情况；在风险分析阶段，可图形化展示风险发生的可能性与影响程度；在风险评价阶段，可直观展示当前各类风险的承受度与容忍度，并形象地显示风险的预警情况；在风险应对阶段，可展示风险的应对方案及当前应对进展情况。

风险管理信息系统除了应提供实时的风险预警、应对等功能外，还应支持企业出具各类风险报告并进行综合分析与决策。一般企业的风险报告分为周、月、季度报告。周报告需要展示涉及业务经营管理效果的风险指标数据及变化趋势；月度报告需要提供风险状况及问题分析，并对风险进行深入的定量分析与趋势判断，并评估损失承受能力；季度报告需要提供企业当前阶段整体风险状况，风险管理效果及后续工作安排。风险管理信息系统更多地对上述报告提供指标数据及趋势变化、可能损失金额，风险变化方向等量化的信息，提供的信息越翔实、范围越广、数据越准确，对企业后续开展风险综合分析判断及应对工作就越有利，发挥的作用也越大。

六、风险管理信息系统中的角色

经营管理和风险防范是一个硬币的两面，企业的战略决策就是在决策风险，企业的经营管理就是在管理风险。企业中的每个人都是风险管理者，在风险管理的工作中承担不同的职责。风险管理信息系统支持企业中的各类人员开展风险管理工作，风险管理信息系统的使用者主要分为三类，包括高级管理人员、风险管理人员以及业务管理人员，三类人员对风险管理信息要求有所侧重，关注重点各有不同。

（一）高级管理人员

企业的高级管理人员负责企业的经营管理决策，要求企业的风险管理信息系统可视。

企业的高级管理人员可通过信息系统及时直观了解企业整体的风险状况，包括企业业务经营、财务资金状况、重大项目进展等情况，实现对企业战略发展及重大项目进行科学决策；通过信息系统及时了解重大风险的应对情况、重大缺陷的改进状况，及时发现企业运营中存在的重大问题，支持企业经营管理工作的持续改进；通过信息系统提高管理的透明度，便于内外部监管机构了解企业的风险及内控状况，特别是对上市企业满足合规方面的要求，支持企业持续健康地发展。

（二）风险管理人员

企业的风险管理人员负责建立企业风险管理机制，要求企业的风险管理信息系统可管。

企业的风险管理人员可借助信息系统搭建风险管理工作平台，规范风险管理流程和标准，建立风险管理工具与方法；可借助信息系统建立风险预警指标，对重大风险提供直观的预警信息；可借助信息系统将制度化的管理体系和管理流程转化为系统化的管理手段，并支持企业有序开展风险评估、内控评价、缺陷整改等各项风险管理工作。

（三）业务管理人员

企业的业务管理人员负责企业具体风险的管理及应对工作，要求风险管理信息系统可用。

企业的业务管理人员可借助风险管理信息系统具体开展风险管理工作，包括风险识别、分析、评价以及应对工作，提高工作的效率与效果；可借助风险管理信息系统对经营管理中的风险进行监控，并根据预警情况采取针对性的应对方案，持续优化自身业务经营；可借助风险管理信息系统主动开展自评价和缺陷整改，提交内控和风控报告，满足企业内控管理工作需要。

整体来看，企业建立风险管理信息化平台可以帮助企业实现全员参与风险管理，并在这种参与和实践的过程中，将风险管理理念灌输到全体员工中，培养和提高各级人员的风险管理意识，提升企业整体的风险管理水平。

第二节　风险管理信息系统的建设与实施

信息系统的建设涉及业务经营、管理流程等方方面面，系统实施难度大，既要满足业务管理的要求，又要考虑信息技术自身的特点；系统技术要求高，既要跟上新技术更新换代的步伐，又要确保系统稳定可靠；系统用户群体多元，既要满足业务人员的管理需求，又要适应使用人员的操作习惯。因此，信息系统建设对于任何企业都不是一件轻松的事情。风险管理信息系统的建设、实施和运行方法与企业其他信息系统的建设规律基本一致，同样应符合企业整体信息管理的规划、标准、原则及技术方法等。

一、风险管理信息系统的分类

20世纪90年代，随着计算机网络与数据库技术的突飞猛进，企业的风险管理信息系统从数据处理、管理信息向战略信息系统方面转变。进入21世纪，随着计算机技术人工智能化的提高，风险管理信息系统向智能化和决策支持方面发展，尤其随着企业全面风险管理理念的不断深入，风险管理信息系统在企业核心管控与决策支持方面发挥越来越重要的作用。

常见的企业风险管理信息系统主要有以下三类：

第一类是重大风险管理信息系统，如信用风险管理、市场风险管理、法律风险管理、投资风险管理等，此类风险管理信息系统主要根据专项重大风险的特点，结合风险管理的基本流程和要求，对重大风险进行有针对性的专业化管理。

第二类是实施风险管理基本流程和内部控制工作的信息系统，主要开展风险评估以及执行内部控制管理流程的软件。由于风险管理基本流程与内部控制工作流程基本相似，工具方法相近，为了提高工作效率，部分企业将风险管理基本流程与内部控制流程有机结合起来，形成风险管理及内部控制一体化信息系统，满足企业合规和风险治理方面的需求。

第三类是风险管理专业化的分析软件，提供专业的风险管理分析工具与方法，如 Decision Tools Suite，提供基于 Excel 的一套用于不确定性因素情况下进行风险分析和决策的工具软件包。

除了上述专业的风险管理信息系统或软件以外，部分企业开发嵌入风险管理功能的信息系统，即在现有的运营管理信息系统中增加一些风险管理的监测指标、预警信息、回归和统计的功能来强化业务运营过程的风险管理工作。例如，在企业 ERP 系统中，根据信用风险管理的要求，增加客户信用额度计算、客户信用风险预警以及客户信用风险应对等方面的功能，实施对客户的信用风险管理工作。具体有以下做法：

1. 风险敞口计算

在企业 ERP 系统中计算客户的风险敞口。客户敞口 = 放货总额 + 开票总额 + 应收款总额 − 预收款

2. 信用额度管理

在放货阶段，企业 ERP 系统会生成放货申请单，在放货申请单中，系统会提示该客户的客户敞口是否超过授信额度，如超过授信额度将无法进行放货，需要客户支付货款降低客户敞口后才能进行放货。

3. 客户预警管理

根据客户应收账款逾期期限在企业 ERP 系统中设置红黄蓝预警，如逾期 1 个月、2 个月、3 个月分别设置进入蓝色、黄色、红色预警区域。

4. 客户合同管理

当企业与此客户签订新的销售合同时，在合同申请单中会提示该客户现有的应收账款是否进入预警区域，如进入预警区域，根据红黄蓝预警级别企业将分别采取相应的风险应对措施，如暂停签署新的销售合同，对客户采取催收行动。

应该说，在原有的业务系统中增加风险管理的功能，充分体现风险嵌入性的特征，是对现有的业务运营系统在风险管理方面的功能强化，也是实现企业风险管理信息化的一种有效方式与手段。

同时我们也认为，在现有的运营信息系统中增加风险指标和相应风险管理功能，仅是在具体业务中落实风险管理要求，并不是严格意义上的风险管理信息系统，企业仍需要独立的风险管理信息系统，主要解决企业整体风险管理的需求，

主要基于以下三个方面的考虑：

一是企业领导需要企业整体的风险状况来支持管理决策。这些整合的信息来源于现有的业务、财务系统、内部手工录入数据以及大量的外部数据，企业需要独立和专业的风险管理信息系统或平台整合来源多样的风险数据，并进行分析汇总，为企业的决策提供支持。

二是为满足外部公司治理、内控管理、合规等方面的要求。企业需要建立独立的专业风险管理信息系统，如符合《萨班斯法案》《巴塞尔协议Ⅱ》和 ERM 等风险管理的要求，执行风险管理流程，开展风险评估工作，落实内控工作要求，完成内控缺陷整改等工作。

三是风险管理量化工作的需要。传统的业务运营管理系统主要处理业务交易，满足业务实时运行的需要，不具备大数据以及复杂计算的要求。风险管理需要进行海量复杂的计算工作，会占用大量计算机资源，不适合部署在实时性要求很高的业务运营交易系统中完成，需要独立的风险管理信息系统，整合各种来源的数据以及历史数据和预测数据，进行风险大数据模拟、风险情景分析、风险压力测试等复杂的风险计算和分析来支持风险决策。如上述例子中，系统可以实时计算当前客户敞口及预警情况，但要获取当前所有客户的信用额度及当前与历史预警情况，对客户的整体信用情况进行多维度的分析，对实时要求比较高的交易性的 ERP 系统就无法胜任这些更高层次风险管理的需求，需要专业的风险管理信息系统来予以实现。

因此，风险管理信息系统是专业的信息系统或一个整合的信息平台，执行企业层级的风险信息处理工作，对于实现企业的全面风险管理工作是不可或缺的工具与手段。

（一）重大风险管理信息系统

企业会针对信用风险、市场风险等重大风险进行专业化的管理，根据此类风险的业务及管理特点，结合风险管理基本流程，运用量化分析手段，建立专业的风险管理信息系统，实现对重大风险的有效管理。

1. 信用风险管理信息系统

信用风险管理信息系统主要实现对客户供应商信息收集与审核管理以及信用评估与授信管理的事前管理；客户供应商信用交易执行与监控预警的事中管理；客户供应商应收款与预付款的催账和诉讼管理的事后管理，同时实现企业对客户、供应商信用信息的集中监控和管理以及多维度统计分析等，为企业各级管理部门及经营单位提供对信用风险进行强大、高效、全流程的管理工具。图 6-1 为企业信用风险管理信息系统整体架构。

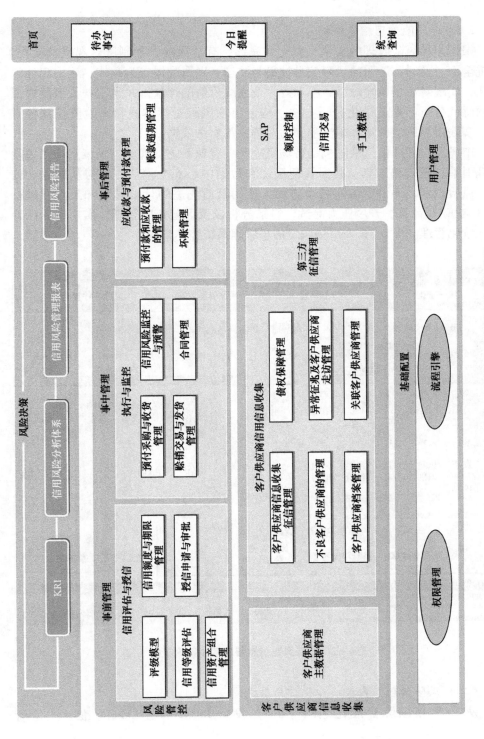

图 6-1 企业信用风险管理信息系统整体架构

2. 市场风险管理信息系统

根据市场风险管理的要求，固化并完善已有的风险管理制度、规定及流程，推进全面、及时、透明的风险信息披露与共享，以风险报告为载体，运用统计学方法，实现对市场风险敞口、浮动盈亏及在线价值的计量，并运用蒙特卡罗模拟和敏感性分析等先进量化分析方法，构建市场风险指标体系和风险监控预警机制，实践市场风险管理基本流程，为业务决策提供依据。

市场风险管理信息系统包括市场风险统一展现系统、管理与决策系统、风险管理引擎、模型和工具、数据管理系统和数据中心 6 个模块，涵盖从数据、信息、风险识别、评价和应对各个方面，使用目前先进的计量模型和工具，进行 VAR 与 EAR 计算，开展压力测试、情景分析以及风险矩阵管理，实现市场风险的定量化管理。图 6 - 2 为市场风险信息管理系统整体架构。

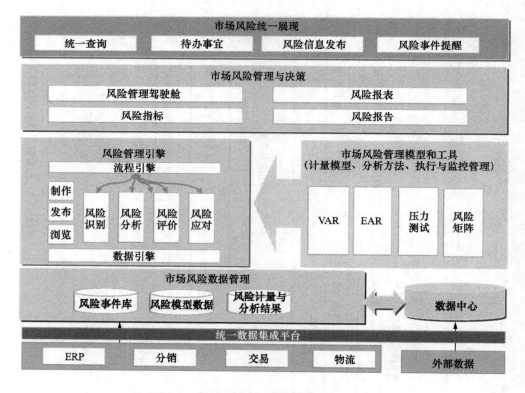

图 6 - 2 市场风险信息管理系统整体架构

（二）风险管理与内控一体化信息系统

从 2009 年国际标准化组织（ISO）发布 ISO31000：2009 标准《风险管

理——原则和指南》，到国内国资委发布《中央企业全面风险管理指引》、财政部出台《企业内部控制基本规范》及其配套指引，国内外已从制度层面建立起企业全面风险管理标准规范，为企业开展全面风险管理工作提供框架指引。

根据《中央企业全面风险管理指引》，企业风险管理工作围绕总体经营目标，通过在企业管理的各个环节和经营过程中执行风险管理的基本流程，培育良好的风险管理文化，建立健全全面风险管理体系，从而防范重大风险的发生，确保企业战略目标的达成。

按照《企业内部控制基本规范》及其配套指引的要求，企业内部控制管理工作的开展应以业务流程为出发点，以规章制度为基础，识别流程步骤和控制活动，关键控制环节和流程中存在的风险点，构建内部控制知识体系；通过内部控制评价及整改跟踪不断优化业务流程，提高企业经营管理水平和风险防范能力。

内部控制管理是风险管理有效的应对手段，良好的内部控制可保证业务流程的有效、规范运行，降低执行层面风险发生的可能性，其控制对象主要是企业内部可控的、非决策性的风险。对于内部控制无法涉及的企业外部的决策层面的风险，需要借助风险管理方法和工具实现风险的有效管控。

由此可见，风险管理是内部控制的自然延伸，内涵更宽；内部控制是风险管理的有效手段。通过建立风险管理及内控一体化信息系统，实现传统的全面风险管理工作与内部控制工作的全面、深度融合，将环境建立、风险识别、分析、评价、应对等风险管理过程与控制点建立、自评价、日常检查、监督评价、缺陷认定和整改等内部控制管理过程在工作组织、业务流程、工具手段、方式方法等多方面贯通和整合，明确并固化全面风险管理及内部控制工作的契合点和连通纽带，实现全面风险管理工作与内部控制工作的完整、有效和无缝对接。图 6 – 3 为风险管理及内控一体化系统整体架构。

（三）风险管理专业化分析工具软件

目前，市场上有软件公司提供通用性的风险数据分析与决策软件来支持风险管理决策，此类软件大都是套装软件，主要支持风险的大数据量化分析，包括进行情景分析、压力测试以及蒙特卡罗模拟等工作，帮助企业完成如项目投资决策、气象分析等特定任务的风险分析、计算等工作，支持进行多方案比选，辅助管理决策。

例如，Palisade 提供的 Decision Tools Suite 软件套装，是一组在 Microsoft Excel 中运行的集成程序，用于存在不确定因素的情况下执行风险分析和决策制定。该软件套装支持蒙特卡罗仿真及优化策略、压力测试、敏感度测试、风险矩阵、决策树、预测型建模以及统计分析等功能，可应用于多行业的风险分析、预测、决策支持等。

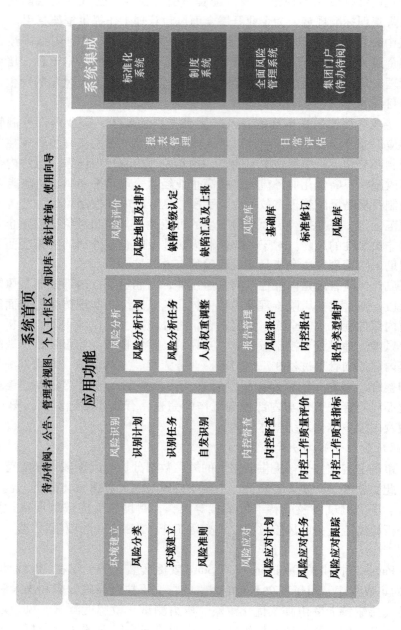

图 6-3 风险管理及内控一体化系统整体架构

（四）风险管理信息系统与其他信息系统的关系

由于风险信息来源广泛，数据质量很大意义上影响着风险管理信息系统的成败。为了实现风险信息的高度集成与全面分析，企业应建立风险管理信息整合平台，将风险管理信息系统与其他信息系统有机整合起来。风险管理信息系统整合平台依靠大量的数据接口，把散落在业务系统、财务系统、门户系统、标准化系统、数据采集平台、外部数据库等的风险数据整合到一起，形成完整的风险管理电子档案，为风险管理提供全面的数据支持，如图6-4所示。

风险管理信息系统从上述各分散系统的数据库通过数据中心实时或定时抽取各类系统数据，或通过模板采集、Excel导入、手工录入等多种方式获取数据，各类数据经过后台运算处理，被送往管理与决策平台进行展示。例如，信用风险实现供应商客户从收付款、收放货、发票等合同级别信息的风险敞口全方位、多角度的计量和分析；市场风险实现合同意义上对业务风险敞口进行计量，并将业务系统数据与手工填报数据进行比对。

通过风险管理信息整合平台，不但方便用户通过统一入口进入风险管理信息系统，而且可以减少用户的数据录入工作量，还可以便捷地对海量风险数据进行多维度、全方位地查询、分析与评估，可以极大提高风险管理的效率，帮助企业不断提升风险管理工作的水平。

二、风险数据库

风险数据库是风险管理信息系统的核心，它是风险管理信息系统存储信息的地方，通过对风险数据库中的风险数据进行合理分类和有效管理，有助于风险管理信息系统的构建与实施。

（一）风险数据库的数据分类

在风险管理信息系统中，数据被分为风险分类数据、风险事项数据、风险资产数据、法律数据、财务数据、管理数据、风险控制数据、损失数据等。

1. 风险分类数据

风险分类数据一般分为一级、二级、三级等风险类别。一级风险分类为主分类，一般可分为战略风险、财务风险、市场风险、运营风险、信用风险、法律风险等，在一级风险分类基础上再衍生出二级、三级等风险分类。如一级战略风险包括宏观经济风险、政策风险、行业风险、战略定位风险等二级风险分类；二级政策风险包括财政政策风险、货币政策风险、行业政策风险、贸易政策风险等三级风险分类。

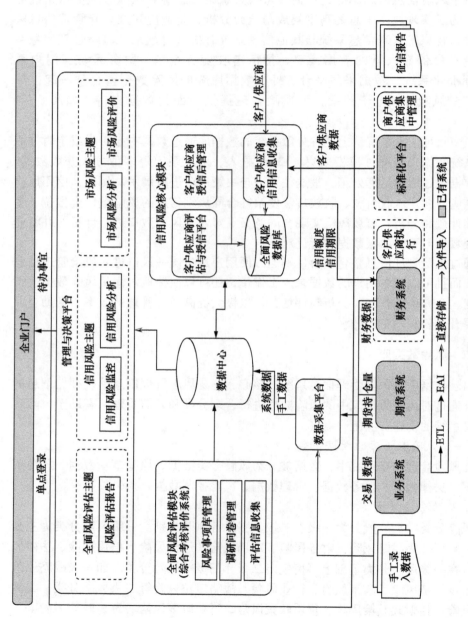

图 6 - 4 风险管理信息系统整合平台示意图

2. 风险事项数据

风险事项数据一般包括风险源、风险原因、风险事件和可能导致的后果等。一般的描述形式为谁（风险源）＋由于（风险原因）＋发生什么（事件）＋结果（后果）。为方便后续风险分析等工作，风险事项描述的程度应尽量清晰，确保不同的人都可以理解风险事项所在环境、风险事件的不确定性、管理的对象和关注点等。风险事项数据在风险数据库中按照风险分类进行组织与存储。

3. 风险资产数据

风险资产数据多种多样，一般包括供应商客户基本信息与信用信息、货物信息及收放货信息、生产经营记录、各类建筑物、设备、存货、运输工具、货币和证券、各类重要文件等。

4. 法律数据

法律数据包括企业合同方面的详细数据、相关的法律法规文件、诉讼案件等。

5. 财务数据

财务数据包括收入、费用、现金流量、债务、借贷计划、生产水平、保险金额及费率、自留风险的准备金、其他资金来源、使用的现行数据及预测数据等。

6. 管理数据

管理数据包括企业的组织结构图、风险管理的计划和目标、风险管理的措施和方案、风险管理实施的情况和跟踪反馈信息、风险管理知识手册及相关教育资料等。

7. 风险控制数据

风险控制数据包括风险控制的目标（损前与损后目标），风险控制的具体措施以及执行情况，风险控制的人员和资金使用信息等。

8. 损失数据

损失数据包括事故理赔清单、理赔准备金、毁损记录、理赔对象情况记录以及赔付记录等，能为预测未来损失金额和损失频率，进行量化分析提供有力的支持和帮助。

（二）风险数据库的应用

风险数据库中的风险事项囊括企业在生产经营过程中识别的所有风险事件。在系统中会根据风险类型的不同进行分类和分级管理。用户可以通过风险库查看每一个风险事件多维度的属性信息，以此全面掌握企业面临的风险环境以及对风险的管控情况。企业风险的管理是个动态的过程，通过不断的风险识别可对企业风险库中的风险事项进行持续的更新和优化，对企业的潜在风险进行及时管控。

风险数据库中的经营管理数据可以根据风险管理的需要进行进一步的整理、

分类，形成风险监控指标进行直观动态的风险监控预警，指导业务管理人员及时进行风险应对。风险管理人员也可以对各类经营管理数据以及外部市场数据构造各类风险模型进行量化分析，包括采用蒙特卡罗模拟、情景分析、压力测试等工具，为重大风险管理或重大决策提供支持。

风险数据库提供的风险事件报送和处理平台可以协同企业各责任部门针对风险事件进行整体应对，系统自动记录风险应对过程中各部门的工作过程、解决方案和效果，风险管理部门可以借助平台协调各部门工作，传递信息并进行指导和评价。

（三）风险数据库的构建要求

构建风险数据库需要考虑以下关键要素：一是按照企业的决策目标选择应存储的数据类型，并确定每种数据可获取性、数据质量以及足够的数据量；二是决定数据格式、报表的形式及随机存取能力，以满足风险管理信息系统的特殊功能要求；三是更新并定期核对系统的原始数据，确保数据的及时性、准确性与完整性。

三、风险管理信息系统的构建

风险管理信息系统的建设既要按照企业风险管理体系建设规划的整体要求逐步推进，不能超前也不要滞后，同时也要按照企业信息化规划的整体要求，遵循企业信息化建设标准和规范，统筹考虑，总体设计，分步实施。国内外企业多年的信息化建设实践表明，企业的信息化建设不能一蹴而就，也不能分散建设，一般应走统一规划、顶层设计、统一标准、分步实施的建设道路，否则会出现大量的信息孤岛、重复建设以及资源浪费等问题。

（一）顶层设计总体规划是保障

1. 坚持统一规划，确保科学前瞻

风险管理信息系统的建设与实施工作要按照企业风险管理体系建设的整体规划来进行统一筹划，确保信息系统建设工作与风险管理工作相匹配。企业建设信息系统需要投入大量人力物力，特别对于风险管理信息系统，只有与现有业务管理系统进行大量集成才能整合更多的风险信息。因此，系统建设的复杂性更高，难度也更大，维护工作量也更大。企业在风险管理信息系统项目立项阶段应进行充分的评估，既要能满足当前风险管理工作的需要，又不能超越阶段盲目上马建设大型风险管理信息系统工程，导致使用效果不佳造成资源浪费。

企业的风险管理工作一般是按照构建框架、强化管理、整体提升、持续成长的发展路径不断深入推进，风险管理信息化的工作一般也是从电子表格计算到风险信息的集中管理再到自动化的数据收集与分析的融合管理方向演变。因此，企业在风险管理体系搭建的初期，可以采用 Excel 工具解决风险数据记录、整理、简单分析的工作，或使用风险数据分析与决策软件解决特定领域的风险分析与决策支持方面的问题。企业随着风险管理工作的不断推进，形成重大风险管理体系后，应考虑建立重大风险管理信息系统来支持对重大风险的专项管理。当企业全面风险管理体系不断完善后，有更多的部门与人员参与风险管理工作，风险管理的领域不断拓展，企业可考虑建立大型的风险管理信息平台，整合企业内部相关的信息系统，实现对风险的集中化管理。

因此，在风险管理工作不同的发展阶段，企业对信息系统的要求也不同，应对信息系统的建设规划既要有一定的前瞻性，也要符合当前风险管理工作的需要。

2. 强调统筹推进，全生命周期管理

在系统建设前期，由业务或风险管理部门提出需求，经过评估确认后，项目列入规划中。在需求分析阶段，以共性为主，兼顾个性，提出有针对性的解决方案，确保所建系统充分满足风险管理工作需要。在系统建设阶段，加强项目管理，确保系统建设工作保质保量按期完成。在系统上线实施阶段，持续提高系统应用水平，最大限度地发挥系统中风险管理方法、标准、工具等的作用，提升风险管理专业化水平。在运行维护阶段，坚持做好日常运维服务，不断优化系统功能，提高服务质量和水平，确保系统稳定运行和成功应用。

3. 坚持统一标准，确保统一规范

在企业信息化项目建设中，要统一技术路线、统一标准编码、统一系统规范、统一体系架构、统一设计业务应用功能模块，并随着技术和业务需求的发展进行动态调整。风险管理信息系统的建设要遵循企业的信息化标准，确保风险管理信息系统与企业的其他系统有机集成，减少重复建设，避免信息孤岛，同时适时建立风险管理方面的信息化标准并加强日常管理与维护升级工作。

（二）设计总体原则

1. 适用性

系统必须契合企业的风险管理目标与 IT 规划要求，全局统筹，兼顾业务特点和风险管理要求。

2. 规范性

系统要满足风险管理流程、运营管理流程的规范化和标准化的要求。

3. 动态性

系统应当随着经营环境、行业地位、整体业务战略、风险管理要求等方面条件的变化做出相应的调整，动态反映企业管理和运行中的各项关键风险指标，实时反映出运行过程中出现的问题，以使整个企业处于动态、透明的可控状态，达到企业提高风险管理效率和科学决策能力的目的。

4. 先进性

采用业界领先的管理思想和技术手段构建系统平台，保证信息化体系结构和系统解决方案在业界处于领先地位。

5. 高效性

确保核心系统的迸发处理能力和较快的响应时间，良好地实现各模块和各系统之间的信息集成，以实时的方式实现信息的传递和共享，提高管理效率。

6. 安全性和稳定性

保证数据、用户、系统的安全性和备份方案，既要保证运行稳定性和规范地运行管理和快速服务响应能力，又要求服务提供商在实施中提供有效的规避风险和质量保证的措施。

7. 扩展性

风险管控的实施解决方案不仅可以满足企业目前的管理需要，还需考虑未来发展的需要。

（三）系统总体架构设计

从构建系统的信息技术角度来看，一个完整的风险管理系统应当主要考虑应用架构、数据架构、技术架构等。

1. 应用架构

应用架构主要描述的是支持企业管理的系统之间的关系，包括每个系统的作用、系统的范围和边界、系统之间的关系与衔接等。应用架构从功能和业务范围上进行系统间的界定，明确不同的关键业务通过不同的应用系统进行支持，划定系统内容的功能范围和系统间的功能交流。应用架构的设计关系到未来各个应用系统所能实现的范围问题，是进行系统分析和设计的基础。

2. 数据架构

数据架构描述企业的数据资源，包括数据分类、数据标准、数据分布和管理、数据使用策略、各类数据与系统应用的关系。良好的数据架构分析和设计是进行系统设计的基础，会直接影响整个企业系统间的数据分布与集成问题。

3. 技术架构

技术架构描述应用的技术实现方式，包括硬件、软件、网络，从接口定义、标准和服务等方面进行描述，确保未来的系统服务平台和网络架构平台能够支持应用的部署和运行。

（四）风险管理信息系统的安全

风险管理信息系统作为企业核心信息系统之一，在安全管理方面除了纳入企业整体信息安全防护体系以外，还要关注自身的安全风险：一是确保系统的运行稳定、可靠；二是防范黑客的攻击和入侵以及计算机病毒的侵害；三是加强授权管理，确保未授权人员无法获取风险管理信息系统的数据；四是防止计算机硬件或数据毁坏而造成损失。

（五）风险管理信息系统的改进与维护

信息系统只有不断优化与改进，才能不断满足业务发展需要并保持良性发展。根据企业风险管理工作创新、业务布局优化、组织机构调整等持续不断地对风险管理信息系统进行性能优化，开发方便用户的查询报表，使系统应用不断深化；注重风险管理信息系统与经营管理的融合，坚持不懈地进行系统的集成化开发，实现风险管理信息系统与企业其他信息系统有机融合，完成各类经营管理风险数据的实时提取和共享，发挥风险管理信息系统便捷高效的应用价值，支持企业风险管理不断提升，促进企业健康持续发展。

四、风险管理信息系统的实施

一般来说，企业风险管理信息系统实施方面分为 6 个典型阶段，即启动阶段、需求分析阶段、设计阶段、构建阶段、验收阶段和总结阶段。这些步骤为系统实施提供清晰的逻辑分段，同时为项目的有序、成功实施奠定坚实的基础。风险管理信息系统实施阶段如图 6 - 5 所示。

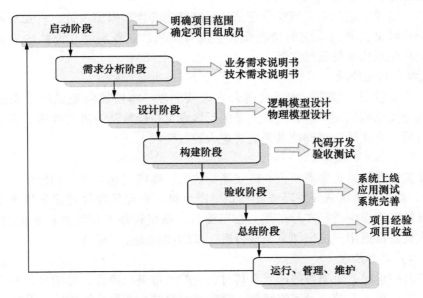

图 6 - 5　风险管理信息系统实施阶段

（一）启动阶段

在启动阶段，要充分理解企业现有情况和信息化条件，分析用户的问题以及设计问题的解决方案。最初的评估要确认和澄清目标，确认工作量，评估项目的可操作性和风险。通过评估，确定项目的开始时间、项目周期，以及项目是否会延迟。在启动阶段还应确定项目组的成员和项目范围、职责以及交付结果。

（二）需求分析阶段

在需求分析阶段，要收集和分析企业各部门的业务需求和目标。本阶段的结果为提交业务需求分析报告，这个报告识别业务的目的、意义、信息和用户界面需求。这些需求也将用于企业风险管理信息系统的设计阶段和构建阶段。

在收集业务需求的同时，与企业业务系统接口方面的需求分析也将同步进行。在进行接口需求分析过程中将秉承"业务驱动"的原则。

（三）设计阶段

在设计阶段，项目组要集中于详细的业务需求，收集和企业风险管理信息系统构架的设计，包括数据架构、流程和模型的设计。本阶段，使用各种信息收集和验证的手段，包括数据建模、过程建模和设计原型展示。设计工作要分为如下两个阶段来完成：

第一阶段，进行企业风险管理信息系统结构的逻辑模型设计。明确关键风险、风险决策管理等的业务流程、确定预警标准、确定报表统计维度层次、关键性能指标等，并创建逻辑数据模型。

第二阶段，进行企业风险管理信息系统结构的物理模型设计，将逻辑模型映射为物理模型，明确系统的功能模块、接口关系、业务规则并设计用户交互界面，最后生成详细的设计文档。

（四）构建阶段

在构建阶段，将进行实际代码开发以及测试。本阶段将完成整个系统的建立，并分发给测试用户组，测试人员的反馈意见将会被及时进行处理。当测试成功完成后，企业风险管理信息系统将进入验收阶段。

（五）验收阶段

在验收阶段，首先需要企业建立系统的生产环境（包括软件和硬件的安装和配置），然后将系统从开发环境迁移到生产环境。企业风险管理信息系统上线后正式开始在工作中进行实际应用。在部署后，系统管理者开始进行系统的维护，实施人员将根据用户提出的意见进行进一步的功能优化与完善。

（六）总结阶段

在总结阶段，对项目的成果及其对企业的收益进行评价。总结分为如下三步进行：第一步，总结项目实施经验；第二步，总结企业风险管理信息系统是否达到预期目标；第三步，评估项目对企业的影响和收益。

（七）运行、维护和管理

在企业风险管理信息系统正式交付使用并完成总结后，将进入系统的运行、维护和管理阶段。

第三节　风险管理信息系统的解决方案

　　风险管理信息系统是企业风险管理体系的重要组成部分，是搭建全面风险管理体系的基础设施和技术保障。在企业风险管理战略的指引下，通过建设企业风险管理信息系统，强化企业风险管理职能，支持企业对重大风险、重要业务管理流程的有效管理，推动企业内控体系的建设，并充分利用各种风险工具防范和对冲各种风险，搭建企业的全面风险管理体系，提高企业的风险管理整体水平，为企业健康、持续、科学发展保驾护航。

　　本节将通过介绍一家大型企业风险管理信息系统的建设案例，详细说明企业建设风险管理信息系统的目标、原则、架构以及主要功能，为企业建设风险管理信息系统提供可参照的解决方案。

一、风险管理信息系统建设总体要求

（一）建设目标

　　一是建立企业信用风险、市场风险等重大风险信息系统，支持对重大风险信息的采集、分析、监控、预警、报告等，实现对重大风险的全流程管理。

　　二是建立风险管理与内控一体化信息系统，支持企业使用统一的标准与流程开展风险管理及内控管理工作，实现风险管理及内部控制工作的日常化、流程化和标准化。

　　三是建立整合的风险管理信息平台，为企业提供集成、统一的风险管理信息系统，支持各经营单位执行风险管理流程，提高风险管理工作的效率，增强风险管理能力。

（二）建设原则

1. 立足当前，兼顾长远

　　系统建设既能满足当前风险管理信息集中管理的需要，同时又要具有良好的灵活性和扩展性，为将来系统能支持全面风险管理工作打好基础。

2. 管理先行，技术保证

　　优化和完善企业信用风险、市场风险等重大风险的管理目标、风险指标、分析方法、报告模板等，搭建企业风险管理信息系统整体框架，实现对企业重大风险的有效管理。

3. 总体规划，分步实施

统一规划风险管理信息系统的建设工作，先推进信用风险、市场风险的建设工作，然后再开展风险管理及内控一体化信息系统建设工作。在实施过程中采取先试点、后全面推广的方式。

（三）建设要求

1. 落实分类、分层、集中的管理要求

按照企业全面风险管理相关制度要求，遵循 ISO31000 风险管理标准，落实全面风险管理分层、分类、集中原则。在管理方式上，分层管理指建立企业各层级单位的风险控制库、风险准则等，实现各级单位对自身风险和控制灵活开展评估和管理；分类管理是指对风险按照职能条线、管理目标等进行划分，并由相应部门进行落实，实现各部门开展自身管理范围内的日常风险评估和管理；集中管理是指建立统一的信息平台，构建统一的风险管理框架和运行过程，采用统一的工具方法和风险管理语言，实现对风险信息、风险管理工具和方法等的集中管理。在管理内容上，分类管理是指对不同的风险类型开展专业化管理；分层管理是指通过分解落实各个层面的风险管理责任，实现对风险从整体到局部、从宏观到微观的专业化管理；集中管理是指通过统一策略、统一数据标准，实现对风险信息的集中管理，实现对跨部门风险事项的统一决策和协同管理。

2. 支持对重大风险的有效管理

满足企业各经营单位对信用风险、市场风险等重大风险的事前、事中、事后全过程管理，同时满足企业对信用风险、市场风险等重大风险的集中监控和日常管理以及多维度统计分析等，为各级经营单位提供对全面风险进行强大、高效、全流程的管理工具。

3. 实现风险管理及内部控制的全面融合

实现传统的全面风险管理工作与内部控制工作的全面、深度融合，将环境建立、风险识别、风险分析、风险评价、风险应对等风险管理过程与内部控制标准建立、自评价、日常检查、监督评价、缺陷认定和整改等内部控制管理过程在工作组织、业务流程、工具手段、方式方法等多方面贯通和整合，明确并固化全面风险管理及内部控制工作的契合点和连通纽带，实现全面风险管理工作与内部控制工作的完整、有效和无缝对接。

4. 进一步推动全面风险管理体系落地

支持各经营单位灵活、自主地开展对具体风险事项的评估、控制有效性评价，支持各单位开展针对具体部门、项目、风险类别等多维度的风险管理工作，支持各单位风险负责人员对风险事项和控制分别进行分析评价，实现全面风险管理和内部控制工作在企业各级单位、部门、岗位的落实，推动全员全过程的、主动自发的、自下而上的风险管理和内部控制工作。

5. 符合信息管理规划总体要求，形成一套风险管理系统

风险管理信息系统建设应符合企业信息管理规划的总体要求，符合企业信息管理标准化、应用体系、开发平台、技术架构等要求，实现与现有应用系统的有效整合，充分利用现有技术平台，避免重复建设，形成风险管理和内部控制管理应用平台，实现包括功能设置、流程管理、报表查询、统一登录、权限分配等各种功能要求，建立一套完整、统一、有机的全面风险管理信息系统。

二、风险管理信息系统的整体功能

企业风险管理信息系统包括全面风险统一信息展现、全面风险管理与决策、重大风险管理与内部控制管理、风险管理引擎、风险数据管理和数据中心等模块，企业风险管理信息系统整体架构如图6-6所示。

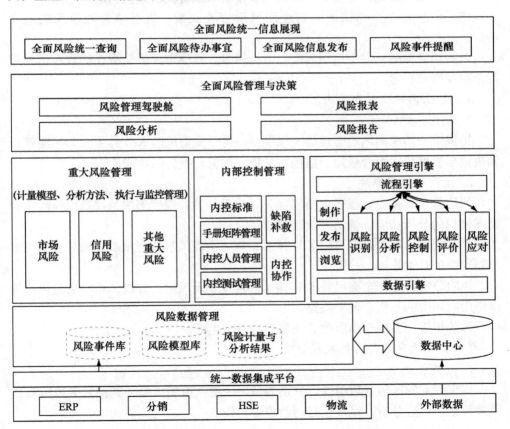

图6-6 企业风险管理信息系统整体架构

（一）全面风险统一信息展现

1. 功能描述

提供全面风险管理的统一入口。基于企业门户建设规范，构建全面风险管理子门户，统一提供待办事宜、风险信息统一查询和风险信息的发布等功能，集成信用风险、市场风险、其他重大风险等专业管理子系统，搭建风险管理及内控一体化信息平台，为各级风险管理用户提供一站式服务与体验。

2. 主要子功能模块

统一待办事宜：为全面风险管理用户提供统一的市场风险、信用风险、其他重大风险管理以及内部控制事项的待办事宜功能，包括风险管理日历、待办提醒等功能。

统一信息查询：基于风险数据库，提供对风险事件统一查询功能，包括基于客户、供应商的查询，分商品、合同以及预警级别等灵活查询功能。

统一信息发布：提供统一的全面风险管理政策、指引等管理信息的发布功能。

风险预警提醒：对于信用风险、市场风险、其他重大风险潜在的风险信号进行自动预警和提醒。

（二）全面风险管理与决策

1. 功能描述

提供统一的全面风险管理与决策平台，基于全面风险 KRI 体系，为风险管理和决策层提供风险组合管理、监控、分析、预警、报告的功能。

2. 主要子功能模块

风险管理驾驶舱：基于全面风险 KRI 体系，为风险管理决策层提供风险组合动态模拟的分析功能，辅助风险政策的制定。

风险报表：基于全面风险 KRI 体系，构建全面风险管理报表，满足管理决策层对风险的日常管理。

风险分析：基于全面风险 KRI 体系，构建全面风险的分析体系，满足风险管理部门对风险的分析，辅助决策。

风险报告：辅助全面风险管理报告的自动生成。

（三）重大风险与内部控制管理

1. 功能描述

提供专业的风险管理组件，分别为信用风险、市场风险、其他重大风险提供风险计量、风险分析、风险执行与监控等功能。

2. 主要子功能模块

信用风险：提供客户供应商信用风险统一信息收集、客户供应商信用评级、信用额度审批、信用额度总量控制、授信管理、执行与监控功能。

市场风险：提供分商品的市场风险分析与计量功能，包括价格模拟、浮动盈亏计量、资产价值损失 VaR、业务单元损益 EaR、压力测试等功能。

其他重大风险：针对各类其他重大风险的管理要求，提供各类其他重大风险的信息识别、排序、提醒、查询和报告功能。

内部控制管理：实现内部控制标准、内部控制人员、内部控制测试、内部控制分析等核心功能，并与风险管理引擎有机整合，形成风险管理及内部控制整合的一体化平台。

风险管理引擎：基于企业统一的集成平台，为风险管理提供统一的流程管理和数据管理的集成服务。

（四）风险数据管理

1. 功能描述

提供统一的风险数据管理功能，包括风险事件库管理、风险模型库管理、风险计量与分析结果管理等，并与各业务源系统和数据中集成，形成对风险数据的统一管理。

2. 主要子功能模块

风险事件库：对风险预警事件进行统一记录，逐步形成风险事件规则和统一的风险知识管理，方便风险管理用户的统一查询。

风险模型库：针对各类风险的计量模型，提供统一的模型库管理功能，包括信用风险的客户供应商评级模型，市场分析的浮动盈亏计量模型、VaR 模型、EaR 模型等。

风险计量与分析结果：提供风险计量与分析结果的统一存储和管理功能。

风险数据集成：通过统一数据集成平台，将风险限额等信息反馈到各个业务系统，进行有效的风险控制；与数据中心集成，形成风险数据的基础信息来源，包括交易数据、合同信息、交易对手信息等。

三、信用风险管理系统的功能设计

按照信用风险分层、分类、集中的管理原则，实现企业供应商客户信息收集与审核管理、信用评级与授信管理、信用监控与预警管理、逾期账款管理、统计分析等事前、事中、事后全过程管理，具有健全的信用风险管理制度、操作流程、工具和方法。在此基础上，信用风险管理信息系统按照执行层和分析管理层等两个层面实现供应商、客户等事前、事中、事后管理以及信用风险管理规划与评价、信用风险报告体系等管理需求的落地。信用风险管理系统功能如图 6－7 所示。

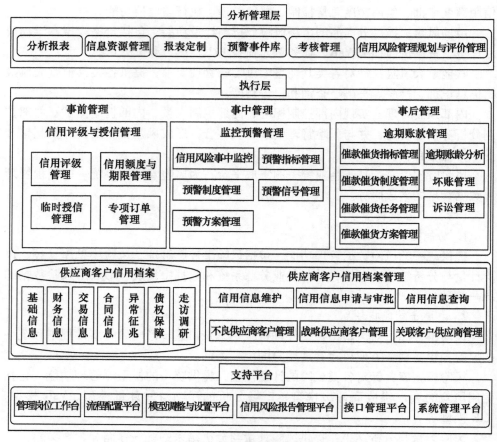

图 6 -7　信用风险管理系统功能

（一）供应商客户信用档案管理

1. 功能介绍

供应商客户信用档案信息是信用风险管理的基础，通过对供应商客户信用档案信息的管理，可以实现企业对供应商客户信用信息的共享，建立企业统一的供应商客户信用信息收集与管理平台，解决供应商客户信用档案信息动态合并问题，为企业提供及时丰富的数据。信用风险管理信息系统提供信用信息维护、信用信息申请与审批、信用信息查询、不良供应商客户管理、关联供应商客户管理、战略供应商客户管理等功能。

2. 功能说明

（1）信用信息维护

信用信息维护包括供应商客户信用信息的录入及修改、关键信用信息变化记录的查询、关键信用信息变更申请等功能。系统支持根据供应商客户类型灵活自助设置信用信息录入维护模板。

（2）信用信息申请与审批

当关键信用信息发生变更时，系统自动提交变更申请，并根据自助设定的信用信息审批流程，完成信用信息的审批工作。系统支持关键信用信息的灵活自助设置。

（3）信用信息查询

查询供应商客户的详细信用信息。系统会根据使用人员的所属部门、职务级别、所属单位层次等提供相应的信用信息查询界面，使销售人员与信控人员、普通职员与管理人员、经营单位人员与企业人员查询到各自所需的供应商客户信用信息，达到信息共享与信息安全的完美结合。

（4）不良供应商客户管理

不良供应商客户类型包括黑名单、灰名单。系统功能包括不良供应商客户指标管理、不良供应商客户制度管理、不良供应商客户申请、不良供应商客户审批、不良供应商客户查询等。系统支持灵活自助设置不良供应商客户指标，支持根据不良供应商客户制度自动筛选灰黑名单功能。

（5）关联供应商客户管理

完成关联供应商客户树的建设及关联供应商客户相互关系的维护。支持企业层面的关联供应商客户管理和经营单位层面的关联供应商客户管理。系统功能包括关联供应商客户维护、关联供应商客户信用信息查询（包括整体额度、个体额度、异常信息、风险信息等的查询）等。

（6）战略供应商客户管理

战略供应商客户管理包括战略供应商客户申请、战略供应商客户审批等功能。

3. 系统特点

（1）丰富的供应商客户信用档案信息

供应商客户档案信息包括基础信息、交易信息、财务信息、评价信息、异常征兆信息、走访调研信息、债权保障信息等。

基础信息包括联系信息、概况、注册信息、股东信息、银行信息、人员信息、董事会信息、企业家庭树信息、相关文件等。

财务信息包括资产负债表、损益表、现金流量表、财务比率分析等。

交易信息包括合同信息、应收（应付）账款情况、DSO 情况、回款（收货）情况等。

其中，通过相关文件管理，实现对供应商客户的信用报告、相关证件扫描件、债权保障文件等电子文件的管理，即电子文件柜功能。

（2）完善的供应商客户信用档案管理

采用流程化管理方法对供应商、客户等信用档案信息进行管理，实现整个企业供应商客户信用档案信息的同步。

（3）个性化的供应商客户档案模板管理

采用供应商客户信用档案模板定制化管理方法对供应商、客户等各种类别的供应商客户信用档案进行维护，并支持对录入数据的自动逻辑校验。

（4）多种信用信息采集方式

支持供应商客户档案信息的手工录入、支持通过接口的方式从 ERP 系统中自动采集供应商客户信息、支持报告的直接导入、支持 Excel 等多种电子文件格式的其他外部数据的导入。满足内外部信用信息采集需求以及不同信息化水平经营单位信用信息采集需求。

（5）任务及时提醒

系统支持供应商客户信用档案信息审批任务提醒、供应商客户信用档案关键信息变更提醒、不良供应商客户审批任务提醒、战略供应商客户审批任务提醒等自动提醒功能，并提供系统内提醒及系统外提醒两种提醒方式。系统内提醒即用户登录系统后自动提醒；系统外提醒即通过 E – mail 或短信方式进行提醒。

（二）供应商客户信用评级与授信管理

供应商客户信用评级与授信管理包括信用评级管理、信用额度与信用期限管理、临时授信管理、专项订单管理等。

1. 信用评级管理

（1）功能介绍

供应商客户信用评级是制定供应商客户信用额度、预付额度及信用期限的重要参考指标，通过设置多套有侧重的评估模型，完成对不同供应商客户群的评级工作，提供评估模型选择、信用评级申请、信用评级审批、信用评级查询、申请结果及审批状态查询、添加附件等功能。

（2）功能说明

①评估模型选择。

为供应商客户指定评估模型，可以手工指定评估模型，也可以根据一定规则由系统自动指定评估模型。

②信用评级申请。

支持按评估模型批量自动计算供应商客户信用评级、设置供应商客户信用评级有效期、供应商客户信用评级结果回溯、信用评级提交审批等功能。

③信用评级审批。

支持对供应商客户信用评级申请的审批，支持灵活自助设置审批流程。

④信用评级查询。

查询供应商客户历史信用评级记录。

⑤申请结果及审批状态查询。

查询信用评级申请结果及审批状态。

⑥添加附件。

信用评级申请时支持参考资料以附件形式上传，可添加多个附件。

（3）系统特点

①公正、客观、科学的信用评级管理。针对不同供应商客户群，设置多套有侧重的评估模型，采用流程化管理方法，实现供应商客户评级、晋级、降级管理，为供应商客户授信、监控预警、催收提供良好的依据。

②审批任务及时提醒。提供系统内提醒及系统外提醒两种提醒方式。系统内提醒即用户登录系统后自动提醒；系统外提醒即通过 E－mail 或短信方式进行提醒。

③完善的信用评级参考因素记录机制。通过记录信用评级时采用的评估模型、申请人员及申请资料、参与的审批人员及审批意见、供应商客户信用信息快照等资料，建立完善的信用评级参考信息收集机制，为以后追溯信用评级结果的前因后果及信用评估模型调整奠定良好的基础。

2. 信用额度与信用期限管理

（1）功能介绍

供应商客户的信用额度是与供应商客户发生信用交易的前提条件，通过对供应商客户信用额度的控制，减少信用风险的发生。系统提供信用额度模型与信用期限模型选择、信用额度与信用期限申请、信用额度与信用期限审批、历史信用额度与信用期限查询、信用额度使用情况查询、申请结果及审批状态查询、添加附件等功能。

（2）功能说明

①信用额度模型与信用期限模型选择。为供应商客户指定信用额度模型与信用期限模型，可以手工指定信用额度模型与信用期限模型，也可以根据一定规则由系统自动指定信用额度模型与信用期限模型。

②信用额度与信用期限申请。支持按信用额度模型与信用期限模型批量自动计算系统建议信用额度、系统建议信用期限。支持手工指定修订信用额度、修订信用期限，支持设置信用额度与信用期限有效期、申请原因，支持建议信用额度回溯，支持以附件方式上传参考资料。信用额度的申请包括普通供应商客户信用

额度申请、关联供应商客户总体信用额度申请、公共供应商客户总体信用额度申请。

③信用额度与信用期限审批。对供应商客户信用额度与信用期限申请的审批，支持灵活自助设置审批流程。信用额度审批包括普通供应商客户信用额度审批、关联供应商客户总体信用额度审批、公共供应商客户总体信用额度审批。审批通过以后生成最终使用额度和最终使用信用期限，并通过接口自动传递到 ERP系统。

④历史信用额度与信用期限查询。查询供应商客户历史授信记录。

⑤信用额度使用情况查询。查询供应商客户已用额度、剩余额度等。

⑥申请结果及审批状态查询。查询信用额度申请结果及审批状态。

（3）系统特点

①流程化的授信管理。设置多套信用额度及信用期限模型，采用流程化管理方法，有效控制交易过程中供应商客户预付赊销额度及预付赊销期限，减少风险的发生。

②关联供应商客户授信管理。通过设置关联供应商客户总体信用额度，实现通过关联供应商客户总体信用额度与单个供应商客户个体信用额度共同控制信用交易的多级额度管理机制。

③公共供应商客户授信管理。通过设置公共供应商客户总体信用额度，实现通过公共供应商客户总体信用额度与单个经营单位供应商客户个体信用额度共同控制信用交易的多级额度管理机制。

④信用额度使用情况实时查询。实时查询已用额度、剩余额度等。

⑤完善的授信参考因素记录机制。通过记录授信时采用的模型、申请人员及申请资料、参与的审批人员及审批意见、供应商客户信用信息快照等资料，建立完善的授信参考信息的收集机制。为以后追溯授信结果的前因后果及授信模型调整奠定良好的基础。

3. 临时授信管理

（1）功能介绍

当供应商客户没有信用额度或信用额度已经用完，又需要与供应商客户发生信用交易时，需要走临时授信流程，提供临时授信申请、临时授信审批、历史临时授信查询、申请结果及审批状态查询、添加附件等功能。

（2）功能说明

①临时授信申请。发起针对供应商客户合同/订单的临时授信申请，支持设置临时额度有效期、填写申请原因、以附件方式上传参考资料等功能。

②临时授信审批。对临时额度申请的审批，支持灵活自助设置审批流程。审

批通过以后生成最终临时额度，并通过接口自动传递到 ERP 系统。

③历史临时授信查询。查询供应商客户历史临时授信记录。

④申请结果及审批状态查询。查询临时授信申请结果及审批状态。

（3）系统特点

①临时授信管理。针对供应商客户合同/订单提供临时信用额度的管理，采用流程化管理方法，处理特殊情况下的信用交易。

②审批任务及时提醒。提供系统内提醒及系统外提醒两种提醒方式。系统内提醒，即用户登录系统后自动提醒；系统外提醒，即通过 E - mail 或短信方式进行提醒。

③完善的临时授信参考因素记录机制。通过记录临时授信时申请人员及申请资料、参与的审批人员及审批意见、供应商客户信用信息快照等资料，建立完善的临时授信参考信息的收集机制。为以后追溯临时授信的前因后果奠定良好的基础。

4. 专项订单管理

（1）功能介绍

当供应商客户额度已经用完、在 ERP 中发生锁单情况或者有些特殊订单不能走正常授信流程时，需要走专项订单管理流程，提供专项订单申请、专项订单审批、历史专项订单查询、申请结果及审批状态查询、添加附件等功能。

（2）功能说明

①专项订单申请。支持以接口方式从 ERP 自动提取锁定或专项订单，支持设置填写申请原因、以附件方式上传参考资料等功能。

②专项订单审批。支持对专项订单申请的审批，支持灵活自助设置审批流程。审批通过以后通过接口自动将审批结果传递到 ERP 系统。

③历史专项订单查询。查询供应商客户历史专项订单记录。

④申请结果及审批状态查询。查询专项订单申请结果及审批状态。

（3）系统特点

①专项订单管理。针对锁定订单或特殊订单提供专项订单管理，采用流程化管理方法，完善信用交易控制手段。

②审批任务及时提醒。提供系统内提醒及系统外提醒两种提醒方式。系统内提醒即用户登录系统后自动提醒；系统外提醒即通过 E - mail 或短信方式进行提醒。

③完善的专项订单参考因素记录机制。通过记录专项订单审批时申请人员及申请资料、参与的审批人员及审批意见、供应商客户信用信息快照等资料，建立完善的专项订单审批参考信息的收集机制。为以后追溯专项订单的前因后果奠定

良好的基础。

（三）信用监控预警管理

1. 功能介绍

收集宏观、行业、地区、具体供应商客户等风险信息；定期发布经整理后的风险信息；对关键风险事件、重大风险事件启动报告、处理与跟踪流程。

通过灵活自助设置信用风险监控指标以及监控点，由系统自动监测、自动预警提示并记录结果，实现合同风险、付款风险、坏账风险等的预警功能，提供供应商客户信用风险事中监控、信用风险预警指标管理、信用风险预警制度管理、预警信号管理、预警方案管理等功能。

2. 功能说明

（1）信用风险事中监控

系统自动从 ERP 抽取预付采购与收货、赊销交易与发货数据，实现动态监控供应商应付账款、已付账款、应收货物、已收货物、风险敞口，客户应收账款、已收账款、应发货物、已发货物、风险敞口等信用风险信息。

针对既是供应商又是客户的特殊供应商客户，采取合并风险敞口等手段综合监控信用风险。支持链接式回溯跟踪，掌握风险敞口的具体原因。

（2）信用风险预警指标管理

通过公式编辑器技术，实现信用风险预警指标的灵活自助设置，支持分层、分类设置企业级别、经营单位级别、不同行业类型、不同产品类型的多种预警指标。支持关键风险事件、信用额度使用率、关联供应商客户逾期等定性预警指标、定量预警指标的设置。

（3）信用风险预警制度管理

通过灵活组合信用风险预警指标，制定信用风险预警制度。风险预警制度包括对应风险预警指标及触发条件、建议风险预警信号、建议应对措施等内容。支持对信用风险预警制度的灵活自助设置，支持分层、分类设置企业级别、经营单位级别、不同行业类型、不同产品类型的多种风险预警制度。

（4）预警信号管理

系统根据信用风险预警制度自动监控供应商客户信用信息，生成红黄蓝等不同预警级别的预警信号，并自动将预警信号及建议应对措施通知相关人员。系统支持操作人员对预警信号的跟踪及信息反馈管理。系统支持对预警结果的链接式回溯跟踪，掌握信用风险预警的具体原因，支持将预警信号加入预警事件库功能。

（5）预警方案管理

针对预警结果进行预警方案管理。预警方案管理包括预警方案申请、预警方案审批等功能。支持灵活自助设置审批流程。审批通过以后通过接口自动将预警方案处理结果传递到 ERP 系统。支持将预警方案加入预警事件库功能。

3. 系统特点

（1）"轻重结合"的预警管理

通过预警级别划分不同等级的预警信号，并采取有侧重的跟踪跟进方式，做到一般预警任务提醒、严重预警流程审批"轻重结合"的预警管理。

（2）分层、分类的预警管理

将各种预警指标按照不同层次、不同类别进行分类，制定出分层、分类的预警制度，使企业、经营单位能够按照各自关注的信用风险预警事项制定有针对性的信用风险预警制度；不仅实现经营单位对供应商客户的监控预警管理，而且实现企业对关联供应商客户、公共供应商客户的监控预警，甚至实现企业对二级经营单位、二级经营单位对三级经营单位的监控预警管理。

（四）逾期账款管理

1. 功能介绍

逾期账款管理是对应收账款管理、应付账款的管理、应收货物的管理。应收（应付）账款是企业运营资金流入（流出）的一个主要来源，因此对应收（应付）账款的管理是保证企业资金健康运作的一个主要手段。逾期账款管理包括逾期账款分析、催款催货指标管理、催款催货制度管理、催款催货任务管理、催款催货方案管理、坏账管理、诉讼管理等功能。

2. 功能说明

（1）逾期账款分析

系统自动从 ERP 抽取预付账款、应收账款数据以及核销、收货等数据，实现动态监控供应商预付账款账龄结构、付款结构以及客户应收账款账龄结构、回款结构。采取横向和纵向分析方法，实现对应收账款结构与应付账款结构以及回款与付款结构的趋势和对比分析。掌握客户的回款习惯以及供应商的供货习惯。系统功能包括账龄结构分析、DSO 分析、回款和付款结构分析等。支持链接式回溯跟踪，掌握供应商客户逾期的具体原因。

（2）催款催货指标管理

通过公式编辑器技术，实现催款催货指标的灵活自助设置，支持分层、分类设置企业级别、不同经营单位级别、不同行业类型、不同产品类型的多种催款催货指标。支持重大风险事件、公共供应商客户逾期总额、关联供应商客户逾期总额等定性、定量催款催货指标的设置。

（3）催款催货制度管理

通过灵活自助组合催款催货指标，制定催款催货制度。催款催货制度包括对应催款催货指标及触发条件、建议催款催货级别、建议应对措施等内容。支持对催款催货制度的灵活自助设置，支持分层、分类设置企业级别、不同经营单位级别、不同行业类型、不同产品类型的多种催款催货制度。

（4）催款催货任务管理

系统根据催款催货制度自动监控供应商客户应收货物、应收账款。根据严重程度生成不同级别的催款催货任务，并自动将催款催货任务及建议应对措施通知相关人员。系统支持操作人员对催收任务、逾期订单的跟踪及信息反馈管理，比如有无争议、逾期原因、催款催货进度、催款催货计划、处理情况等信息的反馈。系统支持对催款催货任务的链接式回溯跟踪，掌握供应商客户逾期的具体原因，支持将催款催货任务加入预警事件库功能。

（5）催款催货方案管理

针对逾期比较严重的需要进行催款催货方案管理。催款催货方案管理包括催款催货方案申请、催款催货方案审批等功能。支持灵活设置多种催款催货方案类型，比如上门、停止信用交易、诉讼、坏账计提等。支持灵活自助设置审批流程。审批通过以后通过接口自动将催款催货方案处理结果传递到 ERP 系统。

（6）坏账管理

对无法收回的应收账款或者无法收到货物的预付账款，根据一定规则进行坏账管理，包括模拟坏账计提、坏账核销登记等功能。模拟坏账计提通过设置模拟计提指标、模拟计提规则实现对逾期账款的坏账模拟计提功能。系统支持对模拟计提指标、模拟计提规则的灵活自助设置功能。

（7）诉讼管理

诉讼申请审批流程统一在催款催货方案管理中进行。本模块负责对已经通过诉讼审批的供应商客户的诉讼管理，包括诉讼阶段管理和诉讼后期执行管理。支持包括诉讼法官、诉讼要点、诉讼费用、诉讼结果、诉讼执行法官、诉讼执行进度、诉讼执行结果等详细信息的记录。通过与企业法律诉讼信息系统之间开发接口来达到内部诉讼信息共享的目的。

3. 系统特点

（1）"轻重结合"的催款催货管理

通过逾期严重程度划分不同级别的催款催货任务，并采取有侧重的跟踪跟进方式，做到一般逾期任务提醒、严重逾期流程审批"轻重结合"的催款催货管理。

（2）分层、分类的催款催货管理

将各种催款催货指标按照不同层次、不同类别进行分类，制定出分层、分类的催款催货制度。使企业、经营单位能够按照各自关注的信用风险事项制定有针对性的催款催货制度，不仅实现经营单位对供应商客户催款催货的管理，而且实现企业对关联供应商客户、公共供应商客户的催款催货，甚至实现企业对二级经营单位、二级经营单位对三级经营单位催款催货的管理。

（3）催款催货跟踪及争议处理

支持催款催货过程的跟踪，记录历次的催款催货情况、供应商客户逾期原因、催款催货进度、已采取措施与结果等。

（五）信用风险管理工作评价管理

1. 功能介绍

信用风险管理工作评价管理包括考核指标任务制定，考核指标任务完成情况统计分析、信用风险管理工作评价等功能。

2. 功能说明

（1）考核指标任务制定

支持多种考核指标，支持一种考核指标的月度、季度、年度任务的设定，支持个人考核指标任务的设定以及经营单位考核指标任务的设定等。

（2）考核指标任务完成情况统计分析

统计各考核指标的实际完成情况与设定考核任务之间的差异。统计分析报表支持图形展示、支持按 Excel 等电子格式导出。采取趋势分析与对比分析等手段，达到纵横结合的统计分析目的。支持链接式回溯跟踪，掌握各考核指标完成与否的具体原因。

（3）信用风险管理工作评价

完成信用风险管理评价工作，包括评价指标管理、评价制度管理、信用风险管理评价等功能。评价指标管理，通过公式编辑器技术，实现评价指标的灵活自助设置，支持分层、分类设置企业级别、经营单位级别、不同行业类型、不同产品类型的多种评价指标。评价制度管理，通过公式编辑器技术灵活组合评价指标制定评价制度。信用风险管理评价制度包括评价指标选择、评价指标打分方法确定、评价指标权重设置、信用风险管理评价公式制定等步骤。支持对评价制度的灵活自助设置，支持分层、分类设置企业级别、经营单位级别、不同行业类型、不同产品类型的多种信用风险管理评价制度。信用风险管理评价，根据评价制度中设置的各层、各类信用风险管理评价制度，自动完成企业对经营单位，经营单位对下级经营单位及信用风险管理人员的信用风险管理评价工作。

3. 系统特点

通过设定个人级别、部门级别、经营单位级别的月度、季度、年度考核任务，实现企业、经营单位多层次、多类型的信用风险指标考核管理。

（六）预警事件库管理

1. 功能介绍

预警事件库是信用风险管理工作的知识库，支持将信用风险管理工作中的内部典型案例加入预警事件库，同时也支持将相关行业、相关企业的外部典型案例加入预警事件库。

2. 功能说明

管理具有代表性的预警事件，将某一事件的各类信息进行整合，自动记载预警时间，预警级别，预警持续时间，相关交易情况（获利及损失金额），违约的合同内容及相关文本影印件等，征信情况，诉讼情况，解决方法及执行情况，有无担保质押等措施，是否计提坏账等，建立有前因后果的完整的信用风险事件库。

（七）模型调整与设置平台

1. 功能介绍

供应商客户评估模型、信用额度模型、信用期限模型是对供应商客户进行评级、授信的基础，根据评估模型、信用额度模型、信用期限模型，系统即可计算出建议的信用评级、信用额度、信用期限，提供评估模型设置、信用额度模型设置、信用期限模型设置等功能。

2. 功能说明

（1）供应商客户评估模型设置

供应商客户评估模型包括定义指标、确定指标打分方法、设置指标权重、设置信用评级的呈现方式等功能。支持多套评估模型设置，可以根据行业特性、产品特性制定各种供应商、客户等类型的评估模型。通过公式编辑器技术，实现对指标的灵活自助设置。支持模型模板功能，企业或上级经营单位可以设定模型模板，在模型模板中设定必选指标以及对应指标打分方法，设定下级是否具有添加指标的权限，并设定指标对应权重调整区间，下级经营单位可以在必选指标的基础上根据权限添加指标，并在必选指标权重调整区间范围内设定指标权重，形成本经营单位的评估模型。支持模型版本控制，对评估模型采取版本控制，记录历次调整记录，为以后模型调整奠定基础。

（2）信用额度模型设置

信用额度模型包括定义指标、确定指标打分方法、设置指标系数，支持多套模型设置。通过公式编辑器技术，实现对指标的灵活自助设置。支持模型模板功能，企业或上级经营单位可以设定模型模板，在模型模板中设定必选指标以及对应指标打分方法，设定下级是否具有添加指标的权限，并设定指标对应权重调整区间，下级经营单位可以在必选指标的基础上根据权限添加指标，并在必选指标权重调整区间范围内设定指标权重，形成本经营单位的信用额度模型。通过模型模板功能，实现企业对信用风险偏好及承受度的把控，企业可以根据所处发展阶段和竞争环境，决定采取积极的或保守的信用授信政策。支持模型版本控制，对信用额度模型采取版本控制，记录历次调整记录，为以后模型调整奠定基础。

3. 系统特点

（1）便捷的子模型设置功能

模型可分为子集模型和顶级模型，子集模型可以作为指标直接应用至顶级模型中，避免相同指标的重复设置。

（2）强大的公式编辑器

提供字段/指标/子模型的选择、四则运算、函数运算等功能，协助用户快速完成模型的设置。

（3）模型模板功能

通过模型模板功能，实现对统一的模型设置方法论与存在差异的模型业务需求的完美结合。

（八）信用资源管理

1. 功能介绍

通过信用资源管理，实现对全年信用资源需求的预测、制定年度信用资源的投入总量，并根据相关制度将年度信用资源的投入总量分配到每个经营单位。系统功能包括信用资源指标管理、信用资源制度管理、信用资源申请、信用资源审批、信用资源使用情况监控等功能。

2. 功能说明

（1）信用资源指标管理

通过公式编辑器技术，实现信用资源指标的灵活自助设置，支持分层、分类设置企业级别、经营单位级别、不同行业类型、不同产品类型的多种信用资源指标。

（2）信用资源制度管理

信用资源制度包括信用资源预测制度和信用资源分配制度。通过公式编辑器技术灵活组合信用资源指标制定信用资源制度。信用资源制度包括信用资源指标选择、信用资源指标打分方法确定、信用资源指标权重设置、信用资源预测公式、信用资源分配公式制定等步骤，支持对信用资源制度的灵活自助设置，支持分层、分类设置企业级别、经营单位级别、不同行业类型、不同产品类型的多种信用资源制度。

（3）信用资源预测与分配申请

信用资源预测与分配申请时，系统可以根据信用资源预测制度以及信用资源分配制度给出系统建议信用资源，以及系统建议信用资源分配方案。支持手工指定修订信用资源、修订信用资源分配方案，支持设置信用资源调整原因、信用资源分配调整原因、支持建议信用资源回溯、建议信用资源分配方案回溯、以附件方式上传参考资料等功能。

（4）信用资源预测与分配审批

对信用资源预测与分配申请的审批，支持灵活自助设置审批流程。审批通过以后确定年度信用资源的投入总量以及每家经营单位享有的年度信用资源。信用资源将影响每家经营单位的信用资源投放力度，制约经营单位对供应商客户信用额度、临时额度、专项订单的管理。

（5）信用资源使用情况监控

查看已用信用资源、剩余信用资源等信息。

（九）统计与分析

1. 功能介绍

满足企业和经营单位对供应商客户报表分析的功能，提供各种趋势分析、追溯、统计、报表自定义等各种功能。

2. 功能说明

（1）客户特定需求报表

实现客户特定需求的报表，例如信用预警指标趋势表，DSO（应收账款周转天数）报表，供应商预付款、客户应收账款账龄报表，预付、应收预警报表，预付、应收账款风险报表，应收账款（预付款）财务费用报表，逾期应收财务费用报表，债务报表，供应商客户信用评估报表，信用额度利用率报表，平均拖欠天数报表，收货与收款效率报表，敞口期限报表。

（2）自定义报表

灵活自助设置关联供应商客户统计报表、公共供应商客户统计报表、重点逾期供应商客户应收账款报表、逾期原因分布分析报表等自定义报表。支持按经营单位、客户类型、账龄结构等维度采取趋势、对比、环比、追溯等手段完成报表的灵活自助设置；支持图形展示以及报表导出。

（十）风险管理岗位工作台

1. 功能介绍

风险管理岗位工作台协助用户管理日常事务，包括审批任务、系统提醒、催收任务、预警信号等类型，提供今日任务功能，包含在办和待办流程、今日提醒（如有新增预警、信用额度不足等）、今日关注（最新催款、诉讼等）工作台功能。

2. 系统特点

（1）任务跟踪管理

系统支持对任务的跟踪管理，并记录每次跟踪反馈信息。

（2）多种任务提醒机制

系统支持多种方式的任务提醒机制，提供系统内提醒及系统外提醒两种提醒方式。系统内提醒即用户登录系统后自动提醒；系统外提醒即通过 E – mail 或短信方式进行提醒。

（3）任务升级机制

系统支持任务升级机制，当任务在规定时间内没有被处理，任务将升级并抄报给该任务负责人的上级。

（十一）流程配置平台

1. 功能介绍

通过企业实际业务流程与流程配置平台的结合，记录实际业务内容的业务单据在系统中根据设定的流程进行处理，保证系统的运行和实际业务的同步进行。

2. 功能说明

（1）审批流程配置

配置各类型审批流程，包括信用档案信息审批流程、信用额度审批流程、临时额度审批流程、专项订单审批流程、预警方案审批流程、催收催货方案审批流程等。支持配置多级审批，支持条件跳转等功能。

（2）审批人员指定

为配置好的审批流程指定审批人员。支持跨部门、跨经营单位指定审批人员。支持指定委托审批人员。

（3）审批流程状态查询

查询各审批流程审批进度。

（十二）信用风险报告管理

1. 功能介绍

提供信用风险报告模板制定、信用风险报告编制、信用风险报告上报审批等功能。

2. 功能说明

（1）信用风险报告模板制定

采用界面设计器技术实现灵活自助定制信用风险报告模板功能，支持从报表、编辑框、文本框等报告模板元素选择，到字体、段落、样式等格式设置的灵活自助定制；支持分层、分类设置企业级别、经营单位级别、不同行业类型、不同产品类型的多种信用风险报告模板。

（2）信用风险报告编制

根据信用风险报告模板，系统自动生成建议信用风险报告，包括自动抽取生成信用风险报告模板中的一些量化数据报表。操作人员在建议信用风险报告的基础上，编写报表分析、事项说明等文字分析部分内容，完成信用风险报告的编制。

（3）信用风险报告上报审批

将编写完毕的信用风险报告向上级领导逐层上报，支持灵活自助设置审批流程。

3. 系统特点

通过设置企业级别、经营单位级别、不同行业类型、不同产品类型的多种信用风险报告模板，实现按行业类型、按产品类型等不同角度的多种信用风险报告编制上报，实现三级经营单位、二级经营单位、企业级别不同层级信用风险报告编制机制，实现分层分类的信用风险报告管理思想。

（十三）系统维护

1. 功能介绍

系统维护包括员工用户管理、功能权限控制、数据权限控制、字典表维护、数据导入、报告导入、任务提醒自动生成、企业组织结构维护、系统参数设置等功能。

2. 功能说明

报告导入：支持报告（xml 格式）文件的直接导入。

数据导入：通过制定导入模板将外部数据批量导入系统中的功能，支持常见文件格式，如 dbf、Excel、Access、txt、xml 等。

四、市场风险管理系统功能设计

按照企业市场风险分层、分类、集中的管理原则，实现对内外部市场信息收集与审核管理，市场风险监控与预警，统计分析，模型检验等事前、事中和事后市场风险全过程管理，完善相关市场风险管理制度、流程、量化工具。在此基础上，市场风险管理信息系统主要实现以下功能：

一是将针对重点商品（如螺纹钢、铜、锑）的市场风险量化模型落实到信息系统中。在系统中实现内外信息收集、持仓结构和浮动盈亏、敏感性分析和压力测试、VaR 值和 EaR 值计算、业务组合和业务关联性分析、限额管理和预警等。

二是开发部分重点商品市场风险量化模型和相关管理流程建设。

三是优化利用现有信息系统，搭建企业市场风险报告平台，逐步实现中心层级市场风险各类报告的自动汇总生成和查询、上报等功能，并记录市场风险管理过程。市场风险管理系统功能如图 6 - 8 所示。

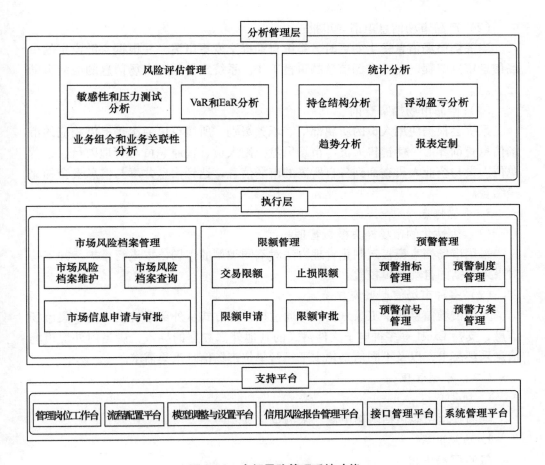

图 6 - 8　市场风险管理系统功能

（一）产品市场档案管理

1. 功能介绍

产品市场档案信息是市场风险管理的基础，通过对产品市场档案信息的管理，可以实现企业和经营单位对产品市场信息的共享，建立企业统一的产品市场信息收集与管理平台，为企业和经营单位提供及时丰富的数据。提供产品市场档案维护、产品市场信息申请与审批、产品市场档案查询等功能。

2. 功能说明

（1）产品市场档案维护

产品市场档案维护包括产品市场信息的录入及修改、关键产品市场信息变化记录的查询、关键产品市场信息变更申请等功能。系统支持根据产品类型灵活自助设置产品市场信息录入维护模板。

（2）产品市场信息申请与审批

当关键市场信息发生变更时，系统自动提交变更申请，并根据自助设定的市场信息审批流程，完成市场信息的审批工作。系统支持关键市场信息的灵活自助设置。

（3）产品市场档案查询

系统会根据使用人员的所属部门、职务级别、所属单位层次等提供相应的市场信息查询界面，使销售人员与市场风险控制人员、普通职员与管理人员、经营单位人员与企业人员查询到各自所需的市场信息，达到信息共享与信息安全的完美结合。

3. 系统特点

（1）个性化的市场档案模板管理

采用市场档案模板定制化管理方法对不同类型的市场档案进行维护，并支持对录入数据的自动逻辑校验。

（2）多种市场信息采集方式

支持市场信息的手工录入，支持通过接口的方式从外部系统中自动采集市场信息，支持 Excel 等多种电子文件格式的其他外部数据的导入，满足内外部市场信息采集需求，以及不同信息化水平经营单位市场信息采集需求。

（二）限额管理

1. 功能介绍

限额管理功能包括限额申请、限额审批等。

2. 功能说明

（1）限额申请

限额申请时，系统可以根据限额模型给出系统建议限额。支持手工制定修订限额，支持设置限额调整原因、支持建议限额回溯、以附件方式上传参考资料等功能。

（2）限额审批

支持对限额申请的审批，支持灵活自助设置审批流程。

（三）预警管理

1. 功能介绍

收集宏观、行业、地区等市场风险信息；定期发布经整理后的市场风险信息；对关键市场风险事件、重大市场风险事件启动报告、处理与跟踪流程。

通过灵活自助设置市场风险监控指标以及监控点，由系统自动监测、自动预警提示并记录结果，实现市场风险的预警功能；提供市场风险预警指标管理、市场风险预警制度管理、预警信号管理、预警方案管理等功能。

2. 功能说明

（1）市场风险预警指标管理

通过公式编辑器技术，实现市场风险预警指标的灵活自助设置，支持分层、分类设置企业级别、经营单位级别的多种预警指标。通过逻辑判断法、区间打分法、功效系数法等打分方法实现对定性指标、定量指标的灵活设置。

（2）市场风险预警制度管理

通过灵活组合市场风险预警指标制定市场风险预警制度。风险预警制度包括对应风险预警指标及触发条件、建议风险预警信号、建议应对措施等内容。支持对市场风险预警制度的灵活自助设置，支持分层、分类设置企业级别、经营单位级别的多种市场风险预警制度。

（3）预警信号管理

系统根据市场风险预警制度自动监控各产品市场风险信息，生成红黄蓝等不同预警级别的预警信号，并自动将预警信号及建议应对措施通知相关人员。系统支持操作人员对预警信号的跟踪及信息反馈管理。系统支持对预警结果的链接式回溯跟踪，掌握市场风险预警的具体原因。

（4）预警方案管理

针对预警结果进行预警方案管理。预警方案管理包括预警方案申请、预警方案审批等功能。支持灵活自助设置审批流程。

3. 系统特点

（1）"轻重结合"的预警管理

通过预警级别划分不同等级的预警信号，并采取有侧重的跟踪跟进方式，做到一般预警任务提醒、严重预警流程审批"轻重结合"的预警管理。

（2）分层、分类的预警管理

将各种预警指标按照不同层次、不同类别进行分类，制定分层、分类的预警制度，使企业、经营单位能够按照各自关注的市场风险预警事项制定有针对性的市场风险预警制度，不仅实现企业、经营单位对某产品市场风险的监控预警管理，甚至实现企业对经营单位市场风险监控预警管理。

（3）审批任务及时提醒

提供系统内提醒及系统外提醒两种提醒方式。系统内提醒即用户登录系统后自动提醒；系统外提醒即通过 E - mail 或短信方式进行提醒。

（四）风险评估管理

1. 功能介绍

对市场进行敏感性分析、压力测试分析、VaR 和 EaR 分析、业务组合和业务关联性分析。借助这些量化工具实现市场风险的评估，以及市场风险预警指标的筛选、预警制度的制定。

2. 系统特点

以驾驶舱的形式，通过各种常见的图表，形象地标示市场风险的关键指标（KPI），直观地监测市场风险情况。可以通过手工调整关键指标数值的方式模拟关键指标发生异常时对整个市场风险的影响程度，达到决策模拟的目的。

（五）统计分析

1. 功能介绍

通过统计分析实现企业和经营单位对市场风险分析的管理需求，提供各种趋势分析、追溯、统计等各种功能，为编写各类市场风险管理报告提供数据基础和量化工具。

2. 功能说明

（1）客户特定需求报表

由客户给出报表样式，例如持仓结构分析报表，浮动盈亏分析报表等。

（2）自定义报表

支持按经营单位、产品类型等维度，趋势、对比、环比、追溯等手段完成报表的灵活自助设置；支持图形展示以及报表导出。

（六）模型调整与设置平台

1. 功能介绍

完成限额模型、敏感性分析、压力测试、VaR 和 EaR 等模型和工具的调整与设置工作。为进行限额管理以及市场风险评估管理奠定基础。利用公式编辑器技术实现模型的灵活自助设置。

2. 功能说明

可提供敏感性分析、压力测试，VaR 和 EaR 等基本计算模型，并可根据需要对上述模型的计算参数、单位、范围以及方式等进行灵活调整。

（七）市场风险报告管理

1. 功能介绍

提供市场风险报告模板制定、市场风险报告编制、市场风险报告上报审批等功能。

2. 功能说明

（1）市场风险报告模板制定

采用界面设计器技术实现灵活自助定制市场风险报告模板功能，支持从报表、编辑框、文本框等报告模板元素选择，到字体、段落、样式等格式设置的灵活自助定制；支持分层、分类设置企业级别、经营单位级别、不同行业类型、不同产品类型的多种市场风险报告模板。

（2）市场风险报告编制

根据市场风险报告模板，系统自动生成建议市场风险报告，包括自动抽取生成市场风险报告模板中的一些量化数据报表。操作人员在建议市场风险报告的基础上，编写报表分析、事项说明等文字分析部分内容，完成市场风险报告的编制。

（3）市场风险报告上报审批

将编写完毕的市场风险报告向上级领导逐层上报。支持灵活自助设置审批流程。

3. 系统特点

通过设置企业级别、经营单位级别、不同行业类型、不同产品类型的多种市场风险报告模板，实现按行业类型、按产品类型等不同角度的多种市场风险报告编制上报；实现三级经营单位、二级经营单位、企业级别不同层级市场风险报告编制机制；实现分层分类的市场风险报告管理思想。

（八）风险管理岗位工作台

1. 功能介绍

风险管理岗位工作台协助用户管理日常事务，包括审批任务、系统提醒、预警信号等类型，提供今日任务功能，包含在办和待办流程、今日提醒（如有新增预警等）工作台功能。

2. 系统特点

（1）任务跟踪管理

系统支持对任务的跟踪管理，并记录每次跟踪反馈信息。

（2）多种任务提醒机制

系统支持多种方式的任务提醒机制，提供系统内提醒及系统外提醒两种提醒方式。系统内提醒即用户登录系统后自动提醒；系统外提醒即通过 E - mail 或短信方式进行提醒。

（3）任务升级机制

系统支持任务升级机制，当任务在规定时间没有被处理时，任务将升级并抄报给该任务负责人的上级。

（九）流程配置平台

1. 功能介绍

通过企业实际业务流程与流程配置平台的结合，记录实际业务内容的业务单据在系统中根据设定的流程进行处理，保证系统的运行和实际业务的同步进行。

2. 功能说明

（1）审批流程配置

支持配置各类型审批流程，支持配置多级审批，支持条件跳转等功能。

（2）审批人员指定

为配置好的审批流程制定审批人员。支持跨部门、跨经营单位制定审批人员，支持指定委托审批人员。

（3）审批流程状态查询

查询各审批流程审批进度。

五、风险管理及内控一体化信息系统

风险管理及内控一体化信息系统全面整合 ISO31000 风险管理标准、风险管理过程及内部控制工作过程，将风险管理及内部控制相关制度、管理流程、工具和方法等落实到风险管理及内部控制信息系统中，实现对风险管理和内部控制工作的全面融合，为各级企业实现全员、全过程的日常化风险管理及内部控制工作提供支持和辅助。

系统支持各经营单位在统一的工具、流程下，结合本单位实际情况进行风险识别、分析、评价、应对及内控标准对标、落实、自评价、缺陷整改等全过程管理；满足各经营单位按照企业统一要求，根据本单位业务目标、管理水平、风险类别等多种方式确定自身的风险管理准则；同时满足企业对各级单位风险、控制信息的集中监控和管理以及多维度统计分析等，为各级经营单位提供强大、高效、全流程的风险管理和内部控制管理工具。风险管理及内控一体化信息系统功能如图 6-9 所示。

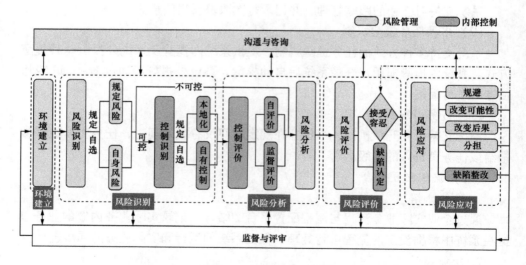

图 6-9　风险管理及内控一体化信息系统功能

风险管理及内控一体化信息系统功能主要包括环境建立、计划方案、风险识别、风险分析、风险评价、风险应对、监督检查、报告报表、其他功能和系统集成等。

（一）环境建立

本系统应支持企业及各级单位对风险进行灵活分类管理，并支持各单位建立和使用自身的风险准则开展风险管理工作，灵活支持企业各组织层级和岗位在系统中设置权限和使用各项功能。

1. 风险分类

系统可灵活配置多套风险分类标准，实现对风险事项按照目标、类别、组织、流程、业务活动等多种方式的分类管理，并可按照各分类开展多维度的数据逐级汇总和分析。

2. 风险准则

系统支持对各级单位、各类风险甚至各个风险事项设置不同的风险准则，并支持在风险评估时灵活选择、配置和应用，并可按照各风险准则进行风险评估结果的逐级汇总和分析。

3. 组织和岗位

系统支持企业职能部门、经营单位、业务部门按风险管理岗位、审计管理岗位、一般职能管理岗位、业务管理岗位等进行功能划分，开展专业化风险管理。

4. 功能和权限

系统支持按功能、组织、岗位等多种组合方式灵活设置功能、数据等相关权限，可方便地根据功能模块对用户角色设置相应的使用权限和数据使用范围，按照企业的管理层级和用户角色实现数据分层、分类、安全使用。

（二）计划方案

计划方案模块实现各级单位对风险管理及内部控制工作计划、方案的在线制定和发布，以及实现对方案和计划执行情况的监控和跟踪。

1. 多种方案类型

系统实现对不同方案类型的支持，包括不指定具体实施范围的原则性方案、指定实施范围的具体方案等；包括风险识别计划、分析计划、控制评价计划、风险应对计划等。

2. 实施范围筛选

系统实现手工或自动方式对实施范围的筛选，包括按照风险类别、控制流程、业务目标、风险等级、缺陷等级等定性方式，以及按照企业规模、业务贡献度、财务报表等定量方式。

3. 下发、细化和转发

系统支持对计划方案进行自上而下地逐级下发、细化、转发等功能，计划方案应包括执行主体、时间安排、工作要求、具体风险事项及其他内容。

4. 提醒、督办

系统对下发的计划方案触发待办任务，并可设置到期提醒、督办等。

5. 方案调整

系统提供灵活的方案调整功能，调整后系统自动对涉及单位实施范围进行提示并进行更新。

6. 计划跟踪

系统提供对计划方案的总体执行进展情况的跟踪和进度展示，并可逐级查看计划方案在各下属单位的执行进展状态。

（三）风险识别

风险识别模块实现各级单位对风险事项和控制的识别，建立并维护各级单位的风险控制库。

1. 风险控制库导入、导出

系统支持 Excel 格式风险控制库的导入、导出。

2. 企业标准风险控制库

系统支持建立和维护企业标准风险控制库，各单位均可从标准风险控制库中选择适用于自身的风险事项和控制标准并进行本地化，形成自身风险控制库并进行维护。

3. 各单位多级风险控制库

系统支持企业各级单位分别建立自有的风险控制库，可以从企业标准库中选择，也可以自行新增。系统需记录各级风险控制库与企业标准风险控制库的关联关系，可以便捷查看和管理企业标准库和各单位自有库的对应关系和差别。

4. 风险控制库管理

系统支持对企业标准风险控制库及各级单位自有风险控制库的增删改查等基本管理功能，并提供版本管理和多维度的展示功能。

5. 多种风险识别方式

系统支持调查问卷、直接录入、标准格式导入等多种方式实现风险识别。调查问卷功能应可以灵活选择识别人员等，并对调查结果进行自动化记录、分析和处理。

6. 多种风险识别方法

系统灵活支持德尔菲法、故障树法等多种风险识别方法。

7. 多套风险分类准则

系统灵活配置多套风险分类准则，实现对风险事项按照目标、类别、流程多种方式的分类管理。

8. 对接制度、流程

系统实现与企业现有制度管理信息系统的有效衔接，实现各单位和各层级风险事项、内部控制标准、本地化控制等多方面内容与制度、流程的对应，并进行可视化展现。

（四）风险分析

系统实现各级单位对包括内控等各类风险事项的分析工作，以及开展内部控制自评价工作。

1. 多种风险分析方式

系统支持调查问卷、手工录入和线下分析结果导入等多种风险分析方式；支持使用调查问卷时诸如进行收敛一致性检验等辅助功能，涉及多人员分析时权重可预设和调整，系统可自动对分析结果进行汇总和分析。

2. 多种风险分析方法

系统支持针对不同的风险事项应用多种风险分析方法，包括定量、定性等不同方法，以及 C/P 法、风险矩阵法等多种分析方法。

3. 多套风险分析准则

系统支持对各级单位、各类风险甚至各个风险事项设置不同的风险分析准则，并在风险分析时灵活选择、配置、应用。

4. 控制有效性评价

系统支持对控制有效性和效率进行定性、定量评价，并将有效性结论进行直观的展现，完成对剩余风险的定性和定量分析。

5. 风险分析结果处理

系统支持在不同风险准则下对某单位、某部门或指定的某一范围风险分析结果的汇总分析，也支持多单位、多岗位对同一风险事项分析结果的汇总分析，以及按组织对各类风险分析结果进行逐级汇总分析。

6. 风险分析结果查看

系统提供多维度查看风险分析结果的功能，可通过选择查询条件查看某风险评估计划、某段时间范围或者某风险类别等的风险分析结果。系统可实现对风险历次分析结果变动趋势等的便捷查看。

（五）风险评价

系统在风险评价模块可实现将风险分析的结果与风险准则手工、自动进行比较，以决定风险是否可接受或可容忍。

1. 多套风险评价准则

系统支持根据不同单位、不同风险类别甚至不同风险事项建立不同的风险评价准则，并进行灵活选择和配置。

2. 多类型风险图谱

系统可以根据不同的风险分析方法，自动生成不同类型的风险图谱。

3. 风险信息查看

处于风险图谱中的所有风险事项均可以点击查看详细信息，包括本次分析时间、分析人等，进一步追踪可快速查看历次分析信息等。

4. 可调整风险带

系统生成风险图谱时，可自定义并调整风险带。各单位可根据自身风险偏好、风险承受度和接受度调整风险带。

5. 筛选需应对风险

系统根据风险图谱和风险带自动筛选需应对的风险事项，并生成需应对风险事项列表。

6. 缺陷认定和评价

系统内置缺陷等级自动认定准则并能人工调整，根据控制评价结果、风险评估结果等多方面信息，系统可手工、自动对内控缺陷进行认定和等级评价，并生成缺陷等级清单。

（六）风险应对

系统提供风险应对管理功能，可实现对风险应对计划和缺陷整改计划的编制、测试和跟踪。

1. 风险应对计划

系统实现创建风险应对计划，包括责任人、实施步骤、预期完成时间等必要信息。

2. 成本效益测试

系统提供多种成本效益测试方法，对应对计划是否可行进行验证测试。

3. 应对计划进度填报

系统提供风险应对计划进度跟踪功能，应对计划负责人可定期填报完成进度。

4. 进度跟踪和提醒

系统实现查看应对方案完成进度，并设置定期提醒、督办等。

5. 缺陷整改及跟踪

系统实现对内控缺陷整改计划的编制、落实和跟踪。

（七）监督检查

系统提供各类监督检查功能，包括内控监督评价、日常监督检查等。

1. 内控监督评价

系统支持实现监督评价工作计划编制、计划实施、监督评价底稿编制、样本测试信息和监督评价结论记录等功能；与审计信息系统交换信息，获取监督评价或审计计划、时间、人员、样本验证、结论等必要信息。

2. 自评价和监督评价底稿衔接

系统支持内控自评价工作底稿和监督评价工作底稿的衔接，可分别记录自评价和监督评价结论，并可进行对比分析和集中展现。

3. 日常监督检查

系统支持实现日常监督检查计划编制、监督检查信息录入、报告编写等功能。系统支持对自评价、监督评价、监督检查等历次结论进行对比分析和集中展现。

4. 多计划协调

系统支持各部门和单位对各种监督检查工作计划的时间、对象、任务等的展示、对比和检验，协调工作计划。

（八）报告报表

系统实现对各阶段工作内容进行汇总、分析，并通过报表、报告、视图等形式进行结果展现。

1. 上传、下载

系统提供上传、下载各类报告报表功能，可以便捷地生成并导出各类统计报表、报告。

2. 数据汇总

系统按照单位、风险类别、目标等多种维度进行数据汇总分析，并可实现指定工作范围、工作时间等条件的数据汇总分析。

3. 展现形式

系统提供多种形式的报告和报表。

4. 报告类型

系统支持编制风险管理报告、内控自评价报告等多种形式的全局性报告，以及支持单次风险评估报告、风险识别报告等工作性报告。

5. 流转记录

报告编写后进行审核流转时，系统可记录各环节流转信息，并保留流转过程中修改痕迹。

（九）其他功能

1. 知识库

系统提供业务知识、案例等内容，支持文档上传和导入，可供使用者查看。

2. 使用向导

系统能提供丰富的使用说明和操作向导，辅助使用人员准则、方便进行操作。

3. 待办提醒

系统支持待办、邮件等提醒，对记录关键操作日志等，并与企业现有待办、邮件等系统进行集成。

4. 信息共享

系统提供各类专项职能管理报告上传、工作计划协调等。

5. 风险事件上报

系统支持风险事件的上报和原因、经验分析。

6. 数据导入、导出

可方便实现从内外部获取相应风险识别、分析、评价，控制评价等数据，可方便实现主要数据、报表数据导出进行进一步分析管理的功能。

7. 工作流管理

支持完成对风险识别、分析结果，各类报告等审批功能，可灵活设置审批流程中的角色和权限，可设置委托审批功能。

（十）系统集成

1. 全面风险管理系统集成

风险管理及内控一体化信息系统作为企业全面风险管理系统的一个子系统。在企业门户首页，有权限访问风险管理及内控一体化信息系统功能的用户通过全面风险管理系统的链接和导航访问系统，风险管理及内控一体化信息系统将保持与门户统一的 UI 设计风格，待办和事件提醒将集中统一显示。

2. 制度库集成

系统可以与企业制度管理系统进行管理集成，将各级单位风险控制库中的控制措施与相关的制度进行关联管理。

3. 单点登录集成

系统实现与全面风险管理系统的单点登录功能。

4. 标准化管理系统集成

系统将与企业标准化系统进行集成，从标准化系统中采集系统组织、用户的基本信息和权限信息。

5. OA 系统、短信、邮件集成

系统将与企业 OA 系统集成，包括风险事项报告发布和邮件提醒。风险事项报告发布建议优先选用 WebService 标准接口方式，在发布内容格式简单的情况下，也可采用 DIIOP 协议方式；邮件提醒采用 JavaMail 方式进行通信；短信提醒功能可采用 JMS 方式进行通信。

六、风险管理信息系统技术实施方案

（一）风险管理信息系统技术架构

风险管理信息系统技术架构如图6-10所示。

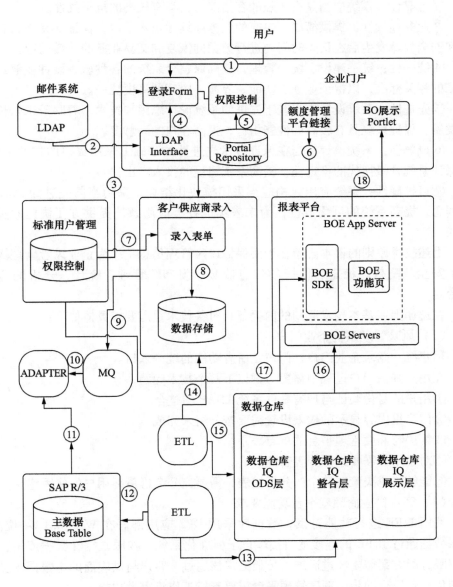

图 6-10 风险管理信息系统技术架构

1. 应用技术架构设计

风险管理信息系统的应用架构应该遵守以下基本原则：

①安全性：应当采用先进的网络安全技术，有效地保证系统所有客户、交易信息的安全。

②可靠性：系统应当具有较强的容错能力，具有较高的抗干扰性。

③业务连续性：提供简单、快捷的业务连续性技术手段，保证交易平台在灾难和安全故障发生后在最短时间内进行数据的恢复和交易业务的连续运行。

④统一性：统一建设、统一管理，以确保整个系统的各种软、硬件能够达到国家的相关标准，以保证业务、功能、界面、内容的高度统一。

⑤先进性：系统设计应当基于先进的系统设计思想和技术，着眼于未来长远的发展，保证系统具有较高的性能指标，提高客户的满意度。

⑥成熟性：系统设计应当在保证技术先进性的基础上采用成熟的技术平台，以保证系统升级换代的稳定性，提高系统建设的投入产出比。

⑦可扩展性：系统应用架构应当采用模块化结构，采用当前先进的 SOA 架构理念，提高系统的可集成性，为未来集成各类应用系统提供方便快捷的实现模式。

上述技术原则的根本思想在于要保证风险管理信息系统为企业风险管理提供一个安全、高效、稳定、便捷的信息收集、发布、管理、统计、分析的应用平台。

在遵循上述基本技术原则的前提下，对各技术重点要求具体如下：

（1）风险管理系统企业门户

用户统一登录企业门户，门户是所有功能的统一入口。

在用户登录门户过程中需要考虑以下几个技术问题：

①用户的身份验证与现有邮件系统 LDAP 的整合。

②门户里内容显示的权限设置需要按分组来完成。

③解决与额度管理平台的单点登录。

④对于用户需要进行分级管理。

⑤能够集成决策支持中的分析报表，需要充分考虑最终用户的使用感受。

（2）客户供应商额度平台功能要求

使用 J2EE 进行功能开发，数据库采用 DB2 应用部署在 WAS 6.1 64 位上。权限数据通过 JDBC 的连接池直接取自于标准化系统，权限数据在数据库里，同时权限分配方案需要经过运维人员最终审核通过。客户与供应商的主数据需要与标准化平台进行同步。额度管理平台需要支持工作流审批功能。

额度管理平台的数据库能够开放给 ETL 工具进行抽取处理，在数据库表字段上需要明确时间戳，系统与数据库之间采用连接池的方式进行连接，严禁采用直联方式。额度管理平台需要提供 ADAPTER 与 SAP 进行数据交互。数据库的 schema 是可以配置的。

（3）SAP R3 系统

接收额度平台里申请的客户与供应商主数据；在 SAP R3 里能够实现相关报表的查询工作；开放接口提供给 ETL 进行数据抽取；客户供应商额度平台里分配的额度应该在 SAP R3 业务端得到体现。

（4）数据仓库

把需要的数据从 SAP R3 与额度管理平台里抽取；主数据需要同步到数据仓库中；按相关报表的要求进行数据的整合操作；给 BO 报表提供最终的数据。

（5）报表展示平台

报表的数据来源 IQ 系统；提供多种灵活的报表展现与分析工具；开发 BO 的 SDK 给 portal 平台使用；报表的数据范围在标准化系统里进行分配，BO 报表直接使用。

（6）数据抽取与交换

IQ 与其他数据源之间通过 ETL 进行数据的交换；SAP 与客户供应商主数据、客户供应商额度平台之间通过 MQ、ADAPTER 进行数据交换。

2. 数据集成

风险管理信息系统作为风险管理的工具，需要从内部业务系统和外部数据供应商处收集各类信息，管理和决策的成果要回传到业务系统，根据采用的风险管理政策的不同，还存在跨越业务系统、风险管理信息系统的流程设计。风险管理信息系统集成示意图如图 6 – 11 所示。

如何确保和业务环境无缝集成，是产品总体设计以及项目技术方案的重要课题。结合企业的规范要求，以 4 大业务平台（SAP 系统、标准化平台、数据采集平台、管理与决策平台）为基础，通过补充新增的功能，打散已有的流程，保留已有的服务，改变具体的实现，来满足业务和技术的需要。

风险管理信息系统在结构设计上，被划分成四层，以信用风险为例，介绍各层的协作关系：

①应用层。风险管理工作都在这个层上实现，包括事前、事中、事后管理，也包括管理决策的分析功能，以及风险管理的评价工作等。

②数据协议层。数据协议层是数据架构的体现，包括数据定义、数据访问服务以及数据校验服务。

③外部交互层。外部交互层和各种各样的外部系统进行直接交互，通过 EAI 平台和集成环境内别的系统进行交互。

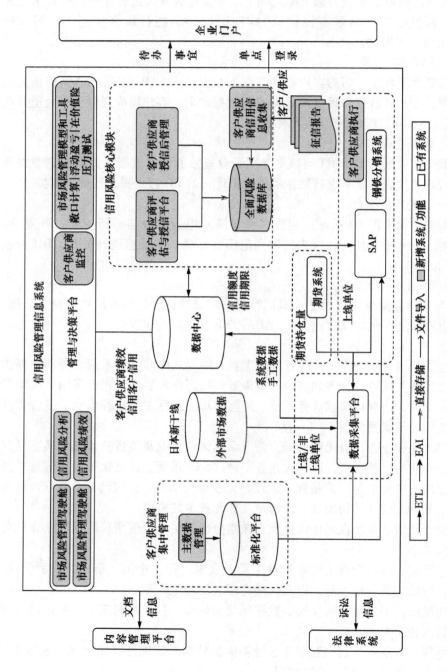

图 6-11 风险管理信息系统集成示意图

④集成环境层。集成环境层是对集成环境内别的业务系统的二次开发，配合外部交互层进行数据和流程的交互。

不同层间采用面向服务的接口设计，用来保持引用关系的稳定，以及实现上的松耦合。其中应用层、数据协议层构成风险管理信息系统的内核，外部交互层主要通过 EAI 平台和外系统进行交互。内核的服务通过 IOC 的模式绑定具体的实现，实现较高的效率，外部服务层对部分功能提供 WebService。

3. 关键技术

（1）信息采集

风险信息收集示意图如图 6 - 12 所示。

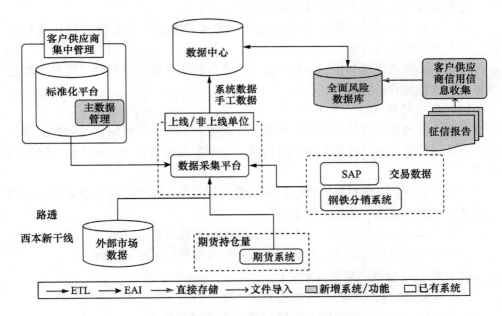

图 6 - 12　风险信息收集示意图

风险管理信息系统需要采集的数据包含：外部数据，如外部市场数据、征信报告数据、手工录入外部数据等；内部数据，如主数据、期货数据、钢铁分销数据、SAP 数据、手工录入交易数据等。

按照信息采集平台的规范和要求，风险管理信息系统构建信息采集功能。具体工作如下：

①针对手工录入交易数据、手工录入外部数据，按照信息采集平台的规范要求，扩充信息采集平台，由风险管理信息系统提供组件，支持手工录入以及文件导入。

②征信报告数据由风险管理信息系统提供组件，直接导入全面风险数据库。

③外部市场数据、期货数据、钢铁分销数据通过 ETL 方式进入数据中心。

④主数据通过 EAI 方式进入数据采集平台，然后再通过 ETL 方式进入数据中心。

⑤SAP 数据通过 ETL 方式进入数据中心。

（2）流程引擎集成

作为标准化平台组成部分的流程引擎，主要包含三个功能：工作流引擎、待办任务管理、工作流可视化管理。风险管理信息系统内部的所有流程在标准化平台中进行制定，风险管理信息系统受流程引擎调度。

需要风险管理信息系统所做的集成处理如下：

①对新建设的功能，需要根据流程引擎的集成方案，在交互层创建流程组件，以及必要的业务组件。

②对于已有的流程动作，在外部交互层进行重新封装，以符合流程引擎创建流程以及执行流程的需要。

（3）模型计算

在风险管理中，模型由指标、模型公式组成。不同的模型用到的数据也多种多样，数据来源包括风险信息和交易信息，分布在数据中心及全面风险管理数据库中。

模型计算中，一般对风险数据采用变量进行引用，对于交易数据采用函数的方式进行归集，集成相关的工作主要为：

①在外部交互层创建接口，用来从数据中心读取交易信息。

②模型所用到的风险信息数据直接从全面风险管理数据库读取。

（4）报表（管理决策平台集成）

风险管理信息系统中涉及的报表分为两类：

①针对数据中心中的数据，通过 BOE 进行报表的实现。

②针对风险管理数据库中的数据，风险管理信息系统提供自定义报表功能，并且将制定的报表整合到管理和决策平台中。

（5）SAP 业务平台集成

需要把风险管理信息系统的评估授信结果传入到业务平台。

①风险管理信息系统与 SAP 系统通过 EAI 方式传递评估授信结果。

②SAP 系统接收评估授信结果并修改其相应数据由第三方完成。

（6）模型构造器

模型是全面风险管理工作中的一个重点，常用模型分为专家模型，以及由统计分析过程计算所得的模型，一个好的模型运用往往能取得精确的预测、管理效果。模型构造器能够支持任意复杂度模型的定义，具备高效的模型执行效率。模型构造器具有如下特点：

①模型定义方面：丰富的描述手段既支持常规的指标、模型公式描述方法，同时也融入分而治之的思想，创新性地提出子模型的概念。子模型代表一个细分领域，可以为顶级模型所引用。

领域专门语言（DSL）的支持，DSL 具有明确的词法、语法、语义声明，在模型定义时，能够支持对任意复杂度模型的描述。

②模型执行方面：具备建模语言的编译器对模型描述进行词法、语法、语义的校验，检查无误后，最终将其转换成 Java 代码，从而确保模型高效地执行；支持函数扩展，可以把对特定业务的描述以函数的形式进行扩展；执行器、变量 Resolver，以及函数 Resolver 构成模型执行的三个主要元素，面向服务提供松耦合，更富于调整性。支持指标、子模型结果的回溯，在计算出模型结果的基础上，提供指标、子模型等中间数据的回溯，可以让模型的使用人员更清楚模型的计算过程。

（7）界面设计器

系统需要给不同的场景提供相应的交互界面，界面设计器具备如下特点。

①所见即所得，拖拽式实现界面设计。

②表单验证，减少手工 JavaScript 代码的编写。

③格式化器，为创建丰富多彩的表单提供支持。

④组件级联设置，减少前端手工代码设置。

⑤组件事件监听设置。

⑥公式计算，支持条目间计算。

（8）自定义报表设计器

提供自定义报表，以及多维数据分析能力，特点如下：

①多维数据展示。

②单元格公式计算。

③灵活的样式定制功能。

④动态图钻取。

（二）风险管理信息系统物理架构设计

1. 网络架构

网络的架构是指网络中通信线路和站点（计算机或设备）相互连接的几何形式。按照拓扑结构的不同，可以将网络分为星型网络、环型网络、总线型网络三种基本类型。在这三种类型的网络结构基础上，可以组合出树型网、簇星型网、网状网等其他类型拓扑结构的网络。

风险管理信息系统的网络架构应当采用双核心星形结构，配置双核心交换机，通过交换机冗余协议实现核心交换机的双机热备，提高网络的整体可靠性。同时通过划分 VLAN 的方式避免网络广播，提高网络的整体安全性。

2. 主机存储架构

主机系统的可靠性和可用性，是整个系统能否正常工作的关键，因此需要考虑使用集群软件来实现服务器的高可用性。集群是一种控制应用程序，它使用高效群集内置的增强扩展性（ES）特征可以链接多个服务器。群集服务器或节点允许对数据进行并行访问，可以提供关键商业应用所要求的冗余性和容错性。集群软件还可以提供图形用户界面工具，来帮助用户高效地安装、配置和管理群集。更重要的是，集群软件在配置和使用方面也很灵活。单处理器、对称多处理器（SMPs）和 SP 节点多可以集成到高效群集中，可以混合匹配系统大小和性能级别，以及网络适配器和磁盘子系统以满足用户的应用程序、网络和磁盘性能需要。

群集可以按几种方式配置以满足不同类型的处理要求。并行访问模式适合于所有处理器都必须在相同工作负载下运行并共享相同数据的环境。在交互备份模式中，处理器共享工作负载并互相备份。闲置备用设备允许用一个节点备份群集器中的其他节点。

无论选择哪种方式，集群都可以提供数据访问和备份方案来帮助优化应用程序的执行和扩展能力，同时有助于防止代价很高的关机或停机。集群软件还允许服务器集群针对应用程序恢复和重启进行配置，通过冗余性保护关键商业应用。

存储方案有以下几种选择：

（1）直连方式存储（DAS）

这种方式是连接单独的或两台小型集群的服务器，其特点是费用低。但对于多个服务器或多台 PC 的环境，设备的初始费用可能比较低。可是这种连接方式下，每台 PC 或服务器都单独拥有自己的存储磁盘，容量的再分配困难；对于整个环境下的存储系统管理，工作烦琐而重复，没有集中管理解决方案，所以整体的拥有成本较高。

（2）存储区域网络（SAN）

这种方式是将服务器和存储设备通过专用的网络连接起来，服务器通过 Block I/O 发送数据存取请求到存储设备。

存储区域网络的优点如下：

①服务器和存储设备之间更远的距离（10 公里相比较 SCSI 的 25 米）；高可靠性及高性能；多个服务器和存储设备之间可以任意连接。

②集中的存储设备替代多个独立的存储设备，支持存储容量共享；通过相应

的软件使得 SAN 上的存储设备表现为一个整体，因此有很高的扩展性；可以通过软件集中管理和控制 SAN 上的存储设备。

③可以支持 LAN – Free 和 Server – Free 备份，提高备份的效率和减轻服务器的负担，提供数据共享。

由于 SAN 通常是基于光纤的解决方案，需要专用的交换机和管理软件，所以 SAN 的初始费用比 DAS 和 NAS 高。

（3）网络连接存储（NAS）

这种方式是将存储设备连接到基于 IP 的网络中，不同于 DAS 和 SAN，服务器通过 File I/O 方式发送文件存取请求到存储设备 NAS。NAS 上一般安装有自己的操作系统，它将 File I/O 转换成 Block I/O，发送到内部磁盘。

3. 安全系统架构设计

风险管理信息系统是企业核心信息系统之一。为保证信息系统安全、避免安全事故，需要参照信息系统等级保护定级标准。依据《中华人民共和国计算机信息系统安全保护条例》（国务院令第 147 号）、《国家信息化领导小组关于加强信息安全保障工作的意见》（中办发［2003］27 号）、《信息安全等级保护管理办法》（公通字［2007］43 号）等文件要求，参考《计算机信息系统安全保护等级划分准则》（GB17859—1999）、《信息系统安全等级保护基本要求》（GB/T 22239—2008）等等级保护相关标准，为避免系统故障和计划内停机等区域性灾难对风险系统的影响，保证风险管理信息风险系统平台的业务连续性，需要考虑灾难备份系统。

4. 机房系统架构

在现代科学技术高度发展的社会里，计算机越来越广泛地应用于各个领域，计算机技术也在迅猛发展，但是计算机及服务器只有通过稳定、可靠的运行才能发挥其效益。计算机及服务器的稳定、可靠运行要依靠计算机房严格的环境条件，即机房温度、湿度、洁净度、噪声、振动、静电、电磁干扰等条件及其控制精度，因此计算机房工程的设计与施工也日益被人们重视。

随着计算机系统的不断更新换代，电子计算机场地技术、计算机机房工程也在不断推陈出新，市场上不断出现新材料、新技术、新工艺，并且也在广泛地应用到机房工程中来，从而使机房系统工程面貌焕然一新，快速发展。

现代的机房建设工程正是充分体现新技术、新材料、新工艺、新设备，一方面机房建设要满足计算机系统的安全可靠、正常运行、延长设备使用寿命，提供一个符合国家各项有关标准的技术场地；另一方面机房建设可以给机房工作人员提供一个舒适、典雅的工作环境。计算机机房建设工程是一个综合性的专业技术场地工程，它具有建筑结构、空调、通风、给排水、强电、弱电、气体消防等各个专业及计算机房所特有的专业技术要求，同时又具有建筑装饰关于美学、光学等专业的技术要求。因此，机房建设常常需要专业技术企业来完成，从而在设计施工中确保机房先进、可靠、安全、精致。只有既能满足机房专业的各项技术条件，又具有建筑装饰现代艺术风格的机房，才能充分满足业主的使用要求。

风险管理信息系统的机房系统是数据和通信枢纽，是风险管理信息系统正常工作的关键重要部分。机房内放置的计算机设备、通信设备不仅因为高科技产品需要一个非常严格的操作环境，更重要的是它能否正常运作，对整个交易平台的业务是至关重要的。因此，计算机房的基本结构组合必须达到防尘、防静电、防泄漏设施、隔热、防火等。整体设计上，必须充分考虑人流、物流、信息流的整体规划性。

（三）系统总体配置原则

根据对系统需求的分析，按照"从性能效率角度出发，结合最能满足风险管理业务的需求，提供一个高水平的硬件平台配置建议"的原则，确定系统的建设应至少满足以下原则和特点：

1. 先进性和成熟性

按照有关设备的技术要求，充分采用符合国际标准的、先进并且成熟的计算机主机系统、网络存储系统以及操作系统等先进技术和产品。先进是指技术领先期长；成熟是指产品线丰富完整、经过实践检验、价格合理。这里所讲的先进性并不是把系统建立在实验室的技术条件下，而是为了能够运用当今国内、国际上最先进成熟的计算机软硬件技术，使新建立的系统和采用的技术达到当代较先进水平，同时要兼顾实用性，避免盲目追求高精配置。

2. 互联性和开放性

风险管理信息系统服务于关键用户，要能提供多种应用服务子系统。如果要求所有这些服务都只运行于某种单一硬件平台、单一操作系统和网络协议上，必然给系统带来很大的局限性，不易于扩展。这就要求各应用系统的服务器平台选用开放式系统，具有多平台的互联支持能力，以满足用户使用的需求。

3. 高可靠性、高可用性

一个大中型计算机系统每天处理的数据量一般都较大，系统每个时刻都要采集大量的数据，并进行处理，因此，任一时刻的系统故障都有可能给企业带来不可估量的损失，这就要求系统具有能满足关键业务需求的高可靠性。

当今商业应用系统中，稳定持续的系统运行时间变得越来越重要。因此在方案设计时，应考虑选用稳定可靠的产品和技术，使其具有优秀的高可用特性和必要的冗余容错能力，为用户提供高可用服务；要求系统在硬件配置、操作系统以及系统管理等环节采取严格的安全可靠性措施，保证系统的正常运转。

　　高可靠性与高可用性能够通过对服务器系统增加冗余分量加以改善，冗余的对象包括数据存储、系统部件、应用服务等。小型机系统的硬件及软件在质量上必须是可靠的，小型机系统在运行时必须是安全的，应采取具体合理的措施使运行中的系统意外停机时间尽可能缩短。

　　4. 可管理性

　　一个基于计算机网络的应用系统应具有完善的系统和网络管理措施和功能，便于网络中各种计算机系统和网络存储设备的安装、配置和维护，以及对各种软硬件资源的分配、调度和管理，提高资源和资产利用率，减轻系统管理人员的工作负担。

第四节　风险管理信息系统的项目管理

　　信息化项目建设是一项复杂的系统工程，涉及业务管理流程的优化与再造，涉及业务、管理、技术等各类人员，涉及大量的信息化专业技术以及建设与运维工作，科学的项目管理是信息系统建设项目成功的关键。风险管理工作涉及企业的方方面面，而且风险管理只有与日常经营管理工作有机结合才能真正发挥作用，也使得风险管理信息系统需要与企业现存的信息系统进行大量的集成，客观上造成风险管理信息系统的建设工作更具有挑战性。因此，只有良好的项目管理才能完成系统的建设工作。

　　企业风险管理信息系统不是独立的系统，应纳入企业整体信息化建设与实施工作中，其建设工作一般应遵循统一规划、分步实施、总体设计、试点先行的原则，有计划、分阶段地逐步推行。在项目管理中，应做好项目团队的组织、项目的关键过程管理、项目培训及知识转移以及后续的技术服务与支持管理。

一、项目团队配置管理

（一）项目团队组织设置

　　人力资源的配置至关重要，一个成功的风险管理信息系统通常需要四方面的人员参与——对需求最为了解的关键用户、对业务系统最为了解的用户信息系统人员、业务经验丰富的咨询顾问和了解相关技术的专业技术人员。

　　为了项目顺利实施，一般应成立企业风险管理信息系统建设项目组，将作为项目业主方（出资方，甲方）和服务提供方（实施方，乙方）团队的各类人员有效组织起来。项目组一般由项目管理委员会、业务咨询组、应用开发组、系统测试组、质量保证组等组成，并明确职责分工协助共同完成项目建设工作。

（二）项目人员安排和职责

1. 项目管理委员会

项目管理委员会一般应由甲方、乙方系统实施项目负责人、项目总监、项目经理组成。项目管理委员会全权负责项目的实施。按照项目实施的有关要求，管理控制实施的整个过程，解决实施中出现的重大问题，监督合同执行情况，协调相关部门之间的关系。

其中，甲方项目经理由企业方人员担任，负责组织完成项目交付成果及相关项目管理工作，确保项目涉及的外部环境及资源及时到位，审核项目相关文档，确认所有相关项目文档的需求，确保关于项目问题和提议的决议被批准等。

乙方项目经理由实施方人员担任，主要负责制订项目计划，跟踪、监控和评估项目进展和项目质量，负责项目资源调度、项目组人员管理，分析项目风险并定期提交项目报告，协调项目相关各个方面的沟通，组织项目各类会议，负责管理项目的日常运作，协调和处理项目运作中的各种情况。

2. 业务咨询组

业务咨询组一般由甲乙双方人员组成，甲方人员负责介绍当前业务流程、管理制度、风险管理要求、现有的信息系统等工作并提供优化建议；乙方人员主要职责是配合进行系统业务分析，梳理企业现行制度、政策、流程，指导与支持业务管理流程的设计与优化工作。业务咨询组通过深度访谈和数据分析，了解和评估企业的业务现状，与相关部门深入交换意见，根据企业实际来搭建风险管理信息系统的业务架构，确定业务需求和功能设计，并配合项目的验收工作。

业务咨询组中的甲方人员一般由管理部门、业务单位的骨干组成，是项目的关键用户，对项目建设成功及后续持续优化发挥非常重要的作用。在项目建设期间关键用户为项目组提供企业内部流程情况和优化建议，是项目需求的主要提供者；项目结束后关键用户也是项目使用、推广及持续优化的重要力量。企业应保障有足够数量的关键用户，并确保其有足够的时间参与项目的工作，保障项目顺利开展。同时，在项目结束后，企业应从岗位安排、职责分配、薪酬待遇等方面对关键用户进行重点考虑与设计，确保关键用户的稳定性。

3. 应用开发组

应用开发组负责系统概要设计、系统详细设计、系统开发、单元测试等工作。

应用开发组负责总体架构设计，建立并维护企业风险管理信息系统的总体架构，评估和审批影响系统架构因素和变更需求，负责项目整体技术方案，制定项目开发策略，设计系统整体架构和应用程序架构，指导项目总体测试及技术质量控制，参与进行业务需求分析。

应用开发组还负责数据库设计工作，构建和管理数据库，包括数据结构设计，数据库安装配置，数据库调优，数据的抽取、转换和装载等工作。

4. 系统测试组

系统测试组负责测试工作，在项目开发过程中对已开发模块进行单点、综合、压力等测试，保证项目质量；模拟系统在运行环境中的使用，探测潜在的设计漏洞，并协助技术或开发人员寻找可能的原因。

5. 质量保证组

质量保证组负责在项目开发过程中，了解客户对产品质量、项目进度等方面的需求，对客户反馈信息进行分析，为项目管理提供分析结果，及时根据客户需求协助项目经理调整项目研发计划。监督指导项目开发过程标准的执行，给技术人员和管理层提供反映产品质量的信息和数据，保证项目质量。

二、项目关键过程管理

(一) 项目沟通管理

风险管理信息系统项目的实施，涉及各职能部门与经营单位等各方利益的协调，建立有效的沟通渠道、确保沟通顺畅，是项目顺利进行的重要保证。

1. 利益相关者管理或沟通对象的选择

作为沟通管理的一项重要内容，利益相关者的分析和管理必不可少，同时它是确保项目进行有效沟通的重要前提条件之一。

利益相关者，广义上包括企业内外可能对项目产生影响或受到项目影响的所有群体和个人。在项目管理过程中，需要重点关注对项目直接影响最大的群体和个人，即最重要的利益相关者。

在项目正式启动之前的筹备阶段，就需要收集利益相关者信息，并进行初始分析，确定利益相关者对项目的态度和目标，该工作应由项目经理负责，必要时组织其他项目管理人员共同讨论。

对于每个利益相关者，首先要确定一位相应的负责人，该负责人应对相应的利益相关者有一定了解，并在项目实施过程中保持与利益相关者的沟通。

在初始分析阶段，利益相关者负责人需要对利益相关者受变革影响程度、对变革的影响力、对变革的态度进行评估，详细记录他们对变革的态度和顾虑，分析如果顾虑不能解决可能导致的后果，并提出改进利益相关者态度的方案。以上分析和方案均需要与项目经理等项目管理人员讨论确定。

在项目正式启动之后，利益相关者负责人应按照计划，定期与相应的利益相关者进行沟通，或通过其他途径间接地了解他们的投入程度、主要期望和顾虑。

凡识别出的利益相关者，均对项目具有较强的影响力。因此，负责人一旦发现相应利益相关者对项目存在较大的顾虑，或对项目的态度无法达到项目目标，应评估态度差距可能造成的问题或带来的风险，及时向项目经理反映，必要时将问题升级。

2. 项目会议制度

项目会议是服务于项目工作的，是为了更好地加强项目沟通、解决项目实施过程中存在的各种问题。每次会议都要有专人做会议记录，使用规范的会议纪要模板进行记录，会后由记录人员将会议纪要分发给相关人员，并保存到项目文档数据中。项目组根据项目实际情况拟设立定期会议和不定期会议。

（1）定期会议

项目周、月例会：沟通项目状态，提出项目问题、风险和依赖条件；协调项目资源；对提出的问题讨论和决定行动计划。

（2）不定期会议

①项目领导组会议：审核下阶段项目计划；复查项目状态和里程碑；对项目中的重大问题做出决策；协调项目各方资源；解决项目各方可能发生的重大争议。

②重大问题汇报会议：汇报项目重大问题，并讨论决定采取何行动。

③项目组内部讨论/沟通会议：对项目组内部遇到的问题进行讨论，找出解决方案，并讨论决定采取何行动。

3. 项目状态周报制度

项目组各小组长每周提交项目进展情况报告，由项目经理汇总形成周报，并在周例会上汇报，周报应定期发给项目相关人员，以便了解项目的进展状况。

4. 沟通手段

（1）开会或直接交谈

按需要组织会议进行沟通，或直接找相关的人进行讨论，注意记录沟通和讨论结果，重要问题讨论必须有书面会议记录。

（2）电话或电话会议

通过电话的方式进行信息沟通。对比较重要的事情，需要包括开会地点以外的人员，则需要利用电话会议的方式进行讨论、沟通。

（3）电子邮件

建立项目组电子邮件系统及与外界联系的电子邮件系统。

（4）QQ 及微信群

建立项目组的 QQ 或微信群便于即时沟通相关信息。对于非集中办公的项目组，可提高工作效率。

（二）项目文档管理

项目组应建立项目文档库，并对项目过程及成果文档进行妥善管理，加强信息的共享，确保文档的质量与安全。

1. 文档库管理原则

项目所有工作产品（项目过程文档、代码或项目成果最终文档等）均应纳入文档库管理，并进行版本管理、权限控制及变更控制。

2. 文档库管理

文档库分为项目需求管理、设计管理、开发管理等类别。项目需求管理用于存放项目所有的工作产品，包括项目管理过程、会议纪要、项目规范、需求分析等全部文件。设计管理包括总体设计、概要设计、功能设计、界面设计等文件；开发管理包括各类开发代码、测试数据等文件。项目最终成果物经测试以及审核后，进行最终的移交。在过程中应做好文件版本控制、权限控制等工作，未经授权的人员不得接触或更改相关文档。

3. 文档管理

（1）文档标识规范

①文档需遵循相关标识规范，按照统一的规则进行文档编号及命名。

②文档应具有相关的定位信息与参考信息等，如文档作者、完成日期、批准人员、批准日期、新发布与修订情况、机密性限制等。

（2）文档批准

①所有文档必须经项目经理和质量保证人员的审核通过后，才可作为正式提交成果物进行提交。

②正式提交成果物均应纳入文档库。

（3）文档的存储与检索

①文档的存储：双方应明确文档存储管理人员，正式提交成果物应存储在甲方的文档管理平台上。

②文档的流通与检索：经审核的新文档必须按时提交到指定收件人，保证副本的有效、准确、保密性。

③文档保密与废止：严格按照文档授权进行访问；防止非授权人员改变存储的文档；提供电子或纸质的备份；确定存储期限。

（三）项目成本管理

项目成本管理旨在项目规定的时间内保质保量地完成项目任务的前提下，通过建立有效的费用控制手段，使项目组人员提高费用控制的意识，从而更加经济、有效、圆满地完成项目任务。预算的执行与控制活动如下：

①成本控制是指在项目的实施过程中控制项目的预算变更，努力将项目实际成本控制在项目成本预算范围之内。

②跟踪各项费用支出情况，对各类发票进行审核，确定各项费用支出的必要性。

③负责收集、整理项目的费用资料、数据，建立完善的费用支付台账。

④将预算的情况与实际的情况对比分析，发现实际成本与成本基准计划的差距，分析变化的原因，以确定是否采取以及采取何种纠正行动。

（四）项目变更管理

为了保证项目开发工作的相对稳定性，确保项目进度和开发质量，项目组应制定处理变更的方法和流程，明确变更的发布、执行和过程质量的控制。为控制项目范围、成本及时间，一般项目会成立项目变更管理小组，由甲乙双方人员参加，共同处理变更事项。

1. 发起变更

提出变更要求必须填写《变更申请表》（按双方约定的《变更申请表》格式填写）。《变更申请表》由变更申请人填写。项目变更管理小组审议变更申请的有效性和必要性，决定拒绝变更申请或者要求项目组对变更申请进行评估。

2. 评估变更

评估人员要充分评估变更对项目整体计划、进度、费用及质量的影响，并以书面形式提交变更管理小组。

3. 审批变更

变更管理小组会对变更请求进行审批，在审批结论中必须明确变更申请是否通过。

4. 执行变更

根据变更审批结果，项目组负责调整相关项目计划，根据新的项目计划和项目进度，重新分配资源，并指定变更执行人员执行变更工作，变更完成后向变更管理小组报告变更执行情况。

5. 变更执行评估

变更管理小组会定期对执行结果进行评估跟踪。

（五）项目问题管理

项目问题管理是保证项目成功的一个重要基础。项目组应鼓励全体成员采取开放式的态度对待问题，"问题总会有的，办法总比问题多"，面对问题不要仅仅一味抱怨，更要积极地去面对并尽可能找出应对的方法。

项目发生的所有问题都需要进行登记、处理。该文件由项目经理在文档库上进行维护，并在项目周会上进行讨论解决，如重大问题长时间无法解决，应上升到更高层级的会议，或通过项目指导委员会予以解决。

（六）项目质量管理

项目质量管理主要是督促项目计划得到有效的实施，客观评价项目的进展和质量，及早发现问题并跟踪问题直到妥善解决，规范项目实施工作，促进项目最终实现项目目标。

1. 质量规划

（1）质量目标

建设风险管理信息系统时，项目组要确立质量目标，主要依据项目计划中的里程碑和关键点，通过规范的质量保证方法、流程和工具进行质量保证管理，确保项目实施过程中的交付物与项目制定的标准和需求相一致，提前发现并排除项目交付物中存在的问题和缺陷，保证项目符合约定的实施质量。

（2）质量管理原则

①客户满意度优先。

②预防优于检查。

③持续的跟踪改进。

（3）质量保证计划

双方应在质量方针、质量目标、质量原则及项目范围等的前提下建立质量保证计划，明确相关人员质量管理职责、项目质量管理任务的定义与责任人、需遵守的规范与标准、质量控制的方法与工具等，在此基础上，有效地开展质量管理活动。

（4）测试要求

测试作为项目最主要的验证方式，应该得到双方的高度重视，应达到以下要求：

①所有测试都必须有适用的测试管理流程，得到质量保证组的确认。

②在需求分析阶段，出具用户测试计划，以保证需求的可测试性。

③在概要设计阶段，出具集成测试计划、集成测试案例。

④在详细设计阶段，出具单元测试计划、单元测试案例。

⑤编码阶段所有模块都必须经过单元测试通过，并出具单元测试报告，经双方项目经理确认。

⑥集成测试计划需经评审通过。

⑦集成测试必须有两轮以上的测试，每轮测试都必须有集成测试报告。

⑧用户测试必须由企业组织测试通过，只有出具经相关单位确认的测试报告后，才能视为完成。

⑨在集成测试完成后的程序修改应有足够的回归测试工作，并得到项目质量

保证组的确认。

2. 质量保证

双方在项目实施期间应进行以下质量保证活动。

（1）规则的培训与指导

双方项目经理负责组织在项目启动阶段向项目组成员做有关制度、规程、标准、工具与模板的使用培训。

（2）需求跟踪管理

双方项目人员应在项目开发过程中建立需求跟踪矩阵，以对需求进行有效跟踪。

（3）评审、同行评审与走查

在项目需求分析阶段，需求分析说明书在正式提交前应进行内部评审工作。在项目设计阶段，相关技术文档均应进行至少一次的同行评审工作，双方质量保证人员负责跟踪缺陷的解决。在项目编码阶段，技术开发组长应每半月组织至少进行一次代码走查的工作，技术开发组长负责缺陷整改跟踪工作。

（4）变更控制

双方均需遵守定义的变更控制流程。

（5）版本管理

所有产品的版本控制工作，由项目配置管理员统一按有关流程进行发布，双方其他人员不得以任何形式在测试环境或生产环境进行发布工作。

（6）问题跟踪

项目组负责指定专人对项目实施过程中出现的问题与缺陷进行跟踪解决，每周都出具相关统计信息。

（7）过程审计

质量保证组应定期对项目质量工作进行审计，双方应就审计结论进行相关整改。

（8）质量汇报

双方项目经理应本着实事求是的原则，向双方管理层及时准确地汇报项目情况，保证项目的可视性。

3. 质量检查

双方应就项目进展情况定期进行质量检查工作，保证项目按既定计划高质量地实施。乙方应配合甲方有关项目管理部门进行质量检查，并及时根据检查结果，进行跟踪解决。

三、成功要素及风险分析

（一）关键成功因素

风险管理信息系统建设项目的成功因素主要包括高层领导的支持与参与，明确的项目目标与需求，科学的项目方法与技术方案，良好的沟通与协作等方面。

1. 高层领导的大力支持与积极参与

企业风险管理信息系统涉及业务管理流程多、部门协作多，高层领导的超前意识、大力支持和积极参与是项目顺利开展的保障。当项目遇到业务与管理流程变革时，企业高层领导的指导与支持可以推动管理变革的顺利推进；当项目建设遇到困难时，高层领导可以提出努力的方向，排除干扰、克服困难，并调动与协调相应的资源，支持问题的有效解决；同时，高层领导在项目建设中，在舆论上给予项目组积极的、正面的、客观的评价，都有利于项目的顺利推进。

2. 明确的项目目标与合理的需求

制定清晰可达成的项目目标是风险管理信息系统项目成功的重要前提。信息化项目需要在规定的时间、预计的成本内完成系统的建设工作，因此明确项目的目标及范围非常重要。风险管理信息系统项目的建设目标符合企业风险管理整体规划的要求，并要得到高层领导及利益相关者的认可与支持。确定项目的工作范围及需求时要紧紧围绕项目核心目标与内容，合理确定信息化需求范围，不要想一口吃成个胖子，试图将所有的风险管理要求都纳入项目范围中，那样可能会欲速而不达，既浪费时间又浪费金钱，反而会影响项目整体目标的实现。在项目建设过程中，项目组不但要根据项目目标检查项目进度，更要经常反思项目是否偏离最初的目标，项目的范围是否被无端扩大，尤其要严格控制涉及项目范围变化的需求变更内容与数量，确保项目按照预定的目标前进。

3. 良好的职责分工与沟通协作

项目组成立之后应进行明确的职责分工，使项目组成员明白各自的角色定位与应承担的工作任务。尤其项目经理是项目全面管理的核心和焦点，起着协调各方人员，沟通管理、技术等方面的纽带作用。项目经理不但要具备运用各种管理工具进行计划的制订、跟踪、评价的能力，而且要具备领导、沟通、处理矛盾冲突以及解决问题的能力。项目经理要合理分工，发挥各小组人员的积极性，做好与各方的沟通、协调工作，并组织各类项目团队活动，凝聚项目团队力量，创造和谐的项目工作氛围，提升整体团队的凝聚力与战斗力。

4. 科学的项目实施方法与技术方案

信息化项目是一个复杂的系统工程，采取科学的项目实施方法来保证项目的进度、质量和成本可控是项目能否成功的重要因素之一。项目的开发与实施一般应采取分阶段实施的原则，每个阶段都要有明确的任务和交付的成果，按照阶段设置里程碑作为控制点，进行阶段性评审与总结，步步为营，扎实推进。在选择技术方案时，不要太超前冒进，一般应采用经实践证明的、先进成熟的风险管理系统产品体系和技术方案。

（二）风险应对分析

项目组应建立项目风险管理表来管理项目建设过程中的风险，并定期评估风险的状况，检查风险应对的效果，确保项目正常地开展。

1. 项目风险管理表

一般风险管理表应包括风险编号、风险名称、风险状态、风险应对责任人、分类、影响程度、可能性、可控制性、风险因素、优先次序、防范方法、目标时间等。

2. 评估项目风险的可能性和影响程度

对于每项风险，都可以用如表 6 - 1 所示的定义方法来评估其可能性和影响程度。

表 6 - 1 风险可能性和影响程度评估

可能性		影响程度	
可能性（风险将会发生）	级别值	影响（本项目可能发生的风险）	级别值
预计风险将会发生	几乎确定	对于项目有重大影响，可能导致项目中止	高
风险可能会在某个时间发生，但不会马上发生	可能	项目交付日期，范围或者预算将受影响	中
风险不太可能发生	不太可能	对于项目有很小影响	低

3. 确定风险的优先次序

基于上述对风险的可能性和影响程度的评估，可以排定每项风险的优先次序，如表 6 - 2 所示。

表 6 - 2 风险可能性和影响程度排序

可能性	影响程度		
	低	中	高
几乎确定	需要关注	关键	关键
可能	少量关注	需要关注	关键
不太可能	少量关注	少量关注	需要关注

4. 管理项目中的风险

当风险的可能性、影响程度和优先次序被确定后，项目经理进行最后检查，必要时对评估结果进行调整。风险值随着风险生命周期的变化也将发生变化。当风险的可能性、影响程度或优先次序发生变化时，应当及时更新风险日志以反映新的评估结果。

所有的风险在防范过程中都应当得到连续的监控。项目经理应当监控项目的关键风险，并且确定风险是否还是风险，风险是否被防范或风险已经发生而成为一个问题。风险应当每个星期正式检查一次，特别关注最关键的风险，但是同时要确保不太重要的风险也能够定期得到重新评估。

已被防范的风险应当在风险日志中得到更新，并注明对所采取行动的解释，风险状态则更新为"结束"。当风险的可能性、影响以及优先次序改变时，所有的现存风险都应当进行重新评估。如果由于某种原因，如风险条件发生变化、风险涉及其他项目等，风险如无法在原定责任范围内得到控制，则风险需要提升。这时，风险责任人就将更新风险日志的状态，表明哪个级别的人员将负责防范风险，并上报项目经理。当一项风险无法在本项目范围内得到防范时，它就成为问题，将通过问题管理程序进行解决。此时，风险日志应当更新，该风险的状态更新为"结束"。

如在风险管理信息系统开发中，可能存在的风险如下：

①客户数据准确性、规范性差，可能导致信用评价结果不佳。防范方法：需要企业使用统一的数据采集口径，尽可能收集全面的信息，使用能代表不同类型的多样化数据，并通过关键字段筛查来提取有效数据，以保证样本数据的质量。

②项目各方对系统的功能无法达成共识，可能导致需求不能被确定。防范方法：为了能让双方对系统的功能达成共识，避免错误需求，应将客户要求文档化，尽可能地描述详细，可以图文并茂；召开需求评审会时，让客户相关方参加，以求双方对需求达成一致；评审通过的需求文档，需客户方签字确认。

③项目业务管理需求范围变更频繁，可能导致项目需求管理失控。防范方法：项目建设之初双方就书面约定好需求变更控制流程来执行需求变更，记录并归档用户的需求变更申请。

④项目各方缺乏有效的协调和沟通，可能导致项目工作效率低下。防范方法：项目建设之初就和项目各方约定好沟通的渠道和方式，在项目建设过程中多和项目相关方交流和沟通，注意沟通的技巧。

四、项目培训及知识转移

企业风险管理信息系统上线后，项目组应对企业的业务、管理和技术人员定制专门的培训，进行知识的转移与传递。项目涉及的培训包括系统使用培训与系统维护培训两个方面。系统使用培训帮助业务与管理人员了解风险管理的重要性、基本知识和相关制度，掌握风险管理信息系统的使用方法，确保风险管理信息系统在企业正常使用；系统维护培训帮助技术人员掌握系统的管理和维护方法，确保信息系统的顺利运行。

在培训之前，项目组应组织专人编写培训教材和系统使用手册。根据信息系统实施和管理所采取的特定工具、技术、方法和计算机资源，确定培训科目，编写具有针对性的培训教材。

培训方式可采取现场讲解、上机演练等方式进行，为了方便远程用户使用系统，项目组可采取视频会议或录制培训视频进行远程教学。项目组也可采取常见问题问答等方式解决用户在使用时的问题，必要时可采取培训后考证的方式推动培训工作的开展，帮助用户更好地掌握系统的使用方法。

五、技术服务与支持

风险管理信息系统正式上线后，项目的合作方会对系统的运行与改进给予技术支持与售后服务，但一般免费的售后服务持续时间比较短。由于企业风险管理信息系统需要持续运行，而且随着管理持续优化与改进，会提出新的需求来优化或升级风险管理信息系统，企业需要建立信息系统运维体系持续支持信息系统的正常运行和使用。

信息系统运维服务管理是一种以流程为基础、以用户为中心的信息系统运维服务管理方法，确保所有提供的服务均以用户为中心，实现 IT 服务与业务发展的融合，提供高质量的 IT 服务，提高用户使用信息系统的满意度。

在实践中，企业一般建立多层次的运维服务管理体系来支持风险管理信息系统的高效运行。

第一层次为业务单位的关键用户，处理系统在使用方面发生的常见问题，做好对使用者的日常辅导培训工作，同时收集使用单位的改善需求与新的功能需求。

第二层次为信息管理部门，专业解决风险信息系统中出现的故障，并做好系统的持续优化工作。信息管理部门可建立服务台，对所有服务请求及故障申告均按照预先定义的标准流程如事件管理、问题管理、变更管理、发布管理、配置管理等进行流转处理，实现统一、规范、有效的信息系统运维服务管理。

第三层次为外部合作方，可以是信息系统原承建方，也可以是专业信息系统维护商，处理疑难的系统及应用故障或问题，并按照用户需求，开发新功能或升级风险管理信息系统，为客户提供持续的支持。

　　企业建立多层次的信息系统运维体系是风险管理信息系统正常运作并持续发挥作用的重要手段和有效保障。

本章参考文献

　　[1]《中央企业全面风险管理指引》（国资发改革〔2006〕108 号）。
　　[2] 德勤咨询公司解读《中央企业全面风险管理指引》的风险管理信息系统资料。

第七章　风险管理监督和改进

当前，我国经济结构深度调整，企业面临的不确定性因素和经营风险不断增加，迫切需要加强和完善风险管理体系建设。国资委多次做出关于加强风险管理工作的重大决策部署和要求，强调加强企业风险管理体系建设，规范企业运行程序，以风险为导向、以安全高效为目标，切实提高企业经营管理水平和风险防范能力。构建完整有效的风险管理体系，是保障企业平稳、高效、健康运行的基本前提。本章从风险管理评价、风险管理审计、缺陷整改与应用三个层面，讲述风险管理体系监督和改进，为企业风险管理三道防线的风险管理部门、内部审计部门和业务部门提供基本理论依据。

第一节　风险管理评价

风险管理评价是根据风险管理的理想模式，对企业现行风险管理体系的健全性、遵循性与有效性进行的检测、分析和评定，其实质是评价企业风险管理体系的设计与执行情况。

一、评价的作用

（一）对风险管理制度可行性检测和改进

不同企业的经营规模和所面临的内外部经营环境不同，同样的风险管理体系在不同企业所产生的效果也不尽相同，即使在同一企业，由于内外部各项条件的变化，在不同时期的风险管理效果也不相同。因此，定期或不定期地开展风险管理评价，不断地调整和完善企业的风险管理体系，是有效实施全面风险管理的重要手段和必要环节。

（二）对风险管理制度贯彻执行情况的检查和强化

通过风险管理评价，不但能够发现和检测风险管理存在的问题，而且可以了解员工对风险管理制度的执行程度和执行结果，从而提高企业的经营管理水平。

（三）对企业审计和自律监管重点的选择和确定

随着现代企业的经营规模和经营业务的不断扩展，内部审计工作的业务量也不断加大，监督领域逐步拓宽，涉及企业经营管理的方方面面。在这种情况下，再采取过去那种事无巨细、全面审计的方式，是不可取的。通过风险管理评价，可以首先发现风险管理薄弱环节，然后有所侧重地集中力量，针对重点进行审计，从而提高审计工作的准确性和针对性，并降低审计成本。现阶段，西方先进的审计理论和方法已经相当科学和完善，内部审计已经发展到以风险管理评价为主体、以风险防范为目标、以提高绩效为目的的高级阶段。

二、评价的原则及内容

（一）评价原则

企业实施风险管理评价至少应当遵循下列原则：

①全面性原则。评价工作应当包含全面风险管理体系的设计与运行，涵盖企业及其所属单位的各种业务及事项。

②重要性原则。评价工作应当在全面评价的基础上，关注重要业务单位、重大业务事项和高风险领域。

③客观性原则。评价工作应当准确地揭示经营管理的风险状况，如实反映全面风险管理设计与运行的有效性。

④可操作性原则。评价工作应当与实际业务相结合，确保评价工作的可操作性。

（二）评价内容

风险管理评价主要是对企业风险管理状况的评价，包括企业风险管理体系评价、业务内部控制活动评价、风险管理目标保障效果评价三个方面。

1. 企业风险管理体系评价

评价的主要内容包括风险管理环境、企业风险识别与评估、风险管理信息交流与反馈等方面。

（1）风险管理环境评价

评价的主要内容包括：风险管理组织体系是否建立健全、是否建立规范的公司法人治理结构（包括对子公司的控制）；决策机构对风险管理是否重视，履职流程是否规范、高效，是否有效实施重大经营决策事项风险评估机制；业务部门、风险管理部门、内部审计部门的风险管理职责和定位是否清晰准确；各部门之间的权责分配是否合理、职责分工是否明确、报告关系是否清晰；是否制定明确、适宜、有效的风险管理与内部控制制度与政策；是否建立完善的人力资源管理体系，配备充足、胜任的专兼职风险管理人员；是否培育和塑造良好的风险管理文化；是否建立符合企业发展战略的风险管理目标和工作方案；是否建立风险管理监督与改进评价报告机制，监管发现的问题是否得到有效整改。

（2）企业风险识别与评估评价

评价的主要内容包括：是否建立风险识别、评估的机制和程序，并进行持续的风险识别和评估；是否及时识别、系统分析经营活动中与实现企业战略目标相关的风险，合理确定风险应对策略；是否及时改进风险管理制度，有效地防范和控制风险；是否建立风险与危机预警系统；是否建立危机处理机制并采取相应的防范措施。

（3）风险管理信息交流与反馈评价

评价的主要内容包括：是否建立适用的、覆盖企业全部业务和事项的信息系统；决策层、管理层是否能够掌握充分、可靠、连续的财务、经营以及影响决策的其他内外部信息；是否建立内部上下之间、内外部横向之间信息交流机制和渠道；信息是否能够及时、安全、准确、可靠地传递、存储和使用等；是否编制发布涵盖主要业务及流程的风险管理手册。

2. 业务内部控制活动评价

评价的主要内容包括：是否建立覆盖企业及其所属单位的各种业务和事项的规章制度，建立贯穿决策、执行和监督全过程的内部控制；各项业务、事项和各个部门是否执行和实施有效的相互制约、相互监督等内部制衡措施；各项业务和事项是否按照组织控制、权限控制、目标控制、措施控制、流程控制等环节进行管理和控制等。具体业务评价标准可参照《企业内部控制配套指引》（财会〔2010〕11 号）执行。

3. 风险管理目标保障效果评价

企业风险管理主要专注于保障组织的目标，识别关键风险因素，评估风险并做出恰当的应对，以及及时报告业绩和期望。因此，风险管理评价要对风险管理过程是否使战略目标与主体的使命协调一致，并确保战略目标与主体的风险容量相符。

评价的主要内容包括：企业运营是否实现战略保障目标、效率效果目标、财务报告目标、资产安全目标和合法合规目标。

①战略保障目标：是高层次的目标，它与主体的使命/愿景相协调，并支持后者，反映管理当局就主体如何努力为它的利益相关者创造价值所做出的选择。

②效率效果目标：这些目标与主体经营的有效性和效率有关，包括业绩和盈利目标以及保护资源不受损失，其目的在于推动主体实现其终极目的的过程中提高经营的有效性和效率。

③财务报告目标：可靠性的报告为管理当局提供适合其既定目的的准确而完整的信息。它们包括内部和外部报告，可能涉及财务和非财务信息，它支持管理当局的决策和对主体活动和业绩的监控。

④资产安全目标：企业应确保资产安全记录，正常运转，避免损毁。

⑤合法合规目标：主体从事活动必须符合相关的法律和法规，通常还必须采取具体措施。适用的法律和法规确定最低的行为准则。特别是企业是否发生了重大风险事件，如有发生，应根据风险事件发生的数量、性质、损失金额以及对企业和社会造成的影响程度进行扣分。

三、开展评价的程序

风险管理评价程序包括评价准备、评价实施、评价报告等步骤。

（一）评价准备

1. 收集评价资料

为全面掌握评价期内被评价单位风险管理状况，评价机构应收集整理评价期内被评价单位的以下资料：上级单位向被评价单位授权的文件，以及被评价单位制定的规章制度；被评价单位主要业务经营指标的完成情况和风险指标控制情况；对被评价单位的内外部审计及监管检查报告、通报、整改通知书等；被评价单位及其下属单位发生的案件和责任事故情况等。

收集评价资料的方式一般有三种：一是向被评价单位有关管理人员和当事人询问有关风险管理的现状；二是查阅被评价单位有关风险管理的规章制度和文件资料，如果被评价单位编有风险管理流程图或其他专门描述其风险管理的文件资料，可直接索取并加以利用；三是查阅以前年度有关被评价单位风险管理方面的审计或评价档案。如果以前曾对该单位进行过风险管理评价，那么以前的档案也是评价人员了解被评价单位风险管理现状的一项主要依据。

2. 非现场评价结果汇总分析

对评价期内收集的评价资料进行综合汇总分析，在此基础上，对非现场评价未涉及和需要进一步核实的评价点，确定为现场评价的重点内容。

3. 制定评价方案

在对被评价单位风险管理进行了解分析和非现场评价的基础上制定评价实施方案，明确评价的目的、时间、内容、范围、方法、标准等。

4. 组成评价组

抽调审计人员、企业管理专家与专业技术人员等组成评价组。评价人员应经过风险管理评价的培训，具备相应的评价能力，掌握评价方法和标准。

5. 征求上级单位有关部门对被评价单位的评价意见

评价前向被评价单位的上级单位各有关部门发出《风险管理评价征求意见

表》，了解上级单位有关部门对被评价单位风险管理状况的意见。

6. 发出风险管理评价通知书

现场评价前，上级单位向被评价单位发出风险管理评价通知书，要求被评价单位及其各部门按要求提供有关资料。

（二）评价实施

1. 健全性测试

健全性测试主要是了解、检查和评价企业各种业务和事项中的风险是否被识别，关键风险点的定位是否准确，是否有相应的管理和控制制度、措施。健全性测试主要采取以下方式进行：

一是问卷调查或询问调查。现场评价时，首先要召开由评价组成员、被评价单位领导和有关部门负责人参加的进点会谈，听取被评价单位汇报。在会谈后，评价组可以有针对性地面向被评价单位领导及其各部门的负责人和主要业务人员进行问卷调查或询问调查。

二是查阅被评价单位各项管理制度和相关文件，以及风险管理过程中形成的文件和记录，如账本、报表、凭证、各种文件传递及签阅单、各种记录、合同、报告等。

三是观察被评价单位业务活动的实际运行情况等，了解被评价单位内部控制体系的基本情况，必要时可进行穿行测试。

四是流程图比较。根据被评价单位现行的风险管理制度，绘制被评价单位主要业务的标准业务流程图。将标准业务流程图与被评价单位实际操作流程图进行比较，初步评价被评价单位风险管理体系的健全性和充分性。

评价人员应将通过检查所了解到的被评价单位风险管理的现状与事先确定的评价模式进行对照，以揭示其风险管理措施是否被采用。在相互对照中发现的管理缺陷，评价人员应按不同的性质和内容加以归类、汇集，并登记在《风险管理问题登记表》中。

对于检查出的管理与控制问题，评价人员应通过询问管理人员或当事人以及查阅有关资料的方式，了解其是否存有补偿性措施。倘若存在，评价人员则应进一步分析这些补偿性控制措施能否全部抵消管理缺陷的影响，并在《风险管理问题登记表》中加以说明。

在确定被评价单位风险管理评价发现问题没有补偿性措施或补偿性措施不能全部抵消其影响后，评价人员应说明管理与控制问题可能产生某些错弊的性质，以及对整个控制系统的影响程度。如果还存在其他问题的话，评价人员还应分析管理与控制问题间的相互联系及其可能产生的共同影响。

在分析被评价单位风险管理中所有管理与控制问题及其潜在影响的基础上，

评价人员可对其健全程度做出评价。

如果认为被评价单位的风险管理是健全的或基本健全的，能够保证评价人员所关注的管理与控制目标的实现，评价人员可对该单位的风险管理与内部控制系统予以信赖，并测试其有效性；反之，评价人员则不予信赖，而直接进入实质性评价阶段。

2. 初步评价

在健全性测试后，评价人员要对被评价单位的风险管理状况进行初步评价，评价内容包括：被评价单位是否存在风险管理缺陷；被评价单位对风险管理问题是否已采取补偿措施，采取措施后仍存在的风险和后果等。

3. 符合性测试和评价

实施健全性测试虽然可以解决风险管理制度本身设计是否健全完整的问题，但这些只是对规章制度或业务处理方面做出的规定，而在实际业务活动中企业是否贯彻这些规定，特别是有无按规定设置这些管理与控制环节和关键控制点，并真正发挥其作用，则需要通过符合性测试和评价来解决。

符合性测试和评价又称遵循性测试，是评价人员对经过健全性测试的风险管理制度在实际工作中是否得到贯彻执行，以及贯彻执行程度是如何进行的测试评价。

（1）符合性测试和评价的范围和内容

符合性测试的范围和内容是由健全性测试和评价确定的，那些经过健全性测试和评价被认为是可以信赖的风险管理，就构成符合性测试的内容，而那些经过健全性评价被认为存在缺陷、错误或薄弱的风险管理，则应排斥在符合性测试的范围之外，而直接列为实质性测试的重点内容。

（2）符合性测试的数量

对于列入符合性测试范围的风险管理内容，并不是进行全面审查，通常是实施抽样测试。符合性测试的关键在于确定适当的样本数量，这是关系到测试效率和质量的主要问题。样本数量太小，无法保证抽样结果的代表性；样本数量太大，又会增加测试的工作量，影响测试效果。因此，评价人员必须根据评价工作的实际需要，科学地选择测试样本的容量。

符合性测试数量的最低限度一般根据风险管理执行频率来确定，它与风险管理执行频率成正比。以一年为一个评价期间，可确定的样本数量如表7-1所示。

表7-1　符合性测试样本数量

控制发生频率	建议测试样本数量
每日1次	2~4

续表

控制发生频率	建议测试样本数量
每周1次	3~8
每旬1次	4~10
每月1次	10~25
全年次数在1000次以下	25~50
全年次数在1000次以上	50~100

（3）符合性测试的方法

符合性测试数量确定后，可通过判断抽样法、整批抽样法、分层抽样法、系统抽样法和利用随机数表等方法抽取样本，也可以以业务循环为基础、以经营部门为基础、以财务报表的分类为基础进行测试。至于测试样本的方法，主要使用证据检查法、穿行测试（重复执行）法和实地观察法等。

①证据检查法。证据检查法是指评价人员在符合性测试和评价中，抽取一定数量的原始文件、账表、凭证等书面证据和其他有关证据，检查其是否存在控制线索，以判断风险管理是否得到有效贯彻执行的方法。其工作原理是，被评价单位的风险管理执行情况都要在资料文件中表现出来，如凭证上的签章等。

②穿行测试法。穿行测试法亦称重复执行法，是指评价人员在符合性测试和评价中，抽取某项控制系统的几笔业务，按照被评价单位规定的业务或事项处理程序，从头到尾重新执行一遍，以检查这些业务在办理过程中是否执行规定的管理与控制措施，并通过其处理结果是否相符来判断各项风险管理措施能否有效发挥作用的技术方法。

③实地观察法。实地观察法是指评价人员在符合性测试和评价中，身临被评价的工作现场，实地观察有关人员的实际工作情况，以查看其规定的风险管理措施是否得到严格执行的技术方法。

上述三种方法的适用范围如表7-2所示。

表7-2 符合性测试方法和控制类型

控制类型	测试方法		
	证据检查法	穿行测试法	实地观察法
财产保护控制	次要	不适用	主要
授权审批控制	主要	不适用	不适用
预算控制	次要	不适用	主要
职务分离控制	主要	次要	不适用

控制类型	测试方法		
	证据检查法	穿行测试法	实地观察法
会计系统控制	主要	不适用	次要
运营分析控制	次要	不适用	主要
稽核控制	主要	次要	不适用

（4）符合性评价

符合性测试完毕，评价人员汇总符合性测试表记录的单项测试结果，着重将风险管理的薄弱环节整理出来，对其性质、程度和潜在影响逐项进行分析，然后对风险管理在实际工作中的执行与否和执行程度做出评价。如果关键控制点或多数一般控制点失去控制，则表明风险管理无法发挥管理与控制功能，可以做出直接进行实质性测试的结论；如果是少数一般控制点执行不利或全部控制点都执行良好，则进入综合评价。

4. 实质性测试

实质性测试是在符合性测试的基础上，针对风险管理存在的问题和可能产生的后果，运用检查、观察、查询及函证、计算、分析性复核等方法，对被评价单位的业务项目进行直接审查的过程。实质性测试确定测试的重点领域时，应当考虑以下几个方面：缺少风险管理的重要业务领域；风险管理制度设计不合理、控制目标不能实现的领域；风险管理没有发挥作用的领域。

5. 分析认定问题

评价组应对收集掌握的被评价风险管理指标进行核实和对比，对风险管理存在的设计和执行有效性方面的问题进行分析，进而评估问题导致财务错报的影响程度以及发生可能性。根据可能导致企业偏离控制目标的严重程度，分别确定为重大问题、重要问题和一般问题。三者具体的认定标准，由企业根据实际自行确定。

6. 综合评价

评价组根据现场和非现场评价情况，填写评价工作记录，对发现的问题和需要做出评价结果的情况必须做出评价工作底稿，一事一稿。评价工作底稿出具之后应及时与被评价单位相关部门交换意见。评价工作底稿交换意见之后，需要直接交换意见部门负责人签署。签字内容包括"情况属实""同意评价意见"等。若有不同意见，必须附加说明及相关证明文件或资料，评价人员根据情况进一步核实；评价人员核实后，根据合理意见修改底稿，再次与被评价单位交换意见，如果意见仍不能统一，由项目组长向评价组长汇报，经请示做出下一步工作安排。现场评价结束后，评价组应将所有评价底稿整理好，建立工作底稿目录，并把所有工作底稿和相关资料全部交评价组长带回存档，支持评价的原始资料要求内容完整。

（三）评价报告

风险管理评价报告是评价人员根据风险管理评价结果编制的，全面、客观、准确地反映企业风险管理状况的书面文件。企业应当根据年度风险管理评价结果，结合评价工作底稿和缺陷表等资料，及时编制评价报告。在全面汇总评价成果、初步做出评价结论后，评价组应对照评价标准，撰写评价报告，在集体讨论的基础上不断修改完善。

评价报告正文内容通常包括企业基本情况、评价标准、方法和过程、评价结果、工作建议等部分，要以充分、适当的测试证据为依据，形成评价结论，重点要逐项分析风险管理存在问题特别是重大重要问题的主要环节、原因及其影响，并提出完善建议。评价报告附件应当包括《风险管理问题登记表》。

风险管理评价报告应当征求被评价单位的书面意见。重要问题应当与最高管理层和董事会或审计委员会沟通。因为这个过程能够为采取矫正措施提供所需的支持或监督，并且使他们能够与业务活动可能受到影响的其他人员进行沟通。如果发现的问题跨越组织界限，就应该相应地交叉报告，并且报告给足够高的层级，以便采取适当的行为。根据问题的性质和所涉及人员的不同，相应地直接向高级管理层成员或董事会报告。

根据被评价单位的书面反馈意见，评价组长进一步核实并修改评价报告。评价报告修改后，经评价组织机构负责人审查，在评价组织机构内部会议讨论，讨论通过后报送评价组织单位有关部门征求意见，各部门在规定时间内书面反馈意见，在规定时间内不反馈意见的部门，视为对评价报告无异议。结合各部门的反馈意见，评价组织机构再次修改评价报告并起草评价意见书，起草关于签报评价报告和评价意见书的请示，履行签报手续。

评价部门根据有关规定，可以通告评价结果。

四、风险管理体系改进

被评价单位应认真执行风险管理评价结果及其整改落实要求，在规定期限内执行完毕，并将执行情况和整改结果书面反馈给风险管理部门。风险管理部门每半年对风险管理评价结果及其整改落实情况进行督促检查，对风险管理评价结果执行跟踪，并将有关情况专题向审议和决策机构报告。

原评价机构可视情况组织后续审计或评价，跟踪检查被评价单位问题整改情况和处理决定执行情况等。后续审计或评价可以单独开展，或与其他审计或评价项目合并进行。

第二节　风险管理审计

风险管理审计是根据企业风险管理的目标和政策，审计人员采用系统化、规范化的方法，评价企业风险管理的运行状况，测试企业风险管理系统、各业务循环及相关部门在风险识别、风险分析、风险评价、风险治理等方面的活动，以识别、预警和纠正企业在实施风险管理过程中可能存在的不适或缺陷，进而提高企业风险管理的效率和效果，保障企业战略目标的实现。

一、审计的作用

风险管理现今已成为一项公认的管理学科。经济全球化和一体化速度加快，随之而来的是竞争的全球化、经营的战略化，风险管理则比以往任何时候都显得更重要，对于企业管理者和决策者而言，其地位也越发举足轻重，企业风险管理审计上升到企业发展的战略高度，成为现代企业内部审计的首要使命，对企业的可持续发展发挥着至关重要的作用。

（一）开展企业风险管理审计的意义

1. 监督全面风险管理体系运行

实施企业风险管理审计是对全面风险管理体系运行情况的再监督，以便及时发现并消除风险点，把风险损失控制在最低限度。与此同时，能够通过对内部控制制度的健全性和符合性测试发现内控制度的不足之处，并提出改进意见，进一步修订和完善内部控制制度。

2. 预防和警示潜在风险

实施企业风险管理审计能够起到预防风险与警示的作用，企业结合实际情况制定具体的内控制度，由相关部门或人员具体实施，事先控制可能出现的风险，把风险消灭在发生之前或萌芽状态，而当风险产生并造成损失时，分析原因，总结经验教训，采取相应措施，发挥风险管理审计的警示作用。

3. 提高外部审计质量和效率

企业风险管理审计的开展有助于提高外部审计质量和效率。审计包括审计计划、取证、判断和报告，是一个系统过程。审计过程的质量决定审计报告的正确性和全面性。在现代企业组织中，内部审计资源（人力、专业技术、时间）比起所要求的大多缺乏，内部审计的工作量负荷很重。因此，在审计资源紧缺的情况下，保证审计质量就成了内部审计的宗旨，风险管理审计从制定审计方案开始就与组织的经营决策紧密联系。通常，为了提高审计效率，审计方案往往以几个重大风险综合为导向。风险导向审计使内部审计人员的工作从起点到后续追踪审查，从审计范围、工作中心及其变化到审计测试与评价，自始至终都与组织系统目标协调一致、针对性强，将有限的审计资源用于高风险领域，降低外部审计成本，提高审计效率，保证和提高审计质量。

（二）开展企业风险管理审计面临的问题

目前，从世界范围看，企业的风险管理审计尚处在发展阶段，还有相当一部分企业没有实行，风险管理审计的理论研究方面的工作及成果还比较少，风险管理审计的发展还面临着若干问题。

1. 风险意识淡薄

企业本来应该以追求长远利益、获取最大利润为根本目标，但是有些企业却只顾眼前利益，而忽视某些行为决策对企业未来发展产生的影响，往往对所投资项目的风险不能进行系统全面的分析，从而给企业带来巨大的损失。

企业缺乏风险意识，没有积极、主动、系统地进行风险管理工作。主要表现在以下两个方面：一是企业中的风险管理活动往往是瞬时的或者间断性的，意识到就进行管理，事后则是"好了伤疤忘了疼"，将其抛掷脑后；二是企业缺乏对风险管理体系进行定期的复核和再评估，降低企业适应环境变化、管理风险和规避风险的能力。

2. 企业风险管理审计创新受到一定程度外部因素的制约

企业风险管理审计随着风险管理的创新而不断创新的，风险管理的创新一方面在于企业自身可持续发展的需要，另一方面要求外界给它创造较为宽松的环境。例如，要为银行风险管理的创新创造宽松的环境就具备三个条件：一是必须具备市场化的交易主体和交易价格，因为只有这样，银行才能作为风险的承担者在市场上借助已有的或创新的风险管理工具规避和控制风险；二是具备成熟的金融市场，因为创新的本身也会创造出新的风险，一旦管理不慎，金融市场无法消化，就可能引起金融动荡或危机；三是完备的法律保障，没有完备的法律法规政策来规范、约束和保障各种创新的开展，那么要使金融风险管理创新良性发展也不太可能。由此可见，其他企业也基本如此，然而，我国目前尚且不具备这样的外部条件，这就制约了我国风险管理创新的发展。

3. 企业风险管理的组织架构缺乏现代意义上的独立性

我国的大多数企业存在较为严重的治理结构问题，导致各个部门和岗位的人员对其工作职责和操作程序不清晰，风险承担的最终主体也不明确，因而很难形成现代意义上独立的风险管理部门，并且没有专门的人员进行企业风险管理。即便成立相应的风险管理部门，但是没有专职的风险经理，风险承担的主体不明确，各个部门或者岗位之间互相推卸责任，使其风险管理的成效缺乏有效的约束机制，从而无力承担起独立的、具有权威性的有效管理企业风险的职责，使我国企业的风险管理始终停留在以眼前利益为目的的决策层次上，而不能像西方一些企业将企业风险管理上升到企业发展的战略高度。

4. 对企业风险管理审计的定位不够准确

《内部审计具体准则第 16 号——风险管理审计》中提出这样一种说法，"风险管理是组织内部控制的一部分，内部审计人员对风险管理的审查和评价是内部控制审计的基本内容之一"，而在 1992 年后出台的《企业风险管理框架》中将内部控制扩展为风险管理，明确提出风险管理包含内部控制。这两种观点之间的矛盾使我们对风险管理审计的定位有点模糊不清，对风险管理审计的范围也有所质疑。

5. 企业风险管理审计法规依据尚不健全

我国至今没有出台较为完备的风险管理法律法规政策，不利于风险管理创新的良性发展，同样，也不能很好地规范、约束和保障企业风险管理审计的开展，使审计人员在开展企业风险管理审计的过程中束手束脚。

6. 企业风险管理审计的范围尚有局限性

审计人员侧重于企业经营管理风险的识别、估算和控制方面的审计，而对企业制度风险、法律风险等其他风险的评估、测试等方面的审查重视程度不够。随着我国企业的经营管理逐渐与国际接轨，再加上企业自身改革的不断深化，企业的风险管理不可能只停留在对某一种风险进行管理的阶段上，企业只有全面地、综合地考虑可能发生的各种风险因素，才能有效地预防、管理和控制风险。同样，企业风险管理审计也不能停留在部门风险管理审计的阶段上，而要向全面的、整体的风险管理审计发展，只有这样企业才能在竞争中立于不败之地。

7. 企业风险管理审计人才严重匮乏

目前，我国企业风险管理审计人才严重匮乏，现有风险管理审计人员综合素质不高，主要表现在文化水平不高、计算机操作能力不够、知识结构单一、风险意识不强、工作创新能力差等。如不提高风险管理审计人员的综合素质，将非常不利于风险管理审计的有效开展。

我国注册会计师对行业风险和企业经营风险缺乏了解，数据积累严重不足。据不完全统计，我国会计师事务所90%以上的业务是审计业务和会计业务，没有经济方面、法律方面等多元化的背景。注册会计师不了解企业的经营状况、不了解整个行业，这是我国审计人员有效开展企业风险管理审计工作所急需解决的问题。

（三）开展企业风险管理审计的措施

在全球经济化的当今世界，企业为了使自己在竞争中赢得优势、抢得先机，在经济全球化的今天为了更好地开展风险管理审计，必须对审计工作中存在的问题采取有效的措施。

1. 加强对企业风险管理审计的重视程度

我国自加入世界贸易组织以来，市场经济发展不断壮大，企业资本迅速积累，企业规模日益扩大，能否有效开展企业风险管理审计与企业能否取得成功息息相关。因此，不仅要求企业成立专门的风险管理部门、培养专门的风险管理人员，还要求政府尽快出台与企业风险管理审计相关的比较完备的政策、法律法规，以规范、制约和保障企业风险管理审计工作，使其有效开展。

2. 立足现实

虽然我国的企业风险管理审计还不具备完备的法律法规政策，并且这些外部因素也不是一蹴而就的，但是并不表明在这些外部条件不具备的情况下就一定不可以进行风险管理审计的创新。例如，根据西方金融业务创新技能方面的发展进程，金融业务创新的层次可分为金融基础业务层、衍生业务创新层和组合业务创新层，相应地，银行风险管理的创新也会随之不断发展，我国当前创新处于基础业务层，如开展一些银行保险业务，实现风险在银行与保险之间的转移等，待条件成熟后再进行其他风险管理方法的创新。各企业要勇于探索，开展符合我国国情的风险管理审计创新。

3. 转变企业观念

提高企业风险意识，将风险管理纳入企业的经营管理之中。开展企业风险管理审计，首先要求企业管理层彻底转变观念、增强风险意识、把风险管理审计摆在重要位置上，正确合理地处理风险与效益的关系，把企业长远利益作为企业的根本目标；与此同时审计人员也要转变观念，尽快实现从传统的账项基础审计、制度基础审计向风险管理审计转变，突出风险管理的重要性。一方面，要监督企业各职能部门认真贯彻各项内部控制制度，切实规范操作程序，防止操作过程中人为造成风险；另一方面，要认真落实风险管理审计提出的整改意见，克服专业管理部门的偏见，使风险管理审计真正发挥作用。

4. 重视系统的风险管理工作

在重视企业经营风险管理审计的同时，对于企业其他风险管理（如制度风险管理、法律风险管理）的审计也应该引起足够的重视，在经济全球化和一体化的现代企业竞争中，哪怕只忽视一种风险都很可能使企业遭受巨大的损失。因此，审计人员应全面系统地进行企业风险管理审计。

5. 重视风险管理在企业可持续发展中的战略地位

进一步完善内部控制制度的建设，完善风险管理的组织架构，明确风险的承担主体，整合现有的风险管理部门，形成由最高管理层直接负责的、系统的、全面的风险管理系统。另外，企业要在充分利用内部的风险管理人员的基础上，充分利用"外脑"即利用企业外部的风险管理咨询公司专家的才能智慧，进行有效的企业风险管理。这就为审计人员开展企业风险管理审计提供明确的审计对象，使审计人员能够制订更加有效合理的审计计划，节约审计时间，提高审计效率。

6. 企业风险管理审计要做到经常化、制度化

风险是随时随地都会发生的，而且是不断变化的，妄想一两次风险管理审计就能解决根本问题是荒谬的、不现实的，因此风险管理审计必须做到经常化，要周期性地或不定期地开展全面的风险审查评估，并在此基础上对重点风险点及时开展专项风险审计，尤其是对内部控制制度评价中发现的重大失控点予以高度的重视，采取有效措施堵塞漏洞，减少或者消除风险点和内控失控点。

风险管理审计还应当做到制度化，因为风险管理审计是强化内部控制的重要手段，企业决策人或者企业管理层人员应对风险管理审计的范围、内容、方法及审计结果的利用等做出明确的规定，将其纳入内部控制制度，强制各部门执行，达到消除、防范风险的目的。

7. 开展企业风险管理审计，需要培养高素质的审计人才

企业风险来自各方面，而且不是孤立存在的，受众多内在因素和外在因素的影响，这就对审计人员提出更高的素质要求，要求审计人员不仅是一个合格的管理者，还要是一名优秀的审计人员，既要掌握了解企业内部的经营管理运作状况，又要关心企业外部环境的变迁、市场经济的趋势、行业的特点和技术的发展等。现如今这种多才多能的审计人员屈指可数，各单位领导应该花大力气培养一批高素质的审计人员，为开展风险管理审计奠定基础。一方面，可以选拔优秀审计人才出国进修现代风险管理审计技术，将国外优良的审计技术和经验引入我国的风险管理审计的实践应用中；另一方面，对现有的风险管理审计人员进行定期培训，不断更新专业知识，提高专业水平，同时，也要注意提高计算机操作水平，以适应时代的发展。21 世纪的高素质审计人才应该具备以下标准：具有丰富的专业知识和相应的技能；具有高度的责任心和良好的职业道德；具有敏锐、细致的观察思辨能力；具有较强的组织能力、分析能力、处理问题的能力和社会活动能力；熟练地掌握计算机技术；精通英语。

二、审计的对象及内容

（一）风险管理审计的目标

风险管理审计目标建立在确定企业基本经营目标、风险、绩效指标和风险承受能力的基础上，评价企业风险管理的整体框架、过程、对策或措施及其活动效

果，验证企业风险的治理水平，并提出改进措施，以保障企业全面风险管理目标的实现，最终支持和保障企业总体战略目标的实现。

1. 一般风险管理审计目标

一般风险管理审计目标是对事项的关键风险管理的效率和效力评价，或者说特别关注被审事项的关键风险管理框架设计的合理性和运行的有效性。这些事项可以包括企业整体、区域、业务、职能领域、项目、过程、操作、资产、产品、服务或活动等。总之，风险管理审计是一种评价被审事项目标实现保障管理程度和状况的审计，其审计内容一般包括：一是评价那些可能影响被审事项目标实现的关键性风险的管理缺口（关键风险被识别程度）；二是评价为保障被审事项目标实现而开展的风险管理活动的效率和效力（或者说是评价被审事项的风险管理框架设计的合理性和运行过程的有效性）。

2. 专项风险管理审计目标

专项风险管理审计目标是按照每一个审计专项具体任务和具体内容而定的，以下列举一些常见的专项风险管理审计目标：

①风险管理框架、政策、制度规则、计划、策略、措施、方法、技术、手段与程序的合理性、科学性和恰当性评价（针对审计任务关注领域目标），这是一类有关风险管理要素的审计目标，例如：风险范围确定的合理性，包括战略范围、组织与环境范围、业务范围；风险评价标准与指标体系的科学性，如评价基础、评价方法、评价内容、指标计算；风险评估方法的合理性与科学性，主要审核按照审计确定的风险范围、核实风险识别是否全面、风险各级分类的合理性、可控风险与不可控风险确定的科学性、风险分析方法选用的科学性、风险评估结果的可信性；风险治理策略和措施的合理性；风险理财组合方案的合理性。

②风险管理活动的充足性。

③风险管理制度的适当性。

④危机管理计划的合理性与可操作性。

⑤风险管理目标与企业管理目标的协调一致性。

⑥新项目和新市场的可进入性评价。

⑦对损失事件的原因调查性评价（真实性评价）。

⑧风险相关记录和风险信息的完整性/真实性评价。

⑨内部控制体系的有效性，内部控制措施的恰当性。

⑩其他。

显而易见，风险管理审计是企业实施风险管理的监督环节。风险管理审计目标与风险管理目标是协调一致的，都是为了保障和促使企业战略目标的实现，以及促进管理企业生产经营活动和战略目标实现中所产生的不确定性因素，为企业价值最大化服务。

（二）风险管理审计原则

①审计人员风险管理专业水准原则：审计人员应熟悉《ISO31000 风险管理标准》以及了解《风险管理——风险评估技术》（ISO31010）。

②审计人员职业道德和具备审计专业基本水准原则。

③目标导向原则：清晰地理解被审事项的目标，识别影响目标实现的风险要素，提出将这些风险要素管理至企业可接受水平之内的改进建议。

④关键性（重要性）原则：在设计审计方案和实施审计时，应关注关键目标、关键业务、关键流程和关键风险点，识别影响关键业绩实现的关键要素，进而就关键风险点的管理缺口提出改进建议。

⑤审计规划/计划原则：充分了解风险管理审计的审计目标和审计任务，做足审计准备，设计周密、充足和合理的审计取证方案，制定合理与可操作的风险管理审计计划和方案。

⑥充分了解就被审事项所设定的风险管理期望和价值原则：了解被审事项（整体或局部）的风险管理政策或管理原则，这是对企业整体、局部、业务、项目、资产、过程或活动等事项实施风险管理审计的判别依据之一。

⑦风险管理审计过程组织原则：执行风险管理审计计划，调整计划，及时完成计划。

⑧沟通和协商原则：各审计相关方在审计过程中应保持持续和畅通的磋商和沟通。

⑨确保审计质量原则：应确保审计计划制订的质量，确保审计过程实施的质量，确保审计报告的输出质量。

⑩风险管理审计报告应体现重要性、客观性、完整性、及时性和可靠性原则。

（三）风险管理审计的对象

风险管理审计对象是风险管理事项，如企业整体、区域、业务、职能领域、项目、过程、操作、资产、产品、服务或活动等，也可以是风险管理的特定要素，如风险管理政策和落实风险管理政策的方案、程序或手段等。

（四）风险管理审计的职能

风险管理审计职能体现在评价、监督、鉴证和咨询上。

风险管理审计具有系统化、规范化和严谨化的特点，风险管理审计过程主要包括了解管理机构在战略上、运营上和价值上的目标和政策，理解管理机构对于风险的承受度，识别和评估企业业务过程中的风险/关键性风险，评价企业现有风险管理水平，评估企业风险管理活动的合理性和有效性。

（五）风险管理审计的重心

风险管理审计的重心在于识别目前风险管理有效性水平与期望水平之间的差距，以评价和改进风险管理有效性。如何评价企业风险管理的有效性？可以从以下几种思路着手：

1. 依照 ISO31000 框架

核验企业风险管理过程中针对每个关键的风险环节实施的风险管理是存在和合理的，且正常运行。这些环节包括：沟通与协商，识别与分析风险，风险评估，评价和选择策略，实施风险治理，监控，持续改进。

2. 依照 COSOERM 框架

一方面，核验战略、经营、报告和合规四大目标确实存在，并且针对这些目标的管理都是有效的，如核验董事会和管理层了解组织实现其战略目标的程度，了解组织实现其经营目标的程度，能保障组织的报告是可靠的，能保障组织遵循适用的法律和法规。另一方面，核验八大要素的存在，以及核验其正常运行情况。

3. 对照特别制定的风险管理框架和要求衡量企业风险管理的有效性

如内控测试状态良好，机制对风险反应迅速，企业对风险的预测能力正在逐渐提高，事故发生率降低和损失明显减少，社会责任形象提升等。

（六）企业风险管理审计宗旨

风险管理审计是指企业内部审计部门采用一种系统化、规范化的方法来进行以测试风险管理信息系统、各业务循环以及相关部门的风险识别、分析、评价、管理及处理等为基础的一系列审核活动，对机构的风险管理、控制及监督过程进行评价，进而提高过程效率，帮助机构实现目标。

1. 审计目标

确定企业战略目标、风险管理策略及相应的经营风险（固有风险），并评价企业是如何实施风险管理有效性的，从而实现企业目标。

2. 审计策略

①了解企业战略、经营及价值目标，以及经营行为，识别实现该目标以及其经营行为的主要固有风险。

②了解企业的风险管理策略及风险管理措施。

③评价企业的风险管理措施，并有效地将风险降至可接受水平。

④关注风险管理缺口的有效性。

3. 测试方法

实质性测试与符合性测试相结合，其运用取决于企业风险管理的有效性。

4. 管理建议

识别每个风险关键点所存在的风险管理缺口。

　　企业风险管理审计吸收其他审计模式的优点，同时又关注企业的战略、绩效等整体风险管理的有效性，其不仅考虑审计师可接受的剩余审计风险，更是从审计固有风险源头即企业管理层所进行的风险管理活动的角度识别并评价风险，从而进一步从审计师及企业管理层双角度确保审计资源的分配及审计的有效性。

　　（七）风险管理审计应包括的内容

　　①通过审查风险管理组织机构的健全性、风险管理程序的合理性、风险预警系统的存在及有效性确定企业风险管理机制的健全性及有效性。

　　②通过审查风险识别原则的合理性、风险识别方法的适当性确定风险识别的适当性及有效性。

　　③实施必要的审计程序，对风险评估过程进行审查与评价，并重点关注风险发生的可能性和风险对组织目标的实现产生影响的严重程度两个要素。同时，内部审计人员应当充分了解风险评估的方法，并对管理层采用的风险评估方法的适当性和有效性进行审查。

　　（八）企业风险管理审计的分类

　　1. 体系审计

　　针对企业各管理层级的风险管理审计，如企业整体、分部、业务或子公司。

　　2. 业务审计

　　针对企业职能领域或特定关键风险的风险管理审计，如战略审计、财务审计、信息系统审计、质量审计、安全审计、环境审计和内控审计等。

　　3. 目标保障审计

　　针对项目的风险管理审计；针对各类活动的风险管理审计；针对产品或服务的风险管理审计；针对过程或操作的风险管理审计；针对资产的风险管理审计。

　　（九）风险管理审计与其他审计的关系

　　一般审计有财务报表审计、内部控制审计和管理审计等，风险管理审计与其他审计的关系对比如表7－3所示。

表7－3　风险管理审计与其他审计的关系对比

项目	主要对象	审计目标	测试重点	审计方法	审计职能	报告属性
风险管理审计	企业风险管理全过程	对企业风险管理政策设计的适当性、执行的有效性、风险损失处理的合理性发表意见	企业风险是否存在及其影响	预警分析、专业判断、综合评价，多应用管理技术和数量技术	一种管理监督手段，凸显整合企业风险管理与公司治理的咨询服务职能	融合鉴证和咨询，凸显咨询性

续表

项目	主要对象	审计目标	测试重点	审计方法	审计职能	报告属性
财务报表审计	企业财务状况与现金流量	对财务报表的公允性和合法性发表意见	财务报表中是否存在重大错报	风险评估、控制测试和实质性测试	增进财务报表的可信性	鉴证性
内部控制审计	企业内部控制设计与运行情况	对内部控制制度设计的健全性、适当性、执行的有效性发表意见	内部控制是否存在缺陷	测试、分析、专业判断	监督评价职能	具有鉴证性和咨询性
管理审计	各项业务活动或管理业绩	对企业管理的经济性、效率性和效果性发表意见	管理活动是否存在薄弱环节	以问题为导向，多应用管理技术和数量技术	是一种管理手段，并为管理提供服务	融合鉴证和咨询，凸显咨询性

三、实施审计的程序

（一）准备阶段，确定被审计对象

1. 编制年度审计计划

审计计划是指审计人员为了完成各项审计业务、达到预期目标，在具体执行审计程序之前编制的工作计划。依据 IIA《工作标准》2200 款，"内部审计师在开展每项审计业务时都应制订并记录审计计划，包括范围、目标、时间和资源分配"。风险管理审计计划是审计机构和人员为实现给企业管理层提供风险信息可靠性程度保证的要求，对风险管理相关活动的审计做出的事先安排和规划。其编制可采用风险因素优先性审计方法，以每年的风险评估为基础，确定审计范围，从业务和业绩两个角度分析影响企业的主要风险因素，确定每种风险的级别和权数；评价风险程度、给风险打分并排序，对特殊要求进行适当考虑，进而对年度审计资源进行合理配置。此外，也可以采用关键线路法（CPM），借助网络表示各项工作及所需时间，表示出各项工作间的相互关系，找出编制与执行计划的关键路线，从而确定审计在各个环节上所花费的时间，以及完成整个审计过程所需要的总体时间。

2. 确定被审计对象

不论是哪一种审计，选择被审计者时都必须把风险作为一个主要的因素考虑（即通常意义上讨论的风险导向审计），且在考虑风险大小时必须考虑重要性。重要性主要从以下两个方面来分析。首先，数量上重要，即在企业中的风险损失预计额占的比例要大。例如，对于金额为 2 万元的账户 1 万元的错报应被认为是

重要的，而对于金额为 200 万元的账户，10 万元的错报却算不上重要。其次，性质上重要。有一些类型的业务，其性质本身就是重要的，而不必考虑其相关的金额大小，如关联方交易、受法规限制的业务、易受政治局势影响的业务。内部审计人员应检查整个组织，评估与各种活动相关的风险，并按照这些活动的风险水平顺序排列检查高风险的活动。

选择被审计者的方法如下：

①系统审计法是由审计部门编制年度审计工作计划表，在表上列出当年拟实施的审计项目。审计项目的时间安排通常以风险评估作为基础，也就是说，要优先审计风险高的被审者，即风险因素优先性审计规划。这种方法是最常用的方法。

②管理层和董事会通过判断，发现急需关注和处理的问题，从而替代审计人员完成选择被审计者的工作。

③被审计者的要求，如经理层认为需要内部审计人员的参与来评价风险管理措施的适当性和效果性等。需要注意的是，在决定是否中断预先制订的审计计划来实施另一项审计前，首先应考虑的是该项目是否比原定的审计项目重要。重要性同样要通过风险评价来衡量。

总的来说，选择被审者可通过上述三种方法进行，即通过系统地分析风险来制订年度审计工作计划；在紧急情况下，可实施计划外的异常事项的审计；由被审计者自身提出审计的要求。另外，在年度审计计划中，还包括审计的时间预算、审计小组成员的选派与分工、利用专家及其他人员的工作等，由于这些内容与执行其他审计时考虑的内容相差不大，所以在这里不再赘述。

3. 了解被审计单位

了解被审计单位及其环境是必要程序，为下列关键环节做出职业判断提供重要基础。

①确定重要性水平，并随着审计工作的进程评估对重要性水平的判断是否仍然适当。

②考虑会计政策的选择和运用是否恰当，以及财务报表的列报是否适当。

③识别需要特别考虑的领域，包括关联方交易、管理层运用持续经营假设的合理性，或交易是否具有合理的商业目的等。

④确定在实施分析程序时所使用的预期值。

⑤设计和实施进一步审计程序，以将审计风险降至可接受的低水平。

⑥评价所获取审计证据的充分性和适当性。

了解被审计单位及其环境是一个连续和动态地收集、更新与分析信息的过程，贯穿于整个审计过程的始终。审计人员应当运用职业判断确定需要了解被审计单位及其环境的程度。

（二）实施阶段，审查合规性和有效性

1. 初步调查被审对象、被审项目风险管理情况

具体方法包括：了解被审计单位的性质、管理体制、经营品种、经营规模、人员结构等，对被审计单位的概况有一个轮廓性的掌握；查阅被审计单位及其下属机构的各种文件，收集被审计单位实施管理中以文件形式体现的部分；与被审计单位领导、各层面的管理人员、技术人员、职工群众进行谈话，全面了解被审计单位的风险管理情况；现场查看并查阅被审计单位的财务管理、生产管理、产品质量管理、原材料和产品进出库管理、销售发票管理、业务合同管理，以及各种经营经济事项的审核、批准、指令等资料；召开审计座谈会，发放风险管理情况调查问卷表，初步了解被审计对象风险管理控制弱点；实地观察并走访被审计者现场，进一步证实风险管理控制弱点；研究被审计者风险管理部门制定的有关风险管理的资料，初步分析风险管理政策、程序是否合理，风险管理措施是否充分有效。

2. 描述、分析和评价

风险管理政策和程序（符合性测试）编制风险管理流程图，找出关键风险管理控制点，并与上一步骤了解和证实的控制弱点相比较，正式确定风险管理控制弱点；对交易或决策程序实施穿行测试，以检查被审计对象在风险管理程序的设计上是否存在漏洞，或者审查和评价测试结果是否与原来目标或计划的内容相符；对调查表或流程图中最可能出现问题的部分（风险管理控制弱点）进行小样本测试，以检查企业风险管理的执行过程，并能审查出风险管理措施的有效执行情况：编制风险管理矩阵图，对风险管理政策、程序和措施进行评价，根据矩阵图中列示出的风险性质和严重程度修订被审项目。在风险管理审计中，符合性测试有两类，即风险管理处理程序测试和风险管理制度功能测试。前者用以检查风险管理政策和程序是否得到执行，后者用以查明风险管理措施是否能充分发挥作用。在这个过程中，强调的是通过定性分析反映企业遵循风险管理政策和程序的情况，以及偏离风险管理水平的程度。

经营风险源于对被审计单位实现目标和战略产生不利影响的重大情况、事项、环境和行动，或源于不恰当的目标和战略。审计人员应当了解被审计单位是否存在与下列方面有关的目标和战略，并考虑相应的经营风险。

①行业发展及其可能导致的被审计单位不具备足以应对行业变化的人力资源和业务专长等风险。

②开发新产品或提供新服务，及其可能导致的被审计单位产品责任增加等风险。

③业务扩张及其可能导致的被审计单位对市场需求的估计不准确等风险。

④新颁布的会计法规及其可能导致的被审计单位执行法规不当或不完整，或会计处理成本增加等风险。

⑤监管要求及其可能导致的被审计单位法律责任增加等风险。

⑥本期及未来的融资条件，及其可能导致的被审计单位由于无法满足融资条件而失去融资机会等风险。

⑦信息技术的运用，及其可能导致的被审计单位信息系统与业务流程难以融合等风险。

3. 实行实质性测试

符合性测试直接影响实质性测试的性质、时间和范用，是否执行实质性测试取决于以前各步骤收集的证据及符合性测试的结果。但是在风险管理审计中，实质性测试一般来说是必不可少的，因为审计人员在确定被审计对象、项目时，已初步确定这些对象、项目是审计的重点，即使在前阶段证明被审计对象的风险管理政策和程序执行得比较好，在本阶段也必须进一步采用定量方法来对风险管理措施进行评价。如果措施执行得好，要对被审计单位的风险管理水平予以肯定，借以作为考核其业绩的依据；如果措施没有效率，应明确形成差距的风险原因，分析风险的产生部门、风险的类别及其性质。例如，分析发生的风险是属于业务风险还是财务风险，如果是业务风险，应再进一步分析是哪一方面的风险，如材料供应方面引起的风险、生产能力方面的风险等。通过对风险深刻的分析可以揭示出风险产生的原因，为今后防范、规避风险提供依据。

（三）报告阶段，做出审计结论

风险管理审计结论是在对被审计单位风险管理情况进行检查、审核，并对其风险管理的程序、对策、体制及机制进行评价后，得出的一个有关企业被审计对象风险管理的结论。这个结论必须是围绕审查评价被审计单位的风险管理情况得出的。审计人员应按照审计指标体系，在企业内外广泛深入地进行资料收集，将获得的资料、数据进行分类和统计。在整理过程中，应采用较为科学的分类方法和统计方法，使计算结果客观、可靠。利用上述统计结果与前期的有关数据进行比较。如果是初次评价，则将统计结果与有关历史数据进行比较。如果统计数据优于前期数据，就说明企业风险管理实施效果较佳；反之，则说明企业风险管理实施效果欠佳，并应当分析其中存在的问题。风险管理审计部门将审计中所反映出的问题反馈给风险管理决策委员会，为修改、调整风险管理计划提出建设性建议。最终审计结论应通过书面审计报告的形式表现出来。

审计报告至少应包括审计目标、范围、程序、建议及各种可能的纠正方案等。落实审计建议后续阶段是指审计项目完成一段时间后，对审计建议和改进措施的执行情况进行后续审计的过程。企业风险管理审计的目的决定开展风险管理审计不仅应着眼于对被审计单位或审计项目现实的风险管理进行评价，更应该注重未来风险管理水平的提高。因此，为了确保审计建议的贯彻执行，审计人员在出具审计报告之后要进行后续审计，复查管理层是否对报告中提出的建议采取合适的纠正行动，是否取得理想的效果；如果没有采取纠正行动，是否是高级管理层和董事会的责任。《内部审计实务标准》第四百四十条指出：内部审计人员必须进行后续审计，以确保对报告中提出的审计结果采取适当的行动。商议解决问题的方法是高级管理层和被审的责任，审计人员只需要审查这些纠正行动的实际效果，这样做有助于保持决策过程的完整性，同时能有效地发挥审计人员的作用。后续审计过程一般有两个阶段：一是审计人员应确认已经采取什么样的行动并评价这些行动的效果；二是当报告的某些或全部事项没有采取行动时，审计人员应确认管理机构已经承担不采取行动的风险。

四、审计报告

审计报告是指审计人员根据审计计划对被审计单位实施必要的审计程序，就被审计事项做出审计结论、提出审计意见和审计建议的书面文件。

（一）审计发现整理

整理审计发现、描述审计发现，是着手撰写审计报告的基本准备工作，审计发现是风险管理审计报告的写作素材源泉。

1. 整理审计发现注意事项

在评价审计证据后，需要把审计发现描述出来，描述审计发现的方法很多，但应当注意以下几点：

①审计发现应该以具体而简洁的语言进行表述；多余或不必要的信息不应包括在内。

②理解某一发现所必需的信息应该一一列举，比如说相关的测试结果，或者该发现所识别出的缺陷（差距）实例。

③应该一眼就能辨别出与某一发现相关的风险。如果不是这样的话，审计人员应该对该发现所反映的风险进行具体描述。

2. 审计发现展示

通常，我们可以采用矩阵图的方式反映审计发现，具体内容如下：

（1）现状

风险现状是指描述风险对应的经营活动的实际情况。

（2）标准/期望

标准/期望是被审计者应遵守的政策、程序、法律法规、财务目标等，是审计人员衡量被审计者是否遵从的准绳。

（3）原因

原因是审计人员经过对风险轨迹、风险治理轨迹或风险控制轨迹的测试，指出在现有的状态下发生问题的原因。审计人员应该用简洁而直接的语言来描述根本原因，尤其是向流程负责人报告此问题的根本原因。

（4）影响

为了说明某个发现的重要性，审计人员应该描述其潜在的影响。审计人员在描述潜在影响时应当注意以下几点：

①务必尽可能详尽地对影响进行描述，举一些实例可以使这些影响更加易懂。

②如果影响可以量化成为财务价值数据，应该计算其总数。

③除了能用财务价值表述的影响之外，审计人员还应该考虑某个审计发现其他方面的影响（例如对企业声誉、客户满意度、安全性、合规等，这些指标可用非财务价值表述）。

④尽管现实最坏情况的影响水平是重中之重，但如果针对其他可能发生的影响情况存在有相应的行动要求，审计人员也需要对这些影响进行相应的说明。

⑤适当时，这些影响可以和流程目标或主要风险联系起来，这有助于加强该发现与风险管理之间的相关性。

（5）评价

审计人员可以使用修正的九格矩阵风险图模式来说明风险的评估结果（这种方法既适合于企业整体层面的风险评估，也适合于针对某个层面或某一个特定风险的评估），绘图时需根据具体的关注范畴而相应地改变坐标轴的名称。

（6）建议

审计人员必须提出有意义并且可执行的建议。审计人员在描述这些建议时应当注意以下几点：

①这些建议应该治本，而不是仅仅治标（即针对的是问题的根本原因）。

②这些建议务必尽可能详尽，以避免对后来的行动产生不必要的误解。

③这些建议的行动应该是可执行的。也就是说，执行的成本加付出的努力应该与这些行动所创造的价值相匹配。

④这些建议的行动应该是可衡量的，风险管理过程/流程负责人和审计人员能够对进度进行监督，以确保这些行动得到及时的执行。

⑤在企业中流程管理负责人也往往同时担当该流程运作的风险管理过程的负责人，风险管理一般是融合在流程管理过程当中的。如果审计部门能够在结合被审机构章程与文化的基础上考虑与流程负责人进行协作，促使审计人员与流程负

责人合作制订行动计划，这会是一种好的审计过程推进局面。这些得到管理人员认可的解决方案更可能获得成功，这是因为它们的制定工作可以得到流程负责人的协助，从而可以减弱可行建议讨论过程中的对抗气氛。

（二）审计发现处理

1. 是否纳入最终的审计报告之中

对哪些审计发现应该纳入最终审计报告之中？这一决策一般会受审计部门报告规定的影响或审计目标的影响，如有的审计部门把所有有效的审计发现都纳入详细的审计报告之中，而有的则对审计发现进行过滤，以排除那些不重要的发现。

2. 是否体现重要性原则

是否被修改或与其他发现进行合并，从而更好地阐明所提出的问题，并制定更可行的解决方案。一些审计发现即使是有效的，但是如果不够重大的话，也应该排除在正式的审计报告之外。

3. 是否在确认过程中达成共识

与管理人员共同讨论，把一些风险相对较小、不准备被纳入最终审计报告之中的审计发现在讨论中提出来，提示应实施一定的改进。或者说，就那些被审计报告排除在外的审计发现，审计人员也应与管理人员实施一定程度的沟通，以便提醒管理人员。

4. 是否留存识别问题过程记录

是否从审计报告的候选对象之列被清除，这应当根据后续的事实或根据管理人员的评论，这些理由汇总起来能足够证明它不适合或没有必要纳入审计报告之中。审计人员对某一审计发现所做的处置判断可能是最重要的判断之一。因此，这些判断应该记录于工作底稿中。

（三）审计报告内容

一般的审计报告应当包括标题、收件人、正文、附件、签章、报告日期等基本要素，这些基本要素能够帮助审计人员更好地通报风险管理基础审计的结果。审计报告的正文包括以下主要内容：

1. 立项依据

2. 背景介绍

在审计报告中，应当对有助于理解审计项目立项以及审计评价的以下情况进行简要描述。

①选择审计项目的目的和理由。

②被审计单位的规模、业务性质与特点、组织机构、管理方式、员工数量、主要管理人员等。

③上次同类审计的评价情况。

④与审计项目相关的环境情况。

⑤与被审计事项有关的技术性文件。

⑥其他情况。

3. 审计目标与范围

审计报告中应当明确地陈述本次审计的目标，并应与审计计划中提出的目标相一致；应当指出本次审计的活动内容和所包含的期间。如果存在未进行审计的领域，应当在报告中指出，特别是某些受到限制无法进行检查的项目，应说明受限制无法审查的原因。

4. 审计重点

审计报告应当对本次审计项目的重点、难点进行详细的说明，并指出针对这些方面采取何种措施及其所产生的效果，也可以对审计中所发现的重点问题做出简短的叙述及评论。

5. 审计标准

审计标准包括与完成审计任务相适应的国家、部门或行业颁布的必须执行的标准或法则，国际广泛认同的专业标准或准则，以及企业自身制定的章程、制度或规则等。

6. 审计依据

应声明审计是按照审计准则的规定实施，若存在未遵循该准则的情形，应对其做出解释和说明。

7. 审计发现

审计发现与风险之间的联系，风险与风险之间的联系及相互作用的可能结果。

8. 审计结论

根据已查明的事实（如已查明的关键业绩影响要素、已获取得力的审计证据），评估企业整体（或被审事项）风险管理体系的运行效果，评估每一个风险应对策略的科学性、合理性和落实效果，评估旨在落实风险策略的每一个将主要风险控制在可接受水平的管理活动效果，评估在现有风险治理和风险控制之水平下每一个（或某一个，根据审计任务决定）关键风险现存的风险暴露水平，比较这种风险暴露水平与期望值之间的差距，提出缩小差距的建议行动步骤和实施方案。报告阅读者希望看到一个总体性结论，或者说希望看到一种对众多审计发现的一个总结。对于风险管理审计来说，此总结应该始终把重点放在风险管理的总体效果上。例如，审计人员可以通过包含以下类似措辞的短小段落来实现以上目标（选择哪种措辞取决于风险管理活动进展的效果）。

（1）良好的风险管理

总的来说，与业务相关的风险（特别是关键性风险）一直被有效地控制在可接受的水平。尽管可能存在某些改进的机会，但是目前应围绕业务流程的风险管理过程运转，风险管理活动没有进行重大改变的必要。

（2）一般水平的风险管理

总的来说，与业务相关的风险（特别是关键性风险）通常都能被控制在可接受的水平，但是，需要同时改进业务流程和改进围绕业务流程相应的风险管理过程以确保这些风险一直被管理在可接受的水平。

（3）薄弱的风险管理

总的来说，与业务相关的风险不能被持续地控制在可接受的水平，这表明该领域面临着较大的风险暴露。因此，有必要立即改进业务流程的设计（和/或运作），同时需改进相应的风险应对策略和控制措施。

针对一般（事项）审计目标的风险管理审计结论一般应包括内容概要，而针对专项风险管理要素实施的审计，则审计结论应该与该专项任务期望得到的审计结论相对应。

9. 审计建议

审计人员应该依据审计发现和审计证据，结合组织的实际情况和审计结论的性质，提出审计建议。审计建议可分为以下几种类型：

①现有系统运行良好，无须改变。

②现有系统需要全部或局部改变，包括改进的方案设计、方案实施的要求、方案实施效果的预计、未实施此方案的后果分析。

五、审计结果应用

内部审计是一种独立客观的确认和咨询活动，其与企业全面风险管理相关的核心功能是为董事会提供关于风险管理效果的客观确认。研究表明，董事会成员和内部审计师均认可内部审计为组织增加价值的两种最重要的方式是为主要业务风险已得到适当管理提供客观确认，以及为风险管理和内部控制框架正在有效地运作提供确认。

（一）对企业全面风险管理的确认

董事会或同类机构的主要要求之一是确保风险管理过程有效运作且主要风险被控制在可接受的水平。对风险管理的确认来自不同的渠道，其中来自管理层的确认是最基本的，应当与客观确认相结合，而内部审计是客观确认的主要来源；其他来源包括外部审计师和独立的专家检查。通常内部审计师对以下三方面提供确认：风险管理过程，包括其设计和运行情况；对主要风险进行管理，包括控制的效果和其他应对措施；可靠、适当的风险评估及对风险和控制情况的报告。

（二）内部审计在企业全面风险管理中的咨询作用

内部审计能为改进组织的治理、风险管理和控制过程提供咨询服务。内部审计师对企业风险管理咨询工作的深入程度取决于其他资源，包括董事会能够获取的内部和外部资源，还取决于组织的风险管理成熟度，并且可能会随时间变化而变化。内部审计师具备考虑风险、了解风险和治理之间的联系及推动方面的专长，意味着内部审计部门完全有能力作为企业风险管理的推动者，甚至项目的管理者，特别是在引入企业风险管理概念的早期。

随着组织风险管理成熟度的增加和风险管理在业务操作中的不断深入，内部审计对企业风险管理的推动作用可能会减弱。类似地，如果组织雇用风险管理专家或机构服务，则内部审计可能通过专注于确认作用来增加价值，而不是通过更多的开展咨询活动。

一般来说，越重视内部审计咨询活动，就越需要安全保障措施以维护它的独立性和客观性。内部审计部门可以承担的一些咨询作用包括：将内部审计分析风险和控制所用的工具与技术提供给管理层；作为将企业风险管理引入组织的倡导者，充分发挥其在风险管理和控制方面的专业知识及对组织的总体认知方面的优势；提供建议，推动专题讨论会，指导组织风险和控制，促进共同语言、框架和理解的建立；作为协调、监督和报告风险的中心；协助管理者确定降低风险的最佳方式。

确定咨询服务与确认作用是否能够共处的主要因素是确定内部审计师是否承担任何相应的管理责任。在企业风险管理中，只要内部审计没有实际管理风险的职能（这是管理层的职责），只要高级管理层认可和支持企业风险管理，内部审计就能够提供咨询服务。因此，无论何时内部审计部门都应致力于帮助管理层建立或改进风险管理过程。

（三）内部审计参与企业风险管理的前提条件

在满足某些条件时，内部审计可能拓展其对企业全面风险管理的参与。这些条件包括：应当明确管理层对风险管理的职责；内部审计师职责的性质应当写入内部审计章程并由审计委员会审批通过；内部审计不应当代表管理层管理任何风险；内部审计应当提供建议、挑战并支持管理层作决定，而不是他们自行做出风险管理决定。内部审计不能同时为其负责的风险管理框架的任何一部分提供客观确认。这种确认服务应当由其他适当的、有资格的人提供；确认活动之外的其他工作应当视为一种咨询业务，应当遵循与此业务相关的实施标准。

（四）内部审计参与企业风险管理应具备的技能和知识结构

内部审计师和风险管理师共享某些知识、技能和价值。例如，他们都了解公司治理的要求，具有项目管理、分析和推进技巧，重视良好的风险平衡而不是极端地承担或者逃避风险。然而，风险管理师只为组织的管理层服务，不必为审计委员会提供独立和客观确认。内部审计师在介入企业全面风险管理时也不应该低估风险经理的专业知识，这些知识对于大部分内部审计师来说是陌生的。内部审计师如果不能证明自己拥有适当技能和知识，就不应当承担风险管理领域的工作。另外，如果内部审计部门没有充分的技能和知识可以利用，也无法从其他地方获得，内部审计负责人就不应当提供此领域的咨询服务。

第三节 缺陷评价和审计

企业应当制定风险管理过程中发现的内部控制缺陷认定标准，分析缺陷的性质和产生的原因，提出整改方案，促进风险管理体系不断完善。依据国资委印发的《中央企业全面风险管理指引》，企业应以重大风险、重大事件和重大决策、重要管理及业务流程为重点，对风险管理初始信息收集、风险评估、风险管理策略、关键控制活动及风险管理解决方案的实施情况进行监督，采用压力测试、返回测试、穿行测试以及自我评估等方法对风险管理的有效性进行检验，根据变化情况和存在的缺陷及时加以改进。

一、缺陷整改的必要性

加强风险管理是保障企业健康运行的重要手段，缺陷整改是推进风险管理体系完善的保证条件之一。通过风险管理评价，充分揭示内部控制的设计缺陷和运行缺陷，并以缺陷整改工作为抓手，推动完善制度建设和执行，堵塞管理漏洞，确保对重大经营风险实现有效管控。缺陷整改同时能促使企业各级机构及员工自觉按照内部控制要求加强自律，规范经营，有利于全面推进依法经营、依规治企。

（一）缺陷披露的制度基础

2008 年，五部委联合发布的《企业内部控制基本规范》将内部控制缺陷定义为"内部控制的设计存在漏洞，不能有效地防止舞弊和错误，或内部控制操作的缺点和偏差、不能被发现和纠正的错误和舞弊"。《企业内部控制基本规范》按照性质不同，把内部控制缺陷分为两种类型——设计缺陷和运行缺陷，并对这两种类型分别进行定义，但是并没有明确说明缺陷的严重程度。

基于此，五部委又出台了《企业内部控制配套指引》（财会〔2010〕11

号），详细地说明如何按照缺陷的程度划分不同类型的缺陷，即一般缺陷、重要缺陷和重大缺陷。《企业内部控制审计指引》中说明了 4 种判断重大缺陷的依据：一是如果外部审计师发现公司的董事会成员、监事会成员和高管成员串通、舞弊，不论情形的严重程度，都说明内部控制存在重大缺陷；二是由于存在一些技术上或者人为原因导致重大错报，需要重新表述已经披露的财务报表；三是如果外部审计师查明企业本期财务报告中有重大错报，但是通过执行内部控制公司本身没有发现该错报；四是审计委员会是公司内部重要的监督机构，但是没有发挥应有作用对财务报告和内部控制的活动进行监督，这是我国上市公司判断内部控制重大缺陷的重要参考标准。

《企业会计准则第 13 号——或有事项》规定了如何定量确定缺陷类型：若一个控制缺陷能够致使发生财务错报的概率超过 50%，则该缺陷是重大的；如果概率在 5% ~ 50%，则该缺陷可以被认定为重要的；如果在 0 ~ 5%，则该缺陷是一般缺陷。

《注册会计师审计准则第 1221 号——重要性》对结果进行量化，但经过分析和实务发现，要量化公司层面的缺陷存在较大的难度，而且每个公司都存在差异，标准无法统一，所以可以运用定性方法进行认定，比如关键控制点认定法。

（二）缺陷认定的制度基础

基于《企业会计准则第 13 号——或有事项》《注册会计师审计准则第 1221号——重要性》有关概念，将缺陷分为会计层面和公司层面，对会计层面的缺陷进行量化，进而判断内部控制缺陷的类型，如表 7 - 4 所示。

表 7 - 4 控制缺陷后果对比

控制缺陷	导致的后果	分类	备注
会计层面的内部控制缺陷	直接导致财务错报	账户核算类缺陷	
		账户核对类缺陷	
		原始凭证类缺陷	
		期末报告类缺陷	
		会计政策遵从类缺陷	
公司层面的内部控制缺陷	影响公司目标如经营效率、资产安全及合规性等，或间接导致财务错报	控制环境类缺陷	这6类控制缺陷还可以进一步细分为若干个二级子目
		风险评估类缺陷	
		信息沟通类缺陷	
		控制活动类缺陷	
		内部监督类缺陷	
		IT 控制类缺陷	

据深圳迪博历年出具的内部控制白皮书统计，2008 年开始执行《企业内部控制基本规范》到 2012 年进入强制披露阶段的这 5 年，A 股上市公司出具的内部控制自我评价报告和事务所出具的内部控制审计报告情况如表 7 – 5 所示。从表中数据可以看出，披露内部控制审计报告的公司比例逐年提高，特别是 2012 年进入强制性披露后，迫于法律法规要求，跟以前年度相比，上市公司披露内部控制评价报告和审计报告的公司增加很多。在这种背景下，自我评价报告中的内部控制缺陷识别和认定作为内部控制评价的基础，也将成为关注重点。2008 ~ 2012 年上市公司内部控制执行情况如表 7 – 5 所示。

表 7 – 5   2008 ~ 2012 年上市公司内部控制执行情况

年份		2008	2009	2010	2011	2012
A 股上市公司（家）		1602	1763	2105	2340	2472
披露自我评价报告	公司数量（家）	1076	1108	1618	1844	2223
	占百分比（%）	67. 17	62. 85	76. 86	78. 80	89. 93
事务所出具内部控制审计报告	公司数量（家）	316	316	875	941	1504
	占百分比（%）	19. 73	17. 92	41. 57	40. 21	60. 84

（三）缺陷带来的负面影响

控制缺陷对公司绩效的影响是当前管理学、审计学研究的热点问题。内部控制是公司治理的一部分，缺陷的存在表明公司治理中存在不完善之处。

如果内部控制是有效的，那么资本市场对公司的股价会做出积极的反映，同时企业价值会有所提升。提高内控质量使内部控制信息披露制度规范化，规范和优化公司管理层和治理层的决策，加强公司治理机制，改善内部控制，从而减少代理费用，提高公司业绩。在实证分析中使用自主信息披露的指标，探究南北美洲等国家的内部控制信息披露质量和上市企业业绩之间的关系，发现企业披露的内部控制信息水平和公司绩效水平是正相关关系。通过抽样调查和实证分析发现，企业自己披露的内部控制水平以及会计师事务所对内部控制的审计意见与企业价值存在相关性，同时还发现披露内部控制信息可以改善公司绩效，公司绩效的提高也可以为未来改善内部控制创造更好的条件。内部控制缺陷与公司资产规模、绩效状况都相关，同时它也会影响披露缺陷当天的股票收益。实证发现，公司自己披露的和内部控制审计报告中列示的重大缺陷会对公司以后一段时间的发展产生影响，当内部控制存在缺陷的时候，财务报告被出具非标准意见的可能性会增加，企业将来的营运能力、发展能力会受到影响。

我国学者经实证研究也得出内部控制缺陷能对经营绩效产生影响的结论。对深交所 A 股上市公司的财务报告披露情况进行了分析，发现公司发展速度、盈利能力与公司内部控制缺陷存在显著负相关关系。企业对外提供的内部控制质量越好，越能反映公司的真实水平，其经营绩效水平越好，同时还证明向利益相关者反映真实的公司内部控制水平有助于利益相关者做出合理决策。随着内部控制水平改善，公司业绩也会随之提高，同时还发现内部控制信息披露质量与公司经营业绩正相关，内部控制缺陷会给公司的绩效带来消极影响，公司发生内部控制缺陷之后，会影响其盈余质量、公司绩效，同时使用债权人的资金需要付出更多的成本。

二、缺陷、整改的分工与组织

（一）职责分工

企业要建立以"三道防线"为基础风险管理内部控制缺陷整改组织体系，即各业务部门为第一道防线；风险内控部门为第二道防线；审计部门为第三道防线。

企业各相关业务部门是缺陷整改的责任主体，按照风险内部控制部门提出的整改要求，对认定缺陷进行直接整改，负责编制缺陷整改报告，对共性问题举一反三，加强预防。

企业风险管理主管部门是内部控制缺陷整改工作的牵头部门，负责提出缺陷整改要求，指导业务部门开展缺陷整改工作，对缺陷整改情况进行监督。

企业审计部门对缺陷整改结果进行检查、评价和确认，出具评价报告。

（二）组织活动

对内部控制缺陷整改情况要适时开展监督检查，主要内容为整改的设计完整性和执行有效性的，包括日常监督、专项监督和缺陷报告等。

1. 日常监督

日常监督是指日常经营过程中对缺陷整改情况进行常规、持续的监督检查。企业决策层、业务部门当对缺陷整改情况负责，保证缺陷整改工作的有效性，风险管理部门对有效性进行评价。

2. 专项监督

专项监督就是独立于控制活动之外而采取的定期评估行为，是对企业缺陷整改的监督与评估的重要形式，决策层通过定期组织内部控制有效性测试，形成测试报告。专项评估的范围和频率主要取决于风险评估和持续监督程序的有效性。

（三）缺陷整改报告

缺陷整改报告是将在监督过程中发现的新的缺陷或未有效整改的缺陷，通过相应的汇报机制自下而上进行上报的一种行为。缺陷报告的内容包括汇集和报告发现的内部控制缺陷、汇报机制的适当性、跟进评估的适当性等。

三、缺陷整改关注要点

（一）日常监督主要关注要点

①在日常活动中获得能够判断内部控制执行情况的信息。

②外部反映对内部信息的反映是否吻合。

③定期核对财务系统数据与实物资产。

④重视和配合内外部审计师提出的关于加强内部控制措施的改进措施。

⑤各级管理人员积极了解内部控制的执行情况。

⑥定期与员工沟通。

⑦内部审计活动的有效性。

⑧风险管理体系运行与维护管理。

（二）专项评估主要关注要点

①专项评估应关注范围和频率、评估过程、评估方法和评估文档。

②在确定专项评估的范围和频率时应当充分结合持续监督工作开展情况、企业风险评估的结果以及决策层的特殊要求。

③评估过程应由高级管理人员主持，参与评估的人员应充分了解企业的业务活动、内部控制情况，并对评估结果进行分析。

④评估过程中可以使用询问、观察、检查和再执行等基本方法，以及核对清单、问卷或其他一些辅助工具。

⑤评估应当以书面或者其他适当的形式形成记录，并妥善保存，确保内部控制建立与实施过程的可验证性。

（三）缺陷整改报告主要关注要点

1. 汇集内部控制缺陷

通过持续监督和专项评估，从企业内部或外部获取内部控制缺陷，并客观描述内部控制缺陷造成的影响。

2. 评估内部控制缺陷

组织开展对内部控制缺陷进行评估，分析控制缺陷的性质及其影响程度，特别关注与高级管理人员舞弊、越权相关的控制缺陷，以及控制缺陷间的相互关联。

3. 缺陷汇报机制

对缺陷特别是经评估后被视为重大缺陷的应当及时向相关负责人或上一级人员汇报，根据缺陷评估的结果编制评估报告并上报，说明内部控制体系运行状况。

4. 缺陷整改跟进

根据实际情况对识别出的问题进行调查，并编制相应计划进行整改，同时跟踪整改的情况。

四、缺陷整改的工作机制

（一）内部控制缺陷备案机制

企业要定期汇总各类内、外部监督检查中发现的内部控制缺陷，做好逐层上报和备案。要从体制、机制、制度层面发现突出问题，并建立内部控制缺陷台账和档案，开展问题梳理分析，提出改善管理的建议，提升评价成果的层次和水平。

（二）内部控制缺陷通报机制

企业要对内部控制缺陷的共性问题、典型问题以及内部控制缺陷备案情况和整改情况等，根据实际情况以适当的方式、在一定范围内、不定期进行通报，举一反三，避免同类问题重复发生。

（三）内部控制缺陷整改跟踪机制

企业要对缺陷整改的内容、措施、责任人、进度、结果等进行登记管理；企业各级单位要建立组织机构负责牵头组织各类缺陷整改结果进行确认，督导各相关业务部门按职责负责缺陷整改；要确保对各级各类缺陷做到整改归零，力争整改完成率达到100%。对无法追溯的问题事项进行责任追究。

（四）严格缺陷整改归零标准

按照"过程清楚、责任明确、措施落实、严肃处理、完善规章"的要求，企业要从事项整改、举一反三整改和源头整改等三个层面进行，做到"五个不放过"，即问题不清、定位不准不放过，原因不清、根源不明不放过，解决问题措施不力、效果不显著不放过，责任追究不到位不放过，举一反三、建章立制不完成不放过。通过严格整改归零标准，确保整改彻底归零。

五、缺陷整改的主要工作流程

（一）发出整改通知

企业风险管理部门对发现的缺陷进行梳理、分析，分解落实责任单位和业务部门，提出具体整改要求、整改期限等，以《缺陷整改通知书》等形式通知被评价单位和相关业务部门。企业外部检查发现问题的整改由相关业务主管部门提出整改要求。

（二）落实整改要求

企业相关业务部门应当对照缺陷整改通知的要求，对下属单位归口业务缺陷的整改进行必要的指导、协助和检查，确保下属单位按照要求进行整改。

（三）实施业务层面整改

企业相关业务部门接到缺陷整改通知后，应当及时落实整改责任部门，落实责任人,从制度、流程、系统、管理等方面认真分析问题产生的原因,查找薄弱环节,明确责任;针对存在的问题,提出整改措施和完成的时间节点,指导、督促责任部门按要求进行整改,并举一反三,对类似业务或类似环节进行自查,对类似问题实施整改。

(四)编制缺陷整改报告

企业相关业务部门应当在整改期限内汇总整改结果,检查整改情况,确认相关问题的整改状态,形成缺陷整改报告,按规定报送风险管理部门和上级业务主管部门。外部评价发现问题的整改结果由相关业务部门报送风险管理部门汇总。

(五)审查整改质量

对各业务部门报送的整改报告,风险管理部门应予以审查并反馈审查意见。

(六)整改情况纳入考核

不符合整改要求的,相关业务部门应当在规定的时间内按要求予以完善。对于按反馈意见整改后仍未达到缺陷整改要求的,在一定范围内进行通报,并纳入年度经营业绩考核。

(七)缺陷整改情况报告

企业应当每年对本单位全年的缺陷整改情况及以前年度未完成整改事项进行检查、汇总、分析,形成年度缺陷整改报告,上报企业决策层。

(八)持续改进

企业应当提高对缺陷整改工作的重视,落实组织领导责任,加强各级监督联动,注重考核和责任追究,强化利用信息化手段进行预警和监督,同时积极探索科学的管理方式,促进风险管理能力和规范管理水平不断提升。

【案例】

某集团公司开展风险内部控制成熟度评价

为深入贯彻国资委关于加强风险管理体系建设有关要求,认真落实集团公司战略转型升级举措,充分依托智慧企业运行平台建设,持续深化风险内部控制体系建设和运行,不断提升监、管、控能力和科学化管理水平,根据集团公司风险内部控制工作要点,组织开展年度风险内部控制成熟度评价工作。

一、评价目标、原则、依据及范围

(一)工作目标

通过开展风险内部控制成熟度评价,对所属单位的风险管理水平、重点业务内部控制能力和目标保障能力进行分层分类对标评价，促进牢固树立风险意识和合规意识，强化基础管理，有效推动业务流程管控标准化，不断完善集团公司风险管理体系，提升风险防范能力和科学管控水平。

（二）评价原则

1. 坚持科学合理

采用分类权重式设计，对不同单位采用"共性业务＋个性业务"的拼插组合评价方式，解决面向不同类型单位风险管理的综合评价问题。

2. 坚持对标评价

根据各单位评价结果，确定被评价单位和业务的风险管理成熟度等级，促进单位间的横向比较和重点业务的纵向对标，准确定位管理水平并实现管理提升。

3. 坚持重点评价

细化业务内部控制环节关键点和评价点，重点加强对资金、存货管理、投资并购、信用管理、合同管理等业务评价，促进业务抗风险能力的提升。

（三）评价依据

主要依据财政部等五部委联合印发的《企业内部控制基本规范》、国资委《加快构建中央企业内部控制体系有关事项的通知》（国资发评价〔2012〕68号）等政策法规，紧密围绕《集团公司风险管理与内部控制规定》等相关风险管理规定和评价标准，以及集团公司各项规章制度和管理要求。

（四）评价范围

集团公司风险管理成熟度评价将实现各级次单位全覆盖。

二、评价规则和内容

集团公司年度风险管理成熟度评价包括风险管理体系成熟度评价、关键业务风险管理成熟度评价和目标保障能力成熟度评价三部分，满分为400分。通过建立可量化的评价标准和积分准则，将风险管理成熟度等级分为初始级、基础级、受控级、规范级和成熟级。评价主要遵循以下原则：

（一）采用分类权重式设计

对单位进行归类、设置权重，同时根据单位主营业务的不同选择被评价的关键业务，解决面向不同类型单位风险管理的综合评价问题。

（二）采用"共性业务＋个性业务"的拼插组合方式

既包括"人、财、物"等企业经营管理共性业务模块，又可选择与单位主营业务和重大风险相关的个性业务模块。

（三）细化业务关键控制点和评价点，促进业务抗风险能力的提升

设计目标保障能力成熟度评价标准，凸显风险内部控制管控效果的重要性。

三、工作安排

集团公司风险管理成熟度评价工作采取各单位自评和集团公司抽查评价相结合的方式开展。具体安排如下：

（一）评价准备阶段

集团公司组织召开会议，宣贯风险管理成熟度评价工作思想和安排部署。在所属单位中选择几家单位开展培训，组织不同单位人员现场学习评价方式、方法，统一认识和尺度，为全面开展评价奠定基础。

（二）各单位自评阶段

各单位使用风险内部控制管理系统开展对标和自评工作，按照集团公司风险管理成熟度评价标准进行打分，并完成自评报告和缺陷汇总，确定本单位及被评价业务的风险管理成熟度自评等级。各二级单位组织对所属三级单位的自评情况进行审核，对自评结果进行汇总、分析和确认，确定三级单位风险管理成熟度评价分数和等级，形成年度风险管理成熟度评价报告，连同本级自评情况一并报集团公司。

其中，风险管理体系成熟度评价由风险管理部门牵头负责；关键业务和目标保障能力成熟度评价由相关业务部门对标开展。

（三）集团公司抽查评价阶段

在各单位自评、二级单位复核的基础上，集团公司审计部联合总部有关业务主管部门组织对部分单位风险管理成熟度评价情况进行抽查。通过各评价组会商评价结果，形成对各单位风险管理成熟度评价的结论。

四、工作要求

（一）明确责任，强化协作

各单位要落实"一把手"负总责、分管领导具体抓、部门负责人跟踪抓的工作机制，督促抓好层层分解和落实，保障评价工作顺利开展；加强业务部门、风险管理部门和审计部门协作，形成三道防线齐抓共管的良好局面。

（二）落实整改，持续优化

对评价过程中发现的缺陷和问题，各单位要严格按照审计问题备案机制、审计问题通报机制、审计整改跟踪机制和审计整改归零标准拉条挂账，逐项整改。注重制定切实可行的整改方案，坚持即知即改、立行立改，原则上3个月完成缺陷整改，确保形成管理闭环。

（三）加强成果利用

集团公司将及时发布风险管理成熟度评价等级和分数，各单位要对标优秀，查找不足，制定合理提升目标。同时，要做好评价过程中的问题收集，及时向集团公司提出合理化建议，共同推动风险管理水平不断提升。

附件1

表7-6　风险管理评价工作方案

编制时间：　　　年　月　日

被评价单位	
评价方式	
评价时间	
评价组组长及成员	
评价依据和目的	
评价对象和范围	
评价内容和重点	
组织分工和时间安排	
评价工作要求	
评价工作纪律	

附件2

表7-7　风险管理评价标准（示例）

内控维度	控制要素	控制要点	重大缺陷认定点	重要缺陷认定点	存在缺陷
内部环境	法人治理结构	明确单位决策机构、监事会和经理层的职责权限、任职资格和议事规则，并按要求严格履行	决策机构职责权限与议事规则缺失	决策机构职责权限不健全，议事规则不符合内部控制相关规定	
		明确界定决策层、监督层、经理层实施内部控制体系建设的职责分工。决策机构负责内部控制的建立健全和有效实施。管理层负责组织领导单位内部控制的日常运行，内部审计机构对内部控制建立与实施进行监督		决策机构未采取必要的措施促进和推动企业内部控制工作	
		落实内部控制承诺书制			

内控维度	控制要素	控制要点	重大缺陷认定点	重要缺陷认定点	存在缺陷
内部环境	机构设置与权责分配	结合业务特点和内部控制要求设置内部机构，明确职责权限，主要业务关键控制环境健全，能将权利与责任落实到各责任单位		主要业务岗位职责权限不明确	
		设置内部控制职能部门，并配备专、兼职风险管理与内部控制人员负责组织协调内部控制的建立实施及日常工作			
	人力资源	建立员工的聘用、培训、辞退与辞职制度并严格执行			
		建立员工的薪酬、考核、晋升与奖惩制度并严格执行			
		对涉及钱、物等关键岗位员工实施强制休假及定期轮岗制度并严格执行	未制定涉及钱、物等关键岗位员工实施强制休假及定期轮岗制度或要求	制度中未明确列出需要实施强制休假及定期轮岗的岗位，或未严格执行	
		对掌握单位重要商业秘密的员工离岗作出限制性规定并严格执行	未对掌握单位重要商业秘密的员工离岗作出限制性规定	制度中对掌握单位重要商业秘密的岗位描述不明确或不全面，或未严格执行	
	内部审计	设置审计委员会，负责审查企业内部控制，监督内部控制的有效实施和内部控制自我评价情况，协调内部控制审计及其他相关事宜等			
		建立审计问题备案机制			
		建立审计问题通报机制		未建立审计问题通报机制	
		建立审计整改跟踪机制		未建立审计整改跟踪机制	
		通过严格审计整改归零标准，确保审计整改彻底归零		未通过严格审计整改归零标准，确保审计整改彻底归零	

内控维度	控制要素	控制要点	重大缺陷认定点	重要缺陷认定点	存在缺陷
风险评估	目标设定	结合公司层面发展与经营目标和实际情况、设定控制目标			
	风险库和风险事件库	持续性地收集相关信息，建立内外部风险识别机制，识别影响控制目标实现的风险			
		结合风险发生可能性和影响程度划分风险等级，确定关注重点和优先控制的风险			
		对风险和风险事件进行分类整理，统一管理，形成单位风险库和风险事件库			
	公司层面风险评估	定期开展公司层面风险评估，确定年度重大风险	未定期开展公司层面风险评估，确定年度重大风险	公司层面重大风险未经单位决策机构审议	
		制定重大风险管理策略和解决方案，明确重大风险责任主体和应对措施，并按照计划落实	未制定或未落实重大风险解决方案	重大风险解决方案不明确不具体或未落实	
		对落实重大风险管理过程进行监督，并定期总结		未对落实重大风险管理过程进行监督，并定期总结	
	重大事项风险评估	结合单位特点和管理现状，建立重大投资、重要项目、重要合同等重大决策事项的专项风险评估制度		未建立重大投资、重要项目、重要合同等重大决策事项的专项风险评估制度	
		开展重大投资、重要项目、重要合同等重大决策事项的专项风险评估工作，并根据事项形成风险评估报告		未开展相关的专项风险评估工作	
		建立重大风险预警指标体系，明确业务风险预警职责，对重大风险实现动态预警与监控			
		对单位重大风险、重要业务或重大事项开展风险专项管理，形成风险专项管理报告和手册			

续表

内控维度	控制要素	控制要点	重大缺陷认定点	重要缺陷认定点	存在缺陷
控制活动	关键控制	全面系统地分析、梳理单位业务流程所涉及的不相容岗位（职务），并实施有效分离，形成各司其职、各负其责、相互制约的工作机制			
		制定常规授权和特别授权的规定，明确各岗位办理业务和事项的权限范围、审批程序和相应责任	未界定常规授权和特别授权，相关制度缺失	授权制度不健全，特别授权各岗位办理业务和事项的权限范围、审批程序和相应责任不明确	
		严格执行国家统一的会计准则制度，加强会计基础工作，明确会计凭证、会计账簿和财务会计报告等的处理程序，保证会计资料的真实完整	会计基础工作相关制度缺失或与国家会计准则不符	会计凭证、会计账簿和财务会计报告等的处理程序不健全或未严格执行	
		建立财产日常管理制度和定期清查制度，明确出入库记录、账务处理、实物保管、定期盘点、账实核对等关键措施，保证账物卡相符，确保财产安全	未建立财产日常管理制度和定期清查制度缺失	财产日常管理制度和定期清查制度不健全，未明确出入库记录、账务处理、实物保管、定期盘点、账实核对等关键措施	
		实施全面预算管理制度，明确各责任单位在预算管理中的职责权限，规范预算的编制、审定、下达和执行程序，强化预算约束	全面预算管理制度缺失	全面预算管理制度不健全，各责任单位在预算管理中的职责权限不明确，预算的编制、审定、下达和执行程序不规范	
		建立并实施运营情况分析制度、综合运用生产、购销、投资、筹资、财务等方面的信息，通过因素分析、对比分析、趋势分析等方法，定期开展运营情况分析，发现存在的问题及时查明原因并加以改进		运营情况分析制度缺失，未定期开展运营情况分析，发现存在的问题，及时查明原因并加以改进	
		建立和实施绩效考评制度，设置考核指标体系，对单位内部各责任单位和全体员工的业绩进行定期考核和客观评价，将考评结果作为确定员工薪酬以及职务晋升、评优、降级、调岗、辞退等的依据	绩效考评制度缺失	绩效考评制度不健全，考核指标不明确或未严格执行	
		建立重大突发事件预警机制和突发事件应急处理机制，保证应急预案的处置程序和处理结果有效	未建立重大突发事件应急处理机制	重大突发事件预警机制和突发事件危急处理机制不健全，或未严格执行	

续表

内控维度	控制要素	控制要点	重大缺陷认定点	重要缺陷认定点	存在缺陷
控制活动	内控权限手册和内部控制手册	建立与内控相关的单位各类管理制度，明确职责，并定期组织更新或修订			
		根据制度和有关要求，编制单位重要业务权限手册			
		编制并执行内部控制手册，使全体员工能掌握内部机构设置、岗位职责、业务流程等情况，明确权责分配，正确行使权限		未编制并执行内部控制手册	
信息与沟通	信息沟通机制	建立信息与沟通制度，明确内部控制相关信息的收集、处理和传递程序，特别是特殊、重大、重要事项的报告与处理程序，并严格执行	特殊、重大、重要事项的报告与处理程序缺失	特殊、重大、重要事项的报告与处理程序不规范或未严格执行	
		风险管理报告、评价报告及其他重要报告，向单位决策层报告后按时报上级单位		风险管理报告、评价报告及其他重要报告未向单位决策层报告	
	反舞弊机制	建立健全并有效实施反舞弊机制，明确反舞弊工作的重点领域、关键环节和有关机构在反舞弊工作中的职责权限，规范舞弊案件的举报、调查、处理、报告和补救程序	反舞弊制度缺失或发生舞弊案件	反舞弊制度不健全，单位主要业务重点领域反舞弊工作中的职责权限不明确，缺乏舞弊案件处理机制	
		建立举报投诉制度和举报人保护制度并及时、准确传达至全体员工，对舞弊事件和举报所涉及的问题及时、妥善地做出处理		未建立举报投诉制度和举报人保护制度	
	信息系统	建立涵盖开发与维护、访问与变更、数据输入与输出、文件储存与保管、网络安全、硬件设备、操作人员等方面的信息系统控制程序，确保信息系统安全稳定运行			
监督改进	监督机制	建立内部监督制度，明确内部审计机构（或经授权的其他监督机构）和其他内部机构在内部监督中的职责权限，规范内部监督的程序、方法和要求			
		对风险管理体系的建立与运行情况进行常规、持续的监督检查			

续表

内控维度	控制要素	控制要点	重大缺陷认定点	重要缺陷认定点	存在缺陷
监督改进	监督机制	在单位发展战略、组织结构、经营活动、业务流程、关键岗位员工等发生较大调整或变化的情况下，对风险管理的某一或者某些方面进行有针对性的监督检查			
	问题和缺陷整改	制定缺陷认定标准，对监督过程中发现的缺陷分析性质和产生的原因提出整改方案，采取适当的方式及时向决策层、监督层或管理层报告，重大缺陷及时报上级单位，并追究相关责任单位或者责任人的责任		主要缺陷未及时整改或各类评价、审计中发现的缺陷未整改或整改不到位	
		对整改方案进行细化分解，明确整改内容、整改方式、责任部门、完成时间、完成标志等，督促业务部门落实整改并跟踪缺陷整改情况			
		建立缺陷信息数据库，并对历年来发现的缺陷及其整改情况进行跟踪检查			
		完成风险管理评价和审计发现缺陷的整改			
		组织完成各级各类审计整改事项的整改			
		由上级部门组织的各类审计中，存在内部审计未发现、未揭示的违规、违纪问题		内部审计未发现上级发现的重要问题	
风险事件	风险事件	未发生重大、重要风险事件	直接资金损失超过净资产比重的×%（含）或××万元（含）以上 发生被上级单位通报的违规、违纪问题 发生人员伤亡事故；发生泄密事件	直接资金损失超过净资产比重的×%或直接资金损失达××万（含）以上；存在应报未报的重大事件	

附件3

表7-8　风险管理评价征求意见表

部门名称：　　　　　　　　　　评价年度：20××年

被评价单位名称	年度内本部门各项检查或业务报告等工作中发现该单位存在的主要管理和风险问题	对该单位本部门管理业务风险管理状况的简要评价				建议本次评价应重点检查的内容或范围
		较好	一般	较差	简要说明	

附件4

风险管理评价通知书

××××公司：

　　根据集团公司20××年风险管理评价，决定派出以×××为组长的××人评价组，自××××年×月×日起，对你单位进行××评价，请给予积极配合。

一、评价期间和范围

　　1.评价期间：20××年×月×日至20××年×月×日，如有重大问题追溯到以前年度。

　　2.评价范围

二、评价工作时间

　　××××年×月×日至×月×日（××天工作日）

三、评价组人员组成

　　组长：×××

　　副组长：×××

组员：×××

四、有关要求

请你单位在本次评价中予以积极配合，并提供必要的工作场所和下列与评价事项有关的资料及电子数据资料。

1. 单位基本情况、组织机构图、决策机构和经营管理层办公会议纪要、近三年来有关董事会材料；

2. 基本制度，包括计划、工程管理、采购管理、财务管理、会计核算、生产管理等方面制度、办法及规范；

3. 有关预算编制、管理的规定、办法和制度；

4. 上级主管部门批准的绩效考核目标和预算，及其批准后的调整方案；

5. 被评价年度的单位工作计划和年度工作总结，重要会议记录、决议及相关文件；

6. 重要的经济合同、对外担保抵押协议、借款合同、保险、对外投资及其他重要经济合同等材料；

7. 被评价年度的全面风险管理报告，最近的内、外部审计报告和检查报告等；

8. 本单位风险管理机构、内部审计、纪检监察等部门检查中涉及本单位的问题及其整改情况；

9. 外部监管部门、中介机构（包括监事会、政府审计部门、安全、环保等部门、会计师事务所等）各项检查中涉及本单位的问题及其整改情况；

10. 被评价单位负责协调、配合人员的名单、办公地点及联系方式；

11. 评价组认为需要提供的其他有关材料。

附件 5

表 7-9　风险管理评价发现问题登记表

序号	单位名称	评价项目及标准	问题描述	问题重要性水平	补偿性措施	潜在风险或已发生的风险情况	备注
1							
2							
3							
4							
5							

附件 6

表 7 - 10　风险管理评价工作底稿

评价项目名称：　　　　　　　　　　　　　　　　　　　　编号：

被评价单位		评价日期	年　月　日
评价事项摘要			
评价依据			
评价意见			
被评价单位意见			主管签章： 年　月　日

评价组长：　　　　　　　　　　评价人员：

附件 7

关于××××公司风险管理评价报告

一、基本情况介绍

简要介绍单位基本情况、本单位及所属单位风险管理与内部控制工作总体情况。

二、评价方法和实施过程

评价对象和范围（参加评价单位户数、未参加原因）、评价工作的组织、评价计划以及主要实施过程。

三、风险管理评价结果

（一）风险管理体系评价情况

体系基本情况及评价发现问题情况，包括评价的所有单位问题总数、重大问题数、一般问题数等。

（二）关键业务内部控制评价情况

简述业务评价发现问题总体情况，包括评价的所有单位问题总数、重大问题数、重要问题数、一般问题数等。

1. "业务一"内控设计与执行情况
2. "业务二"内控设计与执行情况

（三）目标保障效果评价情况

（四）问题整改方案

简要说明整改方案情况。

（五）风险管理评价结论

简要说明单位风险管理评价的结论。

评价组：

××××年×月×日

附件8

表7-11 风险管理评价结果执行跟踪表

编号：

执行要素	主要内容	被评价单位执行情况	有关职能部门落实情况	备注
评价处理意见执行情况				
评价建议采纳情况				

本章参考文献

［1］《中央企业全面风险管理指引》（国资发改革〔2006〕108 号）。

［2］《企业内部控制基本规范》（财会〔2008〕7 号）。

［3］《企业内部控制配套指引》（财会〔2010〕11 号）。

［4］《行政事业单位内部控制规范（试行）》（财会〔2012〕21 号）。

［5］菲尔·格里夫茨：《风险导向内部审计》，中国人民银行内审司（编译），中国金融出版社，2014 年 5 月 1 日第 1 版。

［6］张庆龙、沈征：《内部审计理论与方法：基于 2013 内部审计准则的解释》，中国财政经济出版社，2014 年 6 月 1 日第 1 版。

第八章 风险管理文化

第一节 风险文化概述

一、风险文化的内涵

（一）风险文化建设的重要性

风险管理最重要的一方面是将风险融合到组织文化和价值观中，这也是区分全面风险管理与传统风险管理的主要标志之一。风险应被视为组织战略中一个不可分割的组成部分。风险管理目标应当包含在组织目标之中，并且应将组织的主要动机纳入风险评估和风险策略。由于一个组织的整体文化对于企业的成功至关重要，因此，它的风险文化将决定组织如何成功地进行风险管理。

1. 构建风险文化是组织文化建设的重要内容

风险管理文化是组织文化的重要组成部分，在风险管理活动中凝聚并通过组织文化的熏陶和引领，为广大员工认同并自觉遵守的风险管理理念、风险价值观念和风险管理行为规范。这种融合组织新的发展要求和风险要素的管理文化是组织理顺内部管理关系、实现可持续发展的良好平台，也是培养员工使命感、责任感和塑造凝聚力的基础，更是培养危机意识和大局观的土壤。

2. 构建风险文化是提高风险防范能力的重要基础

风险管理文化是整个风险管理体系的灵魂，也是软实力的本质表现，决定着这个组织风险管理水平的高低。构建有效的风险管理体系必须以组织文化为背景，以风险管理文化培育为先导，引导广大员工树立正确的风险意识，把风险管理思想贯穿于组织的整个生产、经营和管理过程，使风险管理由高深抽象的理论转变为现实生动的组织文化，内化为所有员工的自觉意识和行为习惯，从而使风险管理机制有效发挥作用，促进各项政策和制度得以贯彻落实，保障组织风险管理目标的实现。

3. 构建风险文化是实现组织发展目标的重要保障

组织要坚持以人为本的科学发展观，增强风险意识，树立全面风险管理理念。只有把全面风险管理的思想推广得更宽、更深、更广、更牢，才能使改革发展走得更稳、更远、更高。组织发展目标的实现很大程度上取决于组织的风险管理水平，良好的风险管理文化可以转化为组织风险管理的科学理论和管理方式，它既是组织的一种行为规范准则，也是彼此间进行有效沟通的最佳媒体。面对日益激烈的市场竞争，组织在从事复杂的生产经营活动中，必须强化危机意识，借助风险管理文化的力量巩固和提升核心竞争力，进一步推动和实现安全稳定可持续发展。

（二）风险文化的概念

风险文化是公司整体文化和个性的一部分。公司文化被定义为由公司全体员工共同分享和实践的价值观、哲学和传统。这是一个非常宽泛的话题，它涉及组织和社会层面的问题。摩根斯坦利认为，组织文化是"一系列信念、价值观和规范的集合，并伴随着一些符号，如戏剧化和个性化事件的发生，它代表组织的唯一特征，在文化中或透过文化，提供了行动的环境"。心理学家施恩定义组织文化为："组织内分享基本理念的一种范式，是组织在解决问题的过程中学到的，这些理念在解决问题的过程中运行良好，被认为很有效，也被当作一种正确的方法传授给新成员，在应对有关问题时可以被理解、思考和感觉到。"

首先来看咨询机构麦肯锡给出的风险文化定义，它指出风险文化是组织内部团体和个人的行为规范，它们决定对组织现存和未来的风险进行识别、理解、公开讨论和采取行动的集体能力。这一定义强调与公司风险有关的行为规范和交流。第二个定义来自咨询机构普华永道，它将风险文化看成"一个组织在形成风险决策的整个过程中所体现出来的价值观和行为方式的体系，风险文化影响管理部门和员工的决定，即使他们不会刻意地权衡风险和收益"。这个定义有一点宽泛，但它还是强调风险文化中行为方面的内容，通过强调和综合人们的行为，它把风险文化的概念拓展到每天的系列活动，人们应对风险的行为是他们有意识思维的一部分。普华永道进一步指出，每个人都应该把自己看成风险管理经理，并对组织的风险偏好有相同的理解，通过清晰的风险管理治理结构来加强风险管理，整合三道防线——第一道防线是业务单元，第二道防线是独立的风险管理职能本身，第三道防线是内部审计。

从事保险和风险咨询业务的沃特森塔公司认为，风险文化是一个组织中文化的组成部分，它嵌入组织内部价值和规范行为相互影响的体系中。这一概念再一次聚焦到价值观和行为方式上。普华永道将风险文化看成"在所有层面运行的道德环境，涉及报告路径、内外部风险管理交流、强化风险管理的政策"。这里强调的是行为方式和治理机制。普华永道进一步指出，"正确的文化是指在这样的文化中，不管什么环境下，正确的人在正确的时间做正确的事。不管系统和控制多么复杂，基础文化一定会对决策产生道德影响"。

评级机构标准普尔指出，风险文化开始于鼓励员工公开对话，组织中的每一个员工都不同程度地拥有本组织的相关风险，他们愿意思考内部决策的广泛影响，会因为识别出过量风险，并向更高级别的管理者报告而受到奖励。在这种文化下，例行的战略决策就不再是简单的投资回报分析，而是分析相关风险和回顾可选择战略。可以看出，标准普尔的观点包括交流、授权和专业技能。

另外一个重要定义来自于一个有影响力的金融行业组织，即 IIF 国际金融组织，其在 2009 年金融危机以后的报告中将风险文化表述为组织中个人和团体行为的标准和传统，它决定组织对所面临的风险、所承受的风险进行识别、理解、讨论和行动的方式。国际金融组织进一步提出，所有员工都要清楚他们正在承受什么风险，应做出正确的决策，必要时投反对票。这一定义还是聚焦在行为规范以及这些行为规范与风险管理流程中的各个不同阶段如何相互影响方面。

欧洲银行业监管委员会在其发布的后危机金融系统风险管理改进的文件中，将风险文化定义为一种状态，"组织中的每一个员工，一定始终清楚地了解自己与风险识别和报告相关的责任，了解组织内部的其他角色以及这些角色的联合责任"。这个定义主要集中在关于风险的个人责任和授权上。还有一个定义来自企业风险管理委员会，它将风险文化看成"一系列共享的价值和信仰，它们将统辖风险承担、风险应对和诚实正直的态度，这决定了风险损失报告和讨论的公开程度"。牛津风险研究会提出一个风险文化的简洁定义："个人冒险决策中社会和组织的决定因素。"从某种程度来看，这种描述是相当宽泛和公开的。

显然，所有这些定义都是有效的和有洞察力的，所有定义都指向相同的因素或主题——风险管理中行为的作用。我们认为，风险文化是反映在组织中所有员工的日常思想和行动中的内在感情，它反映对于风险的深刻理解和尊重。通过定义我们强调在应对风险事项时的洞察力和自觉性，可以认为几乎是潜意识地嵌入日常的思想和行动中。需要强调的是，不管其是否专门致力于风险承受、风险管理或者其他形式的控制，组织的所有员工都要具有风险洞察力，他们帮助组织在组织内部形成警惕性。也就是说，在一个理想的世界里，组织中的每一个员工首先都应该成为风险管理经理。当一个公司的员工用这样的态度对待风险，我们就能相应地确信风险文化的理念已经被很好地理解、接受和实践。

（三）风险文化的特征

风险文化可以说是一个模糊的概念。这对于许多组织来说是一个巨大的挑战，特别是对那些习惯于根据流程和程序来思考和管理风险的组织。首先，借助于模型量化和成本效益分析来处理风险管理决策，确实存在一些优良的和有效的东西。欣然接受无定型的风险行为和风险意识的观念，对于一些组织来说可能是一种挑战，这种文化观念很难被计量和评价，它是主观的，因人而异。诀窍是要尽可能让这些模糊的东西变得有形、可触摸。如果风险文化的习惯只是保留在概念和理论领域，那么，人们不会也不应该那么重视它。要想获得成功，必须落地，这也就意味着，那些被用于强化风险意识的行为和结构的改善，必须能带来切实的行动和决策。

风险文化是定性的而不是定量的。这是第一个观点的延伸，也是组织为什么对于风险文化的观念感到不舒服或者困惑的一个原因。虽然风险管理其他核心的方面能够被计量，并且能够被井然有序地追踪，但风险文化却不能走那样的流程。从我们给出的定义中，我们了解到风险文化的核心就是行为，行为很难、有时也不可能被量化（尽管它们可以被分类），那么，任何与风险文化绩效相关的计量和判断风险文化是否成功，都要依赖于被定性而不是被定量、主观而不是客观。

风险文化是可变的和进化的。这一点看起来非常明显，又非常重要，值得做些解释。既然风险文化的许多描述是自然发生的行为，并且行为受到人、环境和条件的直接或间接影响，风险文化理所当然是并且应该是可塑的。不像规范的风险管理流程，组织的风险文化应该特别能适应变化、变动、变革的因素。风险文化也是一个进化的概念：如果适度培育，风险文化就会随着时间的推移自我成长。所以，在最初实施风险文化的日子里，风险文化的观念和实践可能看起来有点陌生，甚至有点强迫性，随着多年的努力，假如风险文化受到尊重，它将逐步融入一些相当自然的事情中。

接受和实施风险文化将会因公司而变化。有的公司将风险文化的概念看得非常重要，并认为花时间树立正确的风险文化观是值得的。但有的公司绝不这样做，它们不会积极主动地建设风险文化，除非被监管机构、评级机构、股东和其他利益相关者强迫去做，而且这种强迫的力量是有限度的。即使公司内部大家都同意，风险文化是一件需要去做的正确的事，接受或实施风险文化应该是变化的，有的公司实施起来很容易，而有的公司实施起来则不容易。接受风险文化的深度和速度将是我们所要考虑的许多实践的影响变量。在这一点上值得注意的是，培育和实施成功的风险管理文化，如果执行经理和董事会成员重视这项任务，并将它定为公司的首要任务，设立正确的基调，或许组织的领导者就是最重要的单一主导因素。如果来自高层的基调不被理解，要构建风险文化的任务就更加困难，其结果是，成功地实施风险文化需要许多领导者或赞助者。也就是说，更多的人推动风险文化，它就会传播得更加广泛。很显然，如果领导对培育良好的风险文化并不相信，或者这种相信仅仅局限在执行一个例行的活动范围内而不是反复灌输的行为状态，那么失败是必然的。同样，如果领导不让员工逐级推动风险文化流程，那风险文化的传播依然难以推进。

风险文化是一个没有终点的旅程。风险文化没有真正的最后阶段或结束点，特别是跟一般的风险管理流程相比——一般流程中风险偏好、模型、报告、资本配置等活动，都可以被决定、执行和完成。在本节前面提到过，由于个人、组织、环境的动态性，风险文化是一个渐进的过程，没有终点。当然，在推进风险文化的过程中还是会取得确定的标志或者里程碑，可能是进步的、成功的或有缺憾的感觉。但是，并不会存在某一天公司或其领导人向利益相关者报告实施风险文化的任务已完成这样一个终点。事实上，我们可以指出一个公司的实例，他们听任以前强势的和普遍受到好评的风险文化自然发展：这种文化没有得到很好的培育，表明那些有助于培育风险意识的行为已经消失或被挤压。

风险文化将决定商业战略与风险战略能否成功保持一致。我们注意到，使商业战略与风险战略同步是风险管理流程成功的关键因素。虽然这种同步关系可以通过每季度或每年的预算流程来强迫实现，但一种被强迫的关系很可能是受到人为干涉的，并且这种关系最终会消失。但是，如果风险文化得以很好地嵌入，那么商业战略和风险战略成功而持续地保持一致的可能性就大大增加。简言之，因为成功嵌入风险文化的实践能够被自动实施，商业战略与风险战略每天将会主动变化而相互适应。毫不奇怪，当商业战略与风险战略不相协调时，一定的困惑甚至混乱就会发生。分析表明，这也容易导致冲突和错误的决策。

风险文化绝不是一个"在某个检查列表的方框里打钩"的活动。在一个以大量法规、规则和监管为特征的世界里，组织总是感觉要给它必做的工作清单增加其他任务。换句话说，它认为风险文化就是一项需要按照固定程序去完成的任务，在此程序中，为了达到建立新风险文化的最终目标，所有必要的空白项目都被检查到了。这种在方框里打钩的方法对于风险管理的一些方面简易而有效。例如，一个信用风险组合模型能够按一系列步骤去搭建，这些步骤是可以按顺序检查的。当所有步骤都已经被检查过时，模型搭建就完成并可以被应用。这同样适用于许多其他流程性的风险管理工作。但是，这种方法并不适用于风险文化。实施风险文化是一个有机的、需要长期跟进的流程，依赖于领导和员工的行为方式。当然，领导一定会要求其员工依据固定的模式，坚定地朝着实施风险文化的目标前进。但是，如果没有人信任这些行为的作用，或者这些行为被当成另外的必做工作清单中的一部分，那风险文化建设的结果将会是人为编造的，也是无效的。

风险文化应该是根据组织的需要而形成的,并非来自利益相关者的需求。由于领导人员和员工有自身的特殊个性,每个组织都有与众不同的特征。相应地,组织的风险文化也将各不相同。实施和强化风险文化最有效的方法,就是确保每个组织能做符合自身实际的正确的、合适的事情。若投资者、贷款人、监管者、工业协会和其他利益相关者希望组织发展它们的风险文化,它们影响文化建设流程的程度是有限制的,在单个组织的风险文化建设中,个体利益方不能强迫组织采用特殊的办法,否则会形成被迫的或人为的文化,这样的文化将会是无效的。

风险文化必须考虑国家文化。许多公司的活动和劳动力分布在多个国境内,开明的管理者会考虑跨文化间的差异,一个规则不能适用于所有的情况,保持灵活性和对文化细微差别的尊重是成功的关键。对于风险文化来说,也是如此。只要基本的风险管理流程框架保持合理和一致,跨国公司内个性化、系统化的风险文化将为风险事项的处理提供不同的思考方式和行动方法。随着跨文化间整合的灵活性和一体化,当地经营者越会发觉得他们是合作伙伴而不仅仅是海外分支机构,进而更加致力于建设和实践这一非常重要的风险文化概念。

风险文化依赖良好的公司治理,但绝不仅仅来自于好的公司治理。风险管理是一项复杂的工作,依赖合理的结构和规则来实现。事实上,可以把这些看成成功风险管理的前提条件。也就是说,合适的公司治理能形成公司的风险文化。如果我们创建精致的组织结构、治理规则和报告路径,风险文化最终就会显现出来。通过有效交流、合理轮换、正确决策、流程升级等途径搭建起合理的治理和组织结构,将会有助于文化的建立和后续的培育。尽管这将被看成发展风险文化的一个因素,但不是唯一的或者主要的驱动力量。按照我们先前的观点,如果在行为方面不能有力地表现出来,即便有最好的治理和组织基础,这对风险文化的提升作用也很有限。

（四）风险文化的构成要素

风险文化作为企业文化的重要组成部分,同样可以划分为风险理念文化、风险制度文化、风险行为文化和风险物质文化4个层次。风险理念文化是核心,风险制度文化、风险行为文化、风险物质文化是风险理念文化的保证和表现形式。

1. 风险理念文化

风险文化的理念层也可称为风险理念文化,它处于整个风险管理文化的最深层,并成为风险文化的灵魂和核心。企业风险理念文化是企业在对风险的识别和管控过程之中形成的企业风险管理理念、风险价值观、风险理论成果的总和,是企业风险文化中最有活力、最有生命力、最有创造力的核心部分,包括企业风险管理哲学、风险管理理念、风险偏好、风险价值观、系统化的风险方法和技术。

2. 风险制度文化

风险文化系统中,风险理念文化发挥着核心作用,对风险行为文化和风险物质文化具有渗透、指导与调整作用，而其作用的发挥需要通过风险制度文化来实现。风险制度文化是围绕企业的风险价值观，要求全体员工共同遵守的、对员工行为产生约束性与规范性影响的风险管理流程、组织结构与制度的总和。约束和规范风险行为文化及风险物质文化的建设。风险制度文化建设的过程，是一个风险理念、规则和风险行为不断强化的过程。风险管理流程、组织结构、制度规范的建构，正是搭建一个风险理念文化与行为文化、物质文化之间承上启下、承前启后的平台。

3. 风险行为文化

风险行为文化是指企业各层次员工进行风险管理活动的具体行为、具体操作中表现出来的稳定的行为习惯、行为规范、行为风格。企业的风险管理行为包括企业整体风险管理行为、企业人的风险管理行为。整体风险管理行为是指那些以企业整体形式表现出来的风险管理行为，是企业为了实现风险管理目标而采取的对策和行动。它包括企业为实现风险管理目标经过科学决策的行为、日常经营活动中具体风险控制的行为以及习惯性行为。企业人行为指企业各个层级和全体员工的岗位工作表现、作风、非正式的活动等。特别需要关注的是企业治理层及管理团队的风险管理行为，它们的个人风险价值观和风险理念对企业整体风险管理行为具有重大影响，对其他员工的风险行为有很大的示范效应。

4. 风险物质文化

物质文化本质上是理念文化、制度文化和行为文化的有形载体和终端产物，是一种以物质为形态的企业基础层次的文化。风险物质文化就是通过企业风险管理形成的安全的生产设施、设备和空间环境，安全的生产、经营、管理的各种物质技术手段，安全的企业产品及其服务设施等以物质形态存在表现的文化方式。风险物质文化成果正是风险文化建设的第一目标，也是风险文化建设的最终目的和结果——环境安全、技术安全、产品安全。

（五）风险文化与风险策略①

我们以信用文化为例说明风险文化与风险策略的关系。我们将信用风险文化分为四类——价值导向的信用文化、市价导向的信用文化、销售导向的信用文化、只顾眼前的信用文化。在表8-1中，我们可以看到不同文化下的管理重点、动力、所面对的信用环境、隐蔽性政策和成功因素还是存在着明显差别的。这些不同将影响信用风险管理的效果。

---

① Credit Risk Management. JeEtta Colquitt［M］. 北京：清华大学出版社：2014：28.

表 8 - 1　4 类信用文化的主要特征

		四类信用文化的主要特征		
特征	价值导向的信用文化	市价导向的信用文化	销售导向的信用文化	只顾眼前的信用文化
管理重点	长期收益	每股收益、股价	市场占有率、销售增长率、销售额	经常变化
动力	公司价值和市场一致性	年度盈利计划	成为市场主导者	根据重点不同而变动，管理层被动应对
信用环境	规范的信用组织和优秀的沟通能力	经济形势良好时，信用环境与价值导向型无差异；经济形势严峻时，会进入或增加风险业务领域	管理良好的组织拥有强大的系统、控制和优秀的信用管理团队，但随着管理者面临来自产品、业务和销售的压力，则会与管理重点相冲突；在非常激进的情况下，组织的营销人员会发现他们对于销售信用的影响力愈发有限，从而不得不另寻他法来完成任务	拥有独特的信用管理机构以应对变化无常的环境
隐蔽政策	无	由于营销人员对于信用管理重点感到困惑，因此在销售疲软的情况下，采取与现行政策相矛盾的政策	营销人员知道他们的工作就是完成任务，无论现行政策是什么	各业务线对于信用质量有自己的理解，信用风险管理则试图应对不断变化的重点
成功因素	平衡好信用质量与利润之间的关系	信用风险管理必须足够强大以防范营销人员在市场疲软时进入风险领域所面临的风险	信用风险管理必须控制授信流程，将营销人员等个人的信用审批权限压低，并抵御来自业务端的压力	如果信用风险管理的政策、系统和领导力足够强大，则信用质量可以维持

二、价值观是风险文化的核心

(一) 公司价值观的影响

美国学者威廉·詹姆斯说过："人的思想是万物之因。你播种一种观念，就收获一种行为；你播种一种行为，就收获一种习惯；你播种一种习惯，就收获一种性格；你播种一种性格，就收获一种命运。总之，一切都始于你的观念。"这一观点同样适应于企业的生存发展。同任何生命体一样，企业也有自身的生命周期，有的寿命长一些，成为百年老店；有的短一些，如昙花一现，成功的企业都是一样的，失败的企业各有各的不幸。从成功企业的实践看，它们之所以能持续生存发展，一个共同的特点是信守核心价值观，在企业经营发展全过程中渗透，并内化至员工的心灵深处，外化为员工的集体行为、习惯和性格，固化为规划、制度和机制，从而形成企业的核心竞争力。因此，核心价值观是企业文化的基石，是所有成功企业的文化基因。

1. 以核心价值观塑造企业的行为

企业的核心价值观明确告诉员工什么是我们应该做的，什么是不该做的，对员工起着一种非正式的控制系统的作用。统一的集体行为是实现企业目标的基石，是围绕企业目标有效运作的重要保证。潜移默化的文化氛围、长期积累的文化底蕴、以能为本的人文关怀能够使员工形成与核心价值理念相一致的集体行为。据此有专家称，衡量企业凝聚力大小的标准是，集体行为的统一程度、运作强度、持续韧度。实践证明，那些成功企业的文化建设之所以能够成为推动企业发展的动力，一个重要原因就在于企业文化有广泛的群众基础，能够使企业价值观深植于员工的内心，变成员工的行为和岗位实践。特别是拥有强大集体行为的企业，实现目标的力度越大，就越需要统一的核心价值观规范员工的行为，使个人行为与企业行为统一起来，变制度规范为行为规范，变外在约束为内在约束，变多元文化为一元文化。

因此，要从加强企业文化管理入手，在全员共同认知和实践核心价值观上下功夫，形成符合企业价值观要求的员工共同的做事方式，营造适应经济、社会发展要求、客户需求的企业运行环境。

2. 以核心价值观塑造企业性格

企业性格是企业集体个性的集中体现。如果一个企业没有统一的个性，企业对市场和环境便无法适应，企业就没有竞争优势，就不能持续生存和发展。适应性、个性是企业生命力和活力的集中表现。企业核心价值观和经营理念个性化是塑造企业性格的集中体现。从某种意义上说，企业文化是企业家文化，有什么样的领导人就有什么样的企业文化，企业领导人的素质决定企业文化的优劣；企业家不仅是构成企业核心竞争力的基本要素，也是培育独特企业价值观的关键所在。同样，企业领导人作为企业的精神领袖，其自身的特质和人格魅力决定企业的性格。如华为的狼式文化体现任正非的独特价值观，海尔文化体现张瑞敏的自强不息、追求卓越的精神，GE 文化体现韦尔奇追求"速度、简单和自信"的思想。微软公司在比尔·盖茨的领导下，以其不息的创新精神、杰出的开发和管理才能，成为知识经济时代精英朝觐的圣殿。

可见，每一个企业的企业文化都深深打下企业家的鲜明思想烙印，尤其是企业创始人的思想和作风对于企业文化的形成起重要的奠基作用。同时企业的集体性格塑造不是一朝一夕形成的，而是几代企业家呕心沥血精心打造的结晶，更是全员团队精神的凝聚。因此，企业家既是企业文化的第一推动者，又是企业文化的播种机、传教士，阐明企业价值观是卓越领导人的重要标志，而实践价值观和塑造有个性的企业文化是全员的共同责任。

3. 以核心价值观塑造企业习惯

亚里士多德曾经说过："我们每一个人都是由自己一再重复的行为所铸造的。因而优秀不是一种行为，而是一种习惯。"实践证明，良好习惯是企业群体智慧的结晶，是一笔宝贵的精神财富，是牢不可破的无形力量。企业良好习惯的养成过程就是渗透企业核心价值观的过程。因为企业文化是企业发展到一定阶段的产物，形成于企业家的自觉倡导和示范，形成于企业发展过程之中，产生于企业变革过程之中，落实在员工集体行为之中。

"天下大事必做于细。"

企业核心价值观要变成员工的良好习惯，并不是轻而易举的，必须体现在管理过程中的每一个细节。一方面，要建立健全、完善必要的规章制度，使员工既有看不见的价值观导向，又有看得见的制度化的规范、习惯和准则。理念的生命力就在于管理支持和制度的配套。例如，华为公司倡导员工学雷锋，但不让学雷锋者吃亏，使自觉遵守"华为基本法"成为员工的习惯；在沃尔玛的成功经验中，有个著名的"10 英尺规则"，即只要顾客在你周围的 10 英尺之内，你就要笑脸相迎。

另一方面，企业习惯的形成重在持之以恒，特别是通过反映企业核心价值观的生动案例、经常性文化载体和宣传教育活动来潜化。比如，民营企业内蒙古蒙牛乳业股份有限公司注重格言管理，把企业价值观格言化，在厂区墙上、树丛中、办公楼内随处可见蒙牛格言。巨大的生产车间的玻璃窗上，找不到一个手印、一点儿尘土的痕迹。仔细观察，在每个玻璃窗的右下方，是一方美丽的蒙牛标签，上面写着本玻璃窗管理员工的名字，这一细节体现企业价值观制度化与员工行为习惯的统一。又比如，海尔注重企业价值观的活动化和案例化，开展"来自员工的画与话"活动，鼓励员工在业余时间里动脑子画漫画，以漫画的形式来诠释海尔理念，体现了海尔员工对企业价值观的认同。同时，注意用案例促进员工观念的转变，如通过砸冰箱事件，建立起全新的质量意识；通过"范萍事件"引发了海尔管理观念大转变；通过海尔文化激活"休克鱼"，达到了企业经营新境界。这种别开生面的员工自我教育活动使海尔员工自觉实践海尔价值观成为一种习惯。

4. 以核心价值观铸造企业的命运

企业的命运是由核心竞争力决定的。核心竞争力是企业文化长期积淀和升华的结果，鲜明地体现了无形资源的力量。产品竞争是由技术竞争力决定的，技术竞争力是由制度竞争力决定的，而制度无非是物化的理念的存在形式。可以说，理念才是第一竞争力，谁拥有正确的、不断创新的理念，谁就具有最强的竞争力，而创新的理念来自于创新的、拥有活力的企业文化。从某种意义上说，GE之所以百年不衰，就是因为坚持不懈地推崇三种核心价值观——坚持诚信、注重业绩、渴望变革；海尔的成功也是其理念的成功，创新理念成为海尔生生不息的源泉。著名的海尔定律（斜坡球体论）形象地反映了其发展规律。"企业就像斜坡上的球体，市场竞争与员工惰性会形成下滑力，如果没有一个止动力，球体就会下滑，这个止动力就是基础管理；斜坡上的球体不会自行上升，如果有个向上的拉动力，企业才能发展，这个拉动力就是创新。"

这个有趣的定律实际上向我们展示了企业竞争力的一大内容——无形资源优势的力量。现在一个企业兼并另一个企业，所依赖的优势不仅是技术，更重要的是管理模式或企业理念，或强势品牌。因此，企业核心竞争力不仅表现为经济实力技术优势问题，还体现在社会认同的富有鲜明价值观的企业文化特色。这种企业文化特色不仅渗透于企业产品之中，融汇于企业员工行为规范之中，更重要的是体现在反映企业核心价值观的具体经营理念之中。

综上所述，企业文化的本质在于全员共同认知的核心价值观，企业文化建设始于核心价值观的精心培育，终于核心价值观的维护、延续和创新。这是成功企业不变的法则。企业要持续发展，实现基业长青，必须与时俱进，承优创新，培育和实践别人难以复制和移植的基因密码——核心价值观。

组织的价值观怎样影响组织的业绩呢？一般来说，它作为一种非正式的控制系统告诉人们，组织对它的期望是什么。具体而言，价值观通过以下三个方面影响组织业绩：

①组织中的管理者和其他人都非常关注企业机制系统中格外强调的内容。一家组织之所以比其他组织更有效率，是因为生产效率是该组织看重的东西，也是管理者的工作重点。如果其竞争对手更加强调贸易和财务，相应地，其管理者并不太关注生产操作，而更多地关注潜在的销售利润中的每一分钱。

②通常来说，组织的管理者受到价值观的影响，往往会做出正确的决策。更关注效率的公司，当面临投资是用于提高生产效率还是用于新产品开发的决策时，它往往会选择投资于调高生产效率。

③人们之所以加倍努力，是因为他们有理由这样做。确立客户至上的公司就要真正关注客户，倾听客户的声音、找到客户的需求，解决客户的问题。只有如此长期坚持，才能较好地维护并塑造一种强有力的价值观。①

---

① Corporate Cultures Terrence E. Deal／Allan A. Kennedy ［M］. 北京：中国人民大学出版社；2015：32.

（二）强价值观的风险和陷阱

任何事物都有其两面性，当我们强调价值观的重要性时，也要关注拥有强价值观组织所面临的风险和陷阱。

①不合时宜的风险：一个最严峻的风险是，经济环境发生变化时，原有的共享价值观仍在指导人们的行为，而此时它已不再有利于组织的成功。价值观的不合时宜带来的后果极其严重，它会使一些管理者在追求共享价值观时止步不前。

②抵制变革的风险：除了环境突变会迫使人们不得不进行变革以免灭亡，拥有忠诚信仰者的机构一般不会主动进行变革，或者虽实施变革，但是由于强有力的传统心态依然持续地产生影响，从而削弱乃至抵消变革的效果。

③缺乏一致的风险：如果管理者的行为与企业宣传的价值观相矛盾，带来的后果是，组织里几乎没有人认同这种只做表面文章的价值观。任何与公司推崇的价值观不一致的表现都会削弱文化的力量。

（三）打造公司价值观体系

企业弘扬什么鼓励什么、抛弃什么否定什么，一定要明确，要立场鲜明地指导员工的行为，万不可模糊不清、模棱两可，让员工无所适从。也就是说，企业确立明确而又清晰的核心价值观非常重要，同时价值观要与自己的企业总目标相适应。价值观不能只停留在文件里、挂在墙壁上，一定要进入全体员工的心里。要做到这一点，企业管理者起到的作用至关重要，他们一定要是一个企业价值观的布道者，不厌其烦地布道，直至到达每个人的心里。同时，如果管理者不能很好地践行价值观，对价值观的伤害也是最大的。

企业要不惜代价地维护核心价值观。首先，企业管理层要带头遵守、践行；其次，企业要对自己的主张言行一致，也就是说的和做的一定要统一，不能只喊口号。例如，明确树立"质量就是生命"价值观的企业，对那些用匠心打造高质量、高品质产品的员工一定要给予大力的表彰，对那些马虎大意视质量为儿戏的行为一定要给予严厉的处罚甚至开除。

作为组织中的每个人，包括管理者和其他人，都非常关注企业价值系统中格外强调的内容。明确的价值观给了员工一个更好的理由去加倍努力，按照价值观去做。

价值观作为经营理念的核心，为所有员工提供了一个共同的目标，并成为他们日常工作中的行动指南。这些成功的准则决定了企业文化中的英雄人物、神话故事、礼仪仪式的类型。

我们认为，企业能够成功经常是因为它的员工认同、信奉和实践组织的价值观。如果价值观是强有力的，就会引起每个人的重视；如果价值观不够有力，则可能会被人们忽视。

价值观不像组织结构、规章制度、战略和预算那么"刚性"，而且常常没有用文字表述出来。

价值观能够有力地影响人们的实际行动。因此，价值观应该成为管理者十分关注的一项工作。事实上，塑造和强化价值观应该成为管理者最重要的工作之一。成功的公司在这方面有三个特点：①支持某种东西，有一个清晰而明确的经营理念来指导企业的行为；②管理层十分注重价值观的塑造和调整，并在组织内广泛传播；③公司的员工熟悉并认同这些价值观，无论是一线工人还是高层管理者。

共享价值观决定了公司的基本特征，也使它区别于其他公司。它为组织成员建立了一种身份的认同，使员工感觉到自己的特殊性。在大多数人心中，价值观成为一种实实在在的东西。这种意识把人们聚集在一起，并使共享价值观产生巨大效用。

一个组织的价值观标志着该组织最热衷从事的工作是什么。它也表明了哪些信息对决策最重要。它还决定了什么样的人在组织中最受尊敬——可能是工程师，可能是营销人员，也可能是财务人员。

个体在组织中可能有多大的发展，价值观也起着重要作用。例如，公司最重要的宗旨是产品研发，那么最优秀的人才就会希望去研发实验室工作。

公司的生存依赖于其价值观，尤其在艰难环境中。公司在形成自己的价值观时，它的行为必须是牢固稳定的——管理层的行为必须始终如一，因为不一致的行为会被注意并被放大。为了建立一个行之有效的价值体系，管理者不得不在任何情况下都言行一致。

让价值观得到真正的贯彻：一以贯之地嵌入组织体系的每一个环节、每一个角落，体现到组织运营的每一个细节、每一个成员之中。

①尊重员工，帮助员工积极求胜、追求卓越。入职第一训：新员工入职培训的第一天就是人手一本员工手册培训版，听人讲解愿景、价值观和使命，就像孩子一进幼儿园就被告知吃饭前要洗手一样。

②价值观是天条，对于违反价值观的人和事绝不姑息。对于违反价值观的人和事，要做出机制性应对：不是开除了事，而是在流程上阻断个人利益与公司利益发生矛盾的可能。宝洁按照权力制衡的原理，设计了媒体采购、市场策划、战略执行、策略支持、线下购买、项目负责人、预算负责人等的复杂体系，付款需要通过层层审批签字和达成共识。冗长的机制降低了运营效率。但是，自从这套机制建立运行之后，就再也没有发生过因为回扣而损失职业经理人的事情。

第二节 风险文化的诊断

一、诊断风险文化的关键指标

判断一个公司是否已经拥有成熟的风险文化，需要做两方面的工作，即观察、反省和定性、定量计量。我们将对成功风险文化在实践中的表现形式进行汇总。首先考虑做个诊断测试来确定公司文化的真实状态，这一测试提供了一个清晰的分类、查找优势和劣势的方法。

考虑下列10项能被用来评估风险文化状态的关键指标：①领导层对风险的态度；②风险相关的治理；③风险战略、偏好和敞口的透明度；④投入风险管理的资源；⑤专业的风险技能；⑥决策程序适时和正确；⑦经营和风险管理的关系；⑧沟通交流的频率和清晰度；⑨与风险承担相关的激励机制；⑩风险相关的意外事件。

这些诊断方法能够对风险文化在规模上从强到弱、从高到低、从有效到无效等进行较为主观的评价。当我们考虑评价成功的指标时，我们会寻找目标与实现方法之间更为客观的联系。对于启动流程，一个一般的评价就足够了，尽管这些因素的单独评估也很重要。虽然每一个方法对于我们从整体上感知一个公司的风险文化分别发挥不同的作用，但我们始终都要记住这不是一个一般的在方框中画钩的检查活动。换言之，我们不能指望通过运行这样一个诊断测试来评估事件的现状，然后找到弱点、制订计划，并通过再测试来为一个公司创造出良好的风险文化。在现实中，风险文化的建设是非常复杂的。

诊断评价制作成问卷的形式，能通过内部团队如审计师、咨询师来执行或由内部人管理。这个过程的参与者应该包括来自经营一线、风险管理岗位和其他控制线上的专家，也应该包括从董事会、执行层、经理到高级分析员等代表管理阶层的人，每人将会有各自不同的观察视角。最重要的是公正地进行测试，以便发现风险管理实践的优点和不足，进而决定保持、加强还是重设风险文化。表8-2是一个诊断分数卡的样本，A到J的每一个要素都按照规模从强、中、弱三个等级进行评分，总分按照表下方组别进行分类。此分类可用于开发一项改进规划。

从第一个已经完成的样表8-2中我们看到一个公司已经采取相应的措施去构建正确的风险文化，这或许花费了几年的时间。通过评估结果，我们看到，在领导层对风险的态度，风险相关的治理，风险战略、偏好和敞口的透明度，投入风险管理的资源和专业的风险技能等方面，该公司的得分还是很高的。

表 8 - 2　诊断图谱的样本

测试分类		强		中		弱	
		5	4	3	2	1	0
A	领导层对风险的态度						
B	风险相关的治理						
C	风险战略、偏好和敞口的透明度						
D	投入风险管理的资源						
E	专业的风险技能						
F	决策程序适时和正确						
G	经营和风险管理的关系						
H	沟通交流的频率和清晰度						
I	与风险承担相关的激励机制						
J	风险相关的意外事件						

总分：

风险文化强：40 ~ 50 分，积极应对风险，避免问题。

风险文化中性：20 ~ 39 分，有回应，一般能避免问题。

风险文化弱：0 ~ 19 分，不了解，容易受到问题影响。

表 8 - 3　诊断测试 1

测试分类		强		中		弱	
		5	4	3	2	1	0
A	领导层对风险的态度	×					
B	风险相关的治理	×					
C	风险战略、偏好和敞口的透明度	×					
D	投入风险管理的资源		×				
E	专业的风险技能		×				
F	决策程序——适时和正确			×			
G	经营和风险管理的关系			×			
H	沟通交流的频率和清晰度			×			
I	与风险承担相关的激励机制				×		
J	风险相关的意外事件			×			

总分：37 分。

尽管必须做一些额外的工作来提高风险管理流程的效率、加强经营与风险管理的关系并为其激励机制定好调，但还是创建了一种环境将与风险相关的意外情况降到最低点。通过聚焦在分类中为中性的这些领域，公司能够完成问题修复，能让风险管理相关的事项从回应性状态过渡到积极应对状态。

在第二个案例中（见表8－3、表8－4），我们看到的是一个风险文化相对较弱的公司，公司在过去没有聚焦或适度投资于这些方面，现在则要为此付出代价。在这个案例中，公司有10项分类是中性到偏弱的，这表明公司需要制订并执行一个涵盖面较广的计划来弥补这些缺陷。当然，在公司开始建立并强化其风险文化之前，仍需对风险相关的问题和意外保持高度敏感。

表8－4　诊断测试2

测试分类		强		中		弱	
		5	4	3	2	1	0
A	领导层对风险的态度			×			
B	风险相关的治理				×		
C	风险战略、偏好和敞口的透明度				×		
D	投入风险管理的资源				×		
E	专业的风险技能				×		
F	决策程序——适时和正确				×		
G	经营和风险管理的关系					×	
H	沟通交流的频率和清晰度					×	
I	与风险承担相关的激励机制				×		
J	风险相关的意外事件					×	

总分：18分。

二、良好风险文化组织的特征

（一）尊重风险，保持风险一致和平衡

一个承担风险的组织必须尊重风险带来的正反两方面影响。当风险文化被适当地嵌入流程中，董事会、执行层、业务经理都应该深刻理解风险如何让组织的经营受益，又如何损害组织的运营。领导和经理能保证对所有风险进行适当的控制，使风险性经营活动与风险容忍度相适应，并在风险和回报间建立强有力的联系。那些忽略风险威力的组织会将自己置于危险境地。例如，一个大型的跨国汽车公司暴露在运营风险、利率和汇率风险、信用风险、法律风险以及财产和灾害损失风险下，公司领导应该知道经营结果会受到系列风险变量的持续影响，因而应努力建立风险管理流程，确保流程得到很好的执行，支持经营战略。

（二）不能将职能部门当成二等公民对待

组织以同等的方式对待它的员工是一种明智的行为，这反映了正面的风险文化。历史上，许多公司将雇员分为两类：那些带来业务和收入的人和那些不能带来业务和收入的人。这种划分为建立小圈子带来了潜在的风险可能，因为不管其职能如何重要，那些不产生收入的人不可避免地会有低人一等的感觉。同时，这种划分破坏了内部的顺畅交流、相互间缺乏尊重、难以建立良好的合作伙伴关系，而良好的合作伙伴关系对于风险文化的建立十分关键。那些将所有职能平等看待的组织，将有助于在两种雇员划分间搭建桥梁，创造一种环境：风险管理受到尊重，并被看作与业务一样重要。这是一种符合逻辑的方法，因为错误的风险管理与错误的经营实践一样有害，而强大的风险管理与强大的经营实践一样能使公司受益。

（三）以身作则

拥有良好风险文化的组织，将在董事会、执行层和其他领导者的带领下，践行他们所宣传的内容，并给要求他人执行的东西定下调子。他们对于风险属性、风险文化有着全面的理解，并能以身作则。组织中的雇员能够轻而易举地看到他们的表率作用，这将指导他们上行下效。上述案例中，汽车公司的董事会、执行层领导全力致力于风险管理，努力使公司的经营保持合理和盈利就是很好的说明。领导可以在影响公司的关键风险项目上花时间，合理考虑公司的经营方针、偏好和关键风险敞口，并由组织主要领导担当相关风险管理委员会的主席。他们也会要求公司经理全面理解组织的主要风险，并在遭受损失前交流潜在的风险事项和问题苗头。

（四）必须严格执行风险管理禁令

有些情况下，组织决定不与其特定客户开展业务往来，一方面是由一线业务经理决定的，他们在评估潜在的产品、交易之后，认为与该客户进行交易不会给组织带来利润；另一方面则可能是风险管理团队拒绝那些不值得去做的业务尝试，这时候，风险管理的禁令必须得到严格执行。

（五）对风险事项保持灵活和积极反应

一个拥有强大风险文化的组织，在风险事项发生时能够灵活、快速地做出响应。换句话讲，组织将时刻准备应对新的或者意外的风险机会或危机。当环境变化导致风险状况发生变化时，需要重新调整风险应对策略，而这些都要在较短的时间内完成。当风险文化强大时，明晰主要风险的动因是一种习惯，负责人要对变化的情况负责，即他们应掌握足够的信息和工具来正确处置这些状况。一个组织如果缺乏这种意识，将不会积极回应，结果也可能遭受损失。以一家全球投资银行为例，该银行在贸易和证券包销两方面都比较活跃。银行在许多年成功的运营实践中树立了强烈的风险意识，了解主要风险的动因，能够运用这些风险管理的知识和技术，来决定公司怎样应对其不断变化的市场环境。例如，如果公司知道在合并市场债方面的困难正在增加，并且知道本公司的账目也非常容易受到影响，那么该公司可以快速地做些保值，开始谨慎地卖掉它的头寸，这样，在出现许多其他银行和证券公司蜂拥做相同决策的混乱局面之前能够有效保护公司价值。

（六）保持风险的透明度

如果风险文化的关键要素是风险意识，那么一个有强大风险文化的组织将会全面、彻底地检查、讨论和管理其风险，而一个风险文化较弱的组织，将不能或者不愿意通过其业务形态审视它的风险。从风险理念来看，有强大风险文化的组织，对于它选择承担的风险将会看得清澈透明，并会坚持其立场；相反，如果一个组织缺乏纪律文化，它将不会在承担风险的做法上保持一致，这将给风险的优先级和重要紧急程度带来混乱。

（七）使风险意识变得具有可操作性

对于一个有风险意识的组织而言，其风险意识应该深深地根植于风险承担者、风险经理和领导的内心深处，但是还不能仅仅停留在这个层面上。一个真正强大的风险文化能够确保将意识直接转化成行动，所有拥有风险意识的员工都会运用他们的知识去采取行动来合理管理风险，并确保有一个安全可盈利的环境。这将帮助把概念化、理论化的风险管理应用到实践领域，带来真正的决策和组织运营的效益。如果一个实业公司拥有强大的风险文化，其员工对于公司的风险、风险流程和经营环境有着良好的理解，这些员工就能采取行动去承担更多不同的风险，去建立保值头寸，在经济形势变化之前提前降低风险偏好，在强化风险管理平台方面投入更多资源。这些行动的每一步都反映风险意识指导下的操作性。

（八）鼓励挑战

一个有强大风险文化的组织，应该赋予风险管理层一种权力，即建设性地公开挑战经营模式、特殊的业务交易，不惧怕被报复。这种态度和方法将会带给业务领导对自身战略的自信，让他们对于风险的透明度感到舒服；同时也反映出风险管理受到执行层和董事会的高度重视。然而，如果这种力量缺乏或者以某种方式被削弱，将标志着自主、治理和透明出现更大的问题。以金融管理部门为例，它们的责任是为建设工程提供信贷资金支持，显然这种业务存在信用风险，需要对交易进行分析，仔细地设计交易结构，确保至少有两个还款来源。再来假设金融机构某业务经理，想要开拓业务进入交通运输融资领域，主要是高速铁路建设。经过研究、讨论，风险管理总监可以通过展示有理有据的、详细的分析结果，公开地、建设性地挑战这个建议。这样做，风险管理总监不必担心被业务和执行经理报复、骚扰或批评，因为业务和执行经理会理解和感谢这种建设性的批评和风险关注，并把这种挑战看成流程的必要部分。不管领导层采取的最高决策是什么，风险管理总监和风险团队都有机会公开地、自由地表达自己的观点。

（九）风险管理者是业务的伙伴，而不是业务的障碍

考虑独立性、监督和控制等重要因素，在一个运行良好的组织里，风险管理职能与经营职能是分开的，也是有区别的。这些关系很重要，组织运营过程中赞成或反对的对立性程度，将有助于判断公司管理风险是否成功。理想情况下，这种建设性的关系能够很好地服务于公司利益相关者。在一个职能运行良好的公司里，风险管理职能被看成一个受尊敬的合作者且能保证有效运行。当考虑是否接受一个风险交易发生的可能性时，要咨询风险管理者的意见，这样风险管理流程才能更强大、更有效率。显然，两个不同职能倾向于采取共同的行动，其目的都是保护公司。在这种架构下，双方都认为远离过于冒险的业务，有时是要付出代价的；否则，公司将受到某种损害。比如，许多公司的经营和控制职能之间的关系更具对抗性，经营领导者只追求收入最大化和客户满意度，而组织的管理者只追求保护股东利益，拒绝偶然的良好交易。这种关系对于建立和加强风险文化是无益的，因为紧张和冲突会压制正确的行为意识。以某银行为例，它积极承担信用、市场和流动性风险，并有一个激进的信贷管理和产权交易团队，它们习惯于承担和管理风险。这些专业人员有足够的经验，知道怎样从风险管理团队得到额外的帮助、建议和观点，能够帮助他们做出正确的风险决策。相应地，对于正在谋划的业务，他们通过不断的交流，很好地征求风险管理同事的意见，与他们培养良好的合作关系。风险团队要在经营一线接受完全的风险教育，以便清楚地了解业务类型的属性及风险产生的机制。风险经理要接受咨询，支持那些要求承担更多适当性风险的请求。他们会根据整体环境和宏观、微观形势中的潜在因素，给他们的业务同事提前提供警示信息。结果表明，风险管理团队是业务团队的全天候合作伙伴，他们共同推动合理的风险性交易。

（十）强化反馈机制

在风险领域，犯错总是难免，应对风险不可能永远正确。也就是说，有良好风险文化的诅咒将会有强大的反馈循环机制，允许组织从错误中吸取教训，保证不犯同样的错误，大幅度地减少错误再次发生的可能性。这种反馈机制是一个交流的过程，但又不仅仅是交流。这种反馈需要带来组织风险偏好、战略和政策的调整。只有这样，才能将历史的教训恰当地根植于公司的文化中。假定经过多轮的争论和讨论，金融机构的董事和执行层决定继续支持高速铁路的信贷交易。在

一个 5 年期发展项目的头 2 年内，交易被搁浅，借方违约，金融机构将被迫在其财务报表上注销这笔坏账。损失是不幸的，关键是公司在风险管理总监的领导下，对于什么地方出错做相关分析，将结果与决策和最初的风险相比较，并指出所学到的教训。那么，当金融机构探讨未来开展相同种类的交易时，回顾一些记录翔实的和讨论充分的经验将大有裨益。

（十一）不要尝试突破风险管理防线

在强大的风险文化环境下，负责损益的人员通常会先进行分析和评估，拒绝那些不合理的交易，并且知会他们的风险相关者。相反，业务人员往往会做出一个激进的预算，来满足他们企图扩大经营的需求，而不顾行动所带来的风险复杂性。极端情形下，他们只是简单地对着球门不停地射门，寄希望于能多踢进一些球，他们放弃了作为第一道防线的天然职责。以银行处理经营和风险的方法为前提，假定他们是负责借款的和从事交易的，作为一个真正的防线一起行动，要审查业务，然后从风险管理的视角考虑，是否继续开展这项业务。如果业务一线人员作为第一道防线功能完全失常，他们会要求或迫使风险经理批准尽可能多的业务，不管那样做是否合理、是否会增加风险。

（十二）行为要符合道德

大多数组织都有一些行为准则、诚实宪章和行为原则，用来指导员工的行为。主要目的是规范员工行为，尊重客户和其他利益相关者。遵守道德的态度，对于公司文化是必要的，对于强大的风险文化也是必须的。然而，只有当这些规则都是基于善意的并被真正相信时，才能够实现初衷。相信行为准则是有效的，而不被看成一种政治上正确的形式主义。这种道德行为必须一致和稳定，否则，当它面临问题和困难时就会倒塌。

（十三）提升信息的自由流动性

自由而顺畅的交流是强大风险文化的核心。经营和管理者分享关于机会、关注、风险、市场环境以及其他关键信息的双向交流，有助于丰富认知，促进决策的科学。当这种交流被视为理所当然，专业人员将根据全面掌握信息来选择行动方式，使利益相关者受益。当信息自由流动受到阻碍，根据不完整的事实，决策必然会出现错误。不正常交流的孤岛思维，对建设合适的文化是有害的。我们举个例子，某综合能源公司，暴露在一系列风险之下，如能源价格、利息、汇率、财产和灾害敞口以及一般经营风险。为了适当地控制这些风险，保持公司收入的基础，管理层已经决定，让风险经理和其他控制人员对经营经理的相关风险性经营活动提供信息。同样，经营专业人员就有关市场条件的变化、组合关注、压力测试的结果通知风险经理。通过这种灵活多变的交流以及思想、意见和数据的自由流动，该公司能努力保证适当水平的透明。

（十四）采取理性激励

拥有强大风险文化的组织建立了理性的激励和补偿机制，避免任何扭曲的行为。没有合理计划的激励实际上鼓励了不良行为，如以净收入或者净现值直接奖励业务人员而超出风险承受能力。组织的收入管理通常经过多年的风险调整，可以此来校正激励。

（十五）展示丰富的专业知识

成功的风险文化包含深度共享的专业知识。当然，从事经营业务并创造收入的人和管理风险的人都拥有丰富的专业知识，这些知识是从多年的经验和实践中得来的。那些开明的组织一般都有丰富的跨职能的专业人才：经营专家了解风险问题，风险专家通晓经营活动、组织和市场。共享专业知识能使这两个分开的团队在一个语境中展开对话。正如前面谈到的那样，鼓励信息的自由流动。共享专业知识也可以让一方对于另一方的问题更加敏感，促进更加理性的决策。我们将观察到负责经营和负责风险的领导一起为综合能源公司工作，他们将设法在他们自己的能源领域和与生产相关的风险管理领域取得广泛的基础技能。负责某一个单元业务的经营领导有良好的风险知识基础，风险管理经理们必须负责监督整个公司，当遇到经营问题时能明智地讨论和应对。这种知识共享意味着两个小组能够立即理解对方的观点，并且运用最广泛的专业知识去保护公司利益、增加经营利润。

（十六）保持稳定的应对手段

当市场环境变好时，一些组织会产生一种不遵守纪律或者草率行动的倾向。市场环境下行时所采用的谨慎立场被遗忘。那些有强大风险文化的组织依然保持它们稳健的态度和行为，这已经成为组织记忆的一种形式，用以保护企业应对变化的周期。稳定的应对手段是谨慎和适当风险管理行为的重要因素。虽然这种方法意味着组织可能会失去一些额外盈利的贸易机会，但可确保负面的意外损失降到最低，减少收益和收入的波动。稳定的应对手段也是公司成熟和有经验的标志。

（十七）强化授权与责任

要做出影响其所在单位、部门和职能的重大决策，专家需要得到授权。同样，对于收入创造者和风险管理经理而言，他们也需要被赋予责任来开展行动。当然，那些被赋予某种权威的专家必须承担责任：当事情顺利时，他们应该接受表扬，而当事情出错时，应该承担责任。一个强大风险文化的公司拥有许多专家，他们能够承担问题和错误的压力，而不回避责任或者把责任指向另外的团队。当公司遭受风险导致的损失时，不推脱责任显得尤为重要。当损失发生时，往往会存在企图推脱责任的情况。一方面，只是简单责备风险经理，责备他们没有识别、控制甚至制止风险和随之而来的损失；另一方面，风险经理责备从事经营的同事，认为他们只是提出经营建议，而没有审查风险。其实，以上任何一种方法都是不合理的。最好的解决方案是，所有当事各方都承担责任，并且努力解决问题，而不相互指责。

（十八）建立强大的追责文化

①树立依法合规、违规必究的意识。以国家法律法规为准绳，严格执行组织内部管理规定，对违反规定、未履行或未正确履行职责造成资产损失以及其他严重不良后果的经营管理有关人员，严格界定违规经营投资责任，严肃追究问责，实行重大决策终身责任追究制度。

②坚持客观公正、责罚适当的原则。在充分调查核实和责任认定的基础上，既考虑量的标准也考虑质的不同，实事求是地确定资产损失程度和责任追究范围，恰当公正地处理相关责任人。

③建立惩教结合、纠建并举的责任追究机制。在严肃追究违规经营投资责任的同时，加强案例总结和警示教育，不断完善规章制度，及时堵塞经营管理漏洞，建立问责长效机制，提高经营管理水平。

首先，要检查对该项风险是否有控制流程和制度，如果没有，则应追究流程和制度设计岗位的责任；其次，如果有相应的控制流程，则需要检查整个过程是否符合规定的流程和制度，如果有程序上、手续上的差错，则哪一环节的差错就由哪一级负责；最后，如果一切程序正常、手续完备，则不需要任何个人承担责任。但是，即使是一笔不需要任何个人承担的责任风险，当损失发生后，风险管理部门和业务部门都要做出相应的检讨，要吸取足够的教训，要拿出日后避免类似损失发生的办法来，并且这一案例要告知大家都能警醒。这就是"经验共享、教训也要共同吸取"的原则。

三、风险文化的不足和问题

（一）在组织的治理、构架和管理方法上

1. 组织高层忽视风险问题

创新和冒险是企业家精神的核心，作为组织高层，更喜欢通过冒险来为组织创造价值，来展示自身的能力和实现个人的价值，但是过度冒险往往会毁掉组织。

2. 在经营和风险策略方面，允许不一致的信息存在

这种不一致主要由以下几个因素导致：缺乏关于风险相关内容的知识，并不了解收入是如何实现的，经营和风险管理经理之间的关系失调（相互不尊重、沟通有问题），关于经营和市场前景的看法不一致。这将会产生风险管理相关的广

泛问题，并可能造成意外损失。

3. 没有将风险和收益相匹配

组织高层更关心发展问题，他们承受着来自利益相关者的业绩压力，在风险、收益、规模三者的平衡上，容易倾向于扩大规模，增加收益，而忽视风险的存在。

4. 鼓励董事成为好好先生

董事会在组织治理中发挥着关键的作用，董事为保护股东利益而工作，他们必须具有独立性，自身要有相应的知识和能力储备。一些公司的董事并没展现相应的独立性和专业性，他们没有勇气和知识来挑战经理层的风险管理相关的决策，没有颁布风险管理策略和偏好，倾向于对管理层的任何建议都表示赞成，在支持谨慎的风险管理上无所作为。

5. 无法全面识别风险

一些组织不理解什么是风险，对于风险的不确定性、两重性、未来性、事件性、目标性、嵌入性认识模糊，没有掌握适当的风险识别、分析、评价的方法，对于业务本身缺乏深刻的了解，对于组织内外部不断变化的形势不敏感，对于自身的风险敞口不掌握，无法全面识别风险。

6. 过分自信

一些组织忽视风险的破坏力量，对于自己的风险管理技巧过分自信，决策过度依赖风险管理模型，对于模型本身的风险关注不够，不理解模型的计算逻辑，没有关注模型所依据的假设前提的变化，过度冒险，对于系统性风险，把握不足，风险敞口过大，风险识别没有能够嵌入经营过程，风险应对措施失当，给组织造成损失。

7. 跟风行业领先者

一些组织缺乏风险管理政策和风险策略，常常受到旁观者和竞争者的影响，看到行业领先者赚钱，就一窝蜂似地跟进投资，忽视条件和风险，常常是建成之日即亏损之时。

8. 容忍官僚的决策流程存在

一些组织层级越来越深，决策流程冗长，出现大企业病，相互推诿扯皮时有发生，组织变革遇到抵制。

9. 风险管理防线脆弱、被动、无效

《中央企业全面风险管理指引》将整个管控分为三道防线，风险管理是第二道防线，但一些组织的第二道防线却处于脆弱、被动、无效的状态，无法正常发挥作用，整个风险管理流程失效，允许承担没有受到控制的风险，违规开展业务而不必承担任何后果，没有人真正地对组织的风险管理负责，发生损失几乎是肯定的。

10. 依赖无效的风险管理规则和政策

制定的风险管理规则和政策脱离实际，一些规则过于泛泛，一些政策只是提出原则性要求，缺乏针对性，有的政策已经过时而没有及时修订，无效政策带来执行上的混乱，打折扣和讨价还价。

11. 风险管理遵循直觉或经验，而非凭深思熟虑的方法

风险管理是科学与艺术的结合，根据历史、经验、判断以及其他非量化因素来决策是可以接受的。数字化并非管理风险的唯一方法。一些组织的风险管理遵循直觉或经验，而不愿采用成熟的风险方法，特别是当行业处于上升期，赚钱相对容易时，更愿意依赖以往的经验，但是掌握一些应对风险的基本方法对于组织来说仍然是十分必要的。

12. 缺乏全局观

如果一个组织不能识别和理解其风险的整体性，就不能说已经建立了强大的风险文化。

13. 控制所需资源和基础设施投入不足

资源和基础设施投入不足，将影响强风险文化的建设，有效的风险管理需要专业的风险管理人员、高质量的数据和 IT 基础设施来计量、监控和管理，不能适当投入将使组织处于危险状态。

14. 没能够清晰地分配风险责任

组织不能清晰地、适当地定义和分配风险责任，不能清晰地把风险责任落实到相关专业人员身上，就会遭遇弱风险文化的困扰。

15. 当预算执行顺利时，不分析利润来源

组织有一个趋势，当预算执行顺利时，一般不分析利润来源。要强调的是组织的利润可能来自风险高的业务，如果不加以仔细分析，就不能很好地理解利润的质量，潜在的风险会对已经实现的利润产生冲击。

16. 激励机制偏离方向

激励机制对于强化预期行为是一个关键因素，激励指导人们的行为和业绩，是决定组织绩效的关键指标。当激励只是奖励利润贡献时，利润的产生将以牺牲风险管理为代价，相对鼓励错误行为。

17. 不能吸引外部优秀人才

一个充满活力有前途的组织需要不断地从外部引进优秀人才，当一个组织吸引其所需人才的能力下降时，组织的风险文化将出现弱化。

(二) 个人行为方面

1. 允许正常的交流中断

交流对于创造合作和信任的气氛，增强透明性，建立伙伴关系都是十分必要

的。交流是组织的生命线，离开有效的交流，经理层无法获得关于战略、风险偏好的有用信息。

2. 损失发生时，缺乏担当，指责别人

常见的场景是，一旦发生损失，大家相互指责，把责任推给别人。

3. 缺乏相互尊重，创造出二等公民

组织内部被人为划分成两部分，即创造利润的业务部门和不创造利润的管理部门，管理部门的人被看成二等公民，在工资奖金分配、提职提级等方面受到不公正待遇。

4. 企图与决策者讨价还价

在资源配置、考核奖励、提职晋升等方面，经营经理企图与管理决策者讨价还价。

5. 威胁风险管理经理

更为恶劣的是，个别业务人员出于私利，威胁风险管理经理，干扰风险经理的决策，以达到损公肥私的目的。

6. 在风险管理和营销职能之间制造孤岛思维

信息交流不畅，故意封锁消息，在信息系统外运行业务，造成风险管理人员无法及时得到业务信息，不知道业务发生哪些变化，无法实现对于业务的风险管理。

7. 隐藏问题或损失

个别组织存在报喜不报忧，刻意隐瞒问题或损失，能拖就拖，能瞒就瞒，直到瞒不住时才向上报告。

8. 没有提升违纪的管理级次

现实中，同级监督同级还存在一定的难度，对于违纪，要向上级机构报告。

9. 对于不当行为没有惩戒

对于违反组织规定的行为，不惩戒或者避重就轻惩处，不能形成威慑。

（三）弱文化的潜在结果

组织产生意外或不能接受的损失；组织声誉遭到破坏；组织丧失市场的信任和信用；组织的流动性出现问题，债务得不到及时偿还；组织融资成本上升；组织评级降低；组织遭遇更严格的合规审查；组织出现可怕的财务危机或面临破产的窘境。

四、改进问题的举措①

首先，要把握的是效益、质量、规模协调发展的理念。在保证质量的前提

---

① 李浩. 招行的风险管理文化体现在以下五个理念。

下，通过规模的适度增长，实现长期稳定的盈利增长。"没有良好的风险管理素质和资产质量，任何组织都不可能有真实的、持续的发展，也就不可能有真正的、持久的竞争优势。不断将这一理念融入每一个机构、每一个部门、每一项工作、每一个环节、每一个员工的思想和行为中，在任何时间、任何地点、任何情况下都不动摇。"

其次，对于金融企业强化资本覆盖风险的理念。非预期损失主要靠资本去覆盖。因此，资本管理的有效性和充足性显得尤为重要。

再次，全面风险管理的理念。企业风险管理的难度不断增加。一直以风险度量为基础，以定价覆盖风险和风险资本为手段，对信用风险、市场风险、操作风险进行专业管理，逐步推进全面风险管理体系建设。

又次，有效的风险管理创造价值的理念。"比如信用风险管理的价值链，就是始于事前调查，独立于事中审查，终于事后检查，尽管处于信用风险管理价值链上的不同环节，但实际背后反映的是企业的风险文化、风险偏好、风险政策、风险工具、授信管理、流程管理、预警机制、监控机制等内容"。

最后，是不断夯实"稳健、理性、主动、全员"的风险理念。逐渐形成以稳健的风险态度，理性地对待市场、同业和自己，主动管理经营风险、管理风险，要求全体员工共同参与风险管理全过程，实现市场营销与风险管理的和谐统一。

对风险管理组织架构与管理模式要不断进行探索。

一是健全董事会，风险管理机制。在董事会下的风险管理委员会是银行风险管理的最高决策机构。

二是建立健全信用风险管理体系。要建立从事前调查、审批到回收各个环节相互分离、相互制约的信用风险管理体系，实行统一授信、专业审批、独立操作放款的制度安排，对不良货款实行单笔质询制和不良资产问责制等，并实行专业化清收机制。

"任何有效的风险管理政策制度和管理流程都是需要在实践中不断修正的。""为不断修正制度和流程，我们采取了弹性授权制度；实施行业聚焦；持续完善事后管理和信用分类体系；改进集团风险管理；加强风险预警；严格信贷纪律等措施。"

此外，开发应用先进适用的风险管理技术手段是制度和流程有效实施的保障。"我们近年来先后开发、改进的客户信用评级系统、债项评级系统、信贷管理信息系统、信贷非现场监控系统。"

第三节　强化和构建风险文化

一、将风险管理文化融入企业文化建设全过程

风险管理最重要的一方面是将风险融合到企业文化和价值观中。这也是区分全面风险管理与传统风险管理的主要标志之一。风险应被视为企业战略中一个不可分割的组成部分。风险管理目标应当包含在企业目标之中，并且企业的主要动机应纳入风险评估和风险策略。由于一个组织的整体文化对于企业的成功是至关重要的，因此，它的风险文化将决定企业如何成功地进行风险管理。

建立风险管理文化的主要作用有以下三个方面：

①沟通。风险管理成功的企业通常都大力强调沟通计划目标。

②协作。把所有的目光集中在同一方向，并对风险和目标形成共同的理解，成为每一位员工的责任。

③联系。一个成功的风险管理计划必须建立起所有利益相关者之间的关系，以确保目标的实现。

将风险管理文化融入企业文化建设全过程，从价值理性的角度看，提升员工的危机意识，增强他们的风险防范能力，是贯彻以人为本科学发展观的迫切需要，也是构筑风险管理体系的首要任务。因此，需要借助企业文化将危机意识寓于全体员工，借助企业文化的凝聚力促成企业全体员工齐心合力抵御风险，这样才会大大提高风险管理的效能，降低风险造成的损失。企业应借助文化教育平台，在内部各个层面营造"主动关注、共同防范"的良好氛围，使风险管理成为每个人的职责。在此过程中，重要管理及业务流程和风险控制点的管理人员或业务操作人员应成为培育风险管理文化的骨干。同时，应充分发挥领导干部的示范带头作用和广大员工的主体作用。

二、建设风险文化：危机意识培养的根本途径

一个很现实的问题摆在管理者面前：如何提高组织机构的危机意识？靠行政命令式的灌输？靠一阵风式的宣传？靠假模假式的制度贴画？这些方式的无效性都已经为实践所证实。从危机传播管理的角度讲，危机意识不是一闪而过的念头，也不是流于表面的符号，更不是牵强附会的制度外皮，它是渗透进组织价值体系灵魂深处的一种自觉。

意识这个词原本具有一种行为者主动施为的含义，也就是说它是主体自觉的行动，而不是"被意识"。实践证明，对于危机意识培养而言，所有的被动接受都不可能有效，必须使之成为员工的一种自觉。这种自觉才是真正意义上的危机意识。这种自觉的培养不是短期的、单一的方式能达到的，最佳的途径是建设企业风险文化。换言之，一个组织机构是否真正具有危机意识，只有在它的组织文化中才能检验得知。文化是一个组织所特有的、全体成员共同遵循的价值标准、基本信念和行为规范的总和，是组织全体成员共同接受的价值观念、行为准则、团队意识、思维方式、工作作风、心理预期和团体归属感等所构成的群体意识。它是一个组织所有成员的共享价值系统，是维系组织生存发展的精神支柱。风险文化建设就是要将危机意识注入组织的文化系统，使之成为组织文化血脉的必要组成部分。

当一种价值观被一个组织成员共同认可之后，它就会成为一种黏合剂，产生强大的群体动力——向心力和凝聚力。这种内聚力是形成员工忠诚度的必要营养。员工忠诚度、客户忠诚度和品牌忠诚度决定企业的命运。其中，员工忠诚度是企业长远发展和良好绩效的保证。员工的高忠诚度有利于企业的生存和发展。相反，员工低忠诚度对企业将造成危害，不仅影响生产效率，还会增加危机风险。

杜邦公司可以说是这方面的典范。以生产火药起家的杜邦公司早期危机重重灾难不断，甚至失去员工的生命。最大的一次事故发生在1818年。当时杜邦公司已有100多名员工，40多位员工在这次事故中死亡或受伤，企业面临破产。杜邦公司认识到如果不抓安全，公司就要倒闭。为此，杜邦公司做出了三项决策：一是建立管理层对安全负责的制度。二是建立公积金制度，万一发生事故在经济上有个缓冲。三是实现对员工的关心。公司决定，凡是在事故中受到伤害的员工的家属，公司会抚养起来，小孩抚养到工作为止，如果他们愿意到杜邦公司工作，公司将优先考虑。这样，一个极富危机意识的企业文化氛围开始建设起来。经过随后不断地积累、完善，杜邦公司的安全文化成为一大特色。从此，危机意识深入人心，而杜邦公司对安全制度方面的设计和完善也持续不断，风险管理文化蔚然形成。

三、风险文化建设的策略和方法①

危机意识是组织风险文化建设的基石。当一种意识逐渐成为主流意识，进而成为主导意识，这意味着该种文化氛围开始形成。一旦形成某种特色的组织文

---

① 王朋进. 危机意识与风险文化建设，2013-08-29.

化，此种意识又将得到更为有力的支持和弘扬，化为组织行为文化的潜意识，成为组织成员当然的行动参考——或者说，风险文化的建成又会强化危机意识的普及，从而形成一种螺旋上升的良性循环。因此，组织危机意识培养的根本目标在于建设风险文化，而风险文化建设的起点则在于员工危机意识教育。

（一）风险文化建设需要设计和实施

一个组织的风险管理文化的建设不是靠无意识或者随机、随意的点滴积累就能自发形成的——起码在管理者的价值指向和实现效率两个方面是这样。因此，组织的风险文化建设需要精心设计和有效实施。

1. 精心设计：构建组织需要的风险文化

一方面，文化是组织的性格，个性是独特的，它很难被复制：你可以借鉴，但绝对不能照搬。另一方面，组织文化应该和组织的战略相适应，否则难以发挥应有的作用。每个组织追求的目标不同，所处的环境不同，遭遇的困难不同，自身的体质不同，决定组织必须主动、精心地设计自己的风险文化。塑造"狼性文化"的华为总裁任正非对此有深刻的体会："我们远不如 Lucent、Motorola、Alcatel、Nokia、Cisco、Ericsson 那样有国际工作经验。我们在国外更应向竞争对手学习，把它们作为我们的老师。我们总不能等待没有问题才去进攻，而是要在海外市场的搏击中熟悉市场、赢得市场，培养和造就干部队伍。我们现在还十分危险，完全不具备这种能力。若 3 ~ 5 年之内建立不起国际化的队伍，那么中国市场一旦饱和，我们将坐以待毙。"

2. 扎实实施：从上到下、由里到外地推行

文化建设是一项系统工程，它由具体的一砖一瓦按照相应的结构积累而成。企业的风险文化建设是一项系统工程，它更需要管理者主动设计和精心实施。文化的形成是从意识的点滴积累开始的。因此，建设企业风险管理文化当从危机意识培养开始。在整个实施的过程中，企业的战略协调性和高层的参与积极性是极为重要的因素。

无锡小天鹅股份有限公司（简称小天鹅）的"末日管理"文化建设有板有眼。小天鹅将"末日"文化塑造成一种新的生产经营方式，其运作方式是：以建立全球性"横向比较"的信息体系为手段，以全员化、立体化、规范化的营销管理体系为支柱，以强有力的人才开发机制为保证，从追求卓越到追求完美。小天鹅员工的忧患意识和艰苦奋斗精神正是"末日管理"理念的生动体现。

3. 抓住要害：找到最佳突破口

组织文化建设系统复杂，周期也比较长，需要做的工作很多，每个组织面临的风险管理文化建设处境也不尽相同。因此，找到最佳的突破口是极为重要的一步。通常来说，组织需要事先进行风险文化建设的评估和分析，一方面为了蓝图

设计的需要，另一方面也为了从中寻找到突破口。

从阶段性上讲，风险管理文化建设分为初创期、维护期、衰退期，有的中间还会出现一个转型期，每一个阶段的重点都不一样。从内容方面来说，危机意识培养包括危机认知层面（关于组织危机或者风险的知识）、危机情感层面（危机发生后的心理、情绪方面的干预）、危机技能层面（遭遇危机事件时的应急处理技能）三大方面的培训。从组织内外环境角度讲，风险管理文化建设要考虑三大方面的因素，即竞争对手状况、外部环境状况和组织内部的思想准备情况。

研究者的任务就是在上述影响因子中寻找到某个组织某个时期恰当的条件关系组合——突破口，然后确定自己的主攻方向。

（二）高层定调

在风险管理中，公司高层特别是首席执行官的参与，对于风险管理的成功是至关重要的，甚至比公司别的积极作为还重要。因为风险管理的某些方面与人的本性背道而驰。虽然人们热衷于谈论营销或产品的成功或者节约费用的可能，但是他们对于讨论实际或者潜在的损失要冷淡得多，特别是当这些实际或潜在的损失与他们的业务有关时尤其如此。

克服这种勉强性需要运用权威与权力。因此，首席执行官必须全力支持风险管理过程，不仅是口头上而且要通过行动为风险管理定调。无论是报告、开会或是出席别的论坛，首席执行官都必须首先传达风险管理是公司顶级优先的事情的理念。更为重要的事，首席执行官必须致力于风险管理，积极参与风险管理会议，安排适当的费用预算支持风险管理，当高层违反风险管理政策时，首席执行官的态度是坚决的，支持风险管理追究相关领导责任的建议。以此表明公司高层切实致力于风险管理的全过程，表明公司高层对于风险管理工作的高度重视。

①利益的基本一致性。任何组织都有做决策的人，而不同的决策者有不同的利益。这是对于风险管理的最大挑战。有些管理者注重回报，这是指利润或股价上升带来的报酬；有些则是担心决策失败，因为那会丢饭碗。从这些人做出的决策中可以看出他们的欲望和恐惧。如果我们能够用胡萝卜（股权、股票期权等）＋大棒（严格的公司治理）的形式将公司决策者的利益与股东的利益结合在一起，风险管理成功的概率就会高得多。

②组织的高层。董事会、经理办公会成员，在项目决策与运作中具有较高的领导力水平。

③组织的高层。在风险管理流程当中的参与程度较高。

④责任意识。自主责难文化的灭失，取而代之的是对于自己决策的责任意识。

⑤有高层设立风险管理的总基调，并通过身体力行来建立风险意识。引领公

司的风险文化和价值原则。

高层经理的决定和行动对于员工行为的影响比任何写在纸上的政策都更起作用，他们的相应行动是至关重要的。

（三）形成基本一致的风险认识

一个组织的风险管理理念是一整套共同的信念和态度，它决定着该组织做任何事情时都要考虑风险，包括从战略制定和执行到日常的活动。风险管理理念反映组织的价值观，影响它的文化和经营风格，并且决定如何应用企业风险管理要素，包括如何识别风险，承担哪些风险，如何管理风险。

当风险管理理念被很好地确立和理解并为员工信奉时，组织就能有效地识别和管理风险；否则，会出现不可接受的不平衡状态。如果各个业务单元之间存在文化上的差异，从而导致风险管理应用上的差异，一些业务单元的管理者可能准备承担更大的风险，而其他则更为保守。

企业的风险管理理念实质上反映在管理机构在经营该组织过程中所做的每一件事情上。它可以从政策表述、口头和书面的沟通以及决策中反映出来。无论管理机构强调书面政策、行为准则、业绩指标和例外报告，还是强调与关键管理者面对面沟通接触，至关重要的管理机构都要通过日常的行动来强化这种理念。

1. 一致性

所谓一致性理念是指应确保其风险管理目标与业务发展目标的一致。与传统的风险管理观点不同，风险管理的目标绝非"使公司免遭损失"这么简单，而是"确保股东权益的长期提高"。

在大多数情况下，企业往往将风险管理与业务发展看成一对相互对立的矛盾，从而认为，风险管理必然阻碍业务发展，业务发展必定排斥风险管理。在这一理念的主导下，风险管理与业务发展被割裂开来，形成"两张皮"。风险管理部门在制定规章制度时往往不考虑其对业务发展的可能影响；而业务部门在开拓业务时则盲目地扩张，根本不顾及风险问题。这将直接导致企业风险隐患的增加。

2. 全面性

全面性理念可归纳为两个确保，首先，应确保其风险管理能够涵盖所有业务和所有环节中的一切风险，即所有风险都有专门的、对应的岗位来负责；其次，还应确保风险管理能够识别企业面临的一切风险。

在全面性理念中，非常重要的一条就是，"对于新产品、新业务，应确保这些产品、业务在被引进之前就为其制定出适当的风险管理程序和控制方法"，也即人们常说的"风险先行"。这恰恰是企业的薄弱之处。很多企业往往是先有新产品、新业务，再有管理程序和控制方法。甚至在有的情况下，只有出了风险，才会制定相应的管理程序。这使得每推出一项业务和产品，总会或多或少地产生风险。

3. 系统性

有效的风险管理绝非单一的模型就可实现，它是一个由不同子系统组成的有机体系。因而，风险管理的有效与否，除了取决于风险管理体系本身，在很大程度上还取决于它所包含的各个子系统是否健全和有效运作。任何一个子系统的失灵都有可能导致整个风险管理体系的失效。

从中国的实际情况来看，风险管理水平不高固然与风险管理框架不完善有关，但在更大程度上是基础设施和环境等子系统不健全的结果。最明显的例子就是信息系统的缺乏导致的风险管理失效。

4. 独立性

独立性理念的实质就是要在组织内部建立起一个职责清晰、权责明确的风险管理机制。因为清晰的职责划分是确保风险管理体系有效运作的前提。值得注意的是，独立性理念并不排斥部门之间的交流与合作，特别强调董事会、高级管理层和审计机构之间要进行充分的交流和合作。

5. 权威性

所谓权威性理念是指应确保风险管理部门和风险管理评估监督部门具有高度的权威性，尽可能不受外部因素的干扰，以保持其客观性和公正性。风险管理水平不高、风险控制措施落空等问题的产生在很大程度上根源于此。缺乏权威性的风险管理部门的职责更难以有效行使。

6. 互通性

从某种意义上讲，风险战略的出台在很大程度上依赖于其所能获得的信息是否充分，而风险战略能否被正确执行则受制于企业内部是否有一个充分的信息沟通渠道。如果信息传达渠道不畅通，执行部门很可能会曲解上面的意图，进而作出与风险战略背道而驰的行为。对于审计监督部门来讲，没有充分的信息就不能对风险管理部门的成效进行准确评估，很难找出其存在的缺陷和不足。

有效的信息沟通可以确保所有的工作人员都能充分理解其工作职责与责任，并保证相关信息能够传递给适当的工作人员，从而使风险管理的各个环节正常运行。内部信息的顺畅流通在很大程度上取决于企业信息系统是否完善。因而，从某种意义上来讲，信息系统是有效风险管理的基础和前提。

7. 分散与集中统一

为了提高风险管理的效率和水平，不同类型的风险应由不同的部门来负责，即风险的分散管理。与此同时，不同的风险管理部门最终都应直接向高层的首席风险官负责，即实现风险的集中管理。风险的分散管理有利于各相关部门集中力量将各类风险控制好；而风险的集中管理则有利于从整体上把握银行面临的全部风险，从而将风险策略与商业策略统一起来。因此，在实际工作中必须妥善处理这一矛盾，实现分散与集中的有机统一。

（四）适应企业制度创新，构建企业风险文化

企业文化与企业制度相互依存、密不可分，企业制度是形成企业文化的基础。企业文化的形成没有捷径，它是建立在现代企业制度基础上的，没有科学的现代企业制度，企业文化也必然流于形式、无所依附。企业文化建设必须以企业的经营理念与核心价值观为导向，只有通过不断完善制度，一点一滴地凝聚、升华企业精神，才能为企业文化打好坚实的基础。同时企业文化也是企业制度的必要补充。企业文化作为一种柔性管理，它以无形的软约束力构成企业有效运行的内在驱动力，是硬性企业制度的必要补充。刚性制度也体现着人性管理，符合人的本能需求，而柔性管理也内含硬性的纪律和约束力量，能对人的行为加以限制和改造。

企业制度创新一定是在特定的企业文化理念指导下确立的，企业文化变革是企业制度创新的基础。企业制度创新属于企业经营管理中用于约束和激励员工的正式规范、规则和程序等的变革，它必须建立在一套明确的经营理念和管理思想之上，并且必然会招致既得利益者的抑制和反对。这就需要通过相应的企业文化变革来解释企业制度创新的意义和目标，争取员工对企业制度创新的支持和认同。同时，观念上的认同为制度创新的有效推进提供了重要的动力和基础。企业制度创新的实质是规范和约束企业员工的行为，激发企业员工的责任心和积极性。如果企业制度创新不能赢得企业员工在文化价值观上的认同，那么不管它设计得多么精妙，都可能只是一些繁琐复杂的奖惩条例，而不可能产生预期的积极效果。因此，企业制度创新必须建立在先进的企业文化理念和有效的企业文化变革之上。

企业文化变革与企业制度创新相辅相成。企业文化变革与企业制度创新必须相适应。具有强制性约束的企业制度必须与非强制性的企业文化约束相适应，否则再好的制度也不可能实现预期的目标。同样，引入一种先进的企业文化，如果没有相应的制度创新予以响应，这样的企业文化变革也注定不会对组织绩效产生积极的影响。企业文化变革与企业制度创新是企业适应变化、提高绩效的两种相辅相成的重要的管理工具。

企业制度创新促进企业文化的变革，企业文化变革又是实现企业制度创新的重要保证。文化是柔性的，制度是刚性的，只有刚柔并济，管理才能显出成效。因此，企业文化变革与企业制度创新两者只有相辅相成才能相得益彰。

全面风险管理与内部控制作为企业的一项基础管理工作，是中国在借鉴美国

《萨班斯法案》和《风险管理整合框架》的基础上，结合我国实际情况制定的一套企业风险管理与内控体系制度文件。

2004 年 9 月，美国 COSO 委员会在《内部控制——整合框架》的基础上，吸收各方面风险管理的最新研究成果，发布了《企业风险管理——整合框架》。2006 年 6 月，国务院国有资产监督管理委员会发布《中央企业全面风险管理指引》，以指导中央企业开展全面风险管理工作。全面风险管理主要从三个方面帮助企业管理风险，以创造和保护企业的价值：第一，帮助企业建立持续的竞争优势；第二，优化企业风险管理的成本；第三，提高企业的绩效。国资委定义，全面风险管理是指企业围绕总体经营目标，通过企业管理的各个环节和经营过程中执行风险管理的基本流程，培育良好的风险管理文化，建立健全全面风险管理体系，包括风险管理策略、风险管理措施、风险管理的组织职能体系、风险管理信息系统和内部控制体系，从而为实现风险管理的总体目标提供合理保证的过程和方法。

2010 年 4 月 15 日，《企业内部控制应用指引》正式发布，其中《企业内部控制应用指引第 5 号——企业文化》将企业文化与企业风险管理融合提升，充分发挥企业文化尤其是风险管理文化在企业发展中的重要作用，提高企业的凝聚力与核心竞争力，以确保企业实现可持续发展的发展目标。

中国企业主要的问题并不仅是在风险管理执行方面，还有如何夯实风险管理文化及将风险管理与业绩之间实现有机结合，应当建立一个机制以促进问责制和有效的业务风险管理，从而使风险管理和风险管理回报成正比。有效的风险管理往往经历不同观点的冲突，并且需要在风险管理者和业务部门主管间进行制约和平衡。如果企业文化无法将有效的监管架构和风险管理效力相融合，风险管理的价值就不可能实现最优化。因此，企业应重视企业文化视角的衍变，大力开展持续的风险教育，开发并借助交流渠道和教育课程加强风险文化，提高对风险职责的理解和判断能力，是企业应对风险管理挑战的重要步骤。

四、将风险管理的思想和方法融入日常的管理流程

全面有效的风险管理是实现企业发展目标的重要保障，不同的风险管理文化会带来不同的风险管理效果，要使风险管理工作较为有效地开展，最为积极的一种方法就是，通过明确企业各层面的风险管理目标、主体和内容，使其与企业现有的管理体系保持一致，通过系统的流程化管理，将风险管理的思想和方法融入企业各项业务和日常管理之中，在量化风险的同时识别、评估和控制风险。

①及时有效的信息沟通：信息畅通是成功的风险管理的润滑剂。风险来临时，如果决策者能得到及时、可靠的信息，他们就可能做出更好的决策。过去人

们一直在争论如何设计一个更好的信息系统，似乎这只是一个技术问题，而事实上，我们更应该更多地关注信息系统如何更好地应对风险。一套信息系统性能究竟是优是劣，关键在于看它在危机来临时能否为风险分析和决策者提供有效的信息。

②严谨的分析：信息再可靠、再及时，也只不过是一个数据而已。先对数据进行分析，然后才能为决策服务。拥有一套分析工具只是风险管理的一部分。了解各种工具的不同作用，正确选择这些分析工具才是保障风险决策成功更难、更重要的部分。

五、将人力资源管理理念应用到风险管理实践

风险管理文化建设应与人力资源管理相结合，通过引入风险管理绩效的概念，将风险防范和应急管理能力纳入考核指标体系，加强对风险防控工作的绩效考核，进一步增强各级管理人员和作业人员的风险防范意识，防止因片面追求经营业绩和发展速度而导致风险事故的发生。同时，鼓励企业员工进行持续的信息沟通和交流，形成一种对潜在的风险问题进行正确干预的文化，杜绝"自扫门前雪"的现象，营造风险管理的互助氛围，更好地发挥团队的力量。

（一）确保合适的人放在合适的位置上

组织要确保将合适的员工放在合适的岗位上，能够较好地进行风险决策的企业，一定能够招揽风险管理人才并且想办法留住这些人才。它们依靠各种办法留住人才，包括经济报酬（高薪、高奖金）和非经济刺激（文化氛围或合作的团队）。

（二）不断提高风险管理团队的整体素质

对于每一个风险都简单地雇用一个专家来控制是不行的，因为风险是每个业务决策的一部分，更为实际的做法是，让风险成为每一个员工的思想和职责的一部分。因为，首先，没有人能比专门负责那个活动领域的员工会更好地了解那个活动的风险；其次，这一做法意味着公司的上上下下都在关注着风险。这一方法要求企业有效的开展教育和培训。无论是初级还是高级的员工，许多人都不太熟悉风险管理。需要以相对容易理解的方式教导一般员工辨认和评估风险。有一系列关键风险概念适用于任何类型的企业风险，必须在任何有效的风险管理培训中重复加以阐述。

（三）激励与约束机制与文化行为

各个组织都要认真仔细地研究自己的补偿和激励机制是如何设计和实现的，以及这个补偿和激励机制是否增加所期待的行为和绩效。绩效计量和激励补偿的结合可能是人的行为和组织变化最有力的驱动器之一。这一点在支持公司的风险管理目标上也能起到作用，有时也会起到相反的作用。

例如，经理和员工的绩效也许可以单独以销售额或营业收入来计量，而不去考虑风险敞口或损失。在这种情况下，可以料想公司会暴露于越来越高的潜在风险中，这种风险最终可能变得与公司的风险偏好和投资目标不一致。因此，管理层应当密切注意绩效计量和激励补偿体系发出的信号，确保它们与公司的运营和风险管理目标相一致。不当的激励结构是近来所发生的一系列问题的根源。

1. 有效的薪酬治理

在治理结构方面，董事会薪酬委员会作为其治理结构不可或缺的部分，代表董事监督薪酬体系的制定和运行。薪酬委员会应确保能够有效、独立地判断薪酬政策和做法，以及风险、资本和流动性管理的激励机制。通过上述行动，委员会应当表明其做出的决定与对该机构财务状况和未来前景的评估保持一致。为此，应与机构风险委员会密切合作，评估薪酬体系产生的激励机制；确保机构的薪酬政策符合理事会的原则与标准，此外，对于风险和合规部门的雇员，薪酬的决定应当与其他业务领域无关，并足以吸引称职、有经验的员工；绩效衡量应当主要基于达到其职责目标的情况。

2. 保持薪酬与审慎的风险承担之间有效协调

在薪酬结构和与风险的协调性方面，标准规定，机构浮动薪酬的规模以及其在机构内的分配应考虑所有当前和潜在的风险，尤其应考虑：用以支持机构所承担风险的资本的成本和数量、执行业务所承担的流动性风险的成本和数量，除了考虑当期收益外，与未来潜在收入的时间和可能性一致；机构财务绩效减弱或绩效为负，通常应导致大幅缩减总浮动薪酬，同时应考虑当期薪酬并通过收取罚金或收回等方法扣减以往薪酬。对高层执行官和其他对机构风险暴露有实质性影响的雇员，薪酬的相当大一部分应是浮动的，并在按个人、业务单位及整个机构水平来充分衡量绩效的基础上支付薪酬；浮动薪酬的相当大部分，如40%～60%，应通过递延安排在几年时间里支付；这部分薪酬应随着资格和（或）责任程度的提高显著增加。对资格最老的管理层和薪水最高的雇员，浮动薪酬递延支付的比例应高得多，例如在60%以上。

其中，递延时期应不少于3年，前提是其与公司的业务本质、风险和所涉雇员的表现相协调。在递延安排下应支付薪酬的兑现速度通常不应快于按比例支付的速度。浮动薪酬的相当部分如50%以上，应通过股票或与股票相联的工具（或对于非上市公司来说，以非现金工具）来支付，只要工具所创造的激励因素与长期价值创造和风险的时间序列相协调。以股票或股票相联工具支付的薪酬应受限于恰当的股票保留政策。递延支付薪酬的其他部分应以现金逐步兑现。兑现期间，如公司或相关业务线的贡献为负，根据公司或业务线所实现的绩效，应收回任何未兑现的部分。

机构在获得政府特别干预或救助的情况下，监管者应有能力以符合稳健风险管理和长期增长的方式调整薪酬结构；应独立评估和批准高薪雇员的薪酬结构。超过一年保证支付奖金不符合稳健风险管理或按绩效支付工资的原则，不应包含在金融机构未来薪酬计划中。仅在特殊情况下且雇用新员工时才允许其他类似最低奖金保证。应重新审查现有的与解雇有关的契约性支付，当且仅当支付符合长期价值创造和审慎风险原则时才可保留这类支付。未来此类支付应与长期绩效挂钩，且设计时应注意不奖励失败者。机构应采取必要措施确保立即实施理事会薪酬标准和相关监管措施。机构应要求雇员不使用个人对冲策略或与薪酬有关的保险削弱薪酬安排中与风险相一致的要素。在这一点上，机构在必要时应建立适当的合规安排。

在信息披露方面，标准规定，应及时对外披露薪酬年报。除按本国规定外，还应披露如下信息：确定整个机构薪酬政策的决策程序，包括薪酬委员会的构成和职责；薪酬体系最重要的特点，包括衡量绩效和调整风险的标准，薪酬与绩效的联系，递延支付政策和得权标准，以及决定薪酬以现金或其他形式分配的参数；薪酬定量信息总量（按高级执行经理和行为对机构风险敞口有重要影响的员工划分），包括财政年度的薪酬数量（分为固定薪酬和浮动薪酬）和受益人数量；浮动薪酬的数量和形式，分为现金、股票、股票相关工具和其他；延迟支付的薪酬余额，分为得权和未得权部分；本财年支付的延期支付薪酬的数量（根据绩效变化支付和削减）；本财年新职员和离职员工的薪酬支付，以及此类支付的受益人数；本财年支付的离职员工补偿费、受益人数及单人最高补偿额。

3. 监管部门的有效监管和利益相关方的介入

在监管方面，监管机构应要求机构薪酬体系的激励机制合理考虑风险、资本、流动性以及盈利的可能性和时间。对没有依照标准执行稳健薪酬政策和做法的有关机构应立即采取纠正措施，必要时可采取适当的制裁，以避免因不遵守或部分遵守原则而导致更大的风险。监管机构应进行国际协调，确保标准在各辖区得到一致实施。

六、将风险知识和管理经验集成以实现知识共享

企业应建立重要管理及业务流程、风险控制点的管理人员和业务操作人员岗前风险管理培训制度，采取多种途径和形式，加强对风险管理理念、知识、流程、管控核心内容的培训。坚持理论教育和实践演练相结合，注重两个信息库的建设：一个是风险数据库，通过动态显示企业各层面当前面临的各类危险点及风险等级，让员工掌握其所从事的工作面临哪些风险，如何进行有效控制；另一个是风险知识库，以风险知识和事故案例为主，将零散的风险管理经验等隐性知识显性化、系统化，帮助提高员工的风险管理能力。

如果成功的风险管理者有什么共同点的话，那就是他们能够灵活面对变化的风险。比起竞争对手，他们的经营比较灵活，或者他们拥有资金和技术的优势。这使得他们能够更快地适应不断变化的环境。组织结构扁平化，没有局限在现有技术上，这些都有利于增加企业的灵活性。

第四节　风险文化进步和成功的评估

由于风险文化具有朦胧的、定性的、主观的等特点，无论是从组织整体上还是从单独个体至关重要的行为上，要完美地评估风险文化的进步和成功，绝非易事。尽管一些尝试并不完美，但是必须做出努力。让我们考虑度量标准——短期行动步骤：①制定通用风险政策。②确定风险偏好。③分配风险责任。④建立正确的激励机制。

中长期行动步骤：①构建组织运营体系。②实行轮岗制度。③从公司外部引进新鲜血液。④定出高层的正确基调。⑤确保拥有足够的风险管理专家级大腕。⑥确保拥有合适的运营专家。⑦强化沟通、协调、合作三原则。⑧需要常识、简单、清晰。⑨建立公信力。⑩提升相互尊重。

这些成功的度量标准，有些可以简要地、客观地进行追踪，由于更多地依赖客观看法，其他则不能够被追踪。当我们考虑到一些标准是根据善变的人类行为来评估的，就会觉得毫不奇怪。也就是说，组织至少可以运用一些工具来监控个人行为方面的进步。

这些成功的度量标准和计量一个风险文化成功建立之间是有明显区别的。能够追踪那些建立或者提升风险文化的元素是重要的，但是不能确保那种文化的成功嵌入。正如前面我们提到的，这不是一种在方框中打钩的练习，那些能够帮助培育风险文化的最低要求，可以运用上述度量来计量其进步的程度。

第五节　风险培训与风险文化

一、风险管理培训概述

培训是一种有组织的传播知识与技能、信息与标准、理念与管理文化的行为。为了达到统一的科学技术规范，通过运用合理有效的教育训练技术手段，采用规划和设定目标、知识和信息传递、技能熟练演练、作业达成评测、结果运用交流等方式，达到提升团队和个人能力预期目标的训练方式统称为培训。

培训是向新员工和现有员工传授其完成本职工作所必需的相关知识、技能、价值观念、行为规范的过程。英国官方的培训委员会对培训的定义是：通过正式的、有计划的或优质的方式，而不是一般的监督、工作革新或经验，获得与工作要求相关的知识和技能的过程。因此，企业开展风险管理培训工作，应在科学总结和研究本企业的特点和经验的基础上，按需施教，做到学以致用、学有成效，切实提高被培训人员的专业能力和综合素养，为公司或组织的科学发展提供强有力的人才保证和智力保证。

（一）风险管理培训是传播风险管理文化的重要途径

风险管理培训是传播风险管理文化的重要途径，是培育和传播风险管理文化的重要载体和有效手段。为了有效培育企业的风险管理文化，公司或组织应以紧密围绕服务大局的发展为目标，聚焦风险管理文化培育，强化各级管理人员、专业领域人才的风险管理理论基础知识普及和经验积累，丰富和发展全面风险管理理论知识体系，为实现"全员、全过程"的风险管理工作目标奠定基础。

培训作为传播风险管理文化的重要载体和有效手段，可以有效推动公司或组织的风险文化建设。随着风险管理价值在全社会得到的广泛认可，培养素质高、能力强的风险管理专业人才在公司或组织中的需求迫切性也日益提高。

综上，通过开展风险管理培训可以实现以下目标：

一是明确风险管理的功能定位，找准风险管理体系建设的切入点，为体系推行、持续建设提供保障。

二是在公司或组织整体层面建立风险管理文化氛围，培育积极进取、稳健经营的风险管理文化，为风险管理工作的决策、组织、制度和管理技术的有效落实和顺利实施提供保障。

三是持续提升专业风险管理能力，为建设一流风险管理体系提供保障。

（二）系统化、体系化的培训是普及知识和提升风险管理专业能力的重要保障

风险管理培训的实施是一个循序渐进的过程。为了实现风险管理的培训目标，公司或组织应搭建风险管理培训体系，促进风险管理战略落地和持续发展。同时，还应考虑与人力资源管理的政策和规定相适应。具体而言，培训体系包括培训组织管理与实施、培训需求分析与报告、培训规划与年度计划、培训师资管理与激励、培训课程设计与开发、培训预算管理与控制、培训效果评估与辅导等。

1. 培训组织管理与实施

培训组织管理与实施是指通过建立培训组织、健全培训制度，对培训组织的各项业务进行监督和管理，从而确保培训项目有序开展、高效实施的管理过程。具体包括培训组织搭建、培训组织业务管理、培训项目实施管理等。

（1）培训组织搭建

培训组织的搭建包括设计培训组织结构框架、划分培训职能职责培训任务的分工与协作以及对培训组织员的专业培训等。

（2）培训组织业务管理

培训组织业务管理包括培训体系建设、培训制度制定、培训计划制订、规划计划制订、培训课程开发、设施设备管理以及学习型组织的养成等。

（3）培训项目实施管理

培训项目实施管理包括培训项目上实施前的准备、培训项目实施中的运营、培训项目实施后的跟进等。

2. 培训需求分析与报告

培训需求分析主要是对特定工作的实际需求与任职者现有知识、能力之间的距离，即理想的工作绩效与实际工作绩效的差距进行分析的过程。培训需求分析与报告是开展培训活动的首要任务环节，是培训体系设计中的必要环节。

3. 培训规划与年度计划

培训规划是从企业的组织战略出发，在全面、客观的培训需求分析基础上，根据企业各项培训资源配置情况制定的长期培训战略与统一安排。年度培训计划是根据培训规划制订的全年运作计划和具体工作安排，是企业按照年度制订的员工培训计划。培训规划是年度培训计划的制订依据，对培训计划起指导作用；培训计划是培训规划的具体展开，保证培训规划的最终实现。

（1）培训规划制定要求

培训规划的制定要本着有利于企业总体目标的实现、有利于竞争能力提高的原则，以受训人员为中心，以切实提高和改善员工的态度、知识、技能和行为模式等为最终目的。

（2）年度计划制订要求

年度培训计划的制订必须考虑企业及员工两方面的要求，考虑企业资源与员工素质基础，考虑人才培训的超前性及培训效果的不确定性，确定培训项目的目标，选择培训内容及培训方式。

4. 培训师资管理与激励

培训师资管理与激励包括对企业内部师资的筛选、评定、激励，以及对企业外部师资的管理等各项工作。培训师资管理与激励体系的建立能够增强企业培训体系的有效性和可持续性。

5. 培训课程设计与开发

培训设计与开发是运用系统方法分析企业人员的发展需求，根据需求对培训课程的实质性结构、课程基本要素的性质，以及这些要素安排的设计过程。

6. 培训预算管理与控制

培训预算管理与控制是在培训期初对一定时期内的培训经费进行科学合理的预算并根据预算实时控制培训费用的活动。培训预算管理与年度计划的制订应紧密结合，有利于为培训活动提供足够的资金保障，也有利于提高培训人员计划、预算、控制与决策水平。

7. 培训效果评估与辅导

培训效果评估与辅导是培训体系建设的最终环节，也是培训活动实施的关键一步。企业培训的效果受多方面因素的影响，对培训效果的评估也应从多个层次进行。同时，培训实施部门还应及时对受训人员进行培训效果跟踪与辅导。通过持续跟踪培训效果、学习过程辅导以及培训效果及时反馈等手段促进培训成果的转化，确保培训达到预期的效果。

开展风险管理培训，应结合公司或组织实际需求搭建培训体系，实施系统化、体系化的培训，并应通过培训实施的效果评估结果修订培训规划与计划，确保培训达到预期效果。如果培训不到位，缺乏针对性，被培训人员知识体系掌握不完整，理念传递不到位，既容易产生知识、理念等方面的理解偏颇，也容易对风险管理工作的顺利开展产生一定的影响。

二、风险管理培训规划

培训规划是在培训需求分析的基础上，从企业总体发展战略的全局出发，根据企业各种培训资源的配置情况，对计划期内的培训目标、对象和内容，培训的规模和实际，培训评估的标准，负责培训的机构和人员，培训师的指派，培训费用的预算等一系列工作做出的统一安排。

在实际应用中，培训规划的编制是开展系统化、体系化风险管理培训工作的有效前提。首先是明确目标。进一步培育风险管理文化，以科学发展观为指导，紧密围绕公司发展整体部署，坚持面向总体发展战略，服务于组织的发展是编制培训规划时应着重考虑的。其次是注重对培训对象的分层和分类管理。在全面提升各层级、各领域人员的风险管理素养的同时，可以更加有效地聚焦各管理领域的风险管理专业化水平提升。做好上述两个方面，可以促进落实"全员、全流程"的风险管理工作目标实现，为建设专业化的风险管理人才团队、丰富和发展企业全面风险管理体系、丰富风险管理文化提供支持和保障。

（一）明确风险管理培训目标

不同的公司或组织实施全面风险管理体系建设时侧重点不同。因此，应根据公司或组织的实际情况进一步明确和设置培训目标，风险管理培训目标不能游离于该公司或组织的整体培训管理体系框架之外，应纳入其中，并建立科学、有效的培训机制辅以实施，确保培训目标顺利实现。因此，建议公司或组织在制定培训目标时应从以下方面统筹考虑：

一是根据本公司或本组织的行业特点等关键要素，培训目标更加适应公司或组织的风险战略和风险管理实践需要。

二是统筹兼顾、点面结合，将普及风险管理文化和专业化风险管理培训有效结合。

三是应建立风险管理职能岗位从业人员长效培训机制，建立风险管理职业培训的风险管理人才培养平台。

（二）制定有效的风险管理培训规划

为了保证培训规划的科学化、体系化和可持续性，在制定风险管理培训规划时，应把握以下原则。

1. 统筹兼顾，有的放矢

应在充分调研培训需求和内、外部培训环境的基础上，对已有风险管理培训目标和实施路径进行重新审视，立足风险管理实际设定培训目标。例如，以提升风险管理人员岗位适应能力为目标的培训，在规划设计时应适应风险管理岗位能力素质需要；以培养从业人员实战能力为目标的风险管理专项培训计划。

2. 分层分类，注重全面性与个性化有效结合

规划和构建风险管理培训的课程体系时，注意将风险管理的全面性、专业性与体系化建设需要相结合，以提升风险管理本质管理水平为主要目标，逐步构建风险管理知识类、专业技能类、风险岗位核心能力类等培训项目。

规划初期，培训课程体系应针对不同公司或组织的管理层级、不同层级的人员分类进行设计，在组织实施过程中逐步积累建立课程体系库，在成熟阶段可以将课程体系逐步规划成为培训项目，既可为培训对象建立个性化需求提供支持，也为培训对象可自主性选择风险管理培训项目创造必要条件。

3. 与时俱进，创新发展，注重实效

做好培训的重要保障是讲师团队的培养，通过建立"以内为主，以外为辅"的风险管理培训模式，将会更加适应本组织的内在需要，培训效果也更加贴近于组织的内在培训需求。因此培训内部讲师也应作为培训规划中的重要内容，应加强对内部人才岗位素质能力的培养，通过组织内部培训机制的有效运行，为培养风险管理讲师队伍、风险管理专项课程开发积累能量。要鼓励内部讲师加强风险

管理领域"新思想,新方法,新技术"的深入学习研究,将学习研究成果引入管理实践,做好知识传递,通过风险管理专业培训为经营管理实践提供知识平台,确保培训实效。

（三）建立风险管理培训课程体系

培训课程体系的构成包括课程开发项目、课程需求调研与分析、课程开发标准、课程开发工具、课程开发模型、课程单元与模块、学习地图与路径、培训课程素材、e – Learning 课程等各项培训课程开发与管理内容。

在实际工作中,风险管理培训是帮助企业实现战略目标、提升企业和员工个人竞争力的一种教育和培养方式。它包括有形的培训和无形的培训两种形式,有形的培训是指固定时间、固定地点和有讲师的培训。无形的培训是指各级领导人员、管理或业务骨干通过言传身教、影响表率对下属和一般员工的指导、培养,这种无形的培训方式既可以是开会,也可以是相互交流等。因此,企业在实际建立培训课程体系时既要有形,也要兼顾无形。这将更有利于公司风险管理政策、标准及管理技能的有效传递,促进全员风险管理和管理风险的能力持续提高。

1. 基于发展战略和培训需求课程开发

（1）基于问题解决的课程开发

基于问题解决的课程开发旨在培养企业员工解决问题的观念、解决问题的整体能力,并使员工掌握分析问题的方法与工具。

（2）基于管理差距的课程开发

由于企业内部不同企业层级的管理水平不一,基于管理差距课程开发的最终目标是使被培训企业的受训者得到管理能力的提高,从而缩小管理差距。

（3）基于职业素养的开发

基于职业素养的课程开发可以从诚信、忠诚、敬业、责任四个方面进行设计。

2. 开发培训课程的四大类型

（1）知识普及型课程

知识普及型课程通常针对完全不了解或不熟悉本管理领域管理理论和知识体系的受训人员,其内容往往不太考虑操作性,以"让人知道"为目的,比如刚刚实施的全新管理体系在企业内部宣讲,对于新员工的入职培训等。

（2）问题解决型课程

问题解决型课程是企业培训中最重要、最受重视、最见效果的课程。当企业和员工个人遇到发展瓶颈时,多是因为工作中出现的问题没有得到及时有效的解决。问题解决型课程可以为有效促进问题的解决,产生直接效益。

（3）专题培训课程

需提高所在岗位人员的从业能力时,往往通过专题培训课程进行培训。这类培训通常会针对企业中高层培训、岗位资深员工培训以及较大范围的公开讲座等方面进行。

（4）系列培训课程

系列培训课程是指通过一个大型课程项目，解决企业一系列问题，或者提升学员一系列能力的课程。在企业中，可以根据不同岗位人员的实际需要设置培训课程，并设定培训后可以达到的预期标准，将培训目标设定初、中、高级，对应的知识应用程度为应知、应会、掌握，根据预期标准，设计培训课程和授课大纲，具体授课时进行相应的把握。

3. 培训课程的目标取向

每个课程在开发之前都有它要解决的问题和需要达到的目标，一旦失去方向和目标，课程将会收效甚微。所以课程开发前不仅要有需求调研，还要有目标取向分析。

在实际执行过程中，各企业可结合本企业实际开展培训课程体系的设计。

[举例]

A 公司是大型企业集团，风险管理部门作为风险管理培训的具体实施部门，是通过以下方式开展风险管理培训的。

初建风险管理体系的 A 公司，风险管理部门为了加强风险管理制度体系建设，规范业务风险管理机制，广泛、深入、持久地宣传风险文化。该企业通过组织开展风险管理知识培训、编制和发放风险案例手册、在公司自媒体刊载风险管理发稿等多种方式传递风险管理知识，树立风险管理意识。在培训课程规划设计上侧重全员风险管理基础知识体系和管理政策体系的构建。

➢ 每年定期组织公司各层面的风险管理知识培训，邀请风险管理专家授课，统一全公司风险管理思想认识。其间涉及的主要培训课程为"中央企业全面风险管理指引培训""风险管理原则与指南 ISO31000 标准""风险管理知识系列培训"。此类培训为有形培训，通常接受培训的人员范围较广，既包括各层级的管理人员，也包括公司从事业务活动的业务人员。

➢ 每年定期召开风险管理工作会议，公司高管人员、总部各管理部门主要负责人、各级企业的主要负责人、分管风险管理工作的领导班子成员、风险管理部门负责人及相关人员参加会议。会议期间，通过经验介绍等方式传递风险管理经验、邀请专家开展风险管理专题培训。这种方式是有形和无形相结合的培训课程设计。

➢ 每年在公司新员工入职培训时，由风险管理部门负责人宣讲全面风险管理与内控管理体系建设情况，使新员工基本了解公司的风险管理文化和基本工作流程。

➢送培训下基层，在"田间地头"手把手地开展对企业一线风险管理和业务人员的培训，主要以普及风险管理知识、宣讲公司风险管理制度、风险管理系统操作等内容为主要培训课程。

> **点评**：知识培训是员工得到持续提高和发展的基础。员工只有具备一定的风险管理专业知识，才能更好地适应公司或组织健康可持续发展的需要。因此，公司或组织通过开展风险管理知识培训，可以引导相关人员正确认识风险管理价值体系，推动全员风险管理意识不断提高，培育全员风险管理素养，实现在实际管理经营活动的各流程中合理运用风险管理工具及应用方法，实施有效管理，促进业务发展，从而为组织的健康可持续发展提供专业的知识保障，真正实现将风险管理嵌入经营管理活动中的目标。

A 企业全面风险管理体系建设中逐步规范化、体系化，拥有了较为成熟的风险管理制度体系、监控体系和评估报告体系。在组织开展风险管理培训时，培训课程以能力提升和实操性课程为主要课程体系。

➢专业能力提升课程：每年安排两期风险评估技术培训课程，风险管理岗位人员、业务人员通过参加培训和考试，可取得风险评估技术人员资格证书，充分掌握风险评估方法，参训人员可以在实际管理和业务活动中有效应用所学技能识别、评价和管理风险。

➢实际操作课程：为了有效开展全面风险管理报告编制工作，每年针对风险管理报告的编制工作发布编制说明。报告编制初期组织报告编制的专题培训课程，讲授报告编制方法。

开展专项风险管理制度流程解析，账款催收技巧、风险分析方法，工具应用、信用评级模型构建，风险预算编制方法等风险管理操作技能培训，培训目标更加注重培养风险管理实践能力。

> **点评**：以有效落实公司或组织风险管理工作要求为目标，结合实际工作需要对专业管理问题进行答疑解惑，帮助风险管理从业人员和业务人员迅速掌握风险管理操作技能的实战性培训项目。知识只有转化成技能，才能真正产生价值。员工的工作技能是企业产生效益、获得发展的源泉，因此风险管理实践能力的培训也是风险管理培训中的重要环节。

　　经过多年的发展，A公司的全面风险管理体系建设得到了较快提升，成为业界的标杆。为了持续培育良好的风险管理文化，A公司通过制定《经营纪律十则》，以公司的实际案例为背景编制《风险管理案例》等方式，在公司深入开展全员的宣讲和培训，树立员工正确的风险管理价值观。同时，结合几年来的积累，对全面风险管理和内控培训成果进行梳理，形成系统的培训课程体系，并建立了试题库，在培训后进行测试，测试结果作为开展风险管理督查对风险管理工作评价的重要内容。试题库在A公司开展对下属子公司风险管理培训时得到较好的应用，各级管理人员对风险管理工作的学习认知态度得到显著提升。

　　（1）A公司课程体系内容（见表8-5）

表8-5　A公司课程体系表

序号	课程题目	主要内容	授课时间
1	风险管理与内控体系建设及五矿的工作实践	公司风险管理理念、全面风险与内部控制体系建设情况，五矿的风险管理工作实践	2小时
2	风险管理及内部控制一体化流程	①风险管理及内部控制整体运行图；②风险管理及内部控制流程实际操作（环境建立、风险识别、风险分析、风险评价、风险应对概述与业务流程；监测与评审、沟通与咨询概述）	1小时
3	市场与金融衍生业务风险管理介绍	①集团公司市场风险管理综述；②外部关于金融衍生业务的监管政策；③集团公司关于金融衍生业务风险的管理要求；④商品衍生业务的管理机制	1.5小时
4	集团公司信用风险专项管理工作介绍	①集团公司信用风险管理综述；②全流程管理之事前防范—信用评估；③全流程管理之事中监控—监控预警；④全流程管理之事后处理—货款回收	1小时
5	重大风险管理应对机制	风险管理应急管理机制介绍	1小时

　　（2）A公司开发的试题库

A公司风险管理测试

　　说明：本测试采取匿名方式，请在您认为正确的选项上画"√"，○为单选，□为多选，感谢您的参与。

　　1. 您认为下面哪几种关于风险的说法是正确的？＿＿＿＿＿＿

　　□A. 风险既指未来发生的事情，也包括过去发生的事情

☐B. 风险是未来不确定性对目标的影响

☐C. 风险是对特定目标的影响程度，影响大风险就一定大，反之亦然

☐D. 风险是不确定的事情，发生可能性大风险就一定大，反之亦然

☐E. 风险可能给企业带来损失，也可能给企业带来机会

☐F. 风险可以从可能性、影响程度两个维度进行衡量

2. 您认为下面关于风险管理的说法哪几种是正确的？_____

☐A. 风险管理工作的目标是回避风险，消灭风险

☐B. 对于战略和经营目标而言，风险管理为目标实现提供的是合理保证

☐C. 风险管理是企业必须承担的一项成本

☐D. 风险管理工作自企业一诞生就存在，贯穿于企业的全生命周期

☐E. 风险管理是一种主动的管理行为，强调事前管理

☐F. 风险管理无法改变风险发生的可能性，主要是控制其影响程度来实现企业目标

3. 集团公司的全面风险管理体系包括以下哪些内容？_____

☐A. 从上到下的风险管理策略，包括明确的风险底线、风险偏好、风险承受度等，这些内容一般体现在公司的风险管理制度、政策中

☐B. 从上到下的组织保障体系

☐C. 内部控制系统

☐D. 丰富多样的风险对冲、转移工具

☐E. 基于风险管理信息系统的风险报告机制和体系

☐F. 深入人心的风险管理文化，包括风险理念、责任意识等

4. 您认为以下关于风险偏好与风险承受度的说法哪些是正确的？_____

☐A. 风险偏好是指企业愿意承担风险大小、种类等的态度

☐B. 风险承受度是指企业能够承受多大的风险

☐C. 企业在不同的发展阶段风险偏好是不一样的

☐D. 企业应根据外部经营环境的变化适时调整企业的风险偏好

5. 全面风险管理是全员全过程管理，您认为应由哪些人参与此项工作？_____

☐A. 公司负责人

☐B. 公司中高层领导

☐C. 公司普通员工

6. 风险管理"三道防线"中的第一道防线是指_____。

○A. 公司领导

○B. 风险管理及相关职能部门

○C. 审计监察部门

○D. 业务部门

7. 内部控制的目标是合理保证企业经营管理_____。

□A. 合法合规

□B. 资产安全

□C. 财务报告及相关信息的真实完整

□D. 提高经营效率和效果

8. 以下关于内部控制的说法,正确的是_____。

□A. 企业通过自查自纠(自评价)发现的缺陷越少,说明内控效果越好

□B. 企业应对重大、重要缺陷及普遍性强的一般缺陷优先进行整改,但对于个别可以接受的一般缺陷,也能选择接受而不用整改

□C. 原则上,每家企业每年至少要进行一次内控自评价,以发现在业务、管理过程中存在的不足

□D. 企业一旦出现重大缺陷(即使只是1条),也要认定为该企业内控无效

9. 2015 年,集团公司发布经营纪律十则,以下哪些属于十则内容?_____

□A. 严禁擅自从事主营业务或主营产品范围以外的业务事项,严禁开展超权限范围的业务

□B. 严禁开展无商品实物、无货权流转的商品贸易业务

□C. 严禁对外业务不签合同、严禁擅自签订或修改合同

□D. 严禁擅自投资、融资、担保

□E. 严禁擅自超预算使用资金、严禁擅自越权超限使用资金,严禁擅自对外借出资金

□F. 严禁擅自开展信用交易,严禁超额度开展信用交易

□G. 严禁擅自开展金融投资或金融衍生业务

□H. 严禁擅自选择客户或供应商指定或控制的仓库

□I. 严禁应招标不招标

□J. 严禁谎报、瞒报经营信息

10. 集团公司要求对所有需要开展赊销和预付交易的客户和供应商是否必须进行信用评级和授信?

○A. 是　　　○B. 否

11. 集团公司要求经营单位开展金融投资业务(包括股票、基金、债券、信托等)、金融衍生业务(包括商品期货、外汇远期等)的资质需经适当审批,以

下说法正确的是_____。

　　○A. 只需各公司自行审批

　　○B. 只需上级直管单位审批

　　○C. 需集团公司审批

12. 下列表述中，对于市场风险管理理解正确的是_____。

　　□A. 市场风险因受到外部环境、价格等因素影响较大，无法进行有效管理

　　□B. 市场风险融入业务范畴，不能脱离业务存在，因此管理市场风险的主要责任人应是业务人员

　　□C. 市场风险管理就是业务管理

　　□D. 市场风险管理并不意味着能够明确每笔交易什么价格、什么时候该卖或该买，而是建立相应的体系、方法论和制度，成为沟通业务和管理的工具

13. 经营单位在选择仓库时，应搜集和考察仓库的基本情况，避免选择高风险仓库。以下哪些仓库属于高风险仓库？_____

　　□A. 兼营贸易的仓库

　　□B. 从事金融物流的仓库

　　□C. 客户强烈要求指定的民营仓库

　　□D. 客户亲属开办的仓库

　　□E. 位于供应商工厂中的仓库（厂中库）

　　□F. 供应商关联企业开办的仓库

14. 按照集团重大风险应急报送通知要求，以下哪些经营风险发生后应立即向集团公司直接报送？_____

　　□A. 预计损失超过 500 万元以上的风险事项

　　□B. 单个合同、单个客户（供应商）累计涉及违约金额超过 1 亿元且违约期限超过 1 个月

　　□C. 单一商品 10 个交易日价格变化累计超过 10% 且浮动亏损超过 5000 万元

　　□D. 单一金融投资品种浮亏超过 5000 万元

　　□E. 预计损失或涉案金额超过 1 亿元的货物损失

15. 按照集团要求，原则上各经营单位应于每月几日前向集团公司风险管理部报告经营风险事项？_____

　　○A. 10 日

　　○B. 8 日

　　○C. 6 日

　　○D. 3 日

16. 集团公司要求各经营单位向集团公司风险管理部报告经营风险事项的报送路径是_____。

○A. 先向直接上级单位报送，并由上级单位逐级汇总后报集团公司

○B. 直接报送集团公司，同时抄送上级单位

点评：当员工具备扎实的风险管理知识基础和过硬的风险管理技能，为了更好地贯彻公司或组织的风险管理文化，则需要加强对员工正确的企业价值观和良好思维习惯的培养；否则，将给公司或组织带来不良影响和损失，因此态度培训是公司和组织必须坚持的。

培训体系建立完成后不能一成不变，而要随着企业的发展和各项影响因素的变化而不断地发现问题和不足，分析解决办法，提出改进措施，不断改进和优化各项培训环节，形成培训体系的良性循环。

三、风险管理培训的组织与实施

（一）培训部门职责的确定

公司风险管理培训涉及多个相关部门。首先，需要明确一个风险管理培训工作的牵头部门，由这个牵头部门负责制订培训工作的计划。其次，牵头部门再根据其他相关部门各自业务特性和培训重点进行任务分工。

（二）培训方式的选择

风险管理培训的方式有很多种，包括理论讲授、案例分析、情景模拟等。每种培训方式都有优点和缺点，为达到培训目的、提高培训质量，在选择培训方式的时候需要多种培训方法结合起来，灵活使用。下面介绍几种风险管理培训方式。

1. 理论授课

理论授课是传统和普及的培训方式，一般是由一名讲师定点集中授课或网络授课，向一群受训者传递知识和技能。这种培训形式适用于某一个单一培训的主题内容。

理论授课的优点包括简单、快速和经济，可以让众多受训者在短时间内获得培训，有利于发挥集体作用，让受训者互相学习。但是，该方式主要强调信息接收，受训者处于被动位置，不容易调动积极性。此外，该形式对培训讲师的要求较高，要求讲师对所授课内容有比较深刻的认识和独到的见解。

2. 案例分析

案例分析通过集体性讨论来开展培训，主要注重提升受训者的分析判断能

力，构建风险管理的系统性思维。

案例分析比较适用于解决某些具有较高风险管理难度的岗位或风险管理问题，并且需要参与培训人员具有一定的基础风险管理水平。

3. 情景模拟

情景模拟突破传统的培训方式，将知识、理论和方法快速复制，培训讲师将这些方法与自己的实际环境相结合，活学活用。

在案例分析培训过程当中，受训者是培训活动的主体，是主动参与者，他们亲自置身于各种案例中，自己模拟案例中的人员角色，面对案例中提出的问题和挑战，经过自己的分析、决策和行动，找到解决方案，从而提升受训者的思考、分析、判断和解决能力。

（三）内部培训与外部培训的选择

内部培训指由公司内部的人员担任讲师，组织并进行培训。外部培训指通过外聘讲师、委托培训、外国考察等方式进行培训。

普通员工可采用内部讲师培训的方式进行，而对中高层管理者要结合多种培训方式进行，且主要以外部培训为主。比如，可以组织中高层管理者赴国外参加培训和访问，接受国外先进的风险管理理念和方法，再结合公司实际予以实施。此外，也可以与高校合作或专业风险管理培训机构合作，面向中高层提供培训服务。

（四）培训组织与管理

1. 员工的培训组织与管理

在公司制定详细的风险管理培训规划后，针对各个岗位、各层级的员工确定培训要求。例如，针对新入职员工，包括新入职的基层员工或中高层管理者，需要求入职后的两个月内接受风险管理基础培训，否则延后转正甚至取消录用资格。

2. 培训师管理

公司应建立内部培训师管理制度，培训师在培训过程中承担着教学任务，是培训工作的关键，其素质高低、能力强弱直接影响培训效果。培训师应具备以下能力，包括根据培训目标、培训内容、受训者层次和素质，编制教学讲义、教材和测试题，有效组织课堂学习，清晰准确全面地回答受训者的问题，鼓励受训者讨论和分享，最终实现培训目标。

培训师的管理分为外部培训师管理和内部培训师管理。在外部培训管理方面，需公司风险管理培训牵头部门负责选择符合要求的培训机构、培训课程和培训师。但是，外部培训师与企业的实际结合少、培训费用高、培训质量难以控制，因此，企业应尽量培养自己内部的培训师团队。

3. 培训评估及档案管理

在培训课程结束后，培训师需要通过笔试或现场操作等方式对受训效果进行考核，以评价培训效果。培训考核的成绩应通过公司内部办公平台传递给员工个人和员工的直属上级，以此作为员工考核的依据之一。公司风险管理培训负责部门应定期跟踪培训效果，对培训师的培训效果做出评价，并收集员工对培训的意见，以此改进培训管理工作。此外，员工参与培训的具体情况需要通过内部的培训系统进行管理，包括培训时间、培训地点、培训内容、培训师、培训考勤记录、培训考试成绩和培训效果评估等内容。

四、风险管理培训的效果评价

（一）风险管理培训的成功因素分析

1. 风险管理培训评价标准

风险管理培训不能流于形式，成功的风险管理培训具有以下几方面的特点：

（1）实用性

风险管理培训在提升全员风险理论、培养风险理念的同时，还应注重风险管理实践，更多应侧重于实践应用，即实用性。

（2）广泛性

风险管理工作涉及方方面面，风险管理培训的内容也应全面详尽，尽可能囊括日常工作风险事件管理。

（3）可操作性

风险管理具体工作中的实践应用，故培训过程一定要注重提升参训人员的风险管理技能。

2. 风险管理培训成功因素分析

风险管理培训成功的因素包括：①系统、科学的风险管理培训体系；②领导层的高度重视；③企业风险文化；④参训人员的自觉能动性。

（二）风险管理培训的效果评价

1. 层次评估法

（1）柯克帕克里克四级评估模型

该模型于1959年由美国威斯康星大学的柯克帕克里克教授提出，并于1994年重新改进了相关概念。该模型也是当今企业采用最多的模型之一，模型依据评估的深度和难度，对培训效果分为四个层次。

（2）考夫曼五层次评估模型

在柯克帕克里克四级评估模型出来之后，考夫曼对该模型进行了改进，提出在培训前的资源获取是培训能否成功的基本保障，同时培训产生的收益不仅对企业影响巨大，更会影响企业所在的社会环境。该评估模型超越企业自身，在充分考虑企业自身效益的基础上重新考虑对所处社会环境的影响。

（3）层次评估法特点

层次评估法历经数十年的发展，技术方法非常成熟，技术手段最为完善，在国外企业培训效果评估中使用最为广泛。它的出发点是将培训效果进行分层，然后层层递进，依次进行评估。

它的主要特色是：把培训效果分割成几个层面，既将培训效果具体形象，又方便对其进行有效的评价；层层递进，对培训效果的评估循序渐进；将定性方法和定量方法相结合；对培训效果的评估既包括对个人风险管理的评价，又包含对企业整体绩效提升影响的评价。

当然，任何方法都会存在一些缺点和不足之处，层次评估法亦然，例如在整个评估体系中因素考虑尚不够全面，同时带有主观性等。

2. 柯氏改良法

鉴于柯式模型在实际操作中出现的不足之处。相关学者提出了柯式模型的改良模型。

柯式改良法建立在柯克帕克里克四级评估模型的基础上，它的主要特色是把整个培训视作一个结合体，对其进行评价更合理更科学。它的缺点在于在对整体进行评价时，容易造成混乱而导致评价的内容不清晰。

3. 满意效用比—技术匹配模型法

该评估方法首先要组织相关讲师和学员依据 KSAO（分别是知识、技术、能力和特征）进行头脑风暴。

该评估方法可以为后续的培训方案做相应的改进提供数据支持，不过该评估方法中，相关专家的知识架构与专业水平是影响评估结果的关键因素。

4. 成功案例模型法

罗伯特研究认为，上述评估方法都是简单地、孤立地来评估培训效果，而在实际中，培训效果以及企业绩效的改变都是整个企业系统作用的综合结果。特别是业内文化和组织因素，包括相应的工作安排、薪酬激励、惩罚机制等，都会对培训效果造成影响，因此，罗伯特认为，可以采用成功案例模型法对培训效果展开评价。

（三）风险管理培训的考核方式

1. 笔试

笔试是最直接有效的方法。

具体来讲，笔试测试的主要内容包括对授课内容的接受与理解、对风险管理的认知等。

　　笔试主要将结合客观测试题，例如判断题、选择题或者填空题，以及开放式问题等进行综合考核。在具体问题的设计中，重点寻找培训内容中的难点和重点，而不是全面考核。如此才能更真实合理地评估培训效果。

　　就时间而言，笔试既可以选择在培训中进行，又可以在培训完全结束后展开。

　　在培训中进行可以及时反映培训效果，为下一阶段的培训改进提供依据，同时还可以强化培训者的学习效果，当然，这主要适用于知识性培训，并且成本相对较低，而且效果比较明显。

　　在风险管理培训的考核中，笔试将主要针对学习层展开，检验员工对风险管理相关知识概念的掌握。

　　2. 操作测试

　　操作测试是和笔试互补的一种评估方法。操作测试可以实际检验培训者在实践过程中风险管理能力，全方位考察培训者的计划、识别、管理、操作等实践能力。

　　具体来讲，操作测试包括：运用培训中掌握的知识来解决实际中碰到的问题；在实际中处理突发事件的速度；对人员管理的有效性；撰写、审查相关与报告的能力等。

　　在风险管理培训考核中，操作测试与笔试一样，也是针对学习层进行的，主要评估员工经过培训后的预防、管理、应急和决策能力以及排除风险的能力。

　　3. 面试

　　面试同样作为一种评估手段之一，主要通过面对面的交流来取得培训者有关培训效果的信息，是一种交流形式的考核办法。面试通过对话或者讨论等形式，在考核过程中，双方将相互影响，相互作用。

　　通过面试这一考核方式，可以了解培训者对考核中涉及问题的重视程度与理解程度、对于一些重大问题的敏感程度以及对培训作者的接受程度等。

　　面试首先要明确面试目的，即明确通过面试需要得到的信息，再开始准备相关问题。在问题的形式上，既可以是开放式的，也可以是封闭式的。开放式问题可能更容易说明问题，提供相关信息，但封闭式问题将更有利于分析。在面试的模式上，既可以是结构式的，即向所有培训者提出统一的标准问题，也可以是非结构式的，即针对不同的培训者提出不一样的问题。或者将两者相结合，不过一般情况下都会有主次关系。

　　在建筑项目风险管理培训中，面试主要讲针对行为层，考察培训者的态度变化，研究培训对于意识树立、能力掌握的实际效果。

第六节　风险文化思想总结

一、风险文化反映整个组织的风险意识

组织里的每一个雇员，不论其从事什么岗位，都应该树立风险意识，都应该用行动来证明他们能够理解风险带来的正反两方面的结果。

二、高层定调决定风险事项的状态

如果组织高层具有很强的风险意识，重视风险管理工作，肯为风险管理投入时间、努力和资源，这些都是非常值得的投入。那么组织的其他人会坚决地跟着领导走，同样也会对风险管理高度重视和倾情投入，如果组织高层对此毫不关心，就没有人会关心风险管理工作。

三、风险文化是风险管理流程中一个定性指标

这一点是不清楚的，要花费很多年在组织内部反复灌输。这也让适度完成风险文化建设工作充满挑战。

四、风险文化建设永远在路上

风险文化建设工作永远不会停止，如果确实存在一定的效果，就必须坚持不懈地培育。由于一个组织的运营环境和经营不断变化，组织内部的文化也要同时进行变革，这非常重要。

五、建立和强化风险文化势在必行

风险文化创造和建设工作有些是结构化和组织化的，其他则要依赖知识和行为。这两部分都需要适当地嵌入文化中。

六、衡量风险文化的成功是一项棘手的工作

一些必要的工作相对容易衡量，其他一些工作则缺乏明显的衡量指标。作为一个整体概念来衡量风险文化，依赖于评价风险文化中重要因素的业绩表现，也就是追溯在一段时间内组织有关风险事项应对的业绩。

七、在建立和强化风险文化方面，外部利益相关者可以发挥推动作用

我们所能做的还是非常有限的，组织及其高层一定要创造一个适当的风险文化；如果没有热情和奉献，即使再大的外部压力，也不能创造出一个组织多想要的文化。

八、每一个公司都有其独特的文化

文化反映一个组织的历史、国家背景、营销和经营的特殊个性和特质，相应地，我们不能指望存在一个通用的在整个组织衡量风险文化的办法，我们也不能肯定一种方法就是比另一种方法好。如果风险文化的必要因素是现实的、正在发挥作用，那么，就允许每一个组织的方法中有其独特的要素存在。

本章参考文献

[1] 课思课程中心. 培训体系设计与课程开发 [M]. 北京：中国电力出版社，2015.
[2] 周平，范歆蓉. 培训课程开发与设计 [M]. 北京：北京联合出版社，2015.

第九章　风险管理体系的实操

本章将以某大型企业 A 集团的实践为例，选取信用风险管理、市场风险管理和投资风险管理三个专项风险管理，详细介绍风险管理体系的实际操作。

第一节　信用风险管理

一、信用风险管理的概念

（一）信用的内涵

对信用的理解，不同主体从不同角度出发，在不同领域都会有不同的认识。

《辞海》中对信用有三种解释：其一为"诚实，遵守诺言而取得的信任"；其二为"货币借贷和商品买卖中延期付款或交货的总称，以偿还为条件的价值运动的特殊形式，包括银行信用、商业信用、国家信用和消费信用"；其三为"信任重用"。

【小贴士】

社会学意义上的信用概念

我国古人非常重视诚信的品质，被列入儒家"五常"（仁义礼智信），成为我国价值体系中最核心的要素之一。历史上，我国儒家文化有许多对君子的行为规范，如"言必信，行必果""君子一言，驷马难追"等。这些都是从社会伦理的角度对信用的理解，反映了信用的某些社会伦理属性。

"一诺千金"这一成语比喻说话算数、极有信用，出自《史记·季布栾布列传》，秦末汉初楚国人季布在楚汉战争中做过项羽的大将，后来归顺西汉高祖刘邦，担任河东太守，一生特别讲信用，只要答应办的事情就一定办到，从没有失信于人。他以侠义闻名，重守诺言，因此人们常说："得黄金百斤，不如得季布一诺。"

经济学意义上的信用概念

1. 银行信用

银行信用是指以银行为中介，以存款等方式筹集货币资金，以贷款方式对国民经济各部门、各企业提供资金的一种信用形式。

海南发展银行是中国金融历史上第一家由于支付危机而关闭的一家银行。海南发展银行从开业之日起就步履维艰，不良资产比例大，资本金不足，支付困难，信誉差。1997年底，按照省政府意图海南发展银行兼并28家有问题的信用社之后，公众逐渐意识到问题的严重性，开始出现挤兑行为，随后几个月的挤兑行为耗尽海南发展银行的准备金，而其贷款又无法收回，最终倒闭。随后由中国工商银行托管海南发展银行的全部资产负债并开展兑付业务，由于公众对中国工商银行信用的认可，兑付业务开始后并没有造成大量挤兑，大部分储户只是把存款转存工商银行，现金提取量不多，没有造成过大的社会震动。

2. 商业信用

商业信用是指工商企业之间相互提供的、企业与个人之间，与商品交易直接相联系的信用形式，包括企业之间以赊销分期付款等形式提供的信用以及在商品交易的基础上以预付定金等形式提供的信用。

清代广州十三行是中国最早因商业信用而成功的商行。在清代，外商洋行受严格限制，外商与中国官府交涉，必须由十三行作中介，并且因官办的商行，诸多舞弊，而十三行价格统一，货不掺假、不欺诈，有良好的商业信用，外商要中国商人代办手续，多通过十三行。美国商人亨特在《广州番鬼录》中说："由于与被指定同我们做生意的中国人交易的便利，以及他们众所周知的诚实，都使我们形成一种对人身和财产的绝对安全感。"其中所提及的"众所周知的诚实"，即是商业信用最早的定义。

3. 国家信用

国家信用的财务基础是国家将来偿还债务的能力，这种偿债能力源于属于国家（全体人民）的财务资源，它的现金流来源于三个方面，即国家的税收收入、政府有偿转让国有资产（包括土地）获得的收入以及国家发行货币的专享权力。

国债又称国家公债，是国家以其信用为基础，按照债券的一般原则，通过向社会筹集资金所形成的债权债务关系。国债是由国家发行的债券，是中央政府为筹集财政资金而发行的一种政府债券，是中央政府向投资者出具的、承诺在一定时期支付利息和到期偿还本金的债权债务凭证，由于国债的发行主体是国家，所以它具有最高的信用度，被公认为是最安全的投资工具。

4. 消费信用

消费信用是指企业或金融机构对消费者个人提供的信用，一般直接用于生活消费。消费信用有两种类型：一是类似商业信用，由企业以赊销或分期付款的方式将消费品提供给消费者；二是属于银行信用，由银行等金融机构以抵押贷款方式向消费者提供资金。消费信用的作用主要是促进商品流通，引导居民消费。

信用卡是典型的消费信用在生活中的表现形式。信用卡是由银行或信用卡公司依照用户的信用度与财力发给持卡人，持卡人持信用卡消费时无须支付现金，待账单日时再进行还款。

《现代信用学》[①] 中认为，信用是资本：广义的信用是指获得信任的资本，包括诚信度资本、合规度资本、践约度资本；狭义的信用是获得交易对手信任的经济资本，主要是指在金融借贷、有价证券交易、商业贸易往来等交易活动中信用主体所表现出来的成交能力与履约能力，人们常说的信用风险管理、国际上流行的信用风险管理模型与流程、银行信用风险管理、企业信用风险管理等，都属于这个范畴。本书主要探讨狭义的信用范畴。

【小贴士】

诚信度资本

获得一般信任的基础资本表现为信用主体的基本诚信素质，涉及信用主体的道德文化理念、精神素养、行为准则等内容，体现的是信用主体的信用价值取向，是一个意识形态层面的概念。

合规度资本

获得管理者信任的社会资本，表现为信用主体在社会活动中遵守社会行政管理规定、行业规则、民间惯例的水平与能力，涉及信用主体的一般社会活动，体现为信用主体在社会活动中的信用价值取向与信用责任。

---

① 吴晶妹. 现代信用学［M］. 中国人民大学出版社，2009.

践约度资本

获得交易对手信用的经济资本，表现为信用主体在信用交易活动中遵守交易规则的能力，主要是个人成交能力与履约能力，涉及信用主体的经济活动，体现的是信用主体在经济活动中的信用价值取向与信用责任。

（二）信用风险的内涵

1. 信用风险的定义

在经济活动中，信用风险是指信用交易的一方不能正常履约或不能全部履约而给另一方带来的风险。信用风险在本质上是一种因违约而造成损失的可能性，可能是受信方未能如期偿还其债务造成合同违约，给授信方带来的风险；也可能是受信方违约拒绝提供所承诺的服务或货物，给授信方带来的风险。常见的企业信用风险包括客户拒绝付款、拖欠货款、无力还款、不能足额偿付货款，供应商不能按时保质交货、拒绝提供服务等情况。

【小贴士】

信用交易的产生与发展

私有制出现以后，社会分工不断发展，大量剩余产品不断出现。私有制和社会分工使劳动者各自占有不同劳动产品，剩余产品的出现则使交换行为成为可能。随着商品生产和交换的发展，商品流通出现矛盾——"一手交钱、一手交货"的方式由于受客观条件的限制经常发生矛盾。例如，一些商品生产者出售商品时，购买者却可能因自己的商品尚未卖出而无钱购买。于是，赊销即延期支付的方式应运而生。赊销意味着卖方对买方未来付款承诺的信任，意味着商品的让渡和价值实现发生时间上的分离。这样，买卖双方除了商品交换关系之外，又形成一种债权债务关系，即信用关系。

当赊销到期、支付货款时，货币不再发挥其流通手段的职能而只充当支付手段。这种支付是价值的单方面转移。正是由于货币作为支付手段的职能，使商品能够在早已让渡之后独立地完成价值的实现，从而确保信用的兑现。整个过程实质上就是一种区别于实物交易和现金交易的交易形式，即信用交易。

后来，信用交易超出商品买卖的范围。作为支付手段的货币本身也加入交易过程，出现借贷活动。从此，货币的运动和信用关系联结在一起，并由此形成新的范畴——金融。现代金融业正是信用关系发展的产物。在市场经济发展初期，市场行为的主体大多以延期付款的形式相互提供信用，即商业信用；在市场经济较发达时期，随着现代银行的出现和发展，银行信用逐步取代商业信用，成为现代经济活动中最重要的信用形式。

总之，信用交易和信用制度是随着商品货币经济的不断发展而建立起来的；进而，信用交易的产生和信用制度的建立促进商品交换和金融工具的发展；最终，现代市场经济发展成为建立在错综复杂信用关系之上的信用经济。

【小贴士】

授信和受信

授信即贷方（卖方）向借方（买方）授予信用。授信方成为债权人，接受授信的一方，即受信方成为债务人。银行贷款给企业或者个人，就是向企业和个人授信；企业赊销商品给客户，就是向客户授信。授信是信用活动的一个重要方面，形成授信方的资产。

【案例】

出口贸易中信用交易风险案例

国内某出口 A 公司在一次产品展会上初识匈牙利 B 公司，双方随即开始商谈合作事宜，几个月后敲定合同，由 A 公司向 B 公司出口彩色电视机，合同总值 200 余万美元，赊销方式交易，放账期 90 天。货款到期后，虽经 A 公司多次催讨，B 公司也出具了还款安排，但 B 公司始终未履行付款承诺。A 公司随即委托中国信保进行海外追讨。中国信保接受委托后，立即选派专案人员赴匈牙利进行实地勘查，进一步获取了大量的案件信息：经查，B 公司法定代表人及其近亲属已于 2006 年 1 月另行注册一家房地产公司，并将 B 公司资产全部转移至该房地产公司名下。根据法院注册信息，B 公司虽然尚未破产或停业，但已更名、迁址，更名后的公司名下无任何资产，亦无人员办公。中国信保调查期间，B 公司曾提出未支付货款的原因在于 A 公司存在迟出运、短装及质量瑕疵等一系列问题，但始终未提供相关证据。此后，中国香港某网站揭露了 B 公司骗取远东多家出口商巨额货款的情况（后经查证，B 公司的确拖欠中国香港、土耳其等地供应商货款共逾 1000 万美元）。至此，该买家信用问题逐渐展露，种种迹象表明，本案系一起有预谋的商业欺诈案。

2. 信用风险的特点

除了具备风险的一般特点之外，信用风险还具有综合性、双向性、传递性和扩散性、隐蔽性和突发性的特点。

（1）综合性

政治风险、市场风险、自然灾害风险等各种类型的风险，最终通常都会以信用风险的形式体现出来，具体表现为信用交易中的违约行为，所以信用风险具有综合性。

（2）双向性

信用风险是一种双向性的风险，会同时影响授信方和受信方，最终给信用交易双方都带来损失。

（3）传递性和扩散性

在经济活动中，交易一方的信用风险可能导致另一方的信用风险；而另一方的信用风险又可能导致第三方的信用风险，最终形成一个"信用风险链"。

（4）隐蔽性和突发性

信用风险可以通过安排新的负债得到缓解，如借新债还旧债、新业务滚旧业务等，使信用关系暂时得到维系，信用风险被隐蔽起来。但是，当信用风险积累到一定程度，又会突发性地显现出来，此时往往很难控制。

【小贴士】

信用风险链之三角债

三角债就是典型的信用风险链，是人们对企业之间超过托收承付期或约定付款期应付而未付的拖欠货款的俗称，是企业之间拖欠货款形成的连锁债务关系。通常由甲企业欠乙企业的债，乙企业欠丙企业的债，丙企业又欠甲企业的债以及与此类似的债务关系构成，是一种无秩序的开放的债务链。

20世纪90年代初，三角债曾是我国国民经济发展中的一大障碍，当时的三角债主要以国有大企业之间的政策性拖欠为主，而当前我国的三角债则以经营性拖欠为主，各种类型的企业均有涉及，且中小企业和民营企业受三角债影响更为严重。目前，钢铁、机械、煤炭、电力等行业由于受行业产能过剩、价格下跌、投资亏损等因素的影响，生产经营风险不断增加，容易产生经营性的三角债。

例如，钢铁等主要通过企业联保的形式进行融资的行业，一旦联保中的一家企业出现破产或还款困难,就会牵连到其他联保企业承担债务责任,从而形成行业内三角债的横向蔓延。从美国近 30 年的违约情况来看,钢铁、机械、煤炭、电力等行业受经济周期影响较大,在经济下行期违约率相对较高。

3. 信用风险的产生原因

从授信方的角度来讲,信用风险产生的原因主要有三方面:

(1)受信方的问题

①履约能力问题:通俗地讲,就是指受信方有履约的主观意愿,但没有履约的客观能力,从而导致信用违约。比如一些客户,原本很注重自身信誉,但因为经营困难,出现资金链断裂,甚至面临破产,实在没有能力偿还欠款,最终只能违约。

②履约意愿问题:主要是指受信方有一定的履约能力,但是主观上还款意愿有缺损,甚至根本没有还款意愿。例如,客户故意占压供应商资金,通过延期付款,达到低息融资的目的;另有一部分信用恶劣的客户从一开始就抱着蓄意欺诈的目的来诱使供应商向其赊销,并通过各种手段,提出各种理由来长期拖欠货款或者完全不偿还货款。

授信方可以通过管理和技术手段,识别和评估受信方的问题,并在一定程度上对该问题进行管控。

(2)外部经济环境的问题

①国别风险。国别风险源于大量或主要受信方位于同一国家或同类型国家,由于其经济、政治、文化、社会、外交、突发事件甚至自然环境等多种原因,该国的受信人不能正常履行还款义务。

②行业风险。行业风险源于大量或主要受信方属于同一行业或同类行业,由于某个行业处于低迷或衰退而使行业内大量企业面临破产,企业出现坏账增加、延迟付款行为增多等信用风险。其中,处于下滑周期或者属于夕阳产业的行业风险相对更大。

③制度环境不健全。目前,我国的信用风险相关法律法规尚不完善,社会信用体制存在一定缺陷,没有建立比较健全的惩罚机制和制约机制,失信的成本远远低于守信的成本,也是一些受信方得以长期、大额欠款或者不履约的原因之一。

对于授信方而言,外部经济环境问题是其无法管控的,但可以通过各种手段对此类风险进行识别、转移或者规避。

(3)授信方自身信用风险管理能力问题

授信方自身的信用风险管理能力不足,信用风险管理体系存在严重缺陷,是信用风险产生的重要原因，这是授信方自己可以识别并有效管控的问题。

（三）信用风险管理的内涵

1. 信用风险管理的定义

信用风险管理是指通过科学地运用各种信用风险管理工具和方法，识别衡量和控制自身面临的信用风险，并对信用风险进行事前防范、事中监控、事后处理的系统化管理。

2. 信用风险管理的意义

信用风险管理的目的不是完全杜绝信用风险，而是在收益与风险相平衡的风险管理原则下，通过对信用风险科学、规范的管理，促进组织的利益最大化。

对于企业而言，信用风险管理的目的在于力求企业实现营业收入、利润总额等经营目标的同时，将信用风险降至最低，使企业的效益和价值得到最大程度的提高。

（1）信用风险管理是开展信用交易的必要管理手段[①]

企业开展信用交易的目标是争取客户或货源，扩大销售规模和市场份额，从而增强企业的市场竞争力。企业将信用交易作为增加盈利的手段，就必须关注由此产生的信用风险。

假设客户违约的可能性是 R，信用规模是 S，企业利用信用交易的政策增加了交易量 Q，单位产品在不考虑信用风险时的盈利为 P，则信用交易对于企业的利润贡献为 $M = PQ - RS$。

由此可见，信用交易对企业盈利的贡献不仅取决于它对交易量增加的贡献，同时也取决于信用风险的大小。信用风险越小，信用交易给企业带来的盈利贡献就越大。因此，企业必须加强自身的信用风险管理，来减少信用风险所带来的损失。

（2）加强信用风险管理，有助于企业提升核心竞争力

信用经济时代，企业之间竞争的不只是产品质量和服务，信用交易手段和信用风险管理技术也是企业加强综合竞争力的法宝之一。加强信用风险管理，最直接的贡献就是通过减少应收款和预付款来改善企业的现金流状况；现金流改善、资金周转速度加快，企业的运营利润就能得到提升；同时，信用风险管理是一个涉及多部门、多环节的全流程管理，通过提升信用风险管理的水平，能带动企业整体管理能力的提升；企业的整体管理能力提升，就能更好地促进企业的业务发展，并为企业创造更好的融资条件，从而使企业发展进入良性循环。

---

① 关伟. 企业信用管理［M］. 北京：中国人民大学出版社，2009.

【案例】

四川长虹公司风险事件对信用风险管理的启示

四川长虹电子集团始建于 1958 年，长虹牌彩电也曾一度是中国彩电第一品牌。1994 年 3 月，四川长虹在上海证券交易所上市。1994～1997 年，四川长虹的品牌市场占有率连续数年排名全国第一。然而就是这样一个多年排名第一的企业，由于在 2002 年走国际化道路时选择分销商不慎，没有对 APEX 公司进行充分的信用调查，导致出口产品得不到回款，同时也没有跟进相应的应收账款管理，最终于 2004 年底报出 46750 万美元进行坏账计提。

长虹 APEX 事件是一个典型的信用风险管理的问题，长虹在整个事件中事前没有对客户的信用进行充分的调查，事中没有对客户对本企业的信用情况进行充分的分析，事后的应收账款没有止损，终于导致巨额亏损。

（四）信用风险管理的常见指标

1. 信用风险敞口和期限

风险敞口的英文为 Risk Exposure，又译为风险暴露，指未加保护的风险。

信用风险敞口是指由于信用交易而产生的暴露在风险之下的金额，通俗来讲，就是信用交易对手实实在在欠的金额。对于同时存在预付账款和应收账款的企业而言，信用风险敞口包含供应商敞口及客户敞口两部分，其中，供应商敞口是指向供应商预付货款、保证金或其他款项后，而未收到供应商的货物或服务所暴露在风险之下的金额；客户敞口是指向客户赊销货物或提供服务后，而未收到客户的货款或服务款项等所暴露在风险之下的金额。

【案例】

A 公司只生产一种产品，主要采用信用方式对外销售，即先发货后收款的形式。当 A 公司生产的货物移交给客户 B 公司的时候，货值为 1000 万元，那么无论 A 公司财务有没有开出发票，有没有形成应收款，此时 A 公司与 B 公司实际已形成债务关系，此时 A 公司对 B 公司的信用风险敞口应为 1000 万元；如果双方在签订合同时约定，收货之前 B 公司需向 A 公司预付 200 万元作为保证金，则双方货权转移之时，A 公司对 B 公司的信用风险敞口应为 800 万元。

信用风险敞口期限即信用风险敞口存在的时间。

【案例】

A 公司与 B 公司签署合同约定，A 公司向 B 公司交货后 30 日内，B 公司需要向 A 公司支付货款 1000 万元。那么当货权发生转移之日起算 30 日内，直到 B 公司向 A 公司支付货款 1000 万元的这段时间，就是 A 公司的信用风险敞口期限。

2. 逾期账款和账龄

逾期即超过约定的时间。

逾期账款是指在信用交易过程中，交易对手没有按照合同中约定的时间偿还的账款金额。

账龄即公司尚未收回的应收账款的时间长度。

逾期账龄指以合同约定的时间为基准日，应收账款超过该基准日的时间长度。

【案例】

A 公司与 B 公司签署合同约定，A 公司向 B 公司交货后 30 日内，B 公司需要向 A 公司支付货款 1000 万元，当货权发生转移之日起 30 日后，B 公司没有向 A 公司支付货款，则 A 公司产生逾期账款 1000 万元。10 日以后，B 公司向 A 公司支付了 200 万元货款，则 A 公司逾期账款为 800 万元，逾期账龄为 10 天。

（五）授信额度和期限

授信额度又称信用额度，指信用交易中，授信方同意赊销或预付给受信方最高的账款金额。

授信期限指信用交易中，授信方允许受信方使用授信额度的时间长度。

【案例】

A 公司为了防范风险，在与 B 公司交易之前，对 B 公司进行了信用评估，根据评估结果，A 公司决定对 B 公司的授信额度定为 1000 万元，授信期限时间为 1 年，则 A 公司业务部门与 B 公司在 1 年内开展的业务规模最多为 1000 万元。1 年后，A 公司重新对 B 公司进行信用评估，再决定授信额度和授信期限。

（六）信用等级

信用等级是用既定的符号来反映评估对象的信用风险情况的级别结果。目前，常见的信用等级有标准普尔、穆迪等信用评级机构发布的评级指标。虽然这些评级机构给出的信用等级不是一种精度非常高的量化评分，不能与用货币单位度量的授信额度直接挂钩，但是大多数企业在建立自己的信用等级体系时，会借鉴这些评级机构的符号系统。

【小贴士】

标准普尔、穆迪评级方法

标普的长期评级分为投资级和投机级两大类，投资级的评级具有信誉高和投资价值高的特点，投机级的评级则信用程度较低。投资级包括 AAA、AA、A 和 BBB，投机级则分为 BB、B、CCC、CC、C 和 D。AAA 级为最高信用等级；D 级最低，视为对条款的违约。

从 AA 级至 CCC 级，每个级别都可通过添加"＋"或"－"来显示信用高低程度。例如，在 AA 序列中，信用级别由高到低依次为 AA ＋、AA、AA －。标普的短期评级共设 6 个级别，依次为 A－1、A－2、A－3、B、C 和 D。其中，A－1 表示发债方偿债能力较强，此评级可另加"＋"号表示偿债能力极强。

标普目前对 126 个国家和地区进行主权信用评级。美国失去 AAA 评级后，目前拥有 AAA 评级的国家和地区还有澳大利亚、奥地利、加拿大、丹麦、芬兰、法国、德国、中国香港、马恩岛、列支敦士登、荷兰、新西兰、挪威、新加坡、瑞典、瑞士和英国。

穆迪的长期评级（1 年期以上债务）共分 9 个级别：Aaa、Aa、A、Baa、Ba、B、Caa、Ca 和 C。其中 Aaa 级债务的信用质量最高；C 级债务为最低等级，收回本金及利息的机会微乎其微。

在 Aa 到 Caa 的 7 个级别中，还可以添加数字 1、2 或 3 进一步显示各类债务在同类评级中的排位，1 为最高，3 为最低。通常认为，从 Aaa 级到 BaA3 级属于投资级，从 BA1 级以下则为投机级。

穆迪的短期评级（1 年期以下债务）依据发债方的短期债务偿付能力从高到低分为 P－1、P－2、P－3 和 NP 4 个等级。

目前，穆迪的业务范围主要涉及国家主权信用、美国公共金融信用、银行业信用、公司金融信用、保险业信用、基金以及结构性金融工具信用评级等几方面。穆迪在全球 26 个国家和地区设有分支机构。

评级符号代表的风险程度以标准普尔和穆迪长期债为例，如表 9－1 所示。

表 9 - 1 标准普尔、穆迪的信用等级符号

风险程度	标准普尔	穆迪
还本付息能力极强，有可靠保证，承担风险最小	AAA	Aaa
还本付息能力很强，但风险性比前者略高	AA +、AA、AA -	Aa1、Aa2、Aa3
安全性良好，还本付息能力一般，有潜在的导致风险恶化的可能性	A +、A、A -	A1、A2、A3
安全性中等，短期内还本付息无问题，但在经济不景气时风险增大	BBB +、BBB、BBB -	Baa1、Baa2、Baa3
有投机因素，不能确保投资安全，情况变化时还本付息能力波动大，不可靠	BB +、BB、BB -	Ba1、Ba2、Ba3
不适合作为投资对象，在还本付息及遵守契约条件方面都不可靠	B +、B、B -	B1、B2、B3
安全性极低，随时有无法还本付息的危险	CCC	Caa
极具投机性，目前正处于违约状态中，或有严重缺陷	CC	Ca
最低等级，完全投机性	C	C
债务违约	D	D

（七）违约概率、违约损失率和预期损失率

违约概率 PD（Probability of Default）即交易对手违约的可能性。

违约损失率 LGD（Loss Given Default）即交易对手一旦违约可能造成的损失程度。

违约概率和违约损失率结合在一起，才能比较全面地反映信用风险水平，它们两者的乘积即为预期损失率 EL（Expected Loss）：

$$EL = PD \times LGD$$

由上述公式可知，在 PD 一定的情况下，LGD 越高，信用风险就越大；反之亦然。

若已知违约发生时债权人对于违约债务的信用风险敞口 EAD（Exposure at Default），预期损失还可以用绝对数的形式表示为：

$$EL = PD \times LGD \times EAD$$

二、信用风险管理策略

（一）信用风险管理策略的概念

信用风险管理策略指对信用交易进行规划与控制的基本原则、标准及风险控制方法。一般而言，信用风险管理策略的基本类型包括紧缩型、宽松型及平衡型三种。

信用风险管理是一个长期、持续的过程，企业应定期根据国际、国内经济景气情况、行业发展状况、企业经营策略等实际情况，回顾、分析和调整当年的信用风险管理策略。

（二）信用风险管理策略的应用

信用风险管理策略最直接的应用方式之一就是信用风险预算管理。信用风险预算管理即信用风险总量管理，对于同时开展赊销和预付交易的企业而言，包括赊销额度和预付额度的总和。企业在信用风险管理策略的指导下，开展信用风险预算管理：紧缩型的策略下，实施相对偏紧的信用风险预算；宽松型策略下，实施相对偏松的信用风险预算；平衡型策略下，实施相对适中的信用风险预算。

1. 信用风险预算管理

A 集团风险管理部对各经营单位的信用风险预算进行总量管理，通过整体管控信用额度，将信用风险总量控制在集团公司可承受的范围内。

在每年开展公司全面预算管理工作时，A 集团会同时启动信用风险预算工作，确定和分配各经营单位的信用额度总额以及其在不同信用等级的客户或供应商之间的分配比例。各经营单位在集团公司的信用额度总量预算范围内，根据本单位的业务实际将信用额度总额进行内部分解，并在全年的业务开展过程中严格执行信用敞口总额不得超过本单位信用风险预算的管理要求（见表9-2）。

表9-2　年度信用风险预算表

年度信用风险预算表

填报单位：　　　　　　　　　　　　　　　　　填报时间：

填报人：

单位：万元

指标	上一年度月末峰值	上一年度月末均值	新一年度预算值（峰值）
一、信用敞口			
1. 供应商敞口			
2. 客户敞口			
二、逾期款占利润的比率			
1. 逾期款总额			
其中：逾期预付款金额			
逾期应收款金额			
2. 利润总额			
3. 逾期款占利润总额的比率（%）			

2. 信用敞口交易模型

A 集团设计了信用敞口交易模型，指导各经营单位编制本单位的信用风险预算。信用敞口交易模型采用历史经验法，结合本年度营业收入、营业成本等因素，对下一年度信用敞口进行测算。信用敞口交易模型的计算公式如下。

（1）明年信用敞口均值

明年供应商敞口均值＝明年营业成本预算×（本年供应商敞口均值/本年营业成本预计）

明年客户敞口均值＝明年营业收入预算×（本年客户敞口均值/本年营业收入预计）

其中，均值是指全年的平均值。

（2）明年敞口峰值

依据近一年敞口的波动情况，在明年敞口均值的基础上计算出明年敞口的峰值。

明年供应商敞口峰值＝（明年供应商敞口均值＋标准差系数×本年供应商敞口标准差）×供应商敞口调整系数

明年客户敞口峰值＝（明年客户敞口均值＋标准差系数×本年客户敞口标准差）×客户敞口调整系数

公式中标准差系数取 1.64，统计上可使敞口峰值覆盖率达到 95% 以上。供应商调整系数及客户调整系数可以参考内外部环境对明年经营的影响进行确定。

各经营单位根据测算的年度信用敞口均值和峰值来确定信用额度总量，所有经营单位的信用额度合计均不能超过 A 集团的信用总量。原则上信用额度总量每年调整一次，但在经营环境产生巨大变化时，A 集团也会视情况对其进行临时调整。

三、信用风险管理组织

（一）信用风险管理岗位的独立性

要开展一项工作，首先就要有人，只有建立相应的组织，才能有人去干这件事情。因此，管理信用风险的第一步就是开展组织建设，设置信用风险管理的岗位职能。

1. 信用风险管理岗位需要保持独立性

信用风险管理岗位需要独立于业务部门，因为业务部门是企业中偏于激进的部门，其销售愿望远远大于控制风险的愿望，在业绩压力面前，更容易放松信用政策，由业务部门负责信用风险管理，相当于让业务部门又当裁判又当运动员。

所以，为了促进业务稳健发展，需要设立独立、客观专门部门或岗位来管理信用风险。A 集团就在总部层面设立了专职的信用风险管理部门，负责推动全集团的信用风险管理工作。

2. 信用风险管理岗位可以兼职

信用风险管理岗位需要保持独立性，但这并不意味着每个企业都需要设立专职的信用风险管理岗位。企业可以根据自身的规模大小和实际情况，按照"不相容岗位分离"的原则，在财务部、审计部、法律部等非业务的管理部门设置信用风险管理兼职岗位。

3. 信用风险管理需要多部门协同

信用风险管理岗位虽然是独立的，但其行动并不是单枪匹马的，而是需要跟业务、财务、法律等各相关部门密切协同。例如，在信用信息搜集的过程中，需要业务部门大力支持，提供丰富的客户或供应商信息；在应收账款管理中，需要财务部密切配合，对应收账款进行监控；如果出现逾期账款，信用风险管理岗位需要提示业务部门积极催收，并且配合催收的相关工作；如果需要走法律程序，就需要请法律部门协助开展诉讼；如果最后催收不成功，需要由财务部按照相关规定计提或核销坏账。

（二）分层、分类、集中的组织

A 集团遵循分层、分类、集中的管控模式，建立起从集团到各级经营单位的多层级、多职能部门协同共管的信用风险管理组织体系。

在分层管理方面，A 集团风险管理委员会，作为集团层面信用风险管理的议事和决策机构，负责整体把握集团公司的信用风险管理策略，确定信用风险资产分配、组合的原则，并审议各项信用风险管理制度、信用评估模型、评级标准等重大事项。A 集团风险管理部作为信用风险管理的专职机构，角色定位为"引领者和监督者"，负责对 A 集团整体的信用风险管理工作进行组织协调和集中管理，为相关职能部门和各经营单位提供信用风险管理方面的指导、协调、支持和服务，主要包括研究和制定信用风险管理的策略和制度，推动并监督各经营单位落实信用风险管理工作，并定期向风险管理委员会汇报信用风险管理工作情况，提出工作改进建议。各级经营单位也相应设立了本单位的风险管理委员会，或由总经理办公会代行风险管理委员会的职责，负责本单位信用风险管理工作的议事和决策。各级经营单位的风险管理部门作为各自信用风险管理的责任主体，主要负责在集团公司信用风险管理相关制度的指导下，结合自身业务的特点，制定和设立适合本单位发展需求的信用风险管理制度、管理部门或管理岗位，实现并完善"事前防范、事中监控、事后处理"全流程的信用风险管理职能。

在分类管理方面，A 集团各职能部门负责各自管理职责和流程中涉及信用风险部分的管理工作。比如，财务部负责对信用交易的资金进行管理，法律部负责对账款催收中运用的法律手段进行管理等。

在集中管理方面，A 集团为了统一信用风险管理的标准，提高运作效率，对信用风险中的部分内容进行集中管理，主要包括 A 集团的总体信用资产、整体信用风险管理策略和预警监控。此外，A 集团还对客户或供应商的信用评估模型框架、信用等级划分标准进行规范，为经营单位开展信用风险管理工作提供统一的工具和方法。

四、信用风险管理制度

健全的制度体系是信用风险管理有效开展的前提和基础。A 集团通过深入学习 ISO31000 标准和国资委《中央企业全面风险管理指引》等相关内容，确定了从业务流程入手、建立信用风险管理框架、将信用风险管理嵌入到业务经营管理流程当中的管理思路。

A 集团颁布实施了《信用风险管理办法》和《信用风险管理指引》，从组织、方法、流程等方面全面、科学、系统地对 A 集团客户和供应商信用风险的管理工作进行统一规范。其中，《信用风险管理办法》是 A 集团信用风险管理的总纲，确定了"遵循收益与风险相平衡"的管理原则和实施分层、分类、集中的管理模式；制定了紧缩型、宽松型、平衡型三种信用风险管理基本策略；明确了集团公司各职能部门以及经营单位相关管理部门的职责分工，科学地运用各种信用风险管理工具和方法，识别、衡量和控制公司面临的信用风险，对信用风险实施全流程系统化管理；建立了 A 集团信用风险管理的整体框架。《信用风险管理指引》是指导经营单位具体开展信用风险管理工作的操作手册，通过将信用风险管理流程嵌入到日常业务流程中，对信用风险事前防范、事中监控和事后处理的每一个管理环节都进行了明确的规范，对每个具体岗位涉及的操作内容都做了详细的说明。两个不同层次的文件，将信用风险管理从比较抽象的原则规定落实到具体的管理流程和操作步骤中，在集团层面构成了比较完善的信用风险管理制度体系。

随后，按照《信用风险管理办法》和相关指引的要求，A 集团指导各级经营单位对信用风险管理现有制度进行了全面梳理和更新。由于各经营单位的业务模式不同，其面临的信用风险环境差别较大，对信用风险管理能力的要求也不尽相同。比如，有些经营单位从事的信用交易很少，客户和供应商的质量较好，只需要做好信用风险管理基础工作就能有效地控制信用风险，而有些以贸易为主的经营单位，从事的信用交易较多，客户和供应商质量参差不齐，就需要通过不断地提升信用风险管理水平来避免出现较大的信用风险事件。因此，信用风险管理制度需要因地制宜，与经营单位面临的信用风险环境相匹配。依据集团公司信用风险管理相关制度的管理原则、方法和要求，A 集团指导各级经营单位结合自身的管理实际，制定了符合本单位业务实际的信用风险管理相关制度，逐步形成了从集团总部到各级经营单位全面、系统的信用风险管理制度体系。

五、信用风险管理流程

按照事前防范，事中监控，事后处理的信用风险管理原则，A 集团提出并建立了一套涉及授信评级、预警管理、灰名单管理、报告管理等管理内容的信用风险全流程管理机制，并结合信息系统和全面预算管理，将信用风险管理嵌入到日常工作流程中。A 集团信用风险管理流程如图 9 - 1 所示。

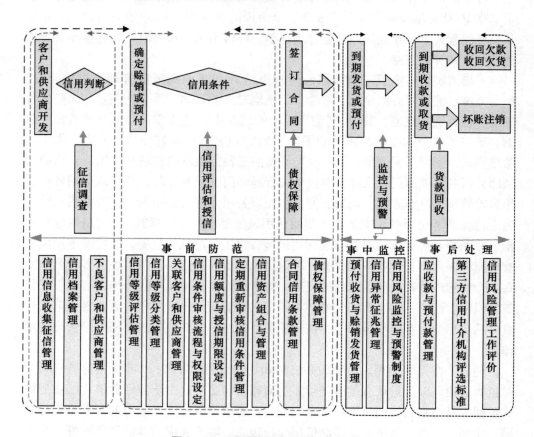

图 9 - 1   A 集团信用风险管理流程图

（一）信用风险管理事前防范

风险管理重在事前防范。A 集团根据自身信用风险管理的特点，建立了包括信息搜集与管理、信用评级与授信、债权保障措施等在内的事前防范管理流程。

1. 信用信息收集与管理

不是所有的信息都能称为信用信息。信用信息是特指能够反映交易对手的信用状况、对信用评价产生影响的信息。收集和管理信用信息是开展授信评级工作的第一步。

（1）信用信息收集

A 集团的客户和供应商信用信息来源主要有内部和外部两条途径。内部信用信息主要依靠各经营单位销售、采购、财务、风险管理等相关岗位的人员按规定进行搜集、录入、更新和动态管理。外部信用信息主要由第三方信用中介机构以征信报告的形式提供或者通过公开网站进行查询。

按照信用信息的性质，A 集团把信用信息分为定性信息、定量信息和交易信息三大类。定性信息主要包括客户和供应商基本信息、组织背景与管理者信息、经营状况信息等；定量信息主要指客户和供应商的财务信息，一般包括近两年的资产负债表、利润表的主要数据；交易信息主要指客户和供应商与 A 集团所有下属企业的交易往来情况。

【小贴士】

信用信息收集的常见网站

国家企业信用信息公示系统于 2014 年 2 月上线运行。公示的主要内容包括市场主体的注册登记、许可审批、年度报告、行政处罚、抽查结果、经营异常状态等信息。网址，http：//www. gsxt. gov. cn/index. html。

企查查：通过企查查，用户能够实时查询企业相关的工商登记信息，包括年报、股东信息、投资人信息、涉诉、失信、拥有商标、知识产权、企业证书、主要人员信息、变更记录等信息。网址，https：//www. qichacha. com/。

天眼查：主要提供专业的企业信息查询、企业关系挖掘服务。天眼查为用户提供搜索查询功能，主要信息包括工商信息、涉诉信息、商标专利、失信信息、企业变更与企业年报以及企业关联关系查询等。网址，http：//www. tianyancha. com/。

（2）灰名单管理

各经营单位按照相关规定对客户和供应商的信用信息进行规范管理，并把相关档案资料在风险管理部门备案存档。因为曾经的惨痛教训，A 集团特别注重对交易信息的管理，建立了灰名单，将违约比较严重并对 A 集团造成较大损失的不良客户列入灰名单，明确对此类客户和供应商不得进行信用交易。灰名单的发布和强制执行，一方面使各经营主体共享了集团层面的信用风险信息，为提前共同防范风险奠定了基础；另一方面扭转了过去同一客户可供应商连续恶意违约，而部分业务岗位有章不行、心存侥幸，以致风险越聚越多，损失越来越大的被动局面。

2. 信用评级

如果说从各种渠道收集而来的信用信息是零散的原材料，信用评级就是对原材料进行整合、分析、深加工，最后制成可以直接使用的产成品的过程。A 集团借鉴国内外的信用评级经验，结合自身业务情况，建立了自己的信用评级模型。开展信用交易前，各经营单位按照相关要求，广泛收集信息，综合分析内外部信用环境，结合经营目标及战略发展的要求，全面梳理客户和供应商的情况，并利用信用评级模型科学地开展客户和供应商信用评级工作。

A 集团的信用评级模型有总评估模型、能力评估模型和交易评估模型三种。总评估模型主要使用客户和供应商的定性信息、定量信息、交易信息等资料，对其进行全面完整的评估。能力评估模型和交易评估模型是总评估模型的子模型，分别侧重于不同的评估重点：能力评估模型主要对客户和供应商的履约能力进行评估，主要使用定性信息和定量信息；交易等级评估模型主要对客户和供应商的交易价值和交易风险进行评估，主要使用各经营单位与客户和供应商的历史交易信息。三个模型分别应用于不同类型的客户和供应商信用评级。其中，总评估模型主要应用于老客户和供应商的评级；能力评估模型主要应用于新客户和供应商的评级；交易评估模型主要应用于财务数据不易获得的老客户和供应商评级，对于部分可循环信用额度的客户和供应商，各经营单位也可以参考该客户或供应商与本单位的历史交易情况、赊销价值和赊销风险因素等信息，使用交易评估模型对其进行年度定期评估。

【案例】

列举 A 集团的评估模型

根据信用评级结果，A 集团将客户和供应商划分为 A、B、C、D 4 个等级，对不同信用等级的客户和供应商授予不同的信用额度，实施不同的管理措施。其中，A 级客户和供应商交易风险小，吸引力大，具有良好的长期交易前景，可以与其进行信用交易并给予宽松的授信政策；B 级客户和供应商交易风险一般，具有较好的长期交易前景，可以与其进行信用交易和正常授信；C 级客户和供应商交易风险较高，吸引力低，应适当或尽量不与其进行信用交易，须严格审核和控制其信用额度，并进行密切监控；D 级客户和供应商的信用特征不完全，信用风险不明朗，或存在严重风险，不能与其进行信用交易。通过对客户和供应商进行分等级管理，A 集团将信用政策细化落实到了每个客户和供应商，实现了对客户和供应商的差异化、精细化管理。

3. 授信管理

授信管理包括信用额度管理和信用期限管理。A 集团风险管理部在对信用额度进行总量管理的基础上，指导各经营单位根据信用评级的结果，结合本单位的业务实际，运用相关评估模型，定期对单个客户或供应商的信用额度和信用期限进行评定，并建立和完善了一年一定、半年检讨、季度回顾、临时调整的定期重新审核授信管理机制，实现了对客户和供应商授信的动态管理。

（1）单个客户和供应商授信额度

在业务实际操作中，各经营单位需要结合本单位的信用政策以及单个客户或供应商的具体情况，利用信用额度评估模型，对单个客户或供应商的授信额度和期限进行确定。A 集团常用的信用额度评估模型有交易型和营运资产型两种。

①交易型信用额度评估模型主要依据客户或供应商上年度与各经营单位交易额、回款额或回货额，以及预计客户或供应商本年度与各经营单位的交易额，取其平均数得出交易型信用额度基础数据，再依据确定的信用期限以及各客户和供应商的信用等级做修订。具体计算公式如下：

交易型信用额度基础数据 =（客户或供应商上年度与各经营单位交易额 + 客户或供应商上年度与各经营单位的回款额或回货额 + 预计客户或供应商本年度与各经营单位的交易额）/3

单个客户和供应商的信用额度 =（交易型信用额度基础数据 × 拟确定信用期限/360）× 信用等级系数

其中，信用等级系数建议参照如表 9 - 3 所示的标准。

表 9 - 3　交易型信用额度模型中的信用等级系数

信用等级	系数
A	1.2 ~ 1.5

信用等级	系数
B	0.5 ~ 1.2
C	0 ~ 0.5
D	0

②营运资产型信用额度评估模型主要以客户和供应商的营运资产为计算依据，并以各客户和供应商的信用等级做修订。计算公式如下：

营运资产 =（营运资本 + 净资产）/2

单个客户和供应商的信用额度 = 营运资产 × 信用等级系数

其中，信用等级系数建议参照如表 9 - 4 所示的标准。

表 9 - 4　营运资产型信用额度模型中的信用等级系数

信用等级	系数
A	0.1 ~ 0.2
B	0.05 ~ 0.1
C	0 ~ 0.05
D	0

（2）信用期限管理

在对授信额度进行控制之后，A 集团还对各信用等级客户和供应商的信用期限进行了规定，主要依据以往交易过程中的平均信用交易天数来测算信用期限，并根据客户和供应商的信用等级做修订。具体计算公式如下：

①计算各经营单位或各单个业务品种上期平均信用期限：

上期平均信用期限 = Σ各次正常信用交易天数/交易次数；

②计算各经营单位或各单个业务品种本期平均信用期限：

本期平均信用期限 = 上期平均信用期限 × 信用等级系数

其中，不同信用等级的客户或供应商采取不同的信用等级系数，各经营单位可以根据整体经济环境、信用政策导向（属于紧缩型、宽松型或平衡型）、单一交易对象是否为经营单位重点发展客户或供应商，以及结合行业实际业务特点等情况做适当调整。对应各信用等级的系数建议在如表 9 - 5 所示的范围之内。

表 9 - 5　信用期限模型中的信用等级系数

信用等级	系数
A	1.0 ~ 1.2

续表

信用等级	系数
B	0.5 ~ 1.0
C	0 ~ 0.5
D	0

4. 债权保障

为了更好地防范信用风险，提前锁定风险可能带来的损失大小，A 集团要求各经营单位在开展信用交易前尽量采取一定的债权保障措施转移信用风险，并对债权保障管理提供统一规范的组织和程序指导。

A 集团常用的债权保障手段有债权担保和债权风险转移。其中，债权担保是正常交易中债权保障的主要形式，主要包括交易对手向我方提供抵押、质押、保证、定金或留置。债权风险转移一般是指通过一定的金融工具，将债权风险转移给第三方，主要包括信用保险和保理等。通过采取债权保障措施，A 集团可以在充分利用信用交易扩大销售业绩、增强业务竞争能力的同时，合法、合理地转移信用风险，最大限度地保障债权不受损失。

（二）信用风险管理事中监控

严格的事前防范措施能够有效地降低风险发生的概率，但不能完全杜绝风险的发生，必须不断加强事中监控，在风险刚出现苗头的时候就把它掐断。A 集团在信用风险的事中监控中，除了从业务操作上对预付采购和赊销交易中的资金和货物流转进行严格的控制外，还建立了一系列信用风险预警机制，对客户和供应商进行实时动态跟踪，做到信用风险"早发现，早处理"。

1. 红黄蓝预警机制

A 集团结合自身信用风险的特点，确定了一些主要的信用风险监控指标，包括客户和供应商信用敞口、账龄结构、逾期账款金额、大于 3 个月的逾期账款金额占比等。借助 A 集团的 ERP 系统，A 集团对这些指标进行实时监控，一旦发现指标情况异常，就向相关经营单位做出预警提示，并启动相应的处理程序。

在上述信用风险主要指标中，A 集团又进一步筛选出几项更具代表性的指标，建立了红黄蓝预警机制，使预警监控的重点更加突出。根据客户或供应商的逾期账款金额和逾期时间，A 集团设定了红色、黄色、蓝色三个预警范围，红色预警级别最高，黄色和蓝色预警级别分别次之。客户或供应商一旦达到蓝色、黄色、红色预警级别，则立即进入预警程序。风险管理部门对进入红黄蓝预警范围的客户或供应商情况进行定期梳理和持续跟踪，并与业务部门沟通，商讨应对方案。根据预警级别的不同，A 集团采取的应对措施和管控力度也不一样。对蓝色预警的客户或供应商，应密切监控该客户或供应商赊销和预付的逾期情况，关注其生产经营情况和其他异常征兆信息，加强账款或货物的催收力度，并可采取暂停新的预付、赊销或相应的债权保障等各种措施保护本单位利益，尽快解决逾期情况。对黄色预警的客户或供应商，可采取停止与该客户或供应商任何新的业务活动（包括合同签约、付款、发货等）以及采取相应的法律行动等方式保护公司利益。对红色预警的客户或供应商，应向风险管理委员会定期汇报对其的处置进展情况，同时，A集团将根据实际情况把该客户或供应商列入灰名单并进行通告，禁止A集团各级经营单位与其进行信用交易或任何业务往来。

2. 异常征兆预警机制

除了对主要信用指标进行监控和预警，A集团还建立了异常征兆预警机制，通过与客户和供应商往来的其他企业、行业协会、大众传媒、第三方信用中介、个人社会关系等渠道，密切关注客户和供应商以及行业的动态。一旦发现异常情况，比如客户陷入经济纠纷、供应商高管发生变动等，则通过报告、邮件、电话等多种形式向相关经营单位进行风险提示。经营单位收到提示后，立即对相关情况进行核实、分析，并视异常征兆的影响程度，采取应对措施。

在A集团，风险管理一直坚持全员参与的理念，因此，异常征兆预警机制并不局限于风险管理部门、财务部门以及业务部门等相关性较高的部门，全体员工都可以利用自己的渠道，及时提供客户或供应商在经营过程中有关经营者、管理、生产、经营、资金调度、市场、产业环境等各方面出现的信用异常征兆，协助销售、采购及风险管理人员迅速掌握并判断往来客户和供应商的信用状况。

通过运行异常征兆预警机制，A集团调动起上上下下所有员工的眼睛，对客户和供应商保持高度关注，尽早发现风险、聚焦风险，及时应对，避免发生重大信用风险损失。

（三）信用风险管理事后处理

当客户或供应商出现逾期账款时，即发生信用违约，相关部门需要启动相应的逾期账款处理流程。一般而言，先由经营单位的销售、采购部门对逾期账款进行催收；多次催收无果时，可将情况上报到风险管理委员会或经理办公会，商议是否提起法律诉讼或交由第三方信用中介机构进行催收；若决定通过法律程序追讨逾期账款，则由法律部对违约的客户或供应商提起诉讼；财务部门根据账款催收的情况，对逾期账款进行货款确认或坏账核销。风险管理部根据整个账款处理过程中取得的信用信息资料，及时更新客户和供应商的信用档案数据库；对于满足灰名单标准的客户或供应商，及时将其纳入灰名单的管理范围，并向经营单位公示名单。

此外，各经营单位制定了相关的内部管理措施，将应收款与预付款的回收和业务部门的奖惩挂钩。对造成坏账损失的业务部门和相关人员，按照 A 集团有关规定给予纪律处分、组织处理和经济处罚；有违法行为的，移送司法机关，依法追究相关法律责任。

六、信用风险管理工具方法

（一）信用风险的评估方法[①]

以目标和效能为标准，信用风险评估模型可以分为两大类，即预测模型和管理模型。

预测模型用于预测企业信用风险变化趋势，主要是预测企业破产的可能性或预测信用交易中合同的违约率。企业信用风险管理中常用的预测类模型包括 Z - score 模型、巴萨利（Bathory）模型、Logit 模型等。

管理模型不直接预测企业的违约率，而是偏重于均衡地解释企业的信用状况，评估企业的经济实力。企业信用风险管理中常用的管理模型包括营运资产分析模型、特征分析模型等。

1. Z - score 模型

Z - score 模型又称 Z 评分模型，是美国著名财务专家奥特曼（Edward I Altman）于 1968 年建模设计的一种破产预测模型，主要分为三类——上市公司、非上市公司和非制造型企业，每一类均有不同的参数作为评分标准。

该模型应用非常广泛，很多国家都依据 Z - score 模型开发了适合当地的财务危机模型。

（1）第一代模型

以主要针对上市公司的 Z - score 模型为例：

$$Z = 1.2X_1 + 1.4X_2 + 3.3X_3 + 0.6X_4 + 0.999X_5$$

X_1 =（流动资产 - 流动负债）/总资产；

X_2 = 留存收益/总资产；

X_3 = 息税前利润/总资产；

X_4 = 股东权益市场价值/总负债；

X_5 = 销售收入/总资产。

奥特曼认为，Z - score 值越小，企业破产的可能性就越大，他建议的判断准则为：

Z < 1.23 为破产区，1.23 ≤ Z < 2.9 为灰色区，Z > 2.9 为安全区，即 Z 小于 1.8 的企业很可能破产，Z > 2.9 的企业破产的风险很小。

---

① 林钧跃. 征信技术基础 [M]. 中国人民大学出版社，2007.

（2）第二代模型

ZETA 评分模型是在原始的 Z – score 模型基础上，扩展建立的第二代模型，其变量由原始模型的 5 个增加到了 7 个，分别是资产报酬率、收入稳定性、利息保障倍数、累计盈利能力、流动比率、资本化比率、规模等。

2. 巴萨利模型

巴萨利模型是在 Z – score 模型的基础上发展起来的，由亚历山大·巴萨利（Alexander Bathory）建立。该模型由 5 个特定的财务比率指标构成，主要特点是形式简单、计算简便，且比 Z – score 模型还多了一个功能，即在预测企业破产可能性的同时，还能衡量企业实力的大小，被广泛适用于各种行业的企业。

巴萨利模型的 5 个财务指标为：（税前利润 + 折扣 + 递延税）/流动负债，衡量企业业绩；税前利润/营运资本，衡量营运资本回报率；股东权益/流动负债，衡量股东权益对流动负债的保障程度；有形资产净值/负债总额，衡量扣除无形资产后的净资产对债务的保障程度；营运资本/总资产，衡量流动性。

以上 5 项财务比率的总和便是该模型的最终得分。得分高，说明企业的运营状况良好，实力强；如果得分很低或出现负数，则说明企业的运营状况差，前景不妙。

3. 营运资产分析模型

营运资产分析模型是一种管理模型，主要用来评估客户的资金和信用实力，也可以用来核定企业具体的授信额度。该模型提供了一个计算授信额度的思路：对于不同风险的企业信用评估值，给出一个比例，按照此比例和营运资本确定授信额度（可参见上文中"信用风险管理事前防范中的授信管理"）。

其计算分为以下 4 个步骤：

（1）营运资产计算

营运资产 = （营运资本 + 净资产）/ 2

营运资本 = 流动资产 – 流动负债

营运资产是衡量公司资产规模的尺度，可以作为确定授信额度的基础标准。

（2）资产负债表比率计算

X_1 = 流动比率 = 流动资产/流动负债

X_2 = 速动比率 = （流动资产 – 存货）/流动负债

X_3 = 短期债务净资产比率 = 流动负债/净资产

X_4 = 债务净资产比率 = 负债总额/净资产

（3）计算评估值

评估值 = X_1 + X_2 – X_3 – X_4

评估值综合考虑了资产流动性和负债水平两个最能反映企业偿债能力的因

素。评估值越大，表示企业的财务状况越好，风险越小。

（4）授信额度计算

综合考虑运营资产和评估值，即可计算企业的授信额度。

授信额度＝营运资产×营运资产百分比率

其中，营运资产百分比率是由评估值来确定的，评估值代表评估的信用等级，在不同的信用等级上，给出的营运资产百分比率是不同的。

4. 特征分析模型

影响企业信用行为的因素很多，其中一些重要的因素对企业的信用状况会产生比较大的影响，将这些影响因素集合在一起，能够比较全面地反映企业的信用情况。特征分析模型就是采用特征分析技术对企业所有财务和非财务因素进行归纳分析，再进行综合评分。

（1）特征分析模型将企业的信用信息分为三大类特征，18 个项目

企业特征：包括外表印象、产品概要、产品需求、竞争实力、最终客户、管理能力。

优先特征：包括交易盈利率、产品质量、对市场吸引力的影响、对市场竞争力的影响、付款担保、替代能力。

信用特征包括：付款记录、资信证明、资本和利润增长率、资产负债表状况、资产结构比率、资本总额。

（2）特征分析模型的计算过程分为四步

第一步：在 1～10 分范围内，对每一项特征都进行打分，企业的某项指标情况越好，分数就越高。具体操作时，通常给每个特征配上一个度量标准，分为好、中、差三个等级，每个等级对应不同的分值范围。例如，"好"对应分值为 8～10 分；"中"对应分值为 4～7 分；"差"对应分值为 1～3 分。

在某项因素空缺的情况下，赋予这个因素的分值为 0 分。

第二步：根据预先给每项指标设定的权重，用权数乘以 10，计算出每一项指标的最大评分值，再将这些最大评分值相加，得到全部的最大可能值。

第三步：用每一项指标的评分乘以该项指标的权数，得出每一项的加权评分值，然后将这些加权评分值相加，得到全部加权评分值。

第四步：将全部加权评分值与全部最大可能值相比，得出百分率，该数字即表示对该企业的综合分析结果。百分率越高，表示该企业的信用资质越好。

5. 大数据方法

大数据风险控制是指通过运用大数据构建模型的方法对借款人进行风险控制和风险提示。传统的风控技术多由各机构自己的风控团队，以人工的方式进行经验控制。随着互联网技术不断发展，整个社会大力提速，传统的风控方式已逐渐

不能支撑机构的业务扩展；而大数据对多维度、大量数据的智能处理，批量标准化的执行流程，更能贴合信息发展时代风控业务的发展要求；越来越激烈的行业竞争，也正是现今大数据风控如此火热的重要原因。大数据风险控制看两个方面的能力，一个是数据积累，另一个就是技术能力。大数据风险控制模型的基本流程主要分为四个部分，即数据收集、数据建模、构建数据画像和风险定价。

（1）数据收集

互联网大数据包括用户行为数据（精准广告投放、内容推荐、行为习惯和喜好分析、产品优化等）；用户消费数据（精准营销、信用记录分析、活动促销、理财等）；用户地理位置数据（O2O 推广、商家推荐、交友推荐等）；互联网金融数据（P2P、小额贷款、支付、信用、供应链金融等）；用户社交等 UGC 数据（趋势分析、流行元素分析、受欢迎程度分析、舆论监控分析、社会问题分析等）。

（2）数据建模

模型包含以下四大方面的数据：

一是个人/公司的基本信息，包括个人资历、个人/公司的信用信息、公司财务指标、家庭结构关系、家庭社会地位关系、个人社交关系、工商注册信息等。

二是个人/公司商务信息，包括线上零售交易信息、专利信息、个人/公司资质、土地出让/转让信息、质押抵押信息等。

三是个人/公司社会公众信息，包括涉诉信息、专利信息、被执行人信息等。

四是个人/公司社会关联方信息，包括自媒体、证券社区、行政监管/许可、行业背景、商标、招中标、行政处罚、抵押担保等。

常使用的模型如下：

①聚类。比如，常见的相似文本聚类，大量用户发相似帖子是常见的"灌水"行为，需要处理。

②分类。比如，我们根据已经识别的有风险和无风险的行为，去预测现在正在发生的行为，根据关键字动态识别预测效果不错。

③离群点检测。比如登录行为，当同 IP 登录大量登录失败，这种行为可能是暴力破解，当同 IP 登录基本全部成功，这种行为可能是机器登录，采用离群点检测发现这两类行为并处理等。

目前国内 90% 以上的建模团队都使用 Logistic 回归做评分卡，当然还有少数人使用决策树，神经网络和机器学习目前还没在此行业有显著成果。Logistic 制作评分卡模型的衡量标准是 K – S 值的大小，依据数据质量和建模能力在 0 ~ 0.5，一般在 0.3 以上才可用，好的模型可以达到 0.35。芝麻分模型的 K – S 值在 0.32 左右。

（3）数据画像

用户画像的底层是机器学习，那么无论是要做客户分群还是精准营销，都先要将用户数据进行规整处理，转化为相同维度的特征向量，诸多华丽的算法才可以有用武之地，像聚类、回归、关联、各种分类器等。对于结构化数据而言，特征提取工作往往都是从给数据打标签开始的，如购买渠道、消费频率、年龄性别、家庭状况等。好的特征标签的选择可以使对用户刻画变得更丰富，也能提升机器学习算法的效果（准确度、收敛速度等）。

（4）风险定价

量化风险管理的一个核心是风险定价，根据银行自身的风险偏好来对资产进行定价，高风险资产定价较高，低风险产品定价较低，根据风险高低来制定资产收益，RBP（基于风险定价）已经成为主流。虽然对技术的应用日趋成熟，但现实的情况是，行业的业务模式仍然大量基于人海战术，与20世纪八九十年代传统金融企业的业务模式类似，在信用评级和风险定价方面过多依赖人的经验。

目前的"互联网数据＋金融"已经开始改变这一状况。尤其是在P2P风控领域，互联网大数据积累已经让风险控制进入2.0时代。通过数据的积累，可以实现客户开发和数据采集通过人工完成。

①多维度的风险定价系统：中国现实的难处是，个人信用数据缺失，央行征信只能覆盖25%的人群。同时金融机构风险定价水平不高，导致市场难以发展。目前京东用定价自己积累的数据推出了"京东白条"，蚂蚁金服开发淘宝购买者数据推出了"花呗"，这些都有一个限制就是只能在指定的服务商消费才可以用。但这也从一定程度上说明利用大数据可以实现业务的功能。目前，已有一些P2P平台通过接入多家第三方数据用于风险控制。通过对数据的整合、补充、调用、评判等，使风险控制模型运算结果更加准确。

②定制化的风险定价系统。从商务智能的角度说，模型、评分、策略等都是为具体的业务服务的，脱离具体场景的模型和评分是无本之木、无源之水，脱离业务场景谈模型的准确性就没有意义。不同的业务场景产生不同的数据，不同的数据包含的规律体现在数据分析中就是模型、参数和评分。

这也要求评分的模型在设计之初，就要考虑如何更加智能。不同的人采用的风险控制模型也会不同，因此定制化的风险定价系统将成为未来的趋势。

（二）信用风险的应对

信用风险的应对有以下几种方式：

1. 债权的担保工具

债权担保是信用交易中常用的风险应对工具，常用的债权担保方式包括抵押、质押、保证等。

（1）抵押

抵押是指债务人或者第三人不转移财产的占有，以该财产为债权提供担保，债务人不履行债务时，债权人以该财产折价或拍卖、变卖，并就其价金优先受偿。

抵押要合理选择抵押物，抵押物应为抵押人所有，抵押物所有权的转让或拍卖不存在法律障碍。注意，不得抵押的财产包括土地所有权，集体所有的土地使用权，公益单位的公益设施，产权不明的财产，依法被查封、扣押、监管的财产，以及法律明确规定不能作为抵押物的其他财产等。

抵押合同须为书面形式，应载明所担保的债权数额及范围（主债权、损失赔偿金、违约金、实现债权的费用等）、抵押物的名称、抵押物的占有归属以及抵押日期等。在抵押期间，他人（包括抵押人及其他第三人）不得使用或处置该抵押物。

（2）质押

质押是债务人或者第三人将特定的财产交由债权人占有，在债务人不履行债务时以该财产折价或者拍卖、变卖的价款优先偿还该债务的担保方式，包括动产质押和权利质押，质押合同也应采用书面形式。

动产质押中，质权人对质物的占有必须是动产的实际转移；权利质押中，标的物为一定范围内的权利，如债权、股权、知识产权等。

（3）保证

保证是第三人与债权人（各经营单位）约定（如开具保函），当债务人不履行债务时，由第三人履行债务的担保方式，该第三人即为保证人。

保证要合理选择保证人和保证方式，保证人应有良好的资信状况、具有代为清偿债务的能力。保证方式应签署保证合同，保证合同应包括但不限于下述条款：被保证的债权种类、数额；债务人履行债务的期限；保证的方式；保证担保的范围；保证的期限；原债务变更或修改原债务合同时，必须事先征得保证人的同意。

2. 信用保险

信用保险指债权人与保险机构签订保险合同，将债权向保险机构投保，按照保险额和保险费率，向保险机构缴纳保费，在债务人不履行债务时，保险机构在约定的保额内，按约定赔付率向投保人理赔。

信用保险分为国内信用险和国际信用险，贸易业务、工程建设业务、投资业务等均有可适用的信用保险产品。

3. 保理

保理指债权人将债权让渡给保理机构。保理机构一般是由商业银行出资或资助下建立的，具有独立的法人资格。保理机构根据债权金额，扣除掉保理费用后将相应资金支付给原债权人，保理机构则取得原债权人的债权。

信用风险的转移手段都要有相应的费用支出，企业应积累违约率和违约损失等相关数据，比较担保方式与债权风险转移方式对成本、利润的影响，合理选择债权保障方式。

（三）信用风险的沟通与监测

信用风险管理报告是信用风险沟通与监测的重要载体。A集团通过运行信用风险月度报告、季度报告、风险提示预警报告、专项报告等报告机制，建立了定位明确、层次分明的信用风险管理报告体系。A集团会定期或不定期地将各种信用风险管理报告发送给集团公司领导或经营单位主要领导参阅，为管理层提供经营决策支持和参考。此外，通过让最高领导了解信用风险管理工作进展，也会给经营单位施加极大的压力，促使经营单位极大地提高风险责任意识和对信用风险的重视程度，加快处理客户或供应商逾期问题的节奏，积极主动地提升本单位的信用风险管理能力。

1. 信用风险管理分析报告

信用风险管理分析报告是风险管理部定期向公司管理层汇报信用风险管理工作情况的报告，主要是通过分析外部市场环境和内部管理能力来反映当期企业的信用风险整体水平，对重点关注的客户和供应商跟踪情况进行说明，并对未来可能面临的信用风险大小进行预判，从而为管理层提供决策参考。

A集团的信用风险管理分析报告主要包括三部分：一是集团整体信用风险主要指标分析，主要从信用风险敞口金额和期限、逾期金额和账龄等信用风险管理指标入手，对集团当前的内部信用风险管理情况进行分析，并结合外部宏观经济和行业形势对信用风险的影响，综合分析集团目前的信用风险整体水平，并对未来1~2个月可能面临的信用风险大小进行预判。二是主要经营单位信用风险主要指标分析，通过分析主要经营单位的信用风险主要指标和信用总量预算的执行情况，判断各经营单位的信用风险水平，并结合各单位的实际情况，对其下一步的信用风险管理工作重点提出建议。三是重点关注的客户和供应商分析，在对整体信用风险水平进行分析后，将关注点聚焦到单个客户和供应商的风险上，通过对进入红黄蓝预警范围的客户或供应商进行密切跟踪，反映当前的处理情况，并提出后续应对的建议。

通过运行信用风险管理分析报告，A集团定期对自身面临的信用风险进行梳理，制定相应的应对措施，并对业务的开展提出风险管理方面的指导和意见，充分发挥信用风险管理对经营决策的支持作用。

【案例】

信用风险管理分析报告

（××××年××月）

一、集团公司信用风险主要指标分析

（一）信用风险主要指标基本情况（见表9-6）

表9-6　集团公司信用风险主要指标汇总表　　　　单位：万元

类别	指标	本月	上月	环比变化
供应商端	预付款总额			
	供应商敞口总额			
	大于3个月的逾期预付款			
	大于3个月的逾期预付款占比			
客户端	应收款总额			
	客户敞口总额			
	大于3个月的逾期应收款			
	大于3个月的逾期应收款占比			

● 分析提示：

（二）预付款和应收款账龄结构分析

● 分析提示：

二、主要经营单位信用风险主要指标分析

××经营单位信用风险主要指标基本情况如表9-7和表9-8所示。

表9-7　××经营单位信用风险主要指标汇总表　　　　单位：万元

类别	指标	本月	上月	环比变化
供应商端	预付款总额			
	供应商敞口总额			
	大于3个月的逾期预付款			
	大于3个月的逾期预付款占比			
客户端	应收款总额			
	客户敞口总额			
	大于3个月的逾期应收款			
	大于3个月的逾期应收款占比			

表 9-8 ××经营单位敞口指标与敞口预算指标对比表　　　单位：万元

单位名称	供应商敞口		客户敞口	
	本月	预算值	本月	预算值

● 分析提示：

三、重点客户供应商

（一）红黄蓝预警客户供应商分析（见表 9-9）

表 9-9 2011 年 9 月末集团公司预警供应商分析表　　　单位：万元

预警级别	公司代码	客户或供应商名称	预警情况	授信额度	敞口	风险状态

（二）需重点关注的客户供应商提示（见表 9-10）

表 9-10 需重点关注的客户供应商情况表

客户或供应商名称	使用单位	性质	重点关注原因

2. 信用风险提示预警报告

当 A 集团在分析信用风险的过程中发现风险点时，通常以信用风险提示预警报告的形式向经营单位做出风险提示。信用风险提示预警报告主要包括两部分：首先是经营单位需要重点关注的客户和供应商情况说明，主要涉及新进入蓝色预警和预警级别升级的客户或供应商；其次是需要关注的宏观经济及政策情况，主要包括近期宏观经济和行业政策对经营单位信用风险的影响。

通过推行信用风险提示预警报告，经营单位进一步提高了对信用风险的重视程度，加强了对预警客户和供应商的管理，加快了处理逾期账款的节奏，不断提升自身的信用风险管理水平。

七、信用风险管理信息系统

（一）信用风险管理信息系统设计思路

A 集团在信用风险管理能力建设方面奠定了良好的管理框架和比较完善的管理体系以后，开始思考如何深化和提升信用风险管理能力。

信用风险管理是为保障业务发展、支持业务开拓而应运而生的，其发展的方向必然是不断地与业务流程相结合，而信息化则是将管理制度和流程嵌入业务的良好工具。A集团希望借助专业的信用风险管理信息系统，将信用风险管理工作向业务前端延伸，在信息系统中落实信用风险"分层、分类、集中"的管理模式，实现信用风险"事前防范—事中监控—事后处理"的全流程信息化管理。于是A集团开始了全面风险管理信息系统建设，信用风险管理信息系统作为其中重要的子系统，其核心功能设计思路是固化A集团信用风险管理核心机制，进一步实现风险信息的全面收集和透明传递，如图9－2所示。

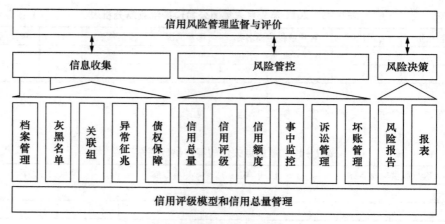

图9－2　A集团信用风险管理核心机制

（二）信用风险管理信息系统主要功能

A集团的信用风险管理信息系统包括信息收集、风险管控、风险决策三个核心模块，以及待办提醒等方便用户使用的非核心功能模块，如图9－3所示。

1. 待办和今日提醒

待办是需要被提醒人采取行动的事项。今日提醒是不需要被提醒人采取行动的事项，如表9－11所示。

2. 信息收集

收集并整合客户或供应商与信用风险相关的信息，是信用风险管理核心机制的基础。信息收集后，可通过相关的评级模型，对客户或供应商的信用情况进行评价。信息收集模块功能如图9－4所示；信息收集模块系统如图9－5所示。

信息收集包括以下内容：

①基本信息：来自A集团现有ERP系统中的客户或供应商信息。

②交易信息：由系统计算得出的有关客户或供应商交易量信息。

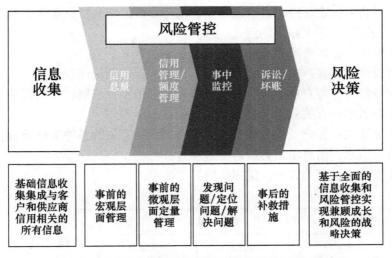

图9-3　信用风险管理信息系统各模块之间的逻辑关系

表9-11　今日提醒事项示例

今日提醒	具体描述	数据及时性
营业执照到期日	客户或供应商营业执照有效期届满	系统每天晚上判断
抵押担保到期日	抵押担保有效期届满	系统每天晚上判断
质押担保到期日	质押担保有效期届满	系统每天晚上判断
保证担保到期日	保证担保有效期届满	系统每天晚上判断
信保到期日	信保有效期届满	系统每天晚上判断
授信额度到期	授信额度有效期届满	系统每天晚上判断
客户预警	客户预警级别状态发生变化	系统每天晚上判断
客户预警调整	客户预警状态发生变化	即时提醒，数据次日在报表中显示
供应商预警	供应商预警级别或预警调整状态发生变化	系统每天晚上判断
供应商预警调整	供应商预警状态发生变化	即时提醒，数据次日在报表中显示
信保异常批复	客户或供应商的信保批复限额低于申请额度	即时提醒
超循环额度	客户或供应商敞口系统中的授信额度	系统每天晚上判断
超合同额度	客户或供应商的合同敞口超过合同特例额度	系统每天晚上判断
异常征兆	客户或供应商发生异常征兆	即时提醒

③财务信息：来自征信报告的客户或供应商财务数据。

④评级报告：评级人员在评级时在系统中录入的手工打分信息。

⑤征信报告：整个征信报告的电子版本。

⑥关联信息：与客户或供应商有关联关系的其他客户供应商。

⑦交易指标：在评级时由系统产生的用于评级的交易指标取值。

⑧信用评级：评级结果的历史记录。

⑨额度账期：客户或供应商的额度和账期信息。

⑩债权保障：客户或供应商的抵押、质押、保证和信保信息。

⑪预警信息：客户或供应商的预警信息，包括预警级别、预警调整等。

⑫灰黑名单：有关灰黑名单的产生和变化的原因。

⑬异常征兆：客户或供应商发生的与信用状况有关的各种事件记录。

⑭诉讼信息：信息涵盖诉讼的全过程。

⑮坏账信息：有关客户或供应商的坏账信息。

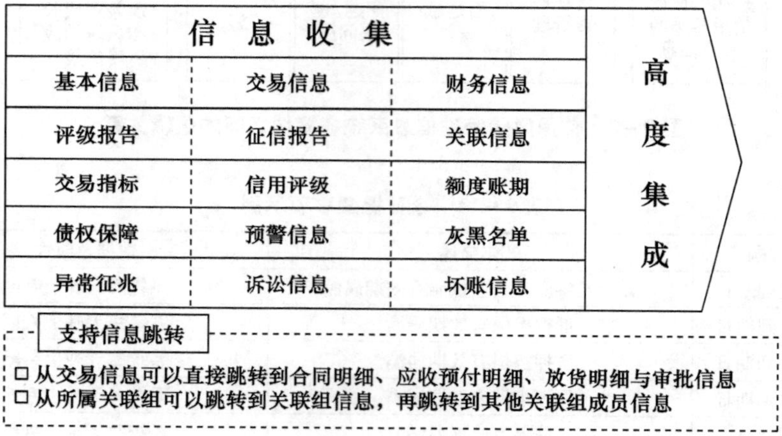

图9-4　信息收集模块功能示意图

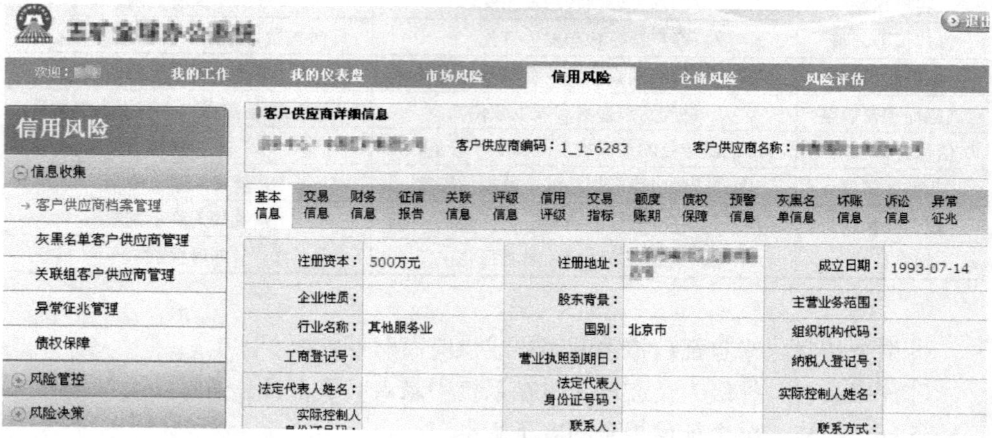

图9-5　信息收集模块系统展示

【小贴士】

关联信息：A集团将关联信息分为以下三类：

一是一般关联组，即相互之间存在关联关系，但是不存在明示的或暗含的担保关系的客户或供应商，比较典型的是集团公司与内部非主营业务的下属企业。

二是紧密关联组，即相互之间存在关联关系，且可以推断为存在暗含的担保关系的客户或供应商，比较典型的是集团公司与内部核心企业。

三是担保关联组，即相互之间存在明示的担保关系的客户或供应商。

异常征兆：一个客户或供应商的信用状况恶化，通常有一个过程，一般需要2~3年的时间。信用风险管理中，一般是通过信用评级来发现客户或供应商信用状况不断恶化的趋势，通过异常征兆的蛛丝马迹来确认客户或供应商信用状况从量变到质变的临界点。A集团信用风险管理信息系统中的异常征兆功能，鼓励集团内所有人在系统中填报异常征兆，但异常征兆信息填报并提交后，只有集团风险管理部门可以对其进行编辑、关闭和删除。

3. 风险管控

风险管控模块系统主要包括信用总量管理、信用评级管理、信用额度管理、客户供应商事中监控、诉讼管理、坏账管理，如图9-6所示。

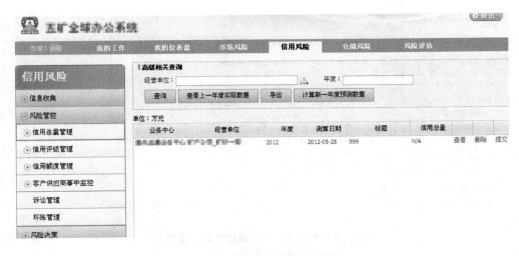

图9-6　风险管控模块系统展示

（1）信用总量管理

信用总量管理模块功能包括历史数据法的计算和查询、预期损失法的计算和查询。

①历史数据法计算：选择要计算的经营单位和年度，可查询选择年度的上一年的实际信用风险敞口和营业收入、营业成本数据。用户可输入新一年度预测的营业收入、营业成本等参数，测算新一年的客户、供应商的信用风险敞口峰值，从而确定新一年的信用总量。历史数据法计算模块系统如图9-7和图9-8所示。

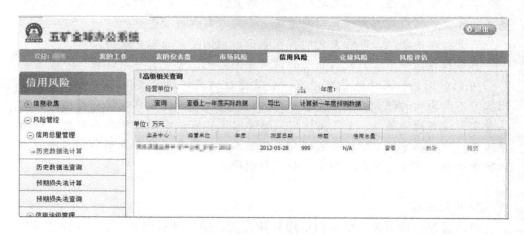

图9-7　历史数据法计算模块系统展示1

图9-8　历史数据法计算模块系统展示2

②预期损失法计算：通过对不同的评级等级设置不同的违约概率和违约损失率，系统会判断所选单位下客户供应商的评级等级，选择相应的系数计算预期损失。预期损失法计算系统如图9-9所示。

图 9-9　预期损失法计算系统展示

（2）信用评级管理

信用评级管理模块功能是通过选取评级指标，搭建合理的评级模型，利用信息系统中的数据，对客户供应商开展信用评级，并记录评级过程和结果。

①指标库管理：主要是确定评级指标的取数形式和数据类型。指标取数形式分为用户取数和系统取数的指标，其中系统取数的指标不能编辑和删除。指标的数据类型可分为字符型和数字型。指标库管理模块系统如图 9-10 所示。

图 9-10　指标库管理模块系统展示

②评级模型管理：通过从指标库中选取合适的指标，搭建评级模型，包括确定模型中各指标的权重、评级等级划分标准、起评权重等。评级模型管理模块系统如图9－11所示。

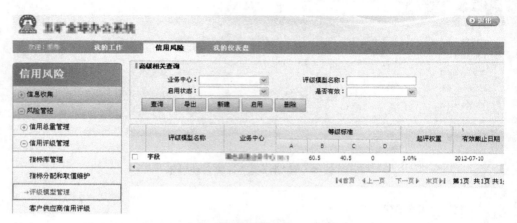

图9－11　评级模型管理模块系统展示

③客户供应商评级：确定评级模型后，可以在系统中选取相应的客户或供应商，由系统自动评级，并记录评级过程，保留评级结果。

（3）信用额度管理

完成信用评级后，用户可以基于评级结果，在系统中设置客户供应商的授信额度，并对授信额度进行跟踪管理。授信额度管理模块系统如图9－12所示。

图9－12　授信额度管理模块系统展示

（4）客户或供应商事中监控

事中监控包括客户一般监控、供应商一般监控、客户预警跟踪、供应商预警跟踪、超额度跟踪与跟踪情况查询等。

①一般监控。以"客户一般监控"为例，该模块中主要监控客户的合同敞口和应收款账龄信息、放货明细、开票明细、合同的申请审批过程以及账期结构，如图9－13所示。其中，每一个监控信息都可以深挖到最底层的详细数据。

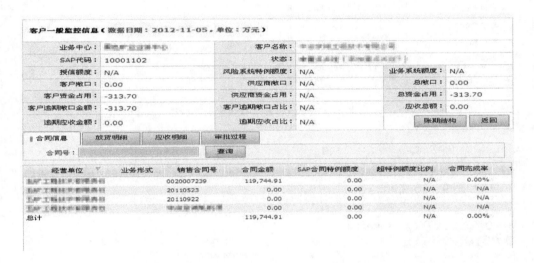

图9－13 客户一般监控信息模块系统展示

合同信息标签页显示合同的敞口组成、敞口期限、应收账龄等信息。点击打开一个合同，可详细查看该合同的执行情况，包括放货、收款、开票信息等。

放货明细和应收明细标签页可查看该客户的放货和应收明细信息。

审批过程标签页可查看合同预算申请、销售合同申请、放货申请、开票申请的详细信息和审批意见信息。

点击"添加重点关注"，可将客户设置为重点关注。点击"取消重点关注"，可将客户设置为非重点关注。

点击"账期结构"，可查看该客户的账期详细信息。

②预警跟踪。用户可以在系统中设定不同的预警标准，系统会根据预警标准，获取相应的数据进行计算，并做出预警提示。A集团通过"逾期金额"和"逾期时间"两个维度制定了红黄蓝信用风险预警标准，并将其设置到信用风险

信息系统中。每当客户供应商进入预警，系统会自动产生一条预警提醒事宜，系统也可以显示所有历史发生过的预警的全过程，如图 9 – 14 所示。

图 9 – 14　客户预警跟踪模块系统展示

（5）诉讼管理

用户可以在诉讼管理模块中新建、编辑诉讼信息和诉讼进展情况，如图 9 – 15 和图 9 – 16 所示。

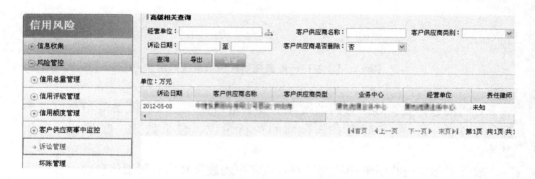

图 9 – 15　诉讼管理模块系统展示 1

（6）坏账管理

用户可以在坏账管理模块中编辑、录入、跟踪坏账信息，如图 9 – 17 所示。

4. 风险决策

风险决策模块的目的是定期向高层领导提供核心信用风险信息和信用风险分析报告，为高层领导的风险决策提供关键信息，包括风险管理报告和报表两部分功能。

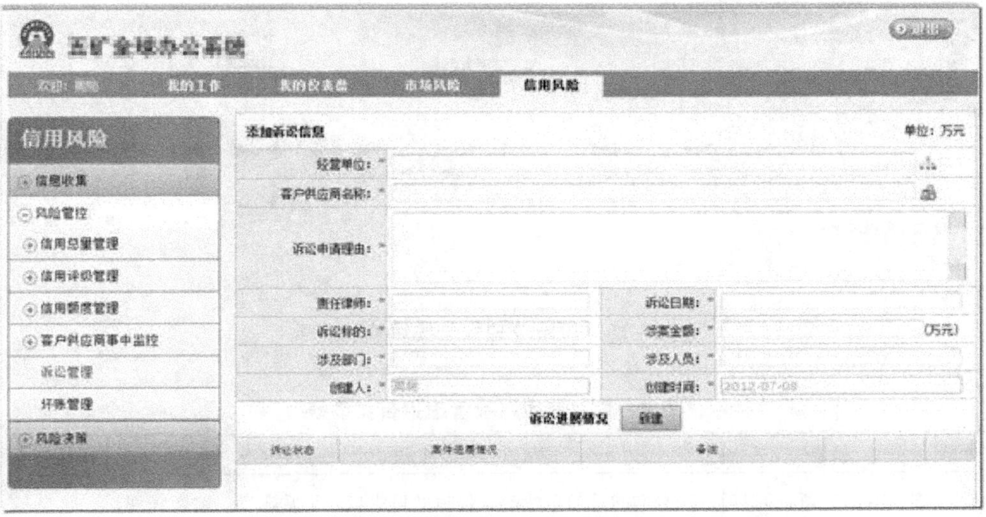

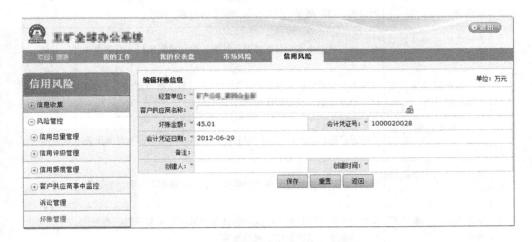

图 9 – 16　诉讼管理模块系统展示 2

图 9 – 17　坏账管理模块系统展示

（1）风险管理报告

风险管理报告模块主要是对风险管理报告进行档案管理，用户可以在该模块中上传、查询、下载、保存风险管理报告，如图 9 – 18 所示。

（2）报表

报表模块是通过多维度的报表展示，为用户开展信用风险管理监控和分析提供数据支持，如表 9 – 12 所示。

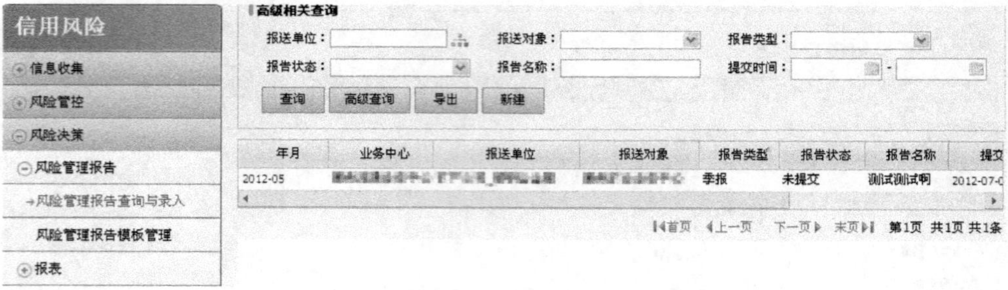

图 9-18　风险管理报告模块系统展示

表 9-12　信用风险管理报告类型表

类型	报表	主题	出具频率
信用敞口类	客户或供应商合同日敞口期限表	反映合同的日敞口情况，包括敞口组成、正常账期、逾期账期、特例额度和完成率等	日频
	客户或供应商日敞口期限表	反映客户或供应商的日敞口情况，包括敞口组成、正常账期、逾期账期、授信额度、信用等级和预警情况等	日频
	客户或供应商日敞口趋势图	反映客户或供应商的日敞口变化趋势，包括逾期敞口、总额度等	日频
	客户或供应商关联组日敞口期限表	反映客户或供应商关联组的日敞口情况，包括敞口组成、正常账期、逾期账期、授信额度等	日频
	客户或供应商月敞口表	反映客户或供应商的月度敞口特征，包括峰值、均值和月末值等	月频
	客户或供应商总敞口排名表	反映总敞口最大的若干名客户供应商，以及逾期敞口和预警级别	月频
	经营单位日敞口期限表	反映经营单位的日敞口情况，包括敞口组成、正常账期、逾期账期、总额度、预警数和信用总量等	日频
	经营单位日敞口趋势图	反映经营单位的日敞口变化趋势，包括总敞口、总额度和额度占比等	日频
	经营单位月敞口表	反映经营单位的月度敞口特征，包括峰值、均值和月末值等	月频
	经营单位敞口效益表	反映经营单位的敞口利用效率，包括 DSO、DPO 以及敞口投入产出比	月频

类型	报表	主题	出具频率
账款账龄类	客户供应商日应收预付账龄表	反映客户供应商的日应收预付情况，包括正常账龄、逾期账龄、授信额度、信用等级和预警情况等	日频
	客户供应商关联组日应收预付账龄表	反映客户供应商关联组的日应收预付情况，包括正常账龄、逾期账龄、授信额度等	日频
	经营单位日应收预付账龄表	反映经营单位的日应收预付情况，包括正常账龄、逾期账龄、总额度、预警数和信用总量等	日频
	经营单位日应收预付账龄图	反映经营单位的日应收预付变化趋势，包括应收预付总额、正常比例和逾期比例等	日频
评级授信类	客户供应商超授信额度报表	反映客户供应商包括其关联组超授信额度的情况，包括应付预付额度占比、总敞口额度占比等	日频
	经营单位信用额度占用表	反映经营单位的全部额度占用中	日频
评级授信类	客户供应商评级交易指标	反映客户供应商的评级模型交易指标的情况	月频
	客户供应商信用状况表	反映客户供应商的敞口效率以及变化趋势，包括 DSO、DPO、收款效率和收货效率	月频
	客户供应商债权保障信息表	反映客户供应商及其关联组的授信额度与债权保障金额之间的关系	日频
	经营单位信用等级情况分布表	反映经营单位的客户供应商中，不同信用等级之间的逾期和严重逾期情况	月频
风险预警类	客户供应商预警情况汇总表	专用于风险报告，反映不同预警级别的客户供应商的情况说明	月频
	客户供应商预警级别汇总表	反映客户供应商预警数量和预警调整后的实际数量	日频
风险报告类	经营单位信用风险指标汇总表	专用于风险报告，反映经营单位客户端和供应商端的授信总额、应收预付总额、敞口总额以及逾期和严重逾期的情况	月频
	经营单位信用指标趋势图	专用于风险报告，反映经营单位重要信用风险指标的变化趋势	月频
	经营单位账期结构柱状图	专用于风险报告，反映经营单位敞口和应收预付的账期结构	月频
	经营单位逾期金额趋势图	专用于风险报告，反映经营单位逾期敞口和逾期应收预付的变化趋势	月频

续表

类型	报表	主题	出具频率
风险报告类	经营单位逾期金额分布饼图	专用于风险报告，反映逾期敞口或应收预付总金额在不同的经营单位之间的分布	月频
	经营单位信用风险总量预算执行表	专用于风险报告，反映经营单位月末敞口与信用重量预算值之间的关系	月频
	业务单位共用客户供应商汇总表	专用于风险报告，汇总同时和不同业务单位交易的客户供应商的敞口、授信额度和预警级别情况	月频

（三）信用风险管理信息系统实现效果

借助实时在线的信用风险管理信息系统，A 集团不但解决了信息孤岛的问题，实现了信用信息的透明化和共享，还实现了对风险信息的收集、整理、分析、展示，有力地支持风险的监控、分析、预警和报告等风险管理工作。

1. 固化信用风险管理机制

信用风险管理信息系统的建设促进了 A 集团信用风险管理核心机制的落地，将事前事中事后的全流程管理机制固化在信息系统中，并进一步实现信用风险信息的全面收集和透明传递。

2. 集成的风险管理系统

信用风险管理信息系统依靠大量的数据接口，把散落在 A 集团 ERP 系统等其他信息系统中的信用数据整合到一起，形成了客户或供应商信用信息的完整电子档案，为信用风险监管提供全面的数据支持。同时，通过高度集成各种系统，极大地减少了用户的数据录入工作。

3. 真实的敞口期限

传统的 ERP 系统或财务系统中通常只有应收账款和预付账款的监控，A 集团在信用风险管理信息系统中重新定义信用风险敞口的概念，扩展敞口组成，弥补了传统信息系统中不能分析信用风险敞口期限和敞口构成的不足，可以更准确地揭示真实的风险，提高信用风险管理的针对性。

4. 实时的风险监控和预警

A 集团的信用风险管理信息系统按日频展现从系统取出的客户供应商预警情况，一旦有客户或供应商进入预警，系统会自动产生一条提醒事宜并自动触发推送至待办模块，提高信用风险管理的及时性。

5. 自动生成的风险报表

信用风险管理信息系统在自动汇总数据的基础上，实现了信用风险报表自动生成的功能，不仅极大地减少了手工操作的工作量，还进一步加强了报告数据的准确性。

八、信用风险管理的监督与评价

(一) 信用风险管理督查

A 集团建立了信用风险管理督查机制，会不定期对所属经营单位的信用风险管理情况进行监督和检查。信用风险管理督查工作的主要流程如下：

1. 选择督查对象

A 集团风险管理部通常会根据已掌握的信息，预估经营单位信用风险管理情况，初步确定督查对象的范围，重点考虑信用交易规模较大、信用风险较高或存在风险隐患的经营单位；再综合考虑年度工作计划等情况，最终确定信用风险管理督查对象。

2. 督查准备

在赴现场开展督查工作前，A 集团风险管理部会尽可能地了解督查对象的情况，做好督查准备工作。

一是查阅资料，包括查阅部门档案，往期的信用风险管理报告、督查报告、评级授信报告、信用风险预算报告、内控自评价、内控整改等；若已部署信用风险管理信息系统，还需查看信息系统中的最新数据。

二是多方沟通，与其他部门进行沟通，了解督查对象近况等。

3. 现场访谈

A 集团通常通过现场访谈来了解被督查单位的信用风险管理基本情况。

（1）访谈对象

包括被督查单位分管信用风险的领导、信用风险管理部门或岗位人员、相关财务人员和业务人员等。

（2）访谈内容

①公司基本情况：包括成立年限、发展历程、公司规模（资产总额、分支机构数量和规模）、组织架构、主管领导分工、员工数量等。

②经营情况。

经营规模：营业收入、利润总额、净利润。

所处行业情况：行业现状、行业政策、行业前景、行业主要风险、行业龙头、本公司所在行业地位。

业务类型：主要业务构成，各业务的收入和占比、毛利率、利润占比；若是生产类企业，还应了解产能和产能利用率等情况。

结算方式：结算方式构成、各结算方式占比。

客户：前十大客户。

供应商：前十大供应商。

信用交易情况：信用交易总规模、客户信用交易规模、供应商信用交易规模、各业务类型中的信用交易占比、各业务模式下的信用交易占比、信用交易前十大客户、信用交易前十大供应商。

③信用风险管理情况。

组织建设：信用风险管理部门或岗位组织架构、成立年限、主要岗位职责、员工数量、员工基本情况。

制度建设：制度建设基本情况。

信用风险管理工作开展情况：关键流程、环节的控制。

信用风险事件：公司成立以来是否发生风险事件，若有，需了解每一事件的详细情况（发生时间、事件原因、损失金额、处理方式、处理结果）。

4. 现场检查

A 集团通常通过采用穿行测试和抽样检查的方法现场检查被督查单位的信用风险管理情况。其中，穿行测试主要是在正常运行条件下，穿越被督查单位信用风险管理的全流程和所有关键环节，以此检查信用风险管理流程中的缺陷。抽样检查主要是检查信用风险管理相关的各种文件、单据等，查看是否有违规情况。

5. 编写工作底稿

督查过程中，A 集团要求按规定填写和保留工作底稿。

6. 现场沟通

就督查中发现的问题与相关人员进行当面沟通。

（二）信用风险管理评价

A 集团制定了信用风险管理督查打分表，会根据督查结果，对被督查单位进行打分和评价，并指出被督查单位在信用风险管理方面的缺陷，指导其开展缺陷整改工作，如表 9-13 所示。

表 9-13　信用风险管理督查打分表

序号	检查项目	检查内容及评分细则
1	组织和制度建设	
1.1	建立独立于业务部门的信用风险管理相关部门或岗位	（1）成立独立的信用风险管理部门（经营规模较小的设立风险管理岗位可得满分）（85~100 分） （2）由非业务部门承担信用风险管理职责（70~84 分） （3）信用风险管理岗位设立在业务部门（60~69 分） （4）没有设立信用风险管理部门或岗位（60 分以下）

序号	检查项目	检查内容及评分细则
1.2	信用风险管理职能设置合理、全面，对业务操作具有约束力，与其他部门的职能衔接严谨	包括但不限于以下内容： （1）负责组织制定信用风险管理制度（0～10分） （2）负责编制信用风险预算（0～10分） （3）负责开展客户或供应商信用评级授信管理（0～25分） （4）负责客户或供应商信用风险日常监控（包括应收账款和预付账款管理、信用风险预警提示等）（0～20分） （5）负责客户供应商信用档案管理（0～10分） （6）参与赊销、预付交易的审批（0～25分）
1.3	人力资源配备满足公司信用风险管理工作需求（人员数量和人员素质）	（1）人员素质和数量完全可以满足公司信用风险管理的需要（85～100分） （2）人员素质和数量基本可以满足公司信用风险管理的需要（70～84分） （3）人员素质和数量明显不能满足公司信用风险管理的需要（60～69分） （4）未配置信用风险管理人员（60分以下）
1.4	建立较为完备的信用风险管理制度	包括但不限于以下内容： （1）客户或供应商信用信息收集、整理以及档案管理制度（0～10分） （2）客户或供应商信用评级、授信管理办法和相应的审批制度（0～30分） （3）预付和赊销交易的审批制度（0～30分） （4）信用交易中预付款（供应商敞口）和应收款（或客户敞口）的管理制度（0～30分）
2	信用风险事前管理	
2.1	做好信用信息管理工作，并按规定对信用信息进行定期更新	包括但不限于以下内容： （1）按照规定收集并及时、完整地归档客户或供应商信用信息相关资料，并做好日常信息管理工作（0～50分） （2）需要开展信用交易的客户和供应商，每年应至少一次核对更新相关信息（0～50分）
2.2	建立信用风险预算管理机制，按照规定认真开展信用风险预算管理	按照集团公司规定，每年应集中编制一次信用风险预算，并尽量覆盖所属贸易业务： （1）信用风险预算管理机制运行较好（85～100分） （2）信用风险预算管理机制运行一般（70～84分） （3）信用风险预算管理机制运行较差（60～69分） （4）没有建立信用风险预算管理机制（60分以下）

序号	检查项目	检查内容及评分细则
2.3	建立供应商客户信用风险评级和授信管理机制，按照规定认真开展评级授信工作	包括但不限于以下内容： （1）建立客户或供应商信用评级授信管理机制，每年初集中开展一次信用评级授信工作（0~40分） （2）年中时，按照规定流程新增或调整客户或供应商的评级和授信（0~15分） （3）不允许与灰名单客户或供应商开展信用交易；不允许与黑名单客户供应商开展交易（0~10分） （4）各单位应根据实际情况在集团公司确定的A、B、C、D 4个信用等级标准的基础上进行细分，对不同信用等级的客户和供应商进行分类管理（0~20分） （5）必须对开展信用交易的客户或供应商进行信用等级评估，符合条件的客户供应商才能授予信用额度，原则上不对D级客户或供应商授予信用额度（0~15分）
2.4	积极采取债权保障措施，认真开展债权保障管理工作	包括但不限于以下内容： （1）按照规定，积极主动采取债权保障措施（0~50分） （2）开展债权保障日常管理工作，风险管理部门或岗位人员对信用交易相关的债权保障进行集中管理，并按规定将债权保障信息录入信息系统或以适当方式存档（0~30分） （3）对债权保障相关资产管理进行跟踪管理，编制专门的资产目录，合理评估相关资产的价值，并定期进行检查；对于期限比较长的，定期进行再评估（0~20分）
3	信用风险事中监控	
3.1	建立明确的信用交易业务审批机制，并由风险管理相关部门或岗位参与相关审批	包括但不限于以下内容： （1）有明确的预付、赊销业务审批程序并有风险管理相关部门或岗位应参与该审批流程（0~30分） （2）有明确的预付款、定金支付、发货控制审批程序并由风险管理相关部门或岗位应参与该审批流程（0~30分） （3）风险管理相关部门或岗位应对合同中与信用条款相关的内容进行审核，确保合同中的授信额度和期限、保证金条款等符合规定（0~40分）
3.2	建立信用风险日常监控预警机制，对预付账款（或供应商敞口）、应收账款（或客户敞口）、客户或供应商动态等进行密切跟踪，并定期分析其信用风险情况，视情况及时发布提示预警信息	（1）信用风险日常监控预警机制运行较好（85~100分） （2）信用风险日常监控预警机制运行一般（70~84分） （3）信用风险日常监控预警机制运行较差（60~69分） （4）没有建立信用风险日常监控预警机制（60分以下）

续表

序号	检查项目	检查内容及评分细则
3.3	严格执行供应商客户授信额度管理，若无特殊原因，不应出现超额度和期限情况	（1）一年内，除特殊原因外，没有出现超授信额度的情况（85～100分） （2）一年内，无特殊原因出现超授信额度的情况，但情况较轻（70～84分） （3）一年内，无特殊原因出现超授信额度的情况，情况比较严重（60～69分） （4）一年内，无特殊原因出现超授信额度的情况，情况很严重（60分以下）
3.4	严格执行信用风险预算，若无特殊原因，不应出现超预算情况	（1）一年内，没有出现超信用风险预算的情况（85～100分） （2）一年内，出现超信用风险预算的情况，但超预算情况较轻（70～84分） （3）一年内，出现超信用风险预算的情况，且超预算情况比较严重（60～69分） （4）一年内，多次出现大幅度超信用预算的情况，超预算情况很严重（60分以下）
4	信用风险事后处理	
4.1	建立应收预付款催收机制，督促相关部门尽快收货回款	（1）应收预付款催收机制运行较好（85～100分） （2）应收预付款催收机制运行一般（70～84分） （3）应收预付款催收机制运行较差（60～69分） （4）没有建立应收预付款催收机制（60分以下）
4.2	积极推动并跟踪逾期账款处理，长期未解决的逾期账款金额较小	（1）长期未解决的逾期账款金额占平均敞口0.5%（含）以下（85～100分） （2）长期未解决的逾期账款金额占平均敞口0.5%～1%（含）（70～84分） （3）长期未解决的逾期账款金额占平均敞口1%～3%（含）（60～69分） （4）长期未解决的逾期账款金额占平均敞口3%以上（60分以下）
4.3	积极推动并跟踪诉讼进展	（1）推动与跟踪进展工作开展较好（85～100分） （2）推动与跟踪进展工作开展一般（70～84分） （3）推动与跟踪进展工作开展较差（60～69分） （4）没有开展推动与跟踪进展工作（60分以下）
5	沟通与协调	
5.1	与相关单位和部门保持良好沟通，按规定报送信用风险管理报告等相关材料	包括但不限于以下内容： （1）按规定报送信用风险管理报告（0～30分） （2）按规定报送信用风险预算相关材料（0～20分） （3）按规定报送客户或供应商信用评级和授信相关材料（0～20分） （4）按规定报送预警客户或供应商、其他重点关注供应商客户以及其他信用风险事件等相关信息（0～30分）

序号	检查项目	检查内容及评分细则
5.2	积极推动所属单位的信用风险管理工作，积极宣传信用风险管理文化	(1) 推动工作开展较好（85～100分） (2) 推动工作开展一般（70～84分） (3) 推动工作开展较差（30～59分） (4) 没有开展推动工作（60分以下）
6	减分项	
6.1	存在瞒报、谎报信用风险的情况（本项最多扣10分）	(1) 瞒报或谎报重大信用风险事件（扣8～10分） (2) 报送的信用数据等资料存在重大遗漏或错误（扣5～7分） (3) 其他存在遗漏或错误的情况（扣5分以下）
6.2	发生重大信用风险事件（本项最多扣10分）	(1) 实质性信用风险涉及金额大于1亿元（含），或占平均敞口的10%（含）以上（扣8～10分） (2) 实质性信用风险涉及金额大于5000万元（含），或占平均敞口的5%（含）～10%（扣5～7分） (3) 实质性信用风险涉及金额大于2000万元（含），或占平均敞口的3%（含）～5%（扣5分以下）

第二节　市场风险管理体系

一、市场风险及市场风险管理的概念

（一）市场风险的内涵

市场风险指未来市场价格（包括商品价格、利率、汇率等）的波动对企业实现其经营目标的影响。按照风险源的不同，市场风险可以分为商品价格风险、汇率风险、利率风险等。

（二）市场风险管理的内涵

市场风险管理指通过科学地利用各种市场风险管理工具和方法，识别、分析、评价、应对市场风险，并在充分沟通的基础上对市场风险进行系统化的管理。市场风险管理整体框架在市场风险管理体系中扮演着非常重要的角色，是企业市场风险管理工作的出发点和体系建设的依据。根据自身特点建立市场风险管理整体框架是企业进行市场风险管理工作首先需要解决的问题。ISO31000风险管理框架与过程如图 9 – 19 所示。

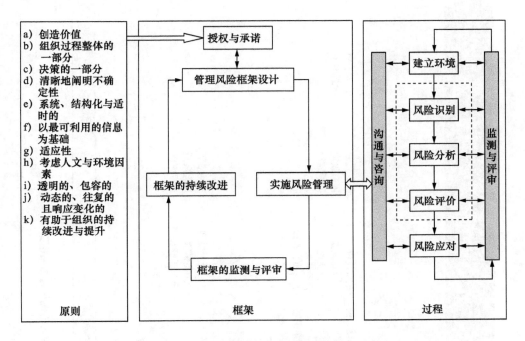

图 9 – 19　ISO31000 风险管理框架与过程

　　A 集团结合 ISO31000 风险管理框架与过程以及其他一些企业的先进实践建立了自身的市场风险管理框架，如图 9 – 20 所示。A 集团的框架包括纵向、横向两条线。纵向来看，框架涵盖从政策体系、内控体系、方法体系到文化建设的关键要素，对 A 集团市场风险管理制度、战略、风险偏好、职能分工、管理流程以及相关工具都进行了定义；横向来看，框架贯穿《中央企业全面风险管理》以及国际风险管理标准 ISO31000 中所要求的市场风险管理核心流程，包括明确环境信息、风险识别、风险分析、风险评价和风险应对。

　　（三）市场风险管理的常见指标

　　市场风险管理是一门量化的学科，通过制定风险管理策略、建立风险管理模型、监控风险管理指标等步骤，来实现对企业市场风险的有效管理。市场风险管理基本指标及术语如下所示：

　　风险敞口指在市场活动中未来收益有可能收到市场价格变动影响的那部分资产或负债。初始价值为获取该部分敞口资产的初始成本。敞口价值为计算时点该部分资产的市场价值。

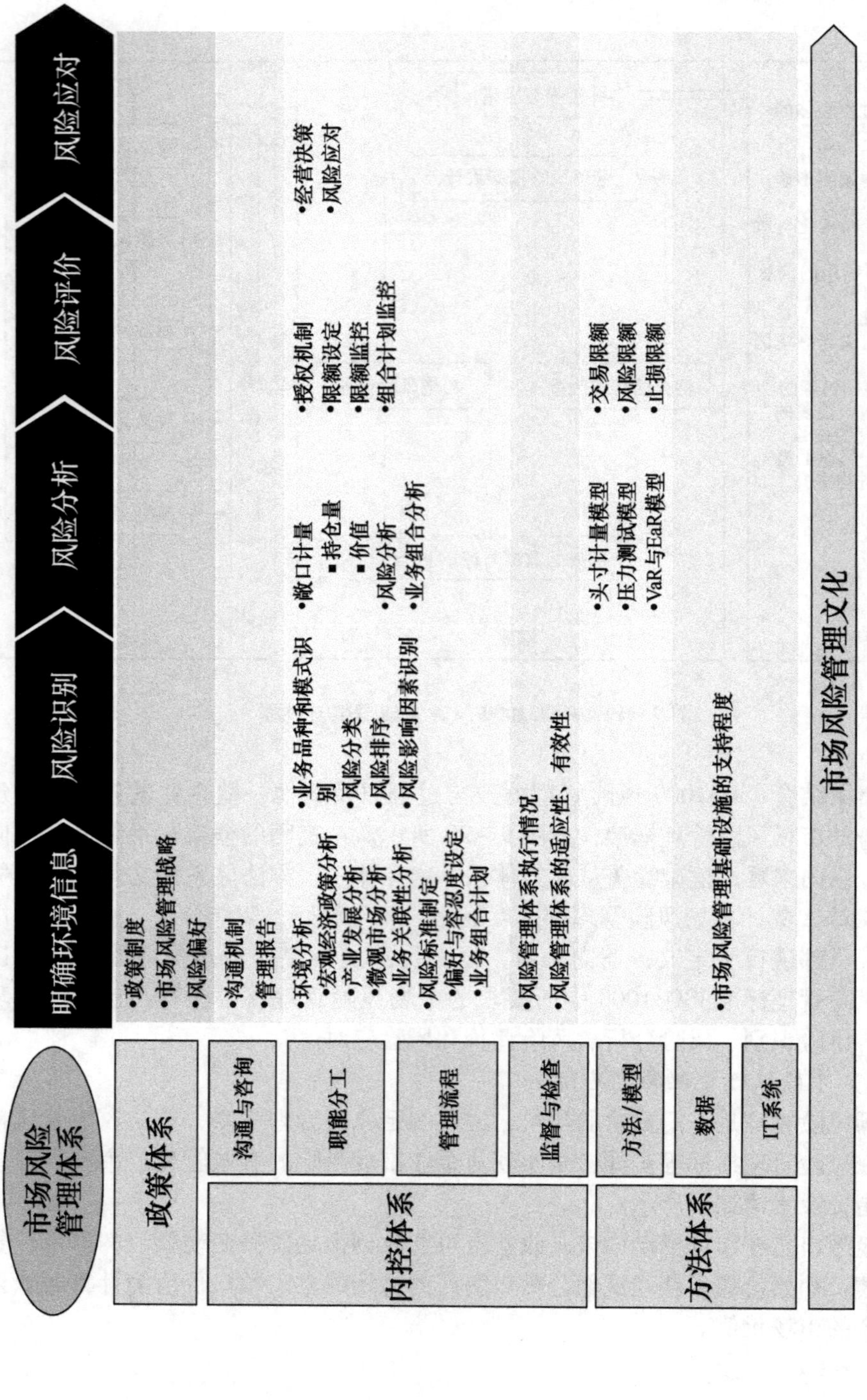

市场风险管理体系

政策体系
- 沟通与咨询
- 职能分工

内控体系
- 管理流程
- 监督与检查

方法体系
- 方法/模型
- 数据
- IT系统

明确环境信息	风险识别	风险分析	风险评价	风险应对

明确环境信息
- 政策制度
- 市场风险管理战略
- 风险偏好
- 沟通机制
- 管理报告
- 环境分析
- 宏观经济政策分析
- 产业发展分析
- 微观市场分析
- 业务关联性分析
- 风险标准制定
- 偏好与容忍度设定
- 业务组合计划
- 风险管理体系执行情况
- 风险管理体系的适应性、有效性
- 市场风险管理基础设施的支持程度

风险识别
- 业务品种和模式识别
- 风险分类
- 风险排序
- 风险影响因素识别

风险分析
- 敞口计量
  - 持仓量
  - 价值
- 风险分析
- 业务组合分析
- 头寸计量模型
- 压力测试模型
- VaR与EaR模型

风险评价
- 授权机制
- 限额设定
- 限额监控
- 组合计划监控
- 交易限额
- 风险限额
- 止损限额

风险应对
- 经营决策
- 风险应对

市场风险管理文化

图9-20 A集团市场风险体系框架

浮动盈亏指按持仓合约的初始成交价与当日结算价计算的潜在盈亏。

在险价值（VaR）指在一定的时间内，在一定的置信度（比如95%）下，投资者最大的期望损失。作为一种市场风险测量和管理的新工具，在险价值法就是为了度量一项给定的资产或负债在一定时间里和在一定的置信度下其价值最大的损失额。

压力测试指将资产或资产组合置于某一特定的极端情境下，如经济增长骤减、失业率快速上升到极端水平、房地产价格暴跌等异常的市场变化，测试该资产组合在这些关键市场变量突变压力下的表现状况，考察其是否经受得起这种市场的突变。

风险偏好是指对各项业务所承担的市场风险种类和大小的基本态度。

风险容忍度是指企业在实现其经营目标过程中对风险的可接受程度，体现为一系列控制指标，包括最大敞口总量、最大可承受损失、目标收益率波动性、资产波动性、资产对经济环境的敏感性等。

风险准则可以反映风险大小的量化指标。风险准则建立在组织目标、内外部环境之上，可从组织的各项准则、政策以及其他要求中得以明确。风险准则一般包括风险容忍度、交易限额、止盈/止损限额、风险限额等。

风险限额是指对按照一定的计量方法所计算的市场风险设定的限额。一般指基于在险价值计量设定的限额。

【案例】

市场风险相关概念实例

（1）6月1日，业务员A签订一笔采购合同，商品为铜，数量100吨，采购价格为6万元/吨（假设该价格为市场公允价格）。若以第一天业务结束计量，敞口量为100吨，初始价值为600万元（100×6万元），敞口价值为600万元（100×6万元），浮盈亏为0。

（2）6月2日，业务员A又签订了一笔采购合同，商品为铜，数量为50吨，采购价格为6.1万元/吨。若以第二天业务结束计量，敞口量为150吨，初始价值为905万元（100×6万元 + 50×6.1万元），敞口价值为915万（150吨×6.1万元），浮盈亏为10万元。

（3）6月3日，业务员A签订一笔销售合同，商品为铜，数量为110吨，销售价格为6.2万元/吨。若以第三天业务结束计量，敞口量为40吨（150 - 110），初始价值为40×成本价格（可以采取的方式先入先出、库存加权平均），敞口价值为 40×6.2 万元 = 248 万元，浮盈亏为 Δ（248 万元 – 初始价值）。

（四）市场风险管理文化

市场风险管理文化是客观存在的，它是市场风险管理体系的根基。市场风险管理体系无论是政策制度、内控体系还是方法体系，对于员工来讲都是外加的行为规范，它与内在的群体价值观是否一致，对建立完全的市场风险管理体系发挥着举足轻重的作用，也是市场风险管理体系能否有效运行的关键所在，所以 A 集团历来都重视市场风险管理文化建设。通过市场风险管理案例研究，市场风险管理理念、知识、管理流程等方面的专业培训及其他多种形式，广泛、深入、持久地宣传市场风险管理文化，把文化贯穿于 A 集团业务和管理的整个过程，并内化为全体员工的自觉意识和行为习惯，保证了市场风险管理机制得以有效运行，促进了 A 集团市场风险管理能力和管理水平的提高。

市场风险管理是一个比较新鲜的事物，要想在集团内部形成统一的认识并不是一件容易的事情。A 集团对市场风险管理的认识就经历了存在不同看法、交流碰撞、统一认识的过程。在这个过程中，根据企业自身的实际情况，明确以下几个问题至关重要：

1. 什么是市场风险管理

管理市场风险是不是意味着对业务的管理？对于这样一个问题，A 集团上下最初有三种不同的答案。有的人认为，市场风险管理就是业务管理，市场风险管理与业务经营紧密相关，需要更好地研判市场，做出正确的经营决策，如决定从哪儿买、卖给谁、买什么、卖什么。有的同志认为，市场风险管理并不等同于业务管理，市场风险管理不干涉具体业务操作，但在处理业务和市场风险管理关系时，需明确风险管理不是为了管业务，而是为了更好地服务和发展业务。另外，市场风险管理并不意味着能够明确每笔交易什么价格、什么时候该卖或该买，而是建立相应的体系、方法论和制度，成为沟通业务和管理的工具。有的人认为，市场风险管理与业务运营是矛盾的，开展业务的目标是赚取利润，控制市场风险可能会阻碍业务的发展，业务部门和风险管理部难以和谐合作。

统一观点认为，市场风险管理的目的是通过对交易过程中可控因素的管理，实现对不可控因素所带来风险的规避。市场风险管理是指在资金、人力资源、风险管理能力和其他资源许可范围内，在可承受的风险水平下开展各种业务活动，妥善管理承担的市场风险，努力在风险与回报之间取得适当的平衡，以求把可能出现的损失减至最低，最终实现经风险调整后回报率的最大化和股东价值的最大化。

2. 市场风险要不要管

整个集团对于市场风险管理的重要性都有相当的认识，但是对于市场风险管理是不是当务之急的问题却有着不同的理解。集团层面认为，市场风险是前置风险，有可能引发包括信用风险在内的其他风险，应该是管理工作的重点。业务层面有着不同的理解。有的人认为，集团总部层面不应该也无法对市场风险进行管理；有的人认为，市场风险虽然影响很大，但不可控，不应该是当前管理的重点，实际业务中客户信用风险比市场风险更大一些，集团总部抓好信用风险就可以了。

统一观点认为作为以贸易为主营业务的 A 集团，市场风险是我们面临的主要风险，同时由市场风险还会衍生出其他相关风险，必须从主动性、前瞻性、专业性、独立性几个角度对其进行管理。集团总部层面应该在总量层面、操作规范层面进行管理并保持持续的监控，集团亟须在市场风险管理领域进行建设和提升，市场风险必须要管。

3. 市场风险能不能管

大家基本认为市场风险管理是非常难的，建立完善的市场风险管理体系不容易。首先，很难建立有效的预测体系，难以对未来市场做出很好的判断，更多地依靠人的主观判断来确定；其次，设定集团整体和业务中心的风险偏好不现实，风险偏好需要针对各具体业务单元制定；再次，风险管理的组织结构也存在问题，同级别的风险管理是很难做到的，关键时需要上一个级别的部门来管理；最后，风险管理绩效考核方法不完备，风险管理的绩效考核难度在于风险管理产生的效益很难量化，而风险管理不力产生的损失却显而易见。

统一观点认为，通过明确集团的风险偏好（主要是市场风险）和风险管理战略，完善市场风险相关管理制度、设定风险容忍度及风险限额体系，引入风险计量手段，优化市场风险管理组织架构和流程，提高管理效率，规范市场风险管理。A 集团能够建立完善有效的市场风险管理体系，能够通过系统化体系化的方法对市场风险进行管理。

4. 市场风险怎么管

对于这个问题大家普遍认为应该存在三条基本原则。

第一，针对市场风险的经营决策应当由业务部门负责。集团总部可以制定基本的管理框架，对业务下达合理的总量控制指标，在保持一定灵活性的前提下，要求管理框架保持一致性；风险管理部门对业务部门提供市场风险提示，进行一些职能性的规定动作，但不对具体业务操作进行干涉；具体经营决策应该由业务部门制定，并直接负责损益。在一般情况下，对于业务经营的处理，均应该业务部门自行决定。

第二，市场风险应分层管理。根据识别、度量、管理、应对的风险管理思路，市场风险管理应当由集团管理层从宏观层面上设定风险偏好，业务人员再以此为依据设定相应的业务计划。市场风险管理强调的是管理而非控制。

第三，市场风险管理中应明确各职能部门以及业务部门之间的责任和义务。在 A 集团涉及市场风险管理的部门通常有风险管理部、市场部、企划部、财务部等，需明确划分各部门在市场风险管理上的职能，做到不重不漏。另外，由于职能部门不承担具体的经营目标，业务部门需要承接经营任务，并对经营任务的完成负有直接责任，这种情况下，在参考职能部门的管理建议时，需要承担更大的压力。因此在构建市场风险管理体系架构时，需明确职能部门的责任和义务。

统一观点认为，A 集团应建立分层、分类和集中的市场风险管理原则，集团、业务中心、事业部三个层面以及职能部门之间和业务部门在市场风险管理体系中建立明确的职责界定和分工。另外，遵循风险透明的管理原则，通过统一的度量手段，使不同层面、不同部门对面临的市场风险有一致的认识，并基于该认识进行相应的业务决策。

通过讨论和明确以上问题，有效提升了 A 集团各方对市场风险管理工作的认识水平。另外，结合自身的业务特点和企业文化，A 集团还逐步形成了稳健经营、忌赌慎搏、共同防范、创造效益的市场风险管理理念。以上培育市场风险管理文化方面的工作为市场风险管理体系建设奠定了坚实的基础。

二、市场风险管理策略体系

（一）市场风险管理策略的概念

市场风险管理策略指的是企业在市场风险管理过程中，对于风险偏好、风险容忍度和风险限额等风险应对策略的总体设置。

市场风险管理策略的最终表现形式是市场风险预算。市场风险预算作为全面风险预算管理的组成部分，在企业日常经营管理中，控制风险起到重要作用。市场风险预算中可以综合反映企业的风险偏好、风险容忍度和风险限额。

（二）市场风险管理策略的应用

1. 设定风险偏好和容忍度

风险偏好设定是基于企业所有者的主观意志、回报要求和经营理念。从定性的角度看风险偏好可分为激进型、进取型、稳健型、慎重型与保守型，如表 9 - 14 所示；从定量角度看可以为量化目标，如企业欲维持一定的目标评级（三大评级机构）。风险偏好的定位对制定企业发展战略和重大决策具有重要的导向作用。

表 9 – 14　风险偏好设定实例（定性）

风险类型	风险子类	业务类型	风险偏好	内涵
信用风险			慎重型	
操作风险	合规风险	所有业务	保守型	集团对合规风险零容忍
市场风险	价格风险	金融业务	稳健型	可接受收益水平下稳妥承担价格风险，平衡高风险高收益与低风险低收益业务，整体风险调整后收益要显著超过集团平均资金成本，同时严格控制对集团目标可能造成重大影响的持仓行为
	价格风险	贸易业务	稳健型	
	价格风险	矿业	稳健型	
	价格风险	加工、地产	慎重型	稳定是需要首要考虑的因素，追求较低的风险，期待获得稳定收益，除非趋势十分明朗，尽可能进行对冲或规避
	汇率风险	所有业务	慎重型	
	利率风险	所有业务	慎重型	
其他风险				

　　风险偏好设定应考虑以下因素：哪些风险可以接受，哪些不可以接受，是否准备接受比目前更高的风险。对当前各个业务单元已接受的或准备接受的风险是否满意，是否愿意接受发生可能性不大但可能会影响企业生存和声誉的风险；风险偏好与战略目标之间的相关性，不同的战略目标需承担不同的风险，战略目标和风险偏好均要反映到企业发展战略中，引导企业内部的资源配置。

　　2. 市场风险容忍度

　　市场风险容忍度是风险偏好的具体体现，是进一步量化和细化、与实际风险特征联系紧密、有一整套关键的控制指标、明确风险的最低限度和最高限度。通常采用"自下而上"和"自上而下"相结合的方式设定。

　　容忍度设定基本原则：战略一致性原则，风险容忍度与风险偏好、发展战略保持一致；清晰完整原则，控制指标体系要清晰和完整；风险分析匹配原则，风险容忍度控制指标需要有定量化的分析支持；稳定性与灵活性原则，风险容忍度要保持相对稳定，但可根据市场环境和经营状况的变化做出相应的调整。

　　容忍度指标：最大风险敞口总量，最大可承受损失，资产组合波动性，目标收益率波动性，集团对经济环境的敏感度——单位价格变化敏感性。市场风险容忍度实例如表 9 – 15 所示。

表 9 – 15　市场风险容忍度实例

容忍度指标	最高风险容忍水平
最大风险敞口总量	公司总敞口不超过总资产30%
最大可承受损失	一年内公司最大损失不超过过去5年平均利润的100%

容忍度指标	最高风险容忍水平
资产组合波动性	一年内公司最大损失不超过公司资本的 20%
	对于 20 年一遇的灾难，公司的资本损失不可超过 15%
	对于 50 年一遇的灾难，公司在贸易业务市场中的损失不可超过 15%
目标收益率波动性	损失一整年的利润的可能性不可超过 0.20%
集团对经济环境的敏感度	公司总资产对某一产品价格的波动的敏感性不可超过 20%

3. 市场风险限额管理

在市场风险偏好和风险容忍度下，应建立全面的、多层级的市场风险限额体系，以确保各层级单位所承担的市场风险在可容忍限度内。A 集团计划结合全面预算工作来制定市场风险限额管理方案，设置交易限额、止盈/止损限额和风险限额，报相应层级的风险管理委员会。

另外，应定期对各类市场风险关键指标数据进行汇总和分析，并根据实际执行情况、市场环境的变化以及经营计划的调整及时对市场风险限额进行更新。

授权管理是市场风险管理的重要手段，通过授权管理将业务限额落实到责任主体来规范经营活动，各经营单位在各自市场风险权限内操作业务，超权限的业务需上级审批。

三、市场风险管理组织体系

市场风险管理职能分工没有一个统一的、标准的具体模式，不同的企业分工各不相同，因此 A 集团在进行市场风险管理职能分工时充分考虑了自身的管控现状，形成了 A 集团、业务中心、业务部门以及相关职能部门各负其责、协同运作的市场风险管理组织体系。

（一）集中、分层、分类的组织体系

A 集团实行集中、分层、分类的市场风险管理模式。集中管理指管理规范和标准的集中，对各类风险信息进行集中化汇总和处理，对市场风险的应对决策进行集中化处理。风险管理的独立性和专业性要求企业对风险进行集中管理。从横向来看，企业要有专门的风险管理部门或岗位履行风险管理的职责，而不是由其他职能部门兼职代管；从纵向来说，集团层面要总体管理集团面临的所有风险，制定应急/解决方案以支持集团的经营决策，这就要求上下信息透明，而不是业务中心或事业部甚至业务员各自为政，形成信息孤岛。

分层管理指根据市场风险管理活动内容的不同以及风险本身的性质和重要程度的不同，在集团、业务中心和事业部层面，分别明确管理分工和管理重点，落实管理责任。风险管理（部）在企业不同层级对风险的关注点是不一样的：就市场风险而言，集团层面更多考虑的是各业务条线汇总后的敞口总量、浮动盈亏总量、产品限额、风险集中度等；而业务中心层面考虑的是本条线的敞口总量、浮动盈亏总量、限额框架下如何配置产品、同类产品的风险集中度等；事业部则关心具体的业务头寸、损益、信息收集等。

分类管理指根据市场风险种类的不同，引发市场风险的因素不同，以及市场风险管理的环节不同，分别由不同职能部门承担，清晰权责，使风险管理工作得到有效衔接和配合。在对市场风险进行基本分类的基础上，结合市场风险管理环节，明确集团各职能部门的职责，从而形成各部门各负其责、协同运作的市场风险管理组织体系。

（二）市场风险管理岗位的独立性

A 集团市场风险管理组织体系包括 A 集团的总经理办公会、风险管理委员会、企业规划发展部、财务总部、审计部、法律部、信息管理部、风险管理部等职能部门，以及各业务中心经理办公会、风险管理委员会、风险管理部门或风险管理岗位。

市场风险管理岗位需要保持独立性，但并不意味着每个企业都需要设立专职的市场风险管理岗位。企业可以根据自身的规模大小和实际情况，按照不相容岗位分离的原则，在财务部、审计部、法律部等非业务的管理部门设置市场风险管理兼职岗位。

A 集团总部主要负责推进市场风险管理体系建设、制定集团层面市场风险管理政策、设定集团层面风险偏好和风险容忍度、审批业务中心风险预案、审阅及汇总业务中心提交的市场风险管理报告、推进市场风险管理文化建设等；业务中心负责制定业务中心市场风险管理办法、制定业务中心风险限额方案、进行市场风险识别、分析与评价、提出风险应对方案，并向 A 集团提交市场风险管理报告等。

A 集团总经理办公会是 A 集团市场风险管理工作的最高决策机构，主要职责如下：审定 A 集团有关市场风险管理的政策和制度；审定 A 集团市场风险偏好和风险容忍度；审定市场风险管理限额及超限额重大事项；审定市场风险预案和风险缓释或转移的管理策略；审定市场风险管理报告；审定或授权审定市场风险管理相关的重大事项。

A 集团风险管理委员会是市场风险管理的议事机构，并在总经理办公会的授权下行使决策权，主要职责如下：负责建立和完善市场风险管理体系；审议市场风险偏好和风险容忍度；审议 A 集团有关市场风险管理的政策和制度；审议市场风险管理限额及超限额重大事项；审议市场风险预案和风险缓释或转移的管理策略；审议市场风险管理报告；定期向总经理办公会提交市场风险管理报告。

A 集团风险管理部是 A 集团市场风险管理牵头部门，负责对 A 集团市场风险管理进行组织协调和集中管理，主要职责如下：牵头起草 A 集团市场风险管理政策；负责 A 集团市场风险管理政策的解释和修订；牵头起草 A 集团市场风险管理限额方案；负责组织市场风险管理的各项工作，包括市场风险的识别、分析、评价、应对，以及市场风险相关的交易信息和数据的集中获取和管理；定期编制 A 集团市场风险管理报告，并向 A 集团风险管理委员会提交；负责协调 A 集团相关职能部门的市场风险管理工作；负责对各业务中心的市场风险管理工作进行指导、监督和评价；组织 A 集团市场风险管理的文化建设。

A 集团各职能部门在各自职责范围内负责与市场风险管理相关的工作：企划部负责与市场风险相关的宏观环境分析；财务总部负责通过预算管理，向业务中心下达市场风险限额；法律部负责市场风险相关交易以及合同的合规性检查及相关法律诉讼；审计部负责对市场风险管理政策和流程执行情况进行监督检查；信息管理部负责市场风险管理的信息化建设及技术支持。

业务中心经理办公会或风险管理委员会是业务中心市场风险管理的决策机构，业务中心总经理是市场风险管理工作的第一责任人，负责领导本业务中心市场风险管理体系的建设和风险管理日常工作的开展。

业务中心风险管理部或岗位是市场风险管理的专职管理部门或岗位，负责组织起草本业务中心市场风险管理办法、授权和限额管理方案，进行市场风险识别、分析与评价，提出风险应对方案，并定期向经理办公会或风险管理委员会提交市场风险管理报告等。

业务中心相关职能部门在各自职责范围内负责与市场风险管理相关的工作；业务中心承担市场风险的业务经营部门应当充分了解并在业务决策中充分考虑所从事业务中包含的各类市场风险，以实现经风险调整收益率的最大化。业务经营部门应当为承担市场风险所带来的损失承担责任。

四、市场风险管理制度体系

市场风险管理制度体系是 A 集团总部及各业务中心制定、发布的所有与市场风险管理有关的规范性文件，包括 A 集团市场风险管理政策和业务中心市场风险管理政策等。其框架如图 9 – 21 所示。

A 集团市场风险管理制度是指由风险管理委员会审议并经总经理办公会审批的市场风险管理基本政策，包括 A 集团全面风险管理规定、市场风险管理办法与制度等以及针对特定风险来源、特定风险管理环节和其他重要事项规范（如金融衍生业务风险管理办法）的市场风险管理办法等。业务中心市场风险管理政策是

图 9 – 21　市场风险制度体系框架

由业务中心最高决策机构或授权机构负责审批的规范性文件，包括业务中心市场风险管理办法以及更加详细的、针对具体业务的市场风险管理办法（如"××中心"业务审批管理办法、代理业务管理办法、"××中心"期货管理办法等）以及相关实施细则。

A 集团遵循以下三条原则建立市场风险管理政策体系：一是合规原则，符合国家法律、行政法规以及监管机构的监管要求，符合集团全面风险管理原则性要求；二是统一规范原则，集团总部制定市场风险管理的基本政策，提出统一规范和基本要求，其他所有有关市场风险的政策或制度都必须按照上述基本政策的规定，由有权机构进行起草（修订）、会签、审批、发布和解释；三是分级管理原则，充分考虑稳定性、适应性和操作性的平衡，设计合理的政策框架推进政策的分级管理，下一层级的制度必须符合上一层级的制度，并在颁布后报上一层级对应机构备案。

五、市场风险管理流程

（一）市场风险管理事前防范

从 ISO31000 风险管理流程来看，风险识别（信息收集）属于市场风险管理的事前防范。

1. 信息收集

风险识别（信息收集）是对企业经营目标实现产生影响因素的识别。风险识别是风险分析和评价的基础，只有对风险因子进行准确的识别，才能确保评估和应对可靠、有效。

研判市场风险环境始终是市场风险管理工作的重中之重。市场风险管理工作者必须及时、深入地对市场风险环境进行分析研判，才能时刻保持对市场变化的高度敏感性，才能具备对市场风险进行正确评估分析的能力。风险管理部紧跟形势，每天阅览主要经济信息媒体，重点关注宏观经济政策、行业发展、大宗商品价格等信息，并对诸多信息认真总结分析，将结果反映到市场风险管理报告中。

信息收集和市场研究是市场风险管理基础和前提，为了保证市场风险管理的科学性和可持续性，A 集团应持续不断地开展信息搜集和市场研究工作。收集的信息内容包括但不限于：外部环境信息，包括国内外宏观经济政策、产业发展态势、微观市场走势、行业发展指标、汇率、利率、战略伙伴及竞争对手情况等信息；内部环境信息，了解 A 集团和各业务中心的发展战略、收集与市场风险相关的业务信息和财务信息以及其他相关内部环境信息。

对于所收集的信息，A 集团进行必要的整理、筛选、分析和共享，确保信息的真实性、可靠性、完整性和透明性；对于定量信息，包括商品市场价格、利率、汇率及交易明细等，每日进行更新和维护，定期分析和总结，并将结果与相关部门共享。表 9 – 16 是由集团风险管理部每日 8：30 向全集团公布的《每日全球市场早览》。

【案例】

表 9 – 16　每日全球市场早览

一、全球主要指数早览

指数名称	最新	涨跌	年初至今	截止时间
道琼斯工业平均指数				
纳斯达克综合指数				
标准普尔 500 指数				
伦敦富时 100 指数				
巴黎 CAC40 指数				
法兰克福 DAX 指数				
东京日经 225 指数				
韩国综合指数				
孟买 Sensex30 指数				
上证综合指数				
深证成份指数				

一、全球主要指数早览

指数名称	最新	涨跌	年初至今	截止时间
恒生指数				
波罗的海指数综合运费指数				

二、全球主要商品早览

商品名称	最新价格	上一交易日日结算价	涨跌	涨跌幅	年初至今	截止时间
LME 铜（美元/吨）						
SHFE 铜（人民币/吨）						
LME 铝（美元/吨）						
SHFE 铝（人民币/吨）						
LME 铅（美元/吨）						
SHFE 铅（人民币/吨）						
LME 锌（美元/吨）						
SHFE 锌（人民币/吨）						
DCE 焦炭（人民币/吨）						
SHFE 线材（人民币/吨）						
SHFE 螺纹钢（人民币/吨）						
COMEX 黄金（美元/盎司）						
COMEX 白银（美元/盎司）						
NYMEX 轻质原油（美元/桶）						

三、全球重要汇率早览

汇率名称	最新价格	上一交易日日收盘价	涨跌	涨跌幅	年初至今	截止时间
美元指数						
欧元对美元						
美元对日元						
英镑对美元						
美元对港元						

2. 风险预算

风险预算管理是市场风险管理事前防范直接、有效的手段和工具，并应作为公司全面预算管理的重要组成部分。与财务资金预算一样，风险预算也是各业务单位在年初安排年度经营计划时，根据全年业务进度布局，合理地进行安排和配置资源。

风险预算采用总量管理，并进行分层、分级管理。目前，A集团市场风险预算管理指标主要为敞口量（交易限额）和浮动盈亏（止损限额）两个指标。每个指标又被具体细化至均值和峰值两个维度。风险预算目前为监控类指标，而非控制类指标旨在为业务单位设定预警值，监控全年业务经营的执行情况。

集团总部每年向各业务单位下发风险预算模板，各单位通过历史年度经营情况、市场风险指标情况及当年外部市场环境、经营策略等因素，对历史数值进行调整，形成各单位事业部、各经营商品总体的预算值，并通过层层上报、汇总，最终形成A集团总体市场风险预算值，如表9-17、表9-18所示。

表9-17 2016年度市场风险预算表

本表数据可由"业务中心市场风险预算辅助填报工具"页面计算得出　　　　　　　填报日期：

| 事业部/企业/中心及商品名称 | | 正常敞口量 | | | 最大敞口量 | | 浮亏预警额 |
事业部/企业/中心名称	商品名称	数量单位	数量	金额（万元）	数量	金额（万元）	（万元）
事业部1	商品1	吨	2500	4500	5000	10000	500
	商品2	千克					
	……						
	整体						
企业1	原料1	根	2500	4500	5000	10000	500
	原料2						
	……						
	产成品1						
	产成品2						
	……						
	整体						
中心整体	—	—	—				

注：①报送商品为2016年预计发生较大交易量的重点商品。

②市场风险预算表由生产企业、事业部和中心分别填报，最后由中心统一汇总。

③对于生产型企业，商品应分为产成品和原材料分别填报；对于贸易型企业，只需填报自营商品即可。

④中心需编制中心整体的正常敞口金额、最大敞口金额和浮亏预警额，而非各事业部和下属企业的汇总值。

表 9 - 18 市场风险预算表

一、输入项（需要经营单位填写）

（一）近一年市场风险敞口数据（2014 年 10 月至 2015 年 9 月）

指标	2014 年 10 月	2014 年 11 月	2014 年 12 月	2015 年 1 月	2015 年 2 月	2015 年 3 月	2015 年 4 月	2015 年 5 月	2015 年 6 月	2015 年 7 月	2015 年 8 月	2015 年 9 月
敞口数量（金额）	—	—	—	—	—	—	—	—	—	—	—	—

（二）2015 年、2016 年的营业收入、利润

指标	营业收入	营业利润
2015 年营业指标预计		
2016 年营业指标预算		

（三）2016 年市场敞口调整系数

2016 年正常敞口（金额）调整系数	1	默认值为 1，含义是假设 2016 年经营单位内外部环境与 2015 年基本相当，经营单位应根据自身的情况来确定最终调整系数，并说明调整理由
2016 年最大敞口（金额）调整系数	1	默认值为 1，含义是假设 2016 年经营单位内外部环境与 2015 年基本相当，经营单位应根据自身的情况来确定最终调整系数，并说明调整理由

（四）2015 年、2016 年资金情况

	峰值	均值	备注
2015 年资金情况（预计）			注：本栏所需填报资金的峰值和均值指 2015 年月度实际资金使用情况
2016 年资金计划情况			注：本栏所需填报的资金峰值和均值指 2016 年按照业务生产计划预计资金使用总量

二、输出项（自动计算，请勿修改）

（一）2015 年市场风险敞口数据

数据	结果
敞口数量（金额）月末均值	—
敞口数量（金额）月末峰值	—
近一年敞口数量（金额）标准差	—

（二）2016 年市场风险敞口测算

指标	结果
2016 年正常敞口数量预算（金额）	—
2016 年最大敞口数量预算（金额）	—

注：上述计算结果可直接填入"2016 年市场风险预算表"对应字段

（1）模型原理

如果经营单位内外部环境，如市场形势、经营规模、业务模式等无太大变化，经营单位的敞口数量与营业收入的比例应基本保持不变，因此，可根据经营单位过去的敞口数量和下一年的营业收入预算估算下一年度的敞口数量。

（2）计算公式

①正常敞口数量：

明年正常敞口数量＝明年营业收入预算×（本年敞口数量均值/本年营业收入预计）×正常敞口数量调整系数

②最大敞口数量。依据近一年敞口数量的波动情况，可在明年正常敞口数量的基础上计算出明年最大敞口数量，计算公式如下：

明年最大敞口数量＝（明年正常敞口数量＋标准差系数×本年正常敞口数量标准差）×最大敞口数量调整系数

其中，

● 公式中标准差系数取 1.64，统计上可使敞口峰值覆盖率达到 95% 以上。

● 正常敞口数量调整系数及最大敞口数量调整系数参考以下几个方面进行确定：主要商品的价格变化；经营单位内部业务策略变化的影响；经营单位的市场风险政策（宽松/紧缩）的影响；其他需考虑方面。

● 正常敞口数量调整系数及最大敞口数量调整系数默认值为 1，含义是假设2015 年经营单位的内外部环境与 2014 年基本相当。经营单位应根据自身的情况来确定最终调整系数，并应说明调整理由。

集团总部通过对各业务单位风险预算执行情况的监控，将 A 集团总体风险总量控制在可承受范围内。当业务单位风险敞口情况突破预算值后，集团风险管理部会要求相关单位进一步提交说明材料及风险应对措施。目前，风险预算已经成为 A 集团较为有效的风险总量管理的手段。

（二）市场风险管理事中监控

市场风险管理需面对风险因素主要为商品的外部价格、宏观经济数据等，能够主动控制的只是敞口规模和业务经营安排等。在年初制定风险预算总量指标后，日常需对各业务单位预算执行情况进行跟踪、监控，确保风险总量保持在风险预算范围之内。

报告是风险管理的载体，集团层面的市场风险管理工作以报告为载体，收集、监控各业务中心市场风险信息，开展风险分析与预警提示。在市场发生巨大波动和风险事件时，及时出具风险提示预警报告，为集团领导和相关职能部门、业务中心领导决策提供辅助参考。

1. 市场风险限额监控

年初，A 集团各业务单位制定市场风险预算的交易限额和止损限额，经过层层审批会后上报 A 集团。A 集团风险管理部会将各单位风险管理预算数据进行汇总分析，通过模型，计算出 A 集团市场风险限额，并上报相应决策机构审批。

审批通过后，市场风险限额将作为日常监控的主要指标之一。结合敞口量、敞口价值和浮动盈亏等市场风险管理指标，在信息系统中进行监控。当敞口价值、浮动盈亏等市场风险指标超出年初制定市场风险限额时，系统会以亮红灯的形式进行提示。根据限额监控，集团风险管理部会及时与各业务单位风险管理部门进行沟通，要求业务单位以书面、电话、会议等形式汇报市场风险策略及下一步应对措施情况。集团风险管理部会根据汇报情况，视情况采取相应的应对措施，或要求业务单位采取控制敞口等方式，将市场风险指标控制在相对安全的限额程度之下；或要求业务单位将风险限额进行调整，并按照相应程序上报经营管理层。市场风险限额虽然未作为控制类指标，强制业务单位进行平仓，而仅作为监测类指标，为双方提供交流沟通、研究下一步风险应对措施的机会。

2. 市场风险异常波动监控

除了对主要市场风险指标进行监控和预警，A 集团还建立了异常波动预警机制，通过对与 A 集团经营密切相关的宏观经济数据、重点经营商品价格及外汇、利率等潜在影响经营效果的风险因子进行监控，一旦发现异常情况，比如价格波动超过一定幅度、汇率利率出现异常调整等，则通过报告、邮件、电话等多种形式向相关经营单位进行风险提示。经营单位收到提示后，立即对相关情况进行核实、分析，并视异常征兆的影响程度采取应对措施。

（三）市场风险管理事后处理

对于风险的事后管理，集团层面的风险管理部门是市场风险监督与检查的主导部门，会定期或不定期地开展对各经营单位市场风险的合规、内部控制机制、信息报送的真实性等方面的检查以及现场稽查。对于违反国家法律、法规及本办法开展业务，或者疏于管理造成重大损失的相关人员，A 集团将按有关规定严肃处理，并依法追究相关人员的责任。

六、市场风险管理工具方法体系

（一）市场风险的评估

1. 市场风险识别

风险识别是指发现、确认并记录风险的过程，是有效开展风险管理的前提和基础，包括识别可能对经营目标产生影响的风险源、风险因子、影响范围、事件及其原因和潜在的后果等。当风险被识别后，应充分了解现有的控制措施。A 集团综合使用各种风险识别方法，结合实际业务情况，详细分析各类业务过程，识别潜在市场风险，全面、系统、实事求是地考察主要市场风险因子及其影响因素，并初步判断风险因子的波动状况以及可能造成损失的严重程度。

A 集团对已开展的业务包括已准入的交易产品、业务模式、交易对手、交易中介等进行定期独立风险评估。当上述内容发生重大改变时，我们会重新进行风险评估。评估的内容包括识别、量化和分析业务可能给 A 集团带来的潜在的市场风险，确保市场风险管理体系能够有效管理已准入业务的市场风险。对于新业务准入的申请需经独立风险评估后报批，确保市场风险管理体系能够有效管理新业务的市场风险。

2. 市场风险分析

风险分析是指运用科学的方法，综合考虑风险的原因、后果、发生的可能性及影响程度，以确定风险水平以及风险是否需要应对的过程。A 集团遵循科学度量原则，合理运用各种相关分析模型和工具，包括持仓结构、浮动盈亏、价格模拟、敏感性分析、在险价值以及压力测试等，得出科学合理的结果以支持决策。

A 集团的风险分析包括以下内容：发生可能性分析即利用相关历史数据来识别过去发生的事件或情况，以推断出它们在未来发生的可能性；风险水平分析，即综合市场情况及自身业务情况对市场风险进行综合分析，使用的工具包括 VaR 等；风险敏感性分析即分析某个或某几个参数的改变对市场风险的影响程度；风险后果分析即通过对特定事件及市场环境的假设分析，确定风险影响的性质和类型。可供使用的工具包括浮动盈亏、持仓结构和压力测试等。

A 集团按照应用先导、操作便捷、灵活可扩的原则开发市场风险分析工具。在开发过程中充分考虑工具的可行性、复杂性、不确定性以及工具使用的效果；编写了详细的工具说明书，包括工具的定义、工具的使用者、适用范围、参数假设、使用方法、工具结果的解释及应用等；同时，工具的开发、测试和验证过程进行了充分文档化。在模型使用过程中，A 集团充分分析了所使用方法和工具本身存在的不确定性，及其对风险分析结果的影响程度。

A 集团对所有风险分析工具至少每年进行一次维护和测试，以保证风险度量工具的科学和有效。每次维护和测试都遵守相应的维护和测试流程，并进行了详细备案。

3. 市场风险评价

风险评价是指利用风险分析过程中所获得的对风险的认知，与预先设定的限额值和预警值进行比较并指导风险应对决策的过程。限额值是指结合全面预算设置的交易限额、止损/止盈限额和风险限额，预警值通常为限额值的一定比例。

对于超过限额值和预警值的市场风险，应及时采取适当措施进行风险应对；

对于处于限额值和预警值以内的市场风险，应考虑应对成本与收益，在权衡机遇与潜在结果后采取应对措施。

风险评价应以市场风险管理政策和准则为基准，做到客观、准确和透明，并根据新识别的风险对限额值和预警值进行及时调整。集团风险管理部负责对所属业务面临市场风险的评价内容进行记录及汇报，并提出应对建议。

（二）市场风险的应对

风险应对是指通过采取各种可能措施，力求将所承担的市场风险控制在可容忍的程度内。在考虑风险应对的过程中，应评估风险的可能性和影响效果，以及风险管理成本，最终选择能够使剩余风险处于期望的风险容忍度以内的应对措施。

风险应对的措施包括规避风险、降低风险、分担风险和承受风险等。对于贸易类业务来说，规避风险的方法通常包括：通过公司政策、限制性制度和标准，防范高风险的经营活动所带来的财务损失和资产减值；通过重新制定目标，调整业务计划，减少甚至停止某些经营活动；在业务准入管理和审查投资方案过程中避免承担不可接受的高风险。降低风险的方法通常包括：将金融资产或实物资产合理分散配置，以降低风险带来的损失；通过合理设计保值方案对冲风险。分担风险的方法通常包括：通过结盟或合资经营或投资新业务；通过与其他机构签订风险分担协议共担风险。接受风险的方法通常包括：不采取任何行动，将风险保持在现有水平；市场许可情况下对产品进行重新定价，补偿风险。

在执行风险应对措施过程中，应关注相关措施的执行效果，评估剩余风险，视情况调整应对措施，进行详细跟踪记录并纳入风险管理报告。

1. 金融衍生业务对冲

金融衍生产品是 19 世纪以来迅速发展起来的投资工具，它是从利率、货币、股票、债券等传统金融产品衍生而来的金融工具的总称，内容复杂，操作的专业性强。但是从其本质上来说，金融衍生产品作为投资工具，可以通过预测利率、汇率、股价等的趋势以支付少量保证金而签订的合约，签约方有义务或可以有选择地在未来某个时期内买进或卖出特定金融产品。我国改革开放后，金融衍生产品开始进入中国市场，随着中国经济市场化的推进和金融市场的健全，金融衍生产品交易的开展逐渐成为一个发展趋势。可以进行操作的场内期货交易所就有 3 家，上海期货交易所主要交易燃料油、铜、铝、锌、铅、螺纹钢、线材、天然橡胶、黄金、白银、沥青、热轧卷板、镍、锡；郑州商品交易所以粮食为主，以及动力煤、硅铁、锰硅；大连商品交易所主要是黄玉米，豆粕、豆油、铁矿石等。

套期保值是企业经营的重要工具，能够锁定企业的经营成本，规避企业的经营风险。但是，如果套期保值运用不当，则会使企业遭受巨额损失。从财务的角度来讲，套期保值需要以资金为基础，从财务的角度来制定套期会计核算体系，资金预算和资金计划管理，对利润目标进行分解，同时也要保证毛利，对毛利进行管理。在面对套期保值亏损时，只有对其背后的动因进行深入的分析，才能揭示套期保值的潜在风险及其认识误区。

为了使金融衍生业务的管理和运作更加规范，A集团对各经营单位金融衍生业务的内部控制体系及风险防范机制都有具体的要求和管理规定。保证金融衍生业务必须依法合规开展金融衍生业务，并且能够充分利用金融衍生业务规避风险的功能，科学保障业务稳健发展。

首先要明确A集团金融衍生业务是用来对冲风险的，金融衍生业务包括远期、期货、掉期（互换）和期权等金融衍生产品，和包括其中一种或多种特征的结构化金融工具，因此必须遵循三个原则。一是套期保值原则。各经营单位开展金融衍生业务必须与主营业务相衔接，坚持以对冲风险为目的，坚持套期保值，严禁投机。二是合法合规原则。在各经营单位开展金融衍生业务应当遵守国家有关金融、期货、证券、外汇等方面的管理规定，依法合规地开展业务，并接受国家有关部门监管和检查。三是分级管理原则。各经营单位按照既定的管理关系，管理本层级及所属或控股单位的金融衍生业务，并按照本办法的规定，根据自身的业务特点和管理需求，建立健全各经营单位的相关管理办法，并督促所管辖的经营单位建立健全相关管理办法。

事前，需要公司最高决策层审定有关金融衍生业务的管理制度，根据各经营单位上报的申请金融衍生业务的经营资格和年度计划和预算的相关材料来判断，是否可以授权其在一定范围内管理金融衍生业务相关的重大事项。对于金融衍生业务相关的重大事项，包括但不限于业务品种、额度、交易品种、交易期限、止损机制及权限设置等。从集团层面组织编制整个A集团金融衍生业务风险的年度预算并提出评审意见，根据各经营单位的情况进行相应授权，并要求各经营单位必须按时保质地监控金融衍生业务的风险情况，及时提示预警，并向A集团领导和相关监管部门报告，如表9-19所示。在这个过程中，如果各经营单位对于A集团年初核定的金融衍生业务资格核准范围或者额度需要增加的可以在年中再度提出调整，但是在调整之前各经营单位应当在核准的范围内规范开展业务，不得擅自超越核准范围开展业务，任何需要调整的包括但不限于业务主体、品种范围、保值策略、现货规模、衍生业务规模、期限、交易场所或对手、代理机构、时点最大持仓量、保证金规模、授信额度、交易额度、止损限额等都需要在年中调整后才能进一步执行。

表 9-19　金融衍生业务风险预算表

经营单位	经营主体	业务品种	保值总量（吨）			结算盈亏（万元）
			计划	实际执行	执行率	
××企业	××单位	铜/铅/锌/镍/锡/	1505143	1024252	68.1%	-19303
	××单位	铅/锌/镍/银/黄金	100530	32371	32.2%	-2267
	……	……	……	……	……	……
		小计				
××企业	××单位	铜/铝/铅/锌/白银	……	……	……	……
		合计	……	……	……	……

在金融衍生业务的风险管理过程中，报告体系是必不可少的，A 集团层面的风险管理部门负责对各经营单位的金融衍生业务情况进行汇总分析，并负责整体的风险分析和风险提示。按 A 集团规定，各经营单位应于每月终了 5 个工作日内以书面形式向 A 集团企业管理部上报金融衍生业务月度报告。月报内容至少应包括上月最后一个交易日截止时的持仓情况，包括投资品种、持仓规模、资金使用情况、盈亏状况、套期保值效果等，以及相关市场分析、保值策略、重大风险事项、主要风险控制措施等。金融衍生业务风险监控如表 9-20 所示。当然对于突发事件也是有一套应急的报送方案。在金融衍生业务所面对的重大市场变动或者重大亏损、浮亏超过预警限额、被强行平仓或发生法律纠纷等事项，各经营单位必须立即上报 A 集团风险管理部，说明原因及拟采取的措施。另外，就是各经营单位需要定期或不定期进行自行检测与评审，内容包括但不限于执行境内外有关法律法规及政策的情况、执行内部业务管理办法的情况、现行管理制度的不足及完善情况、所开展衍生业务套期保值的有效性评价等。各经营单位应建立健全自身的金融衍生业务报告机制。

表 9-20　金融衍生业务风险监控表

商品	经营单位	境内/境外	交易品种	计划量（吨）		实际量（吨）		盈亏（万元）	
				保值量	时点最大净持仓量	已完成保值量	月末净持仓量	浮动盈亏	结算盈亏
××	××企业	境内	期货	485000	165000	351680	-8430	0	-2832
		境外	期货	92875	77875	112200	-10550	-3833	-1716
		×项目	期货	0	0		-4625	-3794	2170
	××企业	境内	期货	216000	75500	24035	-100	0	-861

商品	经营单位	境内/境外	交易品种	计划量（吨）		实际量（吨）		盈亏（万元）	
				保值量	时点最大净持仓量	已完成保值量	月末净持仓量	浮动盈亏	结算盈亏
××	……	……	……	……	……	……	……	……	……
	××企业	境内	期货	40000	5000	1915	0	0	-387
	……	……	……	……	……	……	……	……	……
	合计		……	……	……	……	……	……	……

2. 市场风险应急预案

为有效预防和迅速处置市场风险突发事件，最大程度地减少市场风险突发事件对经营活动和经营目标造成的危害和损失，保持业务平稳健康发展，应设置不同层面的市场风险应急预案。

市场风险应急预案的内容如下。A 集团应急预案模板如表 9 - 21 所示。

表 9 - 21　A 集团应急预案模板（示例）

预警信号		应急机构		应对措施及跟进工作	实施程序（明确处理途径）
风险源	监控信号	领导小组	应对部门		
××商品价格剧烈波动	价格波动幅度；××商品持仓量超过计划平均持仓量的×%	××业务中心风险管理部	××事业部财务部	分析所带来的财务影响；调节现货或期货市场的交易进行套期保值	××业务中心应对商品积极跟踪和监测，出现相应预警信号后，迅速报告风险管理部，由其协调推进紧急期间施行的措施；持续监测报告
国际/国内经济金融政策重大调整	市场长期走势出现逆转；市场波动率急剧放大	××业务中心风险管理委员会授权小组	××事业部财务部	控制持仓头寸……	××业务中心进行相应市场的跟踪和监测，出现相应预警信号后，迅速报告××业务中心风险管理委员会授权的领导小组；由其领导采取紧急期间施行的措施；持续监测报告
重大自然灾害、疫情等情况发生	自然灾害影响地区内某类商品的流动性	××业务中心风险管理委员会授权小组	风险管理部门	在对应或关联商品期货市场进行套期保值；寻求商品的替代商品供应商；加强与客户接触与联络，寻求其支持	

预警信号		应急机构		应对措施及跟进工作	实施程序（明确处理途径）
风险源	监控信号	领导小组	应对部门		
市场出现恐慌性抛售	价格大幅下跌，现有持仓状况预计会造成巨幅损失（如50％的资本金）	风险管理委员会授权成立之紧急应变领导小组	风险管理部财务部××事业部	在对应或关联商品期货市场进行套期保值；寻求紧急资金来源加强与客户接触与联络，寻求其支持	××业务中心进行相应市场的跟踪和监测；出现相应预警信号后，迅速报告A集团市场风险应急领导小组；由其领导采取紧急期间施行的措施；持续监测报告

①市场风险应急机构：明确市场风险应急处理机构的成员及其职责，明确与市场风险应急处理相关的具体对应部门及其职责。

②市场风险预警信号：明确需要日常监控的指标和触发应急预案的信号。指标包括持仓量、价格波动率、浮动盈亏等；信号是指要触发应急预案时指标的临界值。

③市场风险应急措施：明确针对突发事件的应急措施及跟进工作。

④市场风险应急程序：明确监测预警、报告、启动、实施与终止的具体流程。

应急预案由各业务中心制定，报A集团风险管理部备案。

（三）市场风险的沟通与监测

根据 ISO31000 风险管理流程，沟通与监测作为风险管理闭环管理中的重要步骤，起着至关重要的作用。

风险管理作为新兴的企业管理手段，在认可度和接受度方面都尚不能与财务、资金、投资等管理手段同日而语，因此就需要风险管理工作者在繁重工作之余，加强风险管理文化的沟通与宣传。特别是市场风险管理，作为一门量化学科，将错综复杂的业务经营行为以敞口、浮盈亏、在险价值等一系列数字形式进行体现，本身就是一种突破和挑战，且需要通过指标数字的大小、相关性及变化趋势等评估企业市场风险的大小，确实难以短时间被全盘接受，这就需要市场风险管理工作者与公司领导、其他职能管理部门、业务部门等做好充分沟通和宣传。此外，市场风险管理工具的各种语言同样需要统一性和一致性，这也需要进行沟通，只有一致的风险管理语言，才能将信息传递得充分、准确。

各类风险管理报告作为市场风险监测和沟通的载体，将各类风险信息按照不同类型的报告，进行承载、汇报、上传下达。当公司风险管理专业部门通过信息收集、分析、评价等流程，认为某些单位风险聚集到某一特定程度后，需要与之进行沟通，便会通过电话、会议、报告等方式进行，而报告则是风险沟通最为常用的方式，以下为 A 集团风险管理报告。

1. 市场风险管理报告

市场风险管理分析报告是风险管理部定期向公司管理层汇报集团公司市场风险管理工作情况的报告，主要是通过分析外部市场环境和内部管理能力来反映当期企业的市场风险整体水平，对集团公司重点经营的商品面临的市场风险状况进行说明，并对未来可能面临的市场风险大小进行预判，从而为管理层提供决策参考。

A 集团的市场风险管理分析报告主要包括三部分：一是集团整体市场风险主要指标分析，主要从市场风险敞口量、敞口金额和浮动盈亏营口等市场风险管理指标入手，对集团当前的内部市场风险管理情况进行分析，并结合外部宏观经济和行业形势对市场风险的影响，综合分析集团目前的市场风险整体水平，并对未来 1~2 个月可能面临的市场风险大小进行预判。二是主要经营单位市场风险主要指标分析，通过分析主要经营单位市场风险主要指标和市场风险预算的执行情况，判断各经营单位的市场风险水平，并结合各单位的实际情况，对其下一步的市场风险管理工作重点提出建议。三是对外部宏观经济情况及重点经营大宗商品价格走势进行分析和预测，对下一段经营策略进行建议。

【案例】

市场风险分析报告

（201×年×月）

特别提示：

①本报告包含公司商业秘密，原则上仅限本人阅览。若有特殊情况，应按照知悉范围最小化、工作需要才接触的原则，将知悉范围限定在最小范围。

②本报告中浮动盈亏指标是基于一些假设条件得出，并非最终损益，请在使用过程中注意区分。

一、A 集团市场风险总体情况分析

表 9-22　A 集团各经营单位市场风险主要指标汇总

单位	初始价值	敞口价值	浮动盈亏			期货浮盈亏（×月末）
			×月末	×~1 月末	环比变化（%）	
××业务中心						
××业务中心						

续表

单位	初始价值	敞口价值	浮动盈亏			期货浮盈亏（×月末）
			×月末	× ~ 1月末	环比变化（%）	
××业务中心						
××业务中心						
合计						
地产中心						

资料来源：各单位市场风险报表。截止日期：201×年×月××日。

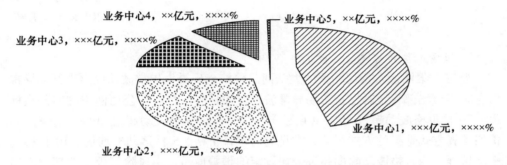

图9-22　A集团各经营单位敞口市值结构

资料来源：各单位市场风险报表。截止日期：201×年×月××日。

分析内容：包括 A 集团总体浮动盈亏、变化情况及原因，敞口结构等。

二、主要业务中心市场风险情况分析

业务中心 1

表9-23　业务中心1主要浮动盈亏单位　　　　　　单位：万元

单位	初始价值	敞口价值	浮动盈亏（×月）	浮动盈亏（× ~ 1月）

资料来源：业务 1 中心市场风险报表。截止日期：201×年×月××日。

表9-24　业务中心1主要浮动盈亏商品　　　　　　单位：万元

商品	初始价值	敞口价值	浮动盈亏（×月）	浮动盈亏（× ~ 1月）

资料来源：业务 1 中心市场风险报表。截止日期：201×年×月××日。

分析内容：业务中心 1 总体浮动盈亏、敞口机器变化情况和原因分析，敏感性分析，压力测试。

三、宏观经济观察及重要商品走势分析

（一）宏观经济形势观察

（二）重要商品走势分析

四、市场风险应对提示

近期，国内外经济逐渐企稳，但增长动力较弱，后续发展值得关注。

对于业务中心1，……

对于业务中心2，……

五、附件：主要业务中心市场风险信息表汇总

A集团风险管理部

201×年×月

2. 市场风险异常波动监控机制

当与A集团经营密切相关的大宗商品价格出现重大异常波动或出现其他异常信息时，市场部将及时发布市场异常波动监控报告。目前，公司使用的监测指标为"20日价格波动超过10%（阴跌）"及"3日价格波动超过10%（急跌）"。价格计算方式选择的方式很多，常见的有单日价格、5日移动平均价、10日移动平均价等。当价格波动幅度超过公司设定的预警值后，由风险管理专业部门发出提示预警，对价格异常波动的原因进行分析，并要求经营该商品的各企业汇总上报公司经营该商品的现货、期货敞口头寸，并及时评估浮盈亏指标，提出下一步应对策略，形成风险管理价格异常波动提示报告，上报公司领导。

【案例】

市场异常变化监控报告

（2015年第1期）

商品类别：铜、铅、镍、锌

发布单位：A集团风险管理部

日期：2015年1月15日

2015年1月13日、14日，LME、SHFE有色金属期货价格出现剧烈下跌，铜连续2日跌幅接近5%。对此，我部与××单位及时进行了沟通，对铜、铅、镍、锌敞口进行简单分析，××单位铜、镍产品期现货处于净空头状态，此番价格的下跌，对我司影响为正，但铅、锌现货、期货端均为多头，且头寸量较大，存在一定风险。具体情况如下。

一、有色金属价格波动情况

1. 铜金属价格走势分析

从图 9－23 可以看出，铜金属价格自 2014 年 7 月以来持续阴跌，且从 12 月中下旬开始快速下跌。上图表示的 LME 铜期货结算价格从 2014 年 12 月 12 日至 2015 年 1 月 14 日的近 20 个交易日累计下跌幅度超过 15%，近两个交易日更是剧烈下跌幅度接近 10%，价格创近 5 年半新低。

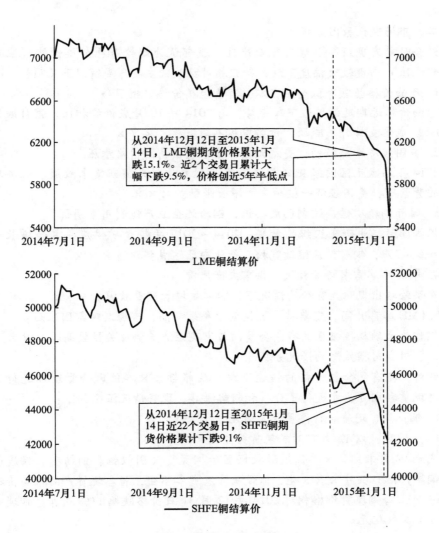

图 9－23　铜价格走势分析

上图为 SHFE 铜期货结算价走势图, 与 LME 走势类似, 从 2014 年 12 月 12 日至 2015 年 1 月 14 日的近 20 个交易日累计下跌幅度 9%, 跌势相对于 LME 铜期货略缓, 但也存在进一步下跌空间。

2. 铅金属价格走势分析

略。

3. 镍金属价格走势分析

略。

二、市场变化原因分析

结合目前宏观经济形势及行业情况, 我部认为此轮有色金属价格 (主要为铜、铅、镍) 出现较大幅度下跌, 锌铝相对抗跌, 主要原因有以下几项:

1. 原油价格暴跌降低企业成本, 有色金属价格中枢下移

原油价格近期延续单边下跌走势, 与 2014 年 10 月底价格相比, 累计跌幅超过 50%。成本支撑作用减弱, 价格中枢不断下移。×××

2. 美国经济增长强劲, 美元大幅升值令大宗商品价格承压

2014 年在欧元区国家及日本经济复苏乏力, 新兴国家需求放缓、经济增速放缓的背景下, 美国经济一枝独秀, 增长强劲。×××

3. 国际铜精矿供应过剩已成共识, 铜冶炼企业产能利用率高位

根据国际铜业研究组织的数据, 2014~2017 年铜精矿供应年复合增长率保持在 6%~7%, 铜矿供应继续宽松, 行业内已达成共识。×××

4. 中国终端需求持续放缓, 供需失衡严重

在供给端出现明显宽松的情况下, 需求端增长严重放缓。×××

5. LME 库存升高, 空单持仓规模创近年来新高, 市场悲观氛围浓烈

铜作为金融属性极强的有色金属, 与宏观经济走势相关性较高。×××

三、对我司损益影响情况分析

针对此轮有色金属价格的快速下跌, 我部与××单位风险管理部进行了沟通。对现货和期货头寸进行了分析和粗略测算, 现将情况汇报如下:

1. 铜: 期、现货合计浮盈××万元

(1) 现货: 以 12 月末时点现货头寸进行测算

截至 12 月末, ××单位报送数据显示铜现货 (阴极铜、铜精矿、铜废碎料和粗铜等) 敞口头寸×××吨, 假设头寸及成本不变, 将各现货产品市场价格以 1 月 14 日上海铜现货价格相对 2014 年 12 月 31 日价格跌幅 11% 测算, 铜现货敞口浮亏×××亿元。

（2）期货：

表9－25　铜期货持仓及浮动盈亏

商品	经营单位	月末净持仓量（吨）	浮动盈亏（万元）
	×	×××	×××
铜	××	×××	×××
	×××	×××	×××
	小计	×××	×××

截至1月14日，××单位铜期货空头××万吨，浮盈××亿元。

2. 铅：期、现货合计浮亏约××万元

（1）现货：以12月末时点现货头寸进行测算

（2）期货：

截至1月14日，××单位铅期货多头××万吨，浮亏××万元。

3. 镍：期、现货合计浮盈约××万元

（1）现货：以12月末时点现货头寸进行测算

（2）期货：

截至1月14日，××单位镍期货空头××万吨，浮盈××万元。

4. 锌：期、现货合计浮亏××万元

（1）现货：以12月末时点现货头寸进行测算

（2）期货：

截至1月14日，××单位锌期货多头××万吨，浮亏××万元。

综上所述，从目前掌握的情况来看，××单位铜、镍期、现货整体头寸为净空头，此次价格大幅下跌，对我司影响为正；但铅、锌现货、期货端均为多头，且头寸量较大，对我司影响为负。经初步测算，报告时点××单位铜期现货合计浮盈约××万元；铅合计浮亏××万元；镍合计浮盈约××万元；锌合计浮亏约××万元。

四、建议

（1）建议××单位密切关注市场行情，保持稳健经营，不赌市场，合理控制敞口规模，科学调整敞口结构，继续按照A集团要求利用好对冲工具对冲相关风险，我部也将继续密切关注相关大宗商品价格走势，做好提示预警工作。

（2）略。

A集团风险管理部

201×年1月15日

3. 市场风险日常反馈机制

作为集团型企业，A 集团对于市场风险管理采取分层、分类和集中的管控模式。各业务单位收集本单位市场风险信息，通过风险信息系统上报 A 集团。A 集团在汇总收集各业务单位市场风险信息后，进行相应的数据分析，向 A 集团领导上报市场风险管理报告。同时，按照需要将各业务单位市场风险信息进行反馈，以下为向各业务单位反馈市场风险提示报告的模板。

通过推行市场风险提示预警报告，经营单位进一步提高了对市场风险的重视程度，加强了对市场风险的敏感程度，不断提升自身的市场风险管理水平。

【案例】

市场风险提示报告

（201×年00×号）

风险类别：市场风险
发布单位：A 集团风险管理部
日期：201×年×月××日
业务中心×：
分析内容：业务中心浮动盈亏，敞口及其变化情况。

一、业务中心×月市场风险信息提示

表9-26　201×年×月××业务中心主要浮动盈亏商品　　单位：万元

商品	初始价值	敞口价值	浮动盈亏（×月）	浮动盈亏（×~1月）

资料来源：业务中心×市场风险报表。截止日期：201×年×月××日。

表9-27　201×年×月××业务中心主要浮动盈亏单位　　单位：万元

单位	初始价值	敞口价值	浮动盈亏（×月）	浮动盈亏（×~1月）

资料来源：业务中心×市场风险报表。截止日期：201×年×月××日。
风险提示：敞口变化，敏感性分析，市场风险应对提示。

二、宏观经济观察及重要商品走势提示

（一）宏观经济形势观察

（二）重要商品走势分析

A 集团风险管理部

2015 年 1 月 15 日

　　我们一再强调，报告仅为沟通的载体，通过统一计量、相对固定的版式，以大家均可接受的表达方式进行。沟通的基础是风险大小的定量和可评估，当汇总某单位风险总量后，结合风险承受度和风险准则与之前设定风险限额相比较，当风险总量达到或超过风险限额一定比例后，风险管理专业部门需与相关业务单位进行充分沟通，了解业务单位对风险状况的评估，是否准备风险应急应对的预案，是否有行之有效的风险应对措施。若答案是肯定的，业务单位可按照既定的业务方案继续开展业务；若答案是否定的，风险管理部门有责任、也有权利按照权责，向更高级别风险管理机构（如风险管理委员会、总经理办公/董事会等权力机构）汇报，并提出是否终止/减小类似业务规模等。这就是风险沟通的目的和作用。

七、市场风险管理信息系统

（一）市场风险管理信息系统设计思路

　　A 集团在市场风险管理能力建设方面奠定良好的管理框架和具备比较完善的管理体系以后，开始思考如何深化和提升市场风险管理能力，切实发挥市场风险管理体系的作用。最终 A 集团认为，通过市场风险信息系统建设，固化并完善已有的风险管理制度、规定及流程，推进全面、及时、透明的风险信息披露与共享是达成这一目标的必备手段。

　　因此，经过认真的筹划，2011 年，A 集团开展了全面风险信息系统建设项目，着手建立专业的风险管理信息系统。全面风险管理信息系统从全面风险管理的视角，建设统一的风险信息化平台，支撑全面风险管理体系集中、分层、分类的管理要求。市场风险管理信息系统作为全面风险管理信息系统的重要子系统之一，主要侧重于以下三项功能的建设：

　　1. 敞口量、敞口价值以及浮动盈亏的收集和计量

　　通过业务系统抽取数据或手工填报数据（在没有业务系统或数据不能满足风险管理需求的情况下），由各业务中心向集团风险管理部提交市场风险管理报表，报表内容项目为各商品中类的敞口量、敞口价值以及浮动盈亏。

　　2. 已有的试点商品市场风险管理过程的信息化

　　通过业务系统抽取数据，实现试点商品的敞口计量、浮动盈亏计量、在险价

值计量和压力测试及报告。

3. 新增试点商品市场风险管理过程的信息化

分析、设计针对新试点商品的市场风险计量方案，通过业务系统抽取数据，实现敞口计量、浮动盈亏计量、在险价值计量和压力测试及报告。

(二) 市场风险管理信息系统主要功能

A集团市场风险信息系统固化并完善已有的风险管理制度与流程，推进全面、及时、透明的风险信息披露与共享，以风险报告为载体，实现对市场风险敞口、浮动盈亏及在险价值的计量，构建市场风险指标体系和风险监控预警机制，实践市场风险管理基本流程，为业务决策提供依据。市场风险信息系统主要功能有如下几项：

1. 信息收集

信息收集包括外部（宏观信息、商品市价等）和内部（规格间/地区间价差、商品业务明细）风险相关信息的收集和查询。信息收集模块系统如图 9－24 所示。市场风险管理的核心机制以市场风险相关信息的收集、分析和共享为基础。市场风险相关信息包括内部信息和外部信息：内部信息包括集团公司和各业务中心的发展战略、与市场风险相关的业务信息和财务信息等；外部信息包括国内外宏观经济政策、产业发展态势、行业发展指标等。

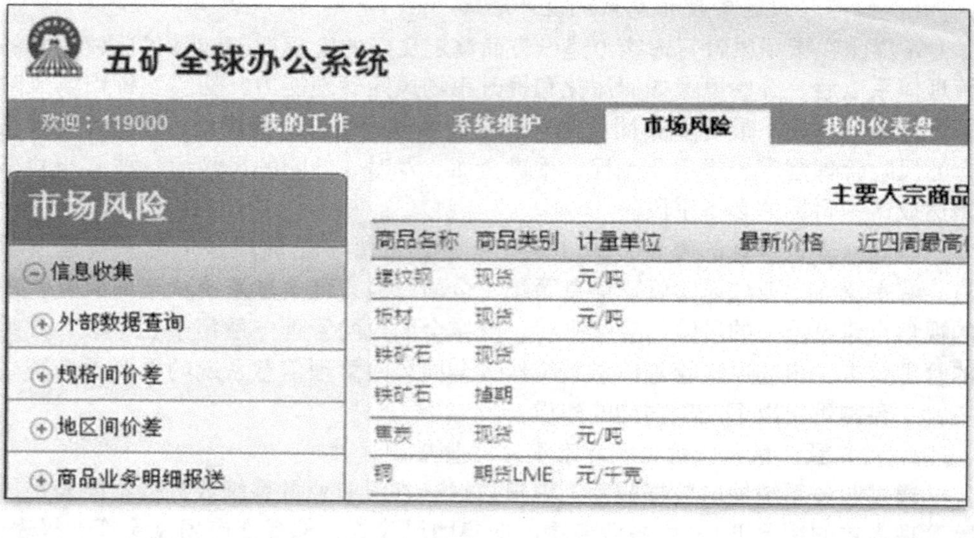

图 9－24　信息收集模块系统展示

信息收集后，可通过趋势分析、同比、环比等分析方法，从海量数据中获取有价值的市场风险相关信息，为后续的风险管理其他环节提供重要的信息基础。

2. 准则制定

处理集团、业务中心和事业部的限额提报和审批，用于风险准则制定。风险准则是指结合风险偏好、风险容忍度和业务计划设置的交易限额、止损限额和风险限额。

随着市场风险信息收集的深入和推广，各单位初步积累风险分析数据，可结合限额设置机制探索市场风险止损额和风险限额的设定，并将浮动盈亏与在险价值的计量结果与限额体系相结合，提供风险预警与分析。

准则制定模块主要包括：①集团限额管理：针对集团的交易限额、风险限额和止损限额的制定和审批；②业务中心限额管理：针对业务中心的交易限额、风险限额和止损限额的制定和审批；③事业部限额管理：针对事业部的交易限额、风险限额和止损限额的制定和审批。准则制定模块系统如图9－25所示。

图9－25　准则制定模块系统展示

3. 风险识别

风险识别是指发现、确认并记录风险的过程，是有效开展风险管理的前提和基础，包括识别可能对经营目标产生影响的风险源、风险因子、影响范围、事件及其原因和潜在的后果等。

风险识别的关键环节之一在于结合市场研究结果，全面、系统、实事求是地识别风险的影响因素，如CPI指数、利率、汇率、道琼斯指数、上游商品价格、期货市场价格等。

　　风险识别模块主要包括：①相关性分析：包括商品价格与风险因子相关性分析，及各地区间螺纹钢价格相关性分析，其中，0.6 以上的指标值均可认为具有较强的相关性；②大宗商品走势特性：提供包括螺纹钢、钢材指数等大宗商品的当期价格、波动、同比、环比的信息；③宏观数据分析：提供包括 PPI、CPI 等宏观数据的当期及走势分析。风险识别模块系统如图 9-26 所示。

图 9-26　风险识别模块系统展示

4. 风险分析

　　风险分析是指运用科学的方法，综合考虑风险的原因、后果、发生的可能性及影响程度，以确定风险水平以及风险是否需要应对的过程。

　　常用的风险分析方法包括：①浮动盈亏：指按持仓合约的交易价格与当日市价计算的潜在盈亏；②在险价值：用来测量在一个特定的时间区间内，在给定置信区间上，投资组合市值的最大潜在损失；③敏感性分析：指在保持某些条件不变的情况下，研究其他一个或多个市场风险要素的变化可能会对资产组合市值产生的影响。

　　对于在险价值的计量结果，应通过回测检验，判定其有效性，并根据检验结果，调整在险价值模型算法；在险价值模型的设计，需要根据市场研究结果和商品特性确定，并定期调整，包括模型算法及风险因子的内容和滞后期等。

　　风险分析模块系统如图 9-27 所示。

图 9 – 27　风险分析模块系统展示

5. 风险评价

风险评价是指利用风险分析过程中获得的对风险的认知，与预先设定的风险准则进行比较并指导风险应对决策的过程。

预先设定的风险准则主要表现为限额值，包括交易限额、止损/止盈限额和风险限额，风险预警值通常为限额值的一定比例。

风险评价模块系统如图 9 – 28 所示。

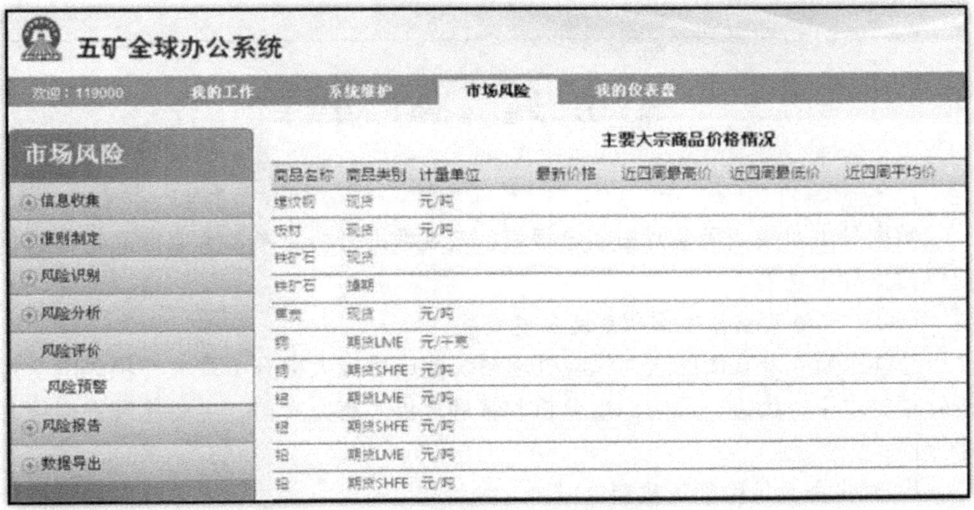

图 9 – 28　风险评价模块系统展示

6. 风险报告

市场风险管理报告是市场风险管理体系的一个重要组成部分，是集团公司进行管理决策的重要依据。

为实现市场风险信息的集中化和透明化，各业务中心应定期组织编制并向集团公司提交各类市场风险管理报告，集团风险管理部在此基础上集中汇总，并报集团公司风险管理委员会和集团公司相关领导。

风险报告模块系统如图 9 – 29 所示。

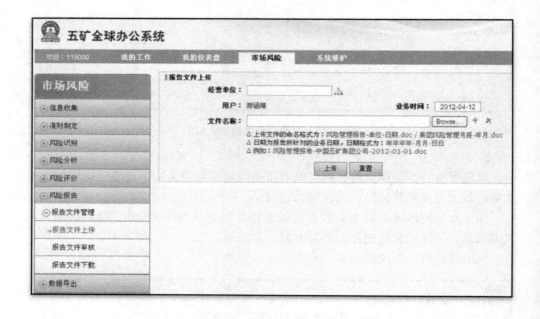

图 9 – 29　风险报告模块系统展示

7. 数据导出

数据导出对集团风险月报固定报表、宏观数据分析结果及大宗商品走势数据提供数据导出功能。

（三）市场风险管理信息系统实现效果

总体来看，A 集团的全面风险管理系统建成后极大提升了重大专项风险全过程管理的水平，为进行风险深度分析和管理提供了有力支持，主要体现在以下几个方面：

1. 固化全面风险管理机制

全面风险管理系统的建设促进了 A 集团风险管理核心机制的落地，将事前、事中、事后的全流程管理机制固化在信息系统中，并进一步实现了风险信息的全面收集和透明传递，有力提高了风险管理的效率。

2. 集成的风险管理系统

依靠大量的数据接口，系统把散落在 SAP 系统、标准化平台和数据采集平台等各个系统中的市场数据整合到一起，为市场风险监管提供全面的数据支持，优化管理业务效能。同时，通过高度集成各种系统，极大地减少了用户的数据录入工作。以市场风险子系统为例，80% ~90% 的数据来自标准化平台、SAP 等已有的系统，用户基本不需要重复录入数据。

3. 创新的风险计量手段

全面风险管理系统选择螺纹钢、铁矿石两类业务特点鲜明的商品，研究实现由用户自定义配置的在险价值和敏感性分析计量模型，为下一步风险计量的全面深化提供基础。

4. 全口径的风险计量结果

基于业务系统底层数据向上层层汇总，形成风险敞口和浮动盈亏等风险数据，实现风险数据的透明传递，提供全部 464 个重点商品、全集团层面的市场风险计量结果，提高风险管理的全面性。

5. 快速的商品市价更新

全面风险管理系统综合各商品市价的来源，并采取统一的标准以每日更新的方式展现，提高商品价格这一市场风险管理重要因素的监控力度，并促成各级单位的信息统一与共享。

6. 自动生成的风险报表

全面风险管理系统在自动汇总数据的基础上，实现了风险报表自动生成的功能，不仅极大地减少了手工操作的工作量，提高了风险管理的效率，还进一步加强了报告数据的准确性。

八、市场风险管理体系的监督与评价

A 集团市场风险管理监督与评价形式包括自查、内部审计和外部审计。

（一）市场风险管理督查

市场风险管理的自查工作每年至少进行一次，由 A 集团风险管理部牵头负责，各业务中心风险管理部负责具体实施，自查报告提交 A 集团风险管理委员会审核。A 集团风险管理部负责对自查情况进行总结通报，如有必要，敦促相关部门整改。市场风险管理内部审计由 A 集团审计部组织实施，审计的内容包括但不限于：市场风险管理报告的完备性；市场风险管理职能的独立性，市场风险管理人员的专业性和履职情况；对市场风险管理政策和流程的遵守情况；市场风险限额管理的有效性。

（二）市场风险管理评价

A 集团对检查发现的问题会及时通报，提出处理意见和整治措施并进行跟踪，对不履职或渎职的单位或个人，公司内部会根据相关管理规定进行处理。

【案例】

量化模型工具应用

在风险分析中，使用量化手段明确风险的大小是一种重要的手段，也是市场风险管理能力的重要体现，A 集团在这方面做了许多有益的尝试，在贸易商品的市场风险量化方面取得了一定成果。通过市场风险量化模型，初步尝试对商品的风险敞口、浮动盈亏和在险价值等进行度量，并运用蒙特卡罗模拟和敏感性分析等先进量化分析方法，构建了市场风险指标体系和风险监控预警机制，实践了市场风险管理基本流程，为业务决策提供了依据。下面将就 A 集团利用量化模型进行市场风险管理的探索做一些介绍。

1. 运用量化模型进行市场风险分析的必要性

市场风险建模是指通过将影响市场风险变化的因素与规律简化，抽象为合理的数学结构，并进一步固化为可以重复使用的风险计量工具，为使用者尽可能精确地提供市场风险信息。市场风险量化模型主要被应用于风险分析阶段，作为风险计量的重要工具使用。

在运用量化模型之前，A 集团下属各业务中心已不同程度地使用一些风险分析方法，主要包括统计在库库存总量，针对不同商品分别编制市场分析报告，从宏观经济、行业供需等方面研判商品价格走势，并综合性地分析经营形势等方法。在某些领域，业务中心还运用不同层次的风险分析工具。例如，在风险敞口计量方面，各经营单位已基本实现对风险敞口的头寸计量，部分单位采用浮动盈亏模型，更有部分单位已经采用 VaR 进行辅助参考。在市场风险与财务指标的结合方面，部分单位也已经建立初步的财务分析模型和模拟分析框架。

但是在集团整体层面上尚未建立起完善的市场价格结构体系和模拟工具，市场风险管理工具有待进行系统性的梳理、优化增强和推广。具体体现在以下几个方面：一是头寸和浮动盈亏的计算逻辑尚需统一优化和完善；二是完善的 VaR 模型尚需建立和推广；三是尚未建立完整的、多层次的市场风险限额框架体系，还依赖于市场风险度量工具的建设逐步建立风险限额。

随着 A 集团对市场风险管理要求日趋专业化，已有分析方法难以满足从集团层面整体监控市场风险管理的需求。因此，在集团层面上建立具有统一性、科学性、可汇总性的市场风险分析（即标准统一的量化模型）是十分必要的。

2. 构建市场风险量化模型的目标

应用市场风险量化模型，将提升市场风险分析和管理能力，达到以下两个目标：一是风险监控预警，基于设定的交易限额，监控预算资金的使用情况。基于设定的止损限额和风险限额，动态监控盈亏和 VaR 值，并在超越限额水平时提供预警信息，及早对风险作出响应。二是辅助业务决策，根据不同的业务模式，设定对应的模型并计量风险。根据模型提供的信息，在设定的风险容忍度下，合理经营决策，获取收益。

3. 市场风险量化模型简介

市场风险量化模型是以商品价格体系和业务持仓结构为数据基础，通过量化估值，评估市场风险的模型，通常包括以下 4 个部分：

（1）敞口头寸

风险概念上的敞口是指在市场活动中未来收益有可能受到市场价格变动影响的那部分资产或负债。敞口头寸是指综合计算采购价和销售价中有一方未定价或两方都未定价的价值或量，提供了对暴露在市场风险下资产的直观度量。

（2）浮动盈亏（MtM）

浮动盈亏（又称盯市价值，即 Mark to Market，通常写作 MtM）指按持仓合约的初始成交价与当日结算价计算的潜在盈亏，即未平仓头寸按当日结算价计算的未实现盈利或亏损，反映了公司的台账结构以及现在的市场价值。

（3）敏感性分析

敏感性分析是指分析、测算敏感性因素对期现货浮动盈亏的影响程度和敏感性程度，进而明确风险水平的一种不确定性分析方法。敏感性分析有助于确定哪些风险具有最大的潜在影响。它把所有其他不确定因素保持在基准值的条件下，考察每项要素的不确定性对目标产生多大程度的影响。常见的敏感性因素包括利率、汇率、商品价格等。

（4）在险价值

在险价值是指在一定的时间内，在一定的置信度（比如95%的可能性）下，投资者最大的期望损失。作为一种市场风险测量和管理的新工具，在险价值就是为了度量一项给定的资产或负债在一定时间里和一定置信度下其价值最大的损失额，反映了根据现有市场情况公司的资产或负债的风险水平。

4. 模型设计指导原则

A 集团的市场风险量化模型的设计符合以下三条指导原则：一是应用先导，模型设计切实符合风险分析与管理需求，模型贴近业务实际，应用性强；二是操作便捷，贯彻面向最终用户的原则，模型应建立直观简单的操作界面，易于推广和使用；三是灵活可扩，应对不断完善和发展的业务模式和产品，模型应当在一定意义上具备可扩充性。

基于上述的市场风险分析模型与设计原则，结合各类产品业务特点，A集团建立了市场风险分析模型，为经营决策提供重要输入，提升了市场风险分析与管理能力。

5. 模型设计及应用过程

A集团选取了几个重点商品，通过市场风险管理基本流程，在风险分析中开发了价格模拟模型、浮动盈亏量化模型和在险价值VaR模型，实现对市场风险的量化。下面以某钢材商品（简称钢材A）为例，说明怎样通过市场风险管理基本流程建立量化模型，进行钢材A市场风险管理的过程。

（1）市场风险信息的收集与研究

首先是持续收集钢材A来自外部的市场信息，包括钢材社会库存、政府基础设施建设投资额、固定资产投资额、铁矿石产量/进口量、商品房销售面积、CPI、PMI和历史价格等，涵盖钢铁行业上下游及宏观经济的重要方面，目的在于及时了解、掌握钢铁产业发展情况以及市场格局。另外，由于以上外界因素的综合作用，直接或间接地影响了钢材A的市场价格，所以我们在外部信息整理和归纳中进行了相关性分析，希望从各类外界因素中抽取影响钢材A价格变化的关键因子，并通过各类工具对其分析、比较，以便选取最适用于钢材A价格模拟的风险因子，加强对市场量化模型的准确性。

对于钢材A，我们选取了包括各类国内外宏观经济指数、汇率和行业指标等在内的30多个风险因子，分别计算了风险因子和钢材A价格的相关性系数。考虑到风险因子对钢材价格影响的滞后性，也计算了滞后一期和滞后两期的相关性系数。如表9-28所示。

表9-28 滞后期风险因子与钢材价格相关系数表

钢材A价格	当期	风险因子滞后一期	风险因子滞后两期
钢材指数	0.9628	0.9547	0.9422
铁矿石指数	0.7992	0.7748	0.7395
铁矿石月度产量	0.4395	0.3641	0.2858
钢材月度出口量	0.4048	0.2751	0.3374
居民消费物价指数（CPI）	0.4515	0.3828	0.3066
海运费走势（BDI）	0.3420	0.3529	0.3526
CRU亚洲	0.6647	0.5533	0.4676

通过从各类外界因素中抽取影响钢材 A 价格变化的关键因子，并运用各类工具对其分析、比较，最终选取了最适用于钢材 A 价格模拟的风险因子，如钢材指数、铁矿石指数、铁矿石月度出口量、CPI、BDI 和 CRU 亚洲指数。需要注意的是，不同历史时间段中，钢材 A 价格与其风险因子的相关性也会有所变化，在实际运用中，需要根据实际价格波动趋势及用户需求进行调整。

除了外部信息以外，收集内部信息更加关键。通过收集内部信息可以及时了解 A 集团对于钢材 A 的经营目标以及其业务现状。内部信息包括，公司对于钢材 A 的发展战略、经营目标、业务模式、采购端、库存/持仓和销售端等。

"钢材 A" 的业务模式

A 集团所经营的钢材 A 贸易业务主要有自营和代理两种业务模式。自营业务利用自有资金，通过买卖差价实现利润，完全由自身承担市场风险。代理业务主要是赚取手续费，不承担市场价格变动带来的风险。

1）采购端定价。在钢材 A 贸易过程中，钢厂掌握定价主动权，根据货物实际销售后的价格来确定出厂价，将价格波动风险转移至下游贸易商。因此，钢材采购价格的明确往往滞后于库存，且合同参考价与执行价之间存在一定的差距。

2）销售端定价。钢材 A 的内贸自营业务销售端定价主要存在三类情况：未签订销售合同未定价，已签订销售合同未定价，明确定价规则和已签订销售合同已定价。

（2）风险识别

完成搜集、分析内外部信息后，我们对钢材 A 的业务进行了市场风险识别。从业务模式看，由于自营业务必须持仓，直接受到市场价格变化影响，市场风险非常大。代理业务不承担市场价格变动带来的影响，只承担可能由市场风险引发的信用风险，相对而言，代理业务模式的总体市场风险较小。钢材 A 自营业务关键环节如图 9-30 所示。

进一步分析，在自营业务中采购端定价时，钢厂地位强势，主导合同浮动定价，将市场价格波动风险转移至下游贸易商。在库存管理时，市场价格波动将直接影响库存市值，构成潜在损失，同时库存占用资金，存在流动性风险。因此采购和持仓环节受市场风险（价格波动）影响最大，为钢材 A 的关键业务环节，进一步分析后得到风险清单、风险源，如图 9-31 所示。

在模型建立之前，已有的风险控制措施主要有调整业务模式结构、控制购销节奏、销售浮动定价和随行就市等，基本属于自发式业务管理。

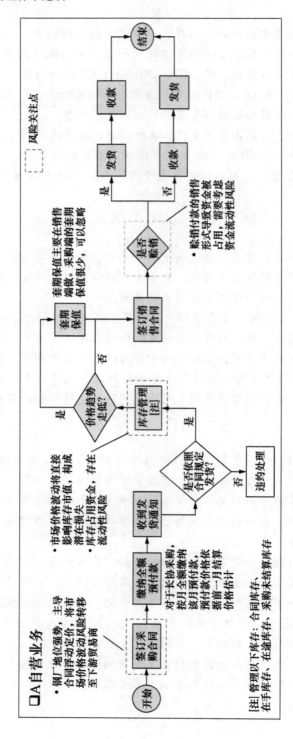

图 9-30 "钢材 A" 自营业务关键环节

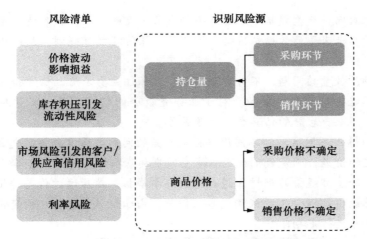

图 9－31　钢材 A 关键业务环节风险清单和风险源

（3）风险分析

风险分析是指运用科学的方法，综合考虑风险的原因、后果、发生的可能性及影响程度，以确定风险水平以及风险是否需要应对的过程。风险分析过程应综合考虑以下四方面的问题：

1）是否存在风险？

是否存在风险可以通过市场风险敞口（Risk Exposure）来反映，风险敞口是指在市场活动中未来收益有可能受到市场价格变动影响的那部分资产或负债。通过信息搜集过程中得到的钢材 A 的库存台账和销售台账，可以汇总得出钢材 A 的风险敞口。

2）风险带来的影响有多大？

风险带来的影响有多大，可以通过浮动盈亏来反映，浮动盈亏借鉴金融结构逐日盯市的机制，克服传统会计记账的事后性，能及时反映资产/库存等风险敞口的风险状态。要计算浮动盈亏，需要确定钢材 A 的采购成本和销售端的盯市价格。在确定采购成本时，主要面临以下一些难题：一是钢材浮动定价，无法提前确定成本；二是钢厂数量繁多，如何选择；三是钢材 A 不同区域和不同规格间存在价差。在建模过程中，我们通过合理的设计一一克服了以上难题。

对于钢厂的浮动定价，我们首先明确其定价规则，其次针对该钢厂的定价规则建立定价体系。比如 H 钢厂，其入库暂估价格与最终实际结算价格差别较大，通过调研其使用的定价规则为 7 天保价，即指从发货日当天起算，H 钢厂将记录未来 7 天内每天的 H 钢厂产品销售成交价，并取其中的最低成交价作为在该发货日发货的货物结算价（即我们的采购成本价）。针对该定价规则，我们首先收集足够多的钢厂历史结算价以及市场历史公开报价，建立两者动态的线性关系。其次通过多元自回归模型模拟市场公开报价未来 7 天的价格，代入线性关系后，可得到钢厂结算未来 7 天的模拟价格，按照 7 天保价规则可得到模拟的当天采购成本价，达到提前确定成本的目的。

对于钢厂数量的问题，不针对全部钢厂，抓住主要矛盾，仅选择几家业务量较大的钢厂进行采购成本模拟。对于业务量较小的钢厂，弱化其背后的定价规则，统一按照业务台账的估算成本计量盈亏。

对于钢材 A 不同区域和不同规格存在价差的问题，通过分析历史数据，发现其存在稳定的价差，于是我们就选取基准城市和基准规格建立价差体系，即仅针对基准城市和基准规格的钢材 A 进行采购成本模拟，然后通过价差转化得出其他城市和其他规格的钢材 A 的采购成本。但是，由于价差可能会发生变化，所以必须对价差体系进行定期维护。

从销售端的盯市价格来看，由于销售端已签订销售合同未定价，但明确定价规则和已签订销售合同已定价两类合同基于数据基础现状，难以区分，盯市价格统一参照业务台账记录，不区分是否已在合同中明确售价。对于未签订销售合同的库存，每日下班前业务人员会输入一个基本明确的销售价格，这个业务台账价格考虑到钢材 A 的特定规格和销售市场，更为贴近业务实际。但考虑到风险计量数据的客观性要求，盯市价格同时选取业务输入的销售价格和公开市场当日价格。在模型中依据两类盯市价格计算两类浮动盈亏：基于公开市场当日价格计量的浮动盈亏以及基于业务台账销售价格计量的浮动盈亏。

在得到风险敞口和明确采购价格和盯市价格后，我们根据以下公式：

浮动盈亏 = 敞口头寸 × （盯市价格 − 采购价格）

可得到钢材 A 的浮动盈亏。

3）风险发生的可能性有多大？

风险发生的可能性有多大，我们认为可以通过在险价值（VaR）来反映。在险价值是指在市场波动情况下，某一资产或业务组合的最大可能损失。在险价值是一个统计估计值，它以简单的数字直观地反映当前所面临的一般风险（市场处于常态时），这个数字很可能不是最后的损失额，甚至相差很远，但它能给出风险水平的一个有效说明。这个标准已经得到许多国际金融组织和各国监管机构的认可，许多大型金融机构已经采用这一方法作为风险管理的一种手段。计算 VaR 需要选择算法、模拟市场价格走势，设置关键参数（持有期和置信水平）、明确持仓情况和进行模型回测。

常见的 VaR 算法有历史模拟法、参数法和蒙特卡罗模拟法等，我们分析了这三种常见算法的优缺点和适用范围，最终确定采用蒙特卡罗模拟法，如表 9 − 29 所示。

表 9-29　各种 VaR 算法比较

VaR 算法	优点	缺点	适用范围
历史模拟法	(1) 无须假定任何分布 (2) 不存在分布假定的风险	(1) 假定过去的价格变化会在未来完全重现 (2) 假定不符合现实	价格平稳或具有明显周期性的商品
参数法	(1) 用历史数据的收益率来预测 (2) 计算相对简单	(1) 需假定收益率的分布 (2) 存在分布不服从假定的潜在风险	一般用于收益率的 VaR
蒙特卡罗模拟	(1) 针对各种风险因子模拟未来可能的路径 (2) 拥有敏感的分析能力	(1) 过于依赖随机过程和估值模型 (2) 计算费时	适用于市价波动的资产组合的 VaR 计量

历史模拟法仅是对历史情景的简单再现，不符合钢材市场的实际情况。钢材 A 流动性强，价格波动剧烈，收益率的分布形态难以准确定义，采用参数法难以准确计量风险。

蒙特卡罗模拟代入风险因子的随机波动，能够较为全面和准确地反映实际的市场风险，符合针对钢材 A 业务的市场风险管理需求，因此决定采用蒙特卡罗方法计量 VaR。

市场价格模拟算法比较如表 9-30 所示。价格模拟是指通过科学的方法，根据历史价格走势以及价格走势的内在规律，预测未来一段时间内价格的工具。

表 9-30　各种价格模拟算法比较

价格模拟算法	优点	缺点	适用情况
ADL（多元自回归模型）	多元自回归既考虑向量本身时间序列的关系，又考虑与其他相关因子有关的关系	不能进行长期预测，对相关因子的选择得慎重	对于具有流动性的商品皆适用
向量自回归	向量自回归既考虑向量本身时间序列的关系，又考虑与其他相关因子有关的关系	不能进行长期预测，对相关因子的选择得慎重，相关因子与因变量需互为因果关系	对于流动性强的商品皆适用
Damped-trend 算法	充分考虑时间序列的趋势性，并且假定趋势递减	不能进行长期预测，无法预测时序数据的周期性，具有时间序列模型的通病，不会考虑相关因子，可能会遗漏重要信息	对于趋势性较强的数据适用，可作为铜、钢材 A 一段时期内的数据预测

续表

价格模拟算法	优点	缺点	适用情况
Holt – winters 算法	充分考虑时间序列的趋势性、周期性	不能进行长期预测,且具有时间序列模型的通病,不会考虑相关因子,可能会遗漏重要信息	对于月频,周频的数据可做较好的拟合,适合明显周期性的数据
GRACH 算法	考虑方差时变性的特点,并且假定方差趋向于长期方差,十分适合进行 VaR 计算	不能进行长期预测,不能直接进行价格预测	大部分商品均适用
EWMA 算法	考虑方差时变性的特点,适合 VaR 算法	不能进行长期预测,不能直接进行价格预测。对于方差的假定过于简单,可能会出现方差无穷大的情况	大部分商品均适用

GRACH 算法和 EWMA 算法适用于波动率的 VaR 计算,无法进行价格预测;Holt – winters 算法和 Damped – trend 算法只考虑钢材 A 价格时间序列,不关注相关因子,可能遗漏重要信息;向量自回归模型的建立需要相关因子与因变量趋势上互为因果,不符合钢材 A 的实际;我们最终选择 ADL 作为价格模拟的算法。

用蒙特卡罗模拟法计算 VaR 的步骤。在 VaR 量化过程中,对未来市场走势模拟采用蒙特卡罗方法,具体有以下几个步骤:

第一步是建立方程。钢材 A 模拟价格 = F(钢材 A 历史价格,风险因子历史值) $= \alpha + \sum_j^p \phi_j y_{t-j} + \sum_j^{ql} \beta 1_j x 1_{t-j} + \cdots + \sum_j^{qk} \beta k_j x k_{t-j}$

利用钢材 A 价格服从随机分布的特性,将随机因子代入方程修正模拟结果。

第二步是随机模拟。随机模拟计算 1000 次或以上,得到 1000 个不同的价格模拟结果:Psteel12,Psteel13,…,Psteel1000。

第三步是代入计量、代入现货库存计算价值,降序排序后取第 950 项值,即为最大可能损失。5 日后,在 95% 的置信区间下,钢材 A 现货库存最大损失不超过 ××× 元。

回测检验根据预测价格模型:

钢$_t = \alpha + \beta_1$ 钢$_{t-1} + \beta_2$ 钢$_{t-2} + \beta_3$ 钢$_{t-3} + \beta_4$ 钢$_{t-4} + \beta_5$ 钢$_{t-5} + \beta_6$ 钢材指数$_{t-5} + \beta_7$ 铁矿石指数$_{t-5}$

计算使用的是统计软件 R 中的最小二乘法(OLS),使用的数据是从 2008 年 10 月 31 日到 2010 年 9 月 26 日中的 463 个日数据。统计学分析认为,Adjusted R – squared 越接近于 1,我们认为模型的回归拟合效果越好,此模型的 Adjusted R – squared 为 0.988103,接近于 1,说明模型拟合优度高。

模型假设残差符合正态分布，对于大样本数据的正态性检验，我们使用统计软件 R，选用 Kolmogorov – Smirnov test。使用的数据是 2008～2010 年的钢材 A 价格的周数据，数据量为 92 个。

验证结果：在原假设（H_0：该数据服从正态分布）下，经过检验，得到的 P 值大于 0.05，不能拒绝原假设，说明这个模型的残差分布形态和正态分布没有显著差异。

4）极端情况下，风险带来的影响会是多少？

极端情况下风险带来的影响可以通过压力测试来反映。压力测试是指在极端的情况下，当前持仓库存可能发生的最大损失。针对钢材 A，我们压力测试场景有 2008 年金融危机导致国内钢材价格暴跌，另外还设置了自定义测试，可以灵活设置价格变化，获取变化情况下钢材 A 的盈亏情况。

（4）风险评价及风险应对

通过风险分析，我们明确了钢材 A 的市场风险的大小，但是要进行风险评价的话，还需要将风险的大小与 A 集团对钢材 A 的风险容忍度/风险偏好进行比较。在钢材 A 的市场风险模型中，风险容忍度和风险偏好体现为限额和预警值，限额和预警值具体又分为止损限额和预警值以及风险限额和预警值：止损限额和预警值针对风险分析中的浮动盈亏设定；风险限额和预警值针对风险分析中的在险价值设定。

止损限额与浮动盈亏计量结果比较并预警，有助于及时止损，避免更大的风险；风险限额与在险价值计量结果比较并预警，有助于风险的预判，及早为未来可能发生的风险制定针对性的应对方案。限额和预警值的设定和调整应与业务战略和计划紧密结合，充分考虑战略目标和现有的业务资源，并最终服务于集团总体经营目标的实现。

在设定限额和预警值后，把它们作为计算因子和约束条件，整合到风险量化模型中，即可进行红黄绿等不同等级预警提示，并以此来指导风险应对。钢材 A 风险评价示例如图 9－32 所示。

对于钢材 A A 集团确定了结合当前损益和未来风险大小、前瞻性地提出风险应对方案的思路，如图 9－33 所示。

6. 模型运行情况

模型构建完成后，A 集团在下属几家经营单位开展了试点运行，以业务台账为基础，按周统计量化钢材 A 国内自营业务的市场风险敞口头寸、浮动盈亏和 VaR，并进行预警。现以 2011 年数据为例，说明量化模型的运行情况。

钢材 A 的价格在 2011 年经历了两波下跌。第一波是在 2011 年 2 月初到 3 月初，价格由 5000 元/吨左右跌倒了 4700 元/吨左右；第二波是在进入 9 月中旬

钢材A风险预警结果记录

| 日期 | 限额体系设定 | | | | 浮动盈亏分析 | | VaR分析 | | |
| | MtM限额（元） | | VaR限额（元） | | | | | | |
	预警线	止损限额	预警线	风险限额	浮动盈亏	示意灯	风险偏好（%）	周VaR（元）	示意灯
2010年10月15日	-9000000	-13000000	-10000000	-15000000	-14868300	●	95	-16903480	●
2010年10月20日	-9000000	-13000000	-10000000	-15000000	-13568904	●	95	-9789428	●
2010年10月27日	-9000000	-13000000	-10000000	-15000000	-9503278	●	95	-7456282	●
2010年10月31日	-9000000	-13000000	-10000000	-15000000	-8706347	●	95	-8453675	●
2010年11月5日	-9000000	-13000000	-10000000	-15000000	-7350046	●	95	-13045674	●

● 处于预警值以内　　● 处于预警值和限额值之间　　● 处于限额值之上

图9-32　钢材A风险评价示例

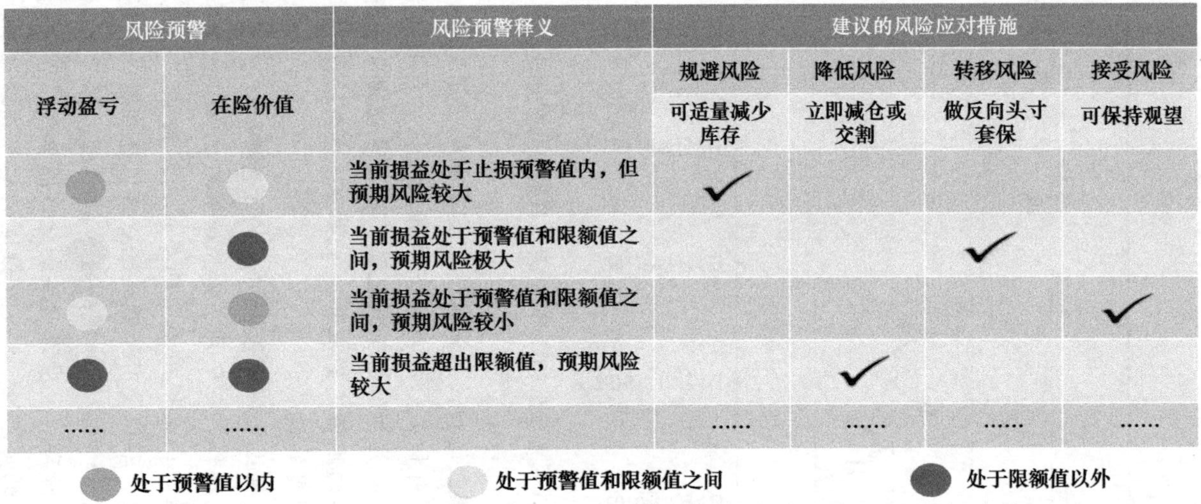

风险预警		风险预警释义	建议的风险应对措施			
浮动盈亏	在险价值		规避风险 可适量减少库存	降低风险 立即减仓或交割	转移风险 做反向头寸套保	接受风险 可保持观望
●	●	当前损益处于止损预警值内，但预期风险较大	✓			
●	●	当前损益处于预警值和限额值之间，预期风险较大		✓		
●	●	当前损益处于预警值和限额值之间，预期风险较小			✓	
●	●	当前损益超出限额值，预期风险较大				✓
……	……	……	……	……	……	……

● 处于预警值以内　　● 处于预警值和限额值之间　　● 处于限额值以外

图 9 - 33　钢材 A 风险应对示例

后，价格急转直下，40多天内下跌超过700元，跌幅近15%，如图9-34所示。市场的大幅波动正好可以更好地检验和测试我们的模型。

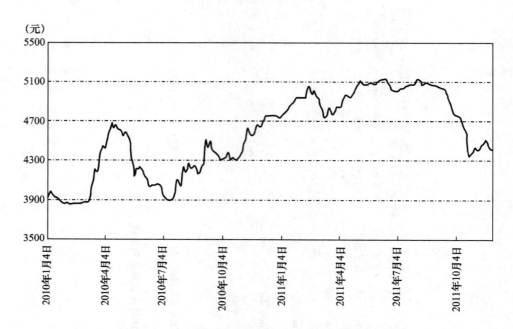

图9-34 2010年1月4日至2011年10月4日钢材A价格走势（元/吨）

从钢材A市场风险模型运行的结果来看，其基本给出了正确的预警信号，如图9-35所示。比如在2月初第一波市场下跌开始之前，浮动盈亏为黄色预警，在险价值为红色预警；在9月初价格下跌之前，模型浮动盈亏为绿色预警，在险价值为红色预警。从后续的市场走势来看，如果按照模型的信号采取下一步的风险应对措施，将会取得明显的效果。

从实际结果来看，A集团内部经营钢材A的经营单位中，有些使用模型，有些还是按照原有业务模式操作。在9月市场开始下跌之初，使用市场风险模型的单位，主动减少了风险敞口；未使用模型的单位仍然按照"金九银十"的业务经验，判断后续还有行情，不但没有降低风险敞口，还在进一步增加风险敞口。

在10月的继续下跌行情中，增加风险敞口的单位，浮亏大幅增加，给后续的业务开展形成了很大的障碍。主动减少风险敞口的单位，浮亏增加较少，为后续业务开展，保留了足够的灵活性。A集团试点的实际经验证明，如果能够建立正确合理的市场风险模型，并严格按照模型预警及时采取风险应对措施，能较好地控制市场风险。

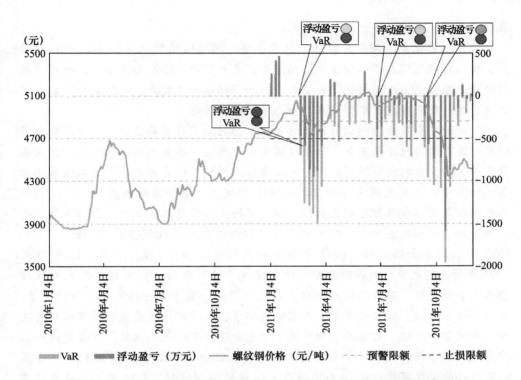

图 9-35 2010 年 1 月 4 日至 2011 年 10 月 4 日钢材 A 市场风险模型预警示意图

另外，值得注意的是，市场风险模型并不是万能的。从市场反转时的信号来看，按照模型信号采取应对措施可能会在一定程度上丧失在市场好转时的机会。但是，瑕不掩瑜，模型达到了市场风险管理的目标，即可以规避发生超出自身承受能力的风险事件。

7. 运用量化模型需重点关注的方面

为了更好地运用量化模型进行市场风险分析，在模型使用过程中，还应重点注意以下几方面的内容：

一是应持续进行模型的验证和返回检验。为保证模型的有效性，必须确保以下方面有足够的控制：①模型的演变，返回检验项目的可信度，包括浮动盈亏的计算；②模型的可信度和适用性，包括模型的覆盖面和数据源完备性；③独立验证模型的初始和进行中的发展，包括独立验证的估值模型，信息技术基础设施的充足、安全、可靠。使用模型时，应由独立的模型验证人员采用一种或一系列手段和方法，对市场数据和内部模型（包括模型假设、量化方法、量化结果等）进行验证，以确保模型能够准确量化所面临的市场风险。应将每日实际交易损益与模型产生的风险价值数据比较进行返回检验，以评估模型的准确程度及可靠性。

二是积极探索适合自身的限额设定办法。从风险偏好（风险容忍度）的角度出发，明确集团层面的整体风险偏好并制定量化的风险容忍度指标，将指标层层分解至业务层面，通过自下而上和自上而下相结合的方法，分配交易限额，同时通过运行结果数据的不断积累，动态调整限额策略。

三是适当引入压力测试。VaR 方法在实际应用中有其局限性，衡量风险值的模式可能有相当程度的差异。如果这模式本身产生一些重大结构的变化，完全依赖风险值的估算就会有问题。另外，风险值模型为了计算方便，通常假设市场上各风险因子的变化呈现常态分布，在正常情况下，该假设是成立的，此时利用VaR 模型是可以度量市场的风险值。但当市场上出现危机事件时，例如市场价格大幅下降，利率迅速上升，风险因子间的相关性也会因此变得难以预测。例如，1997 年东南亚金融风暴、1998 年俄罗斯政府违约事件、美国 "9·11 事件"、2007 年的美国次贷危机等对金融市场都造成了很大影响，在这些情况下 VaR 模型就不会起作用。压力测试是指将资产或资产组合置于某一特定的极端情境下，如经济增长骤减、失业率快速上升到极端水平、房地产价格暴跌等异常的市场变化，测试该资产组合在这些关键市场变量突变压力下的表现状况，考察其是否经受得起这种市场的突变。常见的极端情况包括 2008 年经济危机及其他在置信度99% 以外的突发事件。通过 VaR 与压力测试的协调运行，能较为充分地确定市场风险，并对进行市场风险合理监控和管理。

第三节　投资风险管理体系

一、投资项目风险管理概述

（一）企业投资决策与管理体系介绍

近年来，A 集团建立健全了科学的投资决策与管理体系。总经理办公会是 A集团投资管理的最终决策机构，总经理办公会下设投资委员会。投资委员会是投资决策的支持机构，负责审议投资项目的科学性和可行性。投资管理部作为投资委员会的日常办事机构，负责投资活动的管理与协调工作。企业规划发展部、财务总部、人力资源部、法律事务部、风险管理部、资本运营部作为投资委员会常任委员，分别从各自专业角度出具投资项目的评审意见。为保证投资管理工作有章可循，A 集团陆续出台一系列投资管理相关制度，对投资项目的管理决策、实施、监督和后评价工作进行详细规定，规范了 A 集团及各所属企业的投资管理工作，形成了较为完整和规范的投资管理体系，建立了运行有效的投资管理机制，对 A 集团战略转型起到了重要的支撑作用。

（二）将风险评估理念和技术嵌入投资流程的重要意义

投资项目在生命周期过程中会面临很多的风险及不确定性。在项目开发运行过程中，如果不能有效地识别并管理这些风险，就可能造成项目目标无法实现，最终造成项目投资的失败。特别是在项目前期，如果投资主体在项目立项和可研阶段不能对影响项目目标的各类风险进行全面的识别、有效的分析和认真的评价，信息的不充分、不透明将给项目决策带来巨大风险，如贸然进入不熟悉的领域，实施超过自身承受能力的项目，或者裹足不前错失发展良机等。决策阶段工作的失误还可能会产生多米诺效应，给后续的实施和运营阶段带来不利影响，出现连锁反应，甚至给企业造成不可挽回的损失。

按照 A 集团投资项目管理流程，在项目立项和可研阶段，投资主体需要分别编写项目建议书和可行性研究报告并提交投资委员会审议。在 A 集团将系统性的风险评估流程引入投资项目之前，风险的识别及分析内容散落在项目建议书和可行性研究报告的各个章节中，缺乏系统性和规范性，投资主体有时自身也不清楚项目面对的最主要风险有哪些，风险发生的可能性有多大，对目标的影响程度有多大，企业是否可以承担，现有的应对措施是否足够等问题；有些可行性研究报告甚至流于形式，成为可批报告，决策者更无法从整体了解项目的风险状况，给决策工作带来了巨大困难。因此，将风险评估流程嵌入投资项目立项和可研阶段、开展全面系统的风险评估工作就变得势在必行。

项目前期充分的风险评估可以帮助项目决策者对投资项目的风险有一个清晰全面的认识，不但可以提高决策的科学性和透明度，而且可以实现对投资项目全流程的有效管理，将风险控制在企业可承受范围内，保障投资项目预期目标的顺利实现。例如，在项目实施阶段，投资主体可以根据事前评估出的风险，按照风险排序的结果，结合重要性水平进行实时监控和有针对性的管理，以确保投资项目平稳实施；在运营阶段，如果发生由于设计和实施不当产生的重大风险事件，投资主体可以追本溯源，按照风险预案争取有利时机及时采取应对措施，以降低企业的损失。

（三）风险管理在投资管理中的定位

在 A 集团风险管理部建立伊始，在公司内部曾有这样一种声音：集团层面成立专职风险管理部门就是要统筹管理 A 集团在业务管理流程中可能出现的各种风险。乍一看，作为专职风险管理部门，管理包括投资风险在内的企业所有风险也似乎理所应当，但是按照 A 集团现有的职能划分和专业特点，风险管理部不可能也没有能力替代所有部门进行各类专业风险的管理工作。但是风险管理部也不能缩手缩脚，无所作为。如何既不越位又不缺位，有效地开展专业化的风险管理工作，是风险管理部成立之初首先需要回答的问题。

通过深入学习 ISO31000 标准：《风险管理原则与指南》和国资委《中央企业全面风险管理指引》等相关内容，A 集团对风险管理的本质、原则、框架、流程和工具方法有了更深刻的认识。风险管理只有有机地嵌入经营管理活动中，才能真正发挥作用。通过风险管理部成立以来的工作实践，A 集团逐渐明确了自身的定位和主要职责，即建立风险管理的整体框架和标准，提出风险管理要求，研发和提供风险管理技术方法，实施监控和预警，并推动风险管理融入到公司日常经营管理工作中去。

2008 年，A 集团风险管理部加入公司投资委员会参与投资项目的评审工作。作为投资委员会的成员，如何真正在投资管理流程中发挥自己的专业职能，是风险管理部一直思考的问题。通过学习和研究国内外风险管理理论和实践，结合 A 集团的实际情况，A 集团逐渐理清了思路，明确了方向。在投资项目管理方面，风险管理部的主要职责是要推动投资主体及相关部门将风险管理理念、流程、评估工具和方法嵌入投资活动中，特别是在投资决策阶段，指导和帮助投资主体对项目中潜在的风险事项进行识别，指导和规范投资主体开展全面和系统性的风险评估，为决策者提供支持。需要明确的是，投资项目的最终风险责任者仍然还是投资主体，专职风险管理部门不能也没有能力取代其管理项目中可能出现的风险，也不能取代专业的投资管理部门的工作。风险管理部主要的工作重点是指导和帮助投资主体充分评估风险、管理风险和有效应对风险。正是有了这样的认识和理解，风险管理部在 A 集团现有的投资管理体系下，做到既不越位也不缺位，并能充分发挥自身的专业技能和特长，共同提升 A 集团投资风险管理水平。此种风险管理的模式也为 A 集团开展其他类别的风险管理工作提供了很好的借鉴作用。

二、投资项目风险管理体系

（一）筹备和启动

在投资项目启动之时，A 集团要求投资主体从各个方面做好相关的准备，包括组建投资项目风险评估专家团队，制定项目拟达成的目标，并根据目标的设立，制定相关的管理指标，保证项目在按照预期的方向顺利进行。

1. 建立投资项目风险评估团队

建立拥有丰富经验的项目风险评估团队，是项目成功的基础保障。一个优秀的投资项目管理团队应该有经验丰富的项目风险经理，负责风险的整体把控，同时应有各专业领域的专家，从行业、财务，法律等方面研究、分析和管理专项风险。

（1）项目风险经理

投资主体在编写报审材料时需指定项目风险经理，负责计划、领导和协调投资项目决策的整个风险评估工作，组织调研并编写风险评估报告。

（2）项目风险评估小组

项目风险经理应组建项目风险评估小组，成员包括项目管理层、各专业技术人员以及风险管理专业人员等，要求成员具备与投资项目类型相关的财务、法律、人力资源、行业、业务、项目管理以及风险管理的知识和经验。项目风险经理应有足够的授权和资源，可组织协调投资主体各职能部门人员和项目团队成员共同完成风险评估工作，必要时也可借助外部资源。

项目风险评估小组应深入了解拟投资行业的特点、项目的内外部环境信息、投资主体的需求、发展战略和资源约束。

（3）存档管理

风险评估过程中产生的文件和信息应及时进行整理、汇编和存档，存档的文件和信息应具备可追溯性。

2. 投资项目拟达成的目标

风险是未来不确定性对目标的影响，风险管理一定要和目标相关联。对于在不同风险管理目标和风险容忍度的前提下，所应采取的风险管理应对措施是有区别的，不应一概而论。因此，明确投资项目的目标就成为风险评估流程中首先要解决的问题。

投资项目是为了实现特定的战略目标和经营目标，项目目标也是风险评估分析的起点。根据对公司投资项目信息的收集，A 集团总结了矿山、工业建设、房地产和风险勘探 4 大不同类型项目的项目目标，如表 9 – 31 所示。

表 9 – 31　不同类型项目的项目目标

项目类型	固定资产投资		股权类投资			综合
	新建	改扩建	股权收购	增资	新设公司	
矿山（上游）	（1）获取资源（2）利用现有资源开发	（1）增加产能（2）维持矿山持续经营	获取资源	获取资源	获取资源	（1）获取资源（2）增加产能（3）维持矿山持续经营（4）利用现有资源开发

项目类型	固定资产投资		股权类投资			综合
	新建	改扩建	股权收购	增资	新设公司	
工业建设（下游）	（1）提供产能 （2）获取资源	（1）扩大产能 （2）经济效益 （3）生产安全 （4）环保 （5）利用低成本优势（获取经济效益）	（1）开拓新市场 （2）获取资源 （3）核心业务扩张（扩大产能）	（1）开拓新市场，增加业务规模 （2）获取资源 （3）扩大产能	提供新服务，经济效益	（1）提供或扩大产能 （2）经济效益 （3）开拓新市场 （4）生产安全及环保 （5）获取资源
房地产	实现房地产业务可持续发展，经济效益，打造公司品牌					实现房地产业务可持续发展，经济效益，打造公司品牌
风险勘探	寻找重要战略矿种					寻找重要战略矿种

从表 9-31 可以看到，对于矿山类项目最主要的目标为获取资源、增加产能或维持矿山的持续经营；对于工业建设项目，主要的目标为新建或扩大产能，获得经济效益，开拓新市场，安全及环保，以及通过下游工业建设获得矿产资源的开采资质或指标（获取资源）；对于房地产投资项目，主要目标为实现房地产业务可持续发展，经济效益，打造 A 集团品牌；对于风险勘探类项目，主要目标为寻找重要战略矿种。

除了达成表中所列的项目拟达成目标之外，在项目生命周期过程中，项目还需要满足一些必要条件。这些条件可以称为必要性目标或项目可持续目标，即为达成项目目标在项目的过程中所必须满足的基本目标，包括声誉、合规性、资金可持续性等，可持续性目标是任何类型的项目都需要满足基本的目标。表 9-32 列出了 A 集团在项目投资过程中所需要达成的可持续性目标以及相对应的指标。在进行风险评估时，表中所列的所有基本目标都需要作为风险评估目标。

表 9-32　A 集团投资项目可持续性目标

项目目标	指标
声誉	媒体关注或引起公众抗议
合规性	违反相关法律
资金可承受能力	无法提供资金支持项目

3. 投资项目指标的设立

所有的风险评估工作都需要围绕着风险评估的目标来进行。风险评估的目标应尽可能用量化的指标进行衡量。表9–33 列出了 A 集团不同投资项目类型主要涉及的项目目标以及每一项目目标相对应的量化指标。从表中可以看到，对于投资项目，A 集团设计的项目所涉及的量化指标主要有控制资源储量（新增储量）、产能增加量、内部收益率、市场占有率、安全环保等指标。

表9–33 A 集团项目目标及指标

项目类型	项目目标	指标
矿山（上游）	控制资源	控制资源储量（新增储量）
	增加产能	产能增加量
	矿山持续经营	内部收益率（IRR）
	利用现有资源开发（新建或改扩建）	内部收益率（IRR）
产品加工（下游）	核心业务扩张——提供或扩大产能	产能增加量
	经济效益	内部收益率（IRR）
	进入新市场	市场占有率
	生产安全及环保	安全环保
	获取资源	控制资源储量（新增储量）
房地产	实现房地产业务可持续发展，经济效益，打造公司品牌	内部收益率（IRR）
风险勘探	寻找重要战略矿种	控制资源储量（新增储量）

在对投资项目进行风险评估时，A 集团要求投资主体首先根据项目所需要实现的目标，从表中选择相应的指标（可一个或多个），如果项目的目标没在表中列出，可以自定义目标及指标。对于可持续性目标，是所有项目都必须满足的基本目标。

（二）风险识别

风险识别是确定投资项目全生命周期过程中可能影响项目目标的风险事项，其结果体现在风险清单中，并作为下一步风险分析的输入，风险识别是否全面、深刻，直接影响风险分析的质量。

A 集团风险管理部根据在投资委员会的职责需要，总结提炼了过去几年 A 集团所进行的较为重要投资项目中涉及的风险事项，形成了具有自身特色的风险事项库，帮助投资主体在进行风险评估时更好地识别风险。

1. 风险识别的一般方法

风险识别是风险分析及评价的基础，也是投资主体在进行风险评估时首先要解决的问题，只有全面地识别出项目潜在的风险，才能提前设计出相应的应对措施，保证项目顺利进行。根据近年来 A 集团投资项目的管理和实践，风险识别的一般方法如下：

①项目团队集中讨论：项目团队通过研讨会的方式，集中讨论、识别影响项目目标的全部风险事项。投资主体可参考公司投资项目风险事项库。

②头脑风暴：项目团队通过研讨会方式，讨论没有出现在风险事项库中的风险事项。

③访谈：访谈各专业相关人员及外部咨询专家，对相关风险进行识别。

④问卷调查：将风险事项库下发给各专业相关人员，各相关人员对本专业相关风险进行识别，最后再由相关人员进行汇总。

⑤历史数据分析：分析过去类似投资项目曾经发生的风险事项，识别项目风险。

⑥行业调研：调研行业相关数据、资料，分析所在行业的内外部风险。

以上所提到的识别潜在风险的方法，多是需要基于经验的积累。特别是随着项目复杂程度日益提高，项目中风险也呈现出多样性的趋势，同时还会出现由于一个风险事项的发生，继而派生出更多风险的可能性，因此就需要投资主体具备一批专业素质高、综合能力强的风险管理专业人员，保证项目前期的风险识别全面、真实、可靠。

2. 风险描述方法

在风险识别的基础上，A 集团还需要对识别的风险进行规范性的描述，以便统一风险语言。A 集团在进行风险描述时，通常需要对风险事项名称、可能导致风险事项发生的原因及对风险事项发生后可能产生的结果进行描述，所列出的原因及可能产生的结果可以为下一步风险分析提供基础，可以参照图 9 - 36 描述的蝴蝶结法进行风险描述。

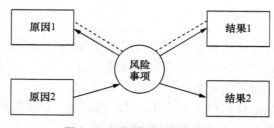

图 9 - 36　蝴蝶结法风险描述

①风险事项描述为一个具体可能发生的事件。

②导致风险事项发生的原因可能有多个，都需要在风险评估表中列出。

③根据风险目标，具体说明如果该风险事项发生，相应对目标产生的影响结果是什么。

3. 风险事项库

为提高风险识别的全面性和可操作性，在进行风险识别时，需要根据风险事项库对项目可能面临的风险进行全面系统的识别。

A集团风险事项库是借鉴国内外项目投资风险管理的最佳实践，参考国资委《中央企业全面风险管理指引》和《A集团风险评估管理办法》，并结合当前A集团投资项目的一些典型案例建立完成的。风险事项库与项目投资风险评估应用的项目类型相对应，分为矿山及工业建设，房地产以及风险勘探4大类。

对于矿山及工业建设项目，又按照是否为矿山项目或工业建设项目、是否为固定资产投资或股权类投资，以及是否为国外投资项目或是国内投资项目三个维度进一步细分。风险识别人员可以根据以上三个维度对项目风险事项库进行筛选。对于房地产类型项目，可以按照是否为固定资产投资或是股权类投资者维度进行筛选。

风险事项库的框架为六大类、三层级、多事项。也就是说，一级风险分为6大类，即战略风险、市场风险、财务风险、运营风险、法律风险和信用风险。二级风险以及三级风险是在一级风险的基础上进一步细化，对风险进行归类识别。风险事项则从A集团积累的投资项目资料库中进行整理和提炼，每一个风险事项都包括发生原因、结果以及应对措施。风险事项库示例如表9–34所示。

投资主体在对投资项目进行风险识别时，可以对照风险事项库中涉及的风险事项，结合本项目特点根据实际情况进行索引和筛选。后续的风险分析及评价工作都要基于风险识别的结果，风险管理部也会对投资主体识别风险事项的全面性和合理性进行专业的判断，出具自己的专业性意见。

（三）风险分析及评价

在风险识别之后，项目团队应对识别出的风险事项进行风险分析，并在分析的基础上，对风险事项按一定标准进行排序，找出影响投资项目目标的重要风险，并通过风险评价确定该风险是否可以接受或可容忍。

类似地，A集团通过总结国内外最佳实践经验，充分考虑到成本效益原则，开发了风险评估表作为定性风险评估工作的载体。风险评估表分为三个部分，即风险识别、风险分析和评价以及风险应对。投资主体需要根据风险事项库及具体项目情况识别出的重大风险，通过从可能性和影响程度两个方面，对风险事项进行评价，进而确定该风险是否能被接受。风险评估表作为投资主体在项目建议书

表9-34 A集团投资项目风险事项库示例

投资项目风险事项库

一级风险	二级风险	三级风险	风险事项（包括但不限于）	原因（包括但不限于）	影响结果（包括但不限于）	应对措施（包括但不限于）	矿山	工业	房地产	风险勘探	固定资产投资	股权类投资	国外项目	国内项目
战略风险	宏观经济风险	国际宏观经济风险	项目所在国宏观经济波动	宏观经济波动出于多种原因，例如政策因素、政治因素、市场因素、项目所在国经济抵御风险的能力等	投资成本增加，产品销售不佳，给企业未来经营利生存造成影响等	加强宏观经济和行业政策研究，及时掌握相关政策与信息								
		财政政策风险	税收政策变动	项目所在国资源税、关税等税率水平较高或者税率变动较大	企业税费增加，盈利减少	提高产品的毛利率，提高企业的盈利能力								
	政策风险	行业政策风险	房地产行业政策变动	国家宏观经济调整，防止经济过热或促进经济发展，房地产政策密集，政策变化大	销售收入波动大，可能导致产品滞销	加强宏观经济和行业政策研究，及时掌握相关政策与信息								
		行业政策风险	国外矿业政策变动	外国政府提高权利金和矿业公司所得税，取消原有的开发协议	损害矿业类企业生存能力	借助政府同良好关系，争取恢复原有开发协议								
		……	……	……	……	……								

和可行性研究报告中的必选动作，是 A 集团规范投资项目风险评估工作的重要手段（见表 9 – 34）。

1. 风险分析的一般方法

对于识别出的风险的分析过程，多数情况下也是依据经验进行的。由于风险的未来性及不确定性，要想精确地对所有风险发生后造成的损失及发生的可能性进行衡量，是不切实际的。因此，分析过程多是根据项目评估小组中专家的经验判断得出最终结论。下面列出一些常用的定性风险方法或工具。

①项目团队集中讨论。项目团队通过研讨会的方式，根据识别出的风险事项，集中讨论、评估风险事项发生的可能性及对项目目标的影响程度。

②访谈。访谈各专业相关人员及外部咨询专家，对识别出的风险事项，分别分析风险事项发生的可能性及对项目目标的影响程度，最后再将评估结果进行汇总分析（比如，可以采用专家打分平均值作为评估结果）。

③问卷调查。向专业相关人员及外部咨询专家发放问卷，对相关风险事项进行分析，分析风险事项发生的可能性及对项目目标影响程度，最后再对打分结果进行汇总分析。

④历史数据分析。根据过去类似投资项目历史数据（发生的频率以及风险事项发生后对项目目标的影响数据），评估风险事项发生的可能性及对项目目标的影响程度。

⑤行业调研。调研行业相关数据、资料，根据行业数据评估风险事项发生的可能性及对项目目标的影响程度。

2. 定性风险分析——风险评估表

定性风险评估是 A 集团在投资项目风险评估过程中普遍采用的一种评估方法，也是比较成熟的一种方法，它具有操作性强、相对简单等优势和特点，因此目前 A 集团在项目立项和可研阶段首选定性法。

风险评估首先需要对风险分析矩阵进行定义，作为后续风险评估的基础。风险分析矩阵包括两个维度——可能性维度和影响程度维度，分别表示风险因素发生的概率和如果发生将对项目目标造成的影响，如图 9 – 37 所示。

其中，右上区域为关键风险，中间靠右上区域为重要风险，中间靠左下区域为中等风险，左下区域为可接受风险。

风险评估过程可以采用很多工具和方法，但由于大多数风险评估工具和方法都需要风险管理专业人员或外部咨询机构进行分析评估，评估过程相对比较复杂。因此，现阶段 A 集团采取简单实用的风险评估表作为风险评估工具。

如表 9 – 35 所示，风险评估表分为三个部分，分别为风险识别、风险分析及评价，以及风险应对。

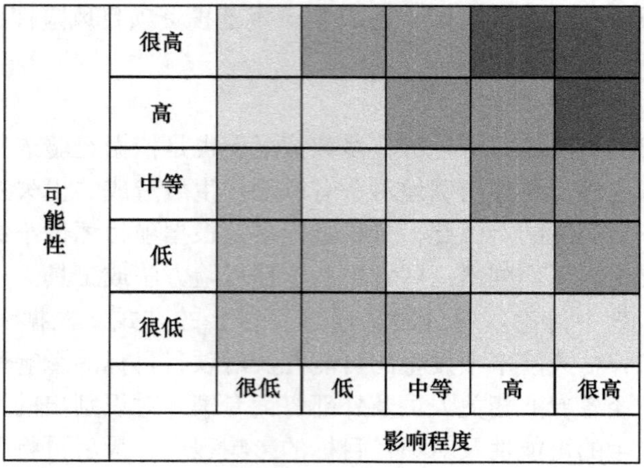

图 9 - 37　风险分析矩阵

表 9 - 35　风险评估表示例

风险识别				风险分析及评价						风险应对		
风险编号	风险事项	风险事项描述——原因	风险事项描述——结果	发生可能性（%）	发生可能性等级	指标	对指标影响程度	风险评估值（综合打分）	排序	风险是否可承受	措施/建议	风险责任部门/人员	剩余风险描述
示例 1	矿区周边民采严重	矿区缺乏管理	储量损失严重	30	3	获取资源目标产生影响	3	9	2	否	督促当地政府规范开采秩序，组建护矿队		民采大量减少
示例 2	社区居民抗议	项目对社区环境产生影响	进度延期，声誉受损	70	5	声誉、进度（投资回报率）	声誉：3 投资回报率：2	15	1	否	改善社区关系		减少社区抗议
示例 3	合作方不支持后续开发	由合作方自身战略考虑	投资额增加	40	3	投资可承受能力风险	3	9	2	否	与其他公司联合开发		
示例 4	生产配额降低	政府将某矿列为政府保护性开采矿种	产量降低	30	3	投资回报率	2	6	5	否	获取更多指标		
示例 5	矿产品价格降低	由于国家市场价格波动	销售额降低	50	4	投资回报率	2	8	4	否			

　　在风险识别过程中，需要识别风险事项，以及事件发生的原因及影响。在风险分析及评价过程中，需要评估风险发生的可能性，并根据预先设定的可能性标准进行打分。可能性标准如表 9 - 36 所示。除此之外，还需要识别风险影响哪些项目目标。针对每一影响的项目目标，根据预先设定的影响程度评价标准进行打分。影响程度标准如表 9 - 37 所示。在此基础上，对可能性及影响程度得分相乘

得出风险评估值，按照风险评估值进行综合排序，找出关键风险，并评价风险是否可承受。最后，对处于排序前几位的关键风险，提出风险应对措施，并设定风险责任部门或人员。

表9-36　可能性评价标准定义

	非常低（1）	低（2）	中等（3）	高（4）	非常高（5）
概率范围	10%及以下	10%~20%	20%~50%	50%~70%	70%以上
等价定性描述	①事件几乎不会发生 ②记录或经验显示在本行业内3年以上未发生	①事件有可能不发生 ②记录或经验显示在本行业内1~3年内曾发生	①事件有可能发生 ②记录或经验显示在本行业内每年都会发生	①事件很可能发生 ②记录或经验显示在本行业内每季度都会发生	①事件极有可能发生 ②记录或经验显示在本行业内每月都会发生

表9-37　影响程度评价标准定义

目标	轻微（1）	一般（2）	中等（3）	重大（4）	灾难（5）
控制资源	由于掌控资源受限制，实际新增储量比预期降低10%及以下	由于掌控资源受限制，实际新增储量比预期降低10%~20%	由于掌控资源受限制，实际新增储量比预期降低20%~30%	由于掌控资源受限制，实际新增储量比预期降低30%~50%	无法控制资源，项目投资失败，或实际新增储量比预期降低50%以上
核心业务扩张（新建或增加产能）	实际新增产能比预期低10%以下	实际新增产能比预期低10%~20%	实际新增产能比预期低20%~30%	实际新增产能比预期低30%~50%	实际新增产能比预期低50%以上
新兴行业进入（年销售收入）	实际平均年销售额比预期低10%以下	实际平均年销售额比预期低10%~20%	实际平均年销售额比预期低20%~30%	实际平均年销售额比预期低30%~50%	实际平均年销售额比预期低50%以上
财务收益率（IRR）	IRR比预期减少3%	IRR比预期减少3%~5%	IRR比预期减少5%~10%	IRR比预期减少10%~20%	IRR比预期减少20%以上

续表

目标	轻微（1）	一般（2）	中等（3）	重大（4）	灾难（5）
声誉	公众可能会知道该事件，但没有引起公众的关注	引起当地公众的关注；遭到一些投诉；引起媒体或政府的轻微关注	引起区域性公众的关注；遭到大量的投诉；广泛引起地区性媒体的负面关注；引起当地/国内媒体或政府的关注；会对项目运作采取限制措施或影响运营资质	遭到持续的抗议/投诉；广泛引起国内媒体以及地区/国内政府部门的负面关注；可能会对项目运作采取限制措施或影响运营资质	国家或全球媒体负面关注，被相关团体集体施压；对公司在其他国家的项目运作造成负面影响；政府或法律部门采取措施，如停产整顿或者取消运营资质、关闭运营等
安全	需要初级现场急救的时间，不导致工作日损失	初级医疗处理的伤害事件，导致少于5个工作日的损失	需要医疗的疾病/损害，功能受限，导致10个工作日以内的损失	导致部分永久残疾、重伤或5个以上员工生病/导致30个工作日以上的损失	造成死亡或者永久性伤残
环保	造成微不足道的经济损失；在项目范围内造成一定的环境影响	造成环境污染（并超出项目范围）；出现一次超过法定或规定的环境排放额的情况；遭到过一次投诉；对环境没有造成持续影响	排放已知毒性物质造成有限的损失；多次超过法定或规定的环境排放限额或项目要求的排放量	造成多种环境破坏；需要采取大量的措施来修复造成的环境污染，以恢复其原始状态；大幅超过法定或规定的环境排放限额	造成多种持续的环境破坏或损害范围扩散面极大；由于商业或修复工作或生态保护原因，需要进行重大经济赔偿；大幅的、持续的、超过法定或规定的环境排放限额
合规性					违反中国或项目所在国相关法律法规
资金可承受能力			投资主体无法提供所需资金支持该项目投资	业务中心层面无法提供所需资金支持该项目投资	集团层面无法提供所需资金支持该项目投资

3. 定量风险分析——蒙特卡罗模拟方法

从项目风险管理的角度出发，能将所有的项目风险因素识别出来，经分析评价并按照风险评估值进行排序，对重大风险提前制定应对措施，此种定性的风险评估方法相对简便、易行、快捷，基本可以满足大多数投资项目的决策需要。但还有另外一些重大项目，它们投资巨大，项目的执行会对国家、社会以及投资者产生深远的影响，有时甚至关系到一个公司的成败，在这种情形下，除了使用定性风险分析方法以外，可能还需要定量的风险分析方法进行辅助决策，对项目主要风险给项目目标带来的影响进行量化分析，给决策者提供更多信息做出最优决策。目前国际上常用的风险量化分析方法有层次分析法、概率树分析法、情景分析法以及蒙特卡罗模拟方法等。随着计算机技术的普及发展以及分析工具的成熟，蒙特卡罗方法在决策分析中得到了普遍的应用，国资委颁布的《中央企业全面风险管理指引》也重点推荐了蒙特卡罗模拟方法。因此，结合 A 集团实际情况，A 集团在部分项目尝试采用蒙特卡罗模拟方法进行风险的量化分析。

投资项目在决策期间不确定性因素最多，因而风险最大，评估项目决策风险的有效方法之一是通过蒙特卡罗方法来模拟在不确定性情况下项目评价指标（IRR、NPV 等）的概率分布，作为财务评价的扩展，从而做出最优化决策并制定有效的风险管理策略，提高项目决策的科学性和有效性。

采用蒙特卡罗模拟方法分析项目评价指标（IRR、NPV 等），需要首先构建项目的价值链分析模型。价值链分析模型建立在传统的贴现现金流方法基础之上，重点分析基于风险的项目投资回报水平。通过分析并量化项目全生命周期中可能影响项目现金流的所有主要风险，计算得出项目投资回报的概率统计分布。通过分析可能影响这些目标的风险，辅助决策者做出基于风险的最优化投资决策。

在定性分析的基础上，分层次加入定量分析方法，能够使项目的风险具有更强的客观性，为投资决策提供更多的参考和依据，但此种方法的采用成本较高，对投资主体专业能力的要求也很高，需要投资主体在充分权衡成本效益原则的基础上酌情采用。

（四）风险应对

在风险分析及评价工作完成后，A 集团接下来就需要针对风险排序得到的重要风险制定相应的应对措施。风险应对是选择并执行一种或多种改变风险的措施，包括改变风险事项发生的可能性或/和影响程度的措施。在制定风险应对措施之后，还需要对剩余风险进行评估，作为决策支持的依据。

1. 风险应对的一般方法

①项目团队集中讨论。项目团队通过头脑风暴的方式，对重要风险事项集中讨论，识别相应的应对措施，并评估剩余风险的可能性及对项目目标的影响程度。

②访谈。访谈各专业相关人员及外部咨询专家，对重要风险事项识别相应的

应对措施，并评估剩余风险发生的可能性及对项目目标的影响程度。

③行业调研。调研行业相关数据、资料，识别相应的应对措施，并评估剩余风险发生的可能性及对项目目标的影响程度。

2. 制定风险应对措施，分析剩余风险

风险应对措施的制定和评估是一个递进的过程。对于风险应对措施，应评估其剩余风险是否可以承受。如果剩余风险不可承受，应调整或制定新的风险应对措施，并评估新的风险应对措施的效果，直到剩余风险可以承受。

（1）设计风险应对措施应考虑的主要方面

风险应对措施的制定需要根据风险在风险坐标图所处的位置采取不同原则。如图9-38所示，在风险坐标图右上角的风险，通常为最重要的风险，需要采取风险降低的行动；在风险坐标图左上角的风险为风险发生概率较大，但风险对项目目标影响比较小，可以根据成本/收益分析，对风险降低行动进行分析，或者采取接受此风险；在风险坐标图右下角的风险，为发生概率较小，但风险一旦发生，对项目结果的影响很大，处在这个区域的风险，需要建立紧急反应计划；对于中间区域的风险，风险降低行动也需要进行成本/收益分析；对于处于左下角轻微区域的风险，通常可以忽略。

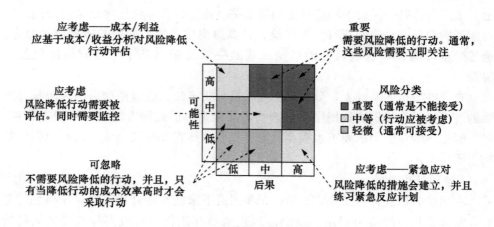

图 9-38　设计风险应对措施的视角

（2）风险应对措施分类原则

风险应对措施可以分为三类，分别是预防性措施、纠正性措施以及备用方案。首先是事件发生前的预防性措施，阻止事件发生；其次是如果事件发生，需采取相应的纠正性措施，阻止事件不好的结果扩大；最后如果事件不好的结果已无法控制，可采取相应的备用方案，如图9-39所示。

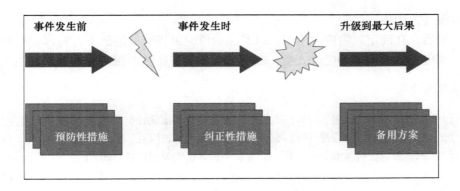

图 9 – 39　风险应对措施的原则

（3）设计风险应对措施

针对经风险分析及评价被确定为高风险或确认为应重点关注的风险，需要识别相应的风险应对措施。风险应对措施的识别可由项目团队各专业相关人员进行，也可借助专家来完成。风险应对措施的制定一般包括风险规避、风险转移、风险控制、风险自担 4 种策略。

①风险规避。风险规避是彻底规避风险的一种方法，即断绝风险的来源。对于投资项目来说，可以通过采取不同的工作方法避开风险。例如，通过改变方案、变更工作流程或更改设计等方法规避风险。

②风险转移。风险转移是将项目可能发生风险的一部分转移出去的风险防范方式。风险转移分为保险转移和非保险转移两种。保险转移是向保险公司投保，将项目部分风险损失转移给保险公司承担；非保险转移是将项目的一部分风险转移给合作方。比如，如果存在项目所在国宏观经济不确定性很大的情况，可以通过和合作方共同开发项目的方式，将部分风险转移给合作方。

③风险控制。风险控制是对可控制的风险，提出降低风险发生可能性或减少风险对项目目标影响程度的措施，并从技术和经济相结合的角度论证拟采取控制风险措施的可行性与合理性。例如，对于可能存在的社区抗议风险，可以通过与社区建立常态通话机制，提前了解社区要求并合理满足，以减少社区抗议可能性以及对项目的影响。

④风险自担。如果风险级别处在可接受范围内，或者如果采取应对措施会导致成本缺乏性价比，则可以接受或容忍风险的发生。比较常见的例子像产品价格波动风险，如果风险波动范围在可接受范围内，则可选择承担该风险。

在制定风险应对措施之后，需要对采取应对措施后的剩余风险进行分析，如果剩余风险仍然不可接受，需要重新制定风险应对措施，最终保证剩余风险降低到可接受范围内。

最后，在确定风险应对措施，以及剩余风险可接受的情况下，将风险应对措施、相应的风险责任部门或人员，以及剩余风险描述填入相应的栏中。

本章参考文献

［1］吴晶妹 . 现代信用学［M］. 北京：中国人民大学出版社，2009.

［2］关伟 . 企业信用管理［M］. 北京：中国人民大学出版社，2009.

［3］林钧跃 . 征信技术基础［M］. 北京：中国人民大学出版社，2007.

附　录

附录1　案例导语

　　什么是风险管理做得好的企业？首先应该是拥有健康风险文化的企业。国际风险管理专家埃里克·班克斯总结了这些企业的显著特征，包括：尊重风险，保持风险匹配和平衡；以身作则；对风险事项保持灵活和积极反应；使风险意识可操作；提升信息的自由流动；展示强大的专业知识；强化授权与责任；洞察所有风险；鼓励挑战；强化反馈机制；行必循德；采取理性激励；保持稳定的应对手段等，这些风险文化的广泛普及保障了风险管理能力的提升、风险损失的降低和风险管理目标的达成。

　　为此，要在企业中建立健康的风险文化，满足管理者想达到风险损失降低或规避的目的，就应该往这些先进理念去努力。看起来似乎有点难以达成，但是在一个成功的企业集团内部，能一次次跨越风险鸿沟而取得骄人业绩，靠的就是一个个风险管理成功的实践。他们在一个方面或几个方面做到了风险的事先预判，在环境变化后仍为自己留下较大的回旋余地，使风险损失降到最小，从而保证了业绩的稳定性。当然，也有很多没有风险意识的管理者，因为忽视、淡漠、冒进，才让自己的企业在别人设下的阴沟里翻了船，或被经营环境的突然变差逼迫得没有退路。

　　本书以某企业近年来经营管理工作中的真实案例为素材，用虚拟单位、人物，以故事的形式将其展现出来。每个故事不但尽可能还原了每个事情的真实过程，我们也尝试描述当事者的心理活动，让读者体会到案例中的管理者面对复杂的内外部经营环境，在平衡业务发展和风险管理关系时的积极探索与内心的纠结。每篇故事正文之后都附上了我们对案例的理解和点评，希望与读者共同探讨案例中管理者在风险管理工作方面的得失，共同思考如何做好企业的风险管理工作。

　　案例中的"他们"，无论成功与失败的经历希望都能给我们带来启迪，能够激发企业管理者对自身所开展的业务和本企业风险管理能力是否平衡的思考，从而使企业的业务经营和风险管理能力能够再上一个台阶。若能如此，则善莫大焉。

一、天上真能掉业务？

前言：著名贸易公司——顺达贸易居然折戟在一笔从天而降的大贸易上，经过重重努力，才最终避免沉沙。这样一家久经沙场的企业，为何差点在阴沟里翻船？它又是怎样化险为夷的？

天上掉下一笔大业务

顺达贸易有限公司是世界500强企业明仕集团公司的下属企业。明仕集团公司成立于1950年，以金属、矿产品的开发、生产、贸易和综合服务为主要业务，是一家全球化经营的大型企业集团。顺达贸易有限公司是明仕集团公司钢铁业务板块布局在滨海市的全资子公司，主要从事钢材贸易业务。

王兵从学校毕业后就进了明仕集团，他脑子活、想法多，执行力又强，仅用5年时间就从基层办事员做到部门经理，一年前又被提拔为顺达贸易的总经理，独立负责经营一家公司。

刚到顺达贸易不久，王兵就陷入了苦恼：目前顺达贸易的业务面很窄，大部分是总部的协同业务，有时会单独做点钢材进出口贸易。公司虽然年年盈利，但每年业务量都有限，赚不了多少钱。手下有几十个弟兄要吃饭，新官上任也想好好露露脸，王兵思索着，总要干点挣大钱的业务才好。

"王总，好消息，有笔大业务找上门来啦！"业务员小郭高兴地都来不及敲门，嚷嚷着就进了王兵的办公室。小郭是公司数一数二的业务员，业务能力很强，听他这么说，王兵很高兴："哦？来，坐下好好说。"

小郭在王兵对面坐下，兴奋地说："王总，你还记得上次跟我们合作的许总吗？他跳槽去北方能源集团做业务总监了，答应让我们给北能集团供应煤炭，这可是几个亿的业务啊！"王兵沉思半晌，说："能给北能集团这么大的公司供货是不错，可我们从哪里买煤呢，煤炭这块我们没做过，又不熟，去哪里找合适的卖家呢？""王总，不用担心，我已经请教过许总了。"小郭继续说道，"他推荐了漠北市的三屯子煤矿采区，说那里的煤质量不错，储量也可观，我们可以去谈谈。"王兵面露喜色，不住赞道："不愧是小郭啊，做事很周到！这事就交给你去办吧。"

为了摸清情况，小郭带着业务部前往漠北市，对三屯子采区进行调研。半个月后，一份业务申请报告就放在了王兵桌上。王兵喝了口茶，认真看起来。

（1）矿权问题：三屯子煤矿采区位于漠北市南部，采矿权所有人是当地最大的煤炭生产企业——漠北煤炭集团。该集团是漠北市一家大型综合能源化工企业，位列全国煤炭企业产量50强。

（2）经营权问题：漠北煤炭集团已经授权百汇能源有限公司具体负责该采区的经营管理。百汇能源是注册在江南市的民营企业，由总经理向川和副总经理唐英实际控制。

（3）储量问题：根据百汇能源提供的《储量报告》，三屯子采区是漠北市的一处优质露天煤矿，储量为900万吨，发热量高，当前产品供不应求。

（4）矿区状况：从多次现场考察情况看，矿区现场的施工人员和机械设备配置较为充足，能够满足大规模开采需求，历经前期的投入，矿区施工作业面露出的待采煤层的数量已相当可观，具备长期稳定供货的条件。

（5）销售模式：我方向北能集团供应煤炭，双方每月以实际交货数量确认结算数量，并按交货时的基本价格＋质量调整价确认结算价格。我方负责货物到达指定交货地点前的所有费用。北能集团在确认收货后的5个工作日内向我方支付货款。

（6）采购模式：我方向百汇能源预付4亿元货款采购100万吨煤炭。自采购合同签署之日起连续5个月，百汇能源每月优先向我方供应煤炭20万吨，合计100万吨。我方以与下游客户达成的实际销售价格每吨下浮12元与百汇能源结算。

（7）资金监管问题：为控制我方风险，百汇能源同意与我方设立独立的资金监管账户，对煤炭购买资金进行监管，监管账户的印章及电子付款密码方式由我方保管，我方承担该账户的完全监管责任。该账户资金只能用于煤矿生产经营活动，需我方凭百汇能源提供的生产费用凭证，逐笔审批后才能划款，以保证资金专款专用、封闭运行。

（8）"煤管票"问题：为进一步控制我方风险，煤炭销售所需的"煤管票"由我方代为保管。

基于以上情况，尤其是考虑到三屯子采区采矿权所有人漠北煤炭集团是国内知名煤炭生产企业，资金实力雄厚，煤矿管理经营丰富，在采取相关风险控制措施的情况下，业务部认为从百汇能源控制的三屯子采区采购煤炭具有可行性。

王兵合上报告，思索半晌，拨通了小郭的电话："小郭，报告我看了，很详细，做得不错。你准备一下，通知财务、企划和你们业务部明天上午9点开个会，讨论一下。"

做还是不做?

9点刚到,王兵就快步走进会议室,环视一周,看到财务、企划、业务的负责人都已经到了,于是在桌首处坐下,开门见山地说道:"业务部写的业务申请报告大家都看过了吧?今天我们开会就是要讨论一下这个业务,大家有什么想法尽管说。小杜,就从你开始吧。"

小杜是企划部经理,坐在王兵右手边,听到王兵这么说,他放下手中的报告说道:"王总,这个业务看着倒是不错,规模大,利润总额高,要是能做成,我们今年的营业收入和利润指标就完成一大半了。但是……"小杜顿了顿,面有难色地说道,"煤炭贸易不属于我们公司的经营范围,按规定开展经营范围外的业务是需要集团审批的。再说,我们一直做钢材,从没有接触过煤炭,也不懂行啊。"

小杜刚说完,小郭就抢过发言:"集团审批?时间太长了!北能集团那边等着回信呢,要是我们不行,他们立马去找别的公司,我们总不能让快煮熟的鸭子飞走吧?煤炭贸易和钢材贸易都是贸易,万变不离其宗,王总不也总是鼓励我们创新嘛?"

王兵点点头:"小郭说得不错,做业务要放开手脚,要有突破,不要畏首畏尾。不会的东西我们可以学,谁都是从不懂到懂、慢慢摸索出来的。集团审批的事嘛,当下最要紧的是把业务争取到,以后再向集团汇报吧。"

财务部的小张接着发言:"4亿元这么大的金额,我们的自有资金怕是不够,需要做一下资金安排。另外,百汇是家民营企业,我们对它不太了解,做这么大的信用交易,还需要对它的资质背景进行调查,做下风险评估。"

"小张这个提示很好,"王兵转向小郭,"小郭,你们那边有调查吗?"

小郭忙从包里拿出一沓文件:"王总,这是我们刚拿到的百汇能源的三证复印件,还有其他资质证明。百汇能源的向总和唐总为了表示诚意,还提供了质押担保函,将采区100万吨煤炭的处置权质押给我们。"

小郭一边说,一边将文件递给王兵。王兵看了看说道:"各位还有什么要补充的吗?要是没有,这事就基本定下来吧。小郭,你负责合同的具体细节。马上到国庆节了,争取在长假前准备好,按程序走会签,上经理办公会。"

事情进展得很顺利,一星期后顺达贸易与北能集团的《煤炭买卖合同》和与百汇能源的《煤炭购销》合同就谈好了,并很快完成了内部审批程序。

9月27日,合同正式签署。

业务模式确定如附图1所示。

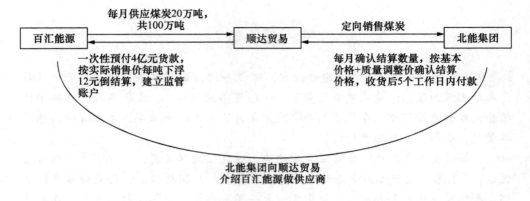

9 月 28 日，顺达贸易和百汇能源在漠北市商业银行开立资金监管账户，顺达贸易将 4 亿元预付款划入监管账户。

9 月 30 日，国庆长假就要开始了，王兵心情很愉快，准备带家人出国去玩一趟，也算是犒劳一下自己。

晴天霹雳

国庆节刚过，顺达贸易就开始忙碌起来。百汇能源提出申请，需要资金购买煤管票、支付工程款、排土场款、施工费、油款等，先后从监管账户划走 3 亿元。就在这期间，煤炭市场行情急转直下，价格一跌再跌，煤炭资源丰富地区长期积累的民间债务问题陆续爆发，漠北市也发生了多起民间债务违约事件。

10 月 20 日一早，小郭神色匆匆地跑进王兵的办公室："王总，出事了！三屯子被人堵矿了！"

王兵大惊："到底怎么回事？仔细说！"

"我们被向川那小子给骗了！"小郭上气不接下气地说道："他欠了高利贷，把我们的 3 亿元货款套去还账，采区的工程款和施工费一直拖着没结。三屯子周围村民又注意到采区在生产，要求每车煤给一定土地补偿款，向川哪里有钱给？现在村民正聚在一起堵矿，施工队也不肯开工，采区的生产经营全瘫痪了！"

"王总，不好了！"财务部小张一头撞进来，"刚才接到江南市法院的通知，向川拖欠江南市商业银行贷款，法院已经强制从我们的监管账户划走了 2000 万元！"

王兵手里正燃着的半支烟掉在了地上，瘫坐在椅子上，脑子里乱如麻，一时竟愣住了。"王总，要不要开个紧急会议？"小张提醒到。王兵回过神来："对，小张，你赶紧去召集会议。小郭，你去整理下材料，一会汇报。"

　　会议室里大家都很沉默，王兵觉得有点尴尬，咳嗽一声打破静寂："事情紧急，先让小郭给大家说下情况，然后商讨一下对策。"于是小郭就将向川怎么申请划转资金、采区怎么被堵以及法院强制划款的情况向大家做了说明，末了说道："现在我们只收到10万吨煤炭，按货值4000万元计算，4亿元的预付款还差3.6亿元的货。"

　　小张接着说道："王总，监管账户里还有8000万元，我们要不要赶紧转移出来？万一向川还有其他债务，再被法院强制划转，我们可就什么都没有了。"

　　小郭补充道："对，如果撤回这8000万元，我们现在的风险敞口就只有2.8亿元。"

　　"我也同意赶紧撤回资金。"小杜说道，"另外，这么大的事，我们要不要立即向集团汇报？是不是要走法律程序？"

　　"走法律程序这事就肯定算重大风险事件了，我们今年的任务和考核怎么办？""是啊，采区还在，煤炭还在，只要复产，我们就可以收回钱。"

　　大家七嘴八舌地讨论开来，王兵的心里也如打翻了五味瓶，不是滋味。他暗暗想着："自己刚上任，就出了这样的事，怎么向上面交代？以后还要不要在明仕集团混了？而且这要是捅上去，今年的考核肯定没戏，兄弟们辛苦一年又白瞎了。最好是能尽快将这件事压下来，通过商务途径妥当解决，不要让集团知道。"

　　会议开了一整天，最终形成如下解决方案：

　　(1) 立即将监管账户的8000万元剩余资金撤回。

　　(2) 与百汇能源签署的《委托管理协议》，由顺达贸易负责三屯子采区的经营管理，将原《煤炭购销合同》中的100万吨预订额度提高到200万吨，委托经营期限至200万吨煤炭的销售权益全部实现为止。同时，协议签订目前有关三屯子采区的一切债务由百汇能源自行负责，与顺达贸易无关。

　　(3) 与漠煤集团签署协议，确认顺达贸易对三屯子采区享有的经营权和销售权。

　　(4) 向北能集团协商，延迟交货。

　　(5) 王兵带队，由企划、财务、业务部和法律顾问组成联合工作团队，分成政府协调、群众工作、工程、销售、财务等专项小组，分头开展三屯子采区复产的前期筹备工作。

　　3天后，联合工作团队就奔赴漠北市开展工作。事情似乎进展得很顺利：当地政府表示不希望采区停产，会尽力支持顺达贸易复产；漠煤集团和百汇能源也同意签署协议。现在就差筹建经营团队、选好施工队和办齐生产手续了，等这些准备工作做好，过完年就可以开工复产。

2个多月来，王兵吃不下、睡不好，天天忙得团团转。现在事情眼看有些许转机，他脑中紧绷的弦终于可以松一下了。

总部的召唤

"世上没有不透风的墙"，明仕集团这么大的企业，对业内的各种风吹草动岂能不敏感？顺达贸易业务出问题的消息七拐八拐，终于传到明仕集团总部。

明仕集团钢铁板块总监梁天是顺达贸易的直接领导，消息传到他耳朵里的时候已经是12月底。他很生气，一来顺达贸易出了这样大的风险事件，搞不好就会有很大亏损，他很忧心；二来王兵是他一手提拔的爱将，竟然出了事不上报，处事这么草率，让他很气恼。现在具体情况还不清楚，也不知道王兵那边究竟在搞些什么，不过从掌握的信息来看，多半没那么简单。梁天暗想："事情到了我这，可不能再藏着掖着了，眼下还是尽快向叶总和项总汇报这件事，看下一步该怎么办。"

会议室里，梁天向明仕集团董事长兼总经理叶总和分管风险管理工作的副总经理项琦作了口头汇报，大致介绍了顺达贸易的情况，也提到了自己的担心。听完汇报，叶总也有些生气，说道："梁天，你的担心是对的，顺达贸易的事情搞不好就会给公司造成重大损失。对这件事一定要高度重视，而且处理速度要快！这样吧，你负责牵头处理这件事，先把情况摸清楚，有什么进展随时向我汇报，需要什么资源我都支持！"项总接着说道："梁天，这件事单靠你自己的力量还不够，把财务、审计、风险管理和法律几个职能部门都叫上，让他们帮着出谋划策，有什么事情协调起来也方便。"两位领导的态度让梁天很感动，忙起身道谢："谢谢领导的支持！我一定尽快处理好这件事！"

回到办公室，梁天立即叫来秘书吩咐道："安排下周一的会议，让王兵到总部来向我汇报一下百汇能源的事情。另外邀请集团财务、审计、风险管理和法律的负责人，一起出席。"

手上的烟差点烧到指头，王兵这才缓过神来，在烟灰缸里使劲摁灭了烟头，又端起茶杯狠狠喝了一口，定了定神。他走到桌前，拿起汇报材料看了几遍，又在脑子里仔细想了一遍，喃喃自语道："就这样吧，是死是活就看明天了！"

周一一大早，王兵就来到总部会议室，身边只带了小郭，一是小郭熟悉情况，王兵不清楚的地方他可以及时补充；二是也担心人多嘴杂，说些不该说的话反倒麻烦。8点50分，集团财务部刘总、审计部杨总、风险管理部丁总和法律部李总陆续到达会议室，大家刚寒暄几句梁天就到了，会议正式开始。

梁天首先开口："感谢集团几位职能部门的领导来参加这次会议。会议材料前天已经发给大家，事情大家多少都了解一些吧？王兵，你先汇报一下事件的经过和现在的进展，之后请各部门领导提问、发表意见，今天务必商讨出一个解决方案！"

"好，那我就先向各位领导简单汇报一下事件的经过。"王兵大致将来龙去脉讲了一遍，有意无意地略去了向川挪用资金还高利贷一事，重点强调这就是一个正常的业务，只是因为居民堵矿，采区无法开工。王兵继续讲道："经过工作团队3个多月的努力，现在事情进展很顺利。只要政府批文下来，顺达贸易就可以马上进驻三屯子采区实施复产。这个采区的煤炭资源还是不错的，销售那边我们已经联系好了，北能集团愿意继续接货，还有几家客户在谈，问题不大。现在天冷积雪，群众情绪也比较激动，复产难度稍大，我们打算先做筹备工作，等春节假期过了，天气一转暖就立即开工。到时候200万吨煤陆续出产销售，业务就能正常运转起来。"王兵顿了顿，有点激动，"当然，不管怎么说，出了这样的事我都有不可推卸的责任，我愿意接受组织的处理！"

梁天看了王兵一眼，说道："当务之急是把问题解决好，把损失降到最小，问责的事以后再谈。各位职能部门领导，你们有什么问题和意见尽管提。"

财务部刘总率先提问："9月28日，钱到监管账户，短短十几天百汇能源如何花掉3个亿？这些资金的流出你们都仔细确认了吗？"

"全都确认过了。"王兵回道，"百汇能源申请每一笔款都要写清楚用途和支付对象，我们每笔都确认过，都是用于生产经营的，主要是补交前期未结的工程款，只是没有详细的工程款单据。而且百汇能源已经交付10万吨煤炭。"

刘总又问："现在原来的施工队仍然在场，百汇能源还欠着他们的钱，你们如何解决新施工队进驻的问题？"

王兵说："我们已经签好协议，让顺达贸易先开采，把2.8亿元的预付款收回后，我们就把采矿权还给百汇能源。以前的历史问题由百汇能源自己解决。"

审计部杨总接着问："从复产到我们收回预付款，整体需要投入多少钱？"

"这个……"王兵有点为难地说道，"我们还没有仔细测算过，粗略估计需要投入5000万元。"

"除了复产，还有没有其他方案？"杨总追问，"再说了，对政府口头的承诺也不能过于乐观，如果复产不成功怎么办？"

"其他方案暂时还没有，如果要考虑的话，可能就剩法律诉讼了。"王兵说，"不过经济合同纠纷一般诉讼时间很长，就算赢了官司也不一定能保证收回钱，所以我们没有做这个方案。"

听到王兵的回复，风险管理部的丁总敏了敏眉，说道："我们今天的重点是讨论出下一步要怎么办，按照目前掌握的情况，很难下决心继续投入5000万元把业务转起来。从明仕集团这么多年的经营历史来看，凡是前笔业务陷入危机、后面继续跟进投入的情况，几乎没有成功的，而且现在的处理方案差不多是债转股了，顺达贸易要做股东去经营一个煤矿采区，我们有这样的能力吗？如果后续经营中又出现问题，还要不要继续投入？这个窟窿会不会变成个无底洞，最后不但没收回2.8亿元，还倒贴进去好几千万元？"

丁总话锋一转，接着说："按照集团的规定，开展信用交易前一定要做资信评估，要授予信用额度。给百汇能源预付款之前有没有认真按照这个流程来做，今天我不想追问。但顺达贸易应该从现在起对三屯子采区的施工方、当地居民、当地政府、债权人等利益相关者做详尽的风险评估，如果仍然坚持采取现有的解决方案，至少要做出风险排序和应对方案。"

梁天点点头，转向法律部李总，说道："李总，你可是我们公司的大律师，也说说你专业方面的意见吧。"

李总抚了抚鼻梁上的眼镜，说道："我有几个法律上的建议：一是煤炭采矿权的管理比较复杂，三屯子的采矿权证在漠煤集团名下，你们与百汇能源签署的委托管理协议虽然在民间比较常见，但是否具备法律效力还需要再确认；二是从目前的材料看，向川很可能还有其他债权债务关系，会不会影响到采区，这些情况你们要搞清楚；三是9月28日钱刚到，向川就急急忙忙地把钱转走，紧接着10月20日江南市法院就强制划款，这事儿怎么看都太蹊跷了，你们认真研究一下，看看向川是不是已经构成诈骗，考虑一下刑事诉讼。"

"对，还要防止向川他们转移资产。"杨总补充道，"如果能走刑事诉讼，尽快控制住向川、唐英等人，是最好的。"

丁总也说："没错，人控制了，他们才会感到有压力！另外，这件事情必须有人紧盯着。我建议成立'百汇能源事件专项工作小组'，由顺达贸易和我们几个职能部门组成。顺达贸易每月向专项小组报送事件进展，有重大事项时，由专项小组开会讨论。"

"我同意丁总的建议。"刘总附议道，"我还建议从现在起顺达贸易暂停新的贸易业务，全力解决这件事。"

听完大家发言，梁天做会议总结："各位的意见很中肯，我表示赞同。王兵，各职能部门的领导都是在给你出主意，想法子帮你尽快妥善处理好这件事，你不要有情绪，要认真听取大家的意见，尽快落实刚才大家提到的问题和建议。下次开会时，我希望能听到一些好消息。"

雷霆行动

飞机上，王兵陷入沉思："几位领导说得对，如果再继续投钱复产，搞不好就是个无底洞，到时候就不止2.8亿元了，指不定要搭进去多少钱。我已经错过一次，不能一错再错。再说向川那小子也不知道欠了多少高利贷，要是拍屁股跑了，我找谁去？不行，这事不能拖，一定要尽快最大限度地追回欠款。"

一下飞机，王兵就奔向办公室，召集各部门人员开紧急会议。会议决定，立即以债务纠纷为由，向滨海市法院申请查封三屯子采区的采矿权，再分析刑事手段的可能性。

一周后，经专项工作小组有关部门和法律顾问研究分析，结合当地公安机关的意见，顺达贸易认为向川等在三屯子采区煤炭购销业务中，存在故意隐瞒业务事实、套取资金挪作他用等违法行为，可以认定为合同诈骗，通过刑事法律措施能更快地收回资金。王兵当下决定马上以向川、唐英等涉嫌合同诈骗为由向滨海市公安局报案。

同时，为了更好地推动事件进展，顺达贸易成立了法律支持、案情跟踪、现场支持、信访接待四个专项小组分头推进各项工作。

（1）法律支持小组：负责收集整理有关材料，理清案件线索，完善证据链条；配合公安办案需要，进行案情分析，提供法律支持；根据证据材料案情进展，确定办案方向；研究分析漠煤集团在三屯子采区矿权转移、经营管理等过程中有无未尽到采矿权人职责的法律瑕疵，为民事诉讼做好准备。

（2）案情跟踪小组：负责实时跟踪公安机关办案进度，为公安机关办案提供一切必要的支持条件；配合公安机关摸清涉案资金详细走向，最大限度地追回资金；督促公安机关摸清涉案人员财产线索，第一时间查封冻结，防止涉案人员转移财产。

（3）现场支持小组：具体协调漠北市地方政府部门关系，为滨海市公安机关办案提供必要的支持；根据法律支持小组要求，做好涉案证据、线索收集整理工作；根据案情跟踪小组需要，为涉案资金追讨、财产查封提供政府关系协调等一切必要支持；负责其他小组在煤矿所在地的后勤服务。

（4）信访接待小组：密切关注三屯子采区利益相关方的动向，做好相应预案安排，以免施工队或其他群众发生过激行为；与明仕集团总部有关部门保持沟通，做好相关准备工作；保持与各地公安部门沟通，随时做好应对准备；若发生群访事件，第一时间组织应对。

滨海市公安机关对此案高度重视，积极配合，仅一个多月的时间就基本查实有关人员涉嫌合同诈骗的犯罪事实，并报请检察机关批准，迅速逮捕了全部涉案人员。同时，为保全资产，公安机关第一时间派出人员分赴国内多地侦查，陆续查封扣押了能够查询到的所有涉案资金资产，做到了应封尽封。

随后，顺达贸易配合公安机关，与在押嫌疑人展开了艰苦的退款工作。经过半年多的努力，在押嫌疑人陆续退交现金和资产，争取宽大处理。

盛夏的果实

转眼到了盛夏时节，还是那家酒店，还是那间房间，王兵站在窗前俯瞰身下的黄浦江，只觉凉风阵阵，清爽袭人。明天专项工作小组又要开会了，这次王兵的心情好了很多，打开收音机，莫文蔚的歌声飘了出来"时间累积，这盛夏的果实，回忆里寂寞的香气……"王兵忍不住跟着哼了起来。就在这时电话响了，王兵一看是小郭打来的。"王总，汇报材料我又整理了一遍，没问题，现在就给您发过来？""小郭，辛苦了。"王兵想起了什么，又接着说："明天就由你来汇报具体情况，你好好准备一下。"

第二天一大早，王兵迈入总部会议室，小郭已经在准备投影仪。集团几位职能部门领导陆续到来，王兵忙起身抱拳拱手问好："各位领导，我要多谢你们啊！多亏你们的建议，这会儿我才能踏踏实实坐下来喝杯茶。"片刻，梁天到了，大家依次坐好，会议照例由梁天主持。

"王兵，你们每个月报送的报告我都仔细看了，你们很努力，事情能取得这样的进展不容易。"梁天扬了扬手里的一叠报告说，"今天你先讲讲现在的情况，大家也讨论一下后续工作怎么开展。"

"谢谢梁总，谢谢各位职能部门领导。"王兵说道，"这件事情让领导们费心了。最近我感触很多，我想先跟各位汇报一下，稍后由小郭向领导们详细汇报事件进展。上次听了大家的建议，我们回去就报了案，公安机关立即出动去江南市抓人。幸亏我们动手及时，公安干警到向川家门口的时候，他正在收拾行李准备跑路呢！唐英出去躲债几个星期了，后来在他乡下小舅子家把他逮住了。这两个小子刚开始还嘴硬，一口咬定'要钱没有，要命一条'，那狂妄劲儿哦！后来进局子关了几天，立马就怂了，终于肯跟我们谈还钱的事了。这不，两人家里马上凑了 5000 万元退给我们，还提供了几十项实物资产供我方选择。还是几位领导说得对，'只有控制了人，他们才会感到压力'。下面就让小郭给大家汇报具体情况。"

小郭打开 PPT 讲道："目前我们已经收到向川、唐英退回的现金 5000 万元，还差 2.3 亿元。两人提供了 23 项位于全国各地的实物资产供我方选择，我们对这些资产进行了全面的调查和评估，筛选出部分权属较为清晰、变现能力较强的资产形成初步的债权债务重组方案，包括 2 辆高级汽车、5 套上海的房产以及江南市湖边新区 480 套正在开发的商品房。

目前汽车和上海的房产已经准备好，随时可以过户。江南市的商品房刚完成开发建设，等审批完成就可以销售了。我们打算尽快与犯罪嫌疑人签署债权债务重组方案，完成汽车和上海房产的过户和销售，江南市的商品房也转到我方名下由我方负责销售。我们在对这些资产作价的时候折价比较多，覆盖2.8亿元的预付款没有问题。资产处置完毕后，超过我方债务、利息和相关费用的部分我们会返还嫌疑人。"

听完小郭的汇报，会场气氛变得轻松起来。刘总笑道："向川这么有钱还去借高利贷，真是胆儿肥啊。"梁天也笑了："人心不足蛇吞象嘛。各位对下一步的工作有什么建议吗？"

丁总说道："我谈两点吧，一是要尽快将资产转到我方名下，没有完成之前一定不要放人，免得他们出去就反悔；二是在江南市商品房进入正常销售前，我们一定不要再有投入，审批中需要的费用要让他们出，我们还要派人进驻现场，盯着他们的进展。"

杨总接着说："对，你们下一步的工作要以资产处置变现为核心，建议做一个详细的工作日程表，把后续要做的工作和关键时间点都列出来，责任到人，工作到天，时时跟踪调整，这样推进才有力。"

李总补充道："与犯罪嫌疑人签署的相关重组文件一定要确保没有法律方面的瑕疵。你们要保存好这次事件的所有相关材料，以便备查。"

"大家的建议都很好。"梁天做最后的总结发言，"王兵，回去要好好落实，按照公司相关要求和程序尽快推进重组工作。另外，你们要吸取这次教训，好好反思一下顺达贸易的业务和管理，想清楚你们的定位，查漏补缺，好好提升一下管理能力。"

案例评析

王兵团队在前期的工作失误以及"立功心切"的心态，使其登上"贼船"，这是一错。身在"贼船"，却还尝试"与虎谋皮"，这是王兵的第二错。所幸在事件处理过程中，王兵能及时认清形势，重新调整方案，最后化解了这场危机。

这次事件中，有很多经验教训值得我们总结。

一、事前防范存在的问题

1. 明确公司定位，不能擅自超授权开展业务

明仕集团对顺达贸易的业务定位是"从事钢材贸易业务"，严格限制了顺达贸易的经营范围。煤炭贸易业务不在顺达贸易的经营范围内，开展这样的业务既不符合顺达贸易的公司定位，也超出集团公司的授权，属于违规业务。

顺达贸易应该清楚认识到自己主营业务范围，在该定位下制定公司战略，做

好自身业务。若希望扩大业务范围，必须事先按程序进行审批，获得相应授权。

2. 贵有自知之明，不要轻易涉足不熟悉的领域

顺达贸易本是一家钢材贸易企业，对煤炭行业基本不了解，既不熟悉整个产业链的运作模式，又不了解行业内的上下游企业，更没有能力研判其市场走势，在这样的情况下，贸然涉足陌生领域，无异于"羊入虎口"。即使没有发生百汇能源的事件，在这个业务中，顺达贸易依然面临重重危险：①如果煤炭行情急剧变化，顺达贸易如何保证上下游企业不违约？②如果北能集团拒绝收货，顺达贸易如何在短时间内找到渠道消化如此多存货？③如果煤炭质量出现严重纠纷，顺达贸易如何应对妥当？④这笔业务是许总介绍的，如果许总和向川联手运用行业规则漏洞"欺诈"，顺达贸易如何能识破？凡此种种不胜枚举，事后回想，依然令人胆战心惊。

每个行业都有其特殊的行业特性，有很多或明或暗的行业规则。即使是看似"万变不离其宗"的贸易业务，也会因行业、商品、市场甚至地域的差异，呈现出不同的风险特点。企业或个人之所以能成为业内专家，一定是经过无数摸爬滚打历练出来的。因此，对于自己不熟悉、不了解的领域，一定要慎之又慎。若需开辟新领域，建议在取得上级单位批准后，先按照"小规模、单批次"的原则进行尝试。

3. 注重业务分析，做好合同审核

首先，顺达贸易在业务可行性分析时，对业务风险和收益的整体评估不到位。根据案例材料，在这个"预付采购—定向销售"业务中，顺达贸易的收益为每吨 12 元的价差，粗略估算 100 万吨的总收益约 1200 万元。同期银行 6 个月至 1 年期贷款基准利率为 6%，4 亿元资金半年的贷款利息约 1200 万元。若顺达贸易大部分资金来源于银行贷款，这笔业务几乎没有盈利。估计顺达贸易通过其他方式获得较低成本的资金，或基本使用自有资金，但扣除人工、物流等各种成本费用后，这笔业务的利润总额并不算丰厚；若再算上资本成本，这笔业务的 EVA（经济增加值）也比较低。此外，这笔业务属于"买家向中间人介绍卖家"的业务，顺达贸易在分析这样的业务时，应更加谨慎。

其次，顺达贸易没有对合同条款进行严格审核，部分条款存在明显漏洞。案例中，取得《质押担保函》是顺达贸易的风险控制手段之一。该《质押担保函》约定百汇能源将三屯子采区 100 万吨煤炭的处置权质押给顺达贸易，看上去似乎是多了一重债权保障，但实际上这样的条款缺乏法律效力和实际效用：第一，质押是以财产转移占有为前提的，百汇能源的煤炭根本没有生产出来，无法形成质押。另外，煤炭处置权也不能单独质押，因此，这个《质押担保函》缺乏法律依据。第二，即使改为抵押的形式，将已经卖给顺达贸易的煤炭再抵押给顺达贸

易，这样的增信措施本身就是无效的。

如果顺达贸易在合同签署前能对业务进行全面合理的分析，严格把关合同条款，可能从一开始就不会选择这样的业务。

4. 重视资信评估，做好信用评级和授信

顺达贸易在开展煤炭贸易业务前，也意识到需要做风险调查评估，因此业务一队专门赴漠北市进行调研。但他们的风险调查评估并不全面仔细，至少存在两个失误。

一是没有详细调查直接交易对手——百汇能源。百汇能源是顺达贸易的直接供应商，且预付款金额巨大，而顺达贸易却没有对其公司和股东背景进行详尽调查，只是重点调查了漠煤集团。漠煤集团已经把经营权授权给百汇能源，它只能保证百汇能源合法拥有三屯子采区的经营权，并不能为百汇能源的其他经济行为承担责任。顺达贸易不应过分强调漠煤集团的优质背景，而不重视对百汇能源的资信评估。从案例来看，向川和唐英拖欠高利贷和银行贷款的情况应该时间不短，如果百汇能源能够通过业内人士或专业征信公司对百汇能源及其股东进行仔细调查，发现该公司存在的问题并不困难。

二是顺达贸易没有对百汇能源进行信用评级和授信，即向其支付大额预付款，违反集团公司信用风险管理相关规定。按照集团公司规定，开展信用交易前，必须对交易对手进行信用评级，根据评级结果确定其授信额度，并在信用交易过程中根据交易对手的情况变化不断调整其授信额度。顺达贸易没有严格执行集团公司规定，属于违规操作。

5. 设置风险管理职能，完善业务审批流程

顺达贸易没有设置风险管理职能，对业务开展前的信用、市场等风险进行审核，导致事前防范中的部分管理职能缺失。对于顺达贸易这样规模比较小的公司，可能不具备设置专职风险管理部门和岗位的条件，但应设置风险管理兼职岗位，由其他部门兼职承担风险管理职能，在业务审批过程中，出具专业的风险管理意见，充分发挥风险管理职能的作用。

二、事中管理存在的问题

顺达贸易在事中管理中存在的最主要问题是没有严格控制监管账户。合同中约定"监管账户的资金只能用于煤矿生产经营活动，需顺达贸易凭百汇能源提供的生产费用凭证，逐笔审批后才能划款，以保证资金专款专用、封闭运行"。如果监管账户能够发挥实效，真正控制住资金流向，这笔业务的风险是可控的。但在实际执行中，顺达贸易对资金用途去向的管理并不严格。百汇能源在没有详细工程款单据的情况下，仅凭单方面的书面申请，即可获取资金，使原本作为风险控制手段的监管账户没有发挥其应有的管控作用。

顺达贸易应加强资金审批环节的管理，除百汇能源的单方面申请外，还应有每笔资金对应的明细账单。资金最好由顺达贸易直接划到最终收款人账户，不要由百汇能源代付。付款后还应有相应的收款凭证，以此作为下次划款的前提。

三、事后处理的经验

1. 保证信息透明，切勿"捂住盖子"

在百汇能源发生风险事件后，顺达贸易没有按规定第一时间向集团总部汇报，而是"捂住盖子"，尝试自己解决。若不是总部发现并动用资源迅速组织后续一系列工作，顺达贸易很难有现在的处理结果。所幸在第一次工作会议后，顺达贸易认识到自身的错误，迅速改变工作方向，定期向总部汇报情况，保证信息及时、透明传递，为后续的决策和工作开展提供了支持。

信息透明、传递及时是保证风险事件迅速妥善处理的基本要件。当事公司因身处事件旋涡，很容易"不识庐山真面目"，对事件无法做出准确判断；因自己资源条件所限，不能更快更好地处理事件。因此，一旦发生风险事件，当事公司应在第一时间向上级单位汇报，上级单位会根据掌握的信息做出综合判断，并协调更多资源，在更高的层面协助当事公司尽快妥善处理。

2. 领导高度重视，是推动事件解决的关键

案例中，明仕集团总经理叶总、分管风险管理工作的副总经理项总对百汇能源事件高度重视，并给予大力支持，是推动事件顺利解决的关键。正是因为集团领导的重视和支持，相关部门才能放开手脚调动各种资源，全力推动事件解决；顺达贸易也才会感到"压力山大"，必须严肃认真对待，并积极配合专项工作小组，努力"尽快最大限度地追回欠款"。

3. 成立专项工作组，出谋划策，紧盯进展

在处理百汇能源事件的过程中，集团总部职能部门与顺达贸易组成工作小组，共同商议重大问题，跟踪事件进展，对推动事件解决起到了非常重要的作用。

一是工作组群策群力，在关键决策上发挥了重要作用。顺达贸易原本计划继续投资推动复产，在工作组的建议下，决定调整方案，转为迅速报案，从而避免在百汇能源事件中越陷越深，最终成功化解危机。若没有工作组参与讨论与建议，在关键决策中力挽狂澜，很难想象顺达贸易会在复产的泥潭里陷多深。

二是工作组紧盯事件进展，加大了顺达贸易解决问题的动力。如果没有人过问、没有人紧盯，顺达贸易也不会感觉压力巨大，并将这压力转化为迅速推动事件解决的动力。这本是世间常情，时间会让人淡忘很多东西，有些事件在当时可能名噪一时，但因无人问津，当事人又施展"拖"字诀，时间久了也就不了了之。若不是工作组时时紧盯，要求顺达贸易定期汇报，也许百汇能源事件也会在

王兵离职调任后成为另一桩"不决悬案"。

三是工作组确定"责任到人，举措细化"的工作方案，进一步推动了事件解决。在第二次工作组会议中，工作组提出建议，"做一个详细的工作日程表，把后续要做的工作和关键时间点都列出来，责任到人，工作到天，时时跟踪调整，这样推进才有力"。将责任落到具体个人，细化各种举措，按照时间节点一步步落实任务，不仅有利于相关人员明确任务、集中全力完成自身工作，也有利于管理层随时跟踪把控事件进程，及时做出判断和调整。

成立专项工作小组是处理百汇能源事件的成功经验之一，这种工作机制和方法值得肯定和推广。

4. 动作要快，"擒贼先擒王"

处理风险事件关键要快，很多时候掌握先机就是掌握主动，就会因此而扭转局势。在案例中，顺达贸易迅速报案，从而成功阻止了关键嫌疑人向川"跑路"，也因此在查封嫌疑人资产，推动后续资产重组中占得了先机和主动。

推动事件成功解决的另一关键是控制住了主要嫌疑人向川和唐英。对于向川、唐英这种类似于"地痞流氓"的角色，他们很可能已经通过各种途径转移资产，如果仅仅通过普通的民事诉讼，极有可能赢了官司也赢不了钱。因此，通过刑事诉讼，控制住关键嫌疑人，迫使其"拿钱赎身"成了法律允许范围内比较好的解决途径。案例中，向川、唐英原本态度傲慢，一副"死猪不怕开水烫"的架势，颇为赖皮，而在公安机关以诈骗罪将其控制后，两人态度立马转变，积极配合退款工作，以求"将功折罪"。

二、带刺的玫瑰

前言：在法官落锤的一刹那，顺达贸易总经理王兵苦涩地摇了摇头。的确，此案从 2012 年东窗事发至今已经 3 个年头。在这 3 年间，这样的宣判经历了好几次，王兵已经被这场"阴魂不散"的官司困扰得精疲力竭，这一切的苦涩还要从几年前说起……

业务上的往来

2011 年是王兵也是顺达贸易命途多舛的一年，自从顺达贸易幸从百汇能源事件"毫发无损"地退出之后，王兵一直心有余悸，做事格外小心。他总跟身边的人说："贸易这个行业不好做啊，利润这么薄，占用资金又这么大，简直就是赚着卖白菜的钱，操着卖白粉的心，一个不小心就会陷进去，如履薄冰啊！"

顺达贸易毕竟还是一家老牌公司，在贸易行业也打拼了十几年，积累了广博的人脉和丰富的经验，还是有着一定的"江湖地位"的，又背靠着实力雄厚的明仕集团，大树底下好乘凉嘛。虽说每年利润不高，但是业务做得还算平稳。公司士气迅速恢复，很快就又步入了正轨。

经过百汇能源事件严重的打击之后，"不贸然涉足不熟悉的领域"已经成为顺达贸易不成文的经营信条，被张贴在办公楼显眼的位置；小郭也变得沉默寡言，在公司低调了许多，踏实地做着本分的自营或者代理贸易业务。

恒天集团是江州市一家知名的民营贸易企业，2014年营业收入超过50亿元，在江州市也算是明星企业。对于这样一家优质的私营企业，顺达贸易每年与其进行的热轧板材等钢材类产品的贸易量超过20万吨。

恒天集团是江州市一家知名的民营贸易企业，总经理张峰多次被评为江州市十佳企业家，方方面面的关系都比较熟络，基本上垄断了江北大大小小的贸易生意。顺达贸易作为实力较为雄厚的央企——明仕集团的下属三级企业，注册地在距离江州百里之隔的滨海市，自然少不了和恒天集团的贸易合作，而恒天集团也看中了顺达贸易资金实力。

顺达贸易和恒天集团是从2003年建立贸易合作伙伴关系的，那时候贸易规模还比较有限，后来又经历了2008年国际金融危机，行业经历了大洗牌，不少贸易商都折戟沉沙。直到2009年"四万亿计划"的光辉普照祖国大地，钢铁上下游企业如雨后春笋般发展壮大，钢贸行业在沉寂了几年之后迎来了久违的"跃进式大发展"。顺达贸易对其的授信规模也从2008年的500万元逐步提高到了如今的2000万元，足以见得两家企业合作的默契程度。

我国自加入世界贸易组织以来，国内外贸易开放许多，凭借进出口资质红利"包打天下"的时代一去不复返了。各类生产企业完全可以凭借自己的采购队伍获取原材料，而代理业务能够合理存在并蓬勃发展最重要的先决条件就是贸易企业的垫资。通常情况下，贸易企业通过全额或者部分垫资，为客户向其指定的企业采购确定规格、型号的原材料，而客户只需向贸易企业支付10%～15%的交易保证金。这样，一来贸易商可以赚取固定比例的代理费用并获得业务规模、创造营业额；二来客户能够以较少的资金锁定货源，按需提货、分批付款，缓解资金压力，进而实现"双赢"。顺达贸易和恒天集团之间多年来正是这样一种业务模式的往来。

令王兵没有想到的是，就是这么一家合作了8年之久的企业，竟然会成为"对簿公堂"的对手！

合同上的纰漏

"王总，好消息。"小郭眉飞色舞地敲开了王兵的办公室。"来来，你坐下慢慢说，怎么了？""恒天集团您还记得吧，就是江州市那个挺大的贸易商，最近联系了咱们，希望咱们能够为它们代理采购一些板材和带钢。"

"哦，好事情啊，贸易额是多少？""大概1个多亿，小2亿吧，而且他们要的货物正好我们仓库都有，直接卖给他们就好了。"

"嗯，好啊，这事你去办吧，跟他们谈谈合同细节，老客户了，咱们做着也放心。"王兵说道。

回到办公室，小郭用他心爱的紫砂壶沏了杯上好的龙井，在江南地区，龙井甚是流行。比起北方干燥的气候，在滨海这个城市里，坐在烟雨蒙蒙的湖边，沐浴着泥土芳香的气息，甚是惬意。身为东北人的小郭已经逐渐爱上了这座城市。

他打开电脑，给恒天集团的张总发了封邮件，在合同模板中补充了相关信息，这样的操作俨然他已经很是熟练。忙了一上午，小郭有些困意，靠在办公椅上睡着了。

"亲爱的，你慢慢飞，小心前面带刺的玫瑰……"睡意矇眬的小郭被电话铃声惊醒。"郭经理，我是恒天集团的张峰啊，你发的合同我收到了，有个事儿跟你商量一下，我们最近资金不是很宽裕，客户也没付我们全款，所以你看看咱们能不能别签现货销售合同，改签代理采购合同，我们先付你们一部分保证金，货款等过阵客户提货时我们再付。"

"这……这我得回去跟领导商量下，我也做不了主啊。"小郭稍稍皱了下眉。"行，你回去跟王总请示下，不行我们就问问别人。对了，还有一点，关于争议解决（管辖权）的条款，行业一般都是在买方所在地仲裁，你们那个合同看看改一改。咱们都这么多年了，也不会为了这么一点业务伤了和气。"

"我知道了，下周给您答复。"挂断电话，小郭隐约觉得事有蹊跷，但也没多想。今天是周五，小郭不想再去想这些烦心事，准备踏踏实实过个周末。

周一刚到办公室，小郭就被王兵喊到了办公室。"怎么样，和恒天集团谈得怎么样了？""合同范本给他们看过了，就是他们有两个小的请求……"小郭如实汇报了和张峰通电话的情景，王兵听后陷入了深思。

"小郭，你怎么看这单业务，因为平时都是你跟恒天集团接触。"小郭顿了顿，整理了一下思路："恒天集团也是咱们老客户了，合作有七八年了吧，一直信誉不错，他们在江州市也算比较有名的企业了，他们这次这么大量买断我们的现货，也还算有诚意了，他们也答应给足额的保证金，万一有点啥事就把他们的保证金扣着呗，而且签代理合同算下来跟销售合同利润也差不多。"

王兵点燃了一支烟，思考了许久："行，你看着办吧，合同生效之后多上点心，盯着关键时间节点。"

"明白，您放心吧，我去联系他们。"眼看这么大单的合同差不多落实，小郭心里很是开心。

"张总，我是小郭啊，合同的事情我跟领导请示过了，问题不大，就按照您说的来，不过有一点，管辖权条款改起来可能比较麻烦，法律部和风控部盖章的时候会发现，删掉我倒是还能操作一下。"说到这儿，小郭诡异地一笑。"哦，这样也行啊，那就这么办，过两天我派人去跟你签合同。"张峰也明白了小郭的意思……

没过几天，顺达贸易和恒天集团代表就准备签合同了。根据事先约定，恒天集团总共采购顺达贸易的元宝钢厂热轧板材现货共3.6万吨，合同金额约1.7亿元。由于货量比较大，顺达贸易仓库中3个不同批次的现货加在一起能够满足恒天集团数量和规格上的要求。按照顺达贸易内部管理规定，需要双方分别签订3个委托采购合同以对应不同批次的现货，这样3个合同的编码分别为SDYB110703、SDYB110804、SDYB0902，意为顺达贸易采购元宝钢厂7月3日、8月4日和9月2日的热轧板材现货，主要合同条款基本一致。

月度定向采购合同

甲方：顺达贸易有限公司

乙方：恒天集团有限公司

（一）货物信息：……

（二）结算方式：

1. 数量：以钢厂实际交货数量为主。

2. 价格：单价以钢厂出厂价格并经乙方认可为准，加价方式：销售含税价＝供货厂商向甲方销售含税价×（1＋1.2%）＋运费×1.1。

（三）月度保证金：

不低于月均订货价值的10%。可在最后一次提货时用于冲抵最后一笔货款和相关费用。

（四）付款与交货：

1. 乙方应在货物到达交货地点90日内付清全部货款与费用，并提完全部货物。

2. ……

3. 乙方拒收取货物、延迟提货等，风险自货物实际交付或合同约定的交货之日（先到为准）转移至乙方。

（五）浮动保证金条款

1. 如遇到市场价格大幅波动，导致货物的市值跌幅达到初始保证金额的50%，卖方有权要求买方追加保证金……

2. 如果买方未按期追加任何一次保证金，则卖方有权随时解除本合同，有权自行处置货物，并没收保证金，买方不得要求返还或冲抵货款或相关费用。

3. 如卖方在斩仓过程中出现的合同价格与变卖货物价格差额及相关费用，由买方向卖方赔偿……

（六）发票开具：

甲方收到全额货款后，甲方有义务开具发票，发票的抬头应为乙方。

（七）其他条款：……双方签字盖章之日起生效……

执行上的怠慢

合同生效后，顺达贸易就开始按部就班地按照合同条款中的内容，将恒天集团规定规格、品种的现货陆续运抵合同约定的仓库——江州第一仓库。按照合同约定，恒天集团应该在货物运抵仓库90日之内向顺达贸易发出提货申请，在收到相应货款之后，顺达贸易向仓库下达放货通知单，办理相应的出库手续，恒天集团就可以提货了。在最开始的几周里，提货进行得很顺利，小郭和仓库沟通之后，也丝毫没有察觉到事情进展有任何异常。

"郭经理，恒天集团已经有一个半月没有提货了，我们放在仓库的货物还剩下一周就到合同约定的期限了，我们用不用跟他们沟通一下？"业务部小王向郭经理汇报道。

"应该没事吧，恒天集团是咱们的老客户了，不会有问题的。这事我待会儿跟他们确认下，你不用管了。"小郭回应道。

也许小王的担心是多余的，客户在规定时间期限的最后几天集中提货的情况也是常有的，小郭在以往的业务中也经常遇到。但是令他略有担心的是，近期钢材市场经历了一波比较明显的下行行情，相比签订合同时价格下跌幅度已经超过了5%。

"不会有什么问题吧？"小郭也犯着嘀咕，"还是打个电话问问吧"，他自言自语道。

"张总啊，我是顺达小郭啊，咱们那个合同没问题吧，怎么最近好久都没提货了，还有一周就到合同约定的期限了。"

"哦，小郭啊，这不还没到时间么，没问题，我给你打电话催催他们，我们也盯着这事呢，到期我们一定提货。" "行，您这么说我就放心了，有事咱随时沟通，您先忙吧，有时间咱们一起聚一聚。"

"好啊，小郭你很能干啊，责任心又强，我们要是有你这样的业务员就好了啊！" "张总您过奖了。" 小郭谦虚回应道。小郭听他言语间有些许淡定，心里也算一颗石头落了地。

又过了一周，眼看就到合同约定的提货期限了，恒天集团那边还是迟迟没有动静，小郭无奈又拨通了张总的电话："张总，我是小郭，咱们那批货怎么还是没人来提啊，是有什么情况吗？" "哦，我们也了解了一下，采购我们板材的企业最近工期好像有点拖延，你也知道，现在资金链都比较紧，银行抽贷比较厉害，宽限几天吧，我们也在催他们呢！放心吧，咱们都是老熟人了，有情况我一定立刻通知你。"

"嘟嘟嘟……" 挂了电话，小郭隐约感觉到张总话语间有些支吾，心理隐隐有了一丝不祥的预感。

就这样一来二去，转眼已经进入阳春三月，到了乍暖还寒的时节，小郭连续给恒天集团打过几次电话，他们都找各种借口推辞，小郭觉得事情有些不太乐观了。

与此同时，明仕集团风险管理部也已经向顺达贸易发送提示预警函。在这段时间里，钢材市场价格又出现了更为剧烈的下跌行情，跌幅超过10%，也已经触发明仕集团的市场异常波动预警线，而对于恒天集团这1亿多元的风险敞口，浮动亏损已经超过1000万元。

小郭觉得事态已经扩大，遂拿着集团风险管理部下发的《关于恒天集团风险预警通知函》向王兵汇报了事情的整个进程，王兵听后心里一震，也觉得事态严重起来，马上召集顺达贸易财务部和相关部门领导碰头，集体决定：向恒天集团发布正式的催告函！

当然为了避免撕破脸，以后还继续保持贸易合作关系，这次的催告函并没有提到斩仓的事情，语气也略显缓和。在接到催告函的几天之后，恒天集团就向顺达贸易陆续传真了几份提货申请书，一切似乎又都恢复了正常。只是提货的数量依然距离合同约定的数量相去甚远，风险敞口依然较大，可是事态毕竟向着好的方向发展了，王兵得以舒缓了一口气。

可是，令王兵没有想到的是，在陆续提了1000多万元的货物之后，恒天集团又没动静了，王兵的眉头又紧锁了起来。转眼又过一个月的时间，明仕集团风险管理部紧接着又发了一份提示预警报告，且由于价格下跌导致的浮亏已经超过了恒天集团缴纳的保证金水平，应该要求恒天集团立即补缴保证金或进行斩仓。

这次王兵也没敢怠慢，又迅速做出反应向恒天集团再次发函催告，措辞严厉且加重了语气。"我司与贵司分别于2011年10月20日签订3份《月度委托定向采购合同》，但贵司未能按照合同约定期限内付清全部货款及相关费用、提清货物。截至2012年5月底，贵司共欠款1.1亿余元。贵司逾期付款提货的违约行为已严重影响到我司权益。我司于4月23日曾向你司发过一封催告函，但至今仍未付清全部款项。请贵司于2012年6月15日前付清全部欠款，否则我司将没收贵司全部保证金，并自行销售合同货物，由此给我司造成的一切损失均由你方承担，并且我司将依照合同约定及相关法律法规要求，追究贵司的违约责任！"话已至此，王兵心里盘算恒天集团肯定还不至于闹到法院起诉的境地，肯定会顺利解决此事。

然而，令他万万没想到的是，心存侥幸的王兵居然收到了恒天集团发来的复函："经我司财务及相关部门认真核实，对你司的催告函复函如下：①贵司函告中提及的《月度委托定向采购合同》缺少法人签字，因此未生效，不具法律约束力。②我司不存在拖欠贵司函告中所指欠款。③经核实，贵司尚有我司预付货款，望在收到此函告后迅速返还我司预付货款！"这封复函如同晴天霹雳，一下就在顺达贸易内部炸开了锅。

王兵立马叫来了小郭商量对策，眼看着价格快速下跌，浮亏越来越大，王兵立刻做出了决断，向恒天集团发出了《斩仓通知书》，内容如下："……贵司逾期付款提货的违约行为已严重影响到我司权益。我司于4月23日和6月6日曾向你司发过两封催告函，但至今仍未付清全部款项。为此特致函贵司，我司将没收贵司全部保证金，并自行销售合同货物，由此给我司造成的一切损失均由你方承担，并且我司将依照合同约定及相关法律法规要求，追究贵司的违约责任！"在此期间，钢材市场延续下跌，顺达贸易紧急降价对货物进行了处理，但已造成经济损失3800万元。

斩仓之后，王兵正准备联合公司相关法律部门正式向滨海市人民法院起诉恒天集团。更令人大跌眼镜的是，在发出斩仓通知书后的第8天，王兵居然接到了江州市法院的传票。恒天集团居然以扣押保预付货款为由，将顺达贸易告上了法庭！

法庭上的激辩

王兵始终觉得恒天集团是恶人先告状，居然背信合同条款，将莫须有的罪名加到顺达贸易头上，想想气就不打一处来。

他找来了与公司合作多年的龙律师，龙律师擅长于经济纠纷类的官司。在王兵简要向他介绍完事情的来龙去脉，了解了顺达贸易的所有主张之后，龙律师花了2天时间，查阅了双方签订的所有合同，仔细阅读了所有合同条款。

"从目前掌握的案卷情况来看，我觉得不是很乐观。"龙律师刚说了第一句话，王兵"噌"地就跳了起来，汗珠哗地就流了下来。"怎么能不乐观，我们是占理的啊，是恒天集团首先拒绝执行合同内容，是他们违约在先啊！""王总，您先别着急，听我跟您说。首先合同签订极其不严谨，怎么连最基础的管辖权条款都没有，这种官司在哪里开庭对案情的审理都是有很大影响的，这种没有管辖权的条款，咱们公司的法律部门是怎么审核通过的？"刚说到这儿，王兵表情呆滞，一屁股就坐在了椅子上。他这才回忆起小郭向他请示删除管辖权条款的事情，原本以为是老客户了，合作了这么多年都没出问题，他就擅自同意了恒天集团修改过后的合同，没有再坚持公司法律部门的主张，却没想到在这里栽了跟头！

在一审开庭期间，龙律师主张了管辖权异议，但被江州市法院驳回了。与此同时，龙律师建议王兵尝试在滨海市以"恒天集团拒绝执行合同，对顺达贸易造成损失"为由，对其进行反诉。恒天集团也已同样的理由向滨海市法院提出管辖权异议申请，但经过法院的审理，却认为恒天集团的管辖权异议申请理由成立，并做出民事裁定，将本案移交江州市法院处理！眼看审理地点已经无力改变，王兵会同龙律师对案情及我方能够提供的相关证据又进行了进一步的梳理，很快就到了再次开庭审理的时间。

果然不出所料，经过双方在法庭上的辩论，在江州市法院的审理很快就出了结果，顺达贸易完全败诉！不但恒天集团不用承担由于斩仓给顺达贸易造成的3800余万元的损失，而且顺达贸易还需要退还1700万元的预付货款！这个结果是王兵做梦都没有想到的。虽然合同签订略有不严谨，但他始终认为是恒天集团违约在先，根本性的违约责任在他们，但没有想到居然是这么一个结果，令他百思不得其解！

本来信心满满打算自行解决的事情，没想到一审居然是这么一个结果，王兵很是无奈。经过彻夜的思考，他决定将此事汇报给集团公司，请求相关部门予以支持，全力准备二审。

周一上午8点50分，王兵出现在了集团总部的大楼。为了说明案情及一审过程中双发争执的焦点问题，龙律师也随同王兵一起来到了总部。9点整，集团公司法律部李总、财务部刘总和风险管理部丁总，陆续出现在会议室。

王兵热情地向各位领导打过招呼之后，开始向大家介绍案件的进展情况，但刻意隐瞒了私自删除管辖权条款的事情，重点向各位领导介绍了在法庭上双发辩论的焦点问题及法院判恒天集团胜诉的主要原因："恒天集团提出，经按照合同约定的货物价格结算方式，10月涉案合同增值税发票金额应该为4300元/吨，而我们给他们开具的增值税发票却是4800元/吨，无故多出500元/吨，是我们违约在先，所以才拒绝继续提货！在法院向相关钢厂调取向顺达贸易交付钢材的数量和单价确认之后，支持了恒天集团的诉讼请求，并认为恒天集团据此拒绝继续履行付款、提货义务依法有据！"王兵说到此居然有些许愤怒。

龙律师补充道："江州市法院显然有地方保护，根本没有按照事情的真实情况进行判决。我们给他们开了4800元/吨的发票不假，不过我们同时给他们开具了许多张发票，而这个发票对应的应该是2011年7月货物的发票，而非对应他们主张的2011年10月的货，他们这是偷梁换柱！"

"那你们有什么证据能证明发票是对应10月的货呢，发票上有没有注明对应的合同编号？此外，这种经济纠纷管辖权是很重要的因素，为什么不在我们滨海市法院审理，你们没有提出异议吗？"法律部李总不愧是行业的专家，既懂法律又懂业务，两个问题一下子就正中要害！

"这……"王兵有些支吾，"我们发票所载明的数量，能够跟恒天集团提货申请书中对应的提取7月货物的数量对上，至于发票，倒是没写明具体的合同编码，只是写了数量、单价和金额。"

"那这个你就说不清楚了，数量恰巧一致，是现象而不是证据，对方肯定不会承认。那退一步讲，即使是对应7月的货，发票价格是严格按照合同约定的价格开具的吗？"李总继续发问。

"那这肯定是，不过……"王兵又有些许迟疑。

"有啥说啥，藏着掖着也解决不了问题。"李总看王兵面露难色，加重了语气。

"不过对方律师在辩论时提到了关于钢厂开具发票对象的问题，按照合同价格结算的约定，增值税发票的含税价格应该以供应商向顺达贸易开具增值税发票为基础进行计算，而根据钢铁板块规定，顺达贸易是没有权利直接向钢厂进行采购的，对于批发业务，应该是由明仕集团钢铁板块统一代为采购，这样一来，钢厂开具的发票自然是对明仕集团钢铁板块，而不是顺达贸易。对方抓住了这一点，在法庭揪着不放，一定要我们出具供应商给顺达贸易的结算发票，而我们提供的发票是钢铁板块按月统一合并给我们开的，分不出具体的合同来。"

"既然开不出钢厂开给顺达贸易的发票，那为什么合同中的结算价格还要这么约定，这不是自己给自己下套嘛。"财务部刘总问道，"还有合同约定太模糊，按照钢厂出厂价格并经乙方认可价格为准，是按照几月的出厂价？你们签的委托采购合同，货是现货，是应该以你采购时的价格计算，还是以合同签订时钢厂出厂价计算，这些都没写清楚，这种合同怎么就随便签了！而且，价格要经过乙方确认，你们有邮件或者书面传真之类的证据证明我们开票的价格是经过他们确认过的吗？"

"肯定是确认了啊，而且他们也付款了，要不我们也不会给他们开发票，一般开发票就代表双方对价格没有异议之后的行为，只不过这个确认一般都是打个电话说一下，提货、放货那么频繁每次都邮件或者传真，实在太麻烦了。"王兵还振振有词。

风险管理部丁总最后说道："这个事情其间我们也有所关注，我们部门也曾经发过两次提示预警函，并要求你们及时评估保证金水平适时采取斩仓，但为什么在发出第一次提示预警函2个月之后才进行斩仓？此时亏损早已跌穿保证金水平了。即使判定他们违约，这个损失在法律申请的时候也难以被完全认定为对方责任，不论这个案子结果怎样，这个事情你们都要好好总结教训。"

几个部门的领导了解了事情的大体情况之后都觉得此案案情还是比较复杂，有必要进行上诉。虽然说按照王兵的说辞，明显是恒天集团下游客户在资金链紧张、产品价格快速下跌的过程中发生了信用违约，但我们合同签订包括执行过程中实在是瑕疵太多，根本难以提供任何能够推翻一审判决的有力证据。

听到这儿，王兵瘫坐在椅子上，一言不发……接下来，各位与会领导纷纷发表了对此案的看法，并结合自己从业多年的经验和经历，为接下来的二审出谋划策，最后达成如下意见：

（1）继续收集相关证据，比如提货申请书、收放货通知单、相关增值税发票，并对相关单据的数量和单价予以重点核实。

（2）案情较为复杂且双方均有过失，恐难以判定某方完全胜诉或支持某方所有主张，应做好庭外调解的准备预案，尽最大可能挽回损失。

（3）若有机会提出索赔主张，适当考虑实际损失金额的机会成本，主要是占压资金和损失金额在这些年应有的投资收益。

（4）无论案情结果如何，集团都责令顺达贸易吸取教训，完善合同签订及审批流程，规范合同细节，避免类似情况重复发生……

从总部回到滨海，王兵脸色铁青，始终难以从案件的失败中恢复。正值6月盛夏，正是玫瑰盛开的时节，顺达贸易公司楼下的花园有几株玫瑰，平日里散发着芳香。可在玫瑰华丽的外表之下，生长着密麻针刺，一旦心存贪念，幻想将他物占为己有，就会被刺伤，这便是玫瑰带刺的原因。顺达贸易在业务拓展过程中因"玫瑰"美丽的外表而迷失，忽视了其"带刺"的事实，便被弄得伤痕累累。

案例评析

一、代理业务的风险分析

最初的保证金代理业务是客户为获取特定厂家、特定型号的某种商品，预付全部货款给贸易商代其向供应商进行采购的业务，贸易商仅收取部分代理费用的业务类型。此类业务存在的主要原因是：①终端用户没有相应渠道或资质自行获得商品；②贸易商由于采购量大，在与供应商的谈判过程中处于优势地位，即便支付部分代理费用，客户仍能够获得较低价格的商品。这种代理业务由于是现款现货，贸易商基本不承担风险，同时能够获取稳定的利润来源。

随着业务的发展，代理业务逐渐演变成由客户预先缴纳部分保证金（通常比例为10%～15%），而非预付全部货款，由贸易商垫资代为采购特定商品的业务活动，而客户分批提货，提货前需缴纳全部货款。这种业务的风险在于如果遇到商品价格的快速下跌，而下跌的幅度又超出客户缴纳的保证金，客户出于各种原因未能及时或者根本不想补缴多余的保证金，进而形成违约，而这种违约又迫于合同签订过程中的种种"特殊条款"或者"行业惯例"而无法有效对客户进行追索，就会对贸易商形成实际的损失。顺达贸易和恒天集团业务纠纷就属于这种类型。

对于此类型的业务，最重要的环节便是事前防控，也就是对合作客户资信的评估与选择。对于那种"能一起享福而不能共同吃苦"的中小型贸易商而言，在决定其开展此类业务时便要足够谨慎。对于恒天集团这样资质较好的私营客户或国企客户来说，即便是业务合作多年，也要充分做好风险应对措施（比如足额抵押/质押），密切监控、实时评估保证金比例。在商品发生跌价的过程中，如有跌破保证金的情况，应及时要求客户补缴足额保证金，严重时应迅速进行斩仓。在本案例中，由于价格已经跌破保证金水平，按照合同规定，顺达贸易有权及时对货物进行斩仓，但由于心存侥幸，认为价格能够反转或者客户能够继续提货，未及时进行斩仓，而对公司造成严重损失。

二、合同签订过程及条款设置存在瑕疵

业务合同是约定买卖双方权利与义务的重要依据，本应合理、合法、严谨，而本案在诉讼阶段，合同条款的瑕疵成为顺达贸易败诉的重要原因：

1. 合同的选择

本案恒天集团与顺达贸易签订合同，买断顺达贸易的库存现货，本应签订《国内货物销售合同》，但由于资金链紧张，无力全额付款进行采购，故选择签订仅需支付部分保证金的《月度委托采购合同》（即为代理合同），并约定在提货前付清相应货款，这样既可以较少的资金锁定货源撬动业务，又可以有效规避由于价格上涨带来的风险。顺达贸易为了促成业务，也赞同了此种行为，但一旦恒天集团违约，实则为代其承担了市场价格波动的风险，成为本案的根源。

2. 结算价格约定不清晰

（1）本案合同中对结算价格的约定为：单价以钢厂出厂价格并经乙方认可

为准，而并没有明确约定哪个月的出厂价格。由于合同为10月签订，而货源分别为顺达贸易7月、8月和9月向钢厂采购，故在诉讼和法庭辩论过程中，恒天集团代理律师主张既然10月签订合同，肯定应该以10月钢厂官方发布的出厂价格进行结算，而非以7月、8月和9月的价格进行结算。

（2）本案合同约定结算价格的计算方式为：销售含税价＝供货厂商向甲方销售含税价×（1＋1.2%）＋运费×1.1。根据明仕集团钢铁板块业务流程，由钢铁板块统一向钢厂采购，钢厂给钢铁板块开具增值税发票，再由钢铁板块按月（而非按合同）向顺达贸易一并开具发票，故在法庭提供的发票抬头与合同约定的甲方不一致！这正是明仕集团在多年业务开展过程中一贯采取的作为，没想到被恒天集团抓了个正着！

3. 私自删除争议解决（管辖权）条款

明仕集团合同标准条款中本是有争议解决条款的：本合同签订及履行过程中如发生争议，双方应友好协商解决；如协商不成，则任何一方有权将争议提交所在地人民法院诉讼解决。

一般情况下，明仕集团为保障合法利益，都会将管辖权定在我方所在地，而本案中顺达贸易的员工在集团法律部门审批过合同之后，私自删除该条款，造成庭审的不利局面。

4. 盖章不签字

合同约定在双方代表签字并盖章之日起生效。合同在签订过程中仅盖章，法人并没有签字，恒天集团以此为借口向顺达贸易复函称合同未生效。当然，这在法律上并不成立，因为后来的一系列付款、提货和放货行为说明合同在实质上已经生效。但对于合同签订过程中的这种不规范行为，还是应当避免的。设想一下，如果恒天集团从未提取任何货物，该合同是否生效就很难说了。

上述4点是我们在本案合同签订过程中发现的问题，这些问题有些甚至具有普遍性，应该及时总结、反省、改正并吸取教训，并形成相应的规范。

三、管理流程有进一步改进空间

1. 价格确认没有证据

合同约定结算价格应经过恒天集团确认，而在实际操作过程中，存在这样或那样的理由，仅通过电话口头确认，这样就没有留下任何书面证据！虽说顺达贸易主张恒天集团已经付款，且收到了增值税发票，说明对价格已经默许，但并没有完全被法庭认可。哪怕有传真、邮件甚至是QQ聊天记录，都可以作为证明的材料，都可能影响案件的进展。

2. 增值税发票

在案件的诉讼和辩论过程中，恒天集团主张顺达贸易未按照合同约定单方面提高结算价格。顺达贸易方则认为恒天集团拿着 7 月货物的发票，对应 9 月现货的价格。这个分歧的主要原因我们在发票上仅列明货物的数量、单价和总价，而没有明确标明此发票对应哪一个合同，给恒天集团以可乘之机！

三、铁矿石掉期——贸易商的双刃剑

前言：2014 年年底，在澳大利亚悉尼，澳洲明仕有限公司总经理龚文剑看着手中即将发往明仕集团的报告，心中非常憋闷。这份报告是澳洲明仕为了避免破产而向总部申请增资 1 亿元的报告。过去一年中，澳洲明仕的主营商品铁矿石价格暴跌，预计年末亏损逾 1 亿元人民币，濒临破产边缘。如果不能得到明仕集团的增资，澳洲明仕的净资产将接近于零，无法继续经营。这份申请增资的报告是龚文剑手中最后的救命稻草。龚文剑不甘心啊，事情怎么就变成现在这个样子了？这份报告一旦报上去，将会有怎样的反应？

澳洲明仕的铁矿石贸易业务

澳洲明仕是明仕集团下属全资子公司，成立于 1987 年，以冶金原材料和钢材的国际贸易为主业。由于中国对铁矿石的需求很大，而且 20 多年来长期依赖进口，因此根据明仕的全球战略布局，澳洲明仕的主要业务就是将国外的铁矿石进口到中国。

自 20 世纪 90 年代起，中国经济起飞令铁矿石的需求成倍增长。进入 21 世纪以来，中国成为全球最大的铁矿石进口国。中国需求的猛增令全球铁矿石供需格局逐渐由松转紧，铁矿石价格节节攀升。在这样的市场环境下，澳洲明仕这种中小型贸易商在现货市场上很难获取货源，甚至无法保证正常业务的开展。2009 年，为了获取长期稳定的铁矿石供应来源，澳洲明仕与国际大型铁矿石供应商必和必拓公司（BHP Billiton Ltd. – Broken Hill Proprietary Billiton Ltd., BHP）签订了为期 8 年的铁矿石采购协议。双方每年初商定当年的采购数量，2010 年该数量为 80 万吨，之后由于合作顺利，数量逐年上涨，至 2014 年已上涨到 200 万吨，平均每月采购一船现货约 16 万吨。定价模式则是根据指数定价，按提单月前一个月公开市场铁矿石价格的平均值对铁矿石进行结算。

长期协议虽然保障了澳洲明仕每年的采购数量，但由于采购价格是不确定的：当市场价格下跌时，采购成本降低；当价格上涨时，采购成本上涨。

作为拥有长协的贸易企业，澳洲明仕的业务类型主要有代理业务和自营业务两种。

在开展代理业务时，澳洲明仕可以与客户约定以铁矿石的到货价结算，并收取固定的代理费用。也就是说，市场价格的变化对公司利润没有任何影响。然而铁矿石市场供应充足，是个价格高度透明化的市场，大量终端用户为了节省成本，都选择自行从各大矿山直接采购铁矿石，基本不需要中间代理商。澳洲明仕作为一家中间贸易商，很难获取稳定的终端用户，因此开展代理业务的难度也是很大的。

在开展自营业务时，如果无法掌握货物的成本，则无法对货物进行销售；而如果等货物成本确定后再进行销售，则有可能错失市场机会。澳洲明仕只有在铁矿石提单月前一个月才能够确定到货价（即货物的成本），然后才能按照市场价格销售给客户。从确定成本到最终销售给客户之间可能存在一定时间差，如果铁矿石价格在这段时间内下跌，即销售的市价低于采购成本，将给澳洲明仕带来亏损。

澳洲明仕为了规避价格变动带来的市场风险，选择运用铁矿石掉期在长期协议定价期确定前就锁定采购成本。

铁矿石掉期及其操作模式

铁矿石掉期是一种金融衍生产品，与传统商品期货的原理非常相似，都是通过交易远期合约实现规避风险和价格发现两大功能，而它们的主要区别在于成交方式和结算方式不同。

期货主要在场内交易，投资者将交易单下入公开市场中，由电子撮合成交，电子系统根据成交数据能够自动生成每日结算价和最终结算价，在交割方式上一般多为现货实物交割；而就掉期而言，其主要在场外交易，投资者将交易单下入非公开市场中，通过人工报价询价撮合成交，最终结算价多依照市场上某一权威价格或指数，且在交割方式上多采用现金交割。交易所掉期清算的核心是场外交易场内清算。

铁矿石贸易是澳洲明仕的主营业务，参与铁矿石掉期业务有助于澳洲明仕规避市场风险、拓展业务模式、扩大业务规模。

从理论上来说，可以采取以下三种操作模式：

（1）锁定成本。在现货（包括库存、合同、生产计划等）采购成本定价期前采用买入套保策略以锁定采购成本，做一个掉期多头①，并在现货采购价格确定后平仓②。

（2）锁定收入。对尚未定价或已经定价的现货进行卖出保值，做一个掉期空头③，并在货物销售后平仓。

（3）同时锁定成本和收入。对应不同的实物采购和销售作价期，同时锁定采购和销售价格：利用同一掉期市场同一商品不同月份间存在的价差关系，对应现货采购和销售合同的作价期，同时买入和卖出不同月份的掉期，以锁定采购和销售价格。

对于澳洲明仕这种拥有长期采购协议的进口贸易商来说，上述操作策略都是可以选择的。

澳洲明仕实际是怎么做的

对于澳洲明仕来说，从理论上讲，上文所述的几种操作策略都是可以选择的。

假如澳洲明仕综合运用合同和掉期同时锁定采购成本和销售价格，则可能赚取一定的价差利润。但是，这微薄的利润不足以覆盖公司的日常管理费用，也难以完成明仕集团每年年初给澳洲明仕下达的业绩考核经营目标。

为了维持公司的正常运营，甚至进一步发展，龚文剑选择两条路：一是扩大经营量，通过与 BHP 谈判，逐步扩大长协数量；二是开展现货自营业务，并同时利用掉期开展采购锁定成本，其操作模式为，根据对现货市场未来走势的研判，在相对的低点从掉期市场买入远期的掉期合约，一般是 3 个月以上的远期合约，但不会超过 1 年。

这种操作模式，从会计的角度来讲，叫作现金流量套期④，符合套期保值的基本原则。从风险管理的角度来讲，实质上是利用掉期扩大了市场风险敞口，在持有现货多头（库存）的同时，也持有掉期多头，当价格上涨时，现货和掉期

---

① 多头（Long）是指交易者认为某种商品的价格未来会上涨，则和人约定在未来某一时期，买入合约规定的商品。先低价位买入，待未来价格上涨后再高价位卖出，赚取差价。

② 平仓（Close Position）是指交易者买入或者卖出与其所持合约的品种、数量及交割月份相同但交易方向相反的合约，以了结交易的行为。简单来说，就是"原先是买入的就卖出，原先是卖出的就买入"。

③ 空头（Short）是指交易者认为某种商品的价格未来会下跌，则和人约定在未来某一时期，卖出合约规定的商品。先高价位卖出，待未来价格下跌后再低价位买入，赚取差价。

④ 现金流量套期（Cash Flow Hedge）是对现金流动性风险的套期，即规避的是未来现金流量风险。现金流量套期是指对现金流量变动风险进行的套期，该类现金流量变动源于与已确认资产或负债（如浮动利率债）。

都能获得收益，但是当价格下跌时，现货和掉期都面临损失。

理论上讲，如果澳洲明仕不做掉期，则全年的采购平均成本相当于月度平均价，而如果能成功在相对低点建立掉期头寸，则全年将获得的成本低于年度平均价格，降低了采购成本；但是如果判断失误，在相对高点建立掉期头寸，则全年将获得的成本高于年度平均价格，反而提高了采购成本。可以说，澳洲明仕运用掉期工具的操作模式，提供了降低采购成本的机会，同时也面临提高采购成本的风险，是一种积极面对市场的操作模式。影响这种操作模式成功与否的关键，就在于操作者的市场判断。

2014 年发生了什么

由于钢铁行业产能过剩，再加上"融资性＋进口"导致港口库存积压，铁矿石市场自 2014 年开年就持续萎缩，价格一度从年初的 139 美元下跌到 68.5 美元，达到 2007 年以来的最低点；而且市场呈现单边下行趋势，全年几乎没有出现有利的短期行情。这样的市场行情给澳洲明仕带来巨大的经营困难。

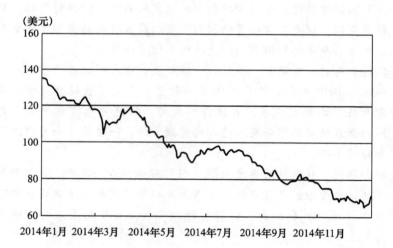

附图 2　TSI 铁矿石价格指数：62％Fe：2014 年

2014 年 3 月 10 日，铁矿石价格从前一个交易日的 114.20 美元暴跌至 104.70 美元，单日下跌幅度达到 8.32％，创年内单日最大跌幅。此时澳洲明仕的铁矿石掉期持仓多头 29.6 万吨，由于市场出现剧烈下跌，造成浮亏 2337 万元，超过

1800 万元的浮动亏损预警限额。① 按照相关管理规定，澳洲明仕向明仕集团报告了掉期仓位和账面浮亏情况的分析说明，以及下一步的操作思路。在该报告中，澳洲明仕认为当时市场上的情况属于恐慌性下跌，长期对铁矿石市场仍然看好，"如果市场进一步出现下跌，可能我司会考虑继续增加掉期仓位，为将来的现货采购锁定成本"。

如龚文剑所料，市场在恐慌性下跌后小幅反弹，在 4 月上旬一度回升到 3 月初的水平，但是受经济环境的影响，铁矿石价格进入到新一轮的下跌通道。4 ~ 7 月澳洲明仕的铁矿石掉期业务浮亏保持在 1500 多万元的较高位置，但未再突破预警限额。

8 月末，铁矿石价格一路下滑到 88.90 美元，是当时全年的最低价格。此时，澳洲明仕的铁矿石掉期业务浮亏 2104 万元，再次突破预警限额。9 月 10 日，明仕集团董事长叶浩明在关于此事的报告上做出批示，要求关注澳洲明仕铁矿石业务。总部再次向澳洲明仕发出了风险预警函，并禁止澳洲明仕铁矿石掉期再开新仓，只允许其继续持有或者减持现有仓位。9 月 16 日，澳洲明仕在反馈报告中这样写道："在目前脆弱的市场环境下，惯性下跌也可能会持续，但理性地分析，目前价位的下跌空间将非常有限。虽然难以预测处于底部的时间会持续多久，但铁矿石现货和掉期的多头头寸在现在的价位还是相对安全的。"

9 月，铁矿石价格继续探底，月末下跌到 87.9 美元。此时铁矿石掉期和现货库存的浮亏严重影响了澳洲明仕的财务数据，其 9 月末的所有者权益仅余 547 万元，不足年初的 1/10。10 ~ 12 月事件继续恶化，铁矿石价格全年收于 71.20 美元。最终导致澳洲明仕 2014 年度的经营出现亏损，全年亏损 1.16 亿元。

尽管总部在澳洲明仕铁矿石业务的管理方面做到了有总量控制、有监控、有预警，董事长甚至亲自过问此事，但是龚文剑始终坚持自己的策略，坚信铁矿石价格不会继续下跌，而是会反转上涨，因此持有一丝侥幸心理保持了铁矿石掉期的多头头寸。

但是，残酷的市场现实却是铁矿石价格从 9 月中旬的 85 美元/吨继续一路下滑，年底已跌至约 70 美元/吨。现在来看，假设澳洲明仕在 9 月将其当时持有 20 万吨掉期多头头寸结束，至少能减少 300 万美元的亏损。更近一步假设，澳洲明仕不仅将掉期的多头头寸结束，而且对现货库存进行保值，建立空头头寸，甚至可以盈利 300 万美元。但令人遗憾的是，这些只是我们的事后假设。

---

① 明仕集团总部每年都对下属企业开展金融衍生业务规定经营总量和浮亏设定限额。2014 年，总部规定，澳洲明仕可开展铁矿石掉期业务全年共 150 万吨（占全年长协采购量的 3/4），时点最大持仓 34 万吨（约 2 船货），当浮动亏损超出 300 万美元（约 1800 万元人民币）时，澳洲明仕应立即向总部报告，说明产生浮亏的原因及拟采取的措施。

现实是，澳洲明仕 12 月向明仕集团申请增资，增资报告称根据市场价格预测全年亏损金额约 2000 万美元，公司净资产将接近于零。

成也萧何，败也萧何

澳洲明仕的总经理为何如此坚持自己的判断？这种对市场的自信来自何方？

龚文剑在明仕集团工作 20 余年，从 2004 年开始担任澳洲明仕总经理，有 20 年的进出口贸易工作经验，尤其是一直从事铁矿石进口业务，熟悉铁矿石市场，是位有着丰富市场经验的业务型领导。

澳洲明仕在明仕集团内部从事铁矿石贸易的公司中是率先拿到铁矿石长期协议的，更是第一个开展铁矿石掉期业务的公司，头几年也取得了较好的保值效果，这些都是龚文剑曾经引以为豪的成绩。

2014 年，龚文剑在澳洲明仕的多份报告中，从宏观经济、供需基本面等角度全面分析了铁矿石的价格走势，在综合分析了各种利多利空的消息后，得出了价格会反弹的结论。严密的市场判断给了龚文剑自信，过去的历史经验更加深了他的自信。是的，龚文剑曾经面临过这样的局面，在严酷的市场环境下，他坚持住了自己的判断，并最终挺了过来。

2012 年，铁矿石价格曾经发生过一次类似的暴跌行情，受欧债危机影响，铁矿石现货市场价格从 4 月的 150 多美元一路下跌到 9 月初的最低 88 美元，跌幅高达 60 美元以上。

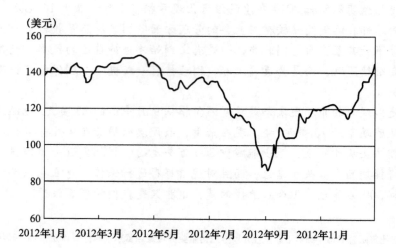

附图 3　TSI 铁矿石价格指数：62％Fe：2012 年

幸运的是，2012 年第四季度，欧债危机趋于缓和，美国的量化宽松政策使得美国经济完成探底，中国经济也于第四季度开始缓慢复苏，随着经济的缓慢复苏，铁矿石价格迅速回暖，年末最高冲回到 150 美元。价格的回暖使澳洲明仕大幅减亏，年内最终亏损约 1 亿元，值得庆幸的是，所有者权益保持在 1000 多万元，企业尚能正常运营。

在 2014 年 3 月的报告中，龚文剑这样写道："我司在 2012 年曾经经历过一次市场的大幅波动，铁矿砂现货市场价格从 4 月的 150 多美元一路下跌到 9 月初的最低 88 美元，跌幅高达 60 美元以上。我司当时持有现货 100 万吨，最低时库存减值达 4500 万美元。后来市场出现反转，我司在 2013 年 5 月前将在手的库存陆续销售完毕，补回了 2012 年的账面损失。"

所以，2014 年当市场再次出现暴跌，价格从年初的 135 美元下跌到 3 月的 110 美元，再跌至 9 月的 80 美元时，出现了与 2012 年惊人相似的市场行情。龚文剑认为，铁矿石价格不可能长期保持在这么低的价位上，价格终将回升，公司的情况将好转。更何况，假如龚文剑在当时斩仓，将现货全部销售出去，将掉期头寸全部平仓，那么所有的浮亏将立即成为结算亏损。而市场价格一旦回暖，在手中既没有现货也没有掉期多头的情况下，将无法获取相应收益，更雪上加霜的是，即将到货的长期协议也面临更高的成本。如果即时离场就能控制住损失，但是也将失去翻盘的机会。

然而，市场是残酷的，"跌跌不休"的铁矿石价格最终将澳洲明仕拖向破产的边缘。这一次，幸运之神没能再次降临到龚文剑头上。

案例评析

价格波动是市场得以生存的基础。不论哪种商品，如果没有价格波动，就不会有交易的产生，贸易商的利润空间也将不复存在。有价格波动，就要有对价格的判断，"买低卖高"才能赚钱，企业才能生存发展。然而，世上并不存在永远正确的人，总会有失手的时候，做生意谁也不能保证永远判断对价格，永远不亏钱，但是，亏钱总得有个限度。

2014 年 3 月和 8 月，澳洲明仕掉期浮亏两次突破风险预警限额，在亏损一再放大甚至已经到自身无法承受的情况下，缺乏有效手段控制亏损的进一步扩大，导致陷入资不抵债的境地。澳洲明仕如果是一个独立的公司，就已经不复存在。

现在看来，澳洲明仕亏损的主要原因是市场环境发生剧变以及业务人员对市场走势的误判。龚文剑的经验和智慧曾经给澳洲明仕带来稳定的业务，但龚文剑无法正视自己的失利，被"总能赢回来"的心理驱动，结果误判形势，愈陷愈深。澳洲明仕在"有制度、有监控、有预警"甚至董事长亲自关注的情况下，仍然出现巨额亏损，而且从现在看，这个亏损并非是无法避免的，这一事件是十分令人遗憾的。

现在回头看，读者可能很难理解明仕集团为何没有在发生巨额亏损之前，就早些发现事情的严重性，并且阻止龚文剑的行动。从结果来看，明仕集团的控制系统没有效率，没有约束力。同样重要的是，管理层没能或者不愿根据已有的信息和预警信号采取有效行动。

造成这一后果可能主要有以下几个原因：

一、管控模式问题

明仕集团对总部的铁矿石部和澳洲明仕分别进行考核，没有对其全球的铁矿砂业务进行统筹管理。在 2014 年的大跌中，明仕集团的铁矿石部和澳洲明仕对市场的判断不一致时，两方采取了完全不同的操作策略：铁矿石部判断市场持续低迷，基本放弃了需要保持库存的自营业务，而专注于代理业务，而澳洲明仕如上文所示，认为市场将反转，持续持有库存，并最终导致巨额亏损。可以说，在铁矿石业务上，明仕集团内部没有产生积极的协同作用。如果明仕集团对铁矿石业务进行一体化管理运用，由铁矿石部统一经营全球的铁矿石业务，不再对澳洲明仕以及其他海外公司的规模和利润进行考核，而是视其为海外平台，集团将整体统一管理、统一运营、统一操作，最终真正形成集团化作战，形成规模效应。

二、管控手段问题

明仕集团的风险控制体系由量化控制与人工管理两方面组成。在量化管理方面，明仕集团现有的日常风险监控指标相对简单，仅监控澳洲明仕的铁矿石现货和掉期的头寸和浮动盈亏，无法全面掌握业务整体经营情况，更勿论公司整体经营情况。在人员管理方面，一般的公司都采用区分前台、中台、后台的方法：前台①做出交易决策，中台②监测前台的决定，后台③负责处理交易，并由中台和后台负责监督前台交易行为的制衡体系。但这套系统也有不小的局限性。中台和后台人员大多没有业务经验，很难看出前台交易中存在的风险。事实上，在很多公司，前台的话语权要远远超过中台人员和后台人员。人工管理系统也有一套预警体系，明仕集团内的风险管理部门对浮亏发出了预警，但可悲的是，在日常操作中，受到业绩考核的压力，并非所有业务人员都重视预警。

三、缺乏有效的市场风险应急机制

在市场风险急剧变化的情况下，缺乏有效的包括方案设计、实施、评价等内

---

① 前台通常指业务部门和交易部门。
② 中台通常指风险管理部门。
③ 后台通常指交易记录人员、财务部门、审计部门、法律部门等。

容的应对机制，要么束手无策，任其亏损，要么无人决策、无人担责。风险管理部门只能预警，但是由于其并不直接负责经营单位的损益，不能发出止损的指令。那么应该由谁来发出这一指令呢？理论上，应该是澳洲明仕自己，或者其上级部门。从上文中可以看到，澳洲明仕始终坚持自己的判断，拒不止损，其上级部门也始终相信澳洲明仕的判断，未下达过止损的指令。这是为什么呢？可能还存在一个问题：澳洲明仕的"上级部门"好像有点儿多。从澳洲明仕，到明仕集团的董事长，一共有 4 个管理层级：澳洲明仕→钢铁板块总监→明仕集团主管钢铁板块的副总经理→明仕集团董事长。止损的指令应当由谁下？在什么样的市场情况下发生多大的浮亏时，应当由谁来做出止损的决定？从现在看来，如果在 2014 年决定止损，确实能减少亏损的进一步扩大；但是在 2012 年决定止损，反而可能错失年底市场回暖的机会。如果从事后看，止损的决定最终是"错误"的，叶浩明董事长又将如何评价做出止损决定的人？

期货等金融衍生品经常被企业用来对冲风险平滑利润，但是并不是说只要运用金融衍生工具就可以高枕无忧。中外诸多案例都显示，金融衍生品是一把双刃剑，如果使用得当，企业将顺利实现预期目标；一旦使用不当，企业将面临灭顶之灾。那么，如何才能做到使用得当呢？笔者认为，企业至少应当做到行之有方、行之有度。行之有方是指有章法、有策略、有对市场的判断；行之有度是指有管理、有限额、有高效的管理体系。

四、内心的黑洞

前言：是什么让一个前途光明的年轻人向公司的公款伸出了手？是内心的黑洞还是环境使然？明显而频繁的犯罪行为为什么一直未被发现？巨额的损失，惨重的教训，我们应该从中学到什么、警惕什么，才能防止黑洞的产生？

东窗事发

2014 年 3 月的一个周五，北方虽然已经是春天但仍然非常寒冷。明仕集团钢铁板块财务部夏橘像往常一样忙碌着日常工作，她在财务系统中查看着下属分销公司的众多账户，突然有一个账户的一笔转账引起了她的注意。这笔转账显示下属明拓分销公司的账户向该公司的财务总监柳文的个人账户转款 90 万元。夏橘开始警觉，她进一步在系统中查询了明拓分销公司所有账户的往来，震惊地发现该公司的农行和工行账户有多笔款项频繁转入了柳文的个人账户。这种异常情况不容延误，夏橘马上将发现的情况报告了上级领导。

明仕集团钢铁板块的财务部总经理袁冬华闻讯也吃了一惊，一股寒意涌上心头。柳文是明仕集团钢铁板块工作多年的员工，被派到明拓分销公司当财务总监已近 3 年，怎么会这么明目张胆地从公司账户给自己的账户转账呢？给柳文打了个电话询问情况，电话那头也是支支吾吾。明仕集团钢铁板块的管理层闻讯果断决策，马上召集相关财务、法律及审计人员组成一个调查小组，袁冬华也作为调查小组的一员，与其他人一起，于第二天奔赴千里之外的明拓分销公司详细调查这件事。

追根究源

在去往明拓分销公司的路上，袁冬华不禁回忆起关于柳文这个人的一些片段。柳文大学毕业就进入明仕集团钢铁板块财务部门工作。袁冬华记得这个小伙子看起来比较内向，话也不多。有时看到他跟其他年轻员工在楼道抽烟聊天，有时也会跟同年入职的一些同事聚会，总体来说没有什么特别之处，也从没想到过在他身上会出什么大问题。

2010 年 11 月，29 岁的柳文已经在明仕集团钢铁板块总部财务部工作了 5 年，公司决定将他外派至千里之外的明拓分销公司做财务工作。这个契机对于柳文的职业生涯来说本不是件坏事，年轻人驻外工作几年，第一，可以熟悉业务一线的情况，学到很多东西；第二，也是公司对其工作能力的认可和信任。从此袁冬华见到他的机会也少多了，但是万万没想到会在他身上出事。到底是出了什么事，当时的袁冬华还不清楚。怀着满腔疑问，调查小组一行人马不停蹄地赶往了明拓分销公司。

明拓分销公司是明仕集团钢铁板块下属的经销公司，只有总经理和财务总监由明仕集团钢铁板块直接委派任命，其余人员均在当地招聘。柳文刚去的第一年，就担任明拓分销公司的总经理助理兼财务部经理，第二年就担任明拓分销公司的副总经理，并任财务总监，掌握该公司财政大权。虽然在明仕集团钢铁板块的职位体系中柳文只是级别较低的部门经理层级，但是在明拓分销公司，年轻的柳文就已经是该公司主要领导，手握财政大权，一时之间，从一个普普通通的大型公司财务人员摇身一变成为一个子型公司的财务总监。

调查小组的人马一到明拓分销公司就马上打开该公司的财务系统，调出转款记录，搬出凭证，并对相关人员分别进行了询问。很快，调查小组发现，从 2012 年 11 月至 2014 年 3 月，柳文多次从公司账户向自己的个人账户直接汇款，前期还有小额的归还迹象，但是后来汇款金额越来越大，最后形成了一个巨大金额的黑洞。看着触目惊心的数字，调查小组马上向柳文进行询问。包括袁冬华在内，每一位调查人员都带着满腹狐疑想问问这位当事人，听听他的解释。但是，柳文的反应让他们倍感意外。大部分人在自己犯的错误被发现后，一般要么急于辩解，要么痛哭流涕，悔不该当初，但柳文没有以上任何一种反应。这个年轻的小伙子似乎并不认为自己做的事情造成什么严重的后果。袁冬华问柳文到底这些巨额资金去了哪里，干什么用了。在自己的领导面前，柳文一直坚持说："这点钱过几天我就都补上了。你们相信我，我没有给公司造成损失。"调查小组成员不断地询问，他就不断重复这几句话，坚持说没有给公司造成损失。后来他还找袁冬华单独聊了几句，说不知道自己为什么会这样，但是请相信他，没有给公司造成损失。关于钱的去向和用途，他也是含糊其词，一会儿说借给这个朋友，一会儿又说借给那个朋友。调查组被他的反应弄得摸不到头脑，一边觉得这事扑朔迷离，一边又生怕冤枉了他，不敢轻举妄动。

后来调查组还进一步发现，有一笔小额转账转给了明拓分销公司出纳楼玉的账户，但是很快又还回来了。于是调查组也对楼玉进行了询问。出乎意料的是，楼玉对于调查组的询问出奇的配合，全程都带着笑容，似乎也不认为出了什么严重的问题。楼玉对于询问的回答听起来也合情合理，她说柳文既是自己的领导又是总部派来的，公司财务上的事情就都听他的，他让做什么就做什么，也没有多问什么。明拓分销公司的总经理也接受了调查组的询问。他说，对柳文的所作所为自己也是特别震惊，声称虽然自己是明拓分销公司的总经理，但是对柳文这个财务体系直接派来的人并没有实际管理权，两个人理论上共同搭档，但其实分工明晰：柳文负责的主要是资金端的管理，他自己负责的主要是业务端的管理，而且自己并没有财务系统的权限，柳文从明拓分销公司对明仕集团钢铁板块的回款中截留资金，自己根本不知情。

看到柳文始终不配合交代实情，调查小组只能向明仕集团钢铁板块的领导进行汇报。在板块的同意下，调查小组当天就向当地公安局进行报案。当地公安局受理后就委派经侦大队的公安人员负责此案，将柳文及涉案的楼玉一起带走进行协助调查。

经过公安人员不断的审问，柳文终于交代了整个事情的经过，也承认挪用的资金全部被他用来网络赌博了。其实他在明仕集团钢铁板块总部工作时就曾经参与过赌球。后来在明拓分销公司工作时期，偶然接触到国外的网络赌博。开始他很谨慎，很怕上当受骗，用小额资金尝试了一把，没想到居然赌赢了。尝到甜头以后，柳文开始对赌博上瘾，赌瘾如同毒瘾，一发不可收拾。时间久了，柳文也从开始的赢多输少，逐渐变成赢少输多，但他像众多赌徒一样，不肯收手，总是想着翻盘，投入的钱越来越多。网络赌博像一个黑洞不断吞没他的资金，也渐渐吞噬着他的内心，慢慢地侵蚀了他的理智。终于，在自己手里的资金不足以支付赌债的情况下，他开始打起了公司资金的主意。

明拓分销公司作为明仕集团钢铁板块的下属子公司，是独立的法人，有权使用资金开展临采业务，资金来自于明仕集团钢铁板块。柳文曾经在明仕集团钢铁板块总部的财务部门工作过5年，而后作为明拓分销公司的财务总监，对明拓分销公司的财务全权管理，明仕集团钢铁板块对下属子公司的管理流程和管控方式他都非常熟悉。在网络赌博黑洞的不断驱使下，柳文在2012年11月开始向公司的资金第一次伸出了手。在调查小组看来，柳文的作案手法非常简单直接。公司网上银行资金的划转需要两个U－Key进行操作。本来楼玉作为出纳，手里掌握着一个公司账户的U－Key。但是为了方便在公司账户做手脚，柳文要求楼玉把她掌管的U－Key直接交给自己保管，这样柳文就一个人掌握了公司账号网上银行转账所需的两个U－Key。第一次柳文尚比较谨慎，挪用了57.09万元，并且在2013年初归还了一部分。第一次挪用公司公款后，柳文也十分紧张，生怕有人发现。后来他在网络赌博上赢了钱，就赶紧把挪用的钱补上了。又过了一段时间，他发现前期的挪用果真没被发现，庆幸地认为只要赢了钱再补上就不会有事，于是胆子也逐渐大了起来。2013年3月到4月，他又挪用了1000万元，为了掩饰，他将大部分挪用资金转入了与总部的往来款当中。后续就一发不可收拾，柳文在接下来的1年内不断挪用，最高时一天挪用了450万元。后续经计算，柳文共挪用公司款项6912.37万元，这些款项基本没有希望再追回，给公司造成了巨额损失。

灵魂的放逐

柳文的家庭条件富裕，经济上并没有什么困难。他作为一名年轻员工，公司委以重任，本来有着光明的前途、美满的家庭、可爱的孩子。但是在个人意志力薄弱、接触网络赌博之后，他人生的一切全都改变了。网络赌博就像一个黑洞，表面上吞噬了钱财，实际上吞噬了人的心灵。柳文在这个黑洞的影响下，将手伸向了公款，而且挪用金额巨大，等于亲手将自己的前途尽毁，等待他的将是长年的牢狱生活，对他的人生和家人的生活都造成了毁灭性的打击，这样的结果也是令人扼腕叹息。

任何时候，不断地自省其身、自视其心、慎独慎行，对一个人来说都是必要的。在工作岗位上，更要做到严以修身、严以用权、严于律己，不断提升个人道德修养，远离低级趣味，遵守党纪国法，不以权谋私。世界上确实诱惑太多，但要清醒地看到诱惑背后的黑洞，知道一失足成千古恨时再也无法回头的痛苦。如果一个人不能遵守职业道德操守，藐视法律，等于将自己的灵魂放逐，用自己的前途和未来跟内心的魔鬼做交易，势必要付出惨重的代价。

案例评析

虽然柳文事件发生的主要原因是其本人蓄意犯罪，但是他这种明目张胆的行为持续了两年，如此巨大的资金漏洞，如此频繁地由公司账户直接转款给个人账户，为什么一直没被公司察觉呢？这就要从明仕集团钢铁板块和明拓分销公司的内部管控机制上说起。

一、明拓分销公司自身内部控制机制存在漏洞

首先，明拓分销公司作为明仕集团钢铁板块下属数家分销公司之一，内部财务管理较为松散。例如，明拓分销公司内部制度规定"公司各账户之间的资金转账必须经过财务经理或合格授权人批准"，而明仕集团钢铁板块则要求转款须经总部批准，明拓分销公司的制度规定与明仕集团钢铁板块并不一致。但其实在柳文的主观犯罪动机下，明拓分销公司的日常转账包括一些大额转款未经任何审批，在这种缺乏监督的环境下，他肆意地从公司转走大笔款项同样不费吹灰之力。

其次，明拓分销公司没有严格按内控要求将财务不相容岗位分离。2013年下半年以前，公司财务系统的账号和密码处于混用状态，而出纳楼玉可以使用财务人员身份登录系统制作银行往来凭证。在柳文的犯罪主观意愿驱使下，一人掌握两个U-Key更是无人知情、无人过问。明拓分销公司的会计也是每月依据出纳楼玉从网上导出的并经过删改和加工的对账单进行对账，同样没有任何人复核。后续调查发现，明拓分销公司涉案的多笔凭证没有任何原始单据，甚至个别凭证后附了向柳文个人账号转款的单据，却一直没有引起任何相关人员的注意。

二、明仕集团钢铁板块对明拓分销公司财务上的监控存在缺失

第一，明拓分销公司只是明仕集团钢铁板块众多分销公司之一，本身业务量较小，不容易引起注意。但是明仕集团钢铁板块划给明拓分销公司的资金盘子却不小，尤其在2013年该公司开始开展工地配送业务后，所需资金大幅增加，对于资金占用大幅增加的情况，明仕集团钢铁板块对下属公司的管控监督机制并没有及时跟上，使柳文可掌握的资金量与其受到的监督完全不匹配，某种程度上助长了柳文挪用资金的行为。

第二，明仕集团钢铁板块使用的跨行现金管理系统，可对各分销公司直联银行账户即时交易明细及余额情况进行查询，当初柳文东窗事发就是夏橘在这个系

统中发现的。但是由于该系统未设置公对私转账提示预警，也未对分销公司总经理开放权限，在明拓分销公司这个层面没有人能对柳文的转账行为进行监督。明仕集团钢铁板块总部层面管理分销公司各账户的财务部门只有几个人，没有办法及时监控到所有分销公司多达几百个账户的情况，所以一直也没发现异常。柳文在明拓分销公司的所作所为基本处于一种零监督的环境，为其造就了犯罪的土壤。

三、明仕集团钢铁板块对公司内部人员管理存在漏洞

首先，明仕集团钢铁板块对众多分销公司一般都只委派总经理和财务总监两个人。柳文是明仕集团钢铁板块财务体系直接派出，奖金考核都是由明仕集团钢铁板块财务体系负责，直接向明仕集团钢铁板块财务部门汇报，而分销公司总经理则是由明仕集团钢铁板块业务体系派出，直接向明仕集团钢铁板块业务部门领导汇报。从监督机制来讲，总经理作为分销公司的一把手，应该对所有人员包括财务总监行使管理权，特别要关注关键管理人员的日常动态。明仕集团钢铁板块内部多年形成的这种双轨制派遣人员方式，使分销公司总经理放松了对财务总监的管理。两个体系派出的两个人分工明晰、互不侵犯的"潜规则"反而影响了相互监督制约的机制效果。这次柳文惹出的祸端，同样连累明拓分销公司总经理一起受到公司内部的处分，令人惋惜。

其次，明仕集团钢铁板块对派到下属众多分销公司的管理人员并未设置定期轮岗的机制。派出的管理人员在分销公司往往是大权独揽，而明仕集团钢铁板块自千里之外对分销公司人员的管控难度较大。古语云，将在外，君命有所不受。在无法对千里之外的人员进行直接管控时，明仕集团钢铁板块本可以通过定期轮岗、加强审计督查等工作来进行侧面的约束，但一直由于人员短缺等种种困难没有实现。

最后，明拓分销公司其余人员一般都由分销公司直接招聘，只需报明仕集团钢铁板块备案。明仕集团钢铁板块无法对各分销公司的当地招聘人员进行把关和直接筛选，而当地招聘人员一般都对总部派来的领导持服从态度。在这次事件中，楼玉作为财务人员，没有遵守财务人员的基本职业操守，就成了柳文的犯罪帮手，年纪轻轻就要面临牢狱之灾，不能不为之惋惜！

四、明仕集团钢铁板块的风险管理机制对内部人员道德风险关注不够

明仕集团钢铁板块在多年的贸易业务经验累积下，一直非常注意贸易业务中的风险管理，大部分风险管理制度和风险管控机制的重点主要针对外部客户供应商，而对于内部资金流动的管控及内部财务人员道德风险防范却没有足够的重视。这次柳文事件也是明仕集团钢铁板块多年来首次发生的内部财务人员监守自盗的案例，使公司上下非常震惊。

五、明仕集团钢铁板块对下属分销公司的监督检查没有发挥其应有作用

在柳文持续挪用公款期间，明仕集团钢铁板块原本有两次机会发现漏洞所在，但都因为种种原因痛失机会。第一次：2013 年末，明仕集团钢铁板块曾经要求下属公司归集资金，当时发现明拓分销公司的决算报表与实际资金余额有几千万元的差距。对于这种异常情况，明仕集团钢铁板块总部也对柳文进行了询问，柳文当时以照顾当地银行关系为借口就搪塞了过去，明仕集团钢铁板块总部也没有对这个异常情况进行深入的核实，丧失了提早发现柳文犯罪行为的机会。第二次：柳文犯罪期间有一次对明拓分销公司进行过外部审计，但是因为外审机构没有将银行询证函直接发给银行，而是先发给柳文，给他创造了伪造银行回执单的机会，于是此次外审再次错失发现柳文犯罪行为的机会。

综上，柳文的犯罪行为给明仕集团钢铁板块造成了巨大的损失。痛定思痛，明仕集团钢铁板块内部也对此次事件总结教训，在管理上进一步考虑外地分销公司的属地特殊性，在管控机制上做了一些优化和调整。例如，已经对分销公司总经理开放查询跨行转账系统的权限，并且开始着重对年轻干部开展各类思想教育。虽然人心无法控制，但是从各方面最大程度消灭不良主观动机的形成和实现的机会，才是公司管控机制要达到的目的。

五、暗藏的危机

前言：获取土地、基础施工、主体建设、封顶、销售……这是一个标准的地产开发业务流程，相比于贸易的一买一卖，地产开发流程复杂得多。在这复杂的流程之下，每个环节都实则隐藏着更大的危机。

喜获支持

"据中国指数研究院数据显示，2011 年全国房地产开发投资完成额 6.2 万亿元，同比增长 28%；土地出让金……"听着新闻节目中播报的最新统计数据，饭吃了一半的张明轩放下碗筷自言自语道："是该拼一拼的时候了。"

张明轩是明仕建设公司总经理，而明仕建设是明仕集团地产板块下属一家专业从事房地产开发的企业。作为传统的金属矿产企业集团，明仕集团的房地产业务虽说开展较早，但始终未能形成较大规模，在行业内部也未能走在前列。

第二天一大早，张明轩敲开了明仕集团副总经理李天成的办公室。"李总，

上一年度的全国房地产开发数据出来了，您看到了吧?"李天成是明仕集团负责房地产板块的副总经理，"是啊，在新闻上看到了，怎么，你有什么想法吗?""我们想拓展下业务，江州这个地方市场容量有限，供给量又比较大，居民可支配收入也不高，难以有所作为啊!"张明轩皱了皱眉说道。

李总沉思了片刻，说道:"你们有什么目标城市吗?""滨州怎么样? 我们公司已经派人在滨州调研了好久了，看了好几块地，都还不错。滨州是国内发展较好的二线城市，房地产市场一直比较火热，只是那个地方竞争比较激烈，地价房价都比江州高出不少，可能需要集团较大的资金支持啊!""只要你们有好的项目，做好可研，资金不是问题。""太感谢了，李总，那我们回去再仔细研究研究，争取尽快做出可研报告，报投资委员会审议!"看到李总对公司发展如此支持，张明轩心里很是高兴。

偶遇波澜

明仕建设前期通过对滨州市土地市场的研究和现场调研，初步锁定未来可能在土地市场上进行招拍挂的几宗地块，并通过与相关部门的沟通了解，也大致了解到竞拍时间及相关要求。

根据明仕集团投资管理的相关规定，明仕建设在竞拍土地前，需编制项目可行性研究报告，并上报明仕集团投资管理委员会审批。待审批通过后，方可参与土地招拍挂及后期开发建设。因此，明仕建设一边开始组织公司相关人员进行可行性研究报告的编制工作，一边在积极地了解地块挂牌等情况。

2012 年 6 月，张明轩邀请明仕集团投资管理委员会成员单位负责人到滨州市进行实地考察，并带领大家对周边楼盘和环境进行调研，使投委会成员更为直观地了解地块的实际情况。经过 3 天紧张的工作，投委会成员结束了此次的调研工作，与明仕建设相关人员进行了简要的沟通交流。

集团企划部赵总首先发言:"滨州市经济发展程度高于江州，房地产行业发展肯定会比江州好，但竞争肯定也更为激烈。地块区域位置较为理想，可以考虑投资开发，但是一定要满足明仕集团对于融资前税前收益率 16% 及销售净利润率 12% 的可研指标，请项目公司仔细进行测算。"

"这个自然是没问题的。"张明轩信心满满，"这么好的地理位置，还怕赚不到钱吗，哈哈……"

"也先别太乐观，区位好的项目大家肯定竞争激烈，在做经济效益测算的时候注意多做几种情况假设，特别是对土地溢价率的假设，对项目最终的盈利影响很大。"集团财务部刘总补充说道。

"是的是的，刘总说得对，我们一定在可研的敏感性分析这部分多考虑不利因素。"张明轩回复着。

风险部丁总一向比较沉稳谨慎，他看着手中的笔记，说道："地块区位固然不错，但是地块中央存在一条高压电线，明显影响施工，且与地块相邻处有一座化工厂，这两个不利因素均存在较大的风险。虽然你们说通过和政府部门的了解，高压线在地块招拍挂后由政府负责处理，年内预计就能解决；同时与地块相邻的化工厂目前已停产，根据滨州市的市政规划，近期化工厂将搬迁出主城区，但毕竟我们首次在滨州市开展业务，和政府方方面面关系都不熟络，这些问题能否顺利解决都存在较大的不确定性，都应该提前制定风险应对预案。"

张明轩说："这方面问题我们也反复跟相关部门沟通过，他们答应说年底前肯定会把高压线移走，不会影响项目整体的开发进度。滨州确实是我们第一次开展业务，所以我们接洽过当地一家优质的民营企业——保信地产，打算和他们成立合资公司，我们控股，负责开发建设和项目整体运营，由他们主要负责梳理各方面的关系，有当地的企业参与，各种手续办起来也顺手些。"

"嗯，你们想得很周到，不过对于和民企合作过程中会遇到的问题，希望能够引起你们的重视，在集团公司其他业务开展过程中也涉及过和民企的合作，无论是在企业文化还是建章立制方面，都存在较大的差异，如何融合和协调，是个棘手的问题。"丁总补充说道。

"是，这方面我们会重点加以考虑，您放心！"

……

经过大家一上午的讨论，各位与会领导对于明仕建设在滨州通过招拍挂方式拿地并后续开发建设的思路和想法基本没有不同意见，只是从各自专业角度向张明轩提出了若干建议。张明轩也是频频点头，并不时在本子上记录着。

转眼间，半个月过去了，马上就到了约定的土地挂牌出售的日子，明仕建设项目的可行性研究报告也在紧锣密鼓的编制过程中。项目公司充分吸收参考各职能部门提出的各类意见，2012年7月初，明仕建设企划部初步完成项目可行性研究报告编制，上报给了张明轩。

"小邬，你到我办公室来一下。"张明轩手边看可研报告材料内容，边把企划部小邬叫到办公室。

"怎么你们测算的销售净利率才10.2%？这不行，这个都通不过集团公司的评审啊，项目还怎么上？"张明轩质问道。

"张总，是这样，按照现在情形测算，就是这个销净率，除非调整一些假设条件。"小邬回复道。

"那就调啊，怎么也要达到最低的标准啊，要不项目通不过，机会就失去了。

年售价增长比例你们按8%算，往上调到10%或者15%，现在市场这么好，8%太保守了。"张明轩授意道。

"好的，张总，我们再去修改一版。"

明仕建设企划部对可研指标进行了部分修改，最终满足了集团公司对项目指标的各项要求，并在一周后上报了明仕集团投资委员会评审。评审会上，投委会成员单位根据前期实地考察结果，结合明仕建设编制的可研报告对项目可行性进行了讨论。不出意外，通过投票表决，明仕建设的项目可行性研究报告获得了批准。

2012年7月底，集团公司同意明仕建设参与招拍挂，并批复项目总投资额为40亿元，融资前税前收益率为20%，销售净利润率为15%，地价款总价不能超过20亿元。

2012年8月中旬，土地如期挂牌，共推出4宗地块。明仕建设根据批复，参与了目标地块的竞拍。和事先预想的一样，由于地块位置较好，吸引了多家有实力的房地产公司参与竞拍。土地竞拍过程异常激烈，经过近乎白热化的激烈争夺，最终明仕建设如愿以22亿元获取了该地块，但地价款部分超出了总公司的授权范围。为此，集团公司投委会部分成员单位对此种超授权的行为颇有一些微词，但事已至此，没有挽回的余地了。

张明轩心里的石头终于落了地。

初遇挑战

按照事先约定，明仕建设和保信地产以共同出资的方式成立了项目公司明仕恒信公司，负责项目日常的开发运营，其中明仕建设占比60%。此举不仅能够尽快建立与地方政府方方面面的关系，还能部分缓解项目资金上的压力，共担风险。

由于地价款超出可研预期，明仕恒信为达到可研指标，并获得更高的收益，经过项目公司董事会讨论决定调整开发类型，将原可研中产品结构由刚需型调整为改善型及刚需混合型，并调整地块限高及容积率。

为此，明仕恒信与滨州市的相关部门进行了积极的沟通，经过半年多的努力，滨州市相关部门终于同意明仕恒信的变更申请。2013年2月，明仕恒信与土地局签订土地合同的补充协议，补缴土地出让金差价，并将项目建议书报送当地发展与改革委员会进行项目立项审批。

获取批复后公司前期部门即向当地规划局申报项目相关报批文件，经审批后取得《建设用地规划许可证》。之后，公司委托滨州市规划院根据规划局的批复文件进行地块的规划方案设计、建筑方案设计、施工图设计等，并报送规划局审核通过后取得《规划建筑方案批准意见书》及红线定位图、施工图等文件。在经过红线定线验线、消防人防审核等程序后，于 2013 年 5 月取得了《建设工程规划许可证》。至此，项目计划开工时间由原计划的 2012 年 10 月延迟至 2013 年 6 月。

项目开工晚了半年多，张明轩心里也很着急，遂召集主要负责部门的人员共同商议对策。

"由于前期规划变更等原因，已导致项目开工时间的延后，为了弥补工期上的损失，可以通过比选先确定一家基础施工单位，先进场挖槽，否则等通过招标手续和流程之后，工期还会进一步延迟。"张明轩说道。

"好的，我们私下已经联系过一家之前合作过的施工队，可以马上进场施工，但是可能需先支付一笔工程款。"工程部程总建议说道。

张明轩思索了一下，同意了工程部的意见。

"不过，张总，高压线的问题一直没有解决，这条高压线基本影响了项目 2/3 面积的施工，是明确在招拍挂文件写明由政府在交地前应负责移除的，不赶快移走会对项目进度形成很不利的影响。"程总继续补充说道。

"这个问题我们和保信地产的领导已经找过区电力系统和区政府领导很多次，土地出让合同里面写明是净地交付，但政府违约这么久我们也没办法，这个事情还请前期部再多跟进一下，适当的时候我也会出面协调。"说到政府违约，张明轩也是苦恼地摇了摇头。

"招采部招投标文件和代理公司准备得怎么样了，总包有意向的单位都联系过了吗？"张明轩问道。

"都基本联系过了，几家有资质的意向企业都初步沟通了，就看到时候哪家投标企业标书的方案和价格更合适了。"招采部回应道。

"那就好，招标工作要赶紧推进，手续什么的也请法律部协助，赶工的手续一定要补齐，别出现纰漏。"张明轩仔细地一一提示。

……

经过上次会议，工程部和招采部紧急通过比选，确定了宜新建设公司为施工建设单位，预先支付一笔工程款，并让其于 2013 年 6 月进场开始先行基础施工建设。

2013 年 8 月，明仕恒信委托招标代理公司进行了一期地块工程总包的招标工作，二期由于受到高压线尚未拆除的影响，故准备与一期分别进行招标。通过公开招标流程，最终确定滨州建筑公司为总包中标单位，并与其签订了总包合同。2013 年 10 月，经当地住房和城乡建设委员会批准，公司取得了《建设工程施工许可证》。

此外，明仕恒信在与总包单位签订的一期总承包合同中明确约定了总包工程及专业分包工程范围，总包工程应由总包方负责施工或进行分包，专业分包工程则由明仕恒信单独进行招标确定施工单位。2013 年 11 月，明仕恒信先后将属于总包工程中的桩基检测工程、消防报警设备集中采购、外墙面砖采购项目分别进行邀请招标，并选定有关公司为中标单位。明仕恒信与这 3 家公司分别签订了合同，并将工程款直接支付给中标单位。

各工程施工单位已经通过招标陆续确定，并逐渐进场开始施工，张明轩心里有了些谱。

但随着项目建设的逐步深入，周边居民的意见越来越大，尤其是地块北面居民，由于其居住的为老式六层楼房，项目建筑严重遮挡了采光。此外，由于工期紧张，总包方经常夜班加班施工，对周边居民产生严重的噪声影响。

终于，居民积蓄已久的怒气还是爆发了。2013 年 12 月 24 日，是一个戏剧性的日子，本应该"平安"的夜晚，在建设工地发生了居民围堵工地的事件。正在休假的张明轩被这突如其来的消息着实震惊了。

"张总，居民不仅围了工地，还有好几十人到了咱们的办公大楼，拉着横幅，影响很是恶劣啊。"

"想办法让居民先平息愤怒，让他们进到会议室里面来，让综合部的冯总跟他们协商，先稳住他们的情绪，我明天就赶回去。"挂了电话的张明轩心里如同长了杂草一般乱作一团。

"小冯，到我办公室来一趟。"刚回到办公室的张明轩就急忙喊来了负责平息闹事居民的冯总。

"嗨，无非就是说咱们盖的楼挡到了他们的采光，其实规划局都已经批了，根本就是无理取闹，想要钱呗。"

"嗯，话是这么说，不过他们在这里耽误着，严重影响咱们的施工进度，损失的都是咱们，去跟他们沟通一下，看看他们明确的诉求是什么，另外也让保信地产那边想想办法，很多事情咱们国企不好做，他们办法可多着呢。"

转眼间，2014 年农历新年到了，包工队回家过年的队伍极为庞大，在外打拼一年的农民工都希望早些回到家人身边，由于施工迟迟被拖延，包工队的工作热情和兴致被严重削弱，大家都吵嚷着提前放假回家过年。

张明轩也很无奈，但也迫不得已顺应了大家的诉求，提前 20 天工地放假。回想自拍地以来一年多发生的种种意外情形，他也哭笑不得，没想到新进入一个城市会遇到这么多棘手的问题，包括彪悍的民风都与以前江州淳朴的城市气息相去甚远，可更令他大跌眼镜的事情还在后头呢……

屡生事端

由于工期一拖再拖，张明轩承载着太多的压力，来自明仕集团的，来自周边居民的，还有来自保信地产的。

保信地产派驻明仕恒信的董事石总敲开了张明轩的办公室："张总，近期我们公司各项目资金占压情况都比较严重，资金链比较紧张，如果再这么拖下去，可能后续资金支持上会有些问题。能不能和你们协商一下，以借款的方式，由你们公司单方出资，我们按期支付你们资金使用费用，毕竟我们是私企，资金途径有限，成本也比较高，希望你们考虑一下。"

张明轩召集了明仕建设班子成员商议项目目前的进展情况，顺便提出了保信地产的请求，毕竟单方出资是违反集团公司相关制度规定的，张明轩也不敢擅自做主。

经过大家一上午的激烈讨论，最终达成一致，即由明仕恒信出资 6 亿元，用于项目的后续开发建设，而由于保信地产已无力按照股比继续跟投，遂以稀释对方股权的方式单方面向项目进行投资。

"好消息啊，张总。"综合部小冯兴高采烈地敲开了董事长办公室的门。

"什么好消息啊，你坐下来慢慢说。""和闹事居民的补偿谈妥了，虽然价码比咱们当初预估高了一些，但好在还在可接受的范围之内，要是迟迟谈不妥，延误施工进度，那损失就更大了。"

小冯还是比较左右逢源的，虽说没有完全按领导授意执行，但好在事情解决了。封堵工地事件致使项目一个月无法施工，赔偿方案也使项目成本有所增加。

阳春三月，项目得以复工，似乎一切都已回归正轨。2014 年 5 月，到了收获的季节，项目售楼处建设完成并对外开放，项目进入蓄客阶段。通过营销部 2 个月的努力，项目整体蓄客情况开始有所进展。

2014 年 6 月，项目主体工程建设达到预售条件，明仕恒信根据当地房屋管理局的要求提交了商品房预售方案等相关文件，经审批后取得了《商品房预售许可证》。项目正式开盘，项目一期销售情况较好，取得较为满意的成果。

"今天开这个会，主要是通报近期项目销售情况，以及讨论目前项目存在的主要问题。"张明轩组织各部门在会议上开会，"首先请营销部向大家通报下项目的销售情况。"

"各位领导，首先由我代表营销部向各位领导汇报下近期项目销售情况。一期 A 地块现已开盘销售，截至 6 月底，项目销售货值接近 5 亿元，去化率接近90%；一期 B 地块按照一期 A 地块均价测算总货值约 8 亿元，目前尚未开盘，尚未进行明确的售价定位。"

"营销部刚才汇报了近期的销售状态，从结果看还是不错的，比较符合大家的预期，取得如此优异的成绩，大家都付出了很多的努力，在此感谢大家。"张明轩面露喜色，"但是，由于项目成本较高，且一期A地块开盘定价较低，根据运营部测算结果，销售利润率虽然与内部预测基本一致，但各项指标均低于可研报告，请营销部重新评估下市场，看看一期B地块开盘价是不是需要调整一下，毕竟现在开盘口碑不错，适当提价也是正常的。"

会后，为了达到可研预计的收益，明仕恒信营销部在简单对周边楼盘和滨州市房地产市场进行调研后，制定出最新的提价销售方案：单价提高30%！

没过多久，一期B的销售马上就遭遇了冷落。由于价格过高，明显脱离市场行情，且户型设计与周边楼盘相比并没有存在较为明显的比较优势，销售一落千丈，楼盘明显滞销⋯⋯

"提价之后马上再降价对楼盘声誉影响不好啊，而且买了高价的客户肯定会来闹事的，再降价不是明智之举。"张明轩在看到8月销售报表后，叫来营销部商量下一步对策。

"我认为现在比较得当的处理方式是先僵持一段时间，马上就到金九银十了，这可是每年楼市的黄金销售时段，我们可以推出部分特价边角房作为噱头，吸引客户前来，他们看到我们的房屋品质之后也许就不会对价格太过在意了。"

"嗯，这也是一个办法，不过要做好最坏的打算，这两个月过了全年基本的销售就差不多了，年底一般销量都会比较低，一看销售状况不见好转，马上应该采取变通的方案，你们再去研究下降价方案，然后咱们再开会研究一下。"张明轩命令道。

果然不出所料，今年的金九银十成色很差，销量不及往年的1/5，明仕恒信的楼盘也难逃厄运，即使是看到情况不妙降价15%销售，销量仍然少得可怜。

跌入深渊

半年后，全国房地产市场再度陷入低谷，项目销售情况更为恶劣，原本火爆的销售大厅门可罗雀。同时，由于高压线迁移工作一直没有取得明显进展，工程除项目一期约9万平方米基本竣工外，其余部分已基本停滞。

2014年12月，明仕恒信向业主发出了一期收房通知书，但是由于晚于合同约定的交房时间4个月，对业主按照合同约定进行了赔偿。

明仕恒信前期单方面投入的6亿元在用于一期开发建设和配套完善后也基本耗尽，除部分销售回款在账上之外，项目公司基本没有现金流入，明仕建设也无力再向项目单方面进行投资。保信地产方面也由于公司其余部分项目同样遭遇地产寒流，资金链基本处于断裂状态，更无力追加投资。

至此，明仕恒信董事会做出最后无奈的决定：暂停二期施工建设，完善一期 A、B 两地块后续配套设施，保证一期业主顺利入住。二期视市场环境择期开发。

案例评析

一、合规性问题

1. 以超出授权范围的价格获取土地

在通过招拍挂方式拿地的过程中，明仕恒信以超授权范围的价格获取土地。明仕集团对明仕恒信土地款授权上限为 20 亿元人民币，而明仕恒信却以超 10% 的价格获取土地。土地成本的上涨直接致使项目盈利能力的下降，且在建设过程中对成本控制不利，只能靠提价销售满足销售率指标，直接导致项目销售一蹶不振。

2. 未批先建，存在违规风险

由于土地成本较高，为满足净销率指标，不得不改变原规划设计方案，并需要重新进行审批，直接造成建设进度的延后。为缩短进度滞后时间，明仕恒信在未取得施工许可证的情况下开工建设，存在被勒令停工并缴纳罚金的风险。

3. 未按国家相关规定进行招标，存在应招未招、先施工后补招标手续、重复发包等情况

根据《中华人民共和国招标投标法》和《中华人民共和国招标投标法实施条例》的要求，对于国有资金占主导的投资项目，满足一定条件的应该进行公开招标。明仕恒信在项目招投标过程中存在较多问题：①将部分本应公开招标的项目通过比选直接委托给施工单位；②为缓解项目延期风险，公司在招标前先进行基础施工建设，且在后续总包招标过程中，后补该招标手续；③部分在总包合同中明确约定应由总包进行招标的项目（桩基检测工程、消防报警设备集中采购、外墙面砖采购项目）由明仕恒信单独组织招标等。这些做法都是明显不符合法律法规要求的。

4. 存在单方投资

明仕恒信作为国企和民企的合资公司，明仕建设在项目开发进度缓慢、民企资金状况不佳的情况下，以稀释对方股权的方式单方进行投资，用于项目开发建设。这一行为在市场行情好时，还能够通过项目后续的销售回笼资金，偿还贷款；但在市场下行时，股权价值的缩水会相当严重，风险很大。如果出于迫不得

已需以稀释股权方式等单方进行投资，应该先聘请专业的资产评估公司对目标公司的股权价值进行充分评估，并按照责权机制向上级单位进行审批。

5. 可研报告不客观

明仕恒信为获取项目，在盈利指标无法满足明仕集团相关投资制度要求的情况下，将可研报告相关指标强行进行调整。在后续项目开发过程中，为了能够符合相关指标要求，在未摸清市场情况下，错误地制定了提价销售的决策，形成恶性循环，成为项目失败的重要转折点。可研报告为明仕集团项目投资决策的重要依据，本应根据项目实际情况，以实事求是的原则编制可研报告，而明仕恒信未能充分评估项目风险，虚增可研报告收益率指标。当然同样应该反思的是，明仕集团也应该根据市场状况，及时调整动态指标的合理性。

二、风险管控不力

地产开发项目抗风险能力主要体现在成本和售价等方面，而明仕恒信在成本管理方面较为粗犷，未进行多阶段目标成本管理，致使项目成本不断上涨，项目抗风险能力降低。

1. 以超出授权范围的价格获取土地，导致项目成本增加

明仕集团对明仕恒信土地款授权上限为 20 亿元人民币，而明仕恒信却以超 10% 的价格获取土地。土地成本的上涨直接致使项目盈利能力的下降。后期又由于规划方案的改变，调高容积率和限高，补缴土地款，进一步增加项目成本。

2. 工程延期使得项目资金成本增加

由于项目设计方案变更，规划等内容需重新等待相关政府部门的审批，从而使得项目开工延后原计划约 8 个月。同时，在施工过程中多次受到各种外界因素干扰，工期一再拖延，也增加了项目资金成本。

3. 设计不合理、违规夜间施工、逾期交房引发赔偿，增加项目成本

项目在设计阶段未充分考虑周边居民楼采光问题，是造成施工阶段周边居民封堵工地的原因之一。为赶工期夜间施工，造成与周边居民的矛盾，导致居民封堵工地，影响施工进度，增加项目成本。

4. 项目为追求利润，定价与市场行情脱节，造成项目滞销

在项目可研过程中，应真实反映项目实际情况，而非为了满足项目立项标准，提高项目盈利预期或掩盖潜在风险。在产品定价过程中，应根据市场行情和项目自身定位确定项目定价，规范销售管理，避免产品滞销。为达到可研预计盈利指标，明仕恒信在未充分调研市场行情前提下大幅提高售价，使项目销售困难，也带来较大的资金压力。

六、仓库爆仓纪实

前言：2012 年的仓库爆仓事件犹如一颗重磅炸弹，使整个钢贸圈陷入恐慌之中，不少钢贸商、银行将面临巨额的损失。作为钢铁流通领域的龙头企业，明仕集团钢铁板块受到的波及和影响相对于其他竞争对手较轻，整体损失较少。究竟是什么原因让明仕集团钢铁板块在这场危机中受灾较少呢？

平地响惊雷

2012 年 8 月 10 日，顺达贸易物流管理部的小黄像往常一样在虹山库巡库。物流管理是一项比较枯燥的工作，对人的耐心和责任心要求特别高，不但要保证每张单据、每个数字都准确无误，还要经常跑码头、跑仓库，时常盘点货物、勘查现场，常常风吹日晒，弄得人灰头土脸，实在算不得是"高大上"的工作。小黄毕业之后就到顺达贸易做物流管理，没想到她这样一个娇小文弱的女生，居然如此能吃苦，在这个岗位上一干就是 5 年。现在巡库已经成为她每周的例行工作，只要有时间，她都尽量多去仓库转转。但这天的巡库却有些异样，小黄发现顺达贸易的钢材上残留着银行的监管标签，询问库管员时，对方也遮遮掩掩地不说清楚。"今年初，江浙一带的钢材市场就开始爆出重复质押、'老板跑路'的消息，虹山库的老板张明是福建周宁人，搞不好也有重复质押。"想到这儿，小黄马上向公司总经理王兵和明仕集团钢铁板块物流管理部汇报了这个异常情况。

消息很快传递到明仕集团钢铁板块的领导层，板块总监梁天立即派人赴滨海市与张明会面商谈。可张明总是借故回避，最后甚至连电话也不接，玩起了消失。事后梁天才得知，原来张明已经带着家人连夜逃往海外。

事情变得更加蹊跷了，顺达方面基本可以断定虹山库有问题。8 月 13 日，梁天指示顺达贸易立即安排移库。当天晚上小黄就带着运输车队赶到仓库，要求提货。刚开始仓库方还挺客气，结算中心办好了所有出库手续。可到了真的要拉货的时候，仓库就变脸了，以设备故障为由拒绝安排调度。小黄早就料到仓库会有这一手，所以带了自己的技术员来，撇开仓库方，爬上龙门吊就开始装货。仓库一看没辙了，干脆拉掉电闸。突然断电造成现场一片混乱，技术员还在龙门吊上，悬在半空非常危险。小黄急了，撸起袖子就冲进电控室拉开电闸，然后寸步不离地守在电闸旁边。现场的气氛紧张得让人喘不过气来。电控室里，柔弱的小黄与彪悍的库管员剑拔弩张，谁也不让谁；堆场里，技术员和车队争分夺秒地抢运货物；其余人员则在顺达贸易的货物上用喷漆加上顺达贸易货权等更为牢固的标识，并在移库现场拍照、摄像，保留证据。最后仓库方给逼急了，为了阻止顺达贸易移库，反倒"恶人先告状"，自己报了警。就在这时，其他几家主张货权的单位闻讯赶来，企图拉抢货物。虹山库果然有问题！为了防止仓库偷偷放货，小黄指挥车队用货车封堵仓库的各个出口，在确定处理方案之前，谁也别想把货拉走！

堵库毕竟不是长久之计，当务之急是尽快启动应急预案，妥善应对。8 月 14 日，梁天召集明仕集团钢铁板块相关职能和业务部门举行紧急会议，组成"虹山库事件临时工作组"，协调落实各项应急工作。临时工作组立即展开了行动：一部分人继续在虹山库现场捍卫库中货物安全；一部分人马上准备文件，以合同诈骗为由向虹山库所在地公安机关报案，并提起法律诉讼；一部分人与保险公司联系，为后续申请保险理赔做准备；一部分人则通过各种渠道与滨海市政府联系，保持沟通。

法院很快受理了案件，并执行了顺达贸易对虹山库中相关货物进行诉前保全查封的请求。辛亏顺达贸易动手早，就在当天，另一主张货权的单位也通过法院对库里的部分货物进行查封。

根据明仕集团的重大仓储风险事件应急预案相关规定，虹山库事件涉及的金额较大，影响范围较广，已经属于特大风险事件，需要及时向集团公司风险管理部报告。部署完应急工作后，梁天立即向集团公司董事长兼总经理叶总、分管风险管理工作的副总经理项总进行汇报，并与集团公司风险管理部丁总沟通事件情况。经过分析，丁总与梁天都认为虹山库事件不会是个案，随着事件的发酵，很可能引发其他地区、其他行业的仓库爆仓，整个公司都必须引起高度重视。

8 月 15 日，明仕集团和明仕集团钢铁板块先后发布仓储风险预警提示，要求所有下属单位对在用仓库进行认真排查，防止出现仓储风险事件。

果不其然，没多久，滨海市的其他钢材仓库也相继爆出货物重复质押、被货权人单位提货挤兑、发生爆仓的情况。这场仓库爆仓的危机还在蔓延，像放鞭炮似的，在江浙、两广一带继续引爆。经过排查，除顺达贸易外，明仕集团钢铁板块下属其他单位也受到波及，所幸顺达方面发现得早，趁其他货权人单位还没反应过来，抢运出部分货物。

思则有备，有备无患

2012 年的夏秋之交，可能是钢材仓储业最为惊心动魄的一段日子。此起彼伏的爆仓让每个与钢材仓库打交道的钢贸商、银行神经都紧绷成一根弦，成天提心吊胆，就怕自己存货的仓库出事。江湖传闻，市场上涉及存在货权争议的货物价值几百亿元，部分钢贸商、银行有巨额资金陷入其中。

与其他兄弟单位相比，明仕集团钢铁板块在这次仓库爆仓事件中涉及的资金相对较少，这让梁天的心里稍显安慰，他翻开秘书整理的物流管理资料，思绪回到了4年前。

2008年，钢材市场上兴起做融资性业务的风潮。当时的钢材融资性业务主要有两种模式，一是仓单质押融资，即钢贸商以囤积的钢材做质押品，从银行获得资金；二是现货托盘，即由拥有资金优势和贷款渠道的国有企业作为托盘公司，从需要融资借款的钢贸商处购买钢材并支付货款（融资企业仅需支付少量的保证金），一段时间后，由钢贸商关联企业通过加付一定的佣金或利息费用而从托盘公司买回钢材，整个过程中货物基本不发生转移，仅在原仓库进行就地划转，由仓库出具仓单作为货权凭证。

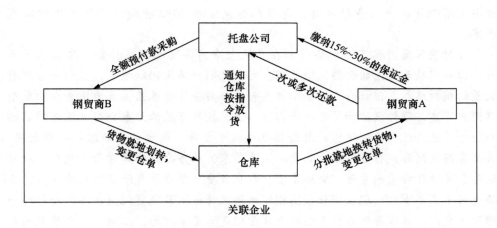

附图4　现货托盘业务模式

仓单质押融资和现货托盘业务的利润率很可观，一时间无数银行和托盘企业投身到钢贸融资的浪潮中。作为钢材流通领域的领军企业，明仕集团钢铁板块怎么会错过这场盛宴呢？于是板块下属的业务公司如顺达贸易等，纷纷申请资金，希望开展现货托盘业务。

对于新业务的开展，梁天比较谨慎，因此特意召集板块的相关领导和部门对现货托盘业务进行讨论。

业务部门对现货托盘业务的利润和前景很乐观，举了很多例子和数据进行分析论证。业务的领导表示："现在我们的竞争对手都在大力拓展现货托盘业务，我们可不能落后，不然等他们把市场瓜分完，我们连口汤都喝不到！"

物流管理部却提出了不同的意见。他们专门对现货托盘业务进行了实地调研，调研中发现，这些开展现货托盘或仓单质押的钢贸商在获得托盘企业或银行的资金后，往往将其投入房地产、股市期货、民间高利贷等高风险领域，以求获取更高的利润。部分钢贸商甚至与仓库勾结，虚构仓单重复质押，将同一批钢材在不同的银行或托盘企业之间质押若干次，以获得更多的资金支持。物流管理部认为，在经济环境好的情况下，这些高风险投资能获得很好的投资收益，钢贸商能按时还款付息，这种"十个茶壶九个盖"的把戏自然能玩得很顺，但经济环境一旦发生逆转，房地产等资产价格下跌或者钢贸商资金链吃紧，这个把戏就玩不下去了。总之，现货托盘业务的风险很大，建议谨慎开展。

激烈讨论后，大家达成基本共识：现货托盘业务可以小规模尝试，但一定要控制好风险。会后立即下发通知，要求各业务公司谨慎开展现货托盘业务，并控制该业务的规模。正是这份通知，让明仕集团钢铁板块旗下的业务公司抑制住了大举进军现货托盘业务的冲动，也因此避免了在 2012 年的这场风波中被深度套牢。

当时明仕集团旗下不少公司都在开展大宗商品贸易，在社会仓库有很多库存，但一直缺乏规范的仓储风险管理。尤其是明仕集团钢铁板块，在社会仓库有大量的钢材库存，但社会上这些钢材类仓库一般条件都很差，多为民营企业或个体商户修建，硬件设施和管理服务都跟不上。板块下属的业务公司也没有对这些社会仓库进行过筛选，通常是赶着用就近找个仓库，或者让下游客户推荐仓库，甚至直接使用客户自己厂区里的仓库。多年来，业务公司都是靠着直觉和经验对这些仓库进行朴素的管理，仓库串货、私自放货、骗货等风险事件时有发生，业务公司吃了不少亏。现在明仕集团钢铁板块又开始从事现货托盘业务，面临的仓储风险更高，再这样依靠朴素经验开展管理是肯定不行的，必须有一套规范的制度才行。

于是，2009 年明仕集团风险管理部开始搭建整个集团的仓储风险管理体系，经过一年的调研和分析，于 2010 年底颁布了一系列仓储风险管理制度，对仓储风险管理中的主要流程、方法和风险应对措施进行了规范，彻底结束了明仕集团仓储风险管理无法可依、没有章法的局面。

2011 年，明仕集团钢铁板块物流管理部结合钢材类大宗商品贸易的特点，将集团的仓储物流风险管理制度进行了细化，颁布了一整套非常详细的仓储风险管理制度，对仓储风险管理和日常操作的方方面面进行了细致的规范。比如，在筛选仓库时，要避免厂中库、贸易库等高风险仓库；在签署仓储合同时，尽量使用范本合同，必须预留印鉴；日常往来中，出入库单据、货权证明等文件必须完整、规范，货权人名称必须使用单位全称，签字和盖章必须与预留印鉴一致；相关单位要建立巡盘库机制，编制规范的巡盘库记录，并在我方货物上增加明显的货权标识；对风险相对较高的仓库，要加强巡视，必要时加派驻库人员等。制度颁布后，物流管理部在明仕集团钢铁板块内组织了大规模的培训，几乎所有奋战在仓储风险管理一线的同事都接受了全面的培训。

这套制度的颁布和实施让明仕集团钢铁板块的仓储风险管理水平切实提升了一大截。但在实施之初，部分业务公司的同事对如此细致的制度要求颇有抱怨，花这么大精力落实如此严格的管理究竟有没有用？可能又是坐在总部的管理部门搞的花架子吧？直到1年以后，经历了仓库爆仓的腥风血雨，大家才深刻体会到它的作用，管理的效益在那一刻体现得淋漓尽致。现在，这套制度已经成了各个钢贸商的操作指南，算得上是钢贸业的仓储管理行业标准了。在参加行业会议的时候，经常有同行过来跟梁天调侃："老梁啊，你们可真行，搞出个钢贸业的'ISO标准'，这可是给行业做贡献啦！"

2011年底，钢铁板块的保险事业部尝试在整个板块内推广仓储集中统保，将板块内所属公司库存的钢材、钢坯都纳入统一的仓储保险范围。这么大范围的仓储统保在业内比较少见。保险事业部认真研究后，专门在保单中增加了一条"仓储财产损失特别条款"，将"由于仓库经营方的疏忽、过失及恶意行为造成的被保险人货品的实际物质损失"纳入保险范围。想到这，梁天忍不住暗自称赞："保险事业部的同事真是下了不少功夫，这一条有如神来之笔，保险公司要知道会发生今天这样的事，肯定不会这么轻易就同意加的。"

警钟再响

2012年初，无锡一洲集团老板"跑路"的新闻在钢材市场上炸开了锅，这么大公司的老板都跑了，搞得市场上人心惶惶。明仕集团钢铁板块物流管理部立即奔赴无锡，对在用的仓库进行风险排查。经过调查，物流管理部认为现有的现货托盘业务在监管上存在较大问题，风险较高，建议暂停钢材类现货托盘业务。这下顺达贸易等业务公司犯愁了，钢材类现货托盘业务是主要的利润来源之一，突然暂停对完成年度任务有较大影响，他们还是希望能在风险控制下继续开展部分业务。多番商讨之后，业务公司准备走审批程序申请在部分仓库继续开展现货托盘业务。谁承想，就在这时，虹山库出了事，继而出现大范围的仓库爆仓，现货托盘业务成了重灾区，一时间钢贸市场哀鸿遍野。业务公司不由得庆幸，幸好物流管理部做了风险提示，不然再继续扩大规模可就惨了。

很快，爆仓的仓库陆续被法院查封，再抢运货物已不可能，顺达贸易的重点开始转向法律处理和保险索赔。

法庭上，顺达贸易与其他主张货权的单位针锋相对。其他主张货权的单位拿出两份文件——与仓库签署的合同和仓库开具的仓单，试图证明自己拥有合法的货权。顺达贸易则拿出了厚厚一沓材料：合同、仓单、每次收货的入库单、每次发货的出库单、每周的巡库记录、每月的盘点记录……每张单据上都有仓库方的签章，清清楚楚。相比之下，对方的文件不仅不完整，而且部分单据上签章与预留印鉴不符、货主单位名称不清，存在瑕疵，法律效力不足。顺达贸易因为证据链完整清晰，在货权认定过程中更加有优势。

在与保险公司的交涉中，经过顺达贸易的努力，保险公司同意在司法判决后按照保险条款履行赔付。

能有这样的结果，梁天感到很欣慰，虽然在这次仓库爆仓事件中，明仕集团钢铁板块也受到波及和影响，但相比其他企业，已经是受灾较轻的了；如果法律处理顺利，后续保险理赔还能弥补一些损失，这样整个损失能基本可控，不至于对今年的经营目标造成颠覆性影响。

案例评析

2012 年的仓库爆仓事件算得上钢贸行业的一场系统性风险，从事仓单质押融资和现货托盘业务的银行、工商企业几乎无一幸免。在这次事件中，明仕集团钢铁板块虽也受到波及，但损失相对较小，整体情况好于竞争对手，其中的经验值得我们总结学习。

一、夯实仓储风险管理基础

明仕集团建立了完善的仓储风险管理制度体系，并积极推动业务板块对相关制度和流程进行落实，提升仓储风险管理能力。管理的作用是潜移默化的，风平浪静时看不出来，一旦面临风险，扎实的管理基础就成了成功应对风险的关键之一。

在仓库爆仓事件中，明仕集团钢铁板块的仓储风险管理就发挥了重要作用：巡盘库机制让小黄及时发现风险异常征兆；出入库管理机制让顺达贸易的每一次操作都规范且有迹可循；档案管理机制使顺达贸易重视与仓库往来单据的规范、有效和完整，为后来的司法处理提供了重要证据。

可以说，这次仓库爆仓事件是考验各家企业仓储风险管理能力的试炼石，在系统性风险面前虽然无人可逃，但抗风险能力是可以选择的。"退潮之后才知谁在裸泳"，与竞争对手相比，明仕集团钢铁板块多年用心培育的仓储风险管理是有效的，值得肯定。同时，这次事件也给明仕集团钢铁板块敲响了警钟，对操作风险之外的一些新式仓储风险也要有所防备，提高警惕。

二、合理利用风险转移工具对冲风险

明仕集团钢铁板块积极推广仓储保险，并总结以往仓储风险管理中的多发案件，在仓储保险条款中加入"仓储财产损失特别条款"，较为成功地实现了风险转移，进一步减小了在仓库爆仓事件中的损失。

三、积极应对，及时预警

在这次风险应对中，顺达方面的反应非常快：发现虹山库的风险异常征兆后，顺达贸易立即向上级单位汇报了情况，保证了信息传递的透明性和及时性；在仓库控制人失联的情况下，顺达贸易没有继续等待，而是果断移库，挽救了部分损失；在移库受阻后，明仕集团钢铁板块立刻启动应急程序，分工明确，动作迅速，并按照规定及时与集团公司领导和相关部门保持沟通；虹山库事件发生后仅5天，明仕集团总部和钢铁板块就相继发布风险提示预警，防止损失进一步扩大。

可以说，在这次仓库爆仓事件中，顺达贸易的反应远超竞争对手，这也是顺达贸易受灾最轻的原因之一。

四、较强的仓储风险意识和责任心

再完善的制度也要靠人去执行，而仓储风险管理制度执行的效果很大程度上取决于具体执行人的风险意识和责任心。

仓储风险管理是一项比较艰苦的工作，成天跑仓库、码头，工作环境较差。作为中后台管理部门，薪资水平通常也不算高，但却管着价值千万元甚至上亿元的货物，肩上的责任很重，这就对仓储风险管理人员的风险意识和责任心提出了很高的要求。只有耐得住寂寞、踏实勤恳、认真负责，又具备一定风险敏感性的人才能做好这项工作。小黄就是这样的人，所以她才能仔仔细细地做好每一笔单据，才能风雨无阻地定期巡盘库，才能在巡盘库时不走过场，认真检查货物，发现异常情况，才能在移库过程中，不顾自身安危，拼命保护公司货物。

这些奋战在一线的仓储风险管理人员是值得尊敬的，他们兢兢业业的工作态度和强烈的责任心，为挽救公司财产做出了重要贡献。

五、业务模式对仓储风险的影响

仓储风险看似相对独立的操作风险，实则与业务模式密切相关，开展不同模式的业务，其实就已经决定后续仓储风险的大小。所以单纯提高仓储风险管理的能力，而不对业务模式进行反思和调整，是难以控制好仓储风险的。

现货托盘业务的货物长期存放在同一仓库，交易时仅是原地划转，基本不会提出现货，这样就为仓库开展仓单重复质押提供了条件。与普通的钢材代理业务相比，现货托盘业务自身的特点就决定了其容易出现较大的仓储风险。因此，控制这类仓储风险最有效的方法就是从源头入手，控制现货托盘等高风险业务的规模。

2009 年，明仕集团钢铁板块通过调研分析，对现货托盘业务的规模进行了控制，没有如竞争对手般大力发展此类业务，这就使得明仕集团钢铁板块在仓库爆仓事件中面临的风险敞口总量相对较少。

在经历 2012 年的爆仓事件后，明仕集团钢铁板块进一步反思自身的业务模式，暂停了所有在外部仓库开展的现货托盘业务，并积极探索新的业务模式，虽然转型道路任重道远，但随着大宗商品电子商务的兴起，转型之路逐渐露出曙光……

附录2　明仕集团组织架构图

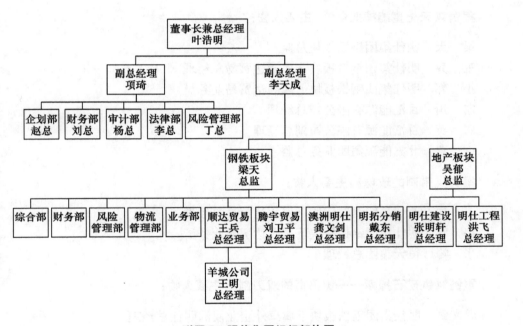

附图5　明仕集团组织架构图

附录3 案例主要人物目录

案例《天上真能掉业务?》主要人物：

梁 天 明仕集团钢铁板块总监
王 兵 明仕集团钢铁板块下属顺达贸易总经理
小 郭 明仕集团钢铁板块下属顺达贸易业务员
向 川 百汇能源有限公司总经理
唐 英 百汇能源有限公司副总经理
许 总 北方能源集团业务总监

案例《带刺的玫瑰》主要人物：

王 兵 明仕集团钢铁板块下属顺达贸易总经理
小 郭 明仕集团钢铁板块下属顺达贸易业务员
张 峰 恒天集团总经理

案例《铁矿石掉期——贸易商的双刃剑》主要人物：

龚文剑 明仕集团钢铁板块下属海外企业澳洲明仕总经理

案例《内心的黑洞》主要人物：

袁冬华 明仕集团钢铁板块财务部总经理
柳 文 明仕集团钢铁板块下属明拓分销副总经理兼财务总监
楼 玉 明仕集团钢铁板块下属明拓分销出纳
夏 橘 明仕集团钢铁板块财务部人员

案例《暗藏的危机》主要人物：

李天成 明仕集团分管业务板块的副总经理

赵　总　明仕集团企划部总经理
刘　总　明仕集团财务部总经理
丁　总　明仕集团风险管理部总经理
张明轩　明仕集团地产板块下属明仕建设总经理
石　总　保信地产派驻明仕恒信董事

案例《仓库爆仓纪实》主要人物：

吴　郁　明仕集团地产板块总监
洪　飞　明仕集团地产板块下属明仕工程总经理
邹　亮　明仕集团地产板块下属明仕工程业务部项目经理
刘　尧　明仕集团地产板块下属明仕工程财务部经理